台湾研究四十年：厦门大学台湾研究院40周年院庆论文集

主编：李鹏

副主编：彭莉　张文生　张羽

九州出版社 JIUZHOUPRESS | 全国百佳图书出版单位

图书在版编目（CIP）数据

台湾研究四十年 ： 厦门大学台湾研究院40周年院庆论文集 / 李鹏主编. -- 北京 ： 九州出版社, 2020.10
ISBN 978-7-5108-9621-7

Ⅰ. ①台… Ⅱ. ①李… Ⅲ. ①台湾问题－文集 Ⅳ. ①D618-53

中国版本图书馆CIP数据核字(2020)第192446号

台湾研究四十年：厦门大学台湾研究院40周年院庆论文集

作　　者	李　鹏　主编
出 版 人	张黎宏
出版发行	九州出版社
责任编辑	张皖莉
地　　址	北京市西城区阜外大街甲 35 号 (100037)
发行电话	(010) 68992190/3/5/6
网　　址	www.jiuzhoupress.com
电子信箱	jiuzhou@jiuzhoupress.com
印　　刷	北京捷迅佳彩印刷有限公司
开　　本	720 毫米 ×1020 毫米　16 开
印　　张	39
字　　数	650 千字
版　　次	2020 年 10 月第 1 版
印　　次	2020 年 10 月第 1 次印刷
书　　号	ISBN 978-7-5108-9621-7
定　　价	128.00 元

目录

政治篇

台湾社会认同的“五要素说”

陈孔立

有关社会认同问题，学术界有过许多研究。一般采用塔菲尔（Tajfel）的定义：社会认同是“个体的一些知识，这些知识是关于他（她）从属于某一社会群体，以及对作为社会成员的他（她）而言是具有显著感情和价值的东西”。“社会认同是指社会的认同作用，或是由一个社会类别全体成员得出的自我描述”。社会认同理论认为，社会认同是由社会分类 、社会比较和积极区分原则建立的。在这方面，强调了“满足个体获得积极自尊的需要”，“对群体内成员给予更积极的评价”。①

已经有许多学者运用社会认同理论研究台湾社会认同问题。笔者的《台湾民意与群体认同》一书也涉及这个方面的研究。一般认为台湾的社会认同指的是：台湾民众作为个体认识到他属于哪一个社会群体，认识到作为群体成员带给他的情感和价值意义。简单地说，就是要回答“我是谁”的问题，并以此与不是谁（“他者”）相区隔。高层次的群体认同就是国家认同，即关于自己属于哪个国家的认同。

笔者通过从日据时代直到当前台湾社会认同的长时段历史考察，发现其中有某种规律可寻，考察的结论是：台湾社会认同的变化取决于三个客观因素和两个主观因素。三个客观因素是：台湾的国际地位，台湾民众在台湾内部的政治地位，台湾在两岸间所处的地位；两个主观因素是：台湾当局的自尊需求，

① 引自“社会认同理论”，请参阅：https：//baike.baidu.com/item/%E7%A4%BE%E4%BC%9A%E8%AE%A4%E5%90%8C%E7%90%86%E8%AE%BA/22373814 ? fr=aladdin；张莹瑞、佐斌：《社会认同理论及其发展》，《心理科学进展》2006 年第 3 期，https：//wenku.baidu.com/view/45f8e975a26925c52cc5bf4a.html；方文著：《学科制度和社会认同》，北京：中国人民大学出版社，2008 年，第 79—81 页。

台湾社会公众的自尊需求。这就是说，台湾的社会认同不能只强调主观方面“满足自尊需求”的要素，还应当重视一些客观要素，特别是两岸的要素。本文试图从这一个角度对台湾社会认同的变化提出新的解释。

一、台湾社会认同的历史考察

依据上文所述五种要素，首先对台湾社会认同进行历史考察。

（一）日据时代的台湾社会认同（1895—1945）

甲午战败，清政府被迫与日本签订了《马关条约》，把台湾割让给日本，从此，台湾成为日本的殖民地，台湾民众成为失去中国国籍、日本殖民统治下的二等公民。这时，决定台湾民众社会认同的客观要素是：1. 从国际地位来看，台湾人民无法自称为中国人，也无权自称为日本人。2. 从台湾内部来看，日本人是统治者，台湾民众是被统治者，他们为了与日本人相区隔，只能自称为台湾人，即以台湾人为“我者”，以日本人为“他者”。3. 从两岸来看，中国大陆的民众是中国人，台湾民众失去中国人的资格，只能自称台湾人，即以台湾人为“我者”，以中国人为“他者”。这是客观历史条件的限制。主观要素是：1. 日本殖民统治当局，为体现其自尊的需求，必然要把自己当作台湾的主人，而把台湾民众作为效忠于日本天皇的“皇民”，甚至被鄙视为“清国奴”。台湾民众只能称为二等公民的台湾人，不能称为日本人。2. 台湾民众从自尊需求出发，既不能称为中国人，也不能或不肯称为日本人，只好认定台湾人的身份，以此与日本人、中国人相区隔。

当然从当时的具体情况来看，台湾民众的个人认同还出现更为复杂的情况。1. 始终坚持民族气节，与日本殖民者抗争，认定自己是中国人；2. 甘心为日本帝国主义效力的“协力者”和亲日派，充当日本人的走狗，被称为“三脚仔”，却以“二等日本人”自居；3. 受到“皇民化”教育的毒害，对日本有好感，甘当“皇民”“顺民”，自以为是日本人，甚至自愿报名参战，以充当“皇军”为荣。4. 为了生活，被迫为日本殖民者服务，多数担任基层工作，除少数为虎作伥者外，多数不忘自己是台湾人。5. 既被清政府（或祖国）抛弃，又受日本殖民者欺压，成为“亚细亚孤儿”。他们是认同台湾人的大多数，“这是日本殖民统治留下的历史伤痕，他们的处境和心情理应得到人们的同情和理解。”[①]

① 陈孔立：《简明台湾史》，北京：九州出版社，2016年，第175页。

（二）两蒋时代的台湾社会认同（1945—1988）

1945 年抗日战争取得胜利，台湾光复，回归中国，台湾人恢复了中国人的身份。这时，决定台湾社会认同的客观要素是：1. 从国际地位来看，中国是联合国安理会常任理事国，在国际上有崇高的地位，台湾民众是拥有联合国安理会理事国的“中华民国公民”，“堂堂正正的中国人”。2. 从台湾内部来看，赶走了日本殖民者，在台湾内部没有“我者”与“他者”之分，大家都是中国人。3. 从两岸来看，虽然都是中国人，但两岸隔绝互不往来，甚至是敌对的，因此有台湾的中国人与大陆的中国人之分。两蒋当局坚持两岸都是“中华民国”的中国人，在台湾的是“自由地区”的中国人，在大陆的则是“待光复地区”（或“匪区”）的中国人。主观要素是：1. 台湾当局占据联合国的席位，满足了自尊的需求，号召台湾民众要做“堂堂正正的中国人”。2. 台湾民众也以拥有崇高的国际地位的中国人和“中华民国公民”的身份为荣，认同自己是中国人。应当指出，两蒋时代实行“反共”教育，他们所说的中国人指的是“中华民国”人，而与“中华人民共和国”无关。

两蒋时代台湾的社会认同是有变化的。一是由于国际形势的变化，1971 年联合国 2758 号决议，恢复中华人民共和国在联合国的合法席位，“并立即把蒋介石的代表从他在联合国组织及其所属一切机构中非法占据的席位上驱逐出去”。特别是 1979 年 1 月 1 日中美建交后，台湾的国际地位发生变化，这时无论是台湾当局或台湾民众对于自称为“中国人”就发生问题了。台湾学者郑鸿生说过这样一回事：“有一个场合我和一个美国人攀谈起来，偶然谈起我的来历，我答以 Chinese，心中意思是中国人。而他在进一步询问得知我是来自台湾之后，竟说我不是 Chinese，只是 Taiwanese。”[①] 就是由于在国际上“中国”指的是中华人民共和国，台湾民众不是中华人民共和国公民，所以许多人认为自己无权称为中国人，但又不愿意放弃中国人的身份，只好认同自己既是台湾人又是中国人，有的自称为台湾人。二是由于台湾社会内部矛盾的激化。两蒋时代本省人占 85%，外省人不及 15%，但各级官员以及军公教人员大多数是外省人，因此本省人对自己的处境不满，要求本省人当家作主，特别是随着反对国民党威权统治力量的增长，民主化、本土化的呼声增强，台湾社会形成一股力量，他们努力建构“台湾主体意识”，以外省人（中国人）为“他者”，以本省人（甚

① 郑鸿生:《台湾的认同问题与世代差异》，https://tieba.baidu.com/p/3880134367?red_tag=0768034472。

至自称“正港的台湾人”）为“我者”。蒋经国后来为了笼络本省人，说出“我是台湾人，也是中国人”，于是，认同自己既是台湾人也是中国人或台湾人的人数不断增加。不过直到两蒋时代的后期，认同台湾人并不占多数。

（三）李、扁、马、蔡时代的台湾社会认同（1988年至今）

蒋经国时代后期，两岸开始交流，台湾内外局势发生很大变化。1. 从国际局势来看，国际上普遍承认世界上只有一个中国，中华人民共和国政府是中国唯一的合法政府。“中华民国”已经不可能得到国际上的承认，台湾民众的国家认同便产生了问题。多数民众认为自己无权或不愿称为中国人，因而在国际上只能以台湾人自居了。2. 从台湾内部来看，认同中国的人数逐步减少，认同台湾的人数逐步增加。1993年以后李登辉不再讲“一个中国”，到了1998年公然提出“两国论”，走上分裂祖国的严重一步。从两岸关系来看，两岸开始交流以后，开始还有“一个中国”的说法，后来李登辉提出如果认同“一个中国”，“中华民国”就会被“口头吞并”，并且提出“台湾生命共同体”“中华民国在台湾”，特别是他利用1994年“千岛湖事件”对中国大陆大肆污蔑攻击，破坏两岸人民的感情，从此台湾民众认同中国的人数大幅下降。主观要素是：1. 台湾当局一贯极力建构“台湾主体意识”，他们出于自尊的需求，一方面鼓吹“中华民国（或台湾）是主权独立的国家”，“台湾前途要由2300万台湾人民决定”，“以台湾为主，对台湾有利”，“捍卫台湾，认同台湾”，陈水扁甚至喊出“一边一国”；另一方面极力制造对大陆的刻板印象，诸如，“台湾是民主国家，大陆是专制国家”，“大陆的中华文化遭到破坏，台湾是中华文化的领航者”，大陆要“吞并台湾”“打压台湾”“武力犯台”，把大陆的善意说成是“统战阴谋”等等，把中国大陆作为“他者”，以突显台湾的自尊。2. 台湾民众在两岸交流以后发现由于社会制度不同，两岸政治、经济、文化等方面存在巨大的差异，他们出于自尊的需求，极力强化对大陆的偏见和歧视，处处显示台湾比大陆高明，“台湾第一”“台湾优先”“贫穷的大陆、富裕的台湾”“进步的台湾、落后的大陆”等等，于是以台湾为“我群”，以大陆为“他群”，以台湾人的身份为荣，认同台湾的人数不断增加。

这个时期台湾社会认同的民调数字会有变化，但已经以认同台湾为多数了。个人认同的具体情况比较复杂，“独派”认同的是不存在的“台湾国”，一部分人认同“中华民国”在台湾，少数人认同“一个中国”，较多人认同“既是台湾人，又是中国人”，有的人认为将来会走向“双重认同”，即既认同台湾，又认同中国。应当强调，当前台湾的社会认同不论是“确立对台湾的国家认同”，或是“两岸是互不隶属的相对主权”，或是两岸是“对等的政治实体”等等，都是以台湾为“我者”，而以大陆为“他者”，就是说，现在台湾的社会认同是针对大陆的，要与大陆划清界限。

蔡英文上台以后，通过政治社会化，从学校、社会、家庭、媒体等渠道，加强了“去中国化”“台湾化”“皇民化”的进程，把中国史放在东亚史的脉络中讨论，“台湾史不联结到中国史”，否定中国文化的主体地位，否定台湾以汉人为主体的历史，蓄意切断台湾与中国的关系。鼓吹“台湾民族论”和“多元文化”，强调台湾与国际的直接联系，用以“跳脱中国”，强调“台湾史是本国史”，“中国史是外国史”。否定日本殖民者占据台湾，为日本殖民者歌功颂德，鼓吹殖民者“致力从事基础建设并发展经济”，“日本将台湾建设成一个东南亚数一数二的地区”。此外，社会上出现复建日据时期各种房舍的热潮，还制作一些电影表达对日本的感情。更重要的是台湾当局还不断鼓吹“台湾价值”，怂恿“台独意识”泛滥。蔡英文公然表示：“此时此刻我们要展现意志，要大声说出，我们最喜欢的国家就是台湾。”[①] 行政部门负责人赖清德公然声称：“我的确是‘台独’工作者，本就主张台湾是‘主权独立国家’。”[②] 社会上也出现号称“激进独派”的“时代力量”。这一切显示了他们所谓“台湾价值”实际上是“台独价值”，说明台湾当局从他们的自尊需求出发，妄图促使台湾民众走向“台独认同”。可是这是否会成为台湾的社会认同呢？

在台湾有人担心它会成为事实。黄智贤指出：“两岸分治越久，‘台独’在台湾的势力就会越牢固，盘根错节。更因为选举制度，每个政治人物，都会向‘台独’炮制的民粹，靠拢投降。在每个行业里，社会的每个细节，抹灭祖先的血泪，强迫遗忘我们的过往。迷惑我们存在的此刻，摧毁我们可以拥有的璀璨未来。我们，越来越无力反抗。”“‘台独’教育，摧毁了一整个世代台湾人的灵魂与记忆。再继续下去，台湾人将无所依于天地，成为无主孤魂。”[③] 可是后来情况发生了变化，一方面，由于中国大陆的崛起，综合国力和国际地位空前提高，另一方面，由于蔡英文当局施政的失败，两岸关系倒退，台湾竞争力下滑，

---

① 《我们最喜欢的国家就是台湾》，《中国时报》（台北）2018 年 8 月 4 日。

② 《赖清德再放厥词：我的确是“台独”工作者》，新浪网引观察者网消息，http：//news.sina.com.cn/c/gat/2018-03-31/doc-ifystzre5956866.shtml，2018 年 3 月 31 日。

③ 黄智贤：《我们明明是中国人》，《中国时报》（台北）2018 年 8 月 5 日。

经济发展滞后，“劳基法”修法、年金改革、一例一休、非核家园等等政策措施不得人心，以致对蔡英文施政的不满意度达62.6%，其中20—29岁年龄段的不满意度高达74.4%，有人指出，年轻族群的支持度“雪崩性的滑落”，[①] 台湾民众对民进党的认同度只剩下24%。

据游盈隆介绍，在对大陆好感度方面，2018年6月17日一项调查显示，有49%的受访民众对大陆有好感，“对大陆有好感的人首度多于反感的人”。[②]《美丽岛电子报》2018年8月初发布的民调显示，46.3%的民众认为蔡英文应该在“一中”前提下与对岸谈判，不赞成者是36.7%。“46.3%绝不会是顶点，‘台独’认同隐性化也绝非唯一的解释，各种两岸相关的民调数据，都明确指出主流民意不愿意见到两岸对抗，所以只要能避免情势恶化的政治概念或语言，都会被人民认真看待，当然包含‘一中认同’在内。”[③] 民调显示所谓“台湾价值”已经面临巨大危机，表明“蔡英文执政的困境已经形成，或可以称之为‘蔡英文二次执政困境’的到来”，“‘台独’认同隐性化造成‘台独’认同降低。”[④] 庄慧良认为“经济每况愈下，毋怪民众不满乃至出走对岸，其实民众未必愿意统一，唯民进党老拿大陆打压的伎俩用多了、失效了，民众对民进党主张‘台独’的幻想破灭倒是真的”。[⑤] 这表明所谓“台独认同”并不能得到广大民众的认同。

二、五个要素对社会认同的影响

从以上历史考察可以得到以下认识：

第一，五个要素决定了社会认同，随着五个要素的改变，台湾社会认同也跟着改变。

第二，只要五个认同没有改变，台湾社会认同也不会改变。

第三，要改变台湾社会认同，必须改变五个要素。

在这个基础上，进而认识五个要素的相互关系。

---

① 《小英满意度新低，青年票雪崩下跌》，《中国时报》（台北）2018年5月29日。

② 《历史性转变：对大陆有好感台湾民众首度多于反感人数》，http：//baijiahao.baidu.com/s？ id=1603615415232855489&wfr，查询时间：2018年6月18日。

③ 《美丽岛民调大逆转！近半民众接受一中原则复谈》，中时电子报，https：//www.chinatimes.com/cn/newspapers/20180802000499-260102，查询时间：2018年12月10日。

④ 《蔡英文民调低迷，游盈隆：“执政困境”已经形成》，中国台湾网，https：//baijiahao.baidu.com/s？ id=1595332319163182879&wfr=spider&for=pc，查询时间：2018年3月19日。

⑤ 庄慧良：《统独意识翻转》，联合早报网，https：//www.zaobao.com.sg/news/china/story20180804-880543，查询时间：2018年12月26日。

在五个要素中，台湾国际地位是台湾社会认同直至国家认同的决定因素。台湾的国际地位改变了，“我是谁”“我属于哪一个国家”才会改变。现在国际上公认只有一个中国，台湾或“中华民国”不是一个国家，不能参加以国家资格参加的国际组织，台湾民众不能拥有一个主权国家公民的身份和国际地位。只有认同一个中国，成为中国的公民，才能改变现有的国际地位。只要认同一个中国，台湾方面的代表就有可能用两岸共同商定的适当名义，参加中国的联合国团，台湾的国际地位立即得到改变，台湾民众的社会认同直至国家认同也随着改变。

国际地位不改变，台湾民众在岛内的地位以及在两岸的地位就只能维持现状，即只能认同台湾，台湾当局和台湾民众从自尊出发，也只能认同台湾，而不会有所改变。

尽管国际地位是决定因素，但其他要素也很重要。国际地位的改变是最终的改变，要改变台湾的国际地位，不可能直接从国际地位着手，台湾方面参加联合国及相关组织的企图必然是徒劳无功的。必须通过其他要素的改变，为国际地位的改变创造条件。

台湾社会认同改变的关键在于两岸关系。台湾在两岸之间所处地位的改变，直接影响台湾当局和台湾民众的社会认同。目前两岸关系处在从敌人（霍布斯文化）—对手（洛克文化）—朋友（康德文化）—家人的变化过程中。大陆方面希望依循上述途径向前推进，希望两岸成为家人，提出“两岸一家人”“两岸一家亲”的愿景。目前台湾的有些人仍然把大陆视为敌人，也有一些人把大陆视为对手，少数人视大陆为朋友，视为家人的更是少数。但这种状态正改变之中，究竟走向何方，要看两岸的互动而定。

台湾社会认同的改变要从两岸同胞的互动着手，必须满足台湾民众的自尊需求。通过两岸同胞的交流互动，逐步建构新的良好的共同记忆，积累更多的共识，促进双方的认同，直到双方同意把两岸关系定位为家人，那时台湾当局和台湾民众就会以认同中国人作为自尊需求，在台湾内部多数人可以认同既是台湾人又是中国人，台湾的国际地位也立即得到改变。至此，五个要素全面改变，台湾社会认同就会发生根本的变化。

三、改变社会认同的途径

现在的关键是从何处着手改变台湾的社会认同？

目前有一类看法是"由大陆主动深化两岸交流合作，消除台湾民众对大陆的误解"；"大陆开辟台湾历史网站，宣传台湾自古是中国领土，消除民进党当局制造台湾主体意识的不良影响"；"鼓励台湾青年参与交流合作，引导他们改变对台湾的国家认同"，"着力提升台湾青年的中国认同"；等等。①

有些人更进一步地强调"以我为主，操之在我，主动介入，单向融合"，就是说要从过去的"共同缔造"模式转变到"双边融合"模式，再转变到"单方消融"模式。要从当前依赖两岸社会与民众之间的交流融合，转变为依赖"大陆积极主动的单边作为"。这种看法认为"国家认同与统一主要是强迫的，而非自愿的"，因此大陆必须"基于实力原则"，增强对台的威慑力、吸引力、影响力、控制力，"建构与增进台湾民众'两岸一国'的国家认同"。②

按照这种看法，对台方针政策就会发生根本性的改变，"共同缔造""两岸融合"都过时了，都不要了，只要大陆"单边作为"促使台湾方面接受就行了，不需要两岸的互动和融合，不需要台湾方面的合作。这显然不符合党的对台方针政策。现在应当强调的不是"单边"而是两岸"共同"，习近平总书记强调："两岸关系和平发展要两岸同胞共同推动，靠两岸同胞共同维护，由两岸同胞共同分享"；③"坚定不移扩大深化两岸交流合作"，"坚定不移团结两岸同胞共同致力民族复兴"，"共圆中华民族伟大复兴的中国梦"；④等等。因此，不应当强调"单边作为"，而应当推动两岸同胞的"共同"与"合作"。

所以，要改变台湾社会认同的着力点在"两岸"，就是说，在上述五个要素中，要从台湾在两岸间所处的地位开始，促使台湾社会认同的改变。如上所述，目前台湾在两岸间所处的地位，可能有如下几种：敌人、对手、朋友、家人，要实现从敌人直至家人的改变，才会改变现有的社会认同。要做到这一点，台湾民众在台湾内部的政治地位要有一个变化，即在大陆反对"台独"斗争的影响下，多数台湾民众认识到"台独办不到""台独是没有出路的"，主张"台独"的当局遭到民众的唾弃，台湾民众当家作主，选出愿意与大陆合作的政党执政，

---

① 参阅刘凌斌：《大陆学界对台湾民众"国家认同"的研究现状及反思》，《台海研究》2017年第4期；《台湾青年的政治认同与两岸关系和平发展》，《青年探索》2016年第1期；黄继朝：《从政治文化的变迁看当代台湾青年的认同问题》，《青年探索》2014年第1期；等等。

② 参阅《中国评论》（香港）2018年5月号相关论文。

③《习近平：坚持两岸关系和平发展道路，促进共同发展造福两岸同胞》，http：//www.chinanews.com/gn/2015/03-05/7101836.shtml，2015年3月5日。

④《习近平会见连战一行》，http：//china.cnr.cn/news/20180714/t20180714_524300359.shtml，2018年7月14日。

从两岸人民的福祉着想，共同维护两岸关系和平发展，共同推动两岸从敌人向家人的改变。

要实现这种改变，必须从两岸同胞的互动着手，因为两岸同胞都是相互认同的主体。

具体的途径可以概括地描述如下：

第一，要开展两岸同胞之间的交流，但不是为交流而交流，每次交流都要获得有效的成果，即要有一定的共识，在哪些方面获得共识，在哪些方面仍然存在歧见，双方达成继续交流的意愿；在交流过程中，双方都有诚意，互相尊重，不是单方面地去改变对方的历史记忆，不是去“纠正”对方的观点和误解，从而形成新的良好的共同记忆，肯定交流对双方都有好处。

第二，通过多次交流成果的积累，逐步建构更多新的良好的集体记忆和共有观念，建构两岸共创、共有、共享的两岸共同价值，两岸就有可能产生共同的看法、共同的需求、共同的利益、共同的目标、共同的发展前景，乃至共同的价值观、共同的信念，逐渐形成两岸之间从低度到高度的一些共识，特别是反对“台独”的共识，逐步增强两岸同胞的情谊，产生“我群”与“一家人”的感觉，才有扩大相互认同的意愿。

第三，两岸大多数同胞有了互相认同的意愿，就可以进入两岸共同参与、共同建构两岸认同的进程。互相尊重，互相包容，互相体谅，互相欣赏，互相看到对方的优点和长处，逐步走向互相吸收、互相融合，让双方的优势为两岸人民所共享，提升两岸同胞的自豪感和归属感，推动两岸关系进入家人的定位。在满足台湾民众和台湾当局自尊需求的基础上，两岸通过协商，找到双方可以接受的方式，达成“两岸一中”的共识，台湾多数民众就会体面地既认同台湾又认同中国，两岸同胞共享作为中国人的荣誉。在两岸同胞实现“心灵契合”的基础上实现祖国的和平统一。

习总书记指出：“从根本上说，决定两岸关系走向的关键因素是祖国大陆发展进步。”[①] 这是自信，也是对自己的严格要求。中国的崛起，综合国力和国际地位的提升都对推进两岸认同起正面作用。大陆学者指出：“中国大陆在自身经济发展、体制改革以及对台政策方面必须不断进行调整、灵活应对，适时取得

① 《习近平：大陆的发展进步决定两岸关系走向》，http：//news.sohu.com/20150305/n409347016.shtml。

突破。”[①] 只有大陆的发展进步，坚定不移地为两岸同胞谋福祉，才能获得台湾同胞的认同。

总之，“五要素说”认为台湾社会认同的改变，需要客观要素和主观要素的全面改变。要从两岸同胞的互动着手，最终要让台湾同胞体面地达成双重认同，既认同台湾又认同中国。这是一个长期、复杂、艰苦的过程。为此，大陆要承担起两岸关系“走近、走实、走好”的主要责任。

① 王磊、林冈:《台湾民众政治认同的代际差异分析》,《江淮论坛》2016 年第 2 期。

两岸交流交往 30 年之成效分析

刘国深

1987 年 10 月，台湾当局在台湾社会、中国大陆、国际社会各方面的多重压力之下，被迫开放大陆籍老兵返乡探亲，中断 38 年的两岸民间交流交往大门终于逐渐开启。2015 年 11 月，两岸领导人实现历史性的“习马会”，两岸交流交往发展到新的历史高度。随后的 2016 年 1 月 16 日，民进党在选举中击败国民党，再次取得在台执政权，两岸两会交流中断，两岸关系又一次受到重大挫折。对于 30 年来两岸交流交往取得的成效，大陆学界和舆论界看法不一：有人赞叹有人失望；有人悲观有人乐观。我认为，由于每个人的知识结构、观察视角和实际经验不同，对两岸关系 30 年发展的评价看法存在差异不足为奇。本文将以马克思主义辩证唯物主义和历史唯物主义为指导，深入分析和评估过去 30 年两岸交流交往所取得的成就、存在的问题，希望为今后的两岸关系和平发展提供新的观察和思考路径。

一、两岸政治关系与民间关系相辅相成

两岸关系是一个国家内部两个对立的政治子系统共构的复杂的政治大系统，其中至少包括政治关系、经济关系、社会关系、文教关系、军事安全关系等领域。在日常生活中，这个政治大系统又可简化为公权力部门关系（简称政治关系）和民间社会关系（简称民间关系）两个不同的关系层面。由于两岸关系的内容太过庞杂，而且大多数人无法亲历亲为，人们对两岸交流交往的认识基本上来自大众舆论和新闻媒体。作为一位长期研究台湾问题的研究人员，笔者不得不强调：“台湾的新闻真实未必是政治真实，政治真实未必是社会真实，社会真实未必是人心的真实，今天台湾人的人心真实也未必是明天台湾人的人心真

实”。把人们对台湾问题的认知放大到对整个两岸关系的理解，我认为情况大体上也是如此，多数人对两岸关系的认知往往是混沌和扭曲的。因此，要全面准确地评价30年来的两岸关系发展成效，我们必须透过现象看本质，历史地、发展地、全面地、辩证地分析和研究两岸关系发展变化之表象与实质的关系。新闻事件主导下的两岸政治上和谐或紧张关系虽然能见度很高，但并不能反映两岸关系的全部。两岸经济、社会 、文化、教育、医疗卫生以及人民生活的融合发展，是两岸走向最终完全统一的重要过程和具体体现。两岸人民重新正常地生活在一起，其重要性不亚于政治关系发展。我们对两岸关系发展成效的评估，高端政治互动事件和日常民间关系进展的内容要兼收并蓄。政治关系与民间关系相辅相成，相互影响，30年来的两岸政治关系的发展促进了两岸民间关系，两岸民间关系发展也对两岸政治关系发展产生明显的制约和推动作用。

对于两岸关系30年的变化，我们印象最深刻的自然是“胡连会”、“习马会”等令人振奋的政治突破；或者是“两国论”“一边一国论”“国民党失去政权”和“民进党在台执政”等重大政治事件。在新闻媒体的推波助澜下，面对起伏不定的两岸关系，多数民众心情难免会有“过山车”一般的感受，人们的挫折感大多由此而生。由于重大政治事件很容易吸引两岸民众的眼球，人们通常会根据最近一次发生的重大政治事件来评判两岸关系发展的“成”与“败”。但两岸关系研究专家学者应当立足更加宽广的时空格局，系统完整的分析两岸关系的发展变化。从两岸政治关系、两岸经济关系、两岸社会关系、两岸文化关系等多领域进行成效分析与评估。即便是同一领域，我们还必须进一步细分不同层面进行分析和研究。例如，两岸政治关系还可以进一步区分为两岸公权力部门（政权）之间的关系、两岸政党关系、两岸政治性团体之间的关系、两岸民众之间的关系等不同面向。

媒体在民众的两岸关系认知、情感和评价形成过程中扮演重要作用，没有媒体的报道人民无以了解两岸关系的进展，但仅仅依靠媒体也很难准确把握两岸关系的真实。两岸关系议题有很强的新闻性、敏感性，人们对两岸关系重大事件的关注度很高。大陆民众对台湾政局发展十分关注，台湾特定政治人物的言论、重要选举的输赢，都会立即影响到大多数大陆民众对台湾问题的态度和倾向。台湾民众对两岸问题的了解也常常受到一些两岸重大新闻事件的左右，例如台湾方面的代表未获邀出席国际刑警组织活动、台湾电信诈骗犯被遣送大陆、大陆军机绕台飞行等。即使是从事两岸交流事务的专业人员，他们对两岸问题的认知也是有限的，一般人的两岸关系认知很难做到全面深入和与时俱进。因此，大众舆论在两岸议题上出现瞎子摸象、各说各话的情况是正常的，也是可以理解的。即使是专业研究人员，各自带着所累积的既有知识观察两岸关系发展变化，也一定会出现评价差异。生理学研究人员在做“视觉欺骗”实验研究时发现：人所看到的内容，和其本身想看到的内容有关。自然科学如此，复杂的人文社会科学更是如此。人们常说的“职业敏感性”大体上指的也是相同的情况。由于每个人自身政治文化的框限作用，人们在回顾和观察过去 30 年两岸关系得失成败时，就不可避免地会出现“视觉欺骗”的情况。

作为专门从事两岸关系研究的学者和专家，我们应当时刻告诫自己尽可能保持冷静、理性、客观和全面的研究态度。研究人员应尽可能从专业的角度，合理运用理论训练和研究方法，透过现象看本质，而且要尽可能做到兼听则明。从政治学专业的视角观察，两岸关系可以表现为国家问题、“统独”问题、主权问题、政权问题、中央与地方关系问题、治权问题、制度问题、政策问题、政治参与问题、政治文化问题，等等。随着社会科学研究方法的进一步科学化，跨学科交叉研究越来越受到人们的重视，我们已经认识到，两岸关系问题还必须从历史学、经济学、社会学、宗教学、法学以及文化研究等不同视角去进行交叉协同研究。

当前两岸关系研究中普遍存在的问题是：人们的目光过度聚焦于政治议题，我们观察问题的视野被限制住了，尤其是经过媒体传播，政治议题被简化、娱乐化、工具化以后，我们的两岸关系知识结构已经被异化和简化了。经过媒体信息的狂轰滥炸后，人们已很难冷静理性地评价两岸关系，结果，人们的两岸关系认知、情感和价值观念大多数是随波逐流的。1996 年的“台海危机”、1999 年的“两国论危机”、陈水扁时期的“一边一国”和“入联公投”危机、马英九时期的“反服贸运动”、民进党再次在台执政……两岸关系受到一次又一次的挑战。一段时间以来，有不少研究人员认为，“去中国”和“文化台独”已让越来越多的台湾人不认同自己是“中国人”。问题是，有多少相关研究深入研究和探讨两岸之间的“一个中国”“独立”“统一”等概念背后的具体内涵是什么？当我们发现台湾的政客们在这些议题上玩“偷换概念”政治游戏后，是否对所谓“台湾人越来越不认同自己是中国人”这个似是而非的传言进行深入的分析？当我们还在讨论国民党党主席选举中的“一中同表”和“一中各表”之争时，除了直接的情感偏好外，我们是否深入了解台湾内部政治过程的政治亚文化和政治权谋的因素？我们尝试从我们专注的政治议题研究中暂时移出目光，去看看两岸关系中的其他领域时，或许我们会发现两岸关系的其他面向已经越来越密切了，两岸关系的轻舟早已冲破政治关系的万重大山。

二、民间关系发展成为两岸和平稳定之锚

一如我们熟知，马克思主义理论有大量关于政治与经济之间辩证关系的论述，例如政治是“上层建筑”，政治是“经济的集中表现”，政治上层建筑反过来会对经济基础起促进或阻碍的作用等等。政治的重要性不容否定，在确认政治议题在两岸关系中的重要性的同时，我们也必须认识到政治关系是建立在相应的经济基础之上。习近平总书记在中共十九大报告中所提出的“把人民对美好生活的向往作为奋斗目标”的要求，已经让我们更加强烈地体会到，任何对两岸政治议题的思考，都不能脱离经济、社会、文教等民生议题，在两岸政治议题表象之下沸腾不息的是活生生的两岸民间社会。

从30年来的两岸关系发展历程可以看出，尽管政治议题在两岸交流交往大潮中能见度很高，但两岸政治关系相对于不断成长的两岸民间社会关系呈现出变动不居的不稳定状态。但是，我们不必太过悲观，因为只要我们把这种看似不稳定的两岸政治关系放在更大的时空背景下去观察，我们就会发现，随着两岸综合实力差距的迅速拉大，随着两岸民间社会相互依存关系的深化，台湾问题的摆动出现了明显的极限性：台湾当局的选择非常有限，台湾方面任何企图逸出一个中国框架的虚张声势，最后都不得不回归到两岸同属一个国家的法理和政治现实原点。在“两岸一国”的政治框架牢不可破的大格局之下，两岸政治关系的发展已越来越受制于强大的经济、社会、文化发展驱动力。值得注意的是，两岸民间关系在两岸政治关系的波澜起伏过程中已形成某种抗压力和平衡机制，无论政治关系多么冷淡，两岸民间关系总体上是呈现“增量发展”的趋势。两岸政治关系暂时性的挫折对两岸民间关系的影响是有限的，两岸民间关系相对于两岸政治关系已经自成体系。一旦政治关系取得新的进展，两岸民间关系就有可能取得更大的实质性增长；而且两岸民间关系的发展累积到一定能量，必然会反过来促进两岸政治关系的发展。

从1987年10月到2017年10月的30年间，两岸政治关系虽然跌宕起伏，但总体上是向前发展的。即使是在民进党重新在台执政的当下，我们仍然必须要保持冷静和理性的判断，全面、客观、实事求是地总结和评估过去30年两岸

关系取得的成绩。国务院台办主任张志军在总结过去 30 年两岸关系发展历程时指出:“30 年两岸交流成就斐然，融洽了同胞感情，增进了同胞福祉。1987 年，两岸同胞长达 38 年的隔绝状态被打破后，人员往来和各项交流迅速开启。近年来，每年往返于两岸之间的人员增至近千万人次，30 年来累计达 1.23 亿人次。两岸交流领域不断拓展，形式不断创新，内容日益丰富，经济、社会、文化等各个领域交流合作红红火火。两岸贸易额增长 120 多倍，大陆成为台湾最大出口市场、最大贸易顺差来源地和最大岛外投资目的地。上百万台湾同胞在大陆学习工作生活。有近 38 万对两岸同胞喜结良缘，步入婚姻殿堂。今天，两岸交往领域之广、社会联系之密、利益交融之深，前所未有。回首 30 年前的两岸冰冷隔绝，看到今天同胞热络往来，令人无比欣慰。”[①]张志军主任的讲话客观全面地总结了两岸民间关系发展 30 年取得的成就，让我们实实在在地看到了两岸政治关系起伏不定的同时，民间关系发展取得的成效。

“反服贸运动”和民进党重新在台执政，虽然提醒人们两岸关系发展的困难性和脆弱性。但是，即使是“反服贸运动”的代表性人物、即使是民进党领导人，他们中的绝大多数人也只是希望解决两岸经济发展中的“少数受益者与多数受害者间的矛盾”[②]问题，他们大多数人也不敢公开反对包括经济关系在内的两岸民间关系发展。正因为台湾各界在两岸民间关系发展中多数是获益者，无论是经济上还是文教、社会和旅游方面的获益，以及获益的多少，很少有人可以否定两岸民间关系带来的正能量。恰恰是两岸民间关系发展，为两岸政治关系发展和两岸关系的和平稳定奠定了共同的经济、社会、文化和生活的基础，这一基础反过来又引导着两岸政治关系发展变化的大趋势。在承认过去 30 年的两岸政治关系发展的起伏不定的同时，我们不得不注意到，两岸政治关系已经在艰难困苦中取得了巨大成就。我们没有理由因为台湾内部出现的政党轮替就否定了两岸关系发展取得的成就。过去 30 年，国共两党关系冰释前嫌并且取得历史性突破，不但国共两党最高领导人握手言和，而且两岸最高领导人也已经在 2015 年 11 月实现历史性的会面。当年“最反共”的新党精神领袖许历农也在不久前公开宣布“新党不再反共”，不能不说两岸交流已经取得重大成果。即使是民进党，也在过去 30 年与大陆民间社会进行了大量的接触对话，许多民进

① 张志军在“两岸关系 30 年回顾与展望”研讨会上的致辞。来源：中国台湾网，2017 年 10 月 28 日。

② 蔡英文:《英派——点亮台湾的这一里路》，台北：圆神出版有限公司，2015 年，第 105 页。

党代表性人士与大陆代表性人士还有过不少“非正式”接触。尽管两党至今尚未建立起正常的党际交流交往关系，但谁也不能轻视民进党人在过去30年间与大陆各界人士交流交往累积的人脉关系，共民两党未来可能的互动并非完全没有任何基础！

过去的30年，两岸民间社会已经从大陆老兵返乡探亲，发展到经贸、观光、通婚、求学、就业等各个领域，两岸人民逐步重新生活在一起了。今天的两岸关系是建立在坚实的两岸民间关系基础上的，可以经受政治上的风风雨雨考验，即便民进党不接受“九二共识”，即便两岸公权力部门暂停往来，两岸民间关系仍然保持着稳定发展的基本态势，谁也难以轻易关闭两岸民间关系的大门。可以说，两岸民间关系发展的成果已经成为两岸关系和平发展的稳定之锚。

三、“渐进融合”模式成为两岸关系新典范

2016年5月20日，民进党再度在台执政，由于民进党当局领导人不愿公开接受“九二共识”，也没能提出大陆方面可以接受的替代性方案，两岸关系因此面临严峻考验。为维护两岸同属一个中国的大原则，大陆方面暂时中断了两岸两会协商对话机制、暂停国台办和陆委会的直接交往，两岸政治关系发生严重倒退。2017年9月，蔡英文任命“台独”色彩浓厚的赖清德接任台湾行政部门负责人，赖清德在答复国民党“立委”林为洲、王惠美质询时公然表示：“我是主张台湾独立的政治工作者，也是务实的‘台独’主义者”“我们已经是‘主权独立国家’，名字叫‘中华民国’，不会另行宣布台湾独立。”[①] 赖清德的发言引起两岸舆论一片哗然，对此，有舆论猜测中共方面可能会在即将召开的“十九大”上调整对台政策，甚至出台解决台湾问题的时间表，以此对民进党当局进行反制。

然而，大陆方面并没有因为民进党当局某些要角不负责任的言论改变对台大政方针，而是继续按照既定的战略布局制定政策。2017年10月18日，习近平总书记在中共19大报告中强调，必须继续坚持“和平统一、一国两制”方针，推动两岸关系和平发展，推进祖国和平统一进程。大陆方面并没有因为台湾当局个别政治人物的极端言论而放弃“两岸关系和平发展”的大政方针，在台湾问题上展现出从未有过的高度和定力。习近平进一步强调：“承认‘九二共

① 中评网，http://www.crntt.com，2017－09－26。

识’的历史事实，认同两岸同属一个中国，两岸双方就能开展对话，协商解决两岸同胞关心的问题，台湾任何政党和团体同大陆交往也不会存在障碍”。也就是说，大陆方面甚至也没有排除在条件成熟时与民进党对话的可能性。更令人感动的是，习近平在讲话中再次强调两岸同胞是命运与共的骨肉兄弟，是血浓于水的一家人。大陆方面不仅没有如有些人预测的终止“惠台政策”，而且加码承诺：“我们秉持‘两岸一家亲’理念，尊重台湾现有的社会制度和台湾同胞生活方式，愿意率先同台湾同胞分享大陆发展的机遇。我们将扩大两岸经济文化交流合作，实现互利互惠，逐步为台湾同胞在大陆学习、创业、就业、生活提供与大陆同胞同等的待遇，增进台湾同胞福祉。我们将推动两岸同胞共同弘扬中华文化，促进心灵契合。”[①] 习近平的重要讲话，体现出大陆党和政府经过 30 年两岸关系发展实践，政治自信和定力空前提高，大陆对台政策新思维已经跃然纸上。

笔者认为，台湾地区的政党政治制度本身已经决定了任何台湾执政党及其领导人在重大政治问题上的选择空间是有限的，除了公权力部门的权力制衡外，更有强大的民间社会力量约束着台湾执政当局的政策作为。在当下民进党在台全面执政的情况下，分裂势力依然不能遂行所谓的“法理台独”，在“时代力量”政客提出将“法理台独”议题列入“修改公投法议题”的投票过程中，民进党籍“立委”全体一致投下了反对票。不久前西班牙加泰罗尼亚“公投独立”活动的惨败更是给“台独”势力当头棒喝。在可预见的将来，“台独”势力仍然只能发挥“阿 Q 精神”，继续重复着“台湾是个主权独立的国家，名字叫中华民国，不会也不需要宣布独立”的政治呓语。民进党领导人知道，这种梦呓式“台独”宣示对台湾当局的执政有百害而无一利，势必影响当局的执政成效，影响人民群众对美好生活的需求，最终必然引起更大范围的台湾民怨。正是基于台湾内部政治发展规律的认识，大陆方面将更加自信地站在两岸关系和平发展的高度制定更加稳健的对台政策。

笔者认为，大陆方面已建立起在中华民族伟大复兴的进程中逐步完成国家最终完全统一的政治新思维，在坚持一个中国原则，反对“台独”分裂活动的同时，凝心聚力推动两岸民间关系发展，增进台湾同胞的福祉，促进两岸心灵契合。我认为，这种“以我为主”“多措并举”“主动作为”“渐进融合”的对台

① http://www.gwytb.gov.cn/wyly/201710/t20171027_11859237.htm。

战略思想，已经成为习近平两岸关系和平发展新思维。笔者注意到，习近平在十九大报告中有 14 处谈及人民群众的“美好生活”问题，这些政治信号对于我们把握两岸关系的未来发展的主旋律有着重要的指导意义。我认为大陆对台政策已经相当成熟稳定，未来大陆将坚持按照自己的战略推进国家完全统一的进程。大陆方面在牢牢掌控两岸关系和平发展主导权基础上，将对台政策的工作重点放在逐步解决台湾同胞在大陆学习、创业、就业、生活的同等待遇问题，把增进台湾同胞的福祉纳入满足人民日益增长的对美好生活的需求中。这种以民为本的务实进取政策，势必对不切实际的“台独”分裂思潮产生釜底抽薪的政治效果，民进党当局将面临越来越大的政治压力。

四、两岸关系和平发展趋势预测

两岸关系和平发展的未来将走向何处？这是两岸人民普遍关心的重要问题。尽管民进党上台之前还在鼓吹“台独”主张，但台湾内外的政治现实已越来越不具备遂行“法理台独”的条件。民进党执政一年多以来，之所以不敢在“法理台独”问题上逾越雷池一步，因为民进党当局根本不具备领导台湾与中国大陆摊牌的能力。当年台湾的经济发展是在台湾相对团结稳定、中国大陆封闭内乱的时空环境下取得的；当中国大陆比台湾更重视经济发展后，台湾的发展优势就已一去不复返。台湾快速发展的黄金时期已经过去，在台湾内部目前的政治制度环境和外部的经济发展环境下，无论谁在台湾地区执政都很难扭转走向衰败的趋势。在所谓民主、自由的政治口号之下，任由个人利益至上，任由民粹主义横行，任由社会公义和集体利益边缘化，台湾社会只会继续向下沉沦。30 年来台湾内部的政治生态变化最大的特征就是走向碎片化，台湾当局将越来越无力与大陆相抗衡。因此，我们有理由相信，未来台湾当局将更没有能力片面改变现状，我们对两岸关系的未来发展要抱持审慎乐观的态度。

两岸关系的政治市场已经出现结构性变化，两岸综合实力对比决定了两岸博弈格局已从台湾方面的“卖方市场”转入大陆方面的“买方市场”。大陆方面不仅硬实力大幅领先台湾地区，甚至软实力方面也在越来越多领域超越台湾。未来的两岸格局，台湾不可能有遂行“法理台独”的条件。

尽管基于逻辑推论，未来两岸关系格局发生颠覆性改变的可能性不大，但不等于说两岸关系会一帆风顺。赖清德“组阁”之初的“政治表白”风波曾经造成两岸关系不小的波动。所幸的是民进党当局领导人随后公开进行“约束性”

表态进行补救，赖清德本人事后也频频“政治缓颊”，两岸之间一场蓄势待发的政治风暴基本上平复下来。大陆方面维护两岸关系和平发展的决心是明确的，从十九大报告习近平涉台讲话基调来看，大陆方面是站在更高的高度和更大的格局思考台湾问题的，两岸关系不会轻易出现颠覆性的改变。不过赖清德轻率表态的政治风波也提醒我们，在抱持善良的愿望同时，大陆也要做好应对突发局势的准备，这也是必须谨慎面对的重大课题。今后，我们要研究对两岸关系进行更加细致更可操作的量化管理，防微杜渐，避免量变导致质变。因此，我认为大陆方面应尽快建立起两岸关系的预警机制，设立一定的量化指标对台湾进行有效管控。

只要人类社会还有国家存在，战争与和平的竞赛就不会结束。对于两岸关系的未来发展来说，我们仍然坚持以最大的努力争取和平解决分歧，在和平发展的过程中寻求共建两岸政治秩序。但是，政治秩序的重建要求双方都要有妥协的能力和美德，如果任何一方执政者没有妥协的美德和能力，战争仍将成为建立两岸政治新秩序的可能选项。由于现代战争的代价实在太大，因此，即使是强大的大陆一方也不会轻启战端。只要台湾当局不采取挑衅性行动，两岸发生战争的风险相对较小，和平解决的机会更大。

两岸关系不是国际关系，不是国家之争，而是政权之争，这是两岸关系和平发展的先决条件。笔者注意到，2017年3月22—23日民进党当局涉外部门负责人李大维和陆委会主委张小月在“立法院”面对有关两岸关系性质和两岸协议性质的询问时，先后明确表示：“两岸关系不是外交关系”“两岸签署的协议不是国际协定”，说明民进党当局也了解其大陆政策的底线在哪里。两岸关系和平发展是双方共同的权利与责任所在，和平解决分歧，必须成为双方的共同意志。我们要再次提醒民进党当局：单方面片面改变两岸同属一个国家的历史、法理和政治事实的言行，不仅不可能得逞，而且将招致来自大陆方面的毁灭性打击，结果只能是给人民带来灾难性后果。

对于人民来说，两岸关系不怕慢，不怕乱，就怕断，万事莫如交流急。最近10多年来，两岸不仅经济上越来越密切，而且越来越多大陆学生去台湾交流学习，越来越多台湾学生来大陆。我认为，他们各自站在大陆和台湾的立场思考问题的出发点基本不会改变，但是，明显变化的是有了更多相互理解，有了更多相互包容，更多人开始更加慎重的思考两岸之间的问题。更可喜的是，越来越多的人站在双方共同的立场上思考问题。在两岸政治僵局一时难以打破的情况下，维护两岸民间关系发展大局，是避免走向兵戎相向的最佳选择。尽管这条道路非常困难，但我们必须给两岸人民更多的时间和更多的空间，在两岸人民追求更加美好生活的过程中解决两岸政治分歧于无形。蔡英文曾经说过："如果政治不能使人民的生活获得改善，那从政又有什么用？"[①]我希望蔡英文和他的政治工作者伙伴们要经常重温这句话，"毋以善小而不为，毋以恶小而为之"，应早日建立起两岸双赢的政治思维。要少一点彼此鄙视、彼此冷漠、彼此排斥、彼此否定；多一点彼此欣赏、彼此珍惜、彼此包容、彼此肯定。

从1987年底到2017年底，两岸交流交往的成效直接体现在两岸人民和平稳定的生活中。当年那些书写"返乡血书"的大陆籍老兵无论如何也想不到的是，两岸交流30年后，一位未满50岁的高雄土生土长的女性卢丽安，不仅到大陆安居乐业，而且当选了中共十九大代表。类似的故事何止千千万万。两岸民间关系发展的成果已经惠及两岸千家万户，没有任何力量可以阻挠两岸人民交流交往的进程。

预测未来30年，两岸最终完全统一的进程将融入"基本实现社会主义现代化"和"建成富强民主文明和谐美丽的社会主义现代化强国"的主旋律中。大陆方面可能不再与台湾当局纠缠高阶政治敏感议题，两岸关系将更多聚焦民生议题。十九大报告已经明示，大陆方面将率先单方面制定和落实相关政策，以实际行动满足两岸人民的美好生活的需求。在继续增强挫败"台独"分裂活动的军事能力的同时，大陆方面将继续探寻两岸共同事务合作治理途径和方式，为两岸政治谈判预留空间，超过一甲子的两岸政权之争有可能演变为一场满足两岸人民对美好生活的向往和需求的竞争，两岸中国人民将是最大的赢家。

原文载于《台湾研究》2018年1期

---

① 蔡英文：《英派——台湾的这一里路》，台北：圆神出版社有限公司，2015年，第31页。

制度自信、制度互信与两岸社会制度“桥接平台”之建构

李　鹏

1949 年以后的很长一段时间，两岸处于隔绝对峙的状态，走上了不同的发展道路，两岸在社会制度、生活方式和价值观念等方面客观上存在着差异。两岸开放和交流合作的深化，在一定程度上增进了两岸同胞对社会制度和生活方式差异的理解，但各种偏见、误解和碰撞依然存在，不仅影响到台湾同胞的政治认同，也影响到两岸交流实现质的提升。在两岸关系和平发展不断巩固和深化的新时期，如何看待和处理两岸社会制度和生活方式的差异，越来越成为一个难以回避和值得重视的问题。2014 年 2 月，习近平总书记在会见中国国民党荣誉主席连战时表示，“我们尊重台湾同胞自己选择的社会制度和生活方式，也愿意首先同台湾同胞分享大陆发展的机遇”。[①] 但迄今为止，台湾方面对大陆社会制度的误解、偏见和傲慢还非常深刻，不少人甚至将此作为拒绝与大陆统一、阻挠两岸交流的理由和借口。9 月 26 日，习近平在接见台湾和平统一团体联合参访团时特别提到，“台湾同胞也需要更多了解和理解大陆 13 亿同胞的感受和心态，尊重大陆同胞的选择和追求”。笔者认为，针对客观存在的社会制度差异问题，两岸可以在制度自信的基础上建立起制度互信，并尝试在社会制度的某

① 习近平:《共圆中华民族伟大复兴的中国梦》，新华网，2014 年 2 月 18 日，http: //news.xinhuanet.com/politics/2014-02/19/c_119394028.htm。

些方面实现“桥接”，[①] 最终构建起“相互尊重、理性对话、良性竞争、共同进步”的社会制度“桥接平台”。只有这样才能够消除对彼此社会制度的成见，巩固和深化两岸互信，有利于两岸关系和平发展进程的继续推进。

一、两岸关系中的“社会制度”问题

社会制度是为了满足人类基本的社会需要，在各个社会中具有普遍性、在相当一个历史时期里具有稳定性的社会规范体系。[②] 一般来说，社会制度可以分成三个层次来理解，一是宏观层面的总体社会制度，如社会主义制度、资本主义制度等，它决定着该社会形态的性质，是制定各种制度的依据；二是中观层面的一个社会中不同领域的制度，如经济制度、教育制度、文化制度等，它决定着不同领域内的具体模式和规则；三是微观层面的具体行为模式和办事程序，如审批制度、考勤制度等。[③] 本文所讨论的社会制度属于宏观和中观层面的制度，即大陆实行的中国特色社会主义制度和台湾地区实行的资本主义“民主制度”，以及在这两种制度体系下的政治、经济、社会、文化、法律制度等。社会制度是一个非常复杂的社会规范体系，包含社会关系的方方面面。现在有些人将社会制度简化为“民主”或“不民主”，甚至过度简化为是否举行直接选举，将其作为评判社会制度优劣好坏的标准，其实是一种对社会制度的“狭隘化”理解。在不同的社会制度下，国家或地区的发展道路，以及人们的行为规范、生活方式、意识形态、价值观念等都不尽相同；但社会制度不是静态和一成不变的，而是在不断的改革、发展和变迁之中的。因此，分析比较不同的社会制度，应该用动态、发展的眼光，而不应该抱持根深蒂固的偏见。

海峡两岸的社会制度分歧可以追溯到1949年台湾问题出现之时。国共内战以后，在当时美苏冷战的背景下，大陆和台湾分属社会主义和资本主义两大阵营，实行了不同的社会制度。在两岸对峙的初期，大陆和台湾分别以军事手段“解放台湾”和“反攻大陆”为目标，并没有提及制度问题。但随着台湾方面

---

① “桥接”是厦门大学台湾研究院院长刘国深近年极力倡导的概念。刘国深认为，两岸政治发展和实践各有所长、各有优点和不足，双方应在“一国两制”的精神之下，进行两岸政治次体系的“柔性桥接”，既不硬性改变对方，又让两岸子系统可以有效兼容，使两岸的正能量得以更好地结合在一起。见刘国深：《“一国两制”融合两岸正能量》，香港中评社，2014年5月19日，http://www.crntt.com/doc/1031/9/2/9/103192942.html。

② 王道勇：《社会制度的“中国特色”：价值取向与运行机制》，《科学社会主义》2011年第5期，第18页。

③ 秦宣：《中国特色社会主义制度的多层次解读》，《教学与研究》2013年第1期，第14页。

在军事上屡屡受挫，便提出主要依靠政治上的“三民主义”而非凭借武力“光复大陆”。这里面就开始出现了“制度”的因素。1980年6月9日，蒋经国表示，“我们可以向所有的中国人说，以三民主义统一中国，是中国成为自由、和平、强大现代化国家唯一可行的道路”。①当时，台湾有人不断夸耀所谓“台湾经验”，宣传要将台湾“民主”“均富”的“幸福”生活带给大陆同胞，以实现“三民主义统一中国”。②大陆正式提出“制度”的问题是在“和平统一”的方针确立之后。1982年1月11日，邓小平在一次谈话中首次提出“一个国家，两种制度”的概念；1983年，邓小平在会见美籍华人学者时，更进一步表示“坚持一个中国，制度可以不同”，“统一后，台湾作为特别行政区，可以实行同大陆不同的制度”。③此后，“一个国家、两种制度”成为大陆对台政策的基本方针。可以说，“三民主义、统一中国”和“一个国家、两种制度”是当时两岸面对社会制度差异提出的两种不同选择和安排。

上个世纪80年代以来，随着台湾所谓“民主化”政治转型的推行，特别是1996年台湾地区领导人直选，2000年“政党轮替”之后，不断有人将社会制度问题凸显出来，提出对大陆的“制度认同”会影响到台湾民众的“国家认同”，声称大陆是否“民主化”是影响两岸关系和平发展与统一的关键因素之一。李登辉在1996年的就职演说中表示，“海峡两岸没有民族与文化认同问题，有的只是制度与生活方式之争”。2008年马英九在其就职演说中也声称，“两岸问题最终解决的关键不在主权争议，而在生活方式与核心价值”。民进党也多次声称应该以推动“民主、自由、人权”的“台湾经验”，帮中国大陆早日走向所谓“民主化”。虽然大陆多次表示，两岸社会制度不同，不能构成分裂国家领土的借口，不应该成为两岸关系和平发展和最终统一的障碍，但台湾很多人依然对两岸的制度差异抱有疑虑。台湾学者李允杰就认为，两岸需要的是时间，以拉近彼此的社会差距。如果有一天，这个社会差距不在，两岸的生活与价值观相近且相融，意识形态与制度也不再有冲突，再谈统“独”，就不会是难事。反之，当政治社会制度生活与价值观还有很大差距，贸然谈两岸要如何统一，谁来治理谁，都会是一种悲剧。④

① 李军主编:《台港澳百科大辞典》，北京：华龄出版社，1992年，第117—118页。

② 朱天顺主编:《当代台湾政治研究》，厦门：厦门大学出版社，1990年，第29页。

③ 国务院台湾事务办公室:《中国台湾问题外事人员读本》，北京：九州出版社，2006年，第40—41页。

④ 李允杰:《“冻独”与推进中国“民主化”》，台湾《中国时报》，2014年9月9日。

两岸存在着不同的社会制度和发展道路，是一个客观现实。对于如何看待和处理这种制度差异，海内外学者提出了各种不同的设想，主要可以分为三类：1.“制度并存”。这种设想以“一国两制”为代表，认为两岸可以分别实行不同的社会制度，两种制度并存，互不改变。有些学者在此基础上提出的“一国三制”“一国两制”的台湾模式等都出于这种考虑。2.“制度竞争”。这种设想认为两岸的制度各有优劣，可以在互动中进行制度的竞争，最终整合或选择出一个双方都认为比较好，而且都能接受的社会制度。如马英九在2012年元旦讲话中就声称，两岸间“应努力在自由、民主、人权、法治等核心价值上，彼此激励，相互提升”。3.“制度改变”。这种设想基本上是一面倒地要求大陆改变现有的社会主义制度，向所谓西方的“民主”制度靠拢，认为台湾的制度比大陆“先进”和“优越”，大陆只有“民主化”才能够创造解决台湾问题的机会。台湾学者李酉潭就认为，“海峡两岸和平的展望，一方面在于台湾维持自由民主体制并顺利迈向民主巩固的目标；另一方面则系于中国（大陆）未来民主化能否顺利推动，并在国际社会的协助下，稳定和平地进行民主转型与民主巩固的历程，最终成为自由民主的国家”。①

二、制度自信与制度互信的建立

在推进两岸关系和平发展的进程中，在深化两岸各项交流的过程中，如何看待两岸的社会制度差异，如何化解台湾民众对大陆社会制度的误解和偏见，笔者认为，必须从制度自信入手，建立起两岸之间的制度互信。

回顾两岸关系发展的历史，我们会发现，两岸都曾经对自己的社会制度有着充分的自信。在两岸隔绝和对峙时期，大陆和台湾都认为自己的制度是优越的。大陆认为台湾处于“白色恐怖”和“万恶的资本主义”统治之下；台湾则声称要将大陆人民从“邪恶的共产主义”统治的“水深火热”中解救出来。毛泽东和邓小平都对社会主义制度有着高度自信，毛泽东侧重社会发展进程的宏观角度把握，认为社会主义制度终究要代替资本主义制度，这是一个不以人们自己的意志为转移的客观规律。②而邓小平提出“一国两制”，其背后也是基于

① 李酉潭：《自由人权与民主和平：台湾民主化的核心价值》，台北：五南图书出版股份有限公司，2011年，第236页。

② 贾绘泽：《中国特色社会主义制度自信研究框架分析》，《理论探讨》2014年第2期，第37页。

对社会主义优越性的笃信不疑。邓小平明确指出，“社会主义是必由之路，社会主义优于资本主义”，民主集中制“更利于团结人民，比西方的民主好得多”。[①]邓小平之所以允许港澳台保留和发展资本主义，并不是要在整个中国走资本主义道路，而是认为这些地区的资本主义制度和经济尚有存在的价值，可以发挥他们的“窗口”和“桥梁”作用，不仅影响不了大陆的社会主义，反而更有利于发展社会主义。[②]同样，台湾方面当时提出的“三民主义统一中国”，也是建立在制度自信基础之上的。1988 年 9 月台湾的《民众日报》就发文表示，台湾人民很希望将台湾比较民主的制度带给大陆同胞，要谋求“统一在‘一国一制’的模式里”。[③]但随着上个世纪 80 年代末的苏东剧变，全球范围的社会主义遭受重大挫折，加上台湾的“民主政治转型”的推进，两岸的制度自信出现了新的变化。大陆不少人对社会主义制度开始不够自信，而台湾民众则显示出对于所谓“民主政治”的过于自信，这种落差也投射到两岸关系的交往之中。

台湾方面越来越强调两岸社会制度的差异，对台湾“民主”制度盲目自信的出现，有着深厚的国际、两岸和岛内背景。首先，苏东剧变之后，西方政界和学界普遍认为西式的“自由民主”在全世界范围内取得了全面胜利，被证明是世界上最好的制度。有学者指出，冷战后的 20 年，民主已经被泛化成一种无处不在的国际政治现象，被神圣化、宗教化、工具化、功利化、标签化、绝对化，成为国际政治和国际关系的焦点问题。民主成为西方划分关系亲疏和国际阵营的政治工具，成为国际政治较量的内容。[④]美国将台湾吹捧为亚洲民主的“楷模”和“灯塔”，却以“民主、人权”为借口不断向大陆施加压力。其次，“经济奇迹”和“政治民主”曾经是台湾方面与大陆打交道的两大筹码。但大陆改革开放以后，经济持续高速增长，特别是 20 世纪 90 年代以来，大陆的综合实力大幅提升，台湾与大陆的经济、军事实力差距越来越大，曾经引以为傲的“台湾经验”“经济奇迹”已经成为历史，“政治民主”便成为台湾当局仅剩的能够对内宣传、对大陆要价的少数筹码之一。最后，台湾在“政治民主化”之后，“民主”成为各政党、政治人物最常用、最好用的工具和标签之一，出现了民主“民粹化”的迹象。只要将自己标榜成“民主”，将对手打成“反民主”，就有机

① 《邓小平文选》（第三卷），北京：人民出版社，1993 年，第 225 页，第 240 页。

② 丛凤辉主编:《邓小平国际战略思想》，北京：当代世界出版社，1997 年，第 223—224 页。

③ 《北京与台北的认识差距》，台湾《民众日报》，1988 年 9 月 25 日。

④ 张树华:《冷战后西方民主与民主化研究：理论困境与现实悖论》，《红旗文稿》，2011 年第 11 期，第 9—10 页。

会赢得选票，站上政治制高点。因此台湾就出现了民进党执政时期国民党表示“民主已死”，国民党执政后民进党指责马英九“伤害民主”，对于同一个政治事件双方都标榜自己是“维护民主”而对方是“破坏民主”的现象。在上述氛围的影响下，台湾部分民众对“民主”的狂热被煽动起来，对台湾的“民主成就”充满夜郎自大式的自豪感，在与大陆谈及民主时经常态度傲慢。

相比之下，在世界社会主义运动遭受挫折后，中国成为世界上硕果仅存的少数几个社会主义国家之一，成为西方国家“和平演变”的对象。西方国家对“民主”的话语权的垄断，对西方式民主的宣传和渲染，的确让大陆某些人对中国特色的社会主义制度不够自信，甚至产生了怀疑。但中国共产党和政府从来都没有屈服于西方的压力，而是表现出对中国特色社会主义民主的坚定信心。大陆认为，判断一种社会制度是否先进合理，关键要看它是否有利于促进经济社会发展，是否有利于实现好、维护好、发展好最广大人民的根本利益。[①]制度自信来自制度在实践中的有效性，提升人民制度自信的最有效办法，即是在实际工作中取得成就。大陆一方面吸取苏联东欧国家的教训，另一方面也吸收西方国家在制度建设中的有益经验，成功地促进了大陆经济社会的发展。随着中国的崛起和国际地位的提升，大陆越来越强调“理论自信、道路自信和制度自信”，大陆也越来越不回避“民主”的问题，而是试图在西方国家对“民主”的话语垄断中建构起自己的“民主”理论和话语系统。中央编译局副局长俞可平2006年就发表《民主是个好东西》，复旦大学教授苏长和最近发表的《民主的希望和未来在中国》，都显示出中国在这个问题上越来越自信。习近平更是强调，“一个国家选择什么样的治理体系，是由这个国家的历史传承、文化传统、经济社会发展水平决定的，是由这个国家的人民决定的。我国今天的国家治理体系，是在我国历史传承、文化传统、经济社会发展的基础上长期发展、渐进改进、内生性演化的结果。我国国家治理体系需要改进和完善，但怎么改、怎么完善，我们要有主张、有定力。没有坚定的制度自信就不可能有全面深化改革的勇气，同样，离开不断改革，制度自信也不可能彻底、不可能久远。我们全面深化改革，是要使中国特色社会主义制度更好；我们说坚定制度自信，不是要固步自封，而是要不断革除体制机制弊端，让我们的制度成熟而持久”。[②]

---

① 郑志国：《为什么我们有制度自信》，《人民日报》，2013年8月9日。

② 《习近平：制度自信不固步自封》，新华社，2014年2月17日，http://news.xinhuanet.com/3gnews/2014-02/17/c_126147770.htm

制度自信是制度互信的基础。在两岸隔绝和对峙时期，虽然双方都对自己的制度非常自信，但由于双方的目标都是消灭对方，欲以自己的制度取而代之，所以无法建立起制度上的互信。随着上个世纪80年代后期两岸开启交流交往的大门，双方对对方的制度开始有一定的了解和感受，也使两岸建立制度互信有了可能性。近30年中，越来越多的台湾民众来大陆探亲、投资、就学、旅游，几十万台商在大陆正常经营，上百万台湾同胞选择在大陆长住生活，数百万台湾同胞经常往返于两岸，制度差异并没有能够阻挡两岸交流的步伐。台湾学者林信华认为，在目前的两岸关系中，虽然拥有近100万的台商在大陆，但两岸之间并不存在任何的共同制度，这在人类社会中的确是一种非常特殊的互动状态。① 在交流中，越来越多的台湾民众感受到，大陆的政治和社会制度并非台湾当局长期诋毁和岛内媒体报道的那样“专制”，甚至透过交流切实感受到大陆必须要走与国情相适合的发展道路，甚至还有人开始深入思考大陆社会制度中的优越与合理的成分。但是，台湾当局一开始就非常担心两岸交流可能会导致台湾民众被“统战”，会动摇台湾民众对“台湾民主”的信心，经常以大陆“不民主、不自由”为借口，对台商和岛内民众进行恐吓，提醒他们防范大陆政局变动和“政策多变”带来的风险。② 台湾学者张亚中就观察到，“从1994年起，台湾已将‘制度认同’作为一种防御性手段，而认为这是两岸根本的差异与无法建立集体认同的关键所在”，具体表现在“台湾以‘民主化’作为区隔与中共的不同，更以‘民主认同’作为两岸迈向统一的必要条件”。③ 这其实暴露出台湾当局在表面的制度自信背后的高度不自信，担心台湾民众对大陆的社会制度产生好感和认同，成为两岸建立制度互信的一大障碍。

两岸制度互信的建立，首先要基于了解和认识，而了解来源于交流，认识来源于沟通。两岸在交流的过程中没有必要刻意回避社会制度的差异问题，而应该正视差异、澄清误解、增加了解、化解疑虑。2008年以来，随着大陆居民赴台旅游人数的增多，两岸每年有近千万人次往返于两岸，他们可以近距离观察和了解对方的社会制度以及经济社会发展成果，有利于形成对社会制度差异的理性思考。理性思考是建立制度互信的必要条件。如果双方都是基于对“民

① 林信华:《超国家社会学：两岸关系中的新台湾社会》，台北：韦伯文化国际出版有限公司，2003年，第199页。

② 李鹏:《海峡两岸经济互赖之效应研究》，北京：九州出版社，2010年，第184—845页。

③ 张亚中:《两岸统合论》，台北：生智文化事业有限公司，2000年，第130页。

主”的一知半解，基于对对方制度的道听途说，基于根深蒂固的刻板印象，就难以建立起真正的制度互信。与此同时，两岸学者已经就社会制度差异问题展开对话，也增进了相互的了解。从2011年开始，在台湾举行的“爱与和平论坛”上，两岸学者已经不回避就“民主”的议题展开讨论，在某些问题上甚至形成了一致的看法，如前中国社科院台研所所长余克礼指出，民主有多种形式，重点是要按照中国国情去推动，“如果搞快是会翻船的”。而台湾当局前“国家安全会议”秘书长苏起也认为，大陆民主化过程必定缓慢，而且需要摸索，过程是曲折和反复的，台湾要了解大陆民主发展的复杂性，不能简单、一厢情愿地看待大陆的民主。① 无论是学者的交流，还是民间的互动，都是建立制度互信的重要社会和民意基础；而两岸要真正化解制度差异问题，还必须从制度化的角度着手，考虑建构能够发挥“桥接”作用的两岸社会制度平台。

三、两岸社会制度“桥接平台”之建构

两岸社会制度的差异是历史形成的，而且受到诸多现实政治因素的影响，希望在短时期内得到彻底解决并不现实。但是，为了维护两岸关系和平发展的良好局面，为了给两岸交流提供一个良好的氛围，两岸都有责任和义务去面对和讨论这个问题。两岸光有制度自信是不够的，还必须要建立制度互信，而制度互信又必须要有制度化的保障，必须让对方对自己的制度“有安全感”“有信任感”。为此，两岸可以开始探讨建立两岸社会制度“桥接平台”的可能性。

“桥接”一词是被经常运用于物理学、信息科学、科技哲学和语言学中的概念。所谓桥接，通俗地讲就是在不同的东西之间搭一个桥，让他们能够连接起来，可以相互通讯和使用。② 在信息科学中，桥接模式是一种结构型模式，它是为了应付物体的两个或多个维度变化，将被分离了的抽象部分和实现部分进

① 《民主论坛有助拉近两岸距离》，华夏经纬网，2012年4月12日，http：//www.huaxia.com/thpl/sdfx/2810550.html。

② 对于“桥接”的理解，一个通俗的事例是，假设现在我们需要为某个餐厅制造菜单，餐厅供应牛肉面、猪肉面，而且顾客可根据自己的口味选择是否添加辣椒。此时就产生了一个问题，我们如何来应对这种变化：我们是否需要定义辣椒牛肉面、无辣牛肉面、辣椒猪肉面、无辣猪肉面4个子类？如果餐厅还供应羊肉面、韭菜面呢？如果添加辣椒时可选择无辣、微辣、中辣、重辣风味呢？为了解决这个问题，我们可以使用桥接模式。桥接模式的做法是在保持主类完整的前提下，把变化部分抽象出来，使变化部分与主类暂时分离开来，从而适应多个维度的变化；最后提供一个管理类来组合不同维度上的变化，通过这种组合来满足业务的需要。摘自http：//newleague.iteye.com/blog/1124299。

行搭桥。两个物体之间既有密切联系，抽象部分兼容成为一体，具体领域又能够保持各自相对独立的面向。刘国深教授第一个将“桥接”引入两岸关系的研究中，他认为两岸可以在“一个中国”的大系统下进行两岸政治次体系的“柔性桥接”，通过“桥接”，两岸中国人要从此告别相互排斥和攻讦，要更多地以彼此欣赏、彼此珍惜的观念推动交流合作，让两岸人民有更多的时间和空间建立起共同的生活圈，最终实现“让我们所有中国人都过上更加美好的生活”的目标。[①] 这其实也是两岸有必要构建社会制度“桥接平台”的原因所在。

客观地说，两岸的社会制度各有所长，各有所短。大陆的社会主义制度如果没有优越性，就不可能在30年内将中国从一个贫穷落后的国家变成世界第二经济强国。台湾对自己“民主政治”的得意吹捧，也难以掩饰近20年来其“过度民主”和“民主民粹化”所带来的一系列负面效应。作为一种创新思维，“桥接”突破了过去两岸在制度问题上“1+1=2”和“2–1=1”的模式，而是试图寻找一种“（1–0.5）+（1–0.5）=1”“（1–0.4）+（1–0.6）=1”“（1–0.3）+（1–0.7）=1”……的新模式，两岸尝试建立社会制度“桥接平台”，其根本目标就是要在两岸动态交往的过程中，不断化解和逐渐消除两岸社会制度差异所带来的误解，巩固和推进两岸关系和平发展的进程，创造有利于两岸之间最终解决问题的氛围；同时探讨最适合两岸中国人文化特点、最有利于中华民族伟大复兴的社会制度。

两岸建构共同社会制度“桥接平台”必须遵循一定的原则，笔者认为至少应该包括：相互尊重、理性对话、良性竞争、共同进步。“相互尊重”就是不相互抹黑，不谋求相互改变。大陆已经多次表示尊重台湾人民的社会制度和生活方式，无意改变台湾现行的政治、经济、社会制度。邓小平早就强调，“只要历史证明中国社会主义制度的优越性就够了，别国（地区）的社会制度如何我们管不了”。[②] 既然大陆对台湾人民的选择给予尊重，台湾方面在社会制度问题上也应该谦卑，对大陆的制度选择有所尊重，不要动辄就指责大陆的制度“不民主”，要求大陆改变现有的社会制度，向西方式的“民主政治”靠拢。

“理性对话”就是两岸可以借助这个平台讨论制度差异问题。中国大陆并不惧怕同包括西方国家在内的任何国家或地区就“民主”展开讨论，实际上中美

---

① 刘国深：《“一国两制”融合两岸正能量》，香港中评社，2014年5月19日，http：//www.crntt.com/doc/1031/9/2/9/103192942.html。

② 《邓小平文选》（第三卷），北京：人民出版社，1993年，第360页。

之间的“人权对话”已经进行多年。两岸要进行此类对话，动机必须单纯，必须建立在理性、客观、平等的基础之上，不应该有先入为主的偏见和进行无端的指责和歪曲，更不能将“民主对话”作为分裂国家的理由和借口。台湾有反对党和所谓“人权人士”提出将大陆民主化的问题、法轮功的问题和西藏问题列入两岸政治谈判的讨论范围，背后有着险恶的政治用心和不可告人的政治目的，这样的对话北京“绝对不会同意”。①

“良性竞争”是指两岸可以通过社会制度“桥接平台”取长补短，不断完善自己的社会制度。在两岸交流日益深入的情况下，每年有数百万大陆和台湾同胞往返两岸之间，还有数千万人通过网络、电视、报纸等媒体相互了解对方，竞争是客观存在的。双方都要有包容的心态、广阔的视野和开放的胸襟，看到对方社会制度中的可取部分。中国特色社会主义制度的优越性，就是不断借鉴和汲取其他社会制度中的有益成分为我所用；台湾也不能盲目自大，将大陆的社会制度一概否定，也应该考虑吸收大陆制度中的合理成分。

“共同进步”是指两岸可以透过这个“桥接平台”，来改革和完善自己的社会制度。无论是大陆的制度，还是台湾的制度，都不是完美无缺的，都有很多不符合中国国情和中华文化特征的地方。双方可以在交流互动中，大胆抛弃不适应两岸实际情况、不符合时代发展和实践要求的制度，同时充分吸收和借鉴对方和世界制度文明发展成果，为两岸中国人寻找到一条适合中国国情，符合中华文化特点，有利于中华民族复兴和中国梦实现的发展道路。

两岸建构社会制度“桥接平台”的可行路径是：先易后难、先经后政、先理论后实践。社会制度是一个复杂的系统，涉及方方面面。两岸建构共同社会制度平台，可以借鉴过去几年两岸协商谈判的经验，先从比较容易的领域入手，从低敏感度的经济领域入手，然后再循序渐进地探讨比较困难的政治领域。实际上，改革开放以来，大陆在经济制度领域已经有很多制度与国际接轨，在社会管理领域也借鉴了台湾的某些先进的经验，这些领域可以成为两岸社会制度“桥接”的优先领域。两岸的社会制度问题不是一个简单的“民主”或“不民主”、“投票”或“不投票”的问题。“民主”是国际政治理论和实践中最具争议的概念之一，两岸在讨论这个议题时必须要有理论上的准备和共识。刘国深就表示，我们多数人追求真理，要有理论的体系，做事情一定要有逻辑性，两岸

① 黄嘉树：《关于两岸政治谈判的思考》，香港《中国评论》，2010年12月号，第6页。

之间的事情，制度的问题，民主的问题，是需要理论的探索；法包括法度与方法，追求民主也要有方法、法度。[①] 两岸建构这样一个社会制度的“桥接平台”，一方面是要为两岸某些领域先行实现“桥接”创造条件，另一方面也为两岸学者、智库和理论界就社会制度差异问题进行理论建构、理性探讨、舆论引导提供机会，通过交流、沟通、引导来消弭和化解两岸在社会制度领域的误解和偏见，从而保障两岸关系和平发展进程的顺利推进。

原文载于《台湾研究集刊》2014年6期

---

① 《刘国深：因有情　没理由对两岸和平发展悲观》，香港中国评论新闻网，2014年5月15日，http：//crntt.com/doc/1031/8/7/9/103187903.html。

关于两岸和平协议的几点思考

张文生

2007 年 10 月，“在一个中国原则的基础上，协商正式结束两岸敌对状态，达成和平协议，构建两岸关系和平发展框架，开创两岸关系和平发展新局面”①写入了中国共产党“十七大”政治报告。2008 年 12 月 31 日，胡锦涛在纪念全国人大《告台湾同胞书》发表 30 周年座谈会上的重要讲话中再次呼吁，“在一个中国原则的基础上，协商正式结束两岸敌对状态，达成和平协议，构建两岸关系和平发展框架”②。2012 年 11 月，中共“十八大”报告再次呼吁，希望双方共同努力，“协商达成两岸和平协议，开创两岸关系和平发展新前景”③。达成和平协议，是两岸关系和平发展框架的核心内容，也是两岸关系和平发展的最重要的标志，“两岸和平协议是结束两岸敌对状态的最后体现形式”④。

一、现阶段达成两岸和平协议的可行性

马英九在当选台湾地区领导人之前提出了“五不、五要”的政见，曾经表示：“我们愿与对岸协商三十年、四十年或五十年的和平协议。在这个和平协议架构下，也应包括两岸‘军事互信机制’”⑤。2011 年 10 月，马英九在竞选连任

---

① 胡锦涛:《高举中国特色社会主义伟大旗帜为夺取全面建设小康社会新胜利而奋斗——在中国共产党第十七次全国代表大会上的报告》(2007 年 10 月 15 日),《求是》2007 年第 21 期。

② 胡锦涛:《携手推动两岸关系和平发展同心实现中华民族伟大复兴——在纪念〈告台湾同胞书〉发表 30 周年座谈会上的讲话》(2008 年 12 月 31 日),《人民日报》, 2009 年 1 月 1 日 02 版。

③ 胡锦涛:《坚定不移沿着中国特色社会主义道路前进为全面建成小康社会而奋斗——在中国共产党第十八次全国代表大会上的报告》(2012 年 11 月 8 日),《求是》2012 年第 22 期。

④ 余克礼:《两岸应正视结束敌对状态签订和平协议的问题》,《台湾研究》2009 年第 3 期。

⑤ 2006 年 3 月 23 日马英九于美国布鲁金斯学会中英文讲稿，http: //www.kmt.org.tw/category_2/category2_1_2_n.asp ？ sn=59。

过程中再次提出："未来 10 年中，应该对两岸在循序渐进的情况下，审慎斟酌未来是否洽签'两岸和平协议'"[①]。旺旺中时民调中心的相关调查显示，马英九的主张得到近 6 成台湾民众的支持，"有 59% 的人认为签订和平协议，有助于两岸稳定交流，避免兵戎相见"[②]，只有 16% 的人存有疑虑。应当说，马英九就任台湾地区领导人以来，为两岸关系的改善与缓和做出了巨大的努力。两岸两会在"九二共识"的基础上，已经签署了 21 项协议。海峡两岸均有签署和平协议的意愿和需要，然而现阶段两岸关系发展的客观条件却仍未达到有利于顺利商签两岸和平协议的程度。

第一，民进党等泛绿政治势力仍然顽固坚持"反中""台独"的政治立场，煽动部分台湾民众对抗马英九当局推行的大陆政策。在民进党和其他"台独"政治势力看来，"和平协议掉入'一中陷阱'""和平协议即是投降协议"。"台联党"主席黄昆辉攻击"和平协议将成为台湾的'定时'投降协议"[③]；"马英九的'和平协议'就是'投降'，台湾后代子子孙孙也等于签下了'卖身契'"[④]。民进党指责马英九的两岸和平协议主张"牺牲台湾主权、改变台海现状、危及民主价值、破坏战略纵深"，强调两岸和平协议应该以"主权、民主、和平"等"三个坚持"为前提，"一、坚持主权：任何两岸协商不能以'一个中国'作为政治前提。二、坚持民主：任何涉及变更台湾现状的政治协商结论，必须以公民投票为前提。三、坚持和平：坚持中国必须撤除对台湾的武力威胁"。[⑤]台湾社会统"独"对立，对于两岸和平协议并没有共识，台湾大学周继祥教授认为："台湾内部对于两岸和平协议始终找不到'台湾共识'，这还是'空心菜'，需要更多时间讨论"。[⑥]

第二，国民党当局受到民进党的牵制，马英九连任以后民意基础低落，对推动两岸和平协议缺乏积极性。两岸和平协议牵动台湾社会敏感的统"独"神经，2011 年 10 月马英九提出考虑洽签"两岸和平协议"的主张后，马上又提

① 台湾当局"总统府"新闻稿：《"总统"主持'黄金十年'系列第五场记者会》，公布日期：2011 年 10 月 17 日，参见台湾当局"总统府"网站：http：//www.president.gov.tw/Default.aspx？tabid=131&itemid=25592&rmid=514&size=100。

② 《本报最新民调 4 成 2 认有利马选情，两岸签和平协议近 6 成支持》，《中国时报》2011 年 10 月 19 日 A1 版。

③ 《马抛和平协议　绿批统一时间表》，《自由时报》，2011 年 10 月 18 日 A01 版。

④ 《黄昆辉：和平协议替子孙签卖身契》，《台湾时报》，2011 年 11 月 4 日第 4 版。

⑤ 《马抛和平协议蔡：拿国家当赌注台湾陷四险》，《台湾时报》，2011 年 10 月 20 日第 3 版。

⑥ 《两岸签和平协议缺台湾共识》，《旺报》，2012 年 3 月 6 日 A16 版。

出了“公民投票”等“十大保证”作为政治安全阀。当选连任以后，马英九更加不敢触碰政治谈判、和平协议的相关议题，认为“目前并没有迫切性，要与中国大陆讨论签署和平协议的问题”①；签署和平协议是因为之前有战争，“对两岸来说，这阶段早已过去；以现在的情况，签署和平协议，内容还能增加什么？”②台湾大学政治系教授朱云汉指出：“目前台湾没有动力去面对两岸和平协议”，“影响所及是台湾在面对政治议题谈判时太慎重、甚至胆怯，害怕碰触到人民的逃避心理，所以在此氛围下，目前对和平协议的操作，仍将停留在学者议论阶段”。③

第三，目前两岸关系建立在“九二共识”的基础之上，海峡两岸关于一个中国原则、台湾当局政治地位等核心政治议题仍旧缺乏共识，尚未形成签署两岸和平协议的牢固的政治基础。“认同‘台湾国’或‘中华民国’的人都有一个共同的心声，放弃国家主权与北京政权和谈，就是投降的行为”④。对于台湾当局来说，两岸政治谈判或两岸和平协议的商签，最重要的是确认“中华民国的存在”，《中华日报》社论曾经指出：“两岸和平协议彰显中华民国存在事实”⑤。周继祥教授就认为：“两岸要能和平、对等走下去，至少要给中华民国一个说法”⑥。

马英九在“反独”立场上缺乏政治气魄，台湾当局对于“一个中国”“国家统一”的用语噤若寒蝉，连单纯的两岸经济合作协议都难以排除“独”派的阻力，更别提纯粹政治性的两岸和平协议了。因此，现阶段仍然难以把两岸和平协议列入两岸协商和谈判的议程，有待条件和时机的进一步成熟。而两岸学界的讨论则已经日益深入，作为另一种务实的做法，国民党荣誉党主席连战曾经建议，“两岸不妨借签署‘周边议题’，以堆积木方式来推动和平协议、建立政治互信，也可由学术界和智库召开和平论坛，大家集思广益，为和平发展和互信创造积极条件”⑦。

---

① 《马：两岸谈和平协议没有急迫性》，《旺报》，2012年5月21日A4版。
② 《胡谈话冷处理》，《联合报》，2012年11月9日A1版。
③ 《两岸和平协议学者议论阶段》，《旺报》，2012年5月8日A15版。
④ 《马政权要以什么角色与对岸签和平协议？》《台湾时报》，2011年10月19日第2版。
⑤ 《两岸和平协议彰显中华民国存在事实》，《中华日报》，2011年10月23日A02版。
⑥ 《两岸签和平协议缺台湾共识》，《旺报》，2012年3月6日A16版。
⑦ 《连战：两岸和平协议可从周边议题入手》，《中国时报》，2012年9月8日A4版。

二、两岸和平协议的政治性质

两岸和平协议要解决什么问题，要达到什么目的，取决于对两岸和平协议的政治性质的正确定位，因此，应当对两岸和平协议的政治性质和功能定位有一个清晰的认识。随着两岸关系的发展，中国共产党日益认识到“实现和平统一首先要确保两岸关系和平发展”，进而形成了“两岸关系和平发展是实现两岸和平统一的必经阶段”“两岸关系和平发展是通向和平统一的正确道路”的论断。两岸和平协议的政治性质的准确定位与两岸关系和平发展阶段的政治现实直接相关，两岸和平协议是两岸关系和平发展框架的直接体现。

两岸和平协议实质上是国家统一前的过渡性协议，是规范两岸关系和平发展框架的政治协议，是国家尚未统一的特殊情况下的两岸政治关系的合情合理的安排的体现。两岸和平协议不是两岸和平统一协议，而是两岸和平发展协议、两岸和平共处协议，不是两岸关系的终极性的政治安排，不可能彻底解决两岸面临的结构性的政治分歧。两岸和平协议不直接处理两岸统一问题，目的是维系台海和平与遏止“台独、分裂”活动，在两岸和平协议中可以不必纳入“国家统一”的相关表述。当然，两岸和平协议也不能成为保障“和平分裂”的协议，“虽然两岸和平协议不是两岸统一协议，但是不能排除两岸统一的政治指向”①。

很显然，台湾当局无意在两岸和平协议中处理统一问题。民进党指责马英九推动和平协议，“等于是进入统一进程、确立未来 10 年想要推动统一的时间表”，因为在民进党看来，“所谓和平协议就是两岸的政治协议，实际上就是以统一为前提的政治协议”。② 马英九当局反驳了民进党的说法，认为“该协议并非与中国大陆谈判统一，而是为了持续现已获致的两岸和平”③。台湾当局的陆委会也认为：“这一政策目标就是让不统、不独、不武的台海现状‘制度化’，创造永久的两岸和平”。④ 台湾民众对于统一为目标的和平协议尚难接受，台湾指标民调数据显示，67.9% 的民众不接受和平协议以两岸统一为目标，68.3% 认为须等公投通过才可启动谈判，58.6% 认为即使谈判结束，仍须交付公投决定。⑤

① 张文生：《两岸和平协议的性质刍议》，《台湾研究集刊》，2013 年第 2 期。

② 《绿：人民没有授权启动统一》，《民众日报》，2011 年 10 月 19 日 A02 版。

③ 《和平协议，马：非与对岸谈统一》，《中华日报》，2011 年 10 月 19 日 A01 版。

④ 《赖幸媛：将不统不独不武制度化》，《旺报》，2011 年 10 月 19 日 A6 版。

⑤ 《台湾指标民调：68% 台湾人拒绝统一的和平协议》，《自由时报》，2013 年 11 月 1 日 A06。

通过商签两岸和平协议确保两岸和平，而不解台湾社会对立的统“独”问题，这也是台湾社会的普通看法。《联合报》社论认为：“‘和平协议’非但是‘不统/不独/不武’的法制化与固定化；亦应当是‘一中各表’的法制化与固定化”[①]。

两岸和平协议体现了两岸关系和平发展时期双方秉持“求同存异、搁置争议”的务实精神，两岸和平协议更大程度上是维持现状的协议，搁置争议的协议。两岸和平协议在某种程度上也是“不统、不独、不武”架构的法律表现。两岸和平协议是法律上确认“1949年以来，尽管两岸尚未统一，但大陆和台湾同属一个中国的事实从未改变”的法理现状。在两岸和平协议的架构之下，既体现了“大陆和台湾同属一个中国”的两岸领土和主权同一性的“一中架构”的性质，也反映出国家尚未统一的特殊情况的特征。在两岸和平协议的架构之下，“中华民国”的“国号”等政治象征符号依然存在，“中华民国宪法”也依然存在；但是和平协议的达成并非是法律上承认“中华民国”及“中华民国宪法”。通过达成两岸和平协议，台湾方面以确认和承认一个中国原则换取两岸和平的维系；大陆以有限放弃使用武力换取台湾方面坚持一个中国原则，促使台湾方面放弃“台独、分裂”路线。

三、两岸和平协议的政治前提

两岸和平协议是“在一个中国原则的基础之上”协商达成的和平协议。一个中国原则的核心是海峡两岸在主权与领土上的同一性或重叠性，即“大陆和台湾同属一个国家”，也就是“一中框架”。“两岸复归统一，是结束政治对立，不是领土和主权再造”[②]，确保海峡两岸在领土与主权上的同一性是两岸关系和平发展时期的基本要求，是维护两岸关系走向“和平统一”而不是“和平独立”的基本保障。“一中框架”是两岸关系和平发展时期两岸政治关系的基本架构，是两岸关系之锚，海峡两岸共同确认“一中框架”是签署两岸和平协议的政治前提。某种意义上可以说，两岸和平协议是“一中”换“和平”的协议，有“一中”才有“和平”，没有“一中”就谈不上“和平”。

马英九主政以来，海峡两岸对于一个中国原则和“九二共识”的认知越来越接近。马英九多次强调两岸关系“不是‘国与国’的关系”。2008年8月，马英九接受墨西哥太阳报记者采访，公开表示：“我们在1992年与中国大陆所

① 《两岸和平协议就是不统不独不武》，《联合报》社论，2011年10月18日A2版。

② 《习近平总书记会见台湾和平统一团体联合参访团》，《人民日报》，2014年9月27日01。

达成的一个共识，称为‘九二共识’，双方对于‘一个中国’的原则都可以接受，但对于‘一个中国’的含意，大家有不同的看法。”[①]2013年6月13日，中共中央总书记习近平会见国民党荣誉主席吴伯雄，吴伯雄表示：“两岸各自的法律、体制都实行一个中国原则，都用一个中国框架定位两岸关系，而不是‘国与国’的关系”[②]。2013年7月20日，习近平电贺马英九当选中国国民党主席，马英九在复电中表示：“1992年，海峡两岸达成‘各自以口头声明方式表达坚持一个中国原则’的共识”[③]。海峡两岸对于“一中框架”“九二共识”的共同认知越来越清晰，一致立场越来越明确，在事关两岸政治定位的一个中国原则的核心问题上找到共同表述空间的可能性越来越大，这就为两岸协商和达成和平协议建立了可能的政治基础。

当然，不可否认，海峡两岸对于一个中国的内涵仍是有分歧的。台湾当局主张的是“一中各表”，强调“中华民国”的存在；台湾当局仍然强调“各表”的分歧，主张“互不承认主权、互不否认治权”。台湾当局签署两岸和平协议的目标是维系“中华民国”的生存与发展。两岸对于一个中国原则的共识仍旧局限在主权层次，在政权层次仍然难以达成共识，因此，政权层次的争议，即“国号”等问题的争议，仍旧必须搁置。

一个中国原则的核心是领土和主权的统一，即“大陆和台湾同属一个国家”。毫无疑问，“一中框架”作为两岸和平协议的政治前提，依然会引起台湾当局和台湾社会的疑虑，前美国在台协会理事主席卜睿哲就认为：“两岸若签署和平协议，势必要对‘一个中国’的概念做出更清楚的定义，比九二共识还要明确，这将会非常困难”[④]。但是没有“一中框架”的和平协议对于两岸和平没有实际意义，两岸在“一中框架”形成共识的机会是存在的。两岸应当把商签和平协议当作解决政治难题的历史性机遇，为海峡两岸永久和平奠定基础，也为台湾社会的社会稳定和经济发展创造良好的环境，“着眼长远，两岸长期存在的政治

---

① 台湾当局“总统府”新闻稿:《“总统”接受墨西哥‘太阳报’系集团董事长瓦斯盖兹（Mario Vázquez Raña）专访》，2008年9月3日，参见：http：//www.president.gov.tw/php-bin/prez/shownews.php4？_section=3&_recNo=26。

② 《中共中央总书记习近平会见中国国民党荣誉主席吴伯雄》，《人民日报》，2013年6月14日01版。

③ 《中共中央总书记习近平电贺马英九当选中国国民党主席　马英九复电习近平表示感谢》，《人民日报》2013年07月21日01版。

④ 《卜睿哲：两岸和平协议无助台湾安全》，《自由时报》，2013年4月10日A04版。

分歧问题终归要逐步解决，总不能将这些问题一代一代传下去”[①]。

四、两岸和平协议的协商进程

可以预见，海峡两岸在和平协议的协商过程中会有很多分歧，台湾方面会力争在和平协议中达到“互不否认”或“互相承认”的政治目的，会要求解决台湾当局的国际活动空间问题，以及大陆撤除对台导弹部署问题，试图在主权层次取得突破，涉及敏感的两岸关系以及台湾政局。因此，对于两岸和平协议的协商进程，可以从长计议，将战线拉长，不必有时间表，不必急于求成。两岸学者大多主张通过多种途径，采取灵活方式，循序渐进地解决相关问题。大陆学者余克礼研究员指出：“结束两岸敌对状态、签订两岸和平协议是一个庞大、复杂而又十分敏感、艰巨的系统工程。两岸要运用政治智慧，求同存异，寻找双方可以接受的方案和途径，从共同关心的问题上开始逐步展开，有序推进”[②]。台湾学者蔡政文教授认为：“由于两岸对许多问题看法相左，要将相关和平议题一步到位协商完毕，并写进一纸名为‘两岸和平协议’的文件上，根本是不可能的。”因此，他建议：“应以‘化整为零’的方式，先以单个议题进行协商再签署协议，然后一件件累积起来成为和平协议的全部”。[③]

商签两岸和平协议的进程，可以具体划分为议题讨论阶段、程序安排阶段、实质谈判阶段、签署协议阶段、生效实施阶段。目前仍处于议题讨论阶段，可以由两岸的学者专家及社会各界就相关的议题展开充分的讨论，相互激荡，酝酿氛围，设计方案。在程序安排阶段，则由受权的协商谈判人员针对谈判的主体、地点、内容、顺序、生效程序进行磋商。在实质谈判阶段，受权协商谈判人员针对相关议题逐项商谈达成共识。在签署协议阶段，应举办相关的仪式，邀请两岸领导人见证，营造国际国内宣传的效应。在生效实施阶段，应当取得两岸民众的充分支持，在程序上符合法律规定，防阻违背协议的行为。当然，个别议题的协商则可以根据需要随时展开，采取灵活务实的谈判方式。马英九当局主张两岸和平协议在商签之前、商签之后都要交由台湾“公民投票”，虽然有助于增强两岸和平协议在台湾地区的合法性与民意基础，但是却给两岸和平协议的商签增加了不可预测的政治变数，也会加剧台湾社会的政治对立。

---

① 《习近平会见萧万长一行》，《人民日报》，2013年10月07日02版。

② 余克礼：《两岸应正视结束敌对状态签订和平协议的问题》，《台湾研究》，2009年第3期。

③ 《学者：化整为零签和平协议》，《旺报》，2012年5月29日A16版。

早在1995年1月，江泽民同志发表《为促进祖国统一大业的完成而继续奋斗》，提议"'在一个中国原则下，正式结束两岸敌对状态'进行谈判，并达成协议"。2007年10月，胡锦涛同志在中共十七大政治报告中郑重呼吁"在一个中国原则的基础上，协商正式结束两岸敌对状态，达成和平协议"。正式结束两岸敌对状态与达成和平协议相互连结，正式结束两岸敌对状态成为两岸商签和平协议必要的前置程序，但是随着两岸关系和平发展新局面的开启，海峡两岸许多人认识到商签两岸和平协议可以采取更加灵活的方式，正式结束两岸敌对状态可以融合进两岸和平协议的商签进程中，采取更加简便的方式处理。

2013年8月，台湾企业家蔡衍明在"两岸和平创富论坛"提出"国共两党先签署和平协议"的建议，得到新党主席郁慕明等人的赞同。蔡衍明的主张虽然说不无新意，但是2005年4月国共两党领导人即曾经以新闻公报的形式发表过《两岸和平发展共同愿景》，这份新闻公报无论就形式和内容看，本身就带有国共两党的"和平协议"的性质，即使重新签署一份正式的"两党和平协议"，在内容和形式上也难免重复2005年的"新闻公报"。

正式结束两岸敌对状态、国共和平协议的主张类似于国际法上"和平初约"的概念，《奥本海国际法》认为："虽然交战国双方都准备缔结和约以终止战争，但他们往往不能立即谈妥所有条款。在这样情形下，往往先缔结一个所谓和平初约以停止敌对行为，然后再缔结正式和约以代替和平初约。这种和平初约本身也是一个条约，它包括了缔约国双方对于所认为主要的一些和平条件的协议"①。

五、两岸和平协议的程序问题

两岸和平协议包括程序性问题与实质性问题的处理。程序性问题包括谈判的主体、谈判的形式、谈判的时间、谈判的地点、谈判的进程、签署的仪式、生效的方式等等。有时程序性问题与实质性问题是相互联系的，如谈判主体的资格问题。程序性问题也应当作出妥善的安排，使两岸和平协议获得最广泛的民意基础和坚实的合法性，使两岸和平协议在两岸关系和国际宣传中产生最大的效用。

两岸和平协议的谈判形式既可以采取双方都派代表团的形式分议题分阶段

① 【英】劳特派特修订，王铁崖、陈体强译，《奥本海国际法》下卷第二分册，北京：商务印书馆，1989年，第113页。

分次协商，也可以采取双方都派代表共同组成某种会议的形式定期协商；既可以是临时性的谈判组织，也可以是长期性的谈判组织。协议的形式无论采取何种名称，如协议、协定、文件、宣言、公报、备忘录、议定书等，都应当具有相同的拘束力。美国国防大学高级研究员孙飞（Phillip C. Saunders）、美国马里兰大学助理教授卡斯特纳曾经就两岸和平协议的可能形式进行了分析，认为不同形式的协议会有不同的效力和影响，“考虑到中国对于台湾地位认定的政治因素，和平协议最有可能采取联合声明、行政协定、或公报等形式”[①]。事实上，不同形式的协议也会有不同的程序性安排。

表：两岸和平协议的可能形式[②]

协议或谅解形式	正式程度
基于自身利益的单边约束	最不正式
基于双方利益的自我约束	最不正式
双方沟通后的平行的单方措施	最不正式
未经磋商的非正式协议	口头协议
磋商基础上的握手协议	口头协议
磋商基础上的秘密协议	*书面协议*
会谈基础上的联合声明	*书面协议*
行政协议或公报	*书面协议*
立法支持的行政协议	*书面协议*
立法机关批准的正式协议	*最正式*
写入宪法的正式协议	最正式
公投批准的正式协议	最正式

注：从两岸偏好与条件看斜体部分是最有可能的结果

1. 谈判的时间与签署的时机

现阶段两岸两会谈判遵循“先经后政、先易后难、先急后缓”的顺序，何时开启政治议题的谈判，何时签署相关的协议，取决于两岸关系发展的客观现

① Phillip C. Saunders and Scott L. Kastner："Bridge over Troubled Water？ Envisioning a China-Taiwan Peace Agreement"，*International Security*，Vol. 33，No. 4（Spring 2009），pp. 87–114.

② Phillip C. Saunders and Scott L. Kastner："Bridge over Troubled Water？ Envisioning a China-Taiwan Peace Agreement"，*International Security*，Vol. 33，No. 4（Spring 2009），pp. 87–114.

实与环境，取决于两岸政治互信的巩固与深化。马英九当局强调“国家需要、民意支持、国会监督”三项前提，要先经过“公民投票”，认为两岸和平协议的签订“不必那么急”。但是也有学者专家认为“从种种大环境的发展趋势来看，台湾与对岸进行政治对话的时机已经成熟”[①];“两岸的政治关系陷入瓶颈，原因有很多，复杂且环环相扣，‘决心’和‘认知’是两个关键问题”[②]。马英九当局如果有足够的魄力与决心，两岸可以随时协商和平协议的形式与内容。

2. 签署的仪式与签署的地点

在某种意义上，两岸和平协议具有全面停战协定的法律性质，两岸和平协议的签署具有重大的历史和政治意义，有必要由两岸领导人共同出席见证，提高两岸和平协议的权威性与有效性。把两岸和平协议的签署与两岸领导人的见面安排相结合，宣示两岸关系标志性的跨时代的开始。从现实与安全考虑，两岸和平协议的签署地点可以放在厦门或金门，由两岸的领导人共同出席签署仪式，见证两岸和平协议的签署。

3. 生效实施及其监督执行的方式

两岸和平协议签署之后，两岸应当各自交付民意机构表决通过，完成其法律效力的民意建构，以确立其合法性和有效性。两岸可以成立共同机构如海峡两岸和平发展委员会负责和平协议的后续协商、条文解释与监督执行。

六、两岸和平协议的具体内容

两岸和平协议是综合性的、原则性的、概括性、框架性的协议。两岸和平协议不可能解决两岸关系中的所有问题，两岸关系中的具体问题应当由其他单项协议来具体规范，因此，两岸和平协议条文不必太多，解决两岸关系中的原则性的问题。在两岸协议的范畴中，两岸和平协议是现阶段法律位阶和法律效力最高的两岸协议，为其他具体的、部门性的协议提供法律上的渊源和协商的方向。

海峡两岸的学者专家曾经就《两岸和平协议》试拟过多种蓝本，较有代表性的包括前海基会副董事长兼秘书长邱进益、台湾大学教授张亚中各自提出的协议草案。邱进益曾在2008年7月提出《台湾海峡两岸和平合作协议》草案，草案共分为前言与条文两大部分，条文共有11条，前言部分表述了两岸关系的

---

① 《邱毅：两岸由经入政时机成熟》,《中国时报》，2013年12月9日A7版。

② 《吴东野：关键在于决心和认知》,《中国时报》，2013年12月9日A7版。

政治定位、和平协议的政治目的、不武不独的政治承诺，具体条文则涉及撤除导弹、台商投资保障、两岸“三通”、建立共同市场、扩大国际参与、“外交休兵”、互设代表团、有效期及生效方式等①。张亚中曾经起草《两岸和平发展基础协议草案》，全文分为前言与6条相关条文，前言也对两岸关系政治定位与和平协议政治目的进行了表述，具体条文则对双方不“独”不武、在国际组织中的合作、互设代表机构等作出原则性承诺②。这两份协议草案都极具参考价值，尤其是对两岸关系政治定位、不武不“独”政治承诺的设计，包涵了两岸的共同关切，覆盖了和平协议的主要内容，指出了两岸和平协议的构思方向。

两岸和平协议解决现阶段两岸关系中的核心问题和主要问题，规范双方确保台海和平的权利与义务，其中包括两岸关系的政治定位、台海和平的政治承诺，共保主权的权利义务、结束敌对状态、促进两岸交流、军事安全互信机制等重要事项。个别的具体事项，如台商投资保障、互设办事机构、国际参与的合作等则可能通过专门性的协议另案处理。

在具体形式上，两岸和平协议可以参照国际条约，包括这些具体内容：一是名称，可称为各界都较能接受的“两岸和平协议”；二是前言，包括协议各方的名称与关系，以及订立协议的动机；三是主要条款，列为具有编号的条文，可以有附件；四是最后条款，包括协议的期限、批准、生效时间等杂项规定；五是代表的签署等证实形式。具体而言，两岸和平协议的主要内容应当包括：

1. 确认两岸关系的政治定位，即“尽管两岸尚未统一，但大陆和台湾同属一个中国的事实从未改变”。

2. 承诺共同维护国家领土与主权的完整。

3. 承诺和平解决两岸争端。

4. 宣示正式结束两岸敌对状态。

5. 规定促进两岸政治、经济、文化交流的机制和方向。

6. 表达对两岸民众合法权利和利益的相互尊重。

7. 确认建立海峡两岸军事互信机制（CBMs）。

8. 载明违背协议的处理机制。

9. 确认协议的有效期限与变更方式。

10. 规定协议的生效方式与实施日期。

---

① 《邱进益提两岸和平合作协议草案》，“中央社”，2008年7月10日。

② 张亚中：《两岸统合的实践》，《中国评论》月刊2010年6月号。

七、两岸和平协议与军事安全互信机制

军事安全互信机制又称为“信心建立措施”（CBMs），是两岸和平协议的核心内容。美国学者葛来仪认为：“信心建立措施是缓和北京和台北之间存在的不信任的一条可能途径。CBMs 包括正式与非正式的探讨、阻止和解决双边不确定因素的措施。广义上说，CBMs 包涵了从民间交流和文化交流到有关公众健康的信息互享和应对海盗和石油泄漏等广泛的领域。狭义上说，CBMs 指努力提升军事关系以减少相互攻击的恐惧和军事误判的可能性。”①

军事互信是建立在政治互信基础之上的，海峡两岸没有政治互信就没有军事安全互信，没有军事安全互信就没有两岸和平，政治互信—军事安全互信—两岸和平，这三者密切联系，缺一不可。因此，两岸和平协议应当有军方的参与，军方负责台海地区的冲突控制与危机管理，担负着维护两岸和平的重要角色。当然，两岸和平协议是原则性的规定，不可能对两岸军事安全互信机制作出全面的详细的规范。两岸和平协议是两岸军事安全互信机制的法源，是两岸军事安全互信机制的母法，是两岸军事安全互信机制的基础。但是两岸军事安全互信机制的建构又有相对的独立性，应当由军方来主导，可以在两岸和平协议谈判过程中同时进行，甚至可以在两岸和平协议签署之前开展某些方面的尝试。

但是两岸和平协议不等同于两岸军事安全互信机制，它实现和平的目标，更多地依赖于政治互信，建立在两岸政治互信的基础之上，而不是军事安全互信。两岸政治互信，既是签署两岸和平协议的基础，也是建立两岸军事安全互信机制的基础。军事安全互信机制是确保两岸和平协议，实施两岸和平协议的技术性手段和措施。

不可否认，两岸对于签署和平协议的目标并不完全一致，对于和平协议的规范内容也有不同认知。大陆希望通过两岸和平协议的签署，不仅确保两岸关系的和平稳定，而且遏制“台独、分裂”活动，推进国家统一进程。台湾希望通过两岸和平协议的签署，不仅确保台海的和平、安全与稳定，而且维系“中华民国”的生存与发展。因此，大陆要求在和平协议中体现“一中架构”，台湾要求在和平协议中限制非和平手段；大陆更多地把和平协议看作政治性的协议，

① Bonnie S. Glaser: “Building Trust Across the Taiwan Strait: A Role for Military Confidence-building Measures”, *A Report of the CSIS Freeman Chair in China Studies*, January 2010, Center for Strategic and International Studies.

台湾则有人把两岸和平协议当作军事性的协议。海峡两岸的认知差异应当通过协商谈判的方式获得合情合理地解决。两岸和平协议要通过谈判取得成功，双方都不得不作出某些让步和妥协，务实面对两岸政治现实。

原文载于《台湾研究集刊》2014年6期

台海危机与风险管理：1987—2017 为例

陈先才

20 世纪 80 年代以来，大陆方为打破两岸封闭隔绝的坚冰，采取了一系列缓和两岸关系、推进打开两岸交流大门的举措。1987 年 10 月 14 日，国务院有关方面负责人发表谈话，表示“热情欢迎台湾同胞到祖国大陆探亲旅游”。[①] 在大陆政策感召和两岸同胞的共同努力下，[②] 以及台湾方面放弃“不接触、不谈判、不妥协”[③] 的政策，两岸交流的大门终于被打开。过去 30 年里，两岸关系发展取得了很大的进展，但也要看到，由于两岸结构性矛盾仍然存在，特别是台湾岛内的分离主义势力仍然不愿意放弃其政治坚持，两岸关系的发展仍然呈现动荡起伏的状况，特别是台海危机与两岸风险不断，严重影响两岸关系和台海局势的稳定。特别是随着两岸民间互动的大门洞开，也使中国大陆应对台海危机与风险的现实需求大增，但由于没有现存的处理模式可以借鉴，无疑使大陆在台湾危机与两岸风险的能力提升的压力增大。尽管如此，中国大陆在应对台海危机及两岸风险方面不断强化其危机管理的能力，总体上保障了台海区域的稳定以及两岸关系的向前发展。

---

① 中共中央台湾工作办公室 国务院台湾事务办公室：《中国台湾问题：干部读本》（修订版），北京：九州出版社，2015 年，第 74 页。

② 张志军：《两岸关系 30 年回顾与展望研讨会上的致辞》，参见国台办网站：http：//www.gwytb.gov.cn/wyly/201710/t20171028_11859279.htm。

③ 唐开太：《两岸政治关系的回顾与展望》，台北政治大学国关中心两岸交流 30 年研讨会，2017 年 5 月 5 日。

一、两岸民间交流30年以来的台海危机与两岸风险

（一）台海危机与两岸风险的基本类型

1987年至今，海峡两岸虽然写下了从敌对走向和解的动人篇章，但这个过程其实并不容易，其间的危机与风险并不少见，并对两岸关系和台海局势造成了相当严重的冲击与影响。这些危机与风险主要表现为以下几种类型：

1. 军事安全危机与风险

危机始于冲突，又有爆发战争的可能性，这是对危机概念的最为宽泛的描述。危机作为一种特殊形势的情境，具有时间方面的压力，而且必须要做出决断。危机往往与混乱、动荡有高度的相关性。一般而言，军事安全危机是行为体之间性质最为恶化的危机状态，通常它是指介于和平与战争之间的特有现象。自1949年以来，两岸之间爆发了多起军事安全危机与风险。即便是两岸民间交流大门正式开启的这三十年里，也曾爆发了严重的台海危机事件。如在1995年，由于李登辉访美并发表具有挑衅性的言论，从而引爆了1995—1996年的台海重大军事安全危机，这类危机不但给两岸关系造成巨大的风险，而且也差点使台海局势攀升到战争的边缘。[①] 军事安全危机无疑是两岸各类危机中性质最为严重，对抗程度最为激烈，危机管理难度最高。

仅就两岸关系的本质而论，由于海峡两岸至今尚未正式结束敌对状态，也未签署两岸和平协议，两岸始终都面临爆发军事安全危机的隐患。但从过去30年两岸关系的发展历程来观察，军事安全危机并未成为两岸危机与风险的主角。事实上，随着两岸民间交流的持续扩大与不断深入，两岸军事安全危机的爆发频率不断降低，次数也大为减少。两岸军事安全危机由于其危害性极大，也容易引发外力的介入，加上其成本过高，都使各方对引发军事安全危机的意愿有所降低，客观上也成为抑制两岸军事安全危机爆发的内生力量。

2. 政治冲突危机与风险

结构决定功能，功能反作用于结构，政治冲突危机在两岸关系互动中始终存在，也是最容易引发两岸危机与风险的诱因。其影响主要表现为拉大两岸民众之间情感上的距离，甚至引起情感破裂，憎恨顿生，反目成仇，还会产生辐射效应，影响双方民众的政治情绪，感染他们的政治行为，加大政治隔阂，使两岸政治环境更趋恶化。两岸之间的政治冲突危机之所以频繁出现，主要是由

---

① 康培庄（John F.Copper）著，刘泰延、许剑虹译：《飞弹、政客与秘密外交》，台北：远足文化事业股份有限公司，2017年，第118页。

两岸之间的结构性矛盾所造成。台湾问题发展至今，双方在一定程度上仍然存在着意识形态、政治制度、价值观念以及代表性的角逐与斗争。虽然 1971 年第 26 届联合国大会通过的 2758 号决议，已从国际法及国际政治现实层面解决了两岸谁是代表中国合法性的问题。但台湾内部的情形非常复杂，仍然存在严重的分歧。而这种分歧背后的本质并无多大实质差别，无论是蓝营的“一中各表”之提法，还是绿营的“分离主义”之主张，其背后的逻辑当然还是意指要处理台湾当局的政治定位及身份代表问题。上述问题当然是两岸关系中长期存在的结构性难题，也是过去 30 年里台海危机及两岸风险频频爆发的主因所在。两岸关系中的政治冲突危机与风险又可以分为以下几种类型：

①台湾寻求国际参与所引发的两岸危机。台湾方面任何试图拓展国际参与，特别是加入只有主权国家才能参与的国际组织等冲撞行为，都有可能导致两岸的危机与风险。事实上，两岸在涉外领域的对抗与冲突，是引发台海局势紧张及两岸风险的重要诱因，这是两岸关系中的结构性问题。在台湾问题没有得到最终解决的情形下，这种危机与风险自然无法完全消除。虽然台湾地区不同政党执政，两岸涉外危机爆发的幅度与烈度有所差异，但涉外危机的本质并无多大变化。

②“台独”分离主义行为所引发的两岸危机。“台独”就是分离主义的政治意识形态及主张。长期以来，台湾分离主义一直是引发两岸冲突与台海危机的主要诱因之一。进入 2000 年以来，随着“台独”势力在岛内不断坐大，“台独”风险越来越成为引发两岸危机事件的重要源头。陈水扁当局推动的“修宪制宪”“公投入联”等动作，都极大地加剧了台海区域的危机形势，造成两岸关系的空前紧张。民进党在 2016 年重返执政后，尽管绿营当局声称“维持现状”，但由于蔡英文当局并未放弃“去中国化”等动作，[①] 都使两岸关系急剧倒退，台海危机爆发的潜在风险大为增长。

③意识形态领域引发的两岸危机。1946—1949 年爆发的中国内战，其本身就与国共两党对中国未来的发展道路及制度选择存在严重分歧密切相关。因此，1949 年以来，两岸在政治制度及意识形态等领域的斗争与较量从未停止。即便是在过去的 30 年里，虽然两岸民间交流交往的大门洞开，两岸社会互动日益频

① 陈先才：《民进党重返执政后“台独”势力最新发展态势研究》，《台湾研究》2017 年第 3 期，第 17 页。

繁，但两岸在意识形态及价值观念的斗争并未停止。[①] 台湾岛内政治势力与各种反华势力的勾结持续不断，这些都易引发海峡两岸之间的对立情绪，从而导致两岸危机事态出现。

④台湾处理内部事务引发的两岸危机。两岸关系极具敏感性与复杂性，即便是台湾当局在处理其内部事务时，看似单纯的议题，但也可能会引发两岸之间的危机情势。诸如台湾当局在处理所谓的“修宪”“公投”等议题时，以及台湾内部的重大选举活动都可能会刺激两岸关系的敏感神经，从而引发台海危机及两岸风险等重大事态。

⑤台湾处理外部事务所引发的两岸危机。台湾当局处理外部事务，或与其他国家地区的互动中也可能会引发台海危机及两岸风险的发生。诸如台湾当局的对外军事采购，台湾与一些国家在军事、安全等非经济文化领域的密切互动，都有可能会引发两岸之间的危机事件。

海峡两岸政治危机是主要是由两岸之间结构性问题所引发，它通常会随着两岸关系的状况而变化，特别是与台湾地区执政党的变化而变化，这是其重要特色之所在。当两岸执政党对抗情绪明显时，政治危机就比较突出。两岸政治危机不但会激化两岸的情绪对抗，而且也有可能引发双方在政策层面的对抗与反制。

3. 社会交流危机与风险

社会交流危机与风险是两岸过去交流中普遍存在的问题，它主要是指两岸社会人员互动过程中，包括意外事件、旅游事件、人身安全等事件引发的，对两岸关系甚至台海局势造成的风险与危机。这类危机的等级并不高，它对两岸关系的影响主要还是体现在双方对抗或敌对情绪的上升，进而有可能影响到两岸交流的各个面向。因此，其影响力不可忽视。

两岸交流的过程，自然不可避免出现失序或冲突的现象。两岸开展大规模的民间交流交往后，自然会衍生很多社会风险，最初主要是跨境犯罪、物品走私等问题，此后还有毒品、黑社会等问题出现，以及环境、食品、疾病传染等问题，造成了两岸之间一系列非传统安全问题的滋生，从而引发两岸之间的各类危机与风险。例如，1990 年 7 月，由于台湾当局在处理大陆偷渡客时的做法

① 陈先才:《两岸和平发展进程中民共关系问题初探》,《台湾研究》2015 年第 1 期，第 59 页。

相当粗暴，不负责任，最终导致多人死亡的重大恶性事件发生，[①]这一事件震惊了两岸社会，也引发了对两岸需要建立某种沟通机制以处理危机事情的广泛探讨。1994 年的“千岛湖事件”，虽然只是一起台湾地区游客在大陆旅游时遭遇不幸的悲剧，但它对两岸关系的影响不容低估。由于当时海峡两岸接触与互动的经验并不多，双方对危机事件处理的思维与模式存在较大的差异，加上李登辉当局在台湾社会借机煽动民意，恶意诋毁大陆，使两岸自汪辜会谈以来所营造的良性氛围几乎荡然无存。[②]2016 年 7 月发生的“火烧车事件”，为一辆辽宁旅行团乘坐的游览车在台湾桃园发生严重车祸和火灾，造成 26 人罹难，其中包括 24 名大陆游客的重大悲剧。尽管该事故与两岸政治无关，属于偶发的旅游危机事情，但由于台湾当局在处理这件事情时缺乏同胞之情，也引发大陆民意的强烈反弹，对两岸关系造成了一定的负面影响。

从过去 30 年两岸民间交流交往的实践来观察，台海危机及两岸风险主要体现在政治危机的领域。

（二）台海危机与两岸风险频频爆发的根源探究

1. 海峡两岸缺乏政治互信

危机管理需要危机相关各方有制度化的沟通管道，但由于两岸缺乏政治互信，很难建立有效的制度化沟通管道。两岸过去 30 年的危机及风险之所以不断，其中最主要的根源还在于双方缺乏政治互信。换言之，由于两岸尚未结束敌对状态，两岸之间的敌意尚未完全得到消解。这是造成两岸关系动荡不安，两岸危机不断的关键所在。台湾问题之形成主要就是国共内战所引发，加上美国的干预，最终使两岸隔海峡而对立。过去 30 年，虽然两岸关系由封闭走向交流，并取得了重大的进展，但毕竟两岸尚未结束敌对状态，两岸敌意并未完全化解，双方无论是官方还是民间互动，相互信任的水平仍然很低。正是由于两

① 1990 年 7 月 12 日，“闽平渔 5540 号”渔船到台湾海峡与台湾渔民做小商品贸易活动，后被台湾军警抓获。7 月 21 日下午 14 时许，台湾军警在宜兰县澳底，将 63 名福建渔民强行关进空间为 2.8 平方米至 5.8 平方米不等的四个船舱内，并有 6 寸长的全新圆钉将船舱顶盖钉死，然后命令 13 名船工将该船驶回福建沿岸，由于船舱空间狭小，缺氧缺水且闷热异常，其中两个船舱关押的 35 名福建渔民中，有 25 人相续被活活闷死，1 名陷入昏迷状态。另两个船舱的 28 名渔民幸存。7 月 22 日清晨，福建平潭县澳前镇光裕村渔民发现搁浅的“闽平渔 5540 号”渔船，撬开船舱后，发现 25 具尸体和奄奄一息的幸存者林里城。事后《人民日报》连续数日发表文章谴责台湾，要求严惩肇事者，但台湾方面拒绝。

② 李福钟：《国统会与李登辉大陆政策研究》，台北：五南图书出版股份有限公司，2010 年，第 113 页。

岸政治互信的极度缺乏，双方自然无法正常开展制度化的协商与合作，即便在某个历史阶段建立了一些制度化措施和安排，但一旦政党轮替，这些安排也就无法继续发挥实质性作用。

2. 台湾分离主义势力的存在

过去30年来，虽然两岸民间交流非常热络，但由于双方对两岸关系未来前景及发展道路存在重大的分歧，从而导致两岸之间的斗争持续不断，甚至引发台海区域的重大危机事件发生。中国大陆积极追求两岸最终实现和平统一的目标，而台湾方面追求的则是谋求台海区域的和平稳定状况，并非导致最终的统一，特别是随着台湾分离主义势力的逐渐坐大，越来越成为两岸关系陷入紧张的主要根源。这也使得在过去30年里，海峡两岸围绕和平统一与维持现状，以及统与“独”之间的斗争持续不断，[①]危机频发。由于台湾分离主义势力不顾两岸民意和中华民族的整体利益，大肆推动分离主义运动，必然会引发海峡两岸的紧张与冲突，也越来越成为诱发台海危机与两岸风险的主要隐患。加上台湾分离势力企图倚重外部势力，图谋对抗两岸的统一进程，必然会造成两岸危机冲突的升级。

3. 美国长期介入台湾问题

美国一直是引发台海危机的一个重要外部因素。台湾问题之形成本身就与美国有关系。事实上，1949年以来所爆发的几次重大的台海危机，都与美国有着千丝万缕的关系。如1958年发生的金门炮战等重大危机事件，都与美国直接介入台湾问题，特别是美国在两岸之间炮制“两个中国”的企图密不可分。当时中国大陆领导人意识到美国的阴谋，从而以金门炮战这一引发两岸紧张局势的危机事件来牵制住蒋介石，粉碎美国分裂中国的企图。虽然1987年两岸民间交流取得了较大的突破，但不少台海危机及两岸风险的背后都有美国的影子在发挥作用。例如，在1995—1996年的台海危机中，正是由于美国方面不顾中国大陆方面的坚决反对，执意为李登辉的访美大开绿灯，从而引发台海区域的紧张局势。在这一次危机中，美国不但扮演了引爆危机的始作俑者之角色，更是向台海区域派出了航空母舰，企图向大陆方面进行军事施压，美国的这些动作直接导致台海危机的不断升级。除了重大军事安全危机外，美国也是制造两岸风险的重要外部源头。民进党重返执政后，共民之间本来就缺乏最为基本的互

① 杨开煌：《两岸交流30年下的政治关系》，台湾《观察》，2017年第10期，第30页。

信，但美国候任总统特朗普却与台湾地区领导人蔡英文直接通上电话，这种行为当然是重大事件，也会引发两岸关系的紧绷，使两岸关系的风险越发增加。

二、中国大陆应对台海危机与风险的相关探索及其成效

海峡两岸民间交流交往30年以来，面对台海危机及两岸风险日趋增多的发展态势，中国大陆开始了对这些危机与风险进行管理的积极探索，并取得了重要的成果。大陆方面对台海危机及风险管控的尝试与探索，主要体现在策略、手段、根源等面上。

（一）在危机管理策略上的尝试与探索

危机升级是危机管理中常常被运用的重要模式。在危机中，逐步升级既是司空见惯的现象，也常常被视为策略来加以运用，包括根据危机情势的现实需要及可能而采取有控制的升级理念和有限的边缘战略。升级概念是健全的危机管理之核心。危机升级常常是有效解决一场冲突局势的唯一方法。“危机管理的目标是将危机升级到最有利的地位但同时限制在尽可能低的程度。”[①] 在现实中，危机升级虽然作为一种策略而被运用，但这种运用绝非随心所欲，而是基于危机管理的现实需要。当然危机升级策略的实施也需要有一些基本的条件作为前提。以1995—1996年的台海危机为例，中国大陆当时就很好地运用了危机升级的战略。虽然在这场危机中，美国也派出了航空母舰，但美国并不希望台海事态走向完全的失控。而中国大陆当时的目标并不是要渡海统一台湾，而是希望李登辉当局能够重新回到“一个中国”的既有政治共识上来，同时对美国可能支持台湾的错误政策进行某种程度的警告，从而使危机情势朝有利于中国大陆的方向发展。因此，中国大陆开展军事演习的目的就是为反对外部势力对中国内政的干涉，以及针对日益嚣张的“台独”分裂势力。中国大陆用威慑的手段，将台海危机进行有限升级的举措，目的是向国际社会宣告，中国在关系到国家主权和领土完整问题上，不会屈服于任何外来压力，并希望藉此在政治上为今后处理台湾问题创造更多的机会和更大的战略空间。而大陆的这种危机升级策略，客观上也确实达到了一定的效果。军事行动不仅使台湾的股市大跌，资金外流，人心慌张，而且在岛内也形成了要求缓和两岸紧张形势的有利环境。正是这种危机升级战略的运用，使美国最终认识到台湾问题的复杂性，做出了

① William R. Kintnerand and David C. Schwarz, *A Study on Crisis Management*, Appendix B, p3.

"不支持台湾独立"的承诺，[①]从而使台湾局势朝着有利于大陆的方向发展。与此同时，我方在升级战略中，为避免危机失控，也进行了有效的管控，仍然希望透过沟通和接触的方式，来促成台湾问题的和平解决。从理性选择的角度，避免与美国发生直接的军事冲突，防止在台湾海峡爆发一场大规模的战争也是符合中国大陆的利益。例如，即便是在危机最为紧张的时期，中方与美方在保持信息交流方面的管道始终比较畅通，包括中美两国的大使馆关系、军事交流和高层谈判等都一直在进行[②]，尤其是中方领导人江泽民主席与美国总统克林顿还在联合国成立50周年的纪念会议上举行了高峰会晤。这些沟通管道的维系对于危机管理有着相当正面的效应。克林顿也重申了美方尊重北京的"台湾是中国一部分"的立场。[③]这种表态在当时对于缓解紧张局势当然有其重大的作用。

（二）在危机管理手段上的尝试与探索

过去30年，大陆也不断强化对台海危机管理手段的尝试与探索。毕竟台湾问题牵涉面广，极为复杂，对台海危机的管控也要在实践中进行积极的摸索。

1. 对美国角色认知的探索

中国大陆对美国在台海危机管理中的功能及角色也有一个逐渐认识的过程。对于北京的台海危机管理而言，美国到底是阻力还是助力，抑或无法简单定论？1949年之后的相当长时期内，美国长期作为引发台海危机爆发的重要外部因素。其主要原因就是美国凭借其强大的军事优势，为达到其国家利益，一直在台海区域制造危机情势。从这个角度来看，对中国大陆而言，美国在两岸关系及台海区域中所发挥的角色当然是负面的。但过去30年以来，随着中国大陆实力的快速增强，中美实力的相对拉近，美国越来越担心有可能被卷进两岸冲突的风险之中，甚至有可能直接引发中美两个大国之争的军事对抗。这显然是美国不愿看到的。在这种情势力下，美国方面开始对李登辉的"两国论"，以及陈水扁推动的"入联公投""修宪制宪"等"台独"行为予以阻止和反对。因此，美国在两岸关系的角色和功能有一些变化。是故，中美双方在抑制"台独"这个重大问题上至少有了一定程度合作的空间和机会。而过去30年的两岸危机管控中，美方的角色开始出现一些正面的能量，至少美国也成为抑制"台独"势力

① 苏起：《两岸波涛二十年纪实》，台北：远见天下文化出版股份有限公司，2014年，第58—59页。

② *The New York Times*，August 28，1995，pA8.

③ John W. Garver，*Faceoff：China*，*the United States*，*and Taiwan's Democratization*，Seattle：University of Washington Press，1997，p67.

暴冲的积极因素。中国大陆也越来越发现，维持两岸关系的和平稳定至关重要，特别是将美国作为台海危机管理的重要一方，也有助于中国大陆方面对台海危机管理效率之提升。当然，对于美国因素，需要辩证的分析与评估，也要看到其负面的一面。由于现阶段海峡两岸双方在台海危机管理中尚无法完全排除美国的干预与影响，美国因素在未来一定的时期范畴内仍将存在，如何发挥美国的第三方协助之角色，同时又回避掉美国对台海危机管理的负面角色，是一个值得思考的重大问题。

2. 对法律手段的尝试与探索

长期以来，由于台湾问题本身形成的复杂性，以及外部势力的强力干预，面对复杂的台海危机情势，中国大陆进行危机管理的手段相对有限。特别是随着“台独”势力在岛内的发展，大陆处理台海危机的压力与日俱增。但随着中国大陆综合实力的不断增强，以及对台湾问题本身的认识更为深刻，大陆方面开始用法律的手段来强化对台海危机的管理力度。2005 年 3 月 14 日，全国人民代表大会通过审议，全票通过了《反分裂国家法》，明确规定台湾问题是中国的内政，为今后采取各种方式维护台湾作为中国一部分的地位，解决台湾问题提供了法律依据。《反分裂国家法》无疑为“台独”分离势力划定了一条不可逾越的红线，也是两岸关系的根本底线。它也为中国大陆强化台海危机管理及其风险管控提供了法律的手段。

3. 对消除危机根源的尝试与探索

两岸交流 30 年以来，台海危机之所以爆发，当然有其复杂的社会历史根源与背景。而危机管理要有真正的效果，则需要消除危机产生的根源。台海危机的爆发除了两岸之间存在结构性的矛盾外，更与两岸交流范畴不广、程度不深有着直接的关系。长期以来，台湾社会对大陆的认知存在很大的偏差和误解，而这在过去 30 年里，虽然两岸交流局面已经形成，但交流的力度还不足，交流的时间还不长。同时，台湾社会对大陆的对台政策内涵，以及对大陆的发展现状及前景仍然了解不多，这些都需要借助两岸民间交流来逐步化解。在这种情况下，中国大陆采取了先经后政、先易后难的政策推动，透过经济、文化、社会等交流来推进两岸民众的互动，为两岸关系的不断突破打下了强大的经济基础和民意基础。特别是 2008 年以来，两岸关系进入到和平发展阶段，两岸通商、通邮、通航等基本实现，各项交流得以大幅度推进。拉近了两岸民众及社会的彼此距离，增进了情感。

当前，两岸经贸交流由台湾人流、物流、资金流入大陆，到后来的大陆的人流、物流及资金流进入岛内，两岸你中有我、我中有你的良性互动格局正在形成。两岸经济、社会及要求的不断流动及整合，都会把两岸两个社会连接在一起，[①] 这当然为两岸危机管理与风险管控积累了物质基础，也提供了更多的手段和可能。

（三）大陆危机管理的效果非常明显

台海危机管理的目的在于强化和提升危机管理的水平和能力，不使台海局势完全失控，维持台海区域和平，为大陆的改革开放战略创造相对有利的两岸环境。因此，台海危机管理的直接目标当然并不是追求统一。从这一点来说，过去30年的台海危机管理是相当成功的。

30年来，台海局势并不平静，特别是美国的介入，岛内“台独”势力一波波的挑衅，所引发的危机不断，甚至是重大的军事安全危机，但我方最终都使台湾局势没有失控，没有爆发战争冲突。也使两岸关系长期持续保持交流，特别是在经济、社会及人员领域的互动持续开展，使两岸不断从对立走向和解，维持两岸关系关系越来越朝有利于大陆，有利于最终实现统一的方向迈进。从这一点来说，大陆方面的危机管理目标完全达成，其效果也是正面的。台海局势和两岸关系的稳定也为中国大陆的战略目标，特别是改革开放的大战略营造了良好的两岸环境，不但使中国大陆重新与国际社会进行交流与合作，而且也使台湾成为大陆推进改革开放的重要参与者。大陆经济发展取得重大进步，综合国力大为增强，也是在过去三十年里所取得。这一切当然也与大陆方面对台海危机的成功管理有着密切的关系。

三、中国大陆应对台海危机与风险管理的相关启示

（一）遏制住“台独”势力

从过去30年台海危机及两岸风险的情形观察，“台独”势力越来越成为台海危机爆发的最主要根源，引起了大陆方面的高度重视，大陆也不断强化对“台独”危机的管控力度。对于“台独”问题，其本质是一种分离主义的意识形态与政治主张，其对两岸关系的危害性尤为严重。当然对于“台独”的斗争，将是一个长期的过程。两岸关系发展至今，两岸互动已不再只是国共两党之间

① 李光耀：《透视二十年后两岸大势》，《跨国界管理》2014年9月1日。

的关系了，而是夹入了抵御和防范分离主义的压力。

在当前民进党重返执政、两岸关系陷入僵局的形势下，大陆方面一定要坚决反对任何形式的“台独”活动。正如习近平总书记在中国共产党的十九大政治报告中所言，“绝不允许任何人，任何组织，任何政党，任何时候，任何形式，把任何一块领土从中国分裂出去”。[①] 从世界范围来看，分离主义运动遍及全球，严重影响到国家和区域的和平与稳定。过去30年以来，台海危机及两岸风险之所以频频爆发，这与岛内特别是“台独”势力的日益嚣张有直接的关系。可以说“台独”势力已成为引爆台海危机及两岸风险的主要隐患。中国大陆方面透过主动出击，积极的危机管理策略，有效地遏制了“台独”势力要把台湾从中国领土分离出去的企图，从而使台海危机及两岸风险始终能够控制在一定的程度和范畴，不至于陷入完全失控的境地。这当然与大陆方面得当的危机管理策略有关系。从现实情况来观察，民进党虽然两次取得执政地位，但绿营当局也不敢无视两岸现实，不敢推行激进的“台独”路线，只能是采取维持现状的政策取向，“台独”势力也只能自认失败。[②]

（二）阻止外部的介入

从过去30年来台海危机管理的实践来观察，必须要阻止外部势力对台湾问题的介入，大力消除台海危机及其风险爆发的外部根源，才能有效维护“一个中国”的局面。正因为如此，过去30年以来，大陆方面坚决遏制台湾当局在国际社会中的各种“台独”分裂行为，并积极争取国际社会对中方反对“台独”立场的理解和支持，取得了明显的成效。当前，世界上绝大多数国家都坚持“一个中国”的政策。越来越多的国家明确表示反对“台独”，反对台湾当局任何旨在改变台湾地位和走向“台独”的言行，反对台湾当局破坏台湾海峡地区的和平与稳定，台湾当局过去多次“重返联合国”及挤进世界卫生组织的图谋连年遭到挫败。涉台外交工作取得的显著成就，在国际社会有效地维护了一个中国原则。

在阻止外部势力方面，特别是美国在20世纪90年代大力介入台湾问题，我方先后透过政治、经济，特别是军事斗争的手段，强化对台海危机的管理，

---

① 《习近平同志在十九大报告中强调，坚持“一国两制，推进祖国统一”》，新华社，2017年10月18日，http：//news.xinhuanet.com/2017-10/18/c_1121820960.htm。

② 《将过100岁生日 史明：努力不够 台湾至今无法独立》，台湾《联合报》，2017年10月12日，https：//udn.com/news/story/6656/2752414。

也使美国认识到台湾问题的敏感性和严重性。此后，台湾地区领导人无法在其任期之内访问美国，这也是我方加强对台海危机管理的重要成就。此外，以台湾对外军事关系为例，中国大陆正是透过危机管理，有力地阻止了外力的介入。1992 年，欧洲国家热衷于开展对台军售，特别是法国对台出售幻影 2000 飞机。这无疑引发了台海危机管理的压力，如果我方不堵住法国对台售武的门路，则会诱使其他欧洲国家，甚至其他地区国家效仿法国向台售武。为此，中方加强了危机管理，终使法国政府承诺今后不批准法国企业参与武装台湾。[①] 对于我方而言，堵住法国售台武器的门路，打消了其他欧洲国家效仿法国售武的念头。这在当时的国际形势下，确实是一个非常不容易的成就。

（三）坚持发展的思路

台海危机管理的核心还是要直面台湾问题的本质。台湾问题本身极具复杂性，既涉及过往历史的纠结与纷争，又与现实的权力及利益等面向相牵连，因此，处理涉台问题需要具有大战略的思维，危机管理的效率才有可能得到提升。事实上，只要台湾问题还没有得到彻底解决，任何形式的台海危机管理，都只会起到暂时降温之功效，没有办法从根本上去消除台海危机爆发的根源。换言之，台海危机的爆发在未来相当长的时期内都将长期存在。因此，需要从发展的思维，从服务国家战略的层面来思考台湾问题。唯如此，才能使台海危机及两岸风险得到有效的应对。

当前运用发展的思维和战略来解决台湾问题，处理台海危机及其风险，就是要将台湾问题的解决置于整个中国的治国理政思路中去，台湾问题的处理只是整个中国内部区域治理的一个重要部分，我们需要透过提升治理的实效来强化对台海危机的管理。事实上，当前中国大陆方面提出的两岸融合发展等概念都很好地体现了治理的意涵。

（四）推进制度化协商

对于台海危机管理而言，推进制度化的沟通机制之建设尤为重要。在两岸结构性矛盾尚未化解的情况下，两岸制度化的沟通协商机制对于化解台海危机的重要性不言而喻。两岸之间的制度化协商机制在过去 30 年的时程中，也有一些进展，并取得了不少的成就。例如，针对两岸民间交流开放之初，特别是 1990 年前后，福建沿海地区出现了少数民众偷渡去台的现象，并引发数起因为

---

① 《中国同法国的关系》，参见中华人民共和国外交部网站，http://www.fmprc.gov.cn/web/gjhdq_676201/gj_676203/oz_678770/1206_679134/sbgx_679138/。

遣返而造成的悲剧事件。在这种情势下，两岸红十字组织扮演起沟通的重要角色，并签订遣返作业协议，将私渡人员遣返纳入规范程序，这就是两岸关系史上有名的“金门协议”。而作为两岸常设授权的民间机构，海基会和海协会分别于 1990 年和 1991 年相继成立。随着两岸交流的深入发展，两岸负责两岸事务的机构及负责人的互动成为必要，也是两岸应对台海危机及两岸风险的重要制度化尝试，两岸在 2008—2016 年间取得了一定的突破和进展。2014 年，国台办主任张志军与台湾陆委会负责人在南京的会面，从而正式开启了两岸主管两岸事务机构及其负责人常态化联系沟通的机制。这是两岸处理危机与风险的重要机制之一。此外，两岸过去所签署的二十多项协议，也是两岸制度协商机制的重要组成部分，为两岸化解台海危机发挥了重要的功能。

当前，两岸之间的困难主要在于民进党重返执政后不愿意回到两岸共同的政治共识上去，这是造成当前两岸在推进制度化协商机制中的最大挑战。从两岸民间交流 30 年的历程来观察，制度化的沟通管道非常重要，尽管这种沟通管道尚不足以化解两岸所有的纷争，其效用也相当有限，但对于台海危机管理而言，建立两岸沟通管道，推进两岸制度化协商机制至关重要。

四、结语

两岸民间交流 30 年，写下了两岸从敌对走向和解的动人篇章，[①] 虽然台湾问题是中国的核心国家利益之所在，但大陆方面基于国家发展总体战略，把台湾问题的解决置于中国大陆经济发展和民族振兴的大战略下来思考。中国大陆希望透过发展和开放之路，逐渐为解决台湾问题创造更好的内部及外部环境。这是对台战略的重要思考面向，正是在这一思路指导下，中国大陆在过去的 30 年里，针对台海危机及两岸风险之管理，采取了相对克制和务实的做法。从而有力地保证了主要任务的推进。同时也没有使台湾问题陷入失控的境地，不但为台海危机的化解提供了更为有利的形势，而且也为最终解决台湾问题创造了更多的条件。

原文载于《台湾研究》2018 年 1 期

① 苹中信：《十九大与两岸交流三十年》，《苹果日报》，2017 年 10 月 17 日。

论台湾民众两岸“共同体感”的建构

孙　云

一、“共同体感”对两岸关系和平发展的意义

“共同体”（community）是一个被广泛用于哲学、政治学、社会学、人类学的重要概念。1887年，德国社会学家滕尼斯在《共同体与社会》一书中，对“共同体”进行了详尽的阐述。在滕尼斯看来，共同体是指“所有亲密的、私人的和排他性的共同生活”。[①] 滕尼斯主要强调的是人与人之间的认同感、归属感以及共同意识和共同利益。共同体可分为血缘共同体、地缘共同体和精神共同体。“共同体”不仅意味着一群人生活在一起，而且意味着这群人在共同地域的共同生活中形成了休戚与共的亲密关系。[②]

另一位德国社会学家马克斯·韦伯深受滕尼斯影响。他写道：所谓共同体联系，是指社会行动的指向基于参与者主观感受到的休戚相关性，不论是情感的还是传统的。[③] 后来，英国社会学家齐格蒙特·鲍曼也将“共同体”理解为社会中存在的、基于主观或客观上的共同特征或相似性而组成的各种层次的团体、组织。[④] 共同特征或相似性促成了人们之间先于所有一致和分歧的共同理解，即一种相互的、联结在一起的情感，这是共同体得以形成的基础。

从滕尼斯、韦伯、鲍曼对共同体的阐述中，我们可以总结出“共同体”的如下特征：

---

① ［德］费迪南德·滕尼斯：《共同体与社会——纯粹社会学的基本概念》，林荣远译，北京：商务印书馆，1999年，第52—53页。

② 李义天：《共同体与政治团结》，北京：社会科学文献出版社，2011年，第8—9页。

③ 张静：《论共同体与中国乡村社会的发展》，山东大学硕士学位论文。

④ 齐格蒙特·鲍曼：《共同体》，南京：江苏人民出版社，2007年，第1页。

1.“共同体”是美好的，寄托着人们关于美好生活的一种设想。如同鲍曼所说的：“‘共同体’这个词传递的感觉总是很美妙的。共同体是一个温暖而舒适的场所，一个温馨的‘家’，在这个家中，我们彼此信任、互相依赖。”①

2.共同体的形成强调历史文化的共性或者包容性（如种族、语言、宗教、文化、历史和共同的历史意识等），这些是紧密把成员联结在一起的纽带。

3.“共同体”存在共同的利益诉求，即个体与个体之间、个体与群体之间存在利益关系的共损共荣：任何成员的价值、功绩和名誉，同时也是其他成员乃至整个群体的财富；前者的增加或减少，意味着后者的同时增加或减少。②

4.共同体概念强调“认同感”或者“我们感”，或者某些相同或相似的价值标准，具有相似的心理特征，因此它是一股合的力量，有利于成员之间的和谐与凝聚。

不过，滕尼斯和韦伯等所描述的，基本上是一种原始意义共同体，他们以血缘、地缘等为纽带，是自然产生和存在的，并且不以个人的好恶而改变。但是，随着全球化的扩展和通讯交通的日益便利，人与人之间、群体与群体之间的联系早已突破血缘和地域的局限。不同于血缘共同体、地域共同体，当代意义共同体的形成必须经过一个逐步建构的过程，从共同目标、身份认同、归属感等方面强化对共同体的建构。③

共同体作为一种客观存在的社会群体关系，需要被共同体内的个体在主观上所感觉（feel）、感知，这就是“共同体感”，其核心是认同感、归属感。共同体主义者之所以崇尚共同体、倡导共同体，其目的就在于，重新唤醒人们的群体意识和归属感。

“共同体感”对人类社会生活的和谐、凝聚、友善具有重要意义。在两岸关系和平发展进程中，不断培育、增强台湾民众的两岸“共同体感”，是推进两岸关系和平发展的巩固与深化，进而对推进祖国和平统一进程的最重要的基础工程。首先，“共同体感”意味着两岸具有共同的利益、共同的目标，两岸命运相连，休戚与共。其次，“共同体感”意味着“两岸一家亲”，两岸同胞是骨肉天亲，血脉相连，两岸同属于一个大家庭。“共同体感”蕴涵着一种“共同家园意

① 齐格蒙特·鲍曼：《共同体》，南京：江苏人民出版社，2007年，第1页。

② [美]麦金太尔：《追寻美德》，南京：译林出版社，2003年，第290页。

③ 张志旻等：《共同体的界定、内涵及其生成——共同体研究综述》，《科学学与科学技术管理》2010年第10期，第18页。

识”“命运共同体意识”。最后，“共同体感”意味着两岸同属中华民族，两岸都是中国人，中国是我们共同的家园，两岸同胞应团结一心，携手合作，把我们的共同家园维护好，建设好。

近年来，习近平总书记多次阐述了“两岸一家亲”理念，强调两岸统一不仅是形式上的统一，更重要的是两岸同胞的心灵契合，“共同体感”就是这些理念的心理基础与情感基础。不断强化两岸民众，尤其是台湾民众的两岸“共同体感”，有利于在两岸关系发展中克服障碍，破解难题，不断增进互信，促进两岸融合；有利于形塑两岸民众共同的认同感与归属感，强化两岸同胞“命运共同体”“共同家园”的理念，达成两岸同胞心灵的契合；有利于消除两岸问题上外部因素的影响与干扰，增强两岸凝聚力，共同维护中华民族的整体利益。因此，“共同体感”的强化不仅会推动两岸关系的和谐、稳定发展，也会促进两岸关系和平发展的不断巩固和深化，更是加速推进祖国的统一进程的重要基础。

二、台湾民众两岸“共同体感”的流失

曾几何时，台湾虽与大陆被一条海峡所阻隔，但其对作为其中一分子的祖国大家庭有着浓浓的情感依恋与归属感，台湾视自己为中华民族共同体的有机组成部分，国家再贫穷落后，台湾民众对祖国的情感依恋一直非常强烈。当1895年《马关条约》将台湾割让给日本的消息传到岛内时，曾引起全台震动。人们奔走相告，“聚哭于市中，夜以继日，哭声达于四野”。台北市民“鸣锣罢市”，集会抗议割台，全台各地都爆发了英勇悲壮的抗日保台斗争，充分体现了台湾同胞浓浓的中华民族意识。1945年8月，日本战败投降，台湾重新回到祖国的怀抱。台湾同胞对祖国的期盼之情，如同一个失去母亲，遭受了无数磨难和悲哀的孤儿终于回到母亲身边。他们以“大旱望云霓”的热切心情，迎接回归。台湾的知识分子还自行筹组了“欢迎祖国政府筹备会”，通过在全岛范围内教唱国歌、扎结欢迎楼牌、张灯结彩、定制国旗来增进民众的民族和国家认同感。其情其景，直到今天，老一辈的台湾人还记忆犹新。[①]

即使在两蒋统治台湾时期，为了维持“法统”和使其在台湾的统治正当化，国民党统治当局建构出一套强势的民族认同论述：通过提倡中国文化典范、推行国语、强化中国民族主义的爱国精神等，把台湾形塑成中国五千年文化一脉

① 陈峰强、范玉周:《陈水扁与台湾民进党》，北京：群众出版社，2000年，第2—3页。

相传的唯一代表，台湾是中国的一部分，台湾人被教育成是纯正的中国人。在国民党这套意识形态的教化下，台湾人基本上接受了中国意识为习以为常的国家认同价值。[①]这个时期，尽管两岸处于政治对立状态，台湾民众有关两岸同属一国、两岸是一家的认知并未改变。

不过，自20世纪90年代以来，台湾民众的这种共同体感、这种对中国的依恋情感逐渐发生变化，中华民族共同体感严重流失，两岸共同认同被严重割裂。取之而来的，是将台湾与中国进行了剥离，在将台湾建构成“我群”的同时，逐渐将中国建构为“他者”，并使二者产生某种异己关系、对立关系。台湾民众的认同感、归属感以及两岸同属一国、“两岸是一家人”等观念都大幅度流失，台湾民众认同出现了非常混乱的情形。即使在近年来两岸关系和平发展背景下这一状况仍未有所改善，这从很多资料和民调数据中可以反映出来。根据台湾《联合报》的民调显示，在李登辉上台之初，台湾民众受访者认为自己是“台湾人”的比例只有16%，而认为自己是中国人的比例高达52%。在两岸政治关系安排方面，根据《联合报》在1989年所做的民意调查，有55%的受访者主张台湾应该和中国大陆统一，而只有6%认为台湾应该成为一个“独立的国家”。[②]不过，自80年代末以后的20多年，这些情况已经发生了很大的变化。很多民调都显示，认为自己是中国人以及主张台湾应该跟大陆统一的大幅减少，相应的，是认为自己是台湾人和主张维持现状及希望“独立”的比例上升。大体来看，呈现出如下几个基本特点：首先，中国被建构成“他者”。如前所述，中国曾经是两岸人民的情感依恋与共同的家园。不过，90年代以来，通过文化、教育等各种手段，通过强化“台湾化”与“去中国化”，台湾被从民族与国家共同体中剥离出来，中国被建构成台湾之外的“他者”，自然，中国人也建构成“他群”。“台湾是台湾、中国是中国、台湾人是台湾人、中国人是中国人，两岸并不是一国”这样的认知被不断强化。其次，两岸在共同目标上出现落差。共同体首先要有一个共同的目标。民族是人类社会中最基本的人们共同体形式。我们每个人都有自己的民族归属。马克斯·韦伯说：“在明显的、模棱两可的‘民族’一词背后，都有一个共同的目标，它清晰地植根于政治领域。”[③]

① 叶春娇：《国族认同的转折：台湾民众与菁英的故事》，新北：稻乡出版社，2010年，第46—47页。

② 台湾《联合报》，1997年7月4日。

③ 王联：《关于民族和民族主义的理论》，《世界民族》1999年第1期，第3页。

但从两岸的情况看，90年代以来，在共同目标上，两岸越来越没有共识。大陆希望通过两岸的互动，最终实现和平统一。而从台湾来看，更多的是希望维持现状或“不统”。对共同体而言，没有共同的目标，就只能成为松散的偶合人群，而不是共同体。

最后，台湾民众对大陆在情感上产生疏离。“共同体感”最重要的意含，就是共同体为成员提供了情感上的寄托与依恋以及安全感，人们会自觉维护共同体的利益。从两岸情况看，自90年代以来，尽管两岸交流交往日益密切，台湾多数民众却对大陆存有严重的疏离、疑惧甚至敌意。如根据日本对台湾地区进行的2012年度“对日舆论调查”显示，有关“最喜欢的国家和地区”这一选项，日本获得43%的支持率，中国大陆仅为7%。[①] 台湾民众对大陆的疏离感在青年人中表现更严重。如民调显示，台湾大约有三分之二的年轻人已经不认为自己是中华民族的一分子，也不再认为自己隶属于中华文化圈。[②]2014年6月，笔者在台湾针对100名大学生所做的问卷调查也显示，当被问到“你是否认为两岸同属一个国家？”时，只有4%的人认为“两岸是一个国家”，而有74%的人认为“两岸不是一个国家”，有22%的人回答是“说不清”。当被问到“中国和日本因钓鱼岛争端发生冲突，你支持哪方？”时，只有14%的人“支持中国”，有30%的人“支持日本”，有56%的人回答是“无所谓”。[③] 虽然问卷的样本还很不充分，还无法全面反映出台湾青年人两岸“共同体感”的认知情形，不过，结合上述的民意调查，也大体反映了当下台湾青年人对中国这一“共同家园”缺乏情感的认同与归属感流失的情形。台湾民众“共同体感”的严重流失，原因是多方面的。

1. 历史因素。从历史上看，台湾长期遭受外来统治。由于这种独特的经历与遭遇，台湾民众在心理层面具有某些独特性，如悲情心态、被遗弃心理与对祖国的某种怨恨心理。而且，自1895年以来，海峡两岸长期隔绝与对立，又经历了不同的政治社会化及社会发展道路。隔绝使两岸缺乏了解与理解，对立与妖魔化使两岸缺少情感上的交流，不同的社会化进程使两岸在意识形态、生活方式、价值观念等方面都出现了明显的差异。国民党当局建构出一套强势的民

① 《日调查显示日本仍是台湾地区民众最喜欢的国家》，参见环球网，2013年6月28日，http：//news.jschina.com.cn/system/2013/06/28/017794802.shtml。

② 参见谢大宁：《从反服贸学运看两岸文化协议》，《中国评论》2014年6月。

③ 2014年6月笔者在台针对100名大学生抽样调查所得到的数据。

族与国家认同论述，不过，随着岛内外情势的变化，其统一诉求、“中国的合法代表”地位遭遇困境，难免使民众在认同感与归属感上产生困惑，产生“我是谁”“哪里是我的祖国”的困惑。加上后来台湾逐渐民主化，台当局多年的“反共”宣传及大陆方面某些政策上的失误反馈给台湾民众，加剧其“恐共”心理，使岛内逐渐强化了“台湾主体意识”与“我群”与“他群”的区隔意识，两岸“共同体感”出现断裂。

2. 岛内因素。70 年代后，岛内政治环境快速变化。一方面，由于保钓运动的兴起，以及 1971 年台湾退出联合国事件等让台湾的国际地位面临一连串的危机，使得其所建构的“反共复国”“中华民国是中国唯一合法政权”正当性论述濒临瓦解。台湾社会内部也因为“国家地位”的危机而酝酿出政治改革的声浪，台湾社会出现了影响很大的“回归现实潮流”，促使台湾的知识分子去关注、挖掘“那些在战后社会公共领域中被忽略、排除、压抑的、关于台湾的种种过去。”[①] 这些无疑催化了台湾意识的发展空间。另一方面，70 年代以来的“本土化”运动，尤其 80 年代后的民主化伴随着“台湾化”，在李登辉等的推动下，台湾社会的“主体意识”高涨，台湾社会“去中国化”、提倡“台湾优先”、台湾人“生命共同体”意识等取得更多的“话语权”，也得到民众的响应。更主要的是，李扁主政 20 年，加紧从思想上、文化上、教育上、史观上等各个方面，试图切断台湾与祖国大陆的联系，建构台湾民众新的“国族认同”，形塑台湾民众“去中国化”的“新的共同体意识”，加剧了台湾民众的身份认同与国家认同危机。

3. 两岸因素。长期以来，海峡两岸处于政治对立状态，彼此丑化与妖魔化对方，宣称对方是“匪”，这些无疑对台湾民众的“共同体感”有负面影响。80 年代后的台湾民主化，在台湾民众看来，凸显了两岸在政经制度与价值观上的差异以及由此产生的某种优越心理。由于两岸间存在的结构性困境与矛盾，大陆维护国家统一的努力被认为是“军事恐吓”“统战”“打压”“封杀”，这些经过岛内媒体的反复传播，以及政治人物的有意操作，也从某种程度上刺激着台湾民众“我群”——“他者”意识的增长，强化了台湾民众对大陆的敌对心理与疏离感。此外，两岸关系中发生的一些突发事件，经过不断渲染与煽动，也对台湾民众“我群”——“他者”的认知产生某种催化作用。如 1994 年发生的

① 参见叶春娇：《国族认同的转折：台湾民众与菁英的叙事》，新北：稻乡出版社，2010 年，第 49—50 页。

"千岛湖"事件，对当时的两岸关系造成了一些负面影响，尤其给台湾民众的认同带来很大冲击。民意调查显示，与事件发生前相比，台湾民众自认为是台湾人的比例明显升高，认同是中国人的比例下降；支持"独立"与维持现状的比例升高，支持统一的比例下降。①

尽管近年来两岸关系快速发展，但两岸关系中的核心问题——认同问题并未得到改善与缓解，台湾民众"我群"与"他者"意识仍然强烈，一些台湾民众表现出对发展两岸关系的不安、疑虑与恐惧。这些说明，两岸关系在发展中，需要重视台湾民众的社会心理建设，其核心就是培养以认同感与归属感为核心的"共同体感"，不断强化"两岸一家亲"理念，这样两岸关系才能不断克服困难、行稳至远。

三、台湾民众两岸"共同体感"的建构

研究两岸关系的很多学者都认为，台湾其实是在认同上出了问题，在对"两岸一家人"的认知上出现了严重扭曲，这个问题非常严峻。因为，尽管"兄弟反目，只要彼此还认这个家，就终有修好的可能，但若彼此不再认这个家了，那可能就是永成陌路。"② 因此，在两岸关系和平发展背景下，不断强化"两岸是一家人"、两岸命运共同体这些理念，建构台湾民众的两岸"共同体感"，显得非常重要与迫切。两岸可从很多方面强化台湾民众"共同体感"。

1. 消除台湾民众的"威胁感"，强化两岸和平建构。

尽管近年来两岸关系出现和平发展的良好局面，不过由于两岸结构性难题还未破解，两岸还没有结束敌对状态、达成和平协议，所以，在台湾当局与民众认知里，还存在来自大陆的所谓"威胁感"，一些政党与政治人物也不断渲染、炒作"大陆威胁论"。如 2013 年台湾发布"年度军力报告"，指"大陆对台威胁未减""两岸军力严重失衡"等。台当局也不断鼓吹加强对美军事采购，以应对所谓"来自大陆的军事威胁"。根据群体威胁理论，威胁到群体利益的外部事物会增加个体的社会身份。台湾民众的大陆威胁思维，无疑强化了其大陆是所谓"异己关系"、是"他群"的认知。所以，在两岸关系和平发展背景下，强化台湾民众"两岸一家亲"的理念，强化"我群感"，首先要消除台湾民众的

---

① 参见百度"千岛湖事件"词条，http://wenku.baidu.com/view/5deef14ef7ec4afe04a1df28.html。

② 谢大宁：《从反服贸学运看两岸文化协议》，《中国评论》2014 年 6 月号。

“威胁感”，建构两岸和平的认知。这可从很多方面加以推动。一方面，要加紧推动两岸和平机制化、制度化的建构。另一方面，可以通过发表宣言、倡议等，强化台海和平的氛围。只要台当局不推动分裂国家的活动，大陆可采取更多的务实作为与善意，在军事部署、政策论述与增进信任等方面，进一步强化台海和平建构，增进台湾民众对两岸和平的感知。

2. 不断深化两岸经济关系，强化两岸利益联结。

经济关系始终是两岸关系中最活跃的因素。经过近 30 年的发展，两岸经济关系日趋紧密，双方经济依存度逐渐拉高，目前大陆已经成为台湾第一大贸易伙伴、第一大投资地区和第一大顺差来源。2013 年，两岸贸易额已达到 1972.8 亿美元，两岸已形成了互惠互补的经济格局，共同利益不断厚植。不过，随着两岸关系进入“深水区”，两岸经济关系需要添加新的动能。对大陆来说，一方面，如何使两岸经济关系的发展惠及更多的台湾民众，尤其惠及更多的基层民众，让他们感受到好处，分享到实惠，强化两岸利益共同体的建构。另一方面，两岸的交流需要从“利益共同体”向“命运共同体”转型，应认真研究台湾民众的疑虑、心态与想法，确实了解台湾的民之所思、民之所想，用一些更贴近台湾民众需要的、更实际的东西来拉近距离，在两岸经济合作创建机制化、制度化发展的进程中，探索出双方建设共同家园的相处方式，在经济整合过程中，两岸共同努力实现利益最大化。

3. 努力加强两岸文化认同建构，强化台湾民众的认同感与归属感。

近年来两岸各个领域的交流合作不断发展，从开放直航、陆客赴台观光、陆生赴台就学到签署 ECFA，迄今两岸已经签署了 21 项协议，两岸事务主管负责人已实现了互访。不过，随着两岸关系进入“深水区”，两岸关系中一些结构性问题日益凸显，已经严重制约着两岸关系的进一步发展与深化，两岸关系需要在既有的基础上，增加新的动力。更重要的是，两岸关系的进展明显缺乏社会心理层面的支撑。尽管两岸交流往来如此密切，但根据台湾《旺报》公布的两岸关系大调查报告显示，台湾民众对大陆的了解依然不足，甚至认为根本不需要了解大陆；7 成台湾民众希望严格限制大陆钱潮、人潮入台。[①] 尽管两岸共同利益不断增加，交流互动非常热络，但一些台湾民众却对大陆存有严重的疏离、疑惧甚至敌意，对两岸关系的发展感到不安。总的来说，台湾民众对中国

① 参见《旺报》，2013 年 8 月 8 日。

这一“共同家园”缺乏情感的认同与归属感，“两岸一家人”理念缺失，这在台湾青年人中情况更严重。

究其原因，部分在于两岸推进文化融合，建构文化认同明显滞后。到目前，两岸已经签署了21项协议，但尚未签署文化协议。两岸也没有通过政治立法、出台文化促进措施等，推进两岸文化融合、建构文化共同体。尤其两岸语言文化相通，更有条件推进两岸文化融合。两岸应把推进文化认同置于两岸关系发展的重要地位来认识，将文化融合纳入两岸协商，尽快签署文化协议，规划两岸文化交流政策措施，出台一些重大交流活动，共同弘扬中华文化。通过交流，拉近两岸人民距离，建构文化认同，促进文化融合，不断为强化“两岸一家亲”理念提供心理支撑和情感支持。文化认同具有精神黏合剂的作用，它所蕴涵的民族归属感，是维护国家统一和民族凝聚力的重要因素。文化认同是实现两岸和平统一的基础，通过两岸深入的文化交流，不断增进民众的文化认同与民族认同，培育民众的归属感，这是实现两岸和平统一的重要基础和动力。

4. 大力推动两岸年轻人之间的交流，增进相互了解和理解，加深信任与认同感。

欧洲一体化进程中，非常关注青年，尤其注重培养青年人对欧洲的兴趣和参加欧洲一体化的积极性，以此增强欧洲青年的欧洲意识。从两岸的情况看，一方面，两岸长期隔绝，缺乏相互的了解、理解以及彼此间的认同。另一方面，两岸青年在不同的社会背景下成长，经历了不同的政治社会化过程，形塑各自不同的政治认知与信念。由于缺少相互交流，大家对彼此过去的历史、成长的社会背景、社会生活习俗，以及对彼此政治、经济、社会制度等缺乏了解、理解及必要的包容。再者，在李登辉、陈水扁执政时期，岛内分裂势力一直将“文化台独”作为制造分裂的一种重要手段，从历史观、文化观、民族观等各个方面试图割断两岸的历史联系与民族认同，这对台湾青年人毒害很深，尤其使其民族认同与国家认同出现严重扭曲。

青少年是国家的未来，民族的希望。通过两岸青年交流，增强他们对中华文化的凝聚力与认同，是实现两岸和平统一的关键。虽然近年来两岸青年交流交往日趋频繁与热络，但两岸在文化、教育交流方面的机制化、制度化还远未实现。在这方面，欧盟的经验有重要的参考与借鉴意义。两岸需要通过签署框架文件，把两岸青年交流纳入制度化的轨道，形成制度化、规模化的交流；两岸也需要在共同编写教科书等方面的深入合作，建构两岸青年共同的历史记忆和共同史观，弥合认同差异，推进两岸青年的融合。

5. 重视两岸共同文化象征的塑造，激发两岸人民共同的想象，积极培育共同体意识。

在政治社会中，象征符号作为政治传播的一种形式，通过其意义表述与价值阐述，在形塑个体的政治归属问题上发挥着重要的功能，即解决个人从心理、情感和价值上应归属到哪一个政治群体或国家中。这也是确定个人的群体身份和国家身份问题。[①] 欧洲一体化进程中，就非常重视使用“象征符号”来体现共同体的形象和认同，通过日常生活中的不断传播与强化，潜移默化地培养和加强民众的对欧盟的归属感。两岸也应重视象征政治的形塑，积极培育民众的共同体意识和归属感。而且两岸文化同源、语言习俗相通，更有条件与优势来充分发挥象征政治的功能。两岸已经成功举办了一些这方面的活动，如两岸已经连续举办了五届“和谐中华·海峡两岸经典文化推广会演”，济南、厦门、香港、澳门、台中等地数万名青少年共诵《论语》等经典名篇。这对两岸青少年共同弘扬中华传统文化，推进文化融合，增进文化认同起到了积极的促进作用。两岸可通过一些象征物、确立一些共同的节日、共同的标记以及纪念日等，如2015年是中日签订《马关条约》120周年，也是抗战胜利及台湾光复70周年，两岸可共同规划举办一些大型活动。通过这些，唤起两岸人民的共同的历史记忆，激发两岸人民共同的想象，积极培育“两岸一家人”理念。

此外，通过推动两岸在涉外事务上的合作、推动两岸同胞融合及台湾民众积极参与到两岸关系和平发展进程中来，以及推动两岸在教育上的深度合作，如通过共同编写教科书等建构共同史观，这些也都有利于形塑台湾同胞的“共同体感”。对两岸之间的差异，两岸在互动中要形成多元、宽容、彼此包容与尊重的文化与心态。总之，共同认同建构在两岸关系中显得越来越重要，两岸可采取多种政策措施不断强化民众“共同体感”，因为，“共同体感”不仅是推动两岸关系进一步发展的新动力，而且为两岸和平统一奠定心理基础与情感支撑。

原文载于《厦门大学学报（社会科学版）》2014年第6期

① 马敏:《政治象征》，北京：中央编译出版社，2012年，第232—233页。

群际接触与偏见：交流中台湾青年的心理机制

唐　桦

“太阳花学运”之后两岸的问题不断被放大，逐渐形成青年群体间的偏见、紧张甚至敌视等心理对立，需要研究者慎重对待。过往的研究侧重用问卷调查呈现其刻板印象，本文重点展示台湾青年在群际接触中的心理机制。选择青年群体是因为青年处于自我意识高度发展阶段，群体之间的偏见现象更为常见。两岸青年交流中的群际关系是指交流中两岸不同的青年社会群体之间的相互作用，比如参加夏令营和社团交流中的台湾青年、台生和青年台商等。了解台湾青年在两岸交流中的偏见，以及群际接触的特点和归因，就可以知道在何种最佳条件下可以透过群际接触改变偏见，降低群际冲突的可能。

一、台湾青年群体对大陆的群际偏见

人们对内群体具有认同感和积极态度，称为“内群偏好”；对于外群体则容易产生消极态度，称为“外群偏见”或“群际偏见”，也就是我们常说的“我群”和“他群”。陈孔立教授指出：近年来许多台湾民众以“台湾人”为“我群”，而以“大陆人”或“中国人”为“他群”，对中国大陆的刻板印象多是负面的、消极的、贬抑的，总之，在总体上是不好的。[①] 在一些青年论坛、夏令营的活动中，即使青年群体间互不认识，在分成两组之后，他们也会产生“我们”和“他们”两种概念，同时会把有利的资源和积极的评价分给“我们”。如果按照特性而不是按照台湾人 / 大陆人进行分组，类似爬山联欢这类活动，组别之间就没有冲突，而如果是竞争夏令营中比较稀缺的资源，群体之间就会因为

① 陈孔立：《“台湾人”群体对中国大陆的刻板印象》，《台湾研究集刊》2012 年第 3 期。

竞争而对外群体表现出偏见和相应的行为取向。偏见作为一种片面、不正确的看法，往往与相关资源的欠缺有关。天涯社区贴文“【热】发现一个好玩的贴，原来台湾人是这么看我们的！”[①]中贴满了台湾综艺节目、谈话性节目和政论节目的截图，显示的内容包括“中国人消费不起茶叶蛋”“消费不起冷冻水饺”等各种言论。由于台湾青年群体对大陆接触较少，缺乏全面的了解，易于根据先前经验或内群体其他成员的观点形成对大陆的偏见。台湾《联合报》于 2014 年 9 月发布民意调查结果显示，尽管两岸官方及民间互动略有回温，但台湾民众对大陆及大陆民众的观感仍以负面印象居多，比率皆超过五成。[②]在两岸青年交流中，比较常见的台湾青年群体对大陆的偏见主要分为以下几类：

1. 统战策略。大多数台湾青年认为大陆无论是夏令营、社团交流、海峡青年论坛还是各种交换生项目，基本都具有统战性质。他们把大陆的任何善意都看成是“骗局”，“中共对你好，就是对你统战，今天你是他的统战对象，明天你就是他打倒的对象”。[③]

2. 先进落后思维。台湾学者耿曙等人指出：“台湾青年对中共印象主要来自相关媒体：刻板的脸庞、制式的语调，甚至时有恫吓的言语，积累而成的权威讲话、疏远负面的感受。”[④]台湾青年具有很强的区分先进落后的二分思维偏见，尤其喜欢重点关注大陆的城市发展和民众素质，同时对比台湾社会的发展。比如大陆人“说话声音大，不爱排队，会插队和互相推挤，有点缺乏文明礼仪”，大陆人冷漠、素质低下，台湾充满人文关怀。面对同样的游客素质低事件，台湾人容易认为在大陆就是整体素质低，其他地区（比如纽约、伦敦）就是个体行为或者个体能力缺乏。

3. 胜负打压心态。在国际场合主办方基于一个中国原则而对台湾代表团的称谓等做的一些技术性处理，或两岸在国际场合发生的一些冲突都会被描述成大陆对台湾的政治打压。台湾青年一直认为是大陆打压台湾的“国际空间”，使台湾的国际化发展战略受到严重制约，直接减少了其工作发展机会。在各种活

---

① 天涯社区：《【热】发现一个好玩的贴，原来台湾人是这么看我们的！》，天涯社区，访问时间：2017 年 3 月 2 日，http://bbs.tianya.cn/post-lookout-269351-1.shtml。

② 《台媒公布 2014 两岸关系调查 对大陆负面观感居多》，人民网，访问时间：2016 年 10 月 20 日，http://military.people.com.cn/n/2014/0916/c172467-25667705.html。

③ 陈孔立：《“台湾人”群体对中国大陆的刻板印象》，《台湾研究集刊》2012 年第 3 期。

④ 耿曙、曾于蓁：《中共邀访台湾青年政策的政治影响》，《问题与研究》（台北）第 49 卷第 3 期，2010 年 9 月。

动中台湾青年对比赛输赢的结果都比较在意。在两岸交流过程中，如果出现有利于台湾人的情境，台湾青年认为是自己的影响和优秀所造成的，反之则认为是大陆的敌意预谋或是对方因素影响的结果，与自己的行动没有关系。

4. 制度心墙。"到现在为止，（台湾）中学公民课本也还是教导学生：专制独裁国为中华人民共和国，民主共和国是中华民国台湾。两岸青年如果要进一步交流就要打破这道被政治领导者所建立的民主心墙。"[①]台湾青年在交流中表现出对台湾民主制度的强烈优越感及认同，以民主与非民主来划分两岸间的社会群体关系，很少有人能客观面对和了解大陆制度的优越性。台湾青年在交流中会无限度夸大制度作用，对任何负面消息都进行制度归因。

二、群际接触的特点与归因

接触理论指出，接触是降低偏见的有利条件。海基会的民调也显示，有家人在大陆投资、工作或居住者，或是受访者本人或家人曾在大陆居住超过 3 个月者，对大陆的正面观感达到 53%。[②]奥尔伯特认为，群际偏见是由于某一群体对另一群体缺乏充足信息或存在错误信息而产生的，群际接触则为获得新信息和澄清错误信息提供了机会。两岸青年交流已经由过去的零散交流发展到今天的制度化交流阶段，衍生出不少新的工作品牌，两岸青年社团负责人圆桌会议、两岸青年联欢节、两岸大学生校园歌手赛、两岸青年排球赛、两岸大学生"起点营"等，不断构筑起小规模、多批次、不间断、有重点的青年交流新格局。如果能够增加群际接触，一方面有助于台湾青年了解大陆各方面信息，另一方面也能够增进两岸青年彼此之间的理解，从而减少偏见。对此，我们首先要了解群际接触的传递特点、归因机制，再来思考怎样的调适能够减少交流过程中的群际偏见。

本研究使用半结构式访谈，访谈提纲的内容主要包括：1. 为什么会来大陆参加活动；2. 在活动中如何自我归类；3. 与外群关系如何；4. 你认为无法拓展友谊的原因。访谈对象是来大陆（厦门）参加两个大型两岸青年交流品牌活动（2016 年第十四届"海峡青年论坛"和 2016 年厦门大学主办的第三届"两岸学子论坛"）的 9 名台湾青年，其中在校生 6 名（大学生 1 名，硕士生 3 名，博士

---

① 《台湾青年如何看待两岸关系》,《中国评论》（香港）2011 年 6 月号。

② 佚名:《台民众对大陆心态矛盾：抱怨批评 又想到大陆工作》，中国新闻网，http://www.chinanews.com/tw/2010/12-23/2742228.shtml。

生 2 名），青年创业者 3 名。9 人中男性 6 人，女性 3 人，年龄分布在 22 ～ 34 之间，1 ～ 9 为访谈内容编码。

表 1　访谈对象的个人资料背景

序号	访谈对象	性别	年龄	备注
1	Q	女	22	就读大学四年级
2	G	男	23	就读硕士一年级
3	T	女	24	就读硕士一年级
4	W	女	25	就读硕士三年级，武术社团负责人
5	C	男	27	就读博士二年级
6	J	男	29	就读博士三年级
7	Z	男	30	台湾青年创业者
8	F	男	31	台湾设计师
9	L	男	34	台湾科技业者

在大陆主办的两岸青年交流品牌活动中，两岸青年在群际接触中大致呈现出以下的传递特点：

1. 泛化性。群际交流中的态度容易泛化到整个外群，逐渐产生对外群的信任和一些分化的观点。整体上台湾具有外省人背景或者跟大陆有亲戚连接的家庭对大陆持较为积极的态度，这就是泛化性的典型案例。两岸青年在群际接触中，一个台湾人跟一个大陆人有密切的关系，可以改善他对整个大陆的态度，降低针对整个大陆的偏见。“福建这边南派武术一直很好，所以想过来交流，这次发现确实比想象中还好。我们团成员对大陆这边参赛团体的水平都很佩服，我自己跟其中两位大陆朋友都建立了不错的关系。我们回去还会保持联系，互相学习切磋共同提高。但是我们平常台湾主要都是用脸书交流，跟大陆这边只能用微信这个有点麻烦。”（4，W）但是，群际接触的泛化如果强调效果的话，就需要台湾青年的很多偏见在交流中不断被推翻而不是被证实。比如“我这次除了自己来参加海峡论坛，考察创业机会之外，我还去福州拜访了我在那边做文创的台湾设计师朋友，他带我认识了一起在众创空间工作的大陆青年设计师们，素质很高，个性很有趣，完全跟以前看到的陆客形象差很大。”（8，F）

2. 次级传递性。参与两岸青年交流活动的台湾年轻人在与大陆接触之后产生的积极效果，可以延伸到另外一个没有参与接触的外群体之中，也可以传递到未参与接触的群体成员中。“我自己对大陆的印象蛮好的，也不是第一次参加大陆的活动了，之前南京和上海有些学校的交流我也都有去。我觉得大陆现在在发展中，高校的交流机会和资源都挺好的。我也有把我在大陆的见闻贴在我的 FB 上，然后除了我自己的一些没来过大陆的朋友，还有一些陌生人也都觉得很好玩呢。”（1，Q）比较明显的另一个例子是，台湾慈善组织在大陆的落地发展。慈济里面青年的构成比例非常高，参与慈济的台湾年轻人与大陆青年志工共事之后，会延伸到这批年轻人对大陆其他团体的感受，也可以传递到他们自己的台湾朋友中。但是次级传递性比较限定在与初次接触的外群体相似的群体中。闽台由于五缘关系，在青年交流部分的次级传递性更容易达成。

3. 不对等性。大陆主办的交流活动中，按照人数比例，台湾青年算弱势群体，他们对于群体地位的敏感度很高，对群际接触的态度常常依赖于他们对优势群体偏见态度的预感，更关注自己以及自己的群体。“来之前我就听说大陆这边优秀的年轻人很多，这次真是见到不少，还很担心他们会不会问一些敏感的话题，后来发现除了年轻人共同喜欢的娱乐之外，主要大家都是在讨论未来的发展，两岸青年在这个部分的焦虑是共同的。但是我觉得他们的很多想法务实多了，又有股冲劲，不像在台湾我身边的朋友，混日子的比较多。看到大陆现在的发展势头，我是真的对台湾的未来很担心呀。”（7，Z）“厦大这个学子论坛办了几次了，我也是听学长介绍所以来参加的。厦门吃的和说话都跟我们台湾好像，我们跟厦大学生共同话题也很多，他们对我们台湾的社会和娱乐都好了解，反而是我们对大陆还是比较陌生新奇。”（3，T）信息不充分和认知定势造成的对大陆的认知偏差，是台湾青年群际偏见形成的基础因素，而焦虑、恐惧等情绪会加剧情感疏离，台湾青年面对大陆存在的焦虑、恐惧、愤怒等相互疏离甚至是对立的情绪情感，是群际偏见形成的核心要素。内群偏好和外群贬损的刻板印象，以及由此为基础的偏差性信息加工，常常过度夸大外群体的待遇和获得，并且经常和不合理归因联系在一起。

两岸交流中，从大陆主办的品牌交流活动可以发现，台湾青年常见的群际接触的归因大致有以下几种：

1. 习惯自我归类，并强化界限。不管是面对面的交流，还是在互联网的虚拟空间，类似“湾湾”和“陆陆”这样的特定称呼，都在不断地划分和强化“大陆”“台湾”的群体界限，此种身份的确立又往往影响着对对方在话题讨论中的印象管理。“开会的时候大家都是探讨学术，讨论学术还是会涉及政治或者认同的问题。我个人还是比较喜欢私下场合的交流，比如吃饭或者出去旅游的时候。他们习惯说你们‘湾湾’，其实我在台湾很少听到这种称呼，感觉好奇怪。”（2，G）“我来过大陆好几次，也有大陆的朋友，但是说到交流，生活方面还是觉得跟台湾的朋友比较默契，但是聊事业的话，跟大陆朋友聊比较有启发。”（6,J）台湾青年在“政治认同”[①]“事业发展”“生活方式和经验”等相关议题上特别善于自我归类，并且强化界限。

2. 自我归类之后形成封闭的内群网络。我们在调研中发现，交流刚开始，两岸青年还比较容易聊在一起，可是渐渐就回到原群体交流。此种“自我归类”效应，构建起了相对封闭的群体网络。“除了开学术会议之外，还有安排外地参观，大陆的接待会议都做得蛮好的，学生老师们也都很热情。不过，因为我们是一群人一起来的，所以有时候在路上还是跟自己人聊得比较多。大陆学生也是自己一起的比较多，他们有时候觉得好笑的，我们也不懂笑点在哪里。”（5，C）“我们交流有建微信群，刚开始也互动很积极，可是还是更习惯 FB 和 LINE 交流，我觉得回台湾之后，这是保持联络的方式，但也只有专门要找大陆朋友聊事情才会回来用微信。”（4，W）“我福州那个设计师朋友说，一般晚上吃饭喝酒唱歌都是跟一起过来创业的台湾朋友比较多，感觉更聊得来，有时候还可以讲讲闽南话。大陆年轻人喜欢聊房子股票，这些话题他们兴趣也不大。”（8，F）这表明，两岸青年在群体心理上还存在较大的融合差异，短期内并未产生出跨群体的共有认同。

3. 岛内社会舆论对大陆形象的消极聚焦。相比以前在台湾打开电视很少看到关于大陆的消息，现在常常聚焦在两岸议题，只是台湾大部分媒体依然偏重消极聚焦两岸问题，都选择了描述温情的台湾地区和经济、军事实力不断扩张且丑闻频出的大陆，彰显群间差异，形成重复的、多样的交叉信息感染，不断强化人们对权贵群体的认知偏见。“我们在台湾天天看到的都是大陆的负面新闻，什么黑心棉黑心食品。可是我来这里发现大陆除了城市建设很不错之外，从政府到基金、到平台都在帮助年轻人创业，在台湾都没人管的。”（9，L）只要台湾青年的认知框架一旦形成，就会成为思维定式，对未来群际心理产生消极影响。所以，大众传媒和社会舆论在一定程度上对群际心理冲突起到了推波

① 李佩雯：《我群与他群：两岸学生社会认同差异之跨群体沟通研究》，《传播研究与实践》2014 年第 1 期。

助澜的作用。一项针对TVBS在微博建构之台湾形象的研究表明，其71%的内容在描述台湾地区、7%描述大陆、8%描述两岸关系。报道台湾地区情况时正面报道和负面报道基本平衡，而在报道大陆情况时则多为负面报道。[①]

群际接触的效果，部分降低了直接参与活动的台湾青年群体的偏见，降低了不同情境下的偏见，还能降低接触焦虑、减少个体威胁和群体威胁，获得群际信任、缓解互动压力。但是在这个过程中，如果偏见被证实，或者台湾年轻人本身不支持多元认同，内部归因倾向的增强并不足以取代歧视归因倾向带来的影响，那么群际接触的归因结构就不容易被改变。在两岸青年交流常见的一些冲突案例中，如果台湾青年拥有更高水平的群际焦虑时，他们更倾向于寻求清晰的群际边界，产生更多的消极态度，减少群际信任。

三、群际偏见的调适策略

随着两岸走入大交流时代，两岸之间数量越来越多、范围越来越广的群际接触为获得新信息和澄清错误信息提供了机会，起到了缓解焦虑的作用，类似临床行为治疗中的系统脱敏疗法，群际接触带来部分偏见调整的效果显著。在两岸沟通不足的情况下，群际之间的认知偏差、情感对立容易在台湾青年的内群互动中不断扩散、强化，并可能趋向更为消极的一端。即便是最初持有不同观点的台湾青年个体，也可能因为群体压力而调整自己的立场和观点，形成从众心理，这也是两岸青年间很多“无直接利益冲突”事件不断升级的重要因素。奥尔伯特在其经典著作《偏见的本质》中正式提出了群际接触理论，其假定在满足平等的地位、共同的目标、相互合作以及制度支持四个条件时，不同种族或者族群成员之间的相互接触能够促进积极的群际态度、减少群际偏见。[②]两岸青年交流目前的交往障碍在于，需要超越现有的内群体传播模式，提升两岸青年主动识别信息与理性沟通的能力。与其沉溺于幻想，不如踏实提升两岸青年交流的质量和效果。大陆需不断地完善自我，形成更加积极的两岸青年群际交往体系。是群际接触条件而不是群际接触本身导致了群际偏见和冲突的产生，要想改变两岸青年的群际偏见，群际接触的活动设计中需要满足以下几个关键

① 詹梦晨：《台湾媒体新浪微博使用现状研究》，厦门大学新闻传播学院硕士学位论文，2014年。

② 多年来，研究者将研究对象不断扩展，在各类社会群体（如种族、族群、宗教团体、同性恋人群、年龄层等）中开展了大量实证研究，探讨了群际接触影响群体关系的心理机制和影响因素，并形成了群际接触理论。

条件：

1. 抑制类别化认知，通过“混合编队”制造同群效应。过去两岸青年交流的活动设计，按照地域分类是比较常见的方式，这样容易强化台湾青年的自我归类，拒绝和贬低外群体的认知倾向也会相应增强。从具体操作的层面来讲，在群际交往中，只要个体抑制类别化的认知，努力尝试将外群体成员视为内群体成员来对待，那么群际接触的积极效应则会凸显。[①] 强调“混合编队”的方式，让两岸青年在完成共同的目标与任务中，在“合作”与“分享”中更好地认同彼此，化解歧见，塑造共同的价值观。首先，针对不同主题进行客制化、人性化的设计，可以分为指定任务和自由任务，让两岸青年自己设计活动主题和环节安排，增强参与个体之间的交流、互动和分享；其次，活动要寓教于乐，增加挑战性，巧妙引导台湾青年去感知大陆的先进性，让他们在体验过程中可以时刻保持新鲜感和积极性；再次，文化学习、体育比赛、技能训练、生活适应能力等方面鼓励竞争，以竞赛设计为主，必须跨地域混合编组，比如游戏大赛、舞蹈大赛、创业竞赛等，让两岸青年混合组队，在竞赛中学习团队合作，展现创意，使青年团队能够相互观摩；最后，带队者和引导者的选择至关重要，好的带队者才懂得如何引导青年自己去经历、感受、探索、成长。

2. 挖掘共同目标，建立群际和谐。在两岸青年交流活动情境下，促使两岸青年面临共同的命运，为双方都满意的一个共同目标而共同努力，是消解群体间的敌对情绪和偏见的重要策略。在共同目标下的合作而非竞争，有利于两岸青年形成新的合作内群，同时因为对更高一级的、延伸到团体界线以外的目标的聚焦，使内外群体之间的联结趋于紧密时，群体的边界将逐渐被打破，并转移人们对群际差异的关注。类似两岸青年的志愿者活动，或者“台湾史研习营”，就是具有共同目标的交流活动，可以有效地通过接触来减少偏见，需要接触的群体双方共同努力，且态度积极、目标明确。“两岸一家亲”与“共同体”意味着“合作”与“分享”，大陆针对于此也陆续出台了一系列的政策措施。通过接触减少偏见这件事需要双方共同努力，提倡相似的甚至是共同的价值观是和谐群际心理的重要因素。传承中华传统价值观、分享日常生活共同价值规范等，如对“王道”为基础的共同中华政治文化理解，对以“环境保护”为核心的绿色“中国梦”和“集体潜意识”的心理群体，重建群际和谐。

---

① 贺雯：《群体元知觉的形成及其对群体间关系的影响》，《心理科学》2009 年第 32 期。

3.科学设计接触策略，创设积极合作的接触情境。通过优化两岸青年间的准社会接触，如通过在电影和综艺节目中描述台湾人与大陆人的交往来获得外群体信息，丰富想象接触，增进群际接触倾向。当两岸年轻人进行想象性群际接触时，他们会产生和实际群际接触相类似的意识过程。在活动设计的参与和评估中都尽量增加主动意识的过程，让两岸年轻人去主动描述和感受两岸青年在互动中的感觉，台湾青年能够从大陆青年那里学到的东西，对其他外群成员和更普遍的外群认识会产生的影响，等等。通过指导语唤起被试的想象，[①] 会导致台湾青年对大陆更多的积极评价，进而降低将来接触中可能出现的焦虑，使将来的接触更加舒适。指导语中必须包含以下两个关键要素：互动的场景与积极的氛围。两岸青年交流需要借助于直接接触（共同到西部，一起玩社团、做义工等）、扩展接触（台湾青年有很多大陆朋友）、替代接触（观察身边的台湾朋友与大陆朋友的接触）等，不断增进两岸年轻人间的相互理解和准确认知，帮助人们认识到对象群体的丰富性和多样性，减少群际偏见、消解群际心理冲突，持续增进群际认同和群际和谐。

4.建立跨群体友谊，增强群体心理联结感。跨群体友谊是个体与外群成员建立起的友谊关系，引发了许多积极接触需要的最佳条件，能够引发长期的不同背景下的合作、共同目标、平等接触等。在更细化的研究中，我们发现直接和间接的跨群体友谊在减少交往中的焦虑和偏见上没有显著差异。目前两岸青年总体交流的数量还是偏少，直接群际接触的机会更是很少。如果那些已经有直接接触的两岸青年群体，可以透过建立跨友谊关系，然后将效果再泛化出去，能比较有效地减低偏见的产生。在朋友阶段，两岸青年会形塑更为紧密的群际关系认同，跨两岸的认同在每一个体内心深化的程度和认可程度，将影响这一结构的稳定性和合法性。[②] 通过鼓励更多的超越群际界限的接触，使个体头脑中建立起某种新的联结，替代其原先建构起来的刻板印象，偏见就可以减少，群体间的关系也可能得到改善。例如让台湾青年参加扶贫、支教等公益活动，增加对大陆西部或者山区的亲近感，增强两岸社会群体心理的联结感，这也是台湾青年积极参与祖国建设的重要体现。

当一个人意识到自己的多重内群体是非重叠成员身份，其主观身份结构就

---

① 马文婷：《群际接触和多元认同对歧视归因倾向的影响》，苏州大学应用心理学硕士学位论文，2013年。

② 王贞威：《两岸建构性关系中的知识和文化研究》，《台湾研究集刊》。

会变得更加包容和复杂。过去的两岸青年交流更多的是想象外群体的形象，却没有想象互动的场景，而且需要在积极的氛围中互动，否则无法产生积极的影响。只有完善群际接触的条件，接触才能在最大程度上改善群体关系和群体偏见，才能更好地融入到两岸关系和平发展的进程之中。习总书记提出了“两岸一家亲”理念，“共同体”有助于个体的自我确认，更清晰地促使从“他者”到“我群”的转变。参与到这样一种日常生活世界，就意味着我们从内心认可并愿意继续守护着我们的共同体，不仅因为它带来的实际好处，也不仅是因为它一直存在着，而是因为实实在在的“两岸一家亲”，这种感觉在最内在的维度上契合着我们的原初经验。“中华民族”对建构两岸“共同体”，加深台湾青年对中国的认同有重要的作用。有必要建构某种公共的中国国家想象，关键在于国家本身能实践一种形式性善意，即将社会秩序建立在个人尊严和幸福的基础之上。两岸年轻人已经开始由初始的新鲜感走入到文化和心理的冲击中，文化传统并不是影响年轻人生活最重要的因素，生活的经验和沟通的瞬间，以及他们所遭遇到的行为，才是创造彼此和建立关系不可或缺的要素。

原文载于《台湾研究集刊》2017 年第 6 期

两岸互信的巩固与深化：理论视角与实现路径

沈惠平

一般认为，信任像空气一样对人类社会生活具有不可或缺性。“清楚而简单的事实是：没有信任我们认为理所当然的日常生活是完全不可能的”。因此，“信任的存在是所有持久的社会关系的一个重要组成部分。”[①] 就两岸关系而言，信任感是两岸关系能否取得实质性突破的关键议题，或曰双方的互信问题是影响两岸关系发展的首要关键，因此党的十八大报告提出要“巩固和深化两岸关系和平发展的政治、经济、文化、社会基础”，关键是要巩固和深化两岸之间的相互信任。“要巩固深化两岸关系和平发展，要保持壮大两岸关系和平发展势头，归根结底就要促进两岸同胞共同为之努力，为此首先要巩固和增进两岸同胞之间的相互信任。”[②] 本文即针对于此，旨在两岸互信基础之理论视角的基础上，探讨巩固与深化两岸互信的动力和路径，以求教于方家。

一、两岸互信的基础：两大视角

当前，尽管两岸关系和平发展已经逐渐迈入巩固深化的新阶段，两岸各项交流与合作亦已取得众多成果，但两岸互信的基础依然十分薄弱，其结果是，两岸长期的政治对立以及社会制度、民众生活方式等方面的差异，造成台湾岛内有一少部分民众对于双方日趋紧密的经济、社会、文化等关系心存顾虑，甚至产生恐惧。“自从台湾二次政党轮替，开放使得两岸人民有更多机会接触彼此，歧见大幅降低，但并没有因此改变大多数台湾人‘反中’‘惧中’心

① [波]彼得·什托姆普卡:《信任：一种社会学理论》，程胜利译，北京：中华书局，2005年，第1页。

② 《孙亚夫：要客观全面辩证研判台湾局势新情况》，中评社香港2014年5月5日。

态。……追根究底是出自恐惧，恐惧自己文化被吞噬，身份被混淆，家园和工作被剥夺，失去在本土的认同，……”[①] 也就是说，两岸民众因历史隔阂、政治矛盾、价值差异等所积累的对立情绪与不信任感还没能来得及得以消除，在新的形势下有些台湾民众又产生了新的不信任与不安全感。简言之，虽然目前两岸在各个领域的交流交往日益密切，但双方之间仍然缺乏足够的互信来推动两岸关系的进一步发展，有鉴于此，必须不断地巩固与深化两岸互信。

信任是两岸交流交往活动得以实现及深入的核心机制。换言之，两岸交流交往活动能否存在、能否有序持续取决于双方的信任关系。两岸互信与否、互信是否持续直接关乎两岸关系的和平发展、关乎两岸关系的未来。然而，双方信任还是不信任、信任的持续程度说到底与“两岸为何互信”的问题有关，即两岸互信的基础是什么？对这一问题的回答散见于诸多有关两岸互信的研究中。概括起来，目前存在两大视角：一是以理性选择的计算为基础；二是以社会抑或关系选择为基础。前者认定，信任是对交往关系中的利益相关方可能采取的对各方都有利的合作性策略行为的一种概括化的期望、稳定性的期望，从而也是人们理性选择的结果。后一视角按社会心理学家罗德里克·克雷默（Roderick M. Kramer）的归类，将一切非利益因素的信任划归于社会选择抑或关系选择的信任。[②] 它主要体现在由祖克尔（Lynne G. Zucker）所区分的三大信任基础之中。

首先，基于理性选择的信任（rational choice-based trust）。这一视角主张，信任的产生首先基于对信任对象未来行动的理性计算。信任作为对信任对象未来行动的预期其实是伴随不确定和风险而存在的。理性选择论者对这种担风险的信任行为所给予的解释紧紧围绕利益计算而展开。“这个理论的基本假设是信任者和被信任者都是理性的行动者，通过对可得信息的理性计算，他们试图使效用最大化。……这‘把信任看作本质上是对被信任者通过自私自利的行为的理性预期的一种解释……信任在这里似乎是被薄膜包装起来的利益。’”[③] 比如在经济学家看来，信任主要涉及的是计算的过程，如果对方从某种行为可以获得的利益高于付出的代价，一方就会做出对方将会从事该种行为的乐观估

① 《台湾人为何不想当中国人？台媒：因为恐惧》，中评社香港 2014 年 5 月 8 日。

② Roderick M. Kramer，“Introduction：Why Trust，Why Now ？；FOUNDATIONS FOR ORGANIZATIONAL TRUST THEORY，” in Organizational Trust：A Reader，ed. by Roderick M. Kramer，*New York: Oxford University Press*，2006.

③ ［波］彼得·什托姆普卡：《信任：一种社会学理论》，程胜利译，北京：中华书局，2005 年，第 80 页。

计。两岸之间有着密切的利益联结，在建构相互信任的过程中，自然也会涉及利益的计算和比较问题。“利益联结有助于两岸之间相互信任的培育、建立和深化。……利益联结可以增加两岸交流接触的机会，保持信息通畅，有助于信任的累积。……在两岸隔绝时期，真正意义上的相互信任无从谈起；只有在两岸开始交流交往之后，形成密不可分的利益联结之后，信任才能够建立。而过去短短二十多年，两岸利益联结之所以能够形成而且日益紧密，并达到相互依赖的态势，本身就是两岸相互信任增强的一种体现。”[①] 由此可见，两岸基于利益联结的理性选择有助于双方互信的建立与增强。

其次，基于社会抑或关系选择的信任（social & relational choice-based trust）。祖克尔从发生学的角度界定出信任发生的三种机制：一是有交往经验产生的信任（process-based trust），这种信任来自交往经验的积累，根据对他人过去的行为和声誉的了解而决定是否给予信任。二是来源于特征的信任（characteristic-based trust），根据他人与自己在社会、文化特性和价值观念等方面的相似性多寡决定是否给予信任。三是来源于制度的信任（institutionally-based trust），这种信任是建立在非个人化的规则、规范和制度基础上的，行动者不一定非得从人们的有关社会文化特性的相似性中给予信任，也不一定非得依靠有关交换的历史经验或对未来的保证来付出信任，而是完全可以转而依靠非个人化的形式，如专业资格、规章法规等。[②] 其中，所谓来源于制度的信任“更多的是我们向他人传递的一种信号，告诉他人我们是谁，我们的价值观如何，我们是值得被信任的。即我们认同了某种制度，并已经把它当成我们身份的标志”[③]。概言之，信任的建立除了工具主义的理性选择以外，还有更多非工具主义的动机。“信任只有当人们处于社会关系中时，它才是重要的。因此，人们信任的动机，源于对他人的认同、内化的是非道德判断以及与群体权威打交道时的某种身份关注。”[④]

随着两岸关系和平发展进程的推进，两岸不仅需要基于经验和特征的信任。

① 李鹏:《民族认同、利益联结与两岸命运共同体的信任深化》,《台湾研究》, 2010 年第 5 期。

② Lynne G. Zucker, “Production of Trust: Institutional Sources of Economic Structure, 1840–1920,” In Research in Organizational Behavior, B.M.Staw and L.L.Cummings, 1986,（8）: 53–111. 转引自薛天山、翟学伟:《西方人际信任研究的路径与困境》,《南京大学学报（哲学人文科学社会科学）》, 2009 年第 2 期。

③ [英] 罗纳德·哈里·科斯、王宁:《变革中国：市场经济的中国之路》, 徐尧、李哲民译, 北京：中信出版社, 2013 年, 第 134 页。

④ 岳瑨、田海平:《信任研究的学术理路》,《南京社会科学》, 2004 年第 6 期。

这是因为两岸民众之间依然存在着不可小视的相互不了解，误解甚至曲解，以及由此产生的不信任。更需要建立起制度性信任。“两岸之间的互信，需要两岸在交往中抱有善意，相互熟悉，逐渐接近，在尊重对方利益、情感的基础上，达成两岸交往的规范。”① “……两岸建构起制度性信任，有助于减少不确定性和易变性，巩固两岸已经建立起的信任领域……唯有透过建立各自机制，才能够使两岸命运共同体从一个强调血脉相连、休戚与共的粗像的共同体，发展成为一个由经济、社会、文化、政治、安全等各种机制支撑的实实在在的共同体，从而使两岸同胞的相互信任更为深化，命运真正紧密地联系在一起。”②

综上所述，共同的理念或期望是信任产生的核心。“信任产生的基础是人们拥有共同的规范意识，这种‘共同规范的意识’意味着人们对某种权威的认可和肯定，它可能指某种深层的价值观，也可能指世俗生活中的某些专业标准或规章制度。”③ 因而，信任关系并不是预先给定的，而是通过持续互动建构起来的。这种信任的建构意味着“一个相互的自我开放过程”④，亦即自我与他者之间相互敞开胸怀的过程。自我与他者相互开放的过程，一方面是自我实现的动态过程；另一方面则是促进作为“关系”的情感纽带的建立，减少相互之间的怀疑甚至诋毁等负面效应。在这个意义上，“信任不仅是计算的关系，也是一种心理的倾向。”⑤ 由此可见，两岸互信的建立不仅是理性选择的结果，更应是双方基于社会抑或关系选择的结果。

二、巩固与深化两岸互信的动力因素

信任研究的关键问题之一，是确定双方间信任的建立条件及其机制，也就是找出信任的决定性因素或驱动力，即“信任源（trust source）”。只有在确定信任的决定因素之后，维持及深化信任的明晰动力与路径才会可行。两岸互信既可能来源于双方的理性选择，也可能来源于双方间的交往过程、甚至是来源于两岸制度化的合作等，当然还可能来源于前述几个“信任源”的不同组合。概括起来，巩固与深化两岸互信的动力来源体现在以下三个关键因素：对历史

① 杨丹伟:《两岸社会组织：跨两岸社会的生成机制探讨》,《台海研究》，2013 年第 1 期。

② 李鹏:《民族认同、利益联结与两岸命运共同体的信任深化》,《台湾研究》，2010 年第 5 期。

③ 姜淼:《信任合法性根据的哲学阐释》,《甘肃理论学刊》，2014 年第 1 期。

④ [英] 吉登斯:《现代性的后果》，田禾译，南京：译林出版社，2000 年，第 106 页。

⑤ [波] 彼得·什托姆普卡:《信任：一种社会学理论》，程胜利译，北京：中华书局，2005 年，第 94 页。

与现状的反思、相互依存的利益联结以及共同价值与规范的培育与形塑。

首先，对历史与现状的反思是巩固与深化两岸互信的历史动力。由于历史的原因，两岸之间曾经长期隔绝，两岸民众的历史记忆、价值观念以及生活方式都不尽相同，导致双方的互信基础非常薄弱。近些年来，两岸虽在“反对台独”和“九二共识”的政治基础上，已经建立起初步的互信，但双方民众心理上的隔阂和不信任并未消除，甚至在加大。“2008年后，两岸在政治和民族上的‘异己关系’并没有转变的迹象。由于李登辉、陈水扁等推动‘去中国化’的政策目标是把对方‘异己化’，搞的是‘排他性的台湾认同’‘台湾国族主义’教育，加上两岸社会各自近百年的不同发展道路，台湾不少民众对大陆的敌对意识依然存在，大陆民众对台湾的认知也存在一定的偏差，再经过若干事件与媒体的炒作，不信任感油然而生。”[①] 概言之，近些年来，“两岸关系的本质是从过去政权的仇恨关系，已经蜕变为社会的敌对关系，双方的心理层面、社会层面，充满敌意蔑视和防范，但又无可奈何地面对历史和现实的纠葛。”[②]

有鉴于此，两岸都应从过去的历史中学习、获取经验与教训，“两岸之间一定要坚持最基本的感情，就是两岸之间要相互彼此包容，彼此肯定欣赏、鼓励对方，而不要再去做那些彼此伤害、彼此否定、彼此糟蹋的事情，过去我们走过那种弯路，今天我们要讲情，彼此理解对方。”[③] 与此同时，双方也应当反思两岸关系的现状，例如目前两岸政治对话为什么难以进行、两岸和平协议谈判为什么难以启动等。诸如此类的议题如果无法突破，两岸关系将不进则退。简言之，“铭记历史能使人怎样更加敏锐地（或更加批判地）透视现在”[④]，而“透视现在”是为了寻找更加满意的未来。透过对历史与现状的反思，两岸定将更加珍惜今日来之不易的和平发展新局面，共同努力促进两岸互信的巩固与深化。

其次，日趋相互依存的利益联结是巩固与深化两岸互信的客观动力。两岸开放20多年来，随着双方交流合作的蓬勃发展，两岸已经逐渐形成“一荣俱荣、一损俱损”的互补互惠互利格局，两岸民众的利益更加紧密地联系在一起了。“由于相互依赖的存在，任何行为者的获益都是其他行为者选择所产生的后

① 严安林:《两岸关系和平发展制度化的路径选择》,《台湾研究》，2012年第6期。

② 杨开煌:《期待马总统的两岸政策论述》，台湾《海峡评论》，2011年第3期。

③《刘国深：因有情　没理由对两岸和平发展悲观》，中评社台北2014年5月15日。

④ [美]特伦斯·鲍尔等编:《政治创新与概念变革》，朱进东译，南京：译林出版社，2013年，第5页。

果，就正如他自己选择产生后果一样。”[①]尤其是两岸的经贸交流与合作获得了长足发展，“已形成紧密的投资、贸易关系，由此构建的两岸利益联结为两岸关系和平发展奠定了物质基础”[②]。目前祖国大陆已成为台湾最大的商品出口市场，2013年两岸进出口贸易总额超过1972.81亿美元，较2012年同比上升16.7%。其中，大陆对台湾出口406.43亿美元，同比增10.5%；自台湾进口1566.37亿美元，同比上升18.5%。贸易顺差为1160亿美元，扩大了21.6%。“三通”更是强化了两岸相互依存的利益联结。自2008年开放陆客赴台后，赴台旅游的陆客已为台湾创造了超过2400多亿新台币的商机。目前大陆已成为赴台最大的客源地，据统计，2013年大陆赴台旅客总人数为2874702人次，较2012年成长11.15%。

概言之，两岸交流交往的进程及其深入，在客观上为两岸之间培植了诸如在经贸合作、知识产权保护、共同打击犯罪以及确保食品安全等领域的利益链条，这些相互依存的利益链条或联结不但有助于减少彼此的误会、巩固双方已有的互信基础，更是成为推动两岸持续合作、创造双赢的基础。“可以说，以社会资本为载体，两岸社会信任的深化不再只是基于两岸同胞血浓于水的深厚情谊和誓为中华崛起而奋斗的高尚民族情怀，更发展为一种受到了现实共同利益驱使的工具型理性行为。”[③]两岸更多相互依存的利益联结，可使两岸民众有更多的机会互相了解对方，增强双方对各自政治社会制度的理解和尊重，从而有助于两岸互信的巩固与深化。“接触越频繁，了解越深入，越发现两岸三地的想法真的大不同。但多交流总是好事，才能真的互相了解。”一如星云大师所讲：“你来我往，来来往往，所有的防范和障碍都会消除。”[④]

最后，共同价值与规范的培育与形塑是巩固与深化两岸互信的心理动力。共享的规范和一致的价值观是信任的基础。“信任可以在一个行为规范、诚实而合作的群体中产生，它依赖于人们共同遵守的规则和群体成员的素质。”[⑤]换句话说，人们之所以能够合理地预期他人的行为，信任他人，就在于相信他人能够

---

① [美]大卫·A.鲍德温主编：《新现实主义和新自由主义》，肖欢容译，杭州：浙江人民出版社，2001年，第45页。

② 《石正方：推进文创产业合作有利于两岸文化交流》，中国台湾网，2012年11月5日，http：//www.taiwan.cn/jl/pl/201211/t20121105_3349886.htm。

③ 刘国深、杨冬磊：《增进两岸政治互信的社会资本路径探析》，《东南学术》，2013年第4期。

④ 历放：《要有包容彼此差异的胸怀》，台湾《旺报》2013年1月10日C2版。

⑤ [美]福山：《信任：社会美德与创造经济繁荣》，彭忠华译，海口：海南出版社，2001年，第30—31页。

与自己一样共同遵从并践履某种行为规则和价值观。在这意义上，信任是社会建构的结果，“是人们的一种主观体验和情感活动，是人们对‘世界是好的’这一美好看法的恒常性赞同，表现了人们普遍具有的一种社会关系，具有制度性的社会建构。”[①] 两岸经过二三十年的交流、交融与激荡之后，和平发展俨然已成为两岸共同的价值共识与生活方式，亦即确立了合作、和平、双赢、命运共同体等共同的价值观念。“围绕和平发展主题推动两岸关系积极发展，并着力构建两岸和平发展框架，把和平发展作为推动两岸共同理想的价值诉求是价值共识的应有之义和重要内涵。”[②]

当然，两岸之间由于历史形成的政治敌视和对立的政治思维，难免会出现沟通不畅与价值分歧等现象，“这决定了价值观冲突是不可避免的，因此价值共识的达成不能回避价值观冲突的客观效应。”[③] 近年来，尽管两岸交流交往有了长足发展，但在双方的互动过程中，两岸民众之间仍然存在鲜明的“我群”与“他者”的界限划分，严重地阻碍了两岸建立更加紧密的信任关系。因此，“两岸关系深化的关键，不在于往来的‘量’，而在于相处的‘质’；不仅止于有形的‘生计利益’计较，更取决于无形的‘价值思维’对接。建构社会互信更是两岸关系由经入政必经的接口与阶段”。从而“开展两岸的价值与思维对话，推动‘和谐两岸’的建构”。由“利益互惠的和平发展”提升到“价值对接的和谐发展”。[④] 换言之，两岸应该在促进双方民众交流互动的无障碍化方面继续努力，以强化两岸关系的社会基础，让和平发展成为两岸民众不可或缺的心理需求，让两岸民众有充分的时间和空间弥合彼此在政治文化、社会价值、意识形态等方面的裂痕，最终促进共同价值与规范的培育与形塑，从而有助于两岸互信的巩固与深化。

总之，透过对历史与现状的反思，通过两岸多方面、多阶层的利益联结，以及培育双方共同的价值观，有助于化解两岸民众的深层矛盾，加强两岸之间的相互信任。尤其重要的是，培育双方共同的价值观是凝聚两岸人心、创造未来奇迹的关键所在。所以，两岸必须共同努力“拆掉思维里的墙”，使双方民众之间都应该有更直接而深刻的认识，不能再停留在刻板印象之中。“两岸必须运

---

① 史根洪：《信任危机：一种社会转型视角的分析》，《湖北社会科学》，2009年第2期。

② 叶世明：《两岸精神共同体的价值共识与整合建构》，《台湾研究》，2009年第6期。

③ 叶世明：《两岸精神共同体的价值共识与整合建构》，《台湾研究》，2009年第6期。

④ 周志杰：《社会互信是两岸由经入政的桥梁》，台湾《旺报》2012年3月19日C6版。

用新的思维，在其他政治、社会和文化等不同领域，建立更多的共同价值，制定更具体的规范，并建立可行的机制。”[①]唯有两岸民众建立牢固的相互信任，两岸关系才会稳定与持续地向前发展。“两岸关系发展不仅要依靠各领域交流合作，更将趋向于两岸民意的沟通，民心的融合，只有这样，两岸关系大局才能够稳定，两岸和平发展才能够始终保持正确方向。”[②]

三、巩固与深化两岸互信的路径选择

正如美国现代哲学家博克所言，“信任是一种社会财富，应该像我们呼吸的空气或饮用的水一样得到保护。当信任受到破坏，作为整体的社会也会受到破坏；信任被毁后，社会也就瓦解了。”[③]两岸之间的相互信任必须得以持续巩固与深化，否则两岸关系将不进则退。承上所述，增进和深化两岸的相互信任，除了两岸基于理性选择增强双方的利益联结之外，还可从以下三个主要的路径入手。

首先，两岸在已有信任经验基础上，增进合作型信任关系。不言而喻，信任是在交流交往的互动过程中逐渐建立起来的。可以说，过往的合作经历会显著地影响主体间信任关系的建立，比如在过去合作过程中，信息交流及问题处理的方式都会对信任地建立起作用。“合作行为可以增加责任感和创造信任的氛围，必然推进信任的建设。”[④]在两岸同胞的共同努力下，当前两岸之间已经建立起了初步的互信，以台湾参与 WHA 为例，正是双方有了基本的相互信任，台湾从 2009 年开始才能够以“观察员”的身份参加每年一度的世界卫生大会，这在以往是很难想象的。换句话说，近年来通过两岸不断的沟通、对话与协商，双方对建立、巩固与深化两岸互信的基本路径和方法进行了有益探索并累积了许多宝贵的经验。但两岸之间的互信基础还远远不够，从而导致两岸在诸如钓鱼岛、南海等问题上无法进行深入的合作，其教训是深刻的。“两岸其实还是要团结的，受到这种历史教训是刻骨铭心的。两岸之间不团结，就会被人家欺负。”有鉴于此，“中国人必须要团结，两岸之间的结合是成本最低、回报率最高的结

① 赵春山：《两岸共同参与区域经济合作：理论与实践》，《台海研究》，2013 年第 1 期。

② 《专论：习近平为和平发展注新动力！》，中评社北京 2014 年 5 月 9 日。

③ 郑小鸣：《信任：基于人性的社会资本——福山信任观述评》，《求索》，2005 年第 7 期。

④ [美] 罗德里克 · M. 克雷默、汤姆 · R. 泰勒编：《组织中的信任》，管兵、刘穗琴等译，北京：中国城市出版社，2003 年，第 40 页。

合，也是最可长久的结合。”[①]

因此，两岸应当在以往“合作共赢”的信任经验上，深化双方在经济、文化、社会等各领域的合作关系，通过资源的共享以及分工的结合，培育出两岸持久、稳固的共同利益，以此增进双方合作型信任关系。“即只要有利于两岸的事，就进行紧密合作，创造共同利益，以此来增进信任。唯有如此，两岸才不会在合作中拘泥于一时一事的利益算计，猜疑对方的获益多寡和‘让利’动机，……两岸之间的相互信任更为真切、牢固、持久。”[②]一般来说，社会交往产生两个主要的直接结果，一是熟悉性，另一个是交往经验。“因此，熟悉更容易产生信任判断，是信任的根本。当在过去交往中个体的期待总能够得到满足时，这种信任就得到了强化，积极的交往经验产生了信任。”[③]可以相信，两岸合作经历与经验的累积，必将有助于增进双方的信任关系，亦即有利于两岸互信的巩固与深化。

其次，两岸构建“积极信任”机制，扩大积极、正面的信任半径。积极信任机制的构建，来源于英国学者吉登斯对现代与传统的诸多不同特征、社会交往模式，及其相关的信任模式的比较。在积极信任机制中占据核心地位的是“纯粹关系”，而在纯粹关系中，信任不是被“给定的”，需要通过个体之间的开放与交流、诚恳与沟通，才能赢得信任。“这意味着需要设法了解别人，逐渐信赖别人，敢于用差异作为发展积极感情沟通的手段，由此形成‘积极的信任’，对他人的信任也因此产生跨越时空的团结：即别人是可以信赖的，并使得这种信赖变成相互间的义务。……可以想见，如果人际交往之中遵循纯粹关系中所含的开放、平等、对话等规定，必然能构建完整的积极信任机制。”[④]在两岸交流交往二十多年中，逐渐形成有助于两岸关系和平发展的“积极信任”，主要表现为两岸民众在相互理解、尊重与包容彼此差异基础上的沟通理性。“沟通行动中行为体体现出沟通理性。沟通理性是一种对话式的理性，预设至少存在两个行为体，站在平等的立场上，互相沟通、讨论，希望获致相互理解和共识以及在此基础上形成共同的决议。……对于合作而言，沟通理性是一种不可或缺的

① 《刘国深语中评：两岸不团结　就会被人欺负》，中评社香港2014年5月20日。

② 李鹏：《民族认同、利益联结与两岸命运共同体的信任深化》，《台湾研究》，2010年第5期。

③ 姚琦、马华维：《社会心理学视角下的当代信任研究》，北京：中国法制出版社，2013年，第6页。

④ 罗骧：《信任危机与积极信任机制的重构——吉登斯信任理论探析》，《天府新论》，2012年第4期。

程序性保障。”①

为了衡量信任这种社会资本的多少，美国学者福山曾经提出信任半径（radius of trust）的概念，它是指人们乐意把信任扩展到的范围的大小。近些年来，祖国大陆一方面积极创造条件，扩大两岸社会各界各阶层民众的接触面，增进两岸之间彼此理解，拉近心理距离；另一方面则不遗余力地推动两岸关系的制度化与机制化，以实现从低信任度的特殊信任（人际信任）向高信任度的普遍信任（制度信任）的转化与升华，实际上都是为了扩大两岸间的信任半径。尽管目前两岸关系发展遇到了一些阻碍，一部分台湾民众对大陆仍然存有误解甚至偏见，“但愈是在这样的情况下，两岸就愈需要全方位加强沟通与交流，从而进一步增进了解，缩小差距，增进认同。不能因为两岸交流合作出现问题和挫折就畏首畏尾，甚至停滞不前。”②可以说，两岸通过建构“积极信任”机制，必将扩大双方积极、正面的信任半径，从而有助于巩固与深化两岸的相互信任。

最后，两岸开展社会心理建设，累积信任心理资本。大多数信任理论家都认为：无论信任的其他核心特征是什么，信任本质上是一种心理状态。③“信任是指产生于制度规范系统之外的一种世俗现实的心理现象，它在人们无法预知他人将会做什么和将会怎样做时才有可能产生形成，即当人们对他人的善意行为无法作出判断和推测时却仍然相信他人会有善意行为的表现,这便是信任。”④两岸虽然已经实现了“三通”，把大陆与台湾从地理上、经济上重新连接在一起，与以往相比两岸民众之间的距离大大缩短了。但两岸民众之间心理上的沟通却远远不够，从而导致两岸互信不足。据《旺报》2013 年两岸关系大调查的报告显示，由于近些年来两岸关系的进展缺乏社会心理层面的支撑，“仿佛高楼耸立在沙滩上，摇摇欲坠。”⑤其结果是，“信任的缺失会导致两岸对对方的政策和行为难以作出正向的判断，往往会从猜测意图、防范风险的角度进行思考，难以产生心理上的认同和归属感。”⑥

---

① 惠耕田:《沟通理性与国际合作》,《世界经济与政治》, 2009 年第 2 期。

② 《专论：习近平为和平发展注新动力！》，中评社北京 2014 年 5 月 9 日。

③ 姚琦、马华维:《社会心理学视角下的当代信任研究》，北京：中国法制出版社，2013 年，第 81 页。

④ 李伟民、梁玉成:《特殊信任与普遍信任：中国人信任的结构与特征》,《社会学研究》, 2002 年第 3 期。

⑤ 《两岸关系 7 个社会心理矛盾》，台湾《旺报》2013 年 8 月 8 日社评，http：//www.huaxia.com/thpl/sdfx/3469548.html。

⑥ 李鹏:《民族认同、利益联结与两岸命运共同体的信任深化》,《台湾研究》, 2010 年第 5 期。

有鉴于此，两岸应当积极开展社会心理建设，促使双方在心理上彼此信任、对相互间行为具有稳定预期，以逐步化解那些因为长时间隔离所造成的疏离感与防范感，逐渐消解因两岸社会与民众日益频繁的交往而凸显出来的分歧和不适应。“要积极扩大基层交流覆盖面，为两岸基层民众创造机会，多来往，多沟通，努力化解心结，消除隔阂，增进一家人感情。”① 比如多举办类似杭州“邻里节”这样的活动，让越来越多的台湾基层民众走进大陆普通民众家里，促进相互交流，加深彼此了解。② 概言之，两岸开展社会心理建设的目的在于通过心灵上的沟通与融合，培养两岸民众对中华民族的归属感和“两岸是一家人”的身份意识，亦即涂尔干所谓的“集体意识”。“两岸之间需要互相欣赏，互相爱慕，互相亲近，真正进入两岸一家亲的境界。”③ 这样一种集体意识的形塑有助于累积两岸之间的信任心理资本，进而加强和增进两岸的相互信任。

总之，信任是一个动态的过程，是在互动与交流中建立起来的，是通过时间的积累缓慢发展起来的。两岸互信的基本前提建立在相互认知与体谅之上，因此，我们要积极创造条件，“扩大两岸社会各界各阶层民众的接触面，面对面沟通，心与心交流，不断增进理解，拉近心理距离。”④ 正如德国哲学家伽达默尔所言：理解不是主体对客体的认识，而是不同主体间“视域的融合”⑤，两岸要以同情理解的方式加强对话，全身心地去感受对方以求思想达成沟通、感情达到通畅，以此深化两岸互信，进而形成与维护“两岸一家亲”的共同认知。这不仅是通过两岸彼此相互依存或共同命运等基于理性选择的结果，它更多的是通过双方共同价值与规范的培育与形塑，逐渐使两岸民众产生新的集体记忆的结果。

四、结语

两岸虽已开放二十多年，但由于长期的敌对与隔阂，双方之间依然缺乏深入的了解，导致两岸互信的基础严重不足。近几年来，海峡两岸已经初步实现了从过去的冲突、对抗、敌视向和解、合作与和平的转变。但双方分享经济利益并不必然导致两岸互信的巩固与深化。正如圣雄甘地说过：“未来取决于我们

---

① 《张志军考察杭州社区与台基层交流情况》，中评社北京2014年5月17日。

② 《雨夜茶叙　张志军与杭州台商话两岸》，中评社北京2014年5月17日。

③ 《南台湾精英圆桌会：两岸需美的力量》，中评社高雄2014年5月19日。

④ 《习近平晤宋楚瑜：我们方针政策不变》，中评社香港2014年5月7日。

⑤ 马敏：《政治象征》，北京：中央编译出版社，2012年，第31页。

在当下的行动。”习近平总书记亦曾表示，“历史不能选择，但现在可以把握，未来可以开创。”两岸关系的未来掌握在两岸民众手中，“只要我们都从‘两岸一家亲’的理念出发，将心比心，以诚相待，就没有什么心结不能化解，没有什么困难不能克服。和平发展是两岸同胞的共同追求，两岸共享其利、同受其惠。……两岸关系和平发展任重道远，需要加深两岸同胞相互信任。”[①] 一言以蔽之，两岸民众应当从一家人的理念和心态出发，用彼此的真诚和善意加强交流、沟通与合作，以增进相互理解和信任。

原文载于《台湾研究集刊》2014 年 05 期

① 《习近平晤宋楚瑜：我们方针政策不变》，中评社香港 2014 年 5 月 7 日。

“实用主义的过客”：台湾青年在大陆社会融入的指标建构与现状评估

陈　超　蔡一村　张遂新

引言

近年来，随着两岸关系和平发展进程的巩固和深化，越来越多台湾青年都有了在大陆求学、就业的经历。正如习近平所指出，“两岸青少年身上寄托着两岸关系的未来”，作为充满活力和希望的“两岸使者”，这些台湾青年不仅是两岸彼此认识和连结的重要纽带，更将在两岸关系未来发展中起到不可或缺的作用。但遗憾的是，当前对于在大陆台湾青年群体的研究尚显缺乏，我们并不确切知晓他们能否融入在大陆的生活，又在哪些方面需要帮助，而本研究即试图实际了解台湾青年在大陆社会融入的基本状况，以期对今后进一步做好在大陆台湾青年工作有所助益。

为达成上述研究目的，本研究建构了一套包括“发展融入”“生活融入”“文化融入”“心理融入”等四个维度、共十八个指标在内的指标体系，旨在对台湾青年在大陆社会融入状况进行专门评估。通过问卷调查，本研究得出两点基本结论：第一，台湾青年在大陆社会融入大多从工具性的需要出发，并缺乏扎根意愿。因此，他们是一群“实用主义过客”。这一特征在四个维度上的具体表现分别是：在发展融入上，他们意愿高，但渠道少；在生活融入上，他们能适应，但不参与；在文化融入上，他们能接受，但不认同；在心理融入上，他们有关切，但无归属。第二，台湾青年在大陆社会融入的过程，并不简单依循“从经济到身份”的线性发展模式，而是在多维度上同时展开。

一、文献综述

从研究对象上看，有关社会融入的先行研究主要聚焦于农民工与海外华人这两大群体。这些研究的核心关注点在于农民工的城市融入问题与华人在移居国的融入问题。然而，针对台湾青年在大陆社会融入状况的研究较为罕见。下面将对这三类有关社会融入的研究进行简要的回顾与总结，以期为本文理论框架的建构提供基础。

（一）农民工：城市融入

概括而言，有关农民工城市融入的问题主要有两类研究：一类是有关农民工城市融入“是什么”的研究，集中探讨城市融入的程度与状况；另一类则是有关农民工城市融入程度“为什么”的研究，重在挖掘影响城市融入程度的不同因素。

在第一类研究中，如何构建出一套测量农民工城市融入的指标体系成为许多文章关注的重点。总的来看，尽管各个研究者在城市融入的具体指标设定上颇有争议，但是在几个基本维度上存有共识。这几个维度分别是经济融入、社会融入、制度融入与文化心理（身份）融入。[①]有趣的是，学者们基于这些相似的测量维度进行研究，却得出了不同的结论。一个较为普遍的观点是，当前新生代农民工与他们的父辈没有大的差别，整体城市融入状况并不理想。[②③④⑤⑥⑦]然而，通过对安徽搓澡工的深入调查，赵莉指出，当前城市部分农民工的经济适应性良好，通过老乡之间的“强关系”以及他们同客户之间的“弱关系”，他们甚至能够在一定程度上完成在城市中的社会交往适应。[⑧]

---

① 王佃利、刘保军、楼苏萍：《新生代农民工的城市融入——框架建构与调研分析》，《中国行政管理》2011 年第 2 期，第 111—115 页。

② 张庆武、廉思、冯丹：《新生代农民工经济融入状况研究——以北京为例》，《学习与实践》2015 年第 12 期，第 103—111 页。

③ 孙国峰、张旭晨：《欠发达地区新生代农民工社会融入实证分析》，《调研世界》2014 年第 8 期，第 44—47 页。

④ 张庆武、卢晖临、李雪红：《流动人口二代社会融入状况的实证研究——基于北京市的问卷调查分析》，《中国青年研究》2015 年第 7 期，第 61—67 页。

⑤ 李培林、田丰：《中国农民工社会融入的代际比较》，《社会》2012 年第 5 期，第 1—24 页。

⑥ 熊易寒：《整体性治理与农民工子女的社会融入》，《中国行政管理》2012 年第 5 期，第 79—83 页。

⑦ 王佃利、刘保军、楼苏萍：《新生代农民工的城市融入——框架建构与调研分析》，《中国行政管理》2011 年第 2 期，第 111—115 页。

⑧ 赵莉：《新生代农民工多维性社会适应研究》，《中国青年政治学院学报》2013 年第 1 期，第 126—131 页。

在第二类研究中，先行文献主要从企业、社区、社会环境与制度环境四个方面来分析对农民工城市融入状况的影响。从企业出发的研究发现，工人劳动时间与城市融入状况呈现显著的负相关，[①]而适当的员工帮扶计划则有利于推动农民工城市融入的进程。[②]从社区出发的研究提出了许多令人耳目一新的观点。罗竖元指出，社区的开放性、接纳度与共享性文化对于农民工城市融入都有显著的正向作用。[③]徐延辉、罗艳萍将社区作为一个主体，把社区文化进一步整合进了“社区能力”的概念之中，更加系统地阐释了社区对农民工城市融入的影响。[④]与关注微观企业与社区因素的研究不同，关注宏观制度环境与社会环境的研究指出，广泛的社会信任、社会距离与制度排斥才是影响城市融入的关键因素。[⑤⑥⑦]

综上所述，虽然有关农民工城市融入的研究成果丰硕，但是在融入程度以及影响因素这两大问题上并没有形成较为一致的看法。这其中最为重要的原因或许是样本选择的问题。先行研究一个较为普遍的做法是，以一省、一市甚至是一个行业作为抽样总体，从而使得结论的外部适用性受到局限，最终导致不同研究之间的争议大于共识。但值得充分肯定的是，先行研究在有关“社会融入”的测量上实现了较为一致的观点，为本文指标体系的建立提供了有力的依据。

（二）华人：移居国融入

海外华人群体是有关社会融入问题的又一重要研究对象。围绕这一群体的核心研究问题是，海外华人融入当地社会所面临的问题有哪些？一般来说，海

---

① 潘泽泉、林婷婷：《劳动时间、社会交往与农民工的社会融入研究——基于湖南省农民工“三融入”调查的分析》，《中国人口科学》2015年第3期，第108—128页。

② 张宏如、李群：《员工帮助计划促进新生代农民工城市融入模型——人力资本、社会资本还是心理资本》，《管理世界》2015年第6期，第180—181页。

③ 罗竖元：《城市社区文化对农民工随迁子女城市融入的影响——基于厦门、长沙、贵阳等地的调查》，《中国青年政治学院学报》2014年第2期，第8—14页。

④ 徐延辉、罗艳萍：《社区能力视域下城市外来人口的社会融入研究》，《社会科学辑刊》2015年第1期，第28—35页。

⑤ 徐延辉、史敏：《社会信任对城市外来人口社会融入的影响研究》，《学习与实践》2016年第2期，第110—119页。

⑥ 闫伯汉：《制度排斥、社会距离与农民工社会融入——基于广东省东莞市的分析》，《北京社会科学》2015年第5期，第65—72页。

⑦ 杨磊：《资源、支持与适应：失地农民市民化的影响因素研究——基于多样本的扎根理论分析》，《华中科技大学学报（社会科学版）》2016年第2期，第123—129页。

外华人是如何融入当地社会的？

董庆文与陈迅通过对中国留美大学生的研究发现，中国留学生在当地文化适应主要面临三个挑战，即学习方法的差异性、自我管理与发展的难题以及沟通技巧的缺乏。[①] 显而易见的是，由于研究对象的特殊性，以上三种挑战并不能概括所有海外华人在地融入所面临的全部问题。在某种程度上，如果我们可以把留学生看作是海外精英华人群体构成之一的话，那么对于更多的非精英华人来说，他们在地融入面临的首要问题是如何将不同形式的非法身份合法化。[②] 在这一过程中，合法化进程的难易直接与当地政府政策相关。在对荷兰印尼华裔群体的研究中，李明欢曾明确指出，"如果所在国政府对当地华侨华人基本上采取不歧视、不排斥的政策，那么移民家庭在三代之后大多自然而然地认同于当地。可是如果当地政府采取排外主义，或一厢情愿地强迫加速通化，其结果只能是（1）迫使有能力、有可能再移民者远走高飞；（2）从反面唤醒并强化已植根于当地者的'祖籍国'意识，造成华裔心灵上的扭曲。"[③]

由此可见，如何破解难题，令海外华人实现在地融入并非易事。对于如何实现在地融入这一问题，一个较为普遍的共识是，海外华人通过构建丰富密集的社会网络来实现资源的共享与互助，从而帮助华人群体融入当地社会。[④⑤⑥] 社会网络的构建基础是多元的，它既包括传统的亲缘与乡缘，[⑦⑧] 也包括现代性的业缘，甚至是源于对某种政权的认同。[⑨]

---

① 董庆文、陈迅：《中国留美大学生学业和文化适应性问题研究——以美国加州太平洋大学为例》，《中国高教研究》2015 年第 7 期，第 48—52 页。

② 王春光、Jean Philippe BEJA：《温州人在巴黎：一种独特的社会融入模式》，《中国社会科学》1999 年第 6 期，第 106—119 页。

③ 李明欢：《一个特殊的华裔移民群体——荷兰印尼华裔个案剖析》，《华侨华人历史研究》1993 年第 2 期，第 60—66 页。

④ 王春光、Jean Philippe BEJA：《温州人在巴黎：一种独特的社会融入模式》，《中国社会科学》1999 年第 6 期，第 106—119 页。

⑤ 李明欢：《群体效应、社会资本与跨国网络——"欧华联会"的运作与功能》，《社会学研究》2002 年第 2 期，第 30—39 页。

⑥ 李明欢：《"侨乡社会资本"解读：以当代福建跨境移民潮为例》，《华人华侨历史研究》2005 年第 2 期，第 38—49 页。

⑦ 李明欢：《群体效应、社会资本与跨国网络——"欧华联会"的运作与功能》，《社会学研究》2002 年第 2 期，第 30—39 页。

⑧ 李明欢：《"侨乡社会资本"解读：以当代福建跨境移民潮为例》，《华人华侨历史研究》2005 年第 2 期，第 38—49 页。

⑨ 李明欢：《群体效应、社会资本与跨国网络——"欧华联会"的运作与功能》，《社会学研究》2002 年第 2 期，第 30—39 页。

总之，海外华人的社会融入问题与农民工的城市融入问题差异巨大。对于海外华人而言，他们不仅需要面临相似的经济融入的问题，更要在政治、语言、文化、心理等方面经历更大规模、更高程度的调试与适应。因此，二者对比来看，海外华人的在地社会融入问题更多的围绕“群体文化”展开，而农民工的城市融入问题则更多的围绕“公民权利”展开。

（三）台湾青年：大陆融入

与农民工与海外华人相比，台湾青年在大陆的社会融入问题因兼具二者的特征而与众不同。一方面，在“一中框架”下，台湾青年移居大陆应当被看作是在“一国”境内的迁移，他们在大陆的升学、就业与创业问题都与“公民权利”紧密相关；另一方面，由于两岸当前特殊的形势，以及两岸在政治、经济、社会文明和价值取向等各方面的差异，使得台湾学生在大陆同样会遇到与海外华人相似的“文化冲击”。因此，台湾青年在大陆的社会融入问题具有更高程度的复杂性。遗憾的是，绝大多数的研究聚焦于青年的身份认同问题，[①] 而鲜有学者对这一复杂问题进行深入探讨。[②]

张宝蓉与王贞威的研究可以看作是大陆学者在这一问题上的开创之作。在这一研究中，二位学者围绕台湾学生在大陆的社会适应性、满意度、适应策略以及问题成因等内容进行了探讨。[③] 无疑，该研究对于后续研究具有巨大的启发意义，而文章中存在的一些问题也为后续研究保留了进一步发展的空间。首先，对台生社会适应的考察不够全面，缺乏系统性的测量指标；其次，以被访人主观判断（如“很难适应”，“比较难适应”）为基础的测量在相似选项之间不稳定，从而在不同时期获取的数据容易产生偏差。段皎琳针对珠三角青年台商群

① 例如，郭艳《大陆台湾的认同变迁：一种基于理论的探讨》，《北京联合大学学报（人文社会科学版）》2008年第4期，第40—43页；王茹：《“两岸族”台胞的社会身份认同与两岸命运共同体——从社会认同理论的本土文化心理机制出发的阐释》，《台湾研究集刊》2010年第1期，第76—83页。

② 严志兰与胡苏云分别对台商与上海台湾人在大陆的社会融入问题都颇有研究，但是他们研究的主要对象都并未放在青年这一特殊群体上。相关研究参见严志兰：《跨界流动、认同与社会关系网络：大陆台商社会适应中的策略性——基于福建台商的田野调查》，《东南学术》2011年第5期，第126—146页；胡苏云：《上海台湾人的社会融入分析》，《社会科学》2006年第8期，第125—135页。

③ 张宝蓉、王贞威：《在大陆的台湾青年社会适应性与满意度分析》，《台湾研究集刊》2014年第5期，第1—8页。

体的研究，通过构建一个相对完整的测量体系在一定程度上弥补了以上不足。① 但是，由于该研究关注对象的特殊性，因此，并不能反映在大陆台湾青年的整体状况。

综上所述，有关农民工城市融入与海外华人在地融入的研究，不仅为台湾青年在大陆社会融入指标体系的构建提供了扎实的理论基础，更为理解台湾青年在大陆社会融入问题的复杂性本质提供了重要的比较群体。这在当前指标体系缺失、青年群体选取偏颇的研究现状下，具有重要的借鉴与启示意义。因此，如果说当前有关台湾青年在大陆社会融入研究的不足提出了本文研究的必要性，那么针对农民工城市融入与海外华人在地融入的研究则为下文的展开提供了可能。

二、研究框架

（一）概念界定

关于什么是"社会融入"，国内外学者有着不同的看法。英国著名社会学家吉登斯认为，"融入"意味着公民资格，即公民所拥有的实质性的民事、政治权利与相应的义务；② 柯林斯认为，社会融入是一种关于社会如何整合与和谐的理论，关注的是如何令社会成员在遵守社会规范与法律的前提下充分参与社会；③ 而帕森斯则指出，"融入"不是让个人去适应已经存在的补缺性或支持性的制度安排，而是要确保制度安排能够满足所有人的合法参与需求和希望从国家制度安排中受益的愿望。④ 国内人口研究学者杨菊华则更加具体地指出，"融入"指的是流动人口对流入地主流社会体系在经济、行为、文化和观念上的融入。⑤

从以上的不同理解可以看出，社会融入是一个内容涵盖丰富的复杂概念。在价值上，它不仅意味着公民公平地享有权利，同时也意味着不被排斥地进行

① 段皎琳：《大陆地区青年台商社会融入问题与对策研究：以珠三角青年台商群体调查为中心》，《中国青年研究》2016 年第 3 期，第 63—69 页。

② 安东尼·吉登斯：《第三条道路——社会民主主义的复兴》，郑戈译，北京大学出版社，2000 年。

③ Parsons, Carl, "Social Inclusion and School Improvement", *Support for Learning*, 1999, Vol. 14（4）: 179-183.

④ Collin, Hugh, "Discrimination, Equality and Social Inclusion", *The Modern Law Review*, 2003, Vol. 66（1）: 16-43.

⑤ 杨菊华：《从隔离、选择融入到融合：流动人口社会融入问题的理论思考》，《人口研究》2009 年第 1 期，第 17—29 页。

社会参与；在内容上，它不仅强调经济上的整合，更强调在文化、观念与心理上的认同。鉴于此，本文认为，社会融入指的是某类流动人群在流入地公平享有、参与并能够正面认同当地生活的状态。针对在大陆台湾青年而言，社会融入指的是台湾青年公平享有、参与并能够正面认同所在大陆城市生活的状态。

（二）指标建构

根据以上各派学者的基本观点，以及本文对“社会融入”概念的基本定义，本研究认为，在陆台湾青年的“社会融入”至少应当包括以下四个维度的内容：发展融入、生活融入、文化融入与心理融入。

发展融入指的是台湾青年在大陆就学与就业的机会获得与个人价值实现的状况。当前，台湾青年主要通过访问、交换、攻读学位以及创业就业的形式进入大陆社会。在这一过程中，机会获得的多寡关系到台湾青年能否“进的来”，而个人价值实现情况的好坏则影响到台湾青年能否“留得住”。因此，发展融入这一维度是台湾青年在大陆社会融入的根本性问题，直接关系到他们能否在此展开长期的生活。如果台湾青年能够在大陆获得更多的就学与就业机会、职业成就与职业发展前景，则意味着他们在个人发展层面上较为成功地融入当地社会，反之则意味着他们在个人发展方面存在问题。本研究通过三个权重相同的指标对这一维度进行测量，这三个指标分别是：就学 / 就业机会、职业发展、长期在大陆学习 / 工作意愿。

生活融入指的是台湾青年在大陆居住城市中人际交往、生活资讯、社区活动等方面的了解和参与程度。具体说来，这一维度由四个权重相等的指标构成：人际交往、日常生活、组织参与以及后代期望。人际交往指的是台湾青年在大陆与同事以及朋友之间关系的情况；日常生活考察的是台湾青年在大陆的婚恋、消费、居住习惯以及新媒体使用的情况；组织参与主要测量的是台湾青年对所属居住社区信息了解与活动参与的情况；后代期望指的是台湾青年对于是否支持后代在大陆发展的意愿情况。

文化融入指的是台湾青年对在大陆居住城市的语言、风土人情、社会理念与社会规则等方面的接受程度。虽然不可否认的是，大陆与台湾共享“五缘文化”[①]，但是由于两岸长期分离，并且在政治与经济发展上均处于不同的阶段，亦受到不同外来文化与本地文化的影响，所以我们不能简单地认为当代的台湾青

① “五缘文化”指的是：地缘相近、血缘相亲、文缘相承、商缘相连、法缘相循。

年能够在文化上自然而然地融入大陆社会。因此，在考察台湾青年在大陆社会融入程度时，文化融入也是不可或缺的一个重要组成部分。该维度由六个权重相等的指标构成。这六个指标分别是：对语言、服饰、饮食、价值观、节日风俗、非正式社会规则的接受程度。

心理融入指的是台湾青年对所在大陆居住地的心理归属感。在以往的研究中，大多数学者将"身份认同"而非"心理融入"作为考察社会融入的一个重要维度，并且以"你是否认为自己是 ** 人？"为具体的测量问题。[①] 显而易见的是，身份认同是一种由多方力量共同建构起来的个体认知，是一个个体长期的社会化过程。然而，对于绝大多数的台湾青年来说，他们在大陆的居住时间往往并不长久。因此，本研究认为，对于大陆进城务工人员，以"身份认同"作为考察他们社会融入的一个重要维度或许是合理的，然而对于在大陆的台湾青年而言，这一维度并不具有测量效度。本研究从五个方面对"心理融入"进行测量：对当地新闻事件的关心度、未来离开后重新返回本地的意愿度、为城市公共事务付出的意愿度、长期居住的意愿、是否认为自己是城市的一部分。以上五个指标权重相等。

综上所述，本研究认为，台湾青年在大陆社会融入状况的指标体系由四个维度、共十八个指标构成（见表 1）。那么，根据这一指标体系进行测量，当前台湾青年在大陆的社会融入状况如何呢？下文将对这一问题进行解答。

表 1：台湾青年在大陆社会融入状况指标体系

概念	4 个维度	18 个指标
社会融入	发展融入	就学 / 就业机会
		职业发展
		长期在大陆学习 / 工作意愿

① 例如张文宏、雷开春针对城市新移民的研究、崔岩针对流动人口的研究以及杨菊华对流动人口的研究。参见张文宏、雷开春：《城市新移民社会融合的结构、现状与影响因素分析》，《社会学研究》2008 年第 5 期，第 117—141 页；崔岩：《流动人口心理层面的社会融入和身份认同问题研究》，《社会学研究》2012 年第 5 期，第 141—160 页；杨菊华：《流动人口在流入地社会融入的指标体系——基于社会融入理论的进一步研究》，《人口与经济》2010 年第 2 期，第 64—70 页。

续表

概念	4个维度	18个指标
社会融入	生活融入	人际交往
		日常生活
		组织参与
		后代期望
	文化融入	语言
		服饰
		饮食
		价值观
		节日风俗
		非正式社会规则
	心理融入	当地新闻事件的关心度
		离开后重新返回本地的意愿
		为城市公共事务付出的意愿
		长期居住的意愿
		是否认为自己是城市的一部分

三、研究方法

台湾青年在大陆的社会融入状况如何？本研究通过问卷调查的方法尝试对这一问题进行回答。此次问卷的发放与回收工作通过现场发送与网络调查两种途径完成。现场发送的问卷主要在厦门市完成；网络问卷开放填写的时间为2016年7月28日至10月17日，通过两种方式共回收问卷271份，剔除40岁以上的样本以及漏答的问卷，共收集有效问卷213份。

从抽样的方式来说，本研究所使用的现场发送近似于方便抽样；而网络调查则更近似于滚雪球抽样，即首先寻找一定数量符合条件的台湾朋友，以他们作为初步的调查对象，待完成调查后请求他们将问卷通过手机转发给相关友人。需要指出的是，无论是方便抽样还是滚雪球抽样都属于非概率的抽样方法，以此方法获取的样本使研究者无法对抽样误差进行确认，因此并不能在统计意义上确保样本的代表性。本研究采用非概率抽样的主要原因在于，我们无法获得一个关于总体的完整清单。从本文的研究问题出发，年龄在 18 到 40 岁之间来过大陆的所有台湾青年共同构成了研究对象总体，而我们几乎不太可能获取关于这一总体的完整清单，更无法在此基础上进行概率抽样。不过幸运的是，从基本的背景与人口学特征上来看（见表 2），本研究最终获得的样本并没有表现出明显的偏误（bias）。

表 2：样本基本变量描述性分析

指标	比例（频数）	指标	比例（频数）
性别		**在陆累计居住时间**	
男	54（115）	1 年以下	25.82（55）
女	46（98）	1—4 年	26.29（56）
年龄		4—7 年	11.27（24）
18 岁及以下	5.63（12）	7 年以上	36.62（78）
19—29 岁	75.12（160）	**政治倾向**	
30—39 岁	19.25（41）	泛蓝	25.35（54）
婚姻状况		泛绿	4.69（10）
已婚	7.98（17）	中立	42.25（90）
未婚	91.55（195）	不表态 *	27.70（59）
离异	0（0）	**族群**	
丧偶	0.47（1）	外省人	23.94（51）
受教育程度		闽南人	64.32（137）
国中及以下	0.47（1）	客家人	6.57（14）
高中	4.69（10）	台湾少数民族	2.82（6）
专科	0.94（2）	新住民	2.35（5）
大学	55.87（119）	**在台湾原居地**	
研究所	38.03（81）	北部	76.53（163）

续表

		南部	19.25（41）
		东部	2.35（5）
		离岛	1.88（4）

*需要说明的是，政治倾向指标中选择“泛绿”频次较低。鉴于研究者的大陆背景，很可能有相当一部分“泛绿”样本选择了“不表态”项。以上表格自制。

在问卷数据编码方面，由于社会融入指标体系中各个维度以及各个维度内部的各个指标之间的权重相等，因此，台湾青年在大陆总体社会融入的程度可以通过对四个维度的取值进行简单相加获得。同理，关于青年在单个维度上的融入程度，也可以通过对该维度内部各个指标取值进行简单相加获得。以此方法将问卷进行数据编码后经计算得出，在本研究中，发展融入维度的取值区间为 [4，22]，生活融入维度的取值区间为 [10，52]，文化融入维度的取值区间为 [6，30]，心理融入维度的取值区间为 [5，25]。因此，总体社会融入指标的取值区间为 [25，129]。

在对问卷进行数据编码的基础上，为了进一步考察本研究样本数据的总体特征与问卷测量质量，研究者依据 213 个样本在总体社会融入程度以及四个维度融入程度的取值分别绘制了箱线图（如图 1、图 2 所示）。总的来看，图 1 与图 2 中的箱线图呈现出以下几个特征：第一，异常值出现频数较低；第二，以各取值区间为参照，每个箱线图中的最大非异常值与最小非异常值距离相对较短；第三，矩形盒以中位线为界基本呈对称分布。由此可见，本项研究的测量结果没有明显的偏误，并且具有较好的测量信度（reliability）。综上所述，虽然本研究在抽样方法上有一定的局限性，但由于所获样本并未表现出明显的偏误，并且问卷测量具有较好的信度，因此，本文对台湾青年在大陆社会融入状况的考察可以看作是一项初步、但具有一定参考意义的探索性研究。

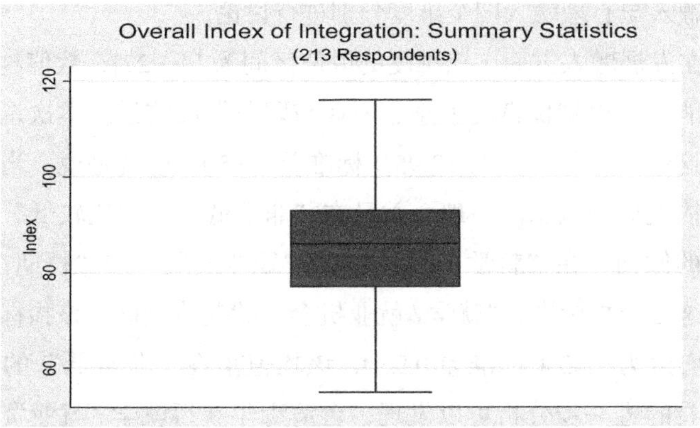

图 1：总体社会融入程度的样本箱线图

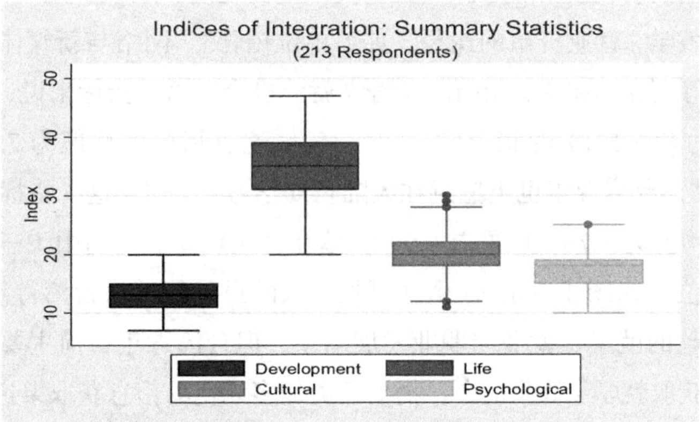

图 2：四个维度融入程度的样本箱线图

注：以上图表自制。

四、实证结果

由上文可知，总体社会融入程度的取值区间为 [25，129]。如果我们按照社会融入程度"非常低""比较低""一般""比较高""非常高"来进行划分的话，那么以上五种不同程度社会融入的取值区间分别是：[25.00，45.80]、[45.80，66.60]、[66.60，87.40]、[87.40，108.20]、[108.20，129.00]，数值越大表示社会融入程度越高。本次调查所获样本在整体社会融入程度的均值为 86（标准差 11.90）。因此，我们大体上可以认为，当前台湾青年在大陆的总体社会融入程度一般。沿用以上对融入程度进行五类划分的逻辑，下文将对发展融入、生活融入、文化融入与心理融入四个维度分别进行讨论。

首先，在发展融入方面，该维度的取值区间为 [4—22]，数值越大表示台湾青年在大陆能够获得越优良的就学、就业与职业发展前景。本次调查所获样本在发展融入这一维度的均值为 12.95（标准差 2.35）。也就是说，当前台湾青年在大陆的总体发展融入状况一般，并且在“非常低”与“比较低”方面表达出了略微强烈的倾向。在“就学 / 就业机会”“职业发展”与“长期在大陆学习 / 工作意愿”这三个指标中，“就学 / 就业机会”的获值最低。该指标的取值区间为 [1—7]，均值为 1.63（标准差 0.95），该均值落在“非常低”的区间中。通过对回收问卷的进一步分析可以发现，台湾青年获得就学 / 就业资讯的管道比较单一，可能是影响台湾青年就学 / 就业机会的一个重要原因。从问卷的回答情况来看，当前台湾青年的就学 / 就业资讯主要通过“朋友介绍”的方式获得，而其他获得就学 / 就业资讯的途径，如“单位招聘”“网络与新媒体”和“自行投递简历”等则相对匮乏。相比“就学 / 就业机会”这一指标来说，“职业发展”（取值区间为 [2—10]）的状况则“比较高”，这一指标的均值为 7.56（标准差 1.42）；同时，台湾青年也更愿意在大陆长期学习 / 工作，这一指标的取值区间为 [1—5]，均值为 3.76（标准差 0.99），落在“比较高”区间中（三个指标融入程度的相对位置如图 3 所示）。由此可见，大陆虽然能够为台湾青年提供公平、甚至比较优越的就学、就业与职业发展前景，但台湾青年目前主要依靠各自人际关系网络获取就学 / 就业机会，仍缺乏更加多元化的信息获取渠道。

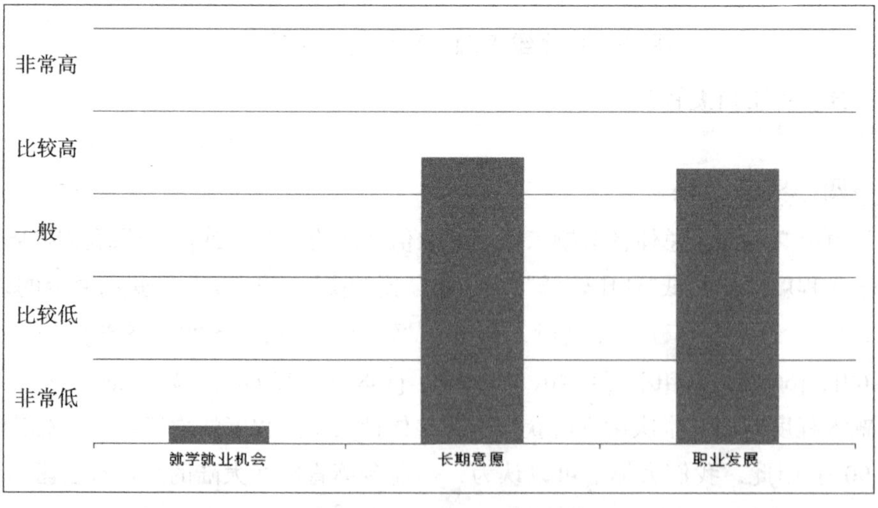

图 3：发展融入指标

注：图表自制。

其次，在生活融入方面，该维度的取值区间为 [10—52]，数值越大表示台湾青年越能够适应在大陆的生活。本次调查所获样本在生活融入维度的均值为 34.70（标准差 5.96），因此当前台湾青年在大陆总体的生活融入状况一般。值得注意的是，尽管无一例融入程度“非常低”的样本，但融入程度“比较低”的样本占了总体的 10.33%。进一步考察四个指标可以发现，台湾青年在“人际交往”指标（取值区间为 [5—23]）的均值为 16.62（标准差 2.91），在“日常生活”指标（取值区间为 [2—14]）的均值为 9.67（标准差 2.70），在“组织参与”指标（取值区间为 [3—15]）的均值为 8.50（标准差 3.07），在“后代期望”指标（取值区间为 [3—15]）的均值为 9.48（标准差 3.37）。由此可见，台湾青年在“人际交往”和“日常生活”方面融入状况较好，但在“组织参与”和“后代期望”方面表现一般（生活融入各指标的融入程度如图 4 所示）。这说明由于共通的语言和文化环境，台湾青年大多能够适应在大陆的生活，但仍自限于“外来者”身份，很少参与社区的公共事务，也缺乏扎根落户的意愿。

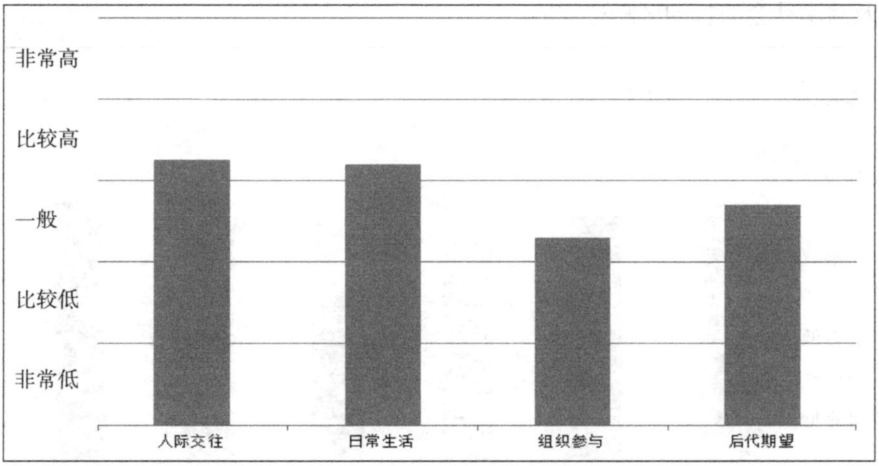

图 4：生活融入指标

注：图表自制。

第三，在文化融入方面，这一维度的取值区间为 [6—30]，数值越大表示台湾青年在大陆能够更好地接受在陆居住城市的语言、风土人情、社会理念与社会规则。本次调查所获样本在文化融入这一维度的均值为 20.45（标准差 3.29）。也就是说，当前台湾青年在大陆的总体文化融入程度比较高。从“语言”“服饰”“饮食”“价值观”“节日风俗”“非正式社会规则的接受程度”这六个指标（取值区间均为[1—5]）来看，“价值观”的获值最低。该指标的均值为2.74（标准差0.94），该均值落在“一般”区间中，但在“非常低”与“比较低”方面表达出了略微强烈的倾向。有趣的是，虽然台湾青年对所在大陆地区的价值观认可度较低，但却在“非正式社会规则的接受程度”这一指标上，表现出了“比较高”的融入程度，该指标的样本均值为3.64（标准差0.79），落在“比较高”的区间，这表明台湾青年基本了解所在大陆地区人际交往中的人情世故与潜规则。六个指标中，“饮食”“语言”和“服饰”指标也都落在“比较高”的区间，均值分别为3.74（标准差0.87）、3.59（标准差1.14）、3.49（标准差1.05）；“节日风俗”指标落在“一般”区间，均值为3.25（标准差0.93）（文化融入各指标的融入程度如图5所示）。综上可以看出，在文化融入方面，浅层次的文化指标如语言、服饰、节日风俗、饮食习惯等方面的区别不会影响台湾青年在大陆的社会融入；但在价值观等深层次的文化指标方面，当前台湾青年在总体上处于一种接受但不认同的状态。这可能是由两岸在政治、经济发展上的不同阶段，以及两岸社会的长期区隔造成的。

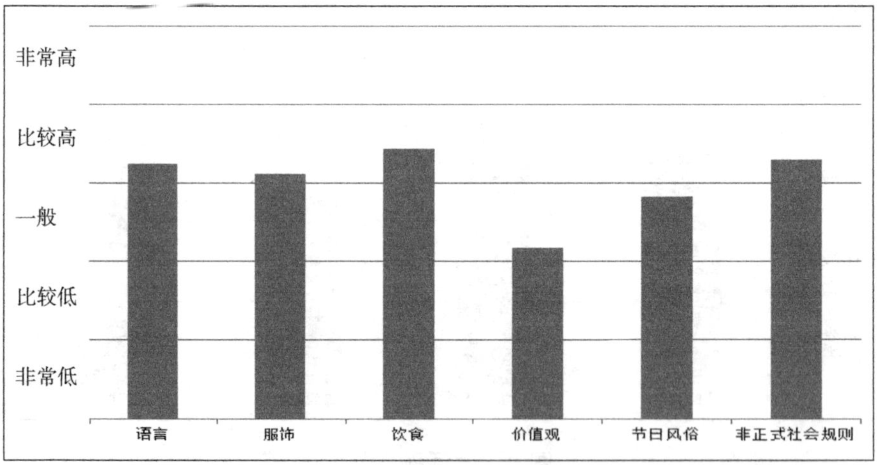

图5：文化融入指标

注：图表自制。

最后，在心理融入方面，该维度的取值区间为[5—25]，数值越大表示台湾青年对所在大陆居住地的归属感越强。本次调查所获样本在生活融入维度的均值17.54（标准差3.10），可知当前台湾青年对大陆居住地的归属感总体较高。

但是，深入考察此维度中的各个指标情况可以看出，台湾青年对大陆居住地的归属感较高，主要是因为他们在"对当地新闻事件的关心度"（取值区间 [1—5]，所获样本均值 3.45，标准差 0.93）、"重返本地的意愿度"（取值区间 [1—5]，所获样本均值 3.95，标准差 0.78）和"为城市公共事务付出的意愿度"（取值区间 [1—5]，所获样本均值 3.47，标准差 0.86）三项指标上融入程度"比较高"，并且以"重返本地的意愿度"尤其强烈。但是，他们在所在城市的"长期居住意愿"（取值区间 [1—5]，所获样本均值 3.32，标准差 1.01）和"是否认为自己是城市的一部分"（取值区间 [1—5]，所获样本均值 3.35，标准差 0.95）两项指标的融入度却表现"一般"（心理融入各指标的融入程度如图 6 所示）。由此可见，一定时期的生活经历能够孕育对当地基本的关切，因此不少台湾青年都愿意关怀当地发展，甚至为此付诸行动，但这样的情感体验未能完全内化为"乡情"，对于所在城市他们往往自视为"过客"，并没有产生稳固的身份认同。

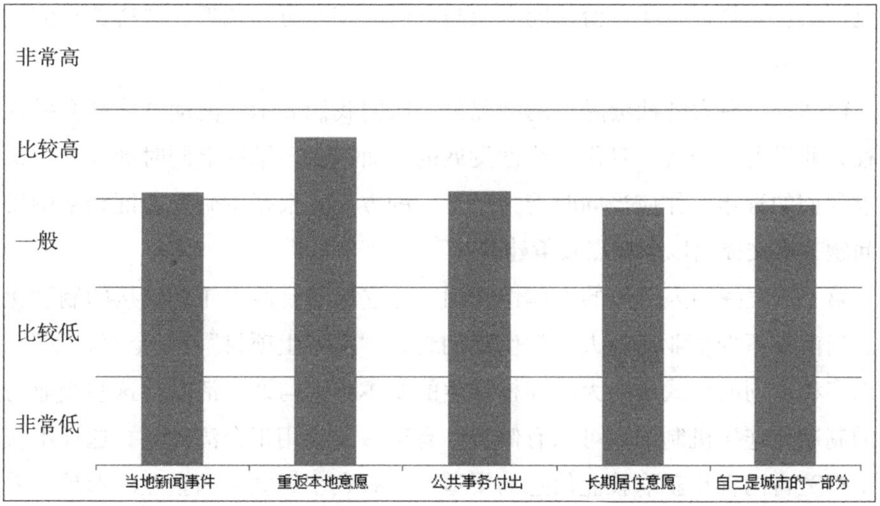

图 6：心理融入指标

注：图表自制。

五、结论："实用主义的过客"

当前，在大陆就学、就业与创业的台湾青年已经是一个数量庞大的群体。如何认识这一群体在大陆的社会融入状况，是地方各级政府做好在陆台湾青年工作的基本前提。为了能够更加准确地对这一问题进行考察，本文尝试建立了一套测量台湾青年在大陆社会融入状况的指标体系。以该指标体系为基础，并借助问卷调查的方法，本文对台湾青年在大陆社会融入的现状进行了初步的评估。

总的来看，台湾青年在大陆的社会融入程度一般。这种一般性主要表现为，台湾青年群体是大陆中的“实用主义的过客”。说他们是“实用主义”的，因为台湾青年在大陆的社会融入仅停留于工具上的需要性，而没有进一步拓展为认知上的亲近性；说他们是“过客”，因为他们既鲜有进城务工人员那种去留的纠结，更少有海外华人移民那种扎根的决心，而是呈现出一种暂时性、流动性和不确定性的特征。因此，台湾青年在大陆的社会融入，更接近于杨菊华对融入模式进行分类当中的“选择型融入”模式，即“流动人口在劳动就业、经济收入、社会福利等方面可能与当地人群并无明显二致，其行为举止也符合目的地的规范要求，但在文化方面却既接受流入地的文化，也保留自己的文化传统与特色，二者兼具，且在身份认同方面与自己的家乡更为亲近，保持着与流入地的心理距离。”①

台湾青年在大陆社会融入的状况再一次向我们展示，流动群体社会融入的过程并非沿着“经济—身份”线性发展的，而是在多维度上同时展开的。这就要求我们的青年工作应当同时着力于不同的方面。根据本研究实证结果中发现的问题，本文提出以下几点政策建议：

第一，发挥用人单位的主体性作用，建立起与台湾青年相连接的制度化机制。当前，不少企业面向大陆学生定期组织“实习生项目”“夏令营计划”，或者以多种不同的形式资助大陆高校学生的基本生活与课外活动。这些企业与青年的制度化连接机制同样可以有侧重、有选择的应用于台湾青年。这样不仅有利于拓宽台湾青年获取就业信息的渠道，更有利于树立大陆企业的形象，并建立起与台湾优秀青年的长期联系。

第二，充分发挥基层社区与企业的力量，提高台湾青年在大陆日常生活与工作中的参与度。对于那些有台湾青年居住的社区和有台湾青年工作的企业，相关单位应大力支持并鼓励他们积极参与到社区建设与企业发展的过程中来，听取并落实他们提出的有建设性的意见与建议。对于在社区与企业中组织的文娱、公益与社交等活动，也要充分调动台湾青年的积极性，将他们真正纳入大

① 杨菊华：《从隔离、选择融入到融合：流动人口社会融入问题的理论思考》，《人口研究》2009年第1期，第17—29页。

陆的社会生活中。

第三，进一步推动政策“松绑”，为台湾青年在大陆就学、就业、旅行、婚姻、设籍、参政议政创造便利条件。当前台湾同胞在大陆时常受到“特殊待遇”，不论这些待遇对他们而言是便利亦或限制，都会在无形中固化“他群”意识和对祖国大陆的距离感，不利于台湾同胞在陆社会融入乃至两岸社会整合。因此有关部门可逐步改革过往的区别政策，消弭台胞证和身份证在功能和效力上的差别，使台湾同胞在社会生活中享有与大陆民众同样的便利条件，不再因台湾人身份而受到不同对待。在这一方面，福建公安部门或可率先放宽台湾居民旅行、就业、婚姻、设籍等方面的限制，力争使台胞证在福建省内的使用效力等同于省外居民身份证，同时简化户政手续，帮助台湾人才在福建落户，鼓励两岸青年往来，促进两岸通婚。相关政策可从金门、马祖居民开始试点，再逐步放宽至台湾其他地区。

第四，珍视台湾青年对所居地事务的关切之心，着力塑造台湾青年对所居城市的认同感与归属感。诚如上文所示，本次调查的一项重要发现是，虽然当前台湾青年并没有产生对大陆的认同，但是他们却对居住城市有较强的关切之心。这对我们有关台湾青年工作的一个重要启示在于，在最终形成对大陆的认同之前，我们的工作或许可以首先着重落实台湾青年对大陆某一城市的认同。从这一逻辑出发，各级地方政府对台湾青年的工作，需要在方针与思路上进行一次“从全局到局部”“从面到点”的转变。换句话说，在面对台湾青年时，各地工作人员不仅是“大陆”的代言人，更是不同城市的代言人。例如，在语言上少用“大陆”作为交流的主体，而是选择“上海”“厦门”“苏州”等城市称呼来展开对话。

原文载于《台湾研究集刊》2018 年 05 期

文化结构：试论两岸关系研究新视角的引入

王贞威

自2008年5月始，两岸关系步入和平发展的快车道，人员、货物、资讯等跨境交流规模达到60余年来之最，两岸经济依赖程度加深，社会连接更为紧密，初步形成和平发展的良好局面，为两岸关系融合发展奠定了坚实的基础。然而，不可否认的是，随着交流的不断深入，两岸文化冲突和碰撞逐渐台面化，如近些年发生的张悬“国旗事件”、台湾反服贸事件、台湾课纲微调争议、帝吧出征事件等，皆昭示两岸在群际互动交流中的文化冲突和交流疑虑。

马英九执政的八年，台湾人并未因两岸关系和平发展红利和逐渐加深的两岸一体化进程，而有效提升对大陆的正面观感，更未增加对中国人的认同。中国大陆的和平崛起，给台湾带来了发展机遇，却增加了部分台湾人对自身安全的担忧。换言之，两岸关系中的物质性因素的紧密连结并未带来人民之间心灵距离的拉近和同胞感（家人认同）的提升。

2016年5月20日，台湾实现第三次政党轮替，民进党全面执政，两岸关系和平发展大局受到较大的冲击。在新僵局下，两岸政治分歧和敌对意识更难以化解，两岸之间的文化和观念冲突将更为严重。在此背景下，两岸互动过程中的文化因素凸显，文化差异、文化冲突和文化融合问题更需高度重视。而现有的两岸文化问题研究，理论性和系统性略显不足，解释力有局限性。因此，本文尝试从文化角度切入分析两岸关系发展进程及其所面临的问题与挑战。

一、文化结构引入的必要性

学术界对两岸关系的关注已逐渐由权力、利益等物质性因素转向制度和规范等弱物质性因素。目前又逐渐转向文化和价值等观念性因素。美国人类学家格尔茨（Clifford Geertz）认为，文化是“从历史上流传下来的存在于符号之中的意义模式，是以符号形式表达的前后相袭的概念系统，借此，人们交流、保存和发展对生活的知识和态度。”[①] 中国建构主义学派代表人物秦亚青认为，文化是人群的共有的意义系统，是人自己编织的意义网络，是人所创造的社会生活方式和社会精神。它具有历史性、系统性和主体间性。对人的身份认同、利益认识因而也对人的行为方式产生着巨大的影响。[②] 他强调，“文化是一个不断发展、不断进化的过程，一旦产生自身的过程动力，又会反过来影响实践和话语。从这个意义上讲，文化是一种延续的、生成性的过程，社会事实、历史事件、社会存在都是通过文化的经纬网络获得意义的。”[③] 因此，两岸关系必须有基于文化视角的反思理论，以此思考两岸关系中文化结构的生成及其演进，探索两岸文化差异性以及这种差异性所建构的不同层次的认知差异和行为失衡，进而为推动两岸关系和平发展的伟大实践做出理论贡献。

目前，两岸关系学界已认识到文化和观念是两岸关系发展中的重要因素，有不少大陆学者在积极研究两岸认同、共有价值、文化交流、文化整合等观念领域的问题。如陈孔立教授已出版系列论文研究两岸文化和群体认同的差异及弥合问题，从两岸社会性质、社会制度的差异出发，运用文化社会学的“文化突变”概念，论证两岸文化存在本质差异并探讨其原因，进而分析由此导致的文化冲突现象，提出在尊重差异的基础上建构两岸双重认同的重要性和路径。[④] 刘国深教授早在2002年就提出以政治文化的视角来分析台湾政治体系，解读两岸在政治价值、政治判断和政治行为等领域的差异性问题，在不同场合多次提出两岸是一个中国系统下的两个政治文化子系统。[⑤] 学者俞新天很早就关注两岸关系中的文化因素，也曾撰文分析如何看待两岸文化异同、如何认识文化价值观的异同以及文化认识问题对两岸关系产生的作用。她指出，两岸政治难题的破解、军事互信的建立、和平框架的形成、国际空间的拓展，如果没有文化

① 克利福德·格尔茨著、韩莉译：《文化的解释》，译林出版社，1999年，第4页。

② 秦亚青：《世界政治的文化理论：文化结构、文化单位与文化力》，《世界经济与政治》，2003年第4期。

③ 秦亚青：《关系与过程：中国国际关系理论的文化建构》，上海：上海人民出版社，2012年，第21页。

④ 陈孔立：《从“台湾人认同”到“双重认同”》，《台湾研究集刊》，2012年第4期；《两岸认同过程的五个阶段》，《台湾研究集刊》，2012年第6期；《两岸文化的本质差异》，《台湾研究集刊》，2013年第4期；《两岸之间的文化冲突》，《台湾研究集刊》，2011年第1期。

⑤ 刘国深：《当代台湾政治分析》，北京：九州出版社，2002年。

的支撑，恐亦徒劳无功。[①] 张羽教授带领的课题组，也对两岸青年学生的社会文化认知差异及其形成进行了深入的探讨。[②] 等等。总之，大陆学者对两岸文化渊源与交流、文化差异与冲突、文化合作与交融等主题进行了较为深入地研究，取得了丰硕的成果。对两岸经济结构、政治结构、社会结构的研究也较为充分，但鲜有以“文化结构”为主题进行系统探讨的研究。

台湾有些学者从文化政治、政治社会学的角度，探讨台湾认同变迁中的文化因素，如“中研院”研究员萧阿勤是最重要的学术探索者之一。他在《重构台湾——当代民族主义的文化政治》一书中，从历史、语言和文学三个方面阐述台湾如何被重构，对很多转变为台湾“民族主义”者的文化精英和知识分子如何重建记忆、重写历史做了梳理，展示台湾“民族主义”从萌芽到茁壮成长的过程。此外，其《回归现实——台湾1970年代的战后世代与文化政治变迁》一书，也是近年来出版的探讨台湾政治、文化变迁的重要著作之一。作者通过分析“回归现实世代”的世代意识、“国族”认同、历史叙事，对战后台湾文化政治变迁进行了学理上的探讨。[③] 还有学者以建构主义的文化结构变迁为视角探讨两岸关系发展中的文化结构及其变迁，但并不系统。本文则尝试以两岸群际互动思维，系统探讨两岸群际文化结构的变迁以及在此过程中建构的次级群际文化结构和主导性群际文化结构的关系、群内文化结构和群际文化结构的关联等。在当前两岸关系物质结构连接的扩溢效应不彰，两岸文化冲突凸显，青年群体对两岸关系深入发展疑虑和不安增加的背景下，对两岸观念和文化结构的差异研究以及文化弥合的急迫性和重要性更为凸显。

二、文化结构的基本内涵及分析要点

本文从文化和观念角度切入，明确提出在社会建构主义的视角下，两岸关系是一种建构性关系。在这一认知下，以“两岸文化结构及其进化”为焦点，系统研究两岸群际互动过程中的交互行为及文化结构的社会建构过程，探讨两岸在群际互动中所形成的文化差异以及文化融合的问题。此文化视角的分析架

① 俞新天：《两岸关系中的文化认识问题》，《台湾研究》，2010年第1期。

② 张羽、王贞威、刘乐：《两岸青年学生对社会文化集群认知研究》，《厦门大学学报》（社会科学版），2015年第2期。

③ 萧阿勤：《重构台湾——当代民族主义的文化政治》，台北：联经出版公司，2012年；《回归现实——台湾1970年代的战后世代与文化政治变迁》，台北：“中央研究院”社会学研究所，2010年。

构或可简称为“两岸群际建构论”，这是笔者在对两岸文化结构这一焦点问题进行思考的过程中结合温特（Alexander Wendt）结构建构主义基本内涵和两岸关系特殊性而进行的理论改进。

（一）文化结构的基本内涵

本文所谓文化，基本等同于共有观念或者说是特定历史背景下某一社会形成的共享意义系统，涉及习俗、传统、法律、制度规范、群体认同、社会价值、话语系统等一系列意识领域现象，依托于一定的物质性因素，但并不能有效还原为物质性因素。而文化结构，主要指共有文化在不同施动者之间的分配状态。[①]“两岸文化结构”主要指的是两岸群际文化，涉及主导性群际文化和次级群际文化在两岸之间的分配状态。由于在群际互动过程中，某一群体内部的文化结构也会对群际互动造成不同程度的影响，因此，本文也涉及群内文化结构及其与群际文化结构的内在关联。文化结构的进化问题主要探讨主导性群际文化的变迁和演变过程。文化进化强调从大的历史背景来看，两岸关系文化结构的变迁处于不断发展进步之中，两岸关系的友善度也在不断提升。

概言之，本文提出文化结构视角的最大目的就在于尝试通过把大陆和台湾人格化为两个施动者的集群，系统分析过去60余年，在两岸的互动性实践中，两个施动群之间已然形成并持续建构的群际文化结构及其进化过程，并探索在该进程中群内文化和群际文化的逻辑关联。它的核心内涵是：“物质基础，观念主导，实践建构，文化进化”，即在承认两岸关系存在一系列物质性因素的基础上，认为两岸关系是一种建构性关系，其实质是大陆和台湾两个施动群（agent group）在实践性互动的基础上建构的不同层次的群际结构的总和；而且，随着两岸实践性互动的不断深入，两岸群际文化结构会逐步进化；在此过程中，两岸关系发展进程中的一系列物质结构只有通过文化结构才能呈现其属性和意义。

本文认为，两岸群际各层次施动者（agent）之间的实践性互动形塑两岸群际文化结构和共有知识，反过来，已然形塑的文化结构则成为一种“隐性制度架构”规约相关施动者的认知和行为，笔者把这种属性称之为“文化权力”。它规约和范导身处其中的每一个施动者的行为和认知。两岸之间存在的一系列问题，尤其是核心政治分歧，其根源在于两岸分别处于两个具有较大差异性的意义系统（文化）内，这种意义系统业已形成并长期内化。两岸文化差异包括但

① 亚历山大·温特著，秦亚青译：《国际政治的社会理论》，上海：上海世纪出版集团，第247页。

不局限于政治体制的不同、社会生活方式的不同、政治文化和价值的不同、共同体认同和想象空间的不同等。不管是所谓"主权"争议、两岸政治定位分歧等高阶政治问题，还是两岸青年之间的政治认同差异、反服贸运动等低阶政治问题，皆肇始于两岸的文化差异以及对对方文化的不适和排斥。

群内意义系统，作为一种群内共有文化，尤其是其中的集体知识，具有较大的稳定性和客观性，对群内相关施动者的认知有相当大的规约作用，但并非不可改变。在跨两岸的群际互动实践中，会不断地进行知识生产，形塑新的群际意义系统（群际共有知识），影响甚至改变某施动群原有群内意义系统，弱化彼此差异性的知识存在，进而实现文化的和谐共存和包容性弥合。这是我们对两岸关系长期发展保持信心的理论基础。

（二）文化结构的分析要点

第一、知识生产逻辑

知识生产的逻辑，基本上也是文化形成的逻辑。在实践性互动进程中，知识形态会从自有发展为共有，从互动层次的共有知识即共同知识（common knowledge），内化为体系层次的集体知识（collective knowledge）。其中，共同知识的主观性较强，稳定性较弱；集体知识则具有较大程度的客观性和稳定性。

表1　知识形态与文化结构对应关系

结构形态	无结构	微观结构	宏观结构
知识形态	自有知识	共同知识	集体知识

举例阐述这种知识形态的转换。以行为体（包括个体行为者和集体行为者）A和B为例，有某一陈述P和L。在A和B进入施动性实践和交互机制之前，A认为P为真，则P为A的自有知识（private knowledge），同理如果B认为P为真，则P也是B的自有知识。在这种情况下，由于A和B同时相信P为真或者P为真是A和B所处世界的固有知识，此时P为A和B的背景知识（background knowledge）。当A和B进入实践性互动之后，A发现或知晓B也认为P为真，同时B也发现或知晓A也认为P为真，与此同时，经过互动学习和实践，A和B产生了对新陈述L为真的共有认知，则此时P、L为A和B的互动层次的共同知识，此时共同知识虽具有"主观互证性"（intersubjectivity），但仍是主观的，不稳定的。如果支持这一认知的情境长期存在，那么通过所谓

“多元可实现路径”，P、L 的共同认知内化到 A 和 B 内心深处，而具有了客观性和较高的稳定性，则此时对 P、L 的共有认知就成为 A 和 B 的集体知识。P、L 不再依赖于 A 和 B 的主观认知，而成为规约二者的必然性知识。

知识形态与文化结构具有一一对应的关系（表 1）。文化结构即共有知识的分配过程和状态，在实质上等同于共有知识或文化，涉及互动层次的微观结构和体系层次的宏观结构。文化结构以物质结构为基础，但物质结构唯有通过文化结构才能呈现其意义和属性。同一物质结构或现象经由具有不同文化认知的施动者的观念审视和过滤之后呈现出截然相反的样态。因此，本文更强调文化结构的主导性作用。两岸之间的文化结构涉及自有的文化结构和群际共有文化结构，简称为群内文化和群际文化，代表性文化认知如表 2。

表 2　两岸部分代表性群内文化和群际文化

知识类型 \ 施动群	群内 自有文化	群际 共有文化
台湾施动群	视情况决定台湾未来；台湾“主体意识”；西方核心价值观；民主优越性；依托国际势力平衡台海局势；两岸是竞合型的生意伙伴等。	和平发展 求同存异 中华民族 中华文化 国际规范 合作双赢
大陆施动群	两岸大一统；大中华意识；社会主义意识形态；社会发展特殊性；避免国际干预中国内政；建构两岸亲昵家人关系等。	

第二、群际互动建构

两岸关系实质上是群际互动建构出来的，在两岸互动中存在大陆施动群和台湾施动群。[①] 在大陆施动群内，中共是群际互动的主施动者（main agent），且大陆内部集体行动的逻辑较强，意识形态较为集中，可以简化为单一施动者。一般情况下，台湾施动群内代表相当民意基础的执政当局及其支持者可认为是两岸群际互动的主施动者，决定两岸互动的进程和协商机制存废。而通常情况下，两岸主施动者之间建构主导性群际文化。过去很长一段时间，国民党由于其在台湾社会的广泛影响力而居于主施动者位置。

自 20 世纪 80 年代末台湾实现政治转型以来，民进党逐渐成为两岸群际互

① 王贞威:《两岸建构性关系中的知识与文化研究：以“施动者——结构”机制为视角的分析》,《台湾研究集刊》, 2015 年第 1 期。

动过程中重要的施动者，并且于2000—2008年在台湾执政，成为台湾公权力的代表，一度跻身为主施动者，陈水扁当局的激进“台独”举动对两岸主导性群际文化——洛克文化（竞争性对手）造成了较大程度的冲击，但并未改变两岸群际文化的基本样态。由于民进党拒绝承认“九二共识”，共民两党政治互信迟迟无法建立，长期以来民进党客观上处于次施动者地位，是两岸敌对文化和知识的主要生产者，与大陆建立的是次级群际文化（敌人文化）。

2016年，民进党再次跻身主施动者位置，之所以能够重新执政，很大程度上是在国民党执政绩效不彰的情况下顺应了两岸和平发展的主流民意。蔡英文提出“维持现状”的政策主张，尊重“九二会谈”的历史事实，希望延续两岸和平发展既有成果和协商机制等，都相当程度改变了民进党固有的两岸政策立场，这恰恰反映出当前两岸之间的主导性群际文化（以和平发展为基础的洛克文化）具有强大的规范内化能力，民进党即使跻身为主施动者也无法改变，而只能逐步适应调整。

施动群之间的群际互动实践建构不同层次的群际文化，界定和规约两岸关系中的物质性连接的意义和属性。不同的群际文化结构下，如两岸的洛克文化结构和康德文化结构，则会对两岸的经济一体化和社会群际连接产生不同的意义解读。

第三、文化进化图景

本文基本秉持文化进化思维，认为两岸关系发展将经历四个文化阶段，其所展现的两岸关系进化是动态的、不排除局部可逆性与波动性的、系统的、非纯然线性的发展图景（如图1概括趋势图）。严格来说，四个文化的转变并未有明显的界限或时间节点，但会有相对标志性的事件。1949年之后的两岸关系源于国共内战的全面敌对状态，因此，自1949年蒋介石集团败退台湾形成隔海分治格局开始，两岸敌人文化即已形塑和内化。在此期间，两岸在政治、经济、社会等领域全面对抗，相互隔绝，接触有限。

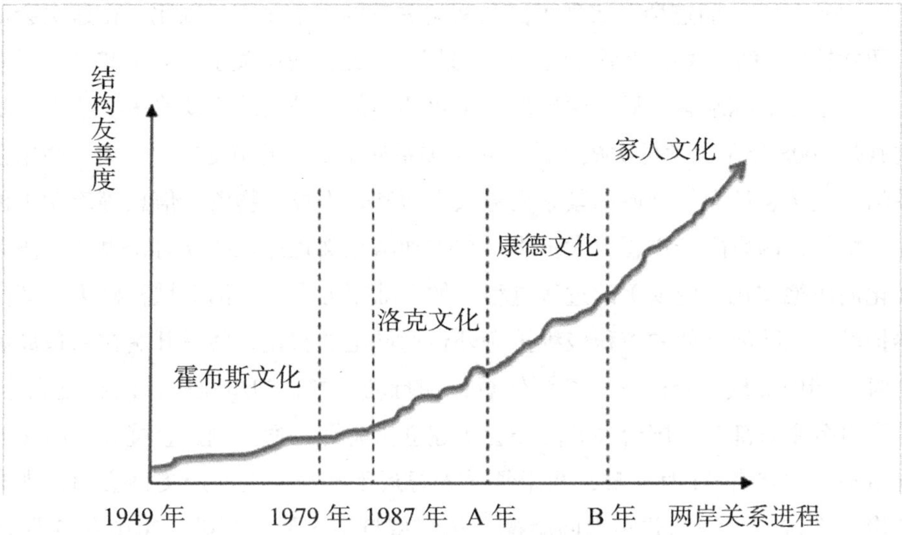

图 1 两岸群际文化结构变迁趋势图

直到 1979 年元旦，大陆发表《告台湾同胞书》并提出“和平统一”的主张，开始调整其自有知识并希望得到台湾的积极反馈，霍布斯文化（敌人）逐步松动，但旧有文化的规约和压制力量依然很大，结构转换的质变点还未达到，1987 年底台湾开放居民赴大陆探亲，放弃“三不政策”（不接触、不谈判、不妥协），两岸洛克文化（竞争对手）才正式形成。这期间也是“一国两制”方针提出和完备的过程。“一国两制”的重要内容就是大陆开始接纳并允许台湾资本主义体制与大陆社会主义体制共存的统一模式，这是洛克文化“生存并允许他者生存”特点的集中体现。

1979—1987 年是霍布斯文化向洛克文化转换的过渡时期，是两种文化结构的博弈和拉扯阶段，洛克文化最终胜过霍布斯文化。洛克文化是霍布斯文化和康德文化（朋友）的过渡阶段，即在敌友之间（非敌非友）的中间态、过渡态。在这一文化阶段，两岸在承认对方基本生存和发展权的基础上，展开社会、经济乃至于低阶政治领域的交流与合作，但在安全和核心意识形态上依然会有所保留，军事上保持足够的力量以惩罚或防御对方，双方施动者“大脑”中依然存有霍布斯文化（敌人）的意识残留，彼此没有也难以形成深层的互信。概言之，在这一阶段，两岸在“国防”、涉外事务和核心政治理念上依然视对方为敌人。

2005年的“胡连会”实现了国共两党关系的正常化和机制化，在这次会议上两党提出“两岸关系和平发展共同愿景”。自此，两岸关系开启了和平发展新契机，这是对陈水扁当局对两岸洛克文化的局部性破损的主动修正。这次会晤尤其是2008年国民党再次执政使得两岸关系迎来重大的历史发展机遇。两岸在政治、经济、社会等领域的紧张局势大大缓和，人员、物资、信息等流动规模大大增加，两岸融合进程大大推进，在推动洛克文化深化的同时，也开启洛克文化向康德文化（朋友）的过渡进程，如大陆军方在亚丁湾海域积极为台湾商船护航，大陆海外使领馆积极维护海外台湾同胞的权益，两岸开始在钓鱼岛和南海争端中形成一定的安全共同体意识和行动默契，初步建构共同利益观等。两岸事务主管部门（国台办和陆委会）建立常态化沟通机制，直接处理两岸共同事务。2015年11月7日，两岸领导人习近平和马英九的历史性会面，则为两岸关系进一步缓和并实现向康德文化转型打下重要的基础。2016年5月20日，民进党再次执政，两岸关系和平发展进程受到阻碍，甚至于有波动和倒退，但并不能整体上改变文化进化曲线上升的逻辑和发展趋势。

至于两岸朋友关系何时形塑尚不得而知，其初步建立的标志性事件是两岸和平协议的签署以及军事互信机制的确立（即在A年建立康德文化）。两岸和平协议作为两岸在安全和核心政治理念上敌意的大幅削减，会逐步建立两岸安全共同体并形塑共同的安全意识，进而由“你和我”的二元区隔转变为“我们”的群体认知。以协同或共同安全观的建立为基础，两岸在政治、经济、社会等领域的整合和一体化将初步形成并不断推进，多元共同治理机制不断出现，以实现两岸事务的共同治理与协作为标志，两岸实现低度统一状态。但仍要注意，朋友之间依然存在利益冲突和自私心理，也会因某一特定事件发生争吵，但会通过既存机制进行有效妥协和互谅，并不影响朋友关系的大局。

家人思维和家人文化具有其独特性，其关系友善度和亲密性达到理论最高点。朋友文化阶段形塑的价值和政治、经济、社会结构将为家人文化的实现奠定重要基础。加之当前大陆以“一家人”的思维作为两岸交往核心理念，展开涉台事务决策行为，这将会有力推动家人文化和观念在两岸尤其是台湾社会的内化。但不可否认，当前在洛克文化客观存在的情况下，大陆实施的惠台行为仍免不了有一定的自私性和政治利益考量，但其无私性在逐渐凸显。

家人文化和朋友文化并没有清晰的界限，不排除家人文化和朋友文化同时或先后存在，但整体上家人文化的进化位阶要高于朋友文化。只有当双方均发自内心地把对方看作一家人，并以家人的情感和同胞情谊对待对方，家人文化才算真正形成。家人不是口头上喊出来的，如果基于利益考量而互相合作，彼此的角色认知依然是洛克文化或者朋友文化。家人文化形成的一个重要标志在于两岸就统一达成多数性共识，并就统一后的“宪政结构”整合进行平等协商、谈判，双方愿意以合情合理的方式结合在一起（在B年正式建立家人文化）。之后在统一的“宪政结构”下发挥集约效应，共同生活，携手发展，亲密无间的合作，进一步促进国家的深入发展、和谐稳定，共享伟大中国的繁荣与尊严，同时共同面对全球政治、经济、自然灾害等传统或非传统安全领域的挑战。

三、对若干典型文化差异现象的解析

过去60余年甚至于100余年来，两岸民众生活于不同的实践场域，从事有连接但又较为不同的实践活动，接受差异较大的政治社会化内容，在诸多方面都形成了差异较大的认知，进而累积为两岸双方自有文化结构的整体性差异。两岸关系中的诸多现象，都可尝试从文化结构视角切入分析，比如“习马会”的举办、政党轮替的结构影响、共民两党关系结构及其进化、蔡英文执政后的文化策略等。现以三个典型现象为例。

（一）现象一：在群际互动中，两岸之间的文化冲突现象凸显，文化差异性一时难以克服，两岸互动的边际效应有递减趋势。原因就在于由于长期的隔阂和敌对，两岸形成了两个有联系但又较为不同的文化意义系统。

在互动过程中，两岸依然保有较为强势的自有知识，而群际共有文化的建构很弱。其中，群体认同作为一种集体知识，其改变需要长期的实践互动和社会内化过程。而两岸的群内集体知识有较大的差异性，台湾内部的中国人认同和台湾人认同的隔阂即在于此。就台湾社会而言，中华文化、中华民族等群体记忆基本上还是台湾内部的集体知识，内化于个体心灵深处，但随着台湾“主体性意识”以及“台独”意识形态对“中国意识”的侵袭，这种集体知识的主导地位和客观性正受到巨大威胁。在多种因素的影响下，台湾内部的台湾人认同增加、中国人认同下降是必然的趋势，一段时间内难以逆转。与此同时，我们要区分两岸群际互动层次和台湾施动群内部的互动层次，换言之，台湾群内文化和两岸群际文化是两个有较大关联性但又不同的文化类型。如“台湾人认同”和“台湾主体意识”已占据并将持续占据台湾人群体意识的主导和核心，成为其群内“集体知识”的结构化表征。所谓台湾人的中国人认同是台湾群内文化的内容，而非两岸群际文化的内容。

短期的两岸交流及大陆的惠台政策，有助于缓和两岸紧张局势，巩固和平发展局面，但无法有效提升台湾人对大陆的政治认同和正面观感。[①] 在台湾，旧有的中国人认同逐渐衰弱，而新的跨两岸的中国人认同，作为一种面向未来的群际集体知识，需要长时间的内化和建构，绝不会毕其功于一役。在两岸政权竞争甚至敌对关系尚未正式结束，在中国已等同于中华人民共和国的国际认知大背景下，"台湾"与"中国"已成为一种非此即彼、零和对立的选择。因此，"台湾意识"的增强，必然伴随"中国人意识"的降低，但这不代表台湾人对中华民族和中华文化认同的降低。未来不排除"新中国人"认同的出现。这种认同是包括大陆和台湾在内的新"国族符号"认同，依托于两岸共同的忠诚中心、认同中心和共同治理机制的建设。

（二）现象二：在两岸整体文化差异的背景下，两岸次级群体之间存在较大的认知差异，是必然现象。两岸不同社群或政治利益集团之间存在较大的知识系统和话语系统的差异，也是必然现象。

其中，有些是文化误解，有些则是故意的曲解。这即表明施动者自有知识的主观性和封闭性，也说明在两岸群际交往中，施动者往往基于自身角色定位和认知而采取策略性交往行为，如基于自身的利益和价值考量刻意曲解某些话语。刻意曲解部分，主要是不同施动者之间的敌对性和排他性角色认知以及双方意识形态的差异性造成的。比如民进党早期对"九二共识"的曲解和否认，刻意模糊"九二共识"所代表的核心精神，对当时的一系列函电往来视而不见。无意误解部分，同样也是因为双方的文化系统的差异才造成彼此歧义和误解。

同样，两岸某一次群体之间的政治认知差异的形成也是因为两岸是两个有很大差异性的文化系统。比如两岸青年之间的政治认知差异主要是青年彼此身处的施动群内的自有集体知识不同。台湾青年深受台湾社会内部的"台湾主体意识""反共反华意识""对大陆落后的刻板印象""两岸政治社会制度差异巨大""台湾在国际社会受到大陆打压"等群内意义系统的影响，加之两岸长期分治，形成了我群与他群的心理隔阂，进而导致双方在一系列问题上的认知差异。

譬如，在全球化背景下的世界经济关联更为紧密，两岸经济一体化和依赖程度也不断加深，但台湾青年对两岸经济发展以及大陆的崛起却表现出明显的

---

① 耿曙：《经济扭转政治？中共"惠台政策"的政治影响》，《问题与研究》（台湾），2009年第3期。

担忧。笔者参与的一项调查就清晰显示，对“中国崛起”这一现象两岸青年有较大的认知差异。有 38.7% 的大陆受访者认为“‘中国崛起’是和平崛起，对世界其他国家和地区友好”，但是对这一观点表示认可的台湾受访者只有 5.6%。同时有 48.7% 的台湾受访者认为“‘中国崛起’给世界其他国家和地区带来政治、经济的压力”，而只有 12.9% 的大陆受访者认可这一观点。将影响范围进一步收窄至对台湾的影响时，认为“‘中国崛起’对台湾本身造成了极大的吸附力，使得台湾被大陆控制”的台湾受访者占总数的 30.9%，而认为“‘中国崛起’吸附了周边的资源对台湾发展造成竞争，不利台湾未来发展”的受访者也占到总数的 25%；作为对照，认可这两个观点的大陆受访者分别只有 3% 和 1.3%。整体而言，台湾青年对“中国崛起”持消极和负面观感比例要高于积极认可的观点，台湾青年参与的反服贸运动印证了这一现象。

（三）现象三：大陆施动者尚未就所提出的两岸“家人关系”进行全面深入地论述。因此，台湾人多数并不理解，对大陆的亲善行为的持久性存疑，甚至因误解导致政治上的排斥感。

自新一届中央领导集体上任以来，“两岸一家人”“两岸一家亲”已成为突出的对台交往理念，家人观念成为大陆对台交往中的核心知识，并以此理念为基础推出一系列的惠台措施，而且并不因两岸关系发展出现的一些困难和波折而改变。如习近平会见宋楚瑜时，强调只要我们都从“两岸一家亲”的理念出发，将心比心，以诚相待，就没有什么心结不能化解，没有什么困难不能克服。“大陆对两岸关系和平发展的方针政策不会改变，对两岸交流合作，互利共赢的务实举措也不会放弃，对促进两岸同胞团结努力的真诚热情也不会动摇。”[①] 这是大陆落实和践行家人观念的具体体现。而洛克文化和康德文化均难以有效解释大陆的这一颇具无私性和亲社会性的举动。家人文化预期在大陆具有高度的普遍性，76.9%受访者希望两岸最终成为家人关系（家人 65.0% + 亲戚 11.9%）。相反，在台湾，家人关系认知和预期占据很小的比例，由相关数据可以看出，把当前两岸关系定位为家人（加上亲戚）仅 11.2%（青年认知数据），对未来预期为家人（加上亲戚）只有 16.7%（2013 年台湾指标民调数据）。这再次表明两岸文化的差异性，也表明大陆提出家人理念在大陆有深厚的民意基础，在台湾则有进一步努力的空间。同时，大陆也有必要对家人理念的内涵做深入的论

① 《习近平会见宋楚瑜一行》，《新华每日电讯》，2014 年 5 月 8 日第 1 版。

述，以“两岸一家亲”为根本宗旨而推动两岸关系发展的行为和努力要持之以恒，做好自己内部工作的同时，不因两岸关系发展中的局部性波动影响大陆一贯的家人关系坚持。以实际行动获得台湾同胞发自内心的认同和家人式的情感契合。

结　论

本文以及笔者之前的系列论文初步搭建了文化结构的分析框架或称之为“群际建构论”，探索了两岸群际互动中形成的群际文化及其进化。该理论还需就如下议题进行深入探讨：两岸关系发展进程中的物质性结构和文化性结构的关系；两岸关系实践中的施动者和文化结构的关系；过去60余年，两岸在群际互动中建构了什么样的共有文化结构，这些文化结构具有什么样的特点；当下的文化结构如何具有权力属性，如何规约实践参与者的认同和行为逻辑，以及如何建构人们的利益认知；不同的政治集团如何建构话语、争夺话语权、累积文化资本，进而进行文化控制；两岸分别具有什么样的群内自有文化结构，如何建构起来，彼此有什么关联，对群际共有文化有何影响；群际主导性文化和群内自有文化何者对行为者身份和利益认知的形塑影响更大等等。

基于该架构的分析，本文初步得出如下基本判断：两岸在过去60余年，甚至于自1895年以来在相对独立的实践场域活动，产生了差异化的文化体系。两岸间一系列认知差异尤其是政治分歧的根源，就在于两岸分别处于两个具有较大差异性的意义系统之内，这种意义系统业已形成并长期内化，具有较强的稳定性。令人欣慰的是，两岸人民已慢慢形成共同的生活圈和实践场域，也慢慢产生一些共有的正向文化认知并建立群际结构；在跨两岸的群际互动实践中，会不断进行共有知识生产，形塑新的群际意义系统，进而可能影响甚至改变某群原有群内意义系统，弱化彼此差异性的知识存在，实现文化的包容性弥合。尤其是在两岸进入康德文化阶段之后，产生共同忠诚中心，两岸共有中国人认同，才可能提升，两岸才会形成“我群”的共有认知。

当前，必须承认两岸群内自有文化之间存在差异的客观事实及其较长时间内的稳定性。我们应理性面对岛内“台湾主体意识”不断增强，“中国人”认同逐步下降的客观趋势，并对一定时期内存在的两岸文化差异甚至于文化冲突保持冷静；对群际共有文化的建构，包括“新中国人”认同的建构等保持耐心和定力。互动交往实践是两岸关系和平发展的关键环节，实现两岸之间合理适中的交往规模，和谐有序的交往秩序，完善有效的交往规范，是两岸可以长期努力的方向。

原文载于《厦门大学学报（哲学社会科学版）》2017 年 04 期

经济篇

台湾经济从“奇迹”到“困境”发展过程的重新审视

——基于东亚新学说的理论视角

邓利娟

作为战后经济发展成功经验的“东亚模式”曾获得发展经济学家的高度重视并是许多发展中国家及地区学习借鉴的榜样，台湾经济的迅速发展也可从中获得较好的理论解释。但自20世纪80年代中后期起台湾经济发展出现很大变化，进入21世纪后更是呈现持续性的增长缓慢甚至衰退的趋势，对此，原有的东亚学说显然已无法发挥效用了。事实上，在1997年亚洲金融危机之后，传统的东亚研究理论陷入了范式危机，代之而起的是逐渐孕育成型的东亚发展新学说。在此背景下，运用新的理论视角，重新审视台湾经济发展的全过程，进而展望其发展前景，无疑具有现实意义与理论价值。

一、发展中的东亚新学说

伴随着战后东亚经济发展变化过程，有关东亚经济研究理论也呈现不断演变与发展的过程。1997年亚洲金融危机爆发后，传统的东亚研究理论陷入了范式危机，东亚发展新学说随之逐渐孕育成型。

（一）东亚研究范式危机的出现

二次世界大战后，东亚地区不仅经济增长速度及其延续的时间均大大超过其他发展中国家及地区，而且社会人文状况也获得明显改善。这一所谓“东亚奇迹”自20世纪80年代便成了发展经济学家高度关注与重点研究的对象，围绕着“东亚模式”问题出现了种种学说。其中，新古典经济学派、发展型国家理论学派以及儒家文化学派是人们所熟悉的三个占主导地位的学说。这些学说从不同角度研究东亚经济，分歧极大，但是他们研究的基础却是基于一项基本的共识，即东亚地区持续高速经济增长是一个经济奇迹，区别仅仅在于对这种经济奇迹形成的原因的解释大不相同。然而自 20 世纪 90 年代中期起，东亚研究界的这种传统共识受到了严峻挑战。

1. 克鲁格曼对“东亚奇迹”的否定

1994 年底美国教授保罗·克鲁格曼发表了著名的《亚洲奇迹的神话》的文章，[①] 否认“东亚奇迹”的存在。他认为，东亚地区的经济增长“是由非同寻常的投入增加比如劳动力和资本增加，而不是经济效率的提高来驱动的”，因此他得出两个结论，一是东亚经济不是什么奇迹，因为“一旦人们考虑到迅速增加的投入在这些国家经济增长中的作用，就会发现几乎没有什么需要人们解释的东西”；二是东亚地区“将不会继续保持近年来的高速增长”，因为投入驱动型的经济增长存在报酬递减规律这样一个自然的限度。克鲁格曼的观点引发了学术界极大的争论，许多学者对其提出了严厉的批评，但无论如何，他所泼出的“这盆冷水”对东亚经济发展具有明显的警戒意义。

2. 东亚金融危机的爆发

就在克鲁格曼从理论上对“东亚奇迹”提出质疑后两年多，震惊世界的东亚金融危机爆发了。1997 年 7 月，发端于泰国的货币危机，在亚洲多个国家及地区迅速蔓延，亚洲“四小龙”也受到严重冲击，之后货币危机进一步转化为金融危机与经济危机，直到 2000 年初，遭受沉重打击的东亚各经济体才从这场经济危机中逐渐恢复过来。至此可以说，东亚国家及地区自身经济发展的现实也已在某种程度上对“东亚奇迹”进行了否定。

很显然，从东亚研究的角度而言，亚洲金融危机的爆发意味着学术界原有的研究范式及研究方向等必须重新调整了。东亚经济持续高速经济增长这一长期以来的基本共识被打破了，东亚研究的方向也将相应地从原来主要探索东亚奇迹的成因转而变为重新评价“东亚模式”及其与金融危机的关系、东亚经济增长的前景等课题了。而新的理论框架必须既能较合理解释过去东亚经济持续高增长的原因，同时又能对因金融危机所造成的这种增长过程中断，有一个较清楚的理论说明。

---

① 保罗·克鲁格曼:《亚洲奇迹的神话》，原刊于美国《外交》1994 年第 11—12 月号，译文见王春法:《国家创新体系与东亚经济增长前景》，北京：中国社会科学出版社，2002 年，第 385—400 页。

（二）发展中的东亚新学说——“演化经济学新框架”[①]

20世纪末21世纪初，各种东亚发展新学说应运而生，[②] 其中贾根良教授提出的“演化经济学新框架”比较全面并较有说服力。贾教授的研究团队在整合研究调节学派与创新体系分析方法这两个演化经济学的重要分支对东亚模式的最新研究的基础上提出这一新框架，对东亚模式的历史作用、新形势下局限性及其变化趋势进行研究。其对东亚模式的重新理解是，金融危机的爆发不能说明东亚模式是无效率和非理性的，相反东亚模式是有特点的创新体系。东亚模式的精髓在于学习与知识创造，出口导向、政府作用与儒家文化作为这个创新体系的有机组成要素在推动学习与知识创造中发挥了重要的作用，从而创造了“东亚奇迹”。但任何时期都不存在不随时代变化而因应变革的发展模式，东亚金融危机的爆发与国际经济环境变迁有直接的联系，同时在相当程度上也是东亚发展模式调整滞后的结果。东亚模式未来创新的重要基础仍然是学习与知识创造，在以信息革命为基础的时代转变之中，东亚地区通过制度与政策创新，使东亚模式的精髓得到创造性的发挥，就能开创东亚模式的新格局。可以看出，这一理论新框架有两个明显的特点，一是将东亚研究与世界体系演变的结构性制约条件结合起来，提供更加深邃的时空视野；二是将原先东亚研究中三种主导学说的合理成分纳入其中，避免相关研究的轻率与简单化。以下就这一新学说相关的重要观点进一步加以说明。

1. 出口导向：创新体系形成的前提条件及其历史限度

在经济全球化背景下，发展中国家只有通过积极参与国际分工，并通过国家的能动作用，才有可能逐渐追赶发达国家，改变不平等的世界体系。东亚国家及地区正是通过实施出口导向战略加入国际分工体系中的，而在此过程中所形成的以“模仿型创新”为特征的技术转移机制与“新重商主义”[③],在带来“东亚奇迹”的同时，也埋下了东亚危机的种子。

---

① 贾根良等:《东亚模式的新格局——创新、制度多样性与东亚经济的演化》，太原：山西人民出版社，2002年。

② 如贾根良、梁正:《东亚模式的新格局——创新、制度多样性与东亚经济的演化》，太原：山西人民出版社，2002年；王春法:《国家创新体系与东亚经济增长前景》，北京：中国社会科学出版社，2002年；沈红芳:《东亚经济发展模式比较研究》，厦门：厦门大学出版社，2002年；董正华等:《透视东亚“奇迹”》，上海：学林出版社，1999年；杜方利:《东亚经济的崛起》，上海：上海远东出版社，1998年等。

③ 部分发展经济学者将东亚“大进大出”的贸易战略称为“新重商主义”，以区别于那种以“鼓励出口，限制进口”为特点的“老重商主义”。

20世纪70年代到90年代，西方发达国家陷入低速增长和新的生产过剩与资本过剩，因而在通过制度创新等来为新的基本创新积蓄力量的同时，加快对外资本输出。东亚地区，特别是亚洲“四小龙”由于开放而直接得益于这种美日的资本和技术的输出，维持着以美日为源头的技术引进、以日本为核心的技术扩散机制，即“美—日—东亚其他国家”的技术、资本和投资转移机制，这使东亚获得了难得的“产业和技术学习”机会，并促进了经济高速增长和产业结构升级。但是这种以“依附性”与“模仿型创新”为特征的技术转移机制在国际技术环境发生变化时就会失灵而陷入困境。在20世纪90年代以前，创新产品大部分集中在重化工业行业、重加工业，其特点就是产品周期长，因而允许模仿国家及地区有较长时间来对新技术进行掌握和发展。但在20世纪90年代以后，信息革命全面而深入地展开，信息产业也随之成为主导产业，各种产品的生产周期越来越短。当产品的创新周期短到“模仿—掌握”速度跟不上产品更新速度的时候，产品生产活动就只剩下了自主创新阶段。这时，只有掌握自主创新能力的国家及地区才有资格进入该项产品的生产活动，而其他没有自主创新能力的国家和地区则来不及模仿。美国正是以其自主创新的优势在信息革命时代进入新一轮经济繁荣时期，而日本为首的东亚国家及地区则找不到模仿的方向，经济失去了增长点，这正是20世纪90年代中期后，大多数东亚国家都不同程度出现了产业升级不力和产业结构趋同的问题，进而引发金融危机的重要原因。

2.“新重商主义”的成效与弊端

战后东亚各国及地区在实施出口导向战略中所形成的“新重商主义”，在取得巨大成效后也积累起不少弊端。为了克服内部市场狭小与有效需求不足的劣势，东亚国家及地区普遍通过各种要素、政策的倾斜，在具有国际分工相对比较优势的产业中，培植起一个相对强大的出口部门，从而形成了与“从东到西”技术传递机制密切关联的逆向的产品输送机制，各种廉价产品源源不断地由东亚流向美国等发达国家。正是在这种兼有“技术”与“市场”的背景下，东亚取得了经济持续高速增长。然而随着原有的顺畅的技术传递机制出现“阻塞”，东亚的“动态分工阶梯”被打乱了，在“出口导向”所造成的市场扩张和竞争压力下，每一阶梯都在横向上扩大生产能力，这就造成了“生产过剩”与利润摊薄的后果，逆向的产品输送机制也因此不再通畅了。除此之外，东亚的“新重商主义”还有两个严重的内在缺陷。其一，这种模式过分依赖于外部市场，政府因而失去对宏观经济的“需求调节”能力，宏观经济的稳定只能靠供给能力的调节来保证。当外部需求变动不大时，这种“供给调整”比较有效，而一旦外部需求出现剧烈变动，这种“供给调整”便陷入困境。其二，“新重商主义”在实践中导致一种“重外轻内”的经济格局的出现，即一组相对强大的外向型出口部门和另一组相对薄弱的内部依赖型部门并存的局面，这种割裂式的不平衡发展固然在一定程度有利于集中力量发展出口，但却破坏了经济系统的内在协调性，内部依赖型部门受到人为抑制发展相对滞后，而内部市场规模的压抑便阻碍了经济持续增长的自主能力。

3. 政府在经济发展中的作用及其局限性

东亚模式的一个突出特征就是政府在经济发展中的重要作用。东亚金融危机的爆发，并不能否认这种客观存在的政府的经济作用，但需要重新评价政府究竟起了什么样的作用、起了多大的作用。从东亚历史的发展进程看，政府最重要的功能是推动学习与知识创造。东亚国家及地区的政府，通过构建学习与知识创造的制度演化框架，为大规模的外国技术吸收与扩散奠定了良好的制度基础，使发展中国家及地区的后发优势得以充分利用。然而，从动态的角度来看，政府的作用也会随着经济发展的不同阶段、市场的完善以及国际政治经济环境的变化而发生相应的变化。换言之，政府作用效果受制于一定的宏观环境和条件，政府本身也存在着策略调整的问题，只有这样才能适应经济全球化、信息化的需要。但实际上，由于制度的演进存在着路径依赖，东亚政府并未成功地实现这一政策调整，这也是产生东亚金融危机的重要背景。

此外，政府对经济的干预不是一味地替代市场，是在肯定市场基本作用的前提下进行的，是市场的增进、改良。而且，政府干预也不是万能的，运用不当也会失效。政府干预有效性的前提是：其一，政府代表多数人的利益，因而政府行为比个人行为更能体现社会利益或公共利益；其二，政府更明智，政府在理智上强于个人；其三，政府的运转是高效率、低成本的。当这些前提不能满足时，政府的干预就会失灵，对经济发展的影响就会走向负面。事实上，东亚模式产生危机正是与政府作用失灵有关。首先，政府未必代表多数人利益，由于政府的垄断性，在信息不完全与不对称的情况下，作为代理人的政府官员的寻租行为就不可避免，并容易滋生腐败。而政治腐败将影响经济稳定、国民信心。其次，政府并非是完全理性的，在政府协调过程中也会出现政策失误，在信息不充分时尤为如此。此外，政府的管理体制滞后、运作低效率也会影响政府在经济发展中的正常作用的发挥。

二、台湾“经济奇迹”的重新审视

如果运用东亚新学说重新审视战后以来台湾经济发展及其变化的话，大致可以以东亚金融风暴后的20世纪末21世纪初为分界，将其划分为两大时期。前一时期，大体属于传统“东亚模式”时期，总体经济发展较快及其原因是人们关注的重点，其中，20世纪80年代中期以前是人们较有共识的台湾“经济奇迹”阶段，而80年代中期后则进入经济转型阶段。后一时期是台湾经济发展转折时期，或称新一轮转型时期，人们关注的焦点落在经济发展明显放慢甚至衰退的趋势及其原因上。

这里首先以新的理论视角重新审视人们较为熟悉的台湾“经济奇迹”阶段。

台湾经济历经20世纪50年代的恢复与发展，在60年代后实现快速增长，并在其后较长时期内保持着高增长态势。20世纪60年代，经济增长速度年平均达到10%，20世纪70年代与80年代仍保持较快增长速度，年平均增长率分别为9.4%与8.1%。台湾经济结构也相应由落后的农业社会转变为新兴的工业化地区。与此同时，台湾经济发展还呈现出在经济快速增长的同时物价较为稳定、所得分配相对平均化的明显特征。关于这一时期台湾“经济奇迹”及其原因有大量的研究成果，不过如今重新回顾这段历史则可看出，它在相当程度上验证了“演化经济学新框架”的理论说明，主要表现在以下两方面：

（一）有利的国际环境为台湾经济发展提供了技术来源与市场支持

二次大战后，世界资本主义经济在1973年石油危机发生前呈现长期稳定和高度增长的局面，这种较为稳定与繁荣的国际经济环境给台湾经济的发展创造了极为有利的条件，首先是新的国际分工模式使台湾能够利用技术转移机制促进经济高速增长。由于新技术革命的巨大影响，在20世纪50年代末60年代初前后，资本主义世界产业结构进入调整转轨时期，工业发达国家逐渐放弃劳力密集型的轻纺工业，并将其大量转移至工资低廉的发展中国家及地区，自己则致力于经营资本技术密集型工业。伴随这种国际分工模式的形成，“美国—日本—东亚其他国家”的技术、资本转移机制逐步建立起来，台湾以其拥有丰富廉价的劳力优势吸引大量外国资本与技术，积极发展加工出口工业，同时逐渐形成以技术引进为主的“模仿型技术体系”，以支持经济的快速增长。据台湾“经济部投审会”的统计，1952—1986年，台湾核准的技术合作案件共2427件，从技术引进的产业类别来看，以电子及电器制造业、化学品制造业、机械制造业、基本金属及金属制造业、橡胶制品制造业等为主，与台湾总体产业构成发展趋势一致性十分明显；而就技术引进来源国而言，日本占台湾技术合作对象的首位，约占技术合作总件数的 63.78%，美国则约占 21.96%。[①] 由此可见，以美日为源头的技术转移机制对台湾经济的促进作用。其次，世界贸易与经济的繁荣为台湾产品提供了广阔的销售市场。台湾是海岛经济，对外贸易是其生命线。20 世纪 60 年代台湾转向实施出口扩张战略后，产品外销市场更是举足轻重。而战后二三十年里国际贸易与经济的持续繁荣、世界市场的迅速扩张为台湾提供了极其有利的环境，特别是美国出于自身政治及经济的目的，还对台湾实行特殊优惠政策，长期为台湾产品输美开放绿灯。在此背景下，台湾对美国的出口占其出口总额的比重由 1952 年的 3.5% 不断上升至 1984 年的 48.8% 最高点。

总之，十分有利的国际经济环境是战后 40 年台湾经济得以较快发展的重要原因，不过，外部因素毕竟是事物发展变化的外因，外因必须通过内因起作用，所以，台湾经济能否快速发展，在更大程度上还取决于台湾当局能否有效利用这一有利的国际环境。

（二）台湾当局发挥了促进经济发展的积极作用

回顾 20 世纪 80 年代中期以前台湾经济发展的历史过程，尽管台湾当局强力干预经济生活，在相当程度上造成了妨碍市场机制运行，扭曲资源配置的结果，但总体而言台湾当局对经济发展扮演了积极推动者的角色，有关这方面研究得比较多，也是相对较有共识的。概括说来，台湾当局所采取的比较重要的经济政策主要有：（1）20 世纪 60 年代初期，在岛内进口替代工业的市场已饱和与国际经济格局出现新变动的背景下，适时选择了外向型的出口导向发展战略。（2）实行循序渐进的产业发展政策，即首先发展农业，在此基础上依序发展轻工业、重化工业及高科技工业，有效地促进了台湾工业化顺利而平稳地实现。（3）在经济发展过程中，重视公共建设的作用。（4）重视人力资源开发，大力发展教育事业等。

然而需要进一步探究的是，战后 40 年台湾当局对经济发展的干预为什么会较为有效？结合理论与实际进行分析，可以发现主要有三方面的原因：其一，

① 翁成受：《台湾的技术引进》，《台湾研究集刊》1987 年第 4 期，第 62 页。

由于生存危机的压力，使得台湾当局“具有强烈的经济建设意识和强大的导向作用”这一东亚模式的典型特征。1949年国民党政权从大陆败退至台湾，面对的是混乱不堪、濒于崩溃的台湾经济，要想在台湾生存下去，恢复发展经济是唯一的出路。同时，在大陆失败的教训，也使台湾当局深刻认识到经济发展的重要性。而恢复发展经济在客观上反映了社会大众的根本利益与迫切愿望。其二，为了达到发展经济的目的，台湾当局比较明智地采取了实用、灵活的政策措施。一方面，根据岛内外经济形势的演变，适时调整经济发展策略；另一方面重视并经常采纳经济学者专家的相关建议，改革不适宜的政策措施。其三，在强权政治体制下，相关的经济政策不论在“立法”、执行及实施方面都相对较少阻力，表现出较高的行政效率。正是在上述背景之下，台湾当局较好地利用了当时有利的国际环境而采取了一些较有成效的经济政策措施，从而促进了台湾经济的迅速发展。[①]

三、台湾经济转型发展之分析

进入20世纪80年代中期以后，台湾经济进入转型发展的新时期，其标志为，一方面，过去持续高速增长的时代结束了，经济发展进入了中速增长阶段，1991—2000年平均经济增长率下降为6.52%；另一方面，经济结构也发生了明显的调整与转型，自1988年起服务业占GDP的比重超过50%，台湾开始进入所谓后工业化社会。产业结构由传统的劳力密集型产业转向技术密集型产业，以电子信息业为主的高科技产业取代传统的纺织、塑胶等成为经济增长的新支撑点。与此同时，经济体制也在渐进的改革中朝向“自由化、国际化”发展。若以东亚新学说的视角观察这一时期台湾经济的转型发展的话，可以发现，由于内外环境的急剧变化，过去对台湾“经济奇迹”产生重大影响的“市场”“技术”及“政府作用”等因素均发生了明显改变，而事实上，正是这些因素的变化决定着台湾经济的转型发展。

（一）国际经济格局变动造成台湾海外市场空间的缩小与转换

在20世纪70年代末80年代初第二次石油危机后，世界经济持续不振，美国等发达国家的贸易保护主义日趋加强，台湾出口增长的困难日益增多，特别是台湾对美贸易顺差不断扩大，台湾成为美国施加贸易压力的主要目标之一，

① 邓利娟主编：《21世纪以来的台湾经济：困境与转折》，北京：九州出版社，2004年，第4—5页。

台湾在被迫逐步开放岛内市场的同时，新台币大幅升值，台湾许多传统出口产业因此失去国际竞争力。另一方面，进入20世纪80年代后，越来越多后起的发展中国家及地区，凭借廉价劳力及资源的优势大力发展劳力密集出口工业，加入国际市场竞争，台湾传统的劳力密集型出口产品受到严峻挑战。20世纪90年代这种趋势更加明显。在这种前有强敌阻挡，后有追兵压力的“夹杀困境”下，台湾传统的外贸市场难逃日趋缩小的命运。台湾对美出口的比重从20世纪80年代中期的高峰逐年下降到2000年的23.5%。这是台湾经济高增长时代结束的重要原因之一。

不过，幸运的是，自1979年起，祖国大陆开始改革开放，国民经济从此驶上蓬勃发展的轨道；同时，大陆宣布“和平统一祖国”的对台方针，海峡两岸关系从长期的紧张对峙走向逐步缓和。随着1987年台湾正式开放部分民众赴大陆探亲，台湾对大陆经贸政策也呈现逐渐松动趋向，两岸经贸往来因此日趋活跃。对于处在转型发展中的台湾经济，两岸经贸关系，尤其是大陆市场成为其新的、日趋重要的影响因素，它在相当程度上促成了台湾在相对不利的国际经济环境下仍可维持较稳定的中等增长速度。2000年台湾对大陆出口额（不含香港市场）上升至261.4亿美元，占台湾出口总额的比重提高到17.6%，[①] 大陆市场追赶美国市场进而将成为台湾最大出口市场的趋势已十分明显。

（二）新的国际经济格局为台湾产业升级提供了技术支撑

尽管20世纪80年代中期后台湾经济发展的外部环境不再像20世纪六七十年代那么有利了，但国际经济格局的演变也同时为台湾经济的转型升级创造了难得的机遇。其一，日元大幅升值给台湾生产与出口带来新的机会。1985年西方五国财长会议后，日元急剧升值，日本国内生产成本迅速提高，国际竞争力下降。为此，日本企业在政府的鼓励下，开始新一轮的海外直接投资高潮，包括台湾在内的亚洲成为日本主要投资对象之一。1985—1990年度日本对台湾的直接投资高达20.84亿美元。[②] 由于新一轮日本的投资，制造业方面集中于电子电器和汽车及零部件产业，服务业方面则以金融、贸易及商业等为主，这就给同样开始面临货币升值压力，产业结构必须由传统的劳力密集产业向资本技术密集型产业调整升级的台湾带来资金与技术方面的有力支持。其二，美国新经

① 台湾“经济部国贸局”:《2002年12月份两岸贸易情势分析》, http//www.trade.gov.tw 查阅时间：2003年3月3日。

② 赵文骝、王勤:《亚太经济新格局》，南宁：广西人民出版社，1992年，第23页。

济的发展为台湾发展电子信息产业提供了有利的外部技术与市场条件。20世纪90年代以来在信息技术革命的带动下，美国以信息产业为核心的高技术产业迅猛发展，美国经济因此在90年代初期走出衰退而进入了近10年的繁荣期。出于产业技术分工的需要，美国国内企业90年代以来更多地将其资源集中于新产品开发和创造、维持和改进产品的市场标准所必需的相关技能，而将具有较高附加值硬件的生产和制造活动转移到已有较好发展基础的东亚地区，甚至将某些部件的设计、制造活动通过合同形式转包给东亚地区的企业，使东亚地区成为美国信息产业的部件、组件乃至整个系统的新供应基地。在此新的国际生产网络中，台湾通过吸收美国的直接投资、技术贸易以及代工制造（OEM）、委托设计制造（ODM）等技术学习渠道，获取并提高了相关生产技术能力。① 整个20世纪90年代美国是台湾主要外资来源之一，对台直接投资大体呈不断增加的趋势，10年间共投资67.76亿美元，占外国直接投资总额的23%。② 与此同时，美国还为台湾电子信息产业等提供了有效的商品吸收市场。

（三）政治转型与台湾当局在经济发展中作用的变化

自20世纪80年代中期台湾取消“戒严法”、开放党禁报禁以来，台湾政治也进入了转型时期，随着原来威权政治体制的瓦解，政党政治逐渐发展，社会运动蓬勃兴起。这种急剧变化的政治社会环境使台湾当局对经济发展的作用受到很大制约，以前的“具有强烈的经济建设意识和强大的导向作用”的特征逐渐淡化，台湾经济也因此很难再维持以往的快速增长模式了。

首先，动荡的政局使当局不再专心推动经济发展了。随着台湾政治体制由威权政治向多党政治的转换，岛内各种政治利益集团的对立斗争日趋尖锐，在接连不断的大小选举中，各种政治势力的力量此消彼长，国民党长期执政的地位受到挑战而出现动摇。这种局面使得国民党当局不再以发展经济为其巩固政权的主要任务了，而是把政党利益与选举胜利作为首要目标，经济发展与社会稳定则是其次的了。

其次，当局的经济决策效率转趋低落。台湾在社会与政治日趋多元化后，经济政策制定的游戏规则相应改变了，经济决策过程往往变得漫长而艰难，行政效率明显下降。作为“民意机构”的“立法院”，对于各种法案的审议，即使

① 王春法：《国家创新体系与东亚经济增长前景》，北京：中国社会科学出版社，2002年，第314—324页。

② 台湾“经济部”：《经济统计年报2000》，第159页。

是社会经济发展急需的法案，囿于各党派的利益冲突、各利益集团的牵制，也往往是争论不休，迟迟难以通过。

第三，当局的“公权力”陷于不振。伴随着原来威权政治体制的瓦解，台湾长期累积并被压制的各类社会矛盾不断爆发出来，环保运动、劳工运动等各种社会运动此起彼伏，这一方面使得当局过去以“以成长为优先”经济发展策略面临严峻挑战，另一方面则让当局受困于“公权力”不振的无力感，不少大型投资案件因此无法顺利进行，如台塑的“六轻”案、台电的“核四”案及美商杜邦案等。

尽管20世纪80年代中期以来台湾当局对经济的作用备受政治转型的冲击，台湾当局还是顺应内外经济形势的变化采取了一些有利经济发展的政策措施，推动经济的转型发展。主要措施为，（1）扶植高科技产业发展，推动产业结构升级；（2）大力推动公共投资，提升内部需求；（3）推动经济自由化与国际化。

四、21世纪台湾经济新一轮转型的困境

从亚洲金融风暴洗礼后的20世纪末21世纪初起，原来造就台湾经济成功的诸多因素，在台湾岛内外政治经济形势剧烈变化过程中，继续发生着深刻变化，甚至走向了反面。台湾经济因此结束了大致持续10年的稳定中速增长，而呈现明显转折性的下滑趋势，经济发展陷入了战后以来罕见的困境。2001—2008年台湾经济增长平均仅3.58%，与此同时经济结构性问题也日益突出与激化。探究台湾经济陷于困境的原因成为人们观察这一时期台湾经济的焦点。

（一）台湾当局在经济发展中的角色发生了根本性的转变

2000年台湾岛内政治发展出现了战后50年首次的“政党轮替”，陈水扁以微弱多数当选为台湾新领导人，主张“台独”的民进党成为执政党。在主客观条件均发生了巨大变化的背景下，台湾当局在经济发展中的角色发生了转折性的变化。

其一，施政中心是政治斗争而不是经济发展。2000年台湾政治结构剧烈变化的一个结果是，台湾当局对于发展经济的立场态度发生了质的改变。一方面，由于台湾政治生态的骤然改变，即执政长达半个世纪的国民党成为在野党，而民进党“少数政府”成为执政当局，形成所谓“朝小野大”的政治格局，导致台湾政坛各种政治矛盾与斗争空前激烈，“朝、野”之间针对各种政经议题展开无休止的政争，政局极其动荡。在此过程中台湾当局的中心工作无疑是政治斗

争与夺取各类选举的胜利，以巩固其执政地位，经济发展与社会稳定只能退居于后，或者为政治与选举服务。另一方面，以意识形态主导施政是民进党当局的典型特征。为施行其政治理念，台湾的经济发展与社会稳定往往成为牺牲品。为了维护民进党的“反核”理念，民进党上台不久便掀起停建“核四”风暴，造成岛内政治经济的剧烈震荡与长远影响。为了坚持“台独”理念，陈水扁当局更是不惜制造两岸关系紧张局势，破坏台湾社会经济发展所必需的和平环境。显然，这个时期的台湾当局一切以政治利益与意识形态为优先，无心也无力真正推动反映社会大众的根本利益的经济发展，8 年来尽管相关经济发展规划与方案频繁提出，却大都仅止于纸上谈兵，不见落实成效。

其二，经济政策缺乏理性与明智。陈水扁上台执政以来，受制于政治立场及政党利益，对于经济问题的决策往往失之理性与明智。其典型代表就是不顾世界潮流及台湾经济自身需要，顽固地坚持限制性对大陆经贸政策。20 世纪 90 年代以来世界经济全球化区域化加速发展，祖国大陆在东亚乃至在世界经济中的地位越来越重要，顺应时代潮流，融入新的国际分工体系显然是与大陆仅一水之隔的台湾无法回避的历史选择。但是，日益密切的两岸经贸关系不符合“台独”分离政治路线，1996 年李登辉抛出对两岸经贸关系要“戒急用忍”的政策原因即在此。陈水扁上台后，公开化的“台独”立场更是决定了其经济发展的战略思考必然是尽可能地绕过两岸经贸关系这一关键性的问题，以保证台湾经济与大陆的所谓“安全距离”而不过多依赖大陆。因此，尽管有内外环境强大的压力，陈水扁当局也被迫陆续放宽了若干对大陆经贸政策措施，但在本质上 8 年来陈水扁始终是顽固地坚持限制性对大陆经贸政策，从而使其各项经济发展政策规划难有实质成效。

其三，经济管理体制运作效率低。21 世纪以来，台湾当局不仅在制定经济政策时失去了以前所奉行的“务实主义”精神，而且其所谓“政府机制”的运作也有明显障碍，除了受制于所谓“少数政府”的困境，使“立法院”财经议事效率低下的问题更明显加剧外，还突出表现在行政部门经济管理的混乱上。作为首次“政党轮替”上台执政的民进党当局，没有执政经验，又缺乏财经人才，从而形成 8 年来台湾行政部门的财经队伍极其不稳定的局面，从“行政院长”到“经建会”主委、“经济部长”、“财政部长”等财经官员一再走马换将。动荡不安的财经行政部门体系显然无法有效推动与执行相关经济政策，更无力应对骤然衰退的经济局势。

由此可见，21世纪以来台湾当局已失去了政府干预经济有效性的前提条件，台湾当局在经济发展中扮演的角色已发生根本性的转变，已经从以往的“促进者”变成了“阻碍者”。这是近8年来台湾经济陷于困境的最重要原因。

（二）限制性对大陆经贸政策使台湾无法有效充分利用大陆市场

如前所述，自20世纪80年代中期以来大陆市场对台湾经济的影响日益重要并举足轻重。但是由于台湾当局采取限制性对大陆经贸政策，两岸经贸往来在总体上一直是在“间接、单向、民间”畸形格局下运行。这又在相当大的程度上削弱了台湾经济从两岸经贸关系中所能获得的利益。进入新世纪以来，一方面，世界经济全球化区域化趋势加速，两岸先后加入世界贸易组织，两岸经贸关系正常化的紧迫性日益加强；另一方面，国际经济不景气，台湾经济持续不振，大陆市场对台湾经济的重要性更为突出。但是陈水扁当局却继续阻碍两岸经贸关系的正常化，这就使已经深陷困境的台湾经济备受打击。一是导致台湾经济面临被边缘化的危机。由于两岸迟迟不能直接“三通”，资本货物无法畅通双向流动，形成台湾明显游离于东亚区域经济合作发展潮流的局面，外商在台的营运基地因此纷纷撤离台湾，台湾失去了成为营运总部的机遇，在台的美国商会、欧洲商会人数也日益减少。二是削弱台湾企业在大陆市场的竞争力。两岸经贸往来只能采用间接方式，台商对大陆投资又有种种限制，这不仅使台商徒增成本费用，加大商业风险，影响其竞争力，更重要的是导致许多企业无法在两岸间有效进行产业整合及分工，进而逐渐失去在大陆市场的领先优势。近年来台湾产品占大陆进口市场的比重已呈逐年下降趋势。三是岛内相关产业备受打击，加剧经济困境。两岸经贸关系迟迟无法正常化，严重限制了台湾相关产业如交通港口业、金融业及旅游业等的发展空间。高雄港的地位急剧下降就是个典型例证。

（三）出口导向战略的历史限度使台湾产业结构先天存在脆弱性

长期以来台湾通过实施出口导向战略，从国际分工体系中获取技术来源与市场支持，由此创造了“经济奇迹”，并使随后的经济转型发展也较为顺利。但是出口导向战略的历史限度却使台湾产业结构先天存在着脆弱性。这种脆弱性由于21世纪以来台湾外部技术与市场环境的重大变化而日趋暴露，并从根本上制约了台湾经济的健康发展。

首先看以“模仿型创新”为特征的技术转移机制对台湾产业结构的负面影响。20世纪80年代下半期以来受益于“美—日—东亚其他国家”的技术扩散机制，台湾制造业由劳力密集产业向技术及资本密集产业转型升级，电子信息产业逐步成为台湾产业的主流。但这种产业结构除了具有明显的单一性特征，即主要集中于电子信息产业外，又呈现极强的对外依赖性，不论是技术来源或是产品出口市场均严重依赖美国与日本。这使台湾的经济增长机制脆弱而无可持续竞争优势，一方面，美、日等国际景气波动对台湾影响极大，另一方面，一旦电子信息产业发展受阻，台湾整体产业便失去支柱力量。2001 年以来，美、日经济不景气，特别是电子信息产业需求的大幅萎缩，之所以会对台湾造成特别大打击，台湾产业结构的脆弱性显然是其深层的原因。特别是，在带有明显"依附性"的技术转移机制中，台湾难以获得关键性的生产技术及设备，而台湾自身"重技术、轻研究"的技术创新体系又使其自主创新能力长期薄弱。在此背景下台湾电子信息产业生产方式只能停留在委托加工生产（OEM）与委托设计生产（ODM）的"代工"模式上，而这种生产方式所需技术水平相对较低，其生产的地位也容易被后起的发展中国家所取代。事实上，自 20 世纪 90 年代以来，在东亚地区逐渐形成的多层网络型分工体系中，由于大陆及东盟等国家及地区技术水平及生产能力的不断提高，台湾产业的发展所面临的竞争越来越激烈，21 世纪以来这种趋势则更加明显。

其次，"新重商主义"的缺陷也对台湾产业结构造成了深刻的影响。战后 40 年台湾实施出口导向战略的一个结果是，形成了"重外轻内"的经济格局，一方面是相对强大的外向型出口部门，另一方面则是相对薄弱的内部依赖型部门。在 20 世纪 80 年代下半期产业结构快速转变的过程中，长期基础较薄弱的服务业在短时间内迅速膨胀，使台湾产业结构出现了服务业比重高、规模大，但发展水平却较低的特征。这种产业结构的弊端在内部需求扩张较顺利的情况下不易显现，20 世纪 90 年代台湾经济尚能维持中速增长的重要原因即在于此。但是新世纪以来台湾内部需求急剧萎缩，服务业水平较低、竞争力较弱的脆弱性便日益凸显出来，尤其是大量传统的附加价值较低类型的服务业备受冲击。由于服务业占台湾产业构成的比重已超过 70%，其增长水平对总体经济增长的影响举足轻重。21 世纪以来台湾整体服务业每年增长率大致维持 3%—4% 的低增长水平，对经济增长的贡献所占的比重由 2000 年的 70.4% 逐年下降到 2007 年的 51.8%。①

---

① 台湾"行政院"主计处:《国民所得统计新闻稿——最新主要结果附表》，http//www.dgbasey.gov.tw，查阅时间：2008 年 2 月。

结语：台湾经济前景展望

以东亚新学说理论重新审视跨世纪近60年的台湾经济发展可以看出，作为东亚模式创新体系基本要素的“出口导向”“政府作用”等始终发挥着重要作用，只是在时空背景发生巨大变化时，由于台湾当局没有进行相应的调整与变革，甚至反向作为，才使得台湾经济发生由“奇迹”到“困境”的演变。

现阶段台湾经济又处于一个新的历史关头了，一方面2008年5月台湾发生了“第二次政党轮替”，民进党当局结束8年的任期，马英九代表国民党重新上台执政；另一方面由美国次贷危机所引发的国际金融危机正持续蔓延和深化，包括台湾在内的全球实体经济受到的冲击越来越明显。这种政经环境的巨大变化正在使过去8年造成台湾经济困境的各项因素相应发生改变，一是台湾新当局努力重新扮演经济发展“促进者”的角色，但面临多年积累下来的经济问题与特别恶劣的国际经济环境的严峻挑战；二是两岸关系的改善与两岸经贸交流合作的日益深化将使台湾经济从大陆市场获得更大的利益，不过来自岛内的阻力依然不小，国际金融危机的负面影响也在一定程度上弱化了两岸经贸开放政策的效应；三是国际金融危机使台湾产业结构的脆弱性更加暴露无遗，推动新一轮的产业转型升级十分紧迫，但又是个长期而艰巨的任务。这些变化因素的综合作用将决定台湾经济发展的前景，总体而言，台湾经济重振的机会明显增加，但所面对的挑战也更大。

原文载于《台湾研究集刊》2009年第2期

三十年来台湾地区人力资本的经济增长效应分析

黄燕萍

一、问题的提出

经济增长的源动力始终是学术界关注的焦点。二十世纪八十年代中后期，随着内生增长理论的兴起，主流文献关于人力资本的作用的研究（Romer，1986①；Lucas，1988②）大量涌现。内生增长理论认为，人力资本是经济增长的核心动力。人力资本促进技术进步（技术创新、技术模仿），而技术进步是全要素生产率和经济增长的核心动力。相对而言，劳动力的增长受制于自然的人口出生率，物质资本的积累既受制于原有的基础又受制于边际收益递减规律。这一理论得到了许多实证研究的支持（Barro，1991③；Benhabib and Spiegel，2005④）。Barro（1991）、Mankiw et al.（1992）⑤ 与 Islam（1995）⑥ 等研究表明，较高的人力资本累积有助于一国的经济增长。Benhabib and Spiegel（2005）与

① Paul M. Romer. "Increasing Returns and Long-Run Growth." *Journal of Political Economy*, 1986，94（5）：1002–1037.

② Lucas，R. E.，Jr. "On the Mechanics of Economic Development." *Journal of Monetary Economics*，1988，XXII：3–42.

③ Robert J. Barro. "Economic Growth in a Cross Section of Countries." *The Quarterly Journal of Economics*，1991，106（2）：407–443.

④ Benhabib，J. & M. M. Spiegel. "Human capital and technology diffusion." *Handbook of Economic Growth*，2005，1：935–966.

⑤ Mankiw，N. G.，D. Romer& D. N. Weil. "A Contribution to the Empirics of Economic Growth." *The Quarterly Journal of Economics*，1992，107（2）：407–437.

⑥ Nazrul Islam. "Growth Empirics：A Panel Data Approach." *The Quarterly Journal of Economics*，1995，110（4）：1127–1170.

Miller and Upadhyay（2000）[①] 等也认为人力资本对技术进步有促进作用。黄台心等（2014）[②] 研究表明,人力资本对低所得经济成长有正向贡献。从 TFP 成长率的角度，中、高所得国家皆以技术进步为主要成长来源。

那么对于曾经的“亚洲四小龙”——台湾来说，其经济增长的动力源是什么？人力资本在台湾经济增长中又发挥了怎样的作用？ Schive（2002）[③] 认为全要素生产率对台湾经济增长的贡献非常重要。经济效率的提高和资源分配改善正是技术进步的根本原因，技术进步是经济增长来源中最重要的因素。赵振瑛（1998）[④]、王宝惠（2001）[⑤] 等实证研究均指出,人力资本对台湾经济增长有积极作用。戴秀玲（2003）[⑥] 利用 1973—2002 年的数据研究发现，人力资本投资对台湾经济成长的贡献是相当大的。许松根和谢丽真（2006）[⑦] 认为，台湾的经济增长大部分来自与人力资本及知识存量有关的传递动态，能够解释 72% 至 79% 的成长来源。张景福和刘锦添（2013）[⑧] 以 1998—2003 年的台湾制造业厂商与劳工合并数据为基础，估计制造业的生产函数与技术效率，并进一步探讨人力资本对技术效率的影响。研究发现，受雇员工的平均受教育程度对厂商的技术效率有显著的正向效果。可见，人力资本、技术进步与全要素生产率对台湾经济增长非常重要。但上述研究只关注人力资本作用于台湾经济增长的大小，并未理清人力资本、技术进步、全要素生产率和经济增长之间的联系，也没有探究人力资本作用于经济增长的方式。另外，台湾人力资本对经济增长的效应对于中国大陆的借鉴意义是什么？相关的研究甚少。基于此，本文将对这些问题展

---

① Stephen Miller and Mukti Upadhyay. “The effects of openness，trade orientation，and human capital on total factor productivity.” *Journal of Development Economics*，2000，63（2）：399–423.

② 黄台心、陈盈秀、钟铭泰、林延霖：《应用随机边界模型探讨收敛假说——兼论人力资本金融发展与经济成长之关系》，《经济研究（Taipei Economic Inquiry）》，2014 年，第 101—140 页。

③ Schive，C. “Economic Efficiency and the Taiwan Economy：1986–96.” in Productivityand Economic Performance in the Asia-Pacific Region，Tsu-Tan Fu，Cliff J. Huang and C.A.Knox Lovell（eds），2002，139–160，Norphampton：Edward Elgar Publishing Inc.

④ 赵振瑛：《人力资本与经济成长关系之研究》，台湾政治大学经济研究所博士论文，1998 年。

⑤ 王宝惠：《人力资本与经济成长理论——台湾之实证研究》，台湾中山大学经济学研究所硕士论文，2001 年。

⑥ 戴秀玲：《台湾人力资本之内生性成长研究》，2003 年《正修学报》第十六期，第 213—222 页。

⑦ 许松根、谢丽真：《知识、人力资本及台湾经济成长》，《台银季刊》，2006 年第 57 卷第 4 期，第 33—60 页。

⑧ 张景福、刘锦添：《人力资本与技术效率：台湾制造业之实证研究》，《人文及社会科学集刊》，2013 年第 25 卷第 2 期，第 307—344 页。

开更深入的探讨。

本文结构如下：第 1 节为问题的提出；第 2 节建立生产函数与技术进步方程，推导回归方程，从理论层面探讨人力资本作用于经济增长的方式和途径；第 3 节为数据说明和变量描述；第 4 节利用台湾 1985—2014 年的时间序列数据对台湾经济增长的动力源进行实证分析，重点关注生产要素的产出弹性、全要素生产率对经济增长的贡献以及人力资本对全要素生产率增长的效应。进一步地，引入 FDI、市场开放度等变量对模型设定和回归结果的稳健性进行检验；第 5 节提炼结论、提出建议以及说明本文研究对中国大陆的启示。

二、理论模型：总生产函数与技术进步方程

首先仿照 Romer（1990）[①] 设定总生产函数如下：

$$Y=AK^{\alpha}L^{\beta} \tag{1}$$

其中：Y 为国内生产总值、K 为物质资本存量、L 为劳动人口数、A 为全要素生产率（TFP）。α 和 β 分别是物质资本和劳动力的产出弹性。假定总生产是规模收益不变的（Mankiw et al.，1992），则有 α+β=1。从总生产函数可以看出，全要素生产率、物质资本和劳动力三个因素决定了总产出。对上式补充时间下标，并取对数差分则有：

$$\Delta Y_t=\Delta A_t+\alpha\Delta K_t+\beta\Delta L_t \tag{2}$$

上式使用 Benhabib and Spiegel（2005）的符号，△ X 表示变量 X 的对数差分，即$\Delta X_t=\ln\left(X_t\right)-\ln\left(X_{t-1}\right)$。根据一阶近似原理，△ X 的经济含义为年增长率。

主流经济学家（如 Levine，1993a[②]；Chow and Lin，2002[③]）通常使用（2）式来估计物质资本的产出弹性（α）和劳动力的产出弹性（β），然后估算全要素生产率。α 数值的估计在研究中具有特别重要的意义。在规模收益不变的前提下，α 可视为资本密度的权数，表示资本份额相对劳动份额的比例，若 α

① Romer，P. M.，“Endogenous Technological Change.” *Journal of Political Economy*，1990，98（5）：S71–S102.

② King，R.G.，and R.Levine. “Finance and Growth：Schumpeter Might Be Right.” *Quarterly Journal of Economics*1993a，108：717–738.

③ Gregory Chow and An-lohLin，“Accounting for Economic Growth in Taiwan and Mainland China：A Comparative Analysis.” *Journal of Comparative Economics*，2002，30，507–530.

数值提高，表示资本密度的权数也相对提高。资本占产出份额愈高，资本密度对经济增长的影响也愈大。至此，总生产函数的设定完成。

从总生产函数可以看出，总产出由全要素生产率、物质资本存量和劳动力共同决定。但经济的持续增长主要依靠全要素生产率的提高，生产要素的积累一般不是考察的重点。这是因为，根据内生增长理论，长期增长的动力来自规模收益递增、体现为技术进步的全要素生产率，而二者最主要的决定因素都是人力资本。实物资本的增长受限于边际收益递减规律，而人力资本或知识的积累却具有边际收益递增的特点。劳动力的增长受人口总量和结构的限制。由于提高物质资本存量和增加劳动力的方法在政策上没有多大意义，多数研究都集中在 TFP 的分析上。Nelson and Phelps（1966）①、Benhabib and Spiegel（2005）、黄燕萍等（2013）② 都将 TFP 增长归功于基于人力资本的技术进步。根据 Nelson and Phelps（1966），技术进步可以分解为两个部分——技术创新和技术模仿，二者是技术进步的两个不同层次。结合 Nelson and Phelps（1966）和 Benhabib and Spiegel（2005），设定技术进步方程如下：

$$\Delta A_t = g \cdot Innovation_t + m \cdot Catchup_t \tag{3}$$

其中：A 为全要素生产率，代表一个国家或地区的技术进步水平，本文将通过生产函数法进行估算；ΔA是对 A 的对数差分，代表全要素生产率的增长率；$Innovation_t = h_t$表示技术创新，$Catchup_t = h_t gap_{t-1}$表示技术模仿。$gap_{t-1}$代表上一年台湾经济体与先进经济体的技术水平的差距，$gap_t = \left(y_t^* / y_t\right) - 1$，差距越大模仿的空间也越大。在实际回归中，技术水平的衡量采用 Benhabib and Spiegel（2005）的公式，即 $y^*t/yt \approx A^*t/A_t$，这里 * 表示最先进水平。

将方程（2）与方程（3）相结合可得：

$$\Delta Y_t = \alpha \Delta K_t + \beta \Delta L_t + g \cdot Innovation_t + m \cdot Catchup_t + \varepsilon_t \tag{4}$$

方程（4）将是本文后续进行实证分析的基础方程。Levine（1993a，

① Nelson, R. R. & E. S. Phelps, "Investment in Humans, Technological Diffusion, and Economic Growth." *The American Economic Review* 1966, 56 (1/2): 69–75.

② 黄燕萍、刘榆、吴一群、李文溥：《中国地区经济增长差异：基于分级教育的效应》，《经济研究》，2013 年第 4 期，第 94—105 页。

1993b[①]）的回归式与本文在形式上差不多，但他们的解释变量是直接设定的，不是从理论模型推导而来的。

三、数据说明与变量描述

下一节将利用台湾 1985—2014 年的时间序列数据进行回归分析，探讨台湾经济增长的动力源，重点分析全要素生产率对经济增长的贡献以及人力资本对全要素生产率增长的作用方式。实证分析中所使用的数据主要来源于台湾地区统计资料库（National Statistics），具体如下：

总产出（Y）和劳均产出（y）：总产出由 GDP 衡量，换算为以 2011 年价格为基准的实际值；劳均产出等于总产出除以劳动人口数；劳动人口数以就业人口衡量；GDP、GDP 平减指数、劳动人口数均来源于台湾地区统计资料库。

物质资本存量（K）：以“工业与服务业部”的净资本存量（不包括农业部门、存货和土地）衡量。Chow and Lin（2002）已经估计了台湾 1951—1991 年的资本存量，本文以他们 1991 年的数值为初始值，采用永续盘存法将估算延伸到 2014 年。永续盘存法的计算公式为 Kt=（1-d）K_t-1+I_t，为了估计的一致性，本文采用 Chow and Lin（2002）的折旧率（d=4%），计算式中的各个变量采用不变价格，以 2011 年为基期。

劳均人力资本存量（h）：以劳动者的平均受教育年限作为人力资本的代理变量。人力资本采用劳均人力资本存量，而不采用人力资本存量（总量），因为近 100 年来 OECD 国家的增长并不存在规模效应（Jones，1995a[②]，1995b[③]）。依据台湾人力资源调查统计年报中就业者的教育程度表，将就业者按受教育程度分为不识字、小学、初中、高中、高职、专科、大学及以上。小学程度者的平均受教育年数计算为 6 年，初中为 9 年，高中及高职为 12 年，专科为 14 年，大学及以上为 16 年。由于就业者中不识字的较少，生产力相近，本文将就业人口中属于不识字与小学程度人口归为同一类。根据计算结果，台湾就业者平均受教育年数从 1985 年的 9.22 年增加到 2014 年的 13.11 年，三十年间提高了

① King R.G.and R.Levine. “Finance，Entrepreneurship and Growth：Theory and Evidence.” *Journal of Monetary Economics*1993b，32：513–542.

② Jones，C. I.，“R &D-based models of economic growth.” *Journal of Political Economy*1995a，759–784.

③ Jones，C.I.，“Time series tests of endogenous growth models.” *The Quarterly Journal of Economics*1995b，110（2）：495.

3.89 年。

在技术进步方程中，需要考察台湾与最先进经济体的技术水平差距。从全球来看，美国的技术水平无疑是最先进的，而且台湾与美国的技术交流、经贸往来非常密切，因此在考察台湾的技术进步尤其是技术模仿时，将美国作为参照对象。文中将使用到美国的 GDP 及其平减指数、新台币与美元的汇率等数据，这些均来源于 IMF 的《世界经济展望 2016》。在比较台湾和美国的人均收入时，统一使用美元现价，这样既准确又直观。

稳健性检验部分将使用的外商直接投资（*FDI*）来源于台湾“经济部”投资审议委员会，用于计算市场开放度（OPEN）的进出口额数据来源于台湾地区统计资料库。

为了对台湾地区各变量在样本区间内的变化有个初步的认识，表 1 报告了主要变量在不同发展阶段的统计描述。不难看出，各变量的水平量均呈现上升趋势。

表 1　主要变量的统计描述

	总产出 Y（新台币亿元）				劳均人力资本 h（年）			
年份	均值	标准误	最小值	最大值	均值	标准误	最小值	最大值
1985—1989	38142.86	5813.7	30731.05	45370.24	9.49	0.22	9.22	9.77
1989—1994	56152.25	6550.3	47931.63	64573.62	10.14	0.2	9.91	10.38
1995—1999	77237.23	6737.91	68771.69	86168.66	10.83	0.24	10.51	11.13
2000—2004	96676.12	6299.69	90545.8	106007.93	11.52	0.22	11.24	11.8
2005—2009	121349.22	6339.11	111749.18	126610.79	12.29	0.26	11.96	12.61
2010—2014	146303.92	6489.07	137876.42	155152.56	12.9	0.15	12.71	13.11
	物质资本存量 K（新台币亿元）				劳动人口数 L（千人）			
1985—1989	86923.74	11248.36	74004.72	102323.09	7909.6	330.19	7428	8258
1989—1994	136763.94	21099.46	111901.19	164849.3	8607.6	256.46	8283	8939
1995—1999	215991.94	28598.1	181084.28	252989.09	9192.6	144.83	9045	9385
2000—2004	295845.63	19285.47	271925.81	321370.94	9537.4	154.93	9383	9786
2005—2009	361019.94	17711.9	336188.84	379802.13	10205.8	180.7	9942	10403
2010—2014	409867.75	14941.93	390871.91	428961.38	10821.6	228.87	10493	11079

最后，进一步说明本文的核心变量即人力资本。一般而言，人力资本形成方式包括接受教育、职业培训、"干中学"及医疗与健康的改善等，其中接受教育是人力资本累积的最重要途径。另外，相较其他的人力资本形成方式，受教育程度数据的可得性更强。因此，许多文献常以一个国家或一个地区劳动者的受教育程度，如识字率，小学、初中或高中的入学率或劳动者的平均受教育年限作为人力资本的代理变量，比如 Romer（1990）利用整个人口的识字率及订阅报纸与收听广播的比率；Barro（1991）利用中小学的入学率；黄台心等（2014）利用各国中等学校的入学率；Barro and Lee（1996）[①] 则利用二十五岁以上人口的平均受教育年限。Maddison（1987）[②]、Pencavel（1991）[③] 分别给予初等教育、中等教育和高等教育不同的权数，再以这些权数为基础计算就业劳工的人力资本存量。黄燕萍等（2013）以劳动者受教育年限衡量，并把人力资本分为两级，初级的作为生产要素、高级的促进技术进步。以入学率或劳动力中某种教育程度占总劳动力之比率来衡量人力资本，无法完全体现人力资本存量的内涵，入学率还存有时间上不一致的问题；另外，当经济发展到一定阶段，这些比率就不再上升，无法反映知识的日益积累。相对来说，加权的教育年数总量或劳动者平均受教育年限是一种比较精确且可行的人力资本存量的衡量方式。基于以上理由和实际研究的需要，本文依照黄燕萍等（2013）的做法，采用劳动者的平均受教育年限作为人力资本的代理变量并将其引入技术进步方程，且不考虑"干中学"。劳动者的"干中学"主要取决于受教育年限和年龄，受教育程度一定程度上蕴含了"干中学"，以工作年限为基础的"干中学"没有任何政策含义。因此在模型中纳入"干中学"既没有理论意义、也不利于实证分析，更有可能模糊了技术进步的传递渠道。

四、实证分析

（一）台湾经济增长中直接因素的贡献率

在进行统计趋势描述时，本文把 1985—2014 年这 30 年分为六个周期，每

---

① Robert J. Barro，Jong Wha Lee. "International Measures of Schooling Years and Schooling Quality." *The American Economic Review*，1996，86（2）：218–223.

② Angus Maddison. "Growth and Slowdown in Advanced Capitalist Economies：Techniques of Quantitative Assessment." *Journal of Economic Literature*，1987，25（2）：649–698.

③ John Pencavel. "Higher Education，Productivity，and Earnings：A Review." *The Journal of Economic Education*，1991，22（4）：331–359.

个周期五年。把五年压缩为一个周期的处理可以在一定程度上消除个别年份急剧波动的影响，起到“平滑”（smoothing）数据的作用，使得变量增长的趋势更加明显。从表2第（1）列可以看到：六个周期台湾经济的平均增长率分别为9.12%、7.31%、5.94%、4.23%、3.29% 和 4.48%。正如Chow and Lin（2002）所阐述的，第一个周期（1985—1989年）是台湾经济最好的时期，1987年达到顶峰，其后经济增长率开始下降，第五个周期（2005—2009年）到了低谷，然后开始缓慢回升。第六个周期（2010—2014年）台湾经济平均增长率为4.48%，在很大程度上得益于两岸关系和平发展与两岸经贸交流快速成长。相应地，表2第（4）列显示，全要素生产率的提高分别为3.98%、1.94%、1.41%、1.55%、1.21%和2.49%。从第（5）、（6）和（7）列可以进一步看到，物质资本积累对台湾经济增长的贡献在90年代达到顶峰，而后持续下降；劳动力对台湾经济增长的贡献一直较小且稳定；而全要素生产率提高对台湾经济增长的贡献在近五年大幅上升。2010—2014年，TFP对总产出的贡献最大，达56.76%；*K*次之，为24.6%；*L*最小，仅18.6%。

表2　台湾经济增长及其各相关指标的贡献

	（1）	（2）	（3）	（4）	（5）	（6）	（7）
时期	GY	GK	GL	GTFP	CK	CL	CTFP
1985—1989	9.12	8.09	2.47	3.98	39.65	14.99	45.36
1990—1994	7.31	10.01	1.60	1.94	61.20	12.07	26.73
1995—1999	5.94	8.94	0.98	1.41	67.35	9.11	23.54
2000—2004	4.23	4.90	0.84	1.55	51.81	10.98	37.21
2005—2009	3.29	3.40	0.99	1.21	46.20	16.60	37.20
2010—2014	4.48	2.46	1.51	2.49	24.61	18.64	56.76

注：GY、GK、GL、GTFP分别为Y、K、L和TFP在五年期间的平均增长率（%）。CK、CL和CTFP分别为K、L和TFP对GDP的贡献率（%）。

观察图1，比较总生产函数中四个变量的增长率的变化趋势可以更直观地看到：台湾总产出增长率的变化与全要素生产率增长的变化几乎一致，二者都在1987年达到最高，2001年到达最低。

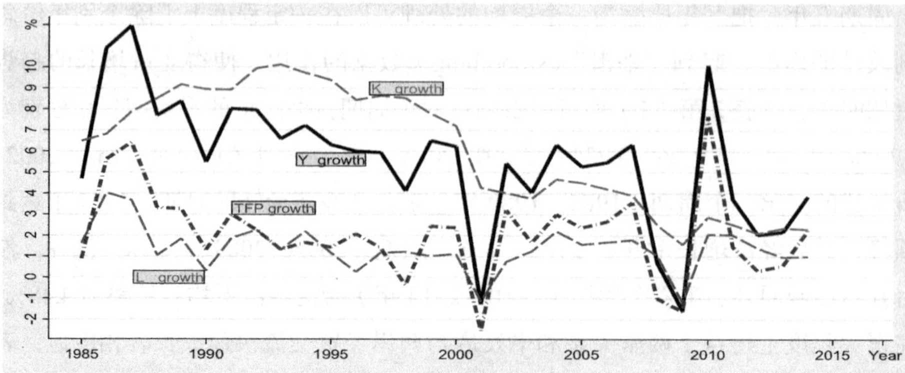

图 1 1985-2014 年台湾总产出（Y）、物质资本（K）、劳动力（L）和全要素生产率（TFP）的增长率的变化趋势

（二）台湾人力资本的经济增长效应

根据第二节从总生产函数及技术进步方程推导出的回归方程：

$$\Delta Y_t=\alpha\Delta K_t+\beta\Delta L_t+g\cdot Innovation_t+m\cdot Catchup_t+\varepsilon_t \quad (5)$$

由（5）式可以估计物质资本产出弹性（α）、劳动力产出弹性（β）以及技术创新与技术模仿的参数（*g*，*m*）。在估计 α 时，使用方程（5）进行回归有一些优点：模型中的变量，如总产出、物质资本存量、劳动人口数都是取了对数差分后的数值。如果不进行差分处理，而是直接用总生产函数的对数进行回归，可能会产生一阶自相关或一阶单整的问题，如果这些问题存在，估计的结果就可能是非一致的，关于系数的零假设也可能无效。因此，本文遵从 Benhabib and Spiegel（2005）的做法，把对数后的方程取一阶差分，从而避免了一阶自相关或一阶单整的问题。回归模型建立在差分方程之上，大大降低了因为时期长而产生的结构变化之风险。

著名经济学家 Levine（1993a，993b）及其追随者几乎都直接假定 OECD 国家的资本产出弹性 α=0.3。Chow and Lin（2002）的估计值略大一点。本文采用台湾地区 1985—2014 年的数据样本，重新估计了该经济体的物质资本产出弹性。从基础模型的回归结果（表 3 第（1）列）可以看到：台湾地区物质资本产出弹性的估计值为 α=0.447，劳动力产出弹性的估计值为 β=0.553，二者均在 1% 的水平上统计显著，说明物质资本存量和劳动人口数对台湾三十年的经济增长起到了正向的促进作用。然而，台湾的技术创新统计严重不显著（p 值高达 0.551），技术模仿在 1% 的水平上统计显著（p 值为 0.06）。结合前面对台湾经济增长中各直接因素的贡献的分析，说明台湾近三十年的经济增长主要归功于全要素生产率的提高，而全要素生产率的提高又主要取决于台湾对发达国家（如美国、日本）的技术模仿，台湾自身的技术创新作用非常有限，这很有可能是因为台湾经济与美日经济联系密切，具有后发优势，加上短期内技术模仿的成本低且成效大，技术创新的周期长且风险大，所以台湾经济增长主要依赖于技术进口即技术模仿。从长期看这种增长模式严重抑制了台湾自身的创新动力。另外，台湾在 20 世纪 90 年代的教育改革造成人力资本质量的下降也可能是创新能力不足的一大原因。庄奕琦和李钧元（2003）[①] 就指出，近年来台湾人力品质的提升逐渐减缓，不利于后续的经济成长。自 1990 年以来，台湾的高等教育经历了许多重大的改变，其中 1996 年广设大学政策形式上实现了“人人念大学”的目标，但许多大学是由原来的专科、学院通过改制、升等或合并而成，校内师资的能力和素养都不可能在短期内产生质的变化，反而造成大学生整体素质的降低。同时，大学生、硕博士生人数的快速增加与台湾产业结构发展并不匹配，产业需要的基础性技术人才逐年减少，供需矛盾突出。特别要指出的是，根据黄燕萍等（2013）的研究结果，中国大陆也有类似现象，技术创新统计不显著，技术模仿统计显著。这说明海峡两岸都存在技术创新不足的问题，主要通过技术模仿提高全要素生产率来实现经济增长。本文认为，这一方面源于两岸都在开放经济和全球化中享受了后发优势而缺乏创新动力，另一方面源于两岸在人力资本培养上都陷入了“重数量、轻质量”的陷阱。

表 3 估计结果

	（1）	（2）	（3）	（4）
VARIABLES	ΔY	ΔY	ΔY	ΔY
ΔK	0.447***	0.447***	0.599***	0.614***
	（0.114）	（0.117）	（0.172）	（0.178）
ΔL	0.553***	0.553***	0.401**	0.386**
	（0.114）	（0.117）	（0.172）	（0.178）
Innovation	-0.0006	-0.0005	-0.0058	-0.0062
	（0.0010）	（0.0012）	（0.0046）	（0.0048）

① 庄奕琦、李钧元：《如何衡量人力资本：理论与台湾实证》，《经济论文丛刊》，2003 年第 31 卷第 1 期，第 51—85 页。

续表

Catchup	0.0013***	0.0013***	0.0011**	0.0010*
	（0.0004）	（0.0005）	（0.0005）	（0.0005）
FDIGDP		-0.0269		-0.252
		（0.53）		（0.555）
OPEN			0.0634	0.072
			（0.0543）	（0.0583）
Observations	30	30	30	30
R-squared	0.846	0.846	0.853	0.855

注：括弧（）内的数值是标准误。*、**、*** 分别表示10%、5%和1%的显著性水平。表中第（1）列是基础方程（5）的回归结果；第（2）列和第（3）列分别是在基础方程（5）中加入外商直接投资和市场开放度后的回归结果；第（4）列是在基础方程（5）中同时加入外商直接投资和市场开放度后的回归结果。

（三）稳健性分析

一般认为，外商直接投资（FDI）和市场开放程度（OPEN）也是影响经济的重要因素（Levine，1993a，1993b）。在技术进步方程中忽略了FDI等因素可能会高估人力资本在推动全要素生产率增长中的作用。加之台湾经济是一个高度开放的浅碟经济型态，国际贸易对台湾经济增长的影响应该不容忽视。基础回归方程（5）是一个严格按照总生产函数和技术进步方程推导的，所以不包括外商直接投资和市场开放度。现本文在基础回归方程中分别加入FDI和OPEN作为解释变量重新运行以进行稳健性分析。表3第（2）、（3）、（4）列表明，在方程（5）中添加辅助变量后，技术创新系数依然不显著，技术模仿系数依然显著，而且数值变化和R平方改进都极其微小。据此判断，本文的理论模型设定与回归结果对于分析台湾经济增长来说是稳健的、合理的。

五、结论

本文从理论和实证两个层面分析了台湾1985—2014年经济增长的源动力。从理论模型来看，全要素生产率的增长取决于人力资本带来的技术进步——包括技术创新和技术模仿，换言之，人力资本通过全要素生产率间接作用于经济增长；从实证结果看，这一期间台湾物质资本存量对经济增长的贡献在逐渐下降，劳动力的贡献有所提高但提高的幅度相对较小，全要素生产率的贡献从上世纪 90 年代开始一直在增加，2010—2014 年高达 56.76%，超过了物质资本和劳动力的贡献之和；台湾物质资本产出弹性和劳动力产出弹性分别为 0.447 和 0.553，且都在 1% 的水平上统计显著，说明物质资本存量和劳动人口数对台湾经济增长有正向作用。人力资本作用于全要素生产率主要体现在技术模仿而非技术创新上。这很可能是由于台湾经济与美日发达国家联系密切，是知识外溢性的受惠者，从而造成技术模仿在全要素生产率提高中的作用明显，技术创新作用不明显，这一点与中国大陆的情况类似（黄燕萍等，2013）。加之台湾在 20 世纪 90 年代的“高校扩招”政策造成人力资本质量的下降，也大大影响了人力资本的技术创新能力。

基于以上结论，本文认为，台湾经济要实现持续增长，透过人力资本进一步提高全要素生产率比增加物质资本积累更为关键，而人力资本质量的提升比数量的增加更为重要，具体建议如下：从人力资本供给面来看，台湾要评估 90 年代推动的“高校扩招”政策的成效，反思存在的问题，积极推动教育改革，提高人才培养效率，纠正“重数量、轻质量”的错误理念，并鼓励传统产业劳工的转型训练，培养更多创新型和企业家型人才；从人力资本需求面来讲，台湾要加快产业结构转型，鼓励各行业研发部门的发展，增加高技术人才就业的机会。总而言之，教育培养的人才结构与市场形成的就业结构、产业结构要相匹配，教育与经济发展要相协调，从而充分发挥人力资本的经济增长效应。

对台湾过去三十年的经济增长分析对于中国大陆具有非常重要的借鉴意义：在这期间，台湾经济经历过高速、中速和低速平缓增长，而中国大陆目前已从过去 30 年的高速增长也转为中高速增长，如何避免陷入类似台湾的低速平缓增长值得深思。台湾经济增长受惠于对外开放贸易，享有后发优势，在这一过程中注重了技术模仿却丧失了技术创新的动力和能力，这一点尤其值得受惠于全球化的中国大陆的反思。不管是台湾还是中国大陆，提高人力资本与产业结构的匹配度、提升人力资本的经济效率继而促进全要素生产率的提高是推动经济长期持续增长非常重要的手段。

原文载于《台湾研究集刊》2016 年第 6 期

海峡两岸经济合作回顾与展望

李　非

两岸经济合作关系是在市场经济原则下，中国大陆与台湾地区的生产要素基于追求最佳利润或比较利益而进行的一种取长补短、相辅相成的经济汇合，在本质上属于"中国主体同其单独关税区（台湾）之间的经贸交流，纳入对外经贸管理体系进行管理"。由于两岸经济合作是一种以市场原则为取向、以双方经济利益需要为动力的经济联系，在市场运作越来越国际化的趋势下，市场经济力量日益成为推动两岸经济合作发展的主要动力，也是两岸关系中最稳定、最基础也是最重要的因素。

一、海峡两岸经济合作的理论思潮

海峡两岸经济合作进程伴随着两岸经济合作的理论思潮而变迁发展。两岸经济合作的阶段性变化，从经济层面上看，是国（区）际产业转移在两岸之间的体现，但其深层的原因，是在世界范围内各种与经济合作有关的思潮变迁在两岸经济关系中的折射。两岸经济合作正是在各种经济思潮影响和推动下，发生有序或无序的变迁。从发展的角度看，影响和推动两岸经济合作的理论思潮主要有以下几种：

（一）市场化思潮奠定了两岸经济合作的体制基础

20 世纪 70—80 年代，由于全球统一市场渐趋形成，市场机制逐渐成为国际范围内经济交易与合作的共同机制，由此，市场化思潮成为全球范围内占据主导地位的经济思潮，海峡两岸也深受其影响并在经济体制上产生了相应的变动。从总体上说，"市场化就是市场机制在一个经济中对资源配置发挥的作用持续地增大，经济对市场机制的依赖程度不断加深和增强，市场体制从产生、发展到成熟的演变过程”。[①] 但是，由于两岸经济发展程度不一，经济体制演进阶段各异，因此，市场化推进也有不同特征。台湾从 20 世纪 50 年代后期开始逐步建立市场经济体制，但经济中的计划成分仍然很大；70 年代一批留学欧美的学者回台后大力传播西方经济自由化思潮，台湾经济体制自由化压力增大，市场化进程加快；80 年代中期台湾当局宣布推动经济自由化、国际化、制度化的“三化”路线。从此后台湾经济发展战略看，自由化是核心，而自由化的实质就是对经济体制市场化的深化。我国从 70 年代末开始实行改革开放的政策，逐步推进经济体制改革，市场化取向的改革浪潮由此启动，体制转型先后经历了“计划经济体制—计划为主、市场为辅—有计划的商品经济—社会主义市场经济—入世与世界市场接轨—市场主导、政府引导”等发展阶段。

因此，“市场化有两种理解，一是发展意义上的市场化，二是改革或者转轨意义上的市场化”。[②] 对台湾经济体来说，市场化的主旨是自由化；“市场化的过程就是消除一切特权与歧视，确立平等契约、平等参与、平等竞争的市场规则的过程，也是交易规模日益扩大，合作范围不断扩展的过程”。[③] 对大陆来说，市场化的主旨在于完成由计划经济体制向市场经济体制的转轨。两岸对市场化的理论认识与推进方式虽然不同，前者更注重市场化演进中市场规则对经济主体权利的保障作用，而后者更强调市场化的体制演化性质，但两者或从过程或从前提均承认市场体制对资源的配置作用。体制的市场化确立了两岸共同的价格机制，奠定了两岸经济合作发展的体制基础。

可见，两岸经济合作是一种以市场原则为取向、以双方经济利益需要为动力的经济联系。在市场运作越来越国际化的趋势下，市场经济力量日益成为推动两岸经贸交流的主要动力。深化和发展两岸经济关系，构建和完善两岸经济合作框架，也应让经济规律主导，两岸公权力部门则扮演积极推动和有效引导的角色。

（二）全球化思潮提供了两岸经济合作的国际舞台

20 世纪 80 年代以来，由于信息技术的飞速发展，现代意义上的世界市场逐渐成形，全球化思潮逐步出现。到了 90 年代，以资本全球化为中心的全球化

---

① 陈宗胜：《中国经济体制市场化进程研究》，上海：上海人民出版社，1999 年。

② 王全斌：《关于我国市场化进程的研究》，《中国经济时报》2002 年 7 月 20 日。

③ 张曙光：《市场化及其测度——兼评〈中国经济体制市场化进程研究〉》，《经济研究》2000 年第 10 期。

浪潮逐步成为在全球占有主导地位的经济思潮。全球化思潮催动的新产业革命和市场理念扩张，导致了世界经济结构的调整。上述因素的共同作用，推动了90年代经济“全球化”的发展进程，使市场、资本、贸易、技术、金融、信息等得以形成一个全球性的相互依存的整体。在经济全球化的条件下，由于世界市场的完全形成，市场化不只是局限于经济体内部，而是突破单个经济体固有的经济边界，以全球经济一体化为表现方式。为适应全球化条件下经济运行方式的变革，谋求一体化经济中规则的运用权与制定权，各经济体都力图参与世界经济一体化组织，为自身发展创造条件。世界贸易组织（WTO）作为囊括全球主要国家和关税领域的“经济联合国”，代表着经济全球化的发展方向。

中国大陆自改革开放以来，经济高速发展，综合实力日益增强，对外经贸异常活跃。同时，中国的经济监管与承受能力也逐渐增强。在此背景下，为充分掌握全球化条件下经济发展的主动权，中国政府于1986年7月10日正式提出申请，恢复中国在关贸总协定中的缔约方地位。1995年6月3日，中国成为世贸组织的观察员。经过15年的努力，2001年12月11日，中国作为主权国家正式加入WTO。入世后，中国大陆的对外开放从深度到广度都出现了重要转变，即从有限范围和有限领域的开放转变为全方位的开放，从以试点为特征的政策主导下的开放转变为在法律框架下可预见的开放，从单方面为主的自我开放转变为与世界贸易组织成员之间的相互开放。随着中国大陆经济的市场化程度日益提高以及投资环境逐步改善，各项有关投资、贸易的法律、法规进一步健全，政策措施的透明度逐步增强，对台商的吸引力也不断增强，如建立完善的投资管理机制、税收机制，改革进出口贸易管理体制，规范许可证管理以及进出口商品检验制度等，使我国的经贸法规逐步与国际惯例接轨，经贸政策更加规范化，对外资包括台资权益的保障逐步走上正轨。同时，中国的价格体系进一步与国际价格接轨，有助于提高两岸资源配置的效率，促进两岸产业分工，对产业内贸易有推动作用。此外，入世后，台商原来在中国大陆享有的超国民待遇逐步被取消，跨国公司的涌入对大陆台资企业产生排挤效应，尤其是对台湾中小企业形成严峻的竞争压力，部分弱势企业逐渐失去其重要性，甚至被淘汰。

在经济自由化、国际化战略的推动下，台湾也在积极构筑自己的“国（区）际经贸网络”，与主要经济体，如美国、日本、欧盟、中国大陆等逐渐形成了依赖程度不同的经济关系。20世纪80年代末90年代初，台湾智库人士向当局建议，“在不隐含中共对台湾拥有主权或控制权的前提下，不计名称参与各项国际组织及国际活动，以维护国际权益，并寻求更多友谊和支持”。[①]

于是，台湾随即开始参与全球化组织的尝试。1990 年 1 月 1 日，台湾正式提出入关申请。继 2001 年 12 月 11 日中国正式成为 WTO 成员后，2002 年 1 月 1 日，台湾以“台湾、澎湖、金门、马祖单独关税区”（简称“中国台北”）的名义成为 WTO 第 144 名正式成员。入世后，由于台湾的大陆经贸政策在许多方面与世界贸易组织的基本精神相抵触，有悖于公平贸易与自由竞争的原则，迫于客观形势的压力，台湾不得不在放宽台资流向大陆、大陆商品入台、大陆专业人员入台等方面作出一些政策调整。

两岸参与国际经济一体化组织，尤其是先后加入素有“经济联合国”之称的世界贸易组织，为两岸经济合作构筑了共同的规则基础。入世后两岸关税的持续调降以及非关税措施的减少，有利于促进两岸生产要素的有序流动和经贸关系的正常发展。两岸可以在“一个中国”的原则下，依据 WTO 的基本框架，就经贸合作进行相互协商，同时利用 WTO 有关规则解决经贸纠纷与争端。两岸根据世界贸易组织的基本规则开展经济交流与合作，进行投资与贸易活动，共同融入全球经贸与国际分工体系，并从双方的贸易与投资扩张中获得正面的经济效益，从而使两岸经济联系进入良性互动的发展轨道。随着两岸经济逐步融入国际经济社会，台商在大陆的发展空间进一步扩大，投资的政策障碍也逐步消除，从而促进两岸经济在国际分工的基础上形成一个有着内在联系的有机整体。

（三）区域化思潮推动了两岸经济合作的发展进程

经济区域化思潮发端于区域主义或称地区主义（The Regionalism），它是一定区域内的若干国家和地区为维护本国和本区域的利益而进行国（区）际合作与交往的总和，是伴随着区域组织的大量出现和区域合作实践的发展而产生的一种意识形态或思潮。区域主义又分为新区域主义和旧区域主义。1950 年，Viner 提出关税同盟理论，构筑了区域合作的初步框架。1951 年欧盟组建经济区域，并在随后数年获得成功，旧区域主义随即风行欧洲大陆，并向其他地区传播。20 世纪 80 年代中后期，区域化思潮又重新席卷欧洲大陆，并向美洲、亚洲及“第三世界”扩展，促成了新一轮全球经济区域化的浪潮。经济区域化

① 陈博志：《台湾经济战略：从虎尾到全球化》，财团法人台湾智库 2004 年版。

同时也是经济全球化的伴生物，是经济全球化在相邻地理空间的表现。可以说，全球化的模糊定义和无所不包所产生的地区利益与地区问题，催生了区域主义，尤其是新区域主义。随着冷战结束和各种区域组织形成，世界各国间贸易和资金往来呈现出前所未有的上升趋势。跨国公司在全世界各地投资设厂。为了获得更多的经济利益和相对优势的分工地位，各国都非常注重综合国力的提高，因而那些地理位置邻近、经济上依存度较高的国家形成新的区域联盟，来增强自身经济能力和在国际经济中一致对外的谈判能力。近年来，区域经济组织的大量涌现就是这种思潮的反映。经济区域化的具体表现方式是区域经济一体化，由功能性一体化走向制度性一体化是区域经济合作走向成熟的标志，区域经济一体化组织中的宏观行为主体一般为主权国家。

鉴于 APEC 组织的非机制性特点，在 1991 年 APEC 新加坡会议上，经中国政府与 APEC 成员各方协商并达成谅解备忘录后，中国政府同意台湾以地区经济体身份加入 APEC。这是台湾参加区域经济一体化组织的初步尝试。为进一步因应经济区域化潮流，2002 年台湾当局召开的“大溪会议”提出了构建台湾经济安全网的设想，确定选择既是台湾主要贸易伙伴又为台撑腰的美、日等国以及与台湾有“外交”关系的国家为主要对象，建立一体化制度。其中，试图与美、日以 WTO 成员身份签洽协定。虽然美台 FTA 议题在台湾炒得风风火火，但美国行政部门还是持谨慎态度。台湾地区与日本的 FTA 谈判，也因日本与中国、东盟间的一体化合作进程而搁浅。2003 年 8 月，台湾地区与其在中美洲的“邦交国”巴拿马签订“自由贸易协定”；此后几年，又相继与危地马拉、尼加拉瓜签订“自由贸易协定”。这是典型的金援“外交”的结果，只具象征意义而无实质意义。近年台湾在亚太地区的经济活动取得了一定的突破。2013 年 7 月，台湾与新西兰签署了自由贸易协议，并希望通过协议的签署能帮助其加入泛太平洋战略经济伙伴关系协议（Trans-Pacific Partnership 简称 TPP）谈判。TPP 是美国、日本以及亚洲和拉美的一些国家正在商谈的一份自由贸易协定，中国大陆并未参与 TPP 谈判。2013 年 11 月，台湾地区与新加坡签署了一份自由贸易协议，这是台湾首次与东南亚国家签署此类协议，希望通过此举帮助台湾进一步提升“国际地位”，并与印尼、印度和菲律宾等达成同类协议。

中国大陆继与东盟签署 10+1，与东盟、日、韩签署 10+3 协议，积极融入东亚经济一体化外，2003 年 6 月、10 月，又分别与香港、澳门签署了《关于建立更紧密经贸关系的安排》（简称 CEPA），开创了国家主体与单独关税区经济一体化的新模式。CEPA的实施，实现了内地与港、澳初步的制度性经济一体化，也为两岸经济一体化提供了范例。台湾岛内也有学者和政党领导人曾就两岸经济合作提出“共同市场”或“自由贸易区”的构想，但在民进党执政时期由于政治上的障碍一直无法实现。这些构想只是在国民党重新执政后，两岸关系和平发展格局初步确立的新形势下才得以初步实现。2010年两岸“两会”第五轮谈判所签署的两岸经济合作框架协议（ECFA），就是两岸经济一体化进程中的一种制度性安排，是两岸区域经济整合的具体体现。

可见，在不同经济发展阶段上，大陆和台湾均受到经济全球化和区域化思潮的影响，相应采取了一些因应措施，但效果不一。大陆的主要问题在于内部区域发展不平衡，影响一体化进程；台湾的主要问题在于参与经济一体化的宏观主体资格缺失。但从总的趋势看，两岸经济的功能性一体化已然形成，客观形势的发展必然要求突破政策藩篱，实现两岸经济的制度性一体化。

（四）民族化思潮构建了两岸经济合作的联系纽带

经济全球化和区域化促进国家或经济体之间的经济合作，但并不排斥与否定民族国家的存在，相反，区域化的过程往往是同一民族、同一文化经济体在更大地域和范围的经济融合过程。因此，全球化、区域化的发展在一定阶段可能导致民族化思潮的高涨，为民族化思潮的形成创造条件。事实上，民族化思潮贯穿两岸经济合作始终。两岸同文同种，虽因历史和政治原因暂时隔绝，但两岸同属一个中国、同为中华民族、共荫中华文化的事实不会改变。这种文化与血缘关系至今在两岸经济合作中仍发挥重要的作用，促使两岸中国人无论面临怎样的情况都会息息相通，从而在经济上采取合作的态度。早在1980年，香港学者黄枝连就预言，在80年代后期，亚太地区将有可能出现一个“中国人共同体”。自此，海峡两岸及港澳的学者相继提出大中国经济圈、中华经济协作区、中国人经济圈、两岸共同市场等经济协作系统构想，欧美一些学者也敏锐地捕捉到兴起中的中华文化潮，提出一些海峡两岸及港澳经济合作的构想。90年代后期，时任台湾“行政院长”的萧万长先生提出“两岸共同市场”的构想，当时虽未获大陆正面回应，但在2005年国共会谈公报中最终得到大陆的正式回应，有望在两岸政治关系缓和的情势下得以实施。马英九上台后，顺应时代发展潮流，尊重市场经济规律，终于与大陆签署两岸经济合作框架协议，迈出了具有里程碑意义的第一步。两岸深厚而密切的人缘、亲缘关系，对加强区域经济合作具有强大的凝聚作用，为两岸经济合作提供了天然的纽带。随着全球化、区域化的发展，民族化思潮也将以不同方式得以表现，两岸经济合作将具有更深厚的民族精神与民族文化的共同基础。

由上述可见，两岸经济合作深受国际范围内各种经济思潮的影响和推动。这些思潮既有历时性，又有共时性，在作用空间上也体现出一些均质性与异质性。在这些思潮特点的作用下，两岸经济合作虽未完全按上述思潮的变迁而循序渐进地演进，但仍有一个大致的发展轨迹，这种轨迹体现为一种总体趋势，那就是两岸经济合作必将由初级经济合作走向功能性一体化，并最终发展为制度性一体化。当前两岸经济合作潮流就处于这一历史进程中，在ECFA签署后，双方继续协商后续相关协议，完善经济合作框架协议，深化两岸经济合作。

二、海峡两岸经济合作的发展趋势

海峡两岸经济合作关系从20世纪80年代开始起步，90年代日益兴盛，至21世纪初期形成相当规模，先后经历了由第一波以轻纺为代表的劳动力密集型产业转移，到第二波以石化为代表的资本密集型产业转移，再到第三波以电子为代表的技术密集型产业转移，以及目前第四波以生产性服务业为代表的产业合作，逐步建立起一种以双方经济利益需要为动力、以民间企业协作为形式、以产业分工和对接为内容的密切联系，并形成了互补、互利、互惠的双赢格局。当前两岸经济合作的总体发展形势是：台商投资从“由南向北”转向“由东向西”继续扩展，两岸贸易从加工贸易转向一般贸易，经济合作关系从功能性一体化向制度性一体化方向发展，逐步走向市场化与规范化的良性循环轨道。

（一）两岸经济合作方式从单纯性委托加工转向群聚式联合投资

两岸经济关系的发展进程表明，从20世纪80年代中后期从事下游工业生产的台湾中小企业大量涌入大陆东南沿海地区设立加工出口基地，到90年代供应原材料的台湾中上游工业生产厂商不断进入大陆拓展市场空间，再到21世纪初期台湾高新技术厂商纷纷到大陆投资设厂，以及当前台湾服务产业大举进军大陆市场，两岸经贸合作层次逐步提高，不仅以轻纺为代表的劳动力密集型产业已大批转移到大陆，以石化为代表的资本密集型产业也不断跟进投资，而且以电子为代表的技术密集型产业加速向大陆转移，更重要的是，生产性服务业投资合作不断涌现，产业结构和合作层次逐步提高。这不仅主要表现在台商集聚规模日益扩大，从过去单纯的生产线转移和委托加工变为邀请卫星工厂共同参与，联合上、中、下游相关配套产业一起投资，或由一个龙头企业带动一批相关企业前来投资，形成“卫星”体系，而且具体表现在台商投资大型项目明显增多，从原来多为百万美元左右的投资增加到上千万美元、数千万美元、数亿美元以至十多亿美元。台商的联合投资行动，推动了台商企业朝生产一体化、产品系列化、行业配套化的方向发展。

（二）两岸经济合作领域从生产和加工层面转向技术和服务层面

在大陆经济快速发展的磁吸效应下，两岸经济交流与合作将持续升温。随着台商制造业投资日趋成熟，在第四波的两岸经贸交流热潮中，生产服务业将是热门领域，不仅为大陆的“世界工厂”提供生产延伸服务，更为大陆不断扩大的“世界市场”提供各种消费服务。岛内研发基地加速向大陆转移，许多企业纷纷在大陆设立研发中心、IC设计中心以及软件开发基地，利用大陆软件高级人才，开发设计新产品，提供生产性服务。此外，零售业、物流业、房地产业、金融业、保险业、证券业、电信业、医疗业、专业服务等服务行业的投资也逐年增加，尤其是生产性服务业日益成为台商投资的重要行业。

（三）两岸经济合作对象从中小企业主导转向大企业主导

随着两岸经济交流与合作规模的不断扩大，先行一步来大陆投资和发展的台资中小企业，主要是中下游企业，拉动了对台湾生产原材料及半成品的需求，从而促进供应原材料的台湾中上游工业生产企业也前来大陆投资设厂，提供配套、连锁的生产与服务。从中小企业到集团企业，从民间资本到公营资本，台湾企业都纷纷涉足大陆。越来越多的台湾大企业加入外移生产的行列，台湾科技大厂全员聚集大陆，并带动相关配套企业形成产业链，从而形成大企业主导的格局。完备的产业链的形成和配套，对台资企业的吸引力已越来越重要。初期是大量的中小企业落户大陆，逐步形成了越来越大的生产原材料和关键零组件的市场需求，从而对大企业产生强大的吸引力；随后由于大企业的进入，中小企业跟随大企业一起出走，形成卫星工厂和生产配套。台湾厂商之所以看重产业链，主要是因为在有产业链的地方，各项资源较为集中，许多交易成本可以大幅度降低。从理论上看，边际成本等于边际收益时，企业才能实现利润最大化。产业链在很大程度上降低了物流成本。因为在一个较小的经济区域中能找到上有供应商、下有买家的地方，对投资厂商具有极大的吸引力。除了降低有形生产成本外，有产业链的地方还有信息资源汇聚等许多无形的好处。在台湾外移产业中，电子资讯业的产业群聚现象最为明显。台商在大陆地区的群聚投资区域主要有：华南的“深圳—东莞—广州”珠江三角洲产业带，以传统劳动密集型产业、电脑以及手机零组件为主；华东的“上海—苏州—杭州”长江三角洲产业带，以半导体、笔记型电脑等为核心；东南的“厦门—泉州—福州”海西产业带，以电脑、光电、软件、手机零组件为主，而其他电脑周边产品与零组件，如主机板、印刷电路板和监视器等零组件在三大区域皆有产业聚落。未来产业聚落将向上延伸至台湾半导体厂商，从上游的IC设计，到中游的IC制造，再到下游的封装测试，甚至到IC的通路模组，关联产业都将持续在大陆地区进行群聚式的投资，形成完整配套的产业链。

（四）两岸经济合作形式呈现台资企业本地化趋势

在两岸经济环境发生较大变化的情况下，大陆台资企业如何进一步创新发展，走出经营成本逐步提高的困境期，完成企业转型和技术升级，是两岸经济合作关系持续、健康发展的重要因素。为因应市场竞争的需要，降低企业营运成本，越来越多的台商采取“就地取材”的策略，从而带动了大陆台资企业的本地化趋势，从行政管理人员的本地化到产品销售市场的本地化，从生产原材料供应的本地化到企业资金筹措的本地化，从技术设备的本地化到研发后勤的本地化，这些现象越来越普遍。虽然台湾仍是大陆台资企业生产所需原料或零组件的重要供应地，但是，台商对台湾原材料或零组件的供应依赖度逐年下降，由当地提供所需原料的比重已超过对台湾的依赖。台资企业在大陆生产、管理、销售等方面的本地化趋势将越来越明显，并成为台商在大陆经营和发展的重要策略之一。

（五）两岸经济合作地区从由南向北转向由东向西扩展

目前台商投资初步形成以上海为中心点，沿海各区域中心城市为辐射点，环大陆沿海外凸弧形地带向内扩张为辐射面的分布格局。随着大陆沿海地区经济发展水平逐步提高，初期转移到大陆的台资企业逐步进入成熟期，并面临新的产业转型，投资地域从珠江三角洲、海峡西岸经济区和长江三角洲扩展到环渤海地区，再进一步向中、西部地区转移。未来台商内移趋势由“北扩”转向“西移”，对大陆区域经济中心，如武汉、郑州、重庆、成都、西安等，或中西部热点地区的投资将更加明显，在环大陆沿海外凸弧形地带的基础上，进一步由东向西、由沿海向内陆全面辐射，形成“遍地开花”的全方位发展格局。

三、海峡两岸经济合作的政策取向

在当前中国经济“三期”叠加和国际经济持续波动的新形势下，两岸经济互动与合作的焦点仍然集中在大陆台商的发展上。大陆台商的持续健康发展，将带动两岸各个产业，包括金融、服务等领域的深度合作。因此，如何合理地解决当前大陆台商面临的问题乃是当前两岸都应该关注的重要问题。

当前大陆台资企业所面临的问题，与20年前台商在台湾所面临的问题大致相同，即货币升值和营运成本提高两大重要因素再次困扰台商。所不同的是，当前大陆台商至少可以有六种选择：一是产业技术升级，企业加大研发力度和技术投入，生产出技术含量、知识含量、附加价值更高的产品，摆脱对低廉劳动成本的依赖；二是转型做服务业，尤其是生产性服务业，将生产制造程序向上、下游延伸，既参与研发、设计，又参与物流、营销，从而获取更多的产品价值分成；三是向内转移，将传统产业转移到生产成本相对低廉的中、西部地区，继续延长产品的生命周期，延续企业的“第二春”，且有利于拓展大陆内销市场；四是向外转移，将传统产业转移到劳动成本更低的东南亚地区，尤其是如越南、印尼、菲律宾（简称VIP国家）等发展中国家；五是台商回流，返台投资以往驾轻就熟的行业和因地制宜的项目；六是经受不住经济危机的冲击，在外需市场不断萎缩、大陆劳动力成本上升和人民币汇率持续升值的三重压力下，台资企业利润空间越来越小，最后不得不停产，甚至倒闭、关门。对于上述六种选择，两岸都应大力支持大陆台资企业的第一种选择，积极鼓励第二种选择，加快推进第三种选择，有效分流第四种选择，正确引导第五种选择，努力避免第六种选择。

（一）大力支持大陆台资企业技术升级

产业技术升级是大陆台资企业实现可持续发展的有效途径。随着大陆经济快速发展，大陆正在加快转变经济发展方式，着力推进自主创新，促进经济进入创新驱动、内生增长的发展轨道，大力发展新兴战略性产业，这对台资企业技术升级也是重要机遇。以往台资企业运营的“四角模式”，即“日本技术—台湾设计—大陆加工—美欧出口”的循环运转，因欧美外需市场的萎缩转向“日本技术—台湾设计—大陆加工和销售”的“三角模式”，台资企业不断加大对大陆内需市场的开拓。同时，以加工制造为主的大陆台资企业在产品价值链生产的“微笑曲线”中，仍多集中在利润较低的加工制造环节，较少涉及高利润的研发与销售环节，因而有必要加快技术升级或产业升级，加快由劳动密集型向技术密集型转型升级。大陆有关部门也应积极鼓励和大力支持台资企业加大科技创新力度，提高产品附加值，促进台资企业运转由“三角模式”向“两岸技术、台湾设计—大陆加工和销售”的“双环模式”升级。

（二）积极鼓励大陆台资企业转型做服务业

产业转型是大陆台资企业摆脱经济困境的有效途径。受中国大陆经济增长转型和产业结构调整升级以及国际经济形势变化的影响，大陆正努力扩大内需市场，大力发展服务业，尤其是生产性服务业，开始从“世界工厂”转向“世界市场”。这对台资企业的产业转型提供了广阔的发展空间。目前大陆服务业占GDP大约还不到50%，台湾则接近70%，两岸服务业合作发展的空间很大。大陆服务业的发展潜力为台湾服务业提供了巨大的市场。台湾服务业可以带动大陆服务业整体水平的提高。因此，积极鼓励大陆台资企业“由二转三”或“由二升三”，或者“二加三”，即由第二产业向第三产业转型和升级，扩大其对物流、旅游、酒店、金融、保险、医疗等服务业领域的投资，特别鼓励发展以研发设计、市场营销为重点的生产性服务业。

（三）加快推进大陆台资企业调整区域布局

国际金融危机、人民币升值和大陆劳动力成本上升对台商投资集中的大陆沿海地区影响远比中西部地区大。沿海地区的台资企业生产成本上升较快，使得台资企业投资的区域布局出现变化。在内移、外移和回流的多项“出走”选择中，应积极引导台资企业根据大陆区域发展规划和各地产业发展特点，向大陆中西部地区转移，那里生产成本相对较低，市场潜力巨大，有利于内销型企业的生存和发展，并形成错位发展态势，即不同区域根据自身区域特点发展本区域的特色产业。目前大陆台资企业投资的区域布局调整正由东部沿海地区向中、西部内陆腹地转移，已成为多种选择中的主流抉择。

自2008年国际金融危机以来，台湾为吸引投资，出台一系列鼓励台商回流的政策。正确引导台商返台投资其适宜做的项目，也有利于台湾经济的健康发展。这在两岸关系日益改善的前提下，不仅是现实可行的，也是符合两岸关系和平发展大局的。

（四）有效引导大陆企业赴台投资

近年中国大陆对外直接投资的增长势头令人瞩目。2013年，中国对外直接投资流量首次突破千亿大关，达到1078.4亿美元，连续两年成为全球三大对外投资国。而据台湾“经济部投审会”统计，至2015年核准大陆企业赴台投资的资金累计不到20亿美元。可见，大陆资本赴台投资还处于起步阶段。大陆方面应加大力度鼓励大陆企业赴台考察和投资，协助台湾有关部门来大陆举办相关的招商说明活动，着力为两岸企业界的合作搭建平台，提高大陆商人赴台投资意愿。台湾方面也应进一步开放大陆企业赴台投资领域，完善配套措施，优化投资环境，减少政策障碍，为大陆资本企业在台投资经营提供公平、合理的经济环境，以缓解岛内投资不足、经济活力缺乏的困境。

两岸经济制度化合作：存在问题、影响因素与深化路径

唐永红　赵胜男

自2008年国民党再次执政台湾以来，海峡两岸在“九二共识”的基础上实现了全面直接双向“三通”，开启了陆资入台投资与产业合作的步伐，并实施了ECFA早期收获清单确定的部分货物与部分服务的贸易自由化，两岸经济关系的发展因此翻开了制度化合作的崭新篇章。但与此同时，两岸经济制度化合作在发展中明显存在许多问题，特别是两岸经贸活动正常化与自由化进展缓慢，影响到两岸经济关系持续发展的动力和两岸经济合作发展的成效。因此，有必要对当前两岸经济制度化合作存在的问题进行检视，阐明影响两岸经济制度化合作及其成效的主要与根本因素，探讨如何推进两岸经济制度化合作深化发展，并提升合作成效。

一、当前两岸经济制度化合作存在的主要问题

尽管近年来两岸经济关系在全面直接双向“三通”的基础上继续发展，但两岸经贸活动正常化与自由化进展缓慢，两岸贸易、两岸投资、两岸产业合作因面临较高的政策壁垒未能充分展开。因此，当前两岸经济合作对两岸经济发展的贡献潜力未能得以充分发挥。

（一）陆客自由行开放过少过慢，作用有限

陆客来台团进团出模式下因两岸组团社数量失衡，导致台湾组团社从两岸旅游合作中分到的利益比例较小。

陆客自由行有助于台湾民生经济的发展并惠及各地区各阶层。但台湾当局至今每天才开放5000名额，大陆也才开放47城市居民可以入台自由行。这对于台湾民生经济发展需要而言完全是杯水车薪。

（二）两岸贸易正常化与自由化协商艰苦，进展缓慢

ECFA 早期收获清单中的货物贸易、服务贸易自由化项目太少，90% 以上的两岸贸易仍然面临较高的贸易壁垒，特别是台湾当局歧视性的、限制性大陆贸易政策影响到大陆对台出口，阻挡了两岸贸易不平衡格局的改善，并限制了两岸贸易发展规模的扩张及其对两岸经济发展的促进作用，也影响到两岸需求者特别是消费者的福利。

事实上，台湾当局至今还禁止 2114 项产品从大陆进口；已准许的进口项目 8574 项，除了台湾当局在 ECFA 早期收获清单中和在其他协议中承诺减免关税进口的部分项目之外，绝大部分仍然面临较高的贸易壁垒，并有 703 项属于有条件进口项目（台湾“经济部国际贸易局”,2013）[①]。两岸贸易正常化与自由化进程缓慢，还体现在 ECFA 下两岸货物贸易协议协商艰苦，进展较慢。而自由化程度有限的服务贸易协议还躺在台湾的“立法院”。

（三）陆资入台投资面临歧视性政策壁垒，不如预期

众所周知，台湾当局对台商赴大陆投资实行的是严格管制下的逐步有限开放措施，至今仍然设置投资限额与技术转移管制。

而在陆资入台投资方面，台湾当局更是迟至 2009 年 6 月底才予以有限开放，而且实质性开放进程缓慢：其一，在长达 2 年 9 个月的前二阶段的开放中，台湾当局开放给陆资投资的业别项目相当有限，对陆资投资有吸引力的行业领域更少；其二，台湾当局对陆资投资人资格限制过于严苛，能够入台投资的陆资企业有限，并设定严苛的管理门槛与歧视性的限制条件；其三，台湾当局关于陆资来台投资的相关规范及配套措施不力，损及陆资入台投资的便利性，降低陆资入台投资意愿。这些限制性与歧视性做法，加之存在两岸关系稳定性之虞、资讯不对称等其他因素，制约了陆资入台投资的意愿、步伐与规模（唐永红，2013）[②]。

据台湾“经济部投资审议委员会”（2016）统计[③]，截至 2015 年底，核准陆资入台投资案仅 789 件，投资金额约 14.43 亿美元。2014 年全年核准陆资入台

---

① 台湾“经济部国际贸易局”(2013):《货品分类及输出入规定》, https://fbfh.trade.gov.tw/rich/text/indexfh. asp。

② 唐永红 (2013):《陆资入台投资政策检视：开放过程、执行现状与调整趋势》，载于童振源、曹小衡主编《两岸经贸关系的机遇与挑战》，台北：新锐文创，第 47—72 页。

③ 台湾“经济部投资审议委员会”(2016):《2015 年 12 月核准侨外投资、陆资来台投资、国外投资、对中国大陆投资统计速报》，http://www.moeaic.gov.tw。

投（增）资金额 334631 千美元（占当年核准岛外入台投资金额的 5.48%），较 2013 年减少 4.25%，这与核准侨外资入台投资金额增加 16.96% 形成鲜明对比。2015 年全年核准陆资入台投资投（增）资金额 244067 千美元（占 4.84%，下降 0.64 个百分点），较 2014 年减少 27.06%，比核准侨外投资金额（减少 16.9%）下跌更厉害。陆资入台不如预期，未能充分发挥其对台湾经济成长、劳工就业的作用潜力。

（四）两岸产业对接合作步履艰难，成效不彰

较之于贸易投资合作，两岸产业对接合作更是步履艰难，成效不彰。

一是产业对接合作机制不健全。两岸产业对接合作至今仍然是在限制性产业投资准入政策约束与扭曲下，靠民间力量、市场机制展开，存在着产业投资准入政策扭曲、产业规划未对接、产业政策不协调等问题。即便在两岸公权力介入的合作方面，至今仍然局限于几个试点产业项目，而其他众多的产业项目还在拭目以待。而且，现行两岸公权力合作层级只有副厅级，不足以整合两岸双方各界的力量来推进两岸产业合作。

二是产业对接合作领域不够宽。至今仍然侧重于制造业合作，并以劳动力密集型制造业为主，而新兴产业与服务业领域的合作还较少。

三是产业对接合作层次不够高。至今仍然以基于生产要素互补性的生产合作为主，通常是大陆提供劳动力与土地，台湾提供资金与技术的合作，而鲜有在研发、销售（通路）、标准与品牌建设等方面的合作。

四是产业对接合作模式欠优化。表现之一，至今仍然以台湾接单或上游基地—大陆中下游组装制造基地—最终产品出口国际市场的分工与合作模式为主。这种分工与合作模式造成产业链中附加值较高、具备技术与市场垄断性的前端关键技术、产业标准、品牌，以及后端的通路、服务和市场均以欧美日发达经济体为主导；两岸则主要承担附加值较低、依靠低成本价格竞争的中端加工生产部分，两岸在整个国际产业链中处于较低地位，并深受国际（欧美）市场变动的影响。表现之二，藉由直接投资与产业转移进入对方形成的企业与当地企业至今少有紧密的合作关系，多数仍是“你是你，我是我”，类似“飞地经济”（张冠华，2013）[①]，尚未形成“你中有我，我中有你”的融合发展格局。

① 张冠华 (2013)：《两岸产业合作的回顾与前瞻》，载于童振源、曹小衡主编《两岸经贸关系的机遇与挑战》，台北：新锐文创，第 137—154 页。

（五）两岸区域合作先行先试，未能启动

两岸经济体确有制度化合作以推进两岸经贸活动自由化的内在动力与外在压力，但与此同时，两岸经济体在经济结构、发展水平、开放程度与关税作用等各个层面的差异较大，两岸政治存在结构性矛盾且互信脆弱，台湾内部政治经济生态复杂，这些必将对在两岸整体层面推进的制度化合作包括两岸经贸活动自由化的步伐形成相当程度的制约。

鉴此情形，也鉴于区域合作先行先试是双边经济关系发展的一个重要做法。两岸有识之士一直在呼吁，可以在两岸各自有条件的局部区域先行先试较高程度的经济制度化合作与经贸活动自由化，以为将来在两岸整体层面合作推进这种较高程度的制度化合作与自由化，探索经验，累积互信，奠定基础（唐永红、林高星，2011）[①]。

大陆方面吸纳雅言，自2009年以来，先后出台了海峡西岸经济区发展规划、平潭综合实验区发展规划、厦门综合配套改革试验区发展规划、福建自由贸易试验区发展规划等有助于启动两岸区域合作的单边举措。然而，台湾方面至今对大陆这些区域战略规划一直是抱持戒备与抵触的心态，至今没有采取相应措施积极因应，使得有助于两岸整体层面合作进程推进的两岸区域层面合作未能启动。

二、影响两岸经济制度化合作的主要因素

由上可见，两岸经济制度化合作存在的上述问题，集中表现为两岸经贸活动正常化与自由化进展缓慢，是导致两岸经济制度化合作成效不彰（多数人无感）的主要的直接原因，并影响到两岸经济关系持续发展的动力。而造成两岸经贸活动正常化与自由化进展缓慢的深层次因素，既有两岸经济关系发展步入深水区等客观层面的因素，更有合作理念偏差、保护主义与歧视性做法等主观层面的原因。这也是影响两岸经济制度化合作发展成效的主要的、根本性的因素。

（一）两岸经济关系步入深水区，结构性问题凸显

其一，两岸互信不足构成两岸经济合作的障碍。

当前两岸互信不足，深刻制约着两岸经济制度化合作进程。特别是，台湾社会各界多疑虑甚至认定两岸经济整合可能导致政治整合。因而，台湾方面担

---

① 唐永红、林高星(2011):《两岸ECFA下海峡西岸经济区对台先行先试问题探讨》,《亚太经济》第6期，第140—144页。

心伴随陆资入台投资、陆货入台销售、陆客入台观光，可能会有经济安全甚至“国家安全”之虞，因而对陆资入台投资、陆货入台销售、陆客入台观光等大陆经贸政策至今仍然抱持保护主义心态与歧视性做法，使得如前所述两岸在贸易、投资等经贸活动的正常化与自由化甚至便利化方面步伐迟滞，在产业与技术领域的开放与合作方面进展缓慢。

此外，两岸互信不足，台湾方面对海西、平潭等大陆区域战略规划一直是做泛政治化的解读，并抱持戒备与抵触的心态：一是认为海西等大陆区域战略规划是大陆方面的一种统战策略；二是顾虑台湾与海西等区域的合作将会矮化台湾的政治地位；三是担心台湾与大陆的合作被局限于海西等区域而失去经济意义。这使得有助于两岸整体层面合作进程推进的两岸区域合作，至今未能启动。

其二，两岸经济竞争性增加两岸经济合作的难度。

随着两岸经济体发展与结构的自然演变，两岸经济分工已经从过去垂直型分工为主过渡到混合型分工状态，且水平型分工在不断加强，两岸经济体产业结构在不断趋同，互补性（产业间分工、微笑曲线环节间分工）在不断下降，竞争性（产业内分工、微笑曲线同一环节竞合）在不断增强。目前，两岸经济体不仅在两岸市场上存在竞争性，而且在国际市场中的竞争性也在不断强化。

在大陆市场上，现阶段两岸经济体不仅在商品市场的竞争日益激烈，在资本、人才与技术等要素市场的竞争也开始显现。以商品市场为例，随着大陆产业结构的演进，两岸在商品生产结构上不断趋同。两岸商品市场的竞争，不仅体现在先前的农产品、农工原料上，而且主要体现在部分加工产品上，如电机设备及其零件、机器及机械用具、光学照相仪器及器具等。

两岸经济体在国际市场上也存在竞争，而且呈现此消彼长的局面。两岸经济体在国际市场上相互竞争的产品，先前主要涉及成衣、鞋类等属于劳力密集型以及技术层次较低的轻工业消费品，当前主要涉及电子、电器、电机与光学制品等热门出口产品。两岸出口商品在美国、日本的市场占有率的变化（参见图1）一定程度上反映了两岸经济体在国际市场的竞争态势（台湾“行政院陆委会”，2013）①。

两岸经济体间的上述竞争性态势，一方面制约着两岸经济关系的和谐发展，相应提出了两岸制度性合作与协调的必要；另一方面无疑也成为两岸合作与协

① 台湾“行政院陆委会”(2013):《两岸经济统计月报》第83、181、217、229、239期，http://www.mac.gov.tw/lp.asp?ctNode=5990&CtUnit=3996&BaseDSD=7&mp=2。

调的一个制约因素，增加了合作与协调的难度。

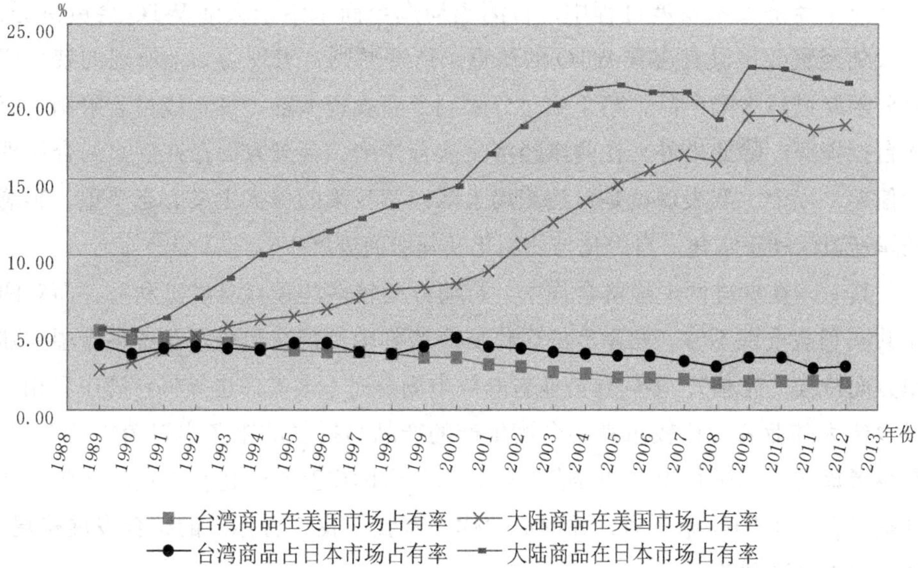

图 1　两岸出口商品在美、日进口市场占有率变动态势图

注：两岸出口商品在国际市场占有率的变化一定程度上反映了两岸经济体在国际市场的竞争态势。

资料来源：根据台湾“行政院陆委会”编订的《两岸经济统计月报》第 83、181、217、229、239 期数据绘制。

其三，利益分配复杂性制约两岸经济合作协商进程。

两岸经济体的竞争性本身也反映了两岸之间存在经济合作的利益分配问题。即便在两岸各自内部，不同利益群体的利益也会因推行某一合作政策而受到不同的影响。例如，减免关税进口对内部生产者有竞争性冲击，但内部消费者会因进口产品价格下降而受益；开放外资进入会有助于增加就业，但对同行的内资可能有竞争性冲击；开放境外观光客进入会有利内部的旅游相关业者，但可能会冲击到内部观光客的观光旅游品质。显然，两岸经济合作中利益在两岸之间分配关系的复杂性，以及在两岸各自内部不同群体之间分配关系的复杂性，也使两岸经济合作的难度以及 ECFA 后续协商的难度相应提高（左功叶、王建民，2011）[①]。

① 左功叶、王建民 (2011):《海峡两岸经济合作机制建构主要障碍问题的探讨》,《台湾研究》第 2 期，第 20—25 页。

（二）台湾方面合作理念有偏差，保护主义严重

两岸经济关系发展过程中，台湾当局迄今尚未给予大陆 WTO 会员待遇，对大陆经贸政策没有遵守 WTO 的最惠国待遇原则，表现为如上所述的禁止或过分限制进口大陆产品，禁止或过分限制台商投资大陆，禁止或过分限制陆资入台投资等。除此之外，在两岸经济交流合作中，台湾方面存在明显的合作理念偏差，一个主要表现就是台湾当局大陆经贸政策的保护主义心态严重，影响两岸经贸活动正常化、自由化与便利化及其协商进展。

其一，在推进两岸经济合作中，台湾方面较多注重自身经济利益，而对两岸共同利益重视不够。两岸经济合作协商谈判中，台湾当局及业者多希望大陆单方面持续“让利”，多向台湾业者开放市场，而不太考虑也须将台湾市场相应开放给大陆业者；比较重视将台湾生产的产品与提供的服务出口销售给大陆，较少考虑与大陆进行生产与经营合作，以整合两岸互补性优势与比较优势，共同提升两岸的国际竞争力，并形成“你中有我、我中有你”的整合发展格局，增进两岸共同利益。

其二，在推进两岸经济合作中，台湾方面较多注重台湾生产者利益、短期利益与静态利益，而对消费者利益、长期利益、动态利益重视不够。在两岸经济合作协商谈判中，台湾方面比较重视贸易合作，而不太重视进行投资、生产、经营、研发方面的合作；希望大陆能够减免关税进口更多的台湾产品，而不太愿意减免关税进口大陆产品；希望大陆多开放服务贸易市场给台湾的服务业者，而不太愿意开放台湾服务贸易市场给大陆服务业者。这种心态与做法，表明台湾当局较多注重台湾企业生产者利益、短期利益与静态利益，而对事关台湾民众消费者利益、长期利益与动态利益的台湾自身市场开放方面，特别是两岸产业对接合作与整合发展方面，明显重视不够。

三、深化两岸经济制度化合作的路径思考

当前两岸经济制度化合作存在的问题及其原因，表明两岸经济制度化合作要深化发展，要提升合作成效，有必要正确认知经济关系与政治关系的关系，相应调整两岸经济合作理念，加快两岸经济活动自由化，拓展两岸经济合作领域，推进两岸产业对接合作，并开辟两岸经济合作路径。

（一）正确认知政治关系与经济关系的关系

首先，要维护与巩固两岸经济制度化合作的政治基础。良好的政治关系是

经济制度化合作的政治基础与必要条件。近年来的两岸经济制度化合作是以两岸同属一个国家的“九二共识”为政治基础的。拓展与深化制度化合作，以提升制度化合作成效，有赖于在“九二共识”基础上的两岸关系的稳定发展。

其次，要正确认知经济整合与政治整合的关系。经济整合与政治整合的关系在理论上还在讨论中，经济整合会否导致政治整合还存在争议，不同的学派有不同的看法。实践层面看，欧洲联盟是整合程度最高的共同体，但欧洲并没有统一，欧盟成员之间至今仍然是国家间关系。比较认可的看法是，经济整合有助于政治整合，但并没有必然性。正确认知经济整合与政治整合的关系，才能对两岸经济制度化合作与两岸经济关系发展抱持正确的态度，才能降低两岸政治问题对两岸经济合作发展的不良影响。

（二）调整两岸经济合作理念

其一，推进两岸经济合作，应以形成两岸经济共同体、厚植两岸共同利益为导向，以积极开放、平等互利为原则，不宜过分强调单方利益。如此，两岸共同利益才能不断增进，两岸经济合作才能持续发展，也才能形成“你中有我、我中有你”的整合发展格局，从而才能巩固和深化两岸关系和平发展的经济基础，更才能有助于共同观念的形成。事实上，只有相互开放，才能充分整合两岸经济的互补性优势与比较优势，才能扩展和深化两岸经济合作；从长期来看，只有在两岸共同利益不断增进的基础上，两岸经济合作才能持续推进，合作双方也才能持续获得自身经济利益。

其二，两岸经济合作是否推进，应以宏观整体利益为依据，不宜仅以企业生产者利益为依据，而不顾消费者与民众的利益。如此，一方面才能切实并及时推行总体上利大于弊的经济开放政策，以推进两岸经济合作，另一方面也才能让两岸经济合作的成果惠及两岸社会各界，特别是广大的两岸基层民众，以有助于经济社会的均衡发展。

其三，两岸经济合作的推进，应兼顾长期利益与短期利益、动态利益与静态利益，而不宜仅以短期利益与静态利益为依据。如此，才能推行总体上利大于弊的两岸经济合作政策，进而也才能整合发挥双方互补性优势与比较优势，在获取短期利益与静态利益的同时，培育并提升可持续的国际竞争力，以有助于经济社会的持续发展。

（三）加快两岸经济活动自由化

开放是合作的前提，为合作提供空间与条件。

其一，制定开放时间表（以便投资人决策投资增加供给，避免观光品质下降），加快开放陆客自由行。

其二，加快两岸货物贸易协议协商谈判进程，加快两岸货物贸易自由化步伐。

其三，加快两岸产业投资正常化与自由化进程，推进两岸产业对接合作。

（四）拓展两岸经济合作领域

基于减免关税与非关税壁垒的贸易合作，虽然有助于各自现行产业的增资扩产，进而增加GDP、薪资与就业，但无法充分整合运用两岸互补性要素与比较优势。两岸互补性要素与比较优势的充分整合运用，需要在投资、研发、生产、经营合作中实现。因此，新形势下两岸经济合作，应基于上述合作理念，围绕提升两岸产业在国际分工与合作的地位，以及培育并提升可持续的国际竞争力，在贸易合作的基础上，通过产业投资准入政策的相互开放，积极推进两岸在投资、研发、生产、经营等经济活动领域的合作，重点是要推进两岸产业对接合作与整合发展。

（五）推进两岸产业对接合作

当前两岸经济合作重点是要推进两岸产业对接合作与整合发展，包括完善产业对接合作的机制，拓展产业对接合作的领域，提升产业对接合作的层次，优化产业对接合作的模式。

其一，健全产业对接合作的机制。

两岸产业对接合作以往主要是在民间力量、市场机制在作用下进行的，存在着产业投资准入政策扭曲、产业规划未对接、产业政策不协调等问题。新形势下，两岸应积极建立彼此之间的产业投资准入政策开放机制、产业规划对接机制、产业政策协调机制，并提升产业合作推动机构的层级，携手合作，充分发挥“看得见的手”的作用，以引导和促进两岸产业对接合作与整合发展。

其二，拓展产业对接合作的领域。

两岸产业对接合作以往主要侧重于制造业，并以劳动力密集型制造业为主。这有其历史的必然性与正确性。但随着两岸产业经济发展的演进，海峡两岸都在鼓励发展服务业与新兴产业，而且，台湾产业对外转移也在进入以服务业为主的时代。因此，新形势下的两岸产业对接合作，不能局限于制造业，应向新兴产业与服务业拓展，逐步实现两岸产业的多面向对接合作。在两岸制造业对接合作中，应逐步转向资金、技术密集型产业，强化大陆的支柱产业与台湾的优势产业的对接合作。

其三，提升产业对接合作的层次。

两岸产业分工与合作目前以产业间分工、产业内垂直分工为主，主要体现为台湾接单或上游基地—大陆中下游组装制造基地—最终产品出口国际市场的模式，使得两岸贸易、投资发展，因国际经济危机、欧美消费市场的衰退而受到较大冲击，也使得两岸主要居于低附加价值环节。这也有其历史必然性。随着大陆内需市场的逐步兴起与开拓，新形势下两岸产业对接合作宜瞄准大陆内需市场，在巩固加工制造环节优势的同时，逐步迈向研发设计与市场营销环节，并共建品牌与标准，共同提升两岸在国际产业分工中的位置，共同提升两岸产业的国际竞争力。

其四，优化产业对接合作的模式。

现阶段在大陆的台资企业以独资经营为主，与大陆当地企业合作松散，接近“飞地经济”。这虽有其历史必然性，但这种模式不利于两岸企业相互学习、共同提高与融合发展。随着大陆内需市场的逐步兴起与开拓，随着陆资入台投资，新形势下进一步深化两岸产业对接合作，应着力于两岸产业在两岸的分工布局与整合发展，应通过政策引导两岸企业互相参股、合作研发、相互协作，形成“你中有我、我中有你”的发展格局。当然，两岸的业者也要转变先前独资取向的观念，积极寻求合资合作，以扬长避短，整合发挥各自的互补性优势。毕竟，创造更多财富（而非独自拥有公司）才是最终目的。更何况两岸的企业特别是台湾的企业多属中小企业，以一己之力实难应对全球化下的市场与竞争；而作为后进入者，面对已被卡位的通路，也难以独自开拓两岸各自的内需市场。

（六）开辟两岸经济合作路径

当前，推进两岸经济制度化合作的主要政策措施是推进两岸经贸活动自由化。经贸活动自由化是一个利弊兼存的漫长过程，需要探索切实可行的途径与措施，化解经贸活动自由化过程中可能产生的各种不利冲击、摩擦与矛盾，增强两岸的互信与共识，从而在确保成本与风险最小化的同时促进两岸经贸活动自由化快速并稳健发展。

一个可行的路径，就是在两岸整体层面通过 ECFA 等协议推进一定程度的自由化的同时，在有条件的两岸区域层面（例如厦门与金门、大陆的自由贸易试验区与台湾的自由经济示范区）先行先试较高程度的自由化，为将来两岸在整体层面推进这种较高程度的自由化探索经验，累积互信，并构筑必要的经济、社会和政治基础与动力（唐永红、林高星，2011）[①]。也就是说，两岸经济制度化合作，宜采用“两条腿走路”，即宜同时从两岸整体层面与两岸区域层面推进，在有条件的两岸区域层面行先行先试。

结　语

海峡两岸经贸活动正常化与自由化进展缓慢，集中体现在两岸贸易、两岸投资、两岸产业合作面临较高的政策壁垒，未能充分展开，进而影响到两岸经济合作的成效。这些问题的出现，既有两岸经济关系发展步入深水区等客观层面的因素，更有合作理念偏差、保护主义与歧视性做法等主观层面的原因。因此，两岸经济合作要深化发展，要提升合作发展成效，有必要正确认知经济关系与政治关系的关系，相应调整两岸经济合作理念，加快两岸经济活动自由化，拓展两岸经济合作领域，推进两岸产业对接合作，同时还要开辟两岸经济合作路径。

尤其需要指出的是，台湾方面基于认知问题、缺乏互信以及合作理念的偏差，而对大陆方面采行的保护主义与歧视性做法，是制约两岸经济合作深化发展及其成效的根本因素。因此，为深化两岸经济合作并提升其成效，有必要正确认知经济关系与政治关系的关系，相应调整当前推进两岸经济合作的理念。毕竟，在大陆成为经济全球化的一个中心之时，台湾继续对大陆采行保护主义与歧视性的做法，不仅直接有碍于两岸经济合作深化发展，更让台湾自身处于边缘化地位，有损于自身发展环境（包括投资环境与出口环境）。事实上，只有基于相互开放、合作共赢、增进共同利益、造福两岸民众的理念，海峡两岸才有可能在相互开放、扩展贸易合作与双向投资的基础上，进一步拓展经济合作的领域，实现生产合作、通路合作、研发合作、标准合作和品牌合作，推进两岸产业的对接合作与整合发展。如此，才有可能进一步提升两岸经济合作的成效，让多数行业、多数民众“有感”。

原文载于《台湾研究》2016年第3期

① 唐永红、林高星(2011):《两岸ECFA下海峡西岸经济区对台先行先试问题探讨》,《亚太经济》第6期，第140—144页。

两岸经济相互依存的概念与度量方法

王　华　邓利娟　范　芹

两岸经贸交流三十年来，基于经济发展禀赋条件的互补性与经济结构的差异性，两岸经济的相互依存关系得以逐渐形成并不断发展，这已经成为两岸学界和业界的共识。然而，对于如何合理界定两岸经济的相互依存性，以及如何准确度量两岸经济的相互依存程度，目前仍无统一标准。两岸经济的相互依存既是对以往两岸经贸交流成果的高度概括，又是未来两岸经济关系制度设计的重要基础；同时，随着两岸经济研究在层次上的不断推进和在结构上的不断明晰，相互依存问题已经成为贯穿其中的核心概念，有必要加以专门审视。本文拟对现有相关研究文献进行分析归纳，对各类研究中采用的两岸经济相互依存概念的内涵和外延以及各种度量方法的设计和功效进行细致探讨；并据此构建两岸经济相互依存的概念框架，提出对已有度量方法进行拓展的具体设想，以期为相关研究奠定有益基础。①

一、两岸经济相互依存的交易规模观

“相互依存”对应于英文复合词汇 interdependence，又译作“相互依赖”，是在国际政治、国际经济、国际关系等领域广泛采用的概念，泛指不同国家（地区）彼此之间双向的影响和依赖关系。在两岸经济研究领域，有关“相互依存”的论述散见于大量探讨两岸经济关系的文献当中，且基本沿袭了“（经济）相互依存”的一般化定义，强调中国大陆与台湾地区在经济领域的相互影响和

① 对于本文的核心概念“相互依存”，文中交叉采用了“相互依存”“相互依存性”“相互依存关系”以及“相互依存程度”等多种表述方式，以符合相应位置的语境要求；不同表述方式的语义有所差别，但在文中应当不致引发歧义。

依赖。对其给出的明确定义，最具代表性的包括海峡两岸“在经济交流中，一方经济对另一方经济的依赖程度，反映了两岸经济关系对双方经济的影响力”；[①]两岸经济体之间“为追求各自利益或共同利益而产生相互合作或制约的关系”；[②]以及“两岸经济体……之间，以及它们与区域经济或世界经济体系之间发生的、且难以摆脱的一种相互影响、相互制约、相互作用的关系”。[③]

考虑到经济系统的复杂性，上述定义仍难免失之笼统，需要具有实际操作性的定义与之相配合，从而更为直观地表现两岸经济相互依存概念的内涵和外延。而为了量化体现两岸经济的相互依存性，也需要对这一概念加以度量，以生成所谓的“相互依存度”。根据对已有文献的分析发现，其中所涉及的度量方法可以概括为多个层次，不同层次的方法涵盖了两岸经济相互依存概念的不同外延，具有不同的度量功效；其中第一层次的度量方法可理解为从两岸经济体双边交易规模的角度对两岸经济相互依存性所进行的度量。

经济体之间产生相互依存关系的必要条件，是彼此之间经济交易（经济要素的跨境流动）的发生；鉴于两岸贸易和台商对中国大陆直接投资是两岸经贸交流的主要形式，二者因而成为度量两岸经济相互依存性的核心变量。李非（2008）即指出，“两岸经济依存度”最常用的量化指标是“两岸贸易依存度”，反映大陆外贸或台湾外贸对两岸贸易的依赖程度，[④]计算公式为：

$$\text{（大陆/台湾）两岸贸易依存度}=\frac{\text{两岸贸易额}}{\text{大陆（台湾）对外贸易总额}} \quad (1)$$

“两岸贸易依存度”还可细分为出口依存度和进口依存度，计算公式为

$$\text{（大陆/台湾）两岸出口依存度}=\frac{\text{大陆（台湾）对台湾（大陆）出口额}}{\text{大陆（台湾）出口总额}} \quad (2)$$

$$\text{（大陆/台湾）两岸进口依存度}=\frac{\text{大陆（台湾）自台湾（大陆）进口额}}{\text{大陆（台湾）进口总额}} \quad (3)$$

另一常用指标是“两岸投资依存度”，具体包括台湾对外投资对大陆的依存度和大陆对台商投资的依存度，前者反映台湾地区在资本输出方面对大陆地区

① 李非：《海峡两岸经济关系通论》，厦门：鹭江出版社，2008 年，第 324—328 页。

② 林崇诚：《产业与政治——两岸相互依赖的时代》，北京：世界知识出版社，2009 年，第 17 页。

③ 李鹏：《海峡两岸经济互赖之效应研究》，北京：九州出版社，2010 年，第 22、96 页。

④ 李非：《海峡两岸经济关系通论》，厦门：鹭江出版社，2008 年，第 324—328 页。

的依赖程度，后者反映大陆在利用外资方面对台商直接投资的依赖程度，相应的计算公式为：

$$台湾对外投资对大陆依存度=\frac{台湾对大陆投资额}{台湾对外投资总额} \quad (4)$$

$$大陆对台商投资依存度=\frac{台湾对大陆投资额}{大陆利用外资总额} \quad (5)$$

对于式（5），唐永红（2007）建议的另一项度量指标[①]是：

$$大陆对台商投资依存度=\frac{台湾对大陆投资额}{大陆资本形成总额} \quad (6)$$

而童振源和洪家科（2010）在衡量台商对大陆资本形成的贡献率时，则采用了类似指标[②]：

$$台商对大陆资本形成的贡献率=\frac{台湾对大陆投资额\times 70\%}{大陆全社会固定资产投资} \quad (7)$$

就式（6）和式（7）而言，考虑到统计范畴的匹配性和固定资本形成的时间跨度问题，采用全社会固定资产投资作为对比基准应该更为合理；而式（7）分子中的70%，则是借鉴了王洛林（1997）的观点，认为外商对中国大陆直接投资中仅有约70%用于固定资产投资。[③]

根据式（1）－式（3）计算，近年来台湾对两岸贸易的依存度已经持续升至27%以上，其中对大陆出口依存度更是超过40%，对大陆进口依存度也在10%以上；而大陆对两岸贸易的依存度则在经历了上世纪90年代中期的8%高点后逐渐波动回落，目前已经降至4.5%上下，其中对台湾出口依存度在1.8%上下，对台湾进口依存度则略超过7%。[④] 根据式（4）－式（7）计算，自1991年以来台湾对外投资对大陆依存度快速提升，目前已经高达80%；[⑤] 而大陆对台商直接投资的依存度，在经历了上世纪90年代中期的高点后逐渐波动回落，目

① 唐永红：《两岸经济一体化问题研究——区域一体化理论视角》，厦门：鹭江出版社，2007年，第135—147页。

② 童振源、洪家科：《台商对中国经济发展的贡献：1988～2008年》，田弘茂、黄伟峰：《台商与中国经济发展》，台北："国策研究院"，2010年，第1—50页。

③ 王洛林：《中国外商投资报告》，北京：经济管理出版社，1997年，第4页。

④ 资料来源：两岸贸易和大陆外贸数据来源于中国大陆海关统计，台湾外贸数据来源于台湾海关统计。

⑤ 资料来源：根据台湾"经济部投资审议委员会"统计数据计算得到。

前台商投资占大陆实际利用外资的比重已经降至 2% 上下，70% 台商投资占大陆全社会固定资产投资总额的比重则仅在 0.3‰上下。[①] 两岸经济体在贸易和投资方面的相互依存关系表现出明显的不平衡格局，同时在依存度的纵向演化方面也显现出截然相反的态势。

值得注意的是，将两岸贸易额占两岸各自对外贸易总额的比重定义为贸易依存度，这与主流经济学领域惯用的“贸易依存度”指标并不一致：后者是指对外贸易额占国内生产总值的比重，反映了经济体对贸易的依赖程度，“依存度”的度量“本体”是经济体本身（以产出总量表征）；而式（1）－式（3）的度量本体是对外贸易（或出口、进口）总额。就“经济相互依存”概念而言，式（1）－式（3）所反映的仅仅是经济体之间商品要素的交易（相对）规模，也可理解为对外贸易的市场集中度，还不涉及对经济体本身的考量，尚不能切实反映经济体之间的“相互依存”特性，充其量也只是提供了对经济相互依存必要条件的衡量。正因如此，对于式（2）和式（3）所谓的“出口依存度”和“进口依存度”，李非（2008）又将之分别称为市场依赖度和供应依赖度，[②] 这一命名方式无疑更具准确性。

国际经济研究领域中还存在另外一种相关指标“贸易强度”，其计算公式为：

$$\text{经济体A与B的双边贸易强度} = \frac{\text{双边贸易额}}{\text{A对外贸易总额} + \text{B对外贸易总额}} \quad (8)$$

用以反映双边贸易在贸易双方对外贸易总额中的相对规模。观察可见，式（1）－式（3）与式（8）在度量范畴方面是完全一致的，区别仅在于分母中是只考虑一个经济体还是将贸易双方同时纳入计算；因此也不妨将式（1）－式（3）称为基于一方经济体的“贸易（出口、进口）强度”更为适当。

式（4）和式（5）存在同样问题，宜分别改称为“台湾对大陆投资强度”和“大陆利用台资强度”，或采用李非（2008）的命名方式，称为“台资对大陆投资的市场依赖度”和“大陆对台资的供应依赖度”。

之所以细究上述度量公式的命名方式，一个重要原因是，经济体之间在贸易、投资层面的交易规模（交易强度），并不能简单等同于在经济体（国家、地区）层面的相互依存关系，前者只是后者的必要而非充分条件：没有足够的贸

---

① 资料来源：根据商务部和国家统计局统计数据（根据各年平均汇率折算为美元价值）计算得到。

② 李非：《海峡两岸经济关系通论》，厦门：鹭江出版社，2008 年，第 324—328 页。

易和投资强度，就无法引致和传导经济体之间的相互影响；但即使达到一定的贸易和投资强度，也未必会产生经济体间的相互依存性，这与经济体特有的经济结构、贸易和投资作用于经济系统的方式机理等有密切关联。[①] 唐永红（2007）也指出，由于两岸经济体的外向型程度不同，由式（1）－式（3）得到的两岸贸易相互依存度不能完全代表两岸经济体对两岸贸易往来的依赖程度，更无法真正反映两岸经济体之间相互依存性的大小。[②]

当然，两岸之间的经济交流并不仅仅限于贸易往来和产业投资领域。李非（2008）指出，除贸易和投资外，对于“两岸经济依存度”的衡量还应包含技术、劳务等其他形式的经贸依赖关系；[③] 李鹏（2010）则认为贸易、投资、金融关系是衡量经济相互依存性的三个最重要领域。[④] 但是在两岸经贸交流领域，贸易和投资以外其他交流方式的规模都仍较小，同时也缺乏明确的统计数据可供利用，故而在现有文献中基本不被提及，但可作为今后研究的一个考虑方向。

二、两岸经济相互依存的直接经济效益观

既然“贸易依存度”指标理应指代对外贸易额占国内生产总值（GDP）的比重，那么有必要就这一指标对两岸经济相互依存性的度量功效进行专门分析。由此引出关于两岸经济相互依存的第二层次的度量方法，即从两岸经贸交流直接经济效益（产出贡献）的角度来衡量两岸经济体相互依存的程度。从产出角度考察，两岸经贸交流的直接经济效益应该表现为对经济产出（即 GDP 或部门增加值）及其增量的贡献；由此可以直接度量两岸经济体（经由经贸交流）的相互依存程度。

基于两岸经济体产出角度的两岸贸易依存度的相关计算公式包括：

$$（大陆/台湾）两岸贸易依存度=\frac{两岸贸易额}{大陆（台湾）GDP} \quad （9）$$

$$（大陆/台湾）两岸出口依存度=\frac{大陆（台湾）对台湾（大陆）出口额}{大陆（台湾）GDP} \quad （10）$$

---

① 后文的分析表明，经济体之间直接的交易规模甚至也不是产生相互依存的必要条件。

② 唐永红：《两岸经济一体化问题研究——区域一体化理论视角》，厦门：鹭江出版社，2007年，第135—147页。

③ 李非：《海峡两岸经济关系通论》，厦门：鹭江出版社，2008年，第324—328页。

④ 李鹏：《海峡两岸经济互赖之效应研究》，北京：九州出版社，2010年，第22、96页。

$$（大陆/台湾）两岸进口依存度=\frac{大陆（台湾）自台湾（大陆）进口额}{大陆（台湾）GDP}（11）$$

唐永红（2007）还建议计算两岸进出口差额（即净出口额）占各自GDP的比重，以此衡量两岸经济体对两岸贸易往来关系的依存性，[①]从而有：

$$（大陆/台湾）两岸净出口依存度=\frac{大陆（台湾）对台湾（大陆）净出口额}{大陆（台湾）GDP}（12）$$

容易发现，式（9）－式（12）之间存在关系：（10）+（11）=（9），（10）－（11）=（12）。

与式（12）相关的另一项常用指标是净出口对经济增长的贡献率，具体即：

$$（大陆/台湾）两岸净出口贡献率=\frac{大陆（台湾）对台湾（大陆）净出口额增长量}{大陆（台湾）GDP增长量}（13）$$

由于净出口是支出法GDP三大组成部分之一，因此式（12）和（13）可视为两岸贸易往来对于两岸经济体的直接经济效益。根据二者计算可知，近年来台湾经济对于两岸净出口的依存度已经不断上升至20%上下，两岸净出口对于台湾经济增长的贡献率存在较大幅度的波动，但近10年来的平均贡献率超过50%；与之相对，大陆经济对于两岸净出口存在负向依存，多年来依存度一直在–2%上下波动，而近10年来两岸净出口对于大陆经济增长的负向贡献率平均为–2.1%。[②]由此可见，台湾对大陆的巨额出超已经成为台湾经济增长的重要源泉，而对于大陆经济增长则影响甚微。

支出法GDP所包含的最终消费、资本形成和净出口三个部分，只是在统计核算意义上的划分。如果完全从使用角度对经济产出进行划分，则以产品形态反映的GDP实际被用于国内消费、国内投资和出口三种用途，出口才是真正属于GDP使用的一个组成部分；而进口只是涉及国民收入的流向，与GDP在统计范畴上并无必然的对应关系。正因如此，由式（10）反映的出口依存度最能够反映两岸贸易对于两岸经济体的直接经济效益；由于GDP是出口的上限，式（10）中出口依存度的取值范围则为0到100%，取值越大表明经济产出对于出

① 唐永红：《两岸经济一体化问题研究——区域一体化理论视角》，厦门：鹭江出版社，2007年，第135—147页。

② 资料来源：大陆GDP数据（以人民币计算）来源于《中国统计年鉴》，并根据各年平均汇率折算为美元价值；台湾GDP数据（以美元计算）来源于《Taiwan Statistical Data Book》。

口的依赖程度越高。据此计算可知，近年来台湾经济之于对大陆出口的依存度不断上升并已超过26%，而大陆经济之于对台湾出口的依存度则仅在0.5%上下，两岸贸易对于两岸经济增长的影响同样表现出明显的不平衡格局。

除了上述度量指标，李非（2008）还提供了衡量台湾经济对大陆经济相对依存度的指标：

$$\text{台湾经济对大陆经济的相对依存度}=\frac{\text{两岸贸易额}/\text{台湾GDP}}{\text{两岸贸易额}/\text{大陆GDP}}\quad(14)$$

并指出，由于台湾与大陆经济规模不同，海峡两岸经济交流所产生的相互影响，对台湾而言远超过大陆，其经济依存性也相对高于大陆。[①] 然而若进一步观察可知，式（14）相当于大陆GDP与台湾GDP的比值，与两岸贸易的流向和规模完全无关；由该指标衡量两岸经济体对于两岸贸易依存的不对称程度，其针对性和有效性都难免有所缺失。不过根据该式来构造两岸经济体在出口、进口和净出口方面的相对依存度，则仍然不失其有用性。

在两岸投资相互依存性方面，首先可以考虑参照式（9）计算：

$$\text{大陆经济对台商投资的依存度}=\frac{\text{台湾对大陆投资额}}{\text{大陆GDP}}\quad(15)$$

但台商投资额与GDP并不属于同度量指标，不能直接以投资额本身作为对GDP的贡献。为此，华晓红和赵旭梅（2005）引入了“投资所得”的概念，通过估算大陆台商投资企业的增加值，来推导台商投资对大陆经济的贡献。[②] 具体公式为：

$$\text{大陆经济对台商投资的依存度}=\frac{\text{台商投资企业工业总产值}\times\text{工业增加值率}}{\text{大陆GDP}}\quad(16)$$

在具体计算过程中，由于缺乏可用的统计数据，华晓红和赵旭梅（2005）直接以台湾对大陆投资占大陆实际利用外资的比重（2002年为7.53%）乘以大陆外资企业工业增加值，由此得到对台资企业工业增加值的估算值；其前提假设是，台商投资与外商投资具有相同的单位工业总产值，并且大陆台商投资企业与其他外商投资企业具有相同的工业增加值率。

对于台商投资对台湾经济的贡献，华晓红和赵旭梅（2005）建议的计算公

① 李非：《海峡两岸经济关系通论》，厦门：鹭江出版社，2008年，第324—328页。

② 华晓红、赵旭梅：《对祖国大陆与台湾地区经济依存关系的分析》，《国际贸易问题》2005年第4期。

式为：

$$台湾经济对台商投资的依存度=\frac{台湾对大陆投资总额\times投资收益率}{台湾GDP} \quad (17)$$

并借用之前学者的估算结果，将台湾对大陆投资的收益率确定为 0.71，进而利用该比率测算 2002 年台湾对大陆投资对台湾经济的贡献。[①] 但对外投资收益与 GDP 仍然不是同度量指标，后者是“属地原则”下统计的产出量，前者则是“属人原则”下统计的收入量，二者的统计范畴并不一致，度量结果难免会有所偏差。一个明显的问题是，台商对外投资收益未必会在当期汇回岛内，即使投资收益汇回岛内，也未必会作用于当期的台湾实际经济，因此难以成为对台湾经济产生直接贡献的成分；这其中还必须考虑对外投资对台湾经济影响的动态机理。

上述度量方法与对两岸之间经济交易规模的度量相似，都只是采用单纯的结构分析方法来计算得到比重或比率指标，其一方面需要基于特定的假设（如台资部门与外资部门具有相同的工业增加值率、台商投资具有特定的投资收益率）进行估算，准确性难以保证；另一方面仅属于静态分析的范畴，两岸贸易对于两岸经济的乘数效应、台商投资对于两岸经济的产业关联效应等经济动态影响则无以体现。相关度量结果只是反映了两岸贸易和台商投资对于两岸经济的直接贡献，而未涉及对其间接贡献的考察，还无法完整度量两岸经济的相互依存性，也无法满足深入分析两岸经济相互作用机理的需要。

三、两岸经济相互依存的总体经济效益观

两岸经贸交流对于两岸经济的影响不仅仅限于当期的直接影响，还会通过各种渠道产生间接影响。两岸经济体因彼此经贸往来形成的相互依存性，最终必然会体现为两岸经贸往来对两岸经济发展的总体影响。[②] 李非（2008）则指出，理论上，台湾经济与大陆经济相互交流的经济效果主要表现为：通过经济整合，发展区域分工，使厂商生产发挥规模经济和专业化的连锁效果，从而有助于提高企业经济效率，增强经济竞争力，改善产业结构。[③] 为此，关于两岸

① 华晓红、赵旭梅：《对祖国大陆与台湾地区经济依存关系的分析》，《国际贸易问题》2005 年第 4 期。

② 唐永红：《两岸经济一体化问题研究——区域一体化理论视角》，厦门：鹭江出版社，2007 年，第 135—147 页。

③ 李非：《海峡两岸经济关系通论》，厦门：鹭江出版社，2008 年，第 324—328 页。

经济相互依存性的度量逐渐引申出第三层次的方法，即从两岸经贸交流总体经济效益的角度来衡量两岸经济体相互依存的程度。

为了突出表现两岸经济交易的长期总体效应，存在两种度量方法。第一种是直接估算贸易、投资的总体经济贡献。如华晓红和赵旭梅（2005）主张将两岸经贸往来的经济贡献纳入考量范畴，并以“贸易所得”概念来反映两岸贸易对两岸经济体各自的经济贡献；[①] 在估算过程中通过引入“贸易乘数”，以其反映贸易使得两岸各自经济增长的比率；具体贸易乘数的数值则是借用前人的测算结果，对大陆地区取 19.4%—28.7%，对台湾地区取 22.3%—32%。将两岸贸易额乘以两岸各自的贸易乘数，由此即可得到两岸的贸易所得，进而得到两岸经济对贸易的依存度：

$$(\text{大陆}/\text{台湾})\text{两岸贸易依存度}=\frac{\text{两岸贸易额}\times\text{大陆}(\text{台湾})\text{贸易乘数}}{\text{大陆}(\text{台湾})\text{GDP}} \quad (18)$$

计算结果表明，2002 年两岸贸易对台湾地区经济的贡献（贸易所得）约在 99.6—142.9 亿美元之间，对大陆地区经济的贡献则在 86.7—128.2 亿美元之间；而台湾的两岸贸易依存度为 2.81%—4.03%，大陆的两岸贸易依存度则为 0.67%—1.00%，前者是后者的 4 倍有余。华晓红和赵旭梅（2005）同时估算了两岸“投资所得”，但如前所述，仍然只是属于直接静态范畴，没有考虑间接的、长期的作用效应。

与上部分关于投资所得的估算方法相似，上述方法中对于贸易所得的估算受限于统计资料的可得性，往往还需要设定较强的假设条件，因此估算结果的准确性不易保证。尤其是利用前人的相关测算结果（如贸易乘数），在时间和空间方面的可比性值得商榷。而前人研究中对贸易乘数的测算，同样要借助于复杂的计量模型加以实现，这也涉及对第二种方法的运用。

第二种方法是基于计量经济模型，估计两岸贸易往来和台商直接投资对两岸经济发展的边际影响。所谓边际影响，是指在其他因素保持固定不变的情况下，某一特定因素的单位水平变动对目标变量所产生的影响。与传统结构分析（常量分析）方法相比，这种边际分析（变量分析）方法需要基于一定的经济理论来建立计量经济模型，利用空间或时间维度的样本数据来估计模型中的回归系数（经常表现为弹性系数）。针对两岸贸易变量的参数含义（不同于计算方

① 华晓红、赵旭梅:《对祖国大陆与台湾地区经济依存关系的分析》,《国际贸易问题》2005 年第 4 期。

法）可表示为：

$$（大陆/台湾）两岸贸易回归系数=\frac{大陆（台湾）GDP增长量}{两岸贸易额增长量}\quad（19）$$

$$（大陆/台湾）两岸贸易弹性系数=\frac{大陆（台湾）GDP增长率}{两岸贸易额增长率}\quad（20）$$

与通常的比率指标不同的是，此处回归系数和弹性系数的得出要求其他条件保持不变（需要借助最小二乘法等线性模型参数估计方法进行估算），而非简单的比值计算。正是在这种意义上，对于两岸经济相互依存的研究内容，得以由传统国际关系领域中的“脆弱性相互依存”过渡到国际经济学领域中的“敏感性相互依存”。[①] 具体应用中采用的建模技术大体可以分为以下几类。

首先是单一线性回归模型的拟合，用以估计模型中被解释变量相对于解释变量单位变动的变动程度。如戴淑庚和邓利娟（1998）采用此方法分析两岸贸易对于台湾经济的影响，其建立的多个线性回归方程中，解释变量是两岸进出口贸易额，被解释变量则涉及台湾总体经济、人均国民收入、居民消费、工业总产值、产业结构、就业等多方面因素。[②] 李隆生（2005）为研究台商大陆投资对台湾经济增长和就业的影响，建立的单一方程以台商大陆投资和其他重要变量作为解释变量，以台湾经济增长率和失业率作为被解释变量。[③] 张传国（2003）、杨强和周矗（2008）的研究同样以台商直接投资作为解释变量，被解释变量则涉及大陆地区的经济增长、就业、进出口贸易、产业结构升级等多项因素。[④] 单由该类研究即可发现，计量模型方法所涵盖两岸经济相互依存概念的外延，已经远远超出了传统基于结构分析、比率分析的度量范畴；而研究结

① Keohane 和 Nye（1977）在其著作《权力与相互依存：转型中的世界政治》中，提出了关于“相互依存”的两种含义，即“脆弱性相互依存”与“敏感性相互依存”。Cooper（1985）在《经济相互依存与经济政策的协调》一文中，则具体阐述了二者的含义：其中前者是指中断经济交往关系所带来的经济成本（这一层含义经常被政治学家所提及），后者则是指在经济正常运行的条件下，一国在应对外国经济活动所带来的影响时需要作出多大程度的经济调整（这一层含义更为经济学家所关注）。敏感性相互依存强调经济调整的边际量，也即本国经济随着通过正常渠道传导进来的外国经济波动的数量和频率所产生的相应边际变动量。具体分析可参见詹宏毅：《全球经济的非对称依存》，北京：中国人民大学出版社，2010 年，第 10—18 页。

② 戴淑庚、邓利娟：《两岸贸易对台湾经济影响的计量分析》，《台湾研究集刊》1998 年第 1 期。

③ 李隆生：《1991—2003 台商大陆直接投资对台湾经济的影响研究》，《东南学术》2005 年第 4 期。

④ 张传国：《台商直接投资对大陆沿海地区经济效应的实证分析》，《台湾研究集刊》2003 年第 4 期；杨强、周矗：《台商直接投资对中国大陆产业结构的影响》，《当代经济研究》2008 年第 10 期。

果也普遍支持两岸贸易和台商投资对于台湾产业发展、就业及经济增长的积极作用，以及台商直接投资对于大陆地区的就业效应、进出口贸易效应与产业结构升级效应。

单一线性方程估计结果的意义较为直观（即两岸贸易和投资对于两岸经济体各种重要经济变量的综合影响），但仅仅关注于局部变量间的单向因果逻辑，忽视了在整个宏观经济系统中解释变量的内生性问题，同时也容易遗漏重要的解释变量，会造成回归估计结果的偏倚，估计精确性有待提高。为此需要将多个单一方程关联起来，通过联立方程模型加以估计。如胡中祥、王其文和黄涛（2001）建立了反映两岸贸易对台湾总体经济影响的联立方程模型，其中包括两岸贸易对于台湾外贸、国民消费、资本形成、货币供需、就业、产业、工资、物价、税收、总需求的多个作用方程；基于该模型的模拟结果表明：如果两岸贸易额下降，将会引起台湾经济的全面萎缩。[①] 顾国达和陈丽静（2011）同样基于联立方程模型来考察两岸贸易对于台湾经济增长的影响，并据此模拟 ECFA 早期收获清单的实施对于两岸贸易及台湾经济增长的影响，研究结果表明两岸贸易对于台湾经济具有较强的拉动作用，而 ECFA 早期收获清单的实施对于两岸贸易和整个台湾经济具有较为显著的增长效应。[②]

联立方程模型方法相比单一方程更具系统性，允许两岸经济相关变量作为内生变量而存在（即受其他变量的影响），可以有效克服内生解释变量造成的联立性偏倚，因此也更加符合两岸经济相互依存系统的现实机理。但为了更好地解决了因非平稳时序变量造成的伪回归问题，有效区分变量间的长期均衡与短期波动问题，进而挖掘回归模型本身所不能揭示的变量间影响作用的方向问题，协整分析与 Granger 因果检验等现代计量模型技术也得以应用。如王鹏（2005）、吕德宗、张晓军和武文秀（2005）、蔡洪杰（2010）等运用此类方法，检验两岸贸易与台湾经济增长之间的协整和因果关系；[③] 王峰和王博（2007）、连正世、毕玉江和朱钟棣（2010）等检验了台商大陆投资与两岸经济增长、就业之间的关

① 胡中祥、王其文、黄涛：《两岸贸易对台湾总体经济影响的计量模型》，《经济科学》2001 年第 1 期。

② 顾国达、陈丽静：《ECFA 对两岸贸易与台湾经济增长的影响研究》，《台湾研究集刊》2011 年第 5 期。

③ 王鹏：《台湾经济开放度与经济增长关系的实证研究》，《台湾研究集刊》2005 年第 4 期；吕德宗、张晓军、武文秀：《台湾对外贸易对其经济增长影响的实证分析》，《内蒙古财经学院学报》2005 年第 3 期；蔡洪杰：《两岸贸易与台湾经济增长关系的协整分析》，《西北农林科技大学学报（哲社版）》2010 年第 3 期。

系。[①] 研究结果更为清晰地反映了两岸贸易和台商投资与两岸经济增长、就业、产业结构等因素之间的相互影响机理。

基于计量模型的分析方法遵循边际分析范式，无法提供“依存度”的明确数值，但更有助于捕捉在宏观机制稳定状态下经济变量之间的总体影响效应，提供了衡量“敏感性相互依存”的基本技术。而不可否认的是，相关研究多数并非以度量两岸经济相互依存性为显性目标，仅仅是针对两岸经贸往来的某一方面，模型估计中的潜在假设是“其他条件”保持不变，因而往往将两岸经贸变量外生化（从而满足可控性要求）；另外缺乏将两岸经济同时纳入考量的系统视角，将两岸经贸交流对于台湾经济的影响和对于大陆经济的影响割裂开来进行研究，没有真正考虑两岸经济相互依存的系统特征。同时，此类方法的结果可靠性还取决于模型设计与方法选择的合理性；现有文献数量虽然众多，但水平参差不齐，方法运用的规范性还有待提高。

四、两岸经济相互依存的动态系统观

不论是基于交易规模视角，还是基于经济效益视角，针对两岸经济相互依存性的度量方法存在的共性缺陷是：基本上都属于静态分析范畴，无法体现经济变量之间的动态作用过程；将两岸贸易和台商对大陆投资视为外生变量，不考虑二者自身的生成机制；局限于两岸经济的范畴（甚至仅关注于某一方经济体），未考虑全球经济一体化所造成的实质影响；[②] 综合而言，即缺乏对动态性和系统性的考量，难以涵盖两岸经济相互依存关系得以形成的整体系统。对于上述方法缺陷的克服，有赖于度量两岸经济相互依存性的第四层次方法，即从两岸经贸交流动态系统的角度来衡量两岸经济体相互依存的程度；具体则主要包括以下几类方法。

（一）向量自回归（VAR）模型

与联立方程模型类似，向量自回归（VAR）模型同样是由一组相互联系的方程构成，但各个方程都具有相同的解释变量，且都是被解释变量的滞后变量，因此可视为动态联立方程模型。在VAR模型中，所有变量都被视为内生变量，

① 王峰、王博：《台商投资祖国大陆对岛内就业的影响——基于制造业的实证分析》，《世界经济研究》2007年第11期；连正世、毕玉江、朱钟棣：《台湾对大陆投资效应的实证分析》，《亚太经济》2011年第2期。

② 如李鹏（2010）即指出，经济相互依赖和经济合作不只是一个双边的概念，不仅仅是在两个国家或地区间展开，在很多时候要放在多边的框架下来理解。

不考虑经济理论的逻辑结构，侧重于从统计数据中挖掘变量之间的动态影响。通过建构两岸经济相关时序变量之间的 VAR 系统，可据以呈现并预测两岸经济相互依存的现状（结构、方向、程度）和趋势。

Burdekin 和 Whited（2009）针对两岸的产出、价格、货币供应和股票价格等变量建立 VAR 模型，以此衡量大陆和台湾宏观经济的相互依存性；许多研究表明这些变量之间存在着重要的双向因果关系，而作者进一步借助脉冲响应函数和方差分解方法，发现大陆对台湾的影响远大于台湾对大陆的影响。[①] 王华和唐永红（2010）则认为，对于两岸经济相互依存性的度量，既要考虑台商投资和两岸贸易对于经济的贡献程度，也应考虑两岸经济增长波动的协同与互动机理；因此将投资、贸易与两岸经济总量纳入 VAR 系统，基于向量误差修正模型（VECM）框架检验了各变量间的长期和短期因果关系，并发现了两岸贸易变量相对于该 VAR 系统的外生性特征。[②]

（二）宏观经济联接模型

所谓宏观经济联接模型，是将不同国家（或地区）的宏观经济模型以特定的变量联接起来，可用以研究不同国家（地区）间的经济互动关系。潘文卿、华如兴和李子奈（2001）建立了一个中国大陆与台湾之间的宏观经济联接模型，用于分析两岸间贸易的相互依存、两岸间资本流动对双方经济的影响。[③] 该联接模型包括大陆宏观经济模型、台湾宏观经济模型以及两岸贸易与资本联接模型三个子模型，也即通过两岸间货物流动和资本流动将其各自的宏观经济模型联接起来。

在该模型系统中，原来大陆与台湾宏观经济模型中作为外生变量的“世界性”变量已生成为内生变量，如大陆或台湾的出口由其贸易伙伴国的进口需求决定，进口价格由贸易伙伴国的生产条件决定；大陆或台湾的进口量与出口价格则由各自的经济活动所决定；大陆或台湾的资本流出主要由资本吸纳国的宏观经济状况来决定。通过对大陆与台湾贸易流量、价格以及资本流量的内生化，

---

① Burdekin, Richard C. K. and Whited, Hsin-Hui I. H. “Macroeconomic Interdependence between Mainland China and Taiwan: A Cross-Strait Perspective on Globalization.” *The Chinese Economy*, 2009, 42（1）: 5–39.

② 王华、唐永红:《台商投资、两岸贸易与经济增长——对于两岸经济相互依存性的系统度量》,《国际经贸探索》2010 年第 6 期。

③ 潘文卿、华如兴、李子奈:《一个祖国大陆与台湾宏观经济联接模型》,《数量经济技术经济研究》2001 年第 3 期。

联接模型提供了有效反映两岸经济相互作用机制的动态仿真系统，可用以分析两岸间经济相互依存与相互影响的关系和程度，研究两岸经济波动的传导转变机制。

正是基于该两岸宏观经济联接模型，潘文卿和李子奈（2000、2001）模拟了两岸贸易和台商投资变动对于大陆和台湾经济的影响。研究结果表明：如果中国大陆完全削减从台进口商品，将造成台湾经济（GDP、居民收入、民间消费、投资、固定资本形成、进出口和就业）的全面萎缩，尤其以对居民收入和就业的影响最大；如果完全削减台商对大陆投资，则使大陆实际 GDP 年均增长率下降 0.2 个百分点，台湾实际 GDP 年均增长率将下降 0. 05 个百分点，同时其投资、消费、就业等宏观经济变量也都受到一定程度的不利影响。由此可知，两岸贸易和台商投资对于两岸经济均产生了正向影响。①

（三）可计算一般均衡（CGE）模型

王直（1998）建立了一个反映世界生产和贸易的多地区、多部门的可计算一般均衡（CGE）模型，据此研究两岸恢复直接贸易的经济影响。② 与宏观经济联接模型不同，可计算一般均衡模型具有更为严谨的微观经济理论基础，通过在一系列优化条件下求解各个市场达到供求一般均衡的相关数量和价格，将经济系统中各部门、各产业联系起来，可用以考察和分析彼此之间以及外生冲击对于整个经济系统的扰动影响。

在王直的 CGE 模型中，世界经济被划分为 12 个地区和 8 个生产部门，每个地区都有 4 种基本生产要素（农业耕地、资本、一般劳动力和专业劳动力）和 3 个需求主体（居民、政府和投资者）；居民出售其所有的两种劳动力，将土地和资本租给厂商，并将要素收入在储蓄与消费之间进行分配；投资者将厂商、政府和居民的储蓄集中起来购买资本品用于国内外的投资。在生产结构方面，对每个地区任一生产部门中代表性厂商的生产要素组合进行设定（固定比例或常数替代弹性），厂商生产的产品则根据收入最大原则按常弹性转换函数在国内市场与出口之间进行分配。在需求结构方面，每个地区的消费者以效用函数最大化原则进行组合消费，且假定来自不同地区的产品是不完全替代的。模

① 潘文卿、李子奈：《台湾对祖国大陆经济的依存研究：一个基于联接模型的分析》，《世界经济》2000 年第 12 期；潘文卿、李子奈：《祖国大陆经济对台商直接投资的依存研究：一个基于联接模型的分析》，《世界经济》2001 年第 10 期。

② 王直：《台湾海峡两岸恢复直接贸易的经济后果》，《数量经济技术经济研究》1998 年第 5 期。

型均衡是在各个市场满足出清条件下的产品及生产要素的数量和价格。

基于该CGE模型以及根据1992年世界社会核算矩阵对模型参数的赋值，模拟两岸恢复直接贸易（从而双边贸易的交易成本大大降低）为两岸带来的经济效益。模拟研究结果表明：恢复直接贸易（消除两岸间贸易壁垒、消减贸易扭曲）将导致两岸间贸易迅速增加，两岸的国际贸易条件都得到改善，且社会福利和要素报酬得以提高；“大中国经济区”作为一个整体在世界制造品市场、特别是劳动密集产品市场的竞争力得以提升、出口得以扩张；同时，贸易转移的影响只使其他地区（如香港）的福利有极小损失，因此贸易壁垒的减少将在整体上有利于世界经济。

张光南、陈坤铭和杨书菲（2012）同样基于多国（地区）、多部门的可计算一般均衡框架，利用全球贸易分析模型GTAP，模拟分析ECFA“早期收获”和“全面实施”两种降税安排对海峡两岸暨香港、澳门的经贸影响。研究发现：在长期动态条件下，ECFA将显著促进两岸贸易、经济增长和福利水平，而台湾地区的改善幅度大于大陆地区，同时也对周边地区造成一定的负面冲击。①

对比可知，上述三类方法具有各自不同的技术特征和适用性。由向量自回归模型到宏观经济联接模型，再到可计算一般均衡模型，三类建模方法对于统计数据和计量方法的依赖性逐次减弱，对于经济理论的依赖性则逐次增强。向量自回归模型完全关注于对数据的模型拟合，对系统中的变量不作任何先验性约束，避免了因经济理论不完善而造成对变量外生性的错误设定，也可克服在对变量交互影响的估计中内生解释变量所造成的联立偏倚，适用于研究多变量序列之间的动态关系特征。宏观经济联接模型基本以凯恩斯经济理论为基础，并采用计量经济模型技术进行估计拟合，可以更为直观地体现宏观经济结构与因素的作用机理。而可计算一般均衡模型则以微观层面的一般均衡理论为基础，充分考虑了产品市场与要素市场、国内市场与全球市场的供求一般均衡的实现，在理论结构方面最为严谨，研究结果的可靠性因而也最可保障。

五、概念框架的构建与度量方法的拓展

基于上述分析可以认为，现有研究对于两岸经济相互依存概念内涵的理解具有基本共识，但对于其概念外延则存在多种界定。对于两岸经济相互依存性

---

① 张光南、陈坤铭、杨书菲：《ECFA对两岸三地的经济、贸易和产业影响——基于全球贸易分析模型GTAP的分析》，《经济学（季刊）》2012年第11卷第3期。

的度量方法的选择，又与其概念界定存在密切关联，各类研究中具体所涵盖的概念外延往往取决于所采用度量方法的复杂与完备程度：目前最常用的比例和比率形式的度量指标，实际只是关注于两岸之间的经济交易规模或是其直接经济效益，还不能切实体现两岸经济相互依存的全部内容；而若从既有存量基础之上的边际效应角度来把握，则可以有效度量两岸经贸交流的总体经济效益，比较准确地反映两岸经济相互依存的动态系统特征，但分析方法的复杂性也会大为增加。为了清晰和完整表达两岸经济相互依存概念的内涵与外延，进而对其加以有效和准确度量，本文进一步探讨对于两岸经济相互依存概念框架的构建问题，并提出对已有度量方法进行拓展的具体设想。

（一）两岸经济相互依存的概念框架

首先考虑两岸经济相互依存性得以产生的作用系统，可如图1所示。两岸经济体发生关联的直接渠道在于两岸贸易和台商对大陆投资[①]，间接渠道则在于二者与世界经济体的经济交易，这些经济交易流量可视为两岸经济相互依存系统的输入层因素；输入层因素仅对两岸经济体的产品市场和要素市场产生直接影响。在作用层参数（包括两岸经济体的产业结构、技术水平、宏观制度和经济政策等）的制约下，两岸之间以及双方与世界经济体的经贸往来得以对各自经济体的产出、消费、投资、税收、价格、货币供需、就业等施加动态影响，后者则可视为两岸经济相互依存系统的输出层因素。最终，两岸经济的相互依存应该表现为两岸经济体在宏观供给和需求层面上，实际变量和名义变量的发展轨迹的相关性特征。

① 虽然在两岸实现“三通”和ECFA签署之后，两岸之间人员、资金和信息流动的障碍得以大幅解除，大陆资本入台也有所突破，但目前的发展规模都仍然较小，因此本文暂且忽略对相关部分的讨论。但可以容易地将两岸间除贸易和投资以外其他形式的经济交易流量作为输入层要素，置入本文提出的两岸经济相互依存作用系统，这样并不会影响本文之后部分关于两岸经济相互依存概念框架和度量方法的探讨。

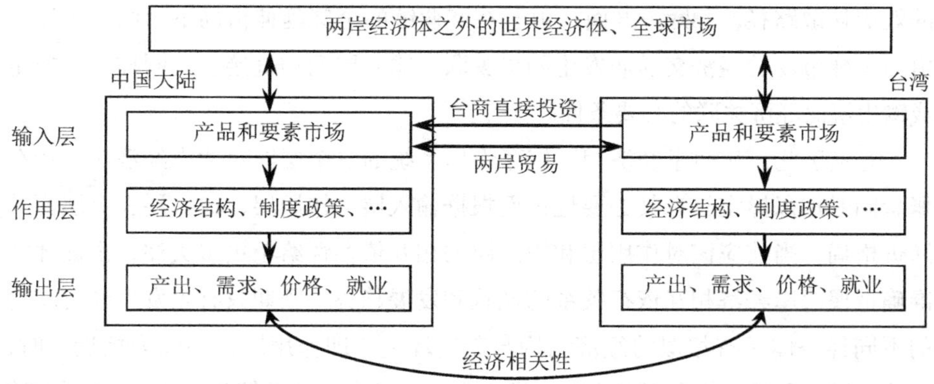

图 1　两岸经济相互依存的作用系统

与两岸经济相互依存作用系统的层次结构相对应，关于两岸经济相互依存的概念外延，具体也可以从输入层、作用层和输出层三个层面分别加以界定，在不同层面又可以针对特定的多种因素进行考察。在输入层面，两岸经济相互依存主要指向两岸经济体之间经贸交流的双边强度，涉及两岸对外贸易和资本流动的空间敛散性与结构相似性；在作用层面，两岸经济相互依存主要指向两岸经贸交流对于各自经济体的影响效应，可体现在经济增长、产业发展、技术进步、就业和收入增加、对外开放等多个方面；在输出层面，两岸经济相互依存主要指向双方经济体在产出、消费、投资、就业、价格、汇率乃至经济政策等领域的波动轨迹的相关性。显然，三个层面的概念外延存在依次递进的关系，由此可以构成有关两岸经济相互依存的一个要素完备且结构合理的基本概念框架。

三个层面的概念界定具有内在关联，同时又存在关键区别：两岸经济体在经济规模、经济结构、发展水平、要素禀赋、制度环境等（即作用层因素）各个方面无不存在明显差异，加之由政治因素所强化的经济交易壁垒的存在，都决定了商品与资本的跨境流动（即输入层因素）对于各自经济体不尽相同的作用机制；既然如此，两岸经济相互依存系统在输入层面的高强度互动，就未必会导向宏观经济变量（即输出层因素）的密切相关，由输入层因素衡量的依存度因而也就不是生成输出层面依存度的充分条件，必须考虑在影响传导过程中的效应耗散路径。[①] 另一方面，由于在产业链的全球延伸格局下，两岸可以经由与全球市场的经济交易而发生间接关联，输入层面的直接互动同样也并非生成输出层面经济关联的必要条件。

有鉴于此，从两岸经济相互依存作用系统的三个层面对两岸经济相互依存概念同时加以界定具有其必要性；而根据输入层、作用层、输入层三个层面的递进格局，当前应该对作用层和输出层的相互依存性给予更多关注，由此才能准确把握两岸经济相互依存关系的现状和发展趋势。预期只有当发生经济交易的不同经济体具有相似的经济结构与制度环境（即作用层机制较为接近）时，由输入层面衡量的依存度与由输出层面衡量的依存度才会较为一致；[②] 此时在输入层面的双边经济交易强度则成为衡量两个经济体经济相互依存程度的充分条件，可以简化经济相互依存的概念结构。

（二）两岸经济相互依存性度量方法的拓展

针对两岸经济相互依存的概念框架，前文归纳综述的四层次度量方法，在与两岸经济相互依存的概念外延和度量内容的对应性方面渐次提升，且可划分为以下几对技术范畴：（1）结构分析与边际分析。前者体现为对比重或比率指标的计算，适用于对脆弱性相互依存的度量；后者则体现为对弹性系数、回归系数和乘数效应的估计，适用于对敏感性相互依存的度量。（2）局部分析与系统分析。前者以两岸贸易和台商投资变量的外生性为假定前提，旨在考察两岸经济体之间的直接相互影响；后者则考虑到两岸经贸交流变量的内生机制和间接作用渠道，在全球生产网络和市场格局中衡量两岸间的总体相互依存性。（3）静态分析与动态分析。前者仅用于测算两岸经贸交流的当期效应；后者则纳入了经济波动传导的跨期机制，突出了作用层因素的影响机理，可用以测算两岸经贸交流的长期综合效应。总体而言，关于两岸经济相互依存性的度量方法

① 如郭红丽和王华（2011）的研究表明，两岸之间固然已经形成较高的贸易强度，两岸贸易波动对于彼此宏观经济波动会产生直接而明显的影响，但这种影响并不具有持续性，两岸经济体之间跨时期的波动相关性并不明显，主要仍是受到来自世界市场经济波动的影响；因此认为两岸尚未能建立起实质性的经济关联。文献出处：郭红丽、王华：《台湾宏观经济波动的外部协同性研究——基于属权贸易假设的两岸经济关联度考证》，《厦门大学学报（哲社版）》2011 年第 3 期。

② 如在 Frankel 和 Rose（1998）的经典文献中，即验证了双边贸易强度对于经济周期相关性的显著正向影响，国际贸易因而被认为是经济周期波动跨国传导的主要渠道；但其研究样本全部为工业化国家，彼此之间的经济结构无疑具有较高的相似性，并可望组成货币联盟。文献出处：Frankel，J. A. and Rose，A. K. "The endogeneity of the Optimum Currency Area Criteria." *The Economic Journal*，1998，108：1009–1025.

已经从结构分析、局部分析和静态分析方法，逐渐向边际分析、系统分析和动态分析方法演化升级。

需要注意的是，已有的各类度量方法仍然存在或多或少的技术缺陷和功效不足问题。以在系统分析和动态分析方面表现最为突出的几类方法为例：VAR建模技术本身是乏理论的，将经济系统作为黑箱看待，无法切实检验理论框架中重要参数的影响效应；宏观经济联接模型本身规模较为庞大，并且有忽视微观经济理论基础之嫌；可计算一般均衡模型的规模和结构同样非常复杂，模型中方程的数量动辄以上万计，计算量过于庞大，研究过程的透明度和估计结果的准确性不易保证,同时也缺乏对经济动态过程和“预期”的细致考虑①。同时，针对两岸经济相互依存系统输出层面的度量，当前的研究仍然非常欠缺，亟待开发或引入适用的度量方法。因此，为了确保对两岸经济相互依存概念进行全面而有效的度量，需要考虑对已有的度量方法予以适当拓展。

具体而言，针对在两岸经济相互依存系统输出层面的度量，目前可归结为对两岸经济周期协动性（或称同步性、相关性）的研究，其适用的度量方法除了直接计算两岸之间重要宏观经济变量波动序列的相关系数外，②更具度量功效的方法则是基于实际经济周期（RBC）理论建立动态随机一般均衡（DSGE）模型。该模型关注于经济主体面对不确定环境下的动态决策机制，将微观经济学的一般均衡理论充分应用到宏观经济研究中，对经济系统的长期均衡与短期动态调整予以细致刻画，兼具CGE模型的理论严谨性与VAR模型的动态性特征，并且可操作性优于CGE模型。在建立两岸经济周期DSGE模型时，应考虑两岸共同参与全球生产网络的产业关联与市场依赖格局、两岸间资本流动的不对称性以及由此引致的双边贸易的不均衡态势、两岸经贸交流相对于交易成本变动的敏感性以及两岸经济体经济扰动来源的特异性等关键特征；最终建构反映两岸经济相互依存关系的动态仿真系统，藉此分析和检验其中重要经济参数对于两岸经济周期协动性的影响机理，模拟特定经济政策的实施效果。

在此基础上，还可以将利用不同度量方法得到的研究结果进行相互佐证，以实现各类度量方法的功效互补，并据此构造适宜的度量方法体系，最终为围

---

① 徐高:《基于动态随机一般均衡模型的中国经济波动数量分析》，北京大学博士学位论文2008年，第9—10页。

② 如王华（2011）对两岸GDP的同期和跨期相关性进行了测量，但还未涉及其他重要的经济变量。文献出处：王华:《海峡两岸经济周期协动性的现状与趋势》,《国际经贸探索》2011年第8期。

绕两岸经济相互依存关系的理论研究提供坚实的方法论支持。

六、结语

基于对现有研究文献的分析归纳，本文将已有研究中对于两岸经济相互依存性的度量划分为四个层次：即对两岸经贸交流相对规模的度量，对两岸经贸交流直接经济效益的度量，对两岸经贸交流总体经济效应的度量，以及基于动态系统要求所进行的度量；不同度量方法对应于两岸经济相互依存概念的不同外延。而通过对两岸经济相互依存作用系统的考察和分析可知，关于两岸经济相互依存的概念可以从该系统的输入层、作用层和输出层分别加以界定，由此本文构建了两岸经济相互依存的概念框架，并提出了对已有度量方法进行拓展的具体设想。

本文针对两岸经济相互依存概念的界定和度量方法的选择问题进行细致探讨，有助于从更为立体的视角、遵循更为周延的逻辑来审视两岸经济相互依存的现状和两岸经济关系发展中所面临的问题。在相关研究中，“两岸经济相互依存”所涉及的语境，往往暗含了政治因素对经济系统施加干扰的可能性；针对此概念的意义延伸即为：如果两岸因政治和军事冲突导致经济交流中断，会导致两岸经济体（尤其是台湾）遭受严重的经济冲击，并且这种冲击所造成的负面效应与两岸经济相互依存程度呈正比关系。可想而知，这一论断自然成为质疑两岸经贸交流的反方论据。然而若考虑到经济系统中行为和决策主体的多元化，以及经济全球化背景下不同国家（地区）间相互依存关系的多边特征与可替代性，由传统上局限于国家（地区）单一主体思维和区域双边视角所引出的脆弱性相互依存概念，基本已不适用于对两岸经济相互依存系统现实格局的分析。关于两岸经济相互依存的现实意义，早已不再单纯指向两岸之间的经济交流与竞合关系，而是更广泛涉及经由两岸货物、资金流通和产业合作，两岸经济体面对全球市场的竞争力协同提升与互利双赢格局的形成。而准确把握两岸经济相互依存的概念内涵与外延，进而借助合理的度量方法加以呈现，无疑会成为该领域研究和实践中至关重要的一环。

原文载于《台湾研究集刊》2013年第2期

大陆经济“新常态”下两岸经济“优要素”合作探析

石正方

一、概念界定与分析框架

（一）相关概念界定

1.“优要素”及其特性

生产要素（Factors of Production），是经济学的一个基本范畴，指进行社会生产经营活动所需要的各种社会资源，是维系国民经济运行及市场主体生产经营的基本要素。由于人类社会技术经济的发展以及经济分析本身的需要，生产要素概念经历了“二元论”“三元论”“四元论”的演进。[①]随着知识经济、信息经济时代的来临，科技的空前发展和知识产权制度的建立促使技术、信息、管理等要素作为相对独立的要素投入生产并日益成为经济增长的核心要素，生产要素则进一步演变为涵盖货币资本、技术、品牌、高端人才、经营管理方法、国际营销网络、一般劳动力、土地与自然资源等各种经济资源的概念范畴。[②]

本文所谓“优要素”，是沿用汤山文博士提出的概念，[③]特指相对于土地、劳动力、资本等“一般性生产要素”而言，在现代经济增长发挥关键性甚至是决定性作用的技术、信息、管理等“优质生产要素”（见表 1）。

① 徐斌、李燕芳：《生产要素理论的主要学派与最新发展》，《北京交通大学学报》（社会科学版），2006 年第 3 期，第 20—24 页。

② 马飒：《生产要素国际流动：规律、动因与影响》，《世界经济研究》，2014 年第 1 期，第 3—9 页。

③ 汤山文：《深港经济合作的寻优选择》，四川大学博士学位论文，2007 年。

表 1 生产要素分类

类 别		内 涵
一般要素（一般性生产要素）	土 地	土地、矿藏、地上自然资源
	劳动力	一般加工型劳动力、高素质劳动力
	资 本	资本货物：机器设备、厂房建筑物和原材料等 金融资产：股票、债券和借款等
优要素（优质生产要素）	技 术	有形形态（编撰化）：文字、表格、数据、配方等；无形形态（“意会”性）：实际生产经验、个人的专门技能等
	信 息	与产品生产、销售和消费直接相关的消息、情报、数据和知识
	管 理	生产组织要素或企业家才能要素

资料来源：笔者根据相关文献内容整理而成。[①]

“优要素”不同于“优势要素”（比较优势要素），是从“绝对”向度定义的代表先进生产力、具高知识密集度、高创新动能的特定要素集合；在范畴上，“优要素”涵盖技术、信息、管理等三大要素；就本质属性而言，“优要素”亦可称为“智慧要素”。

“优要素”作为知识密集型要素，与“一般要素”相比，具有“非排他性”（“公共产品”属性）、“低成本复制性”和“无限增值性”。[②] 这些特征决定了“优要素”对经济增长的要素贡献率远超“一般要素”，因而被视为国家和区域经济核心竞争力的源泉。“当‘优要素’成为某一国家或区域的主要的经济要素以后，其经济增长方式将会发生全面的、根本性的转变。”[③]

2.“优要素”的存在属性

知识型要素在经济活动的参与中，主要有“活化”与“物化”两种不同形式。[④] 所谓“活化”，是指知识转移到了知识工作者、技术工作者等智力性生产要素中，使知识工作者继续创造新知识，使技术工作者在生产中发挥更大的能

① 高鸿业主编：《西方经济学》（第二版），北京：中国人民大学出版社，2003 年，第 140—141 页；李伟：《要素禀赋论与知识要素的引入》，《环渤海经济瞭望》，2004 年第 9 期，第 23—25 页。

② 汤山文：《深港经济合作的寻优选择》，四川大学博士学位论文，2007 年。

③ 汤山文：《深港经济合作的寻优选择》，四川大学博士学位论文，2007 年。

④ 王树祥、张明玉、王杰群：《生产要素的知识属性与知识价值链研究》，《中国软科学》，2014 年第 4 期，第 160—168 页。

动作用；所谓“物化”则是指将知识内置到物质性生产要素中（如资本），使其成为物质要素的知识属性。“优要素”作为知识密集型要素，无疑具有知识要素的“物化”和“活化”两种不同存在属性。

3.“优要素”合作

“优要素”合作，是合作区域之间基于“优要素”的资源互补优势、以“优要素”跨境整合为内容的合作。进一步而言，即合作区域发挥各自拥有的技术、信息、管理等智慧资源优势，联手打造知识、人才集聚高地与科技创新体系的合作。

（二）相关理论探讨

区域经济合作，无论是一国内部不同区域之间，还是跨国（跨地区）区域之间的合作，包括贸易、投资和产业（链）合作，都是以要素互补为前提条件、以要素合作为根本内容的。区域要素互补源于区域要素的禀赋差异，当区际要素多寡（丰欠）对比较为悬殊，则将形成区际要素“价格势差”，而区际要素“价格势差”正是要素跨界流动的原动力。要素跨界流动将促进区域要素资源的优化配置，促进区域专业化分工，提高区域资源利用效率，推进区域经济一体化，提升区域社会总福利水平。因而，区际要素合作的种类、规模以及要素跨境流动的效率，成为区域经济合作水平的重要表征。浅层次的区域合作以贸易、投资合作为主体，是要素有限流动条件下的“有限要素”合作（而非“全要素”合作），[①] 只有区域之间在要素流动自由化、便捷化基础上实现“全要素”合作（区域合作提升至“共同市场”水平），区际要素资源的优势互补才可能得到充分发掘，合作区域总福利水平才可能得到最大化提升。

生产要素的国际流动奠定了当代世界经济运行的基础，因而也日益成为国际贸易、国际投资理论的研究重点。但目前来看，国际贸易理论主要关注的是生产要素国际流动的结果而不是要素流动本身；国际投资理论关注要素流动本身，但其视角却多囿于企业或单个国家层面。[②] 相关研究认为，[③] 生产要素存在

---

① 汤山文:《一体化下的东中部全要素合作模式》,《求索》，2006 年 2 期，第 13—15 页。

② 马飒:《生产要素国际流动：规律、动因与影响》,《世界经济研究》，2014 年第 1 期，第 3—9 页。

③ 尹冰:《要素合作型 FDI：H-O 理论的扩展分析》,《南京航空航天大学学报》（社会科学版），2003 年第 4 期，第 37—39、49 页；张幼文:《从廉价劳动力优势到稀缺要素优势——论‘新开放观’的理论基础》,《 南开学报》（哲学社会科学版），2005 年第 6 期，第 1—8 页；马飒:《生产要素国际流动：规律、动因与影响》,《世界经济研究》，2014 年第 1 期，第 3—9 页。

流动性的高低差异：一般而言，资本、技术、管理等要素具有极高的流动性，高素质劳动力的流动性较高，一般加工型劳动力的流动性低。生产要素流动的差异性影响生产要素流向，从而决定国际直接投资的分布格局：高流动性生产要素向低流动性或不流动生产要素流动，在现实经济世界中代表性案例如发达经济体的 FDI 主要流向发展中经济体、跨国公司在技术领先的发达经济体设立海外研发机构等。此外，对生产要素的国际流动产生决定性影响的因素还包括经济体自身的市场化水平、市场规模、生产配套能力、本地要素的供给水平、基础设施、政府的经济管理能力以及经济体参与全球化的程度（包括对外开放度、参与的贸易投资自由化的双边、区域及全球性协定等）。生产要素主要采取资本形成等方式实现国际流动，而其根本动因则在于跨国企业对更高利益的追求。

（三）本文分析框架

"优要素"作为生产要素中一组特定的要素集合，其跨国（地区）流动（合作）应符合生产要素国际流动（合作）的一般规律。但从两岸关系特殊性及本文的命题预设来看，两岸"优要素"合作具有特殊性，需要在前述理论基础上，提出相应的理论分析框架。

首先，两岸"优要素"合作作为技术、信息、管理等"优质要素"的跨两岸合作，不同于一般意义上的"高流动性生产要素"与"低流动性生产要素"之间的跨国（地区）整合，属于同类但异质（不同特质）要素之间的互补合作。其合作主旨主要是通过"优要素"的跨境流动，实现两岸"优要素"在优势区位的集聚、整合，从而打造两岸知识、人才集聚的研发创新高地，提升两岸经济核心竞争力。因而，推进两岸"优要素"合作除了企业行为，更多的应是政府、社会行为。

其次，传统的国际贸易和投资理论主要从"物化资本"（以 FDI 为载体）层面分析生产要素的跨国（地区）流动；既往的两岸经贸研究也不乏对两岸优质要素合作的探讨，但这些探讨更多的是从其"物化"属性切入而侧重贸易、投资层面的研究。本文则尝试跳脱既往研究局限，着重从"优要素"的"活化"属性切入探讨两岸合作。

最后，考虑到两岸经济体量悬殊，要素存量的数量比较意义不大，因而本文拟延用世界竞争力论坛（WEF）"全球竞争力报告"和瑞士洛桑国际管理学院"世界竞争力中心"的相关报告数据，主要从"总体竞争力"和"特质差异"层面进行两岸"优要素"的比较优势评估。

二、两岸"优要素"比较优势评估

（一）就要素总体竞争力而言，台湾优于大陆

根据 WEF 发布的 2015—2016 年度全球竞争力指数（GCI）[①] 相关数据，绘制两岸竞争力指数比较雷达图（见图 1）。由图 1 可知，在基本需求方面（包括体制、基础设施、总体经济稳定性、健康与初等教育等 4 项），两岸竞争力相若，比较优势已不甚明显；而在效率提升（包括高等教育与培训、商品市场效率、劳动市场效率、金融市场成熟性、技术整备、市场规模等 6 项）与创新因素（包括企业成熟度、创新等 2 项）方面，除"市场规模"项大陆明显占优外，其他各项指标的竞争力指数均显示台湾优于大陆。

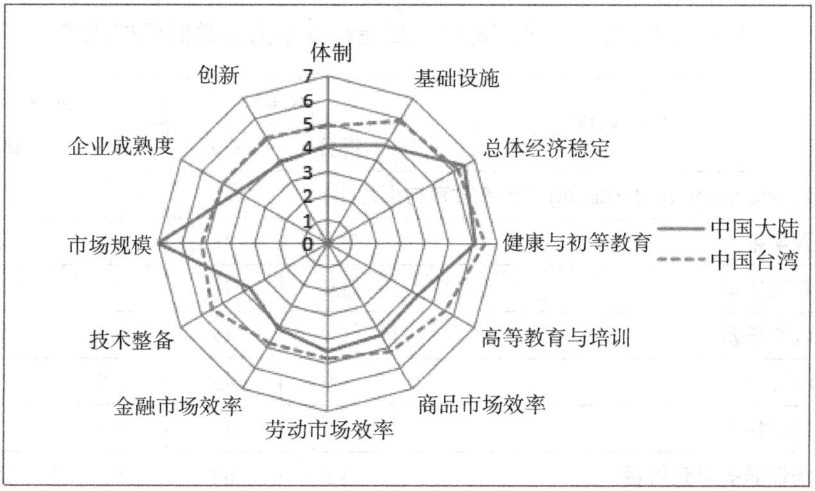

图 1　2015—2016 年度两岸全球竞争力指数比较

资料来源：由 *The Global Competitiveness Report 2015–2016*（WEF）相关数据整理而成。

就经济发展阶段性而言，目前两岸均已跨越"要素驱动"阶段，大陆处于"效率驱动"阶段，台湾则为"创新驱动"阶段。[②] 换言之，从要素贡献角度来看，两岸现时的经济发展均不再是以"一般要素"投入的规模增长为主要依托

① 全球竞争力指数（GCI）由萨拉·伊·马丁教授为世界经济论坛设计，旨在衡量经济体在中长期取得经济持续增长的能力。GCI 由基本需求、效率提升、创新因素三大构面组成。其中"效率提升"与"创新因素"构面所涉细目内容，大体上反映了技术、信息、管理等优要素丰度、结构及应用效率，从而可由这些细目的竞争力指数得分推估两岸相关"优要素"的质量特征。

② WEF：*The Global Competitiveness Report 2015–2016*，P37—38，http：//www3.weforum.org/docs/gcr/2015- 2016/Global_Competitiveness_Report_2015-2016.pdf.

阶段，而是进入到以要素质量与使用效率为主要动力的阶段，也即依托“优要素”竞争优势的阶段。因而，通过进一步考察“效率提升”“创新因素”构面下的“高等教育与培训”“金融市场发展”“技术整备”“企业成熟度”“创新”等项的下列细目指标（这些指标项可谓是技术、信息、管理等“优要素”的对应项）的竞争力指数得分、排名情况，可以推估两岸“优要素”的竞争力比较优势所在。如表 2、表 3 所示，其中黑体字标示大陆较台湾占优，或台湾明显占优（名列全球 20 名以内，或超出大陆 40 位次）。从表格所列细目指标项的竞争力指数表现来看，台湾的竞争力优势明显，进一步反映台湾在技术、信息、管理等“优要素”总体质量上较大陆具有比较优势。

表 2“效率提升”项下部分细目指标竞争力指数的两岸比较

细目指标项	大陆		台湾	
	得分	排名	得分	排名
Higher education and training（高等教育与训练）				
高教入学率	26.7	83	83.8	**8**
教育系统质量	3.9	56	4.1	46
数理教育质量	4.4	49	5.2	**15**
管理学院质量	3.9	85	4.9	33
校园网络接入	4.8	47	5.4	27
专业培训服务可获得性	4.2	63	5.2	**23**
员工培训范围	4.2	50	4.6	27
Financial market development（金融市场发展）				
金融服务可获得性	4.5	61	5.4	24
金融服务支撑	4.4	48	5.6	**11**
地方股票市场融资	4	44	5.5	**3**
贷款便利	3.7	**21**	3.6	26
风险资本可获得性	3.8	16	4.1	**12**
银行稳定性	4.7	78	5.8	**25**
证券交易监管	4.5	52	5.6	**14**
立法权指数	4	80	4	80

续表

细目指标项	大陆		台湾	
	得分	排名	得分	排名
Technological readiness（技术整备）				
最新技术的获得	4.3	95	5.5	36
企业级的技术吸收	4.7	66	5.5	25
外商直接投资与技术转让	4.4	59	4.8	37
互联网个人使用率	49.3	70	84	22
固定宽带订阅 / 百人	13.6	57	31.9	16
国际互联网带宽，kb/s 每用户	5	119	60.4	45
移动用户订阅 / 每百人	41.8	7	66.9	34

资料来源：同图 1。

表 3 “竞争因素”项下部分细目指标竞争力指数的两岸比较

细目指标项	大陆		台湾	
	得分	排名	得分	排名
Business sophistication（企业成熟度）				
本地供应者数量	5.2	15	5.2	13
本地供应者质量	4.3	63	5.3	20
集群发展状态	4.5	24	5.4	5
实质竞争优势	3.8	48	5.1	22
价值链“带宽”	4.2	43	5	19
国际通路控制	4.3	29	4.1	38
生产工序成熟度	4.1	49	5.3	21
市场营销程度	4.4	64	5.1	22
授权意愿	3.9	48	4.3	31
Innovation（创新）				
创新能力	4.2	49	4.9	21
科研机构质量	4.2	42	5.1	26
公司研发费用	4.2	23	5	13

续表

细目指标项	大陆		台湾	
	得分	排名	得分	排名
产学研发合作	4.4	32	5.1	14
高科技产品的政府采购	4.3	9	3.9	29
科学家和工程师的可获性	4.5	36	4.7	28

资料来源：同图1。

（二）要素结构、要素特质方面存在差异性，两岸优势互补明显

由于发展路径、发展战略和相关政策差异以及相应体制、机制的不同，两岸“优要素”在要素结构、质量、效率等方面呈现差异性，存在明显的优势互补。

1.“技术”要素方面。两岸科技发展各有所长。大陆一直重视基础科学研究，基础科学体系较为完善，在超导研究、基因研究、原子反应堆、航天研究和应用等基础科学、高新技术、尖端技术领域已名列世界前茅，具有相当高的水平和实力，与此同时也培养了相应领域的大量科技人才。[①]美国科技信息权威数据库（ESI）统计显示，[②]近年来中国大陆高校的化学、工程学、材料科学、临床医学、物理学、植物与动物学、生物学、农业科学、药理学等基础性学科在ESI排名持续保持优势地位，表明虽然大陆高校学术的整体竞争力与国外一些著名大学相比仍有差距，但随着国家对高校研发的持续投入，有少量高校的优势学科在国际上已有较强的学术竞争力。大陆高校在基础研究领域的国际影响力稳步提高。台湾科技的优势主要体现在新兴应用研究和新兴产品开发项目上，诸如通讯、资讯、消费性电子、机械制造、光电通信等先进制造业，以及节能环保、生物医药、软件与信息服务、高级材料等高科技领域的研究和产业，已达到或接近世界先进水平，在国际市场上占有相当的份额，也因而在上述领域储备了大量的应用科技人才。

2.“信息”要素方面。信息作为“要素”既包括信息本身（指经过加工处理，对决策有用的数据），又包括信息技术以及相应的设备、资金和信息生产者。台湾的信息资源开发较大陆起步早，业已获得长足发展，形成了由当局下属各部会、高等院校、研究院所、科学和工业园区、信息服务机构、咨询机构、

① 陈峰君：《“台湾经济优势”评估》，《东南亚研究》，1999年第3期，第53—55页。

② 李志民：《中国大陆高校在基础研究领域的国际影响力稳步提高》，http://www.media.edu.cn/zcjd/news/ 201606/t20160614_1413539.shtml。

中介机构、企业、工商会、行业协会、联合会、企业公会、学会等多元主体参与，以科技资料中心、高等院校和公共图书馆的科技网、学术网和书目网为骨干的较为完备的信息开发、存储、传播的信息服务网络体系。台湾信息要素资源的另一个特点是市场导向性明显，特别是面向中小企业群体的科技、产业资讯、商业情报服务、产业辅导等商业应用性突出，积累了大量经验，培养了大量专业人才。近年来，随着大陆资通讯基础设施和相关产业的发展，信息资源开发也步入快速发展阶段，但在产品开发集约化、服务的细致度、参与主体的广泛性、市场针对性等方面较之台湾尚有较大差距，市场需求空间大，信息服务质量亟待提升。

3.“管理”要素方面。管理是指在一定的技术条件下保持最优地组织、配置和调节各种生产要素之间的比例关系的活动。在现实经济活动中，管理通过相应的管理人员（如经理等）的工作来体现。因而，“管理”要素的核心是管理人才。经济体“管理”要素的水平可以大致从管理人才特质、人才结构和相关教育的竞争力等方面考察。*IMD World Talent Report 2015* 的两岸人力资本整备之全球竞争力排名情况显示（见表 4），人才特质方面，台湾管理人才的国际经验、财务技能优势明显；人才结构方面，由于台湾重视管理学教育，培养了大量的专业性管理人才，但由于近年来台湾经济萧条，高级主管人才外流严重，高级主管人才较大陆欠缺。进一步就教育资源整备来看，台湾教育制度、大学教育，特别是管理学教育基础较大陆更适应竞争经济的发展需求。但大陆基础教育较台湾扎实，未来人才培养潜力大。

表 4　两岸人力资本整备的全球竞争力排名比较

指标	大陆		台湾	
	得分	排名	得分	排名
劳动力增长	0.51	31	0.79	25
技术工人可获得性	5.25	40	5.66	30
财务技能可获得性	5.50	47	5.56	29
国际经验（高阶管理人员必备）	4.36	51	5.05	36
高级主管可获得性	5.31	35	5.29	36
满足竞争性经济需要的教育制度	4.59	40	6.10	22

续表

指 标	大 陆		台 湾	
	得分	排名	得分	排名
学校对科学教育的重视	5.77	19	6.41	10
满足竞争性经济需要的大学教育	5.05	41	5.57	29
符合企业界需求的管理学教育	5.19	42	6.09	29
满足企业需要的语言技能	5.43	34	5.29	38
大学生回流（外国本科学生数 / 每千名居民）	0.07	55	2.87	22
教育评估（针对 15 岁学生的 PISA 调查）①	613.0	1	560.0	6

资料来源：IMD 世界竞争力中心《IMD World Talent Report 2015》相关数据整理而成。

三、"新常态"下两岸"优要素"合作：意义、目标及重点产业领域

（一）两岸"优要素"合作的意义

1. 拓展两岸经济合作空间

"新常态"下大陆经济以"转方式、调结构、促转型"为诉求，贯彻"供给侧改革"战略思想，着力从"供给端"发力，从源头上力行经济结构治理、体制机制变革和相关制度优化。因而，提高要素供给质量、提升全要素生产率是其核心任务之一。"新常态"下大陆大力发展低碳经济、信息（数字）经济、服务业经济、创意经济，倡导精致制造业、集约化农业——新兴产业、新兴业态的发展势必对技术、信息、管理等知识密集型生产要素产生大量需求。值此形势下，两岸"优要素"合作迎来发展机遇——"优要素"合作具有高要素回报率、高创新动能和"无限增值性"，同时与大陆"新常态"下供给侧结构改革的要素市场需求相契合，以之作为两岸经济合作的新契入点和重点，有助于发掘两岸在"优质要素"资源方面的优势互补，推动两岸在技术、知识、信息密集型产业领域的合作，从而为两岸经济合作开拓新局面、奠定新利基。

2. 提升两岸经济核心竞争力

核心竞争力指组织在应对变革与激烈的外部竞争中取胜于竞争对手的核心

① PISA（Program for International Student Assessment）是由 OECD 统筹开展的一项主要针对即将完成基础教育的 15 岁学生的"学生能力国际评估计划"。该评估旨在测试学生们掌握参与社会所需要的知识与技能情况，其结果可在相当程度上反映一国（地区）基础教育质量。

能力，而创新能力则构成核心竞争力的根本内容。熊彼特创新理论关于创新的五种情况[①]实质上是围绕产品生产的技术自主研发和创新、市场管理与服务的创新。这些创新显然离不开技术、信息、管理、服务等优质（智慧）生产要素的支撑，尤其在知识经济时代，这些知识密集的“优质要素”，更成为决定经济体创新能力的关键要素。目前来看，两岸经济虽处于不同发展阶段，具有不同的经济特质，但均不同程度地存在自主创新能力弱、核心技术缺乏等问题，都亟需提升创新动能，增强核心竞争力。两岸“优要素”在丰度、结构和特质方面存在很大的互补合作空间。通过“优要素”合作，两岸可以形成“优要素”集聚规模优势、结构互补优势以及“协同互促”的效率优势，从而为两岸经济核心竞争力的提升创造物质条件。

3. 促进两岸经贸合作转型升级

一直以来，两岸经贸合作是“一般要素”为主的有限要素合作，而这种有限要素的合作也远未依托两岸产业链联结实现深度整合。因而，当面对大陆供应链成长以及来自其他外部竞争时，台资企业往往因“挤出效应”而遭受冲击。现实表明，两岸经济合作亟待突破传统经济合作空间日减压缩的困境，推进发展模式的转型与发展动力的转换。于此，“优要素”合作可以发挥重要的促进作用。一方面，“优要素”合作将发掘两岸资源互补新优势，奠定两岸互补合作新利基，为两岸经贸合作模式创新准备市场条件；另一方面，“优要素”合作将开启两岸经贸“优势互补”与“协同创新”并进的新格局，为两岸经贸深化合作注入新动力；同时，“优要素”合作对相应制度供给的需求将促进和完善两岸经贸制度环境建设，使两岸经贸合作在更加市场化、制度化的环境加持下实现效率提升。

（二）两岸“优要素”合作的目标

两岸“优要素”合作，旨在顺应大陆经济“新常态”下要素市场需求的变化，发掘两岸生产要素互补潜能，优先整合最具增值效应、流动性较强的技术、信息、管理等优质要素资源，打造“优要素”集聚的区域科技创新体系。具体而言，其目标有如下三方面。

1. 打造两岸“优要素”集聚的研发创新高地

“十三五”规划建议提出：“深入实施创新驱动发展战略。发挥科技创新在

---

① 刘建武：《熊彼特创新理论对建立我国企业技术创新体系的启示》，《西安邮电学院学报》，2001年第4期，第38—40页。

全面创新中的引领作用，加强基础研究，强化原始创新、集成创新和引进消化吸收再创新。”[①] 推进两岸“优要素”合作、打造两岸研发创新高地，理念与之十分契合。一方面，借由两岸“优要素”整合促成两岸研发的协同创新，将有利于发挥大陆基础研究与台湾应用研究互补优势，强化大陆科技研发成果的应用性转化，从而更好地落实科技创新对社会生产与生活方式变革的引领作用。另一方面，两岸协同研发还将促进两岸科研体制、创新文化互鉴，形成又竞争又合作的创新激励环境，逐渐育成整合两岸优质研发要素资源、融合两岸研发制度优势、具有高自主创新能力的高效能科技创新体系，为两岸科学家联手进行基础研究和关键技术研究，加快突破新一代信息通信、新能源、新材料、航空航天、生物医药、智能制造等领域核心技术，提升两岸科技研发的全球竞争力奠定基础。

2. 打造两岸“优要素”集聚的产业发展高地

“优要素”是先进生产力的代表。效率型经济、创新型经济是充分依靠“优要素”投入的经济。“新常态”下的大陆经济要以结构调整为主线实现由粗放型经济向效率型、创新型经济的转变，依靠“优要素”的扩大投入促进传统产业升级和新兴产业发展是其必由路径。值此背景下，引导两岸“优要素”向高新技术产业、战略性新兴产业、现代农业、现代服务业集聚、实现依托产业链的深度整合，从而打造两岸“优要素”集聚的产业发展高地，一方面有利于提升“优要素”资源供给水平、提高相应产业的“优要素”密集度；一方面有利于通过两岸“优要素”的“互济余缺”，实现“要素”组合的优化配置，达成产业活动的效率提升。

3. 打造两岸“优要素”集聚的创新空间

创新空间作为聚集创新活动的场所，是以创新、研发、学习、交流等知识经济主导的产业活动为核心内容的地域空间系统。[②] 创新空间具有创新活动的集聚功能、创新成果的孵化功能和扩散功能、创新活动的示范功能，因而在区域经济创新中发挥重要作用。创新空间（如科学城、技术城、科技园等）空间尺度虽有不同，但都是以产学研协同合作为内核、以“优要素”密集分布为特征

① 《中共中央十三五规划建议（全文）》，http：//news.china.com/focus/135/11174708/20151103/20683724_all.html。

② 曾鹏：《当代城市创新空间理论与发展模式研究》，天津大学博士学位论文，2007 年，第 2 页。

的创新活跃的“智慧簇群”，“优要素”的遍在性是其根本属性。打造两岸“优要素”集聚的创新发展空间，一方面有利于发掘两岸“优要素”的优势互补潜能，生成更多的创新因素；另一方面以两岸“优要素”集聚、优化配置为要件的创新空间，作为两岸制度文化创新、两岸企业协同创新、两岸科研院所乃至两岸产学研创新网络对接、融合的平台，对两岸经济合作的体制机制创新、模式创新和动力转换将发挥重要作用。

（三）两岸“优要素”合作的重点产业领域

从要素使用效率、产业要素需求、消费市场取向、环境生态保护等方面考虑，两岸“优要素”合作的产业领域选择，应遵循以下原则：

1. 能够充分发挥“优要素”禀赋潜能的产业——“优要素”密集型产业；

2. 与大陆经济“新常态”下产业结构优化方向一致的产业——中高端产业；

3. 满足内需市场升级需求的产业——考虑民生经济、服务经济导向下的内需市场升级，侧重智能、绿色、健康、安全诉求；

4. 以外需市场拓展为诉求的产业——从打造技术、标准、品牌、质量、服务为核心的对外经济新优势出发，重点结合“一带一路”商机进行产业“定制”；

5. 注重产业合作的社会效应——考量两岸中小企业、农渔业者、青年族群的利益关切；

6. 注重产业发展的生态效益——环境友好型产业（绿色产业）。

综上，两岸可优先选择战略新兴产业、现代服务业、互联网产业、现代农业和海洋新兴产业作为“优要素”合作的重点产业领域（详见表 5）。

表 5　两岸优要素合作的重点产业领域

重点产业领域	要素需求特征	合作基础	合作意义
战略新兴产业（智能机器人、高端制造、生物医药、新能源新材料）	重大科技突破：技术、信息、管理密集型	大陆基础研究优势与台湾应用科技转化优势的互补合作	拓展两岸合作空间、推进两岸本体经济转型升级、联手抢占全球经济和科技制高点
现代服务业（金融/财富）管理、教育培训、健康管理、养老服务、文化创意）	信息、管理、服务密集型	台湾服务、管理、创意等要素资源优势；大陆内需市场优势	发展现代生产性服务业，推进中国“制造”到中国“智造”；满足两岸民众信息消费、绿色消费、文化消费、健康消费需求。

续表

重点产业领域	要素需求特征	合作基础	合作意义
互联网产业（电子商务、互联网金融、物联网；众创、众筹等产业孵化新模式；“互联网+”制造业）	新业态、新模式：技术、信息、管理密集型	台湾ICT技术优势、精细制造及创意优势；大陆互联网平台优势	发挥“互联网+”经济的普惠性，[①]促进两岸大众福利提升；利用互联网的强渗透性，依托互联网平台深化两岸经济合作
现代农业（技术与装备农业、品牌农业、生态农业、信息化农业、智能农业）	一、二、三产业融合发展：技术、信息、管理密集型	台湾农业集约化、精致化、创意化、生态化、品牌化优势、三产融合发展经验；大陆消费市场升级优势	构建现代农业产业体系、生产体系、经营体系，提高农业质量效益和竞争力
海洋新兴产业（海洋生物产业、海洋能源、海水利用产业、海洋制造与工程产业、海洋矿业）	科学探索、技术研发要素资源的持续大量投入	台湾远洋运输、海洋能源利用、海洋生物科技优势；大陆基础研究优势、国家战略驱动优势	两岸共同参与“一带一路”建设；培育两岸在全球海洋科技与海洋工程领域的核心竞争力

四、两岸“优要素”合作模式及路径思考

综合前述，两岸“优要素”优势互补，“新常态”下合作空间广阔，合作意义深远。那么，应通过何种模式、路径促成两岸“优要素”务实合作，成为亟待探讨的课题。

（一）合作模式

1.“引智”模式

“引智”是智力引进的简称，包括人才引进（引进并留住人才）和“引智借脑”（短期人才引进交流）。“引智”模式利用“优要素”“活化”属性，其衍生创新效应更长久，并且易于规避投资、贸易（特别是技术贸易、服务贸易）壁垒，可谓是现时两岸经贸关系背景下的务实选择。根据动力机制的不同，“引智”又可以细分为优惠政策吸引、产业集聚拉动、“领头羊”带动等不同模式，[②]以及当前“大众创业、万众创新”氛围下的创业愿景激励模式等。

① 马化腾：《“互联网+”是普惠经济》，《资本市场》，2015年第8期，第15页。

② 孙丽丽、陈学中：《高层次人才集聚模式与对策》，《商业研究》，2006年第9期，第131—134页。

2. 联合科技攻关——动态战略联盟模式

作为类似“联合实验室”[①]的一种联合科技攻关模式，此模式适用于基础科学研究项目及科技含量高、研发环节关键的产业技术攻关，如 IT 制造与服务、生技医药、高端装备制造、新能源、新能源汽车等产业。所谓动态联盟式，是根据技术攻关项目的需求面向两岸科研院所、大型企业进行公开招标，组建科技攻关联合舰队，整合两岸力量联合攻关。预期目标实现后，可以依托招标企业落实科研成果产业化。动态战略联盟具有虚拟组织的灵活性和高效性，能够迅速、高效集成两岸优质要素资源优势，经由脑力激荡推动“再生创新”。这种“优要素”集聚、整合模式对于推进两岸高新技术产业及战略性新兴产业领域的技术研发、标准定制等，具有建设性意义。

3. 项目培育——园区孵化模式

以园区（如高新技术园区、现代服务业园区等）为依托、项目开发为载体，通过招标方式，汇集两岸优势企业共同研发，共创品牌。本模式适用于新技术、新产品开发领域合作，如战略性新兴产业、两岸文创产业、两岸优质农业及其产品加工领域合作等。以园区项目开发为契机，可以吸引两岸“优要素”实现空间集聚，进而优化配置，产出经济效益，园区则提供资金融通、通路建设等孵化服务。这种以项目为联结的企业合作可以拓展至两岸产学研合作，借以整合更多优势要素资源进行协同创新。

4. 策略结盟——“飞地”模式

这里所谓“飞地”模式，特指两岸双方联手结成策略联盟，在第三方境内进行“优要素”合作，是特别针对“一带一路”建设的两岸共同参与而提出的。“一带一路”建设实施“五通”工程，其中电信、网络互联互通对信息技术、物联网技术的需求；贸易互通工程中电子商务对信息互换、监管互认、检验检疫、认证许可、标准计量以及通关便利化管理服务的需求；资金融通工程中的基金、债券发行等金融管理服务需求；民心沟通工程中文化交流、创意产业发展对创意研发的需求等，为两岸实施“优要素”合作提供重要商机。两岸企业可以策略联盟形式（共享市场通路、共同研发、共创市场品牌等），实现外部资源“内部化”，从而降低商务运营成本、提高经济效率。

---

① 尹忠明、陈蕾:《后危机时代海峡两岸 IT 产业合作的模式与途径研究——以沪、苏、闽为例》,《云南财经大学学报》，2012 年 1 期。

5. 知识联盟——“校企研”合作模式

知识联盟是企业战略联盟的最高发展阶段，[①] 其具体形式一方面体现在企业与其他相关企业的技术合作方面；另一方面体现在企业与大学和科研机构的合作方面。如政府鼓励大学与科研机构积极参加产业界的研究课题选题，大力提倡企业与大学、科研机构的合作活动——促进“校企研”合作。“校企研”合作是最具活力的一种企业知识联盟——形成了从知识的生产、传播到应用再到知识需求的动态系统回路。“校企研”合作模式应用于两岸“优要素”合作，其中关键是实现“校企研”的跨两岸合作，如此，才可以赋予其对两岸“优要素”的集聚、集成、再生创新功能。

6. “互联网 +”——众创空间模式

众创空间是根据互联网及其应用的深入发展以及创新 2.0[②] 环境下的创新创业特点和需求，通过市场化机制、社会化运作、专业化服务所构建的便利化、全要素的开放创新及新塑创业服务平台的统称，[③] 其对于激发大众创造活力，培育包括大学生在内的各类青年创新人才和创新团队、带动扩大就业，打造经济发展新引擎，具有重要意义。近年来大陆“众创空间”蓬勃发展，涌现了诸如上海“新车间”、深圳“柴火”创客空间等成功案例。而在“大众创业、万众创新”的时代大潮中，探索通过“互联网 +”驱动海峡两岸多行业深入融合、孵化更多合作平台，也已成为两岸互联网业者的共识和行动。如中国台湾网“两岸青年创新创业平台”的启动、厦门“大拇哥”与台湾 17 所大学院校签订战略联盟协议等。可以预期，众创空间作为汇聚创新资源、创新要素的平台，将在汇聚两岸青年创客、激发两岸青年人创新创业热情、发掘两岸“优要素”创新潜能方面发挥重要作用。

上述六种模式，涵盖要素跨境流动、区位集聚、优化配置等两岸“优要素”合作的主要环节，为两岸“优要素”合作提供切入点、着力点和模式参照。

（二）推进两岸“优要素”合作的路径取向

一般而言，区域要素合作是以市场机制为主、政府宏观调控机制为辅，前者对应市场路径，后者则对应相关制度安排。而两岸“优要素”合作，一方面受其目标取向的影响，不可能是单纯的企业行为；另一方面由于两岸关系的特

① 虞琼芳：《知识联盟企业合作创新系统的复杂性研究》，华侨大学硕士学位论文，2012 年。

② 吴甘沙：《创新 2.0 的三个阶段》，《办公自动化》，2015 年第 9 期。

③ 《创新 2.0 时代的众创及众创空间国内外发展》，《办公自动化》，2016 年第 6 期，第 26—29 页。

殊性受到来自岛内政治、社会因素以及两岸经贸制度化障碍的制约，无法遵循市场逻辑；而在目前两岸关系“冷缩”背景下，两岸公权力协商进行有关制度安排更是一时难以企及。因而，两岸“优要素”合作需要另辟蹊径——从“优要素”本身属性特征出发，结合两岸经贸交流长期累积的有利资源和因素，制定相应策略。

1. 发挥政府、企业、社会多元主体的协同作用

两岸“优要素”合作是基于“优要素”集成的区域创新活动，离不开政府、企业、社会的深度参与及其协同作用的发挥。首先，企业是两岸“优要素”合作的微观主体。一方面，企业（特别是两岸跨境投资企业）通过产业投资、技术和服务贸易、延揽人才、建立研发基地等技术经济活动，直接参与和推动两岸“优要素”合作；另一方面，企业作为联结科技研发与市场应用的关键环节，其重要性进一步体现在与政府、学研机构等其他区域创新主体的互动合作中。其次，政府[①]作为推进两岸“优要素”合作的主体，同时兼具参与者与管理者双重职能。政府不仅以战略规划者、资源协调者和制度（政策）供给者角度参与两岸“优要素”合作，而且有时需要充当投资者，如政府投资启动战略性科技研发（风险投资）、参股产学研技术研发合作等。政府的主体角色应从战略驱动、战略调控、战略保障的角度加以认识。“优要素”合作离不开两岸社会（主要包括两岸的学研机构、产业协会以及从事科教文卫事业的民间非营利组织、从事人才交流的中介组织等）的积极参与。其中，大学和研究机构作为知识生产、科技研发、教育培训的重要场所和行为主体，本身就是两岸“优要素”合作的参与者。两岸学研机构和产业协会等组织在既往两岸交流中已建立起密切的联系纽带，其在两岸“优要素”合作中的媒介作用不可或缺。

两岸“优要素”合作需要企业、政府、社会多元主体的积极参与，更需要这些行为主体在共同参与中发挥协同作用。所谓协同作用，即借鉴“三螺旋”理论关于政产学研合作模式的核心思想，[②]推进区域政府、企业、高校等学研机构的信息共享与互动合作，实现区域知识领域、行政领域、生产领域的资源统筹和创新合力，从而使两岸“优要素”合作内化于区域创新的系统运作，获得

① 此处的“政府”意涉两岸，但在目前蔡英文当局拒不承认“九二共识”、破坏政治互信造成两岸关系僵局背景下，两岸“优要素”合作存在特定意义的“政府缺位”，相当程度上将限缩为大陆政府（包括中央政府和地方政府）的单边行为。

② 陈红喜：《基于三螺旋理论的政产学研合作模式与机制研究》，《科技进步与对策》，2009年第24期，第6—8页。

政产学研一体化的有力支撑。显然，这需要政府力行机制、体制创新以推动区域政产学研深化合作。

2. 强化引才、留才政策的针对性

人才是“优要素”的活载体。相较于技术贸易、服务贸易、产业投资等要素跨境流动形式，人才跨境流动，对于“优要素”跨境合作的意义更大，也较易规避台湾当局的两岸经贸政策壁垒。因而，两岸“优要素”的跨境流动可优先从“政策性”引才、留才入手。事实上，大陆一直重视面向台湾地区的征才引才工作，如支持海西在两岸人才交流方面“先行先试”、在昆山设立“两岸人才合作试验区”等。但以往政策的出发点更多地侧重两岸社会交流面向，并非针对两岸“优要素”合作主题而定制，难免欠缺精准性和适切性。当务之急是，依据两岸“优要素”合作的三大目标、五大重点产业领域，在对既有政策进行检讨的基础上，积极研拟、制定针对性的引才、留才政策。

3. 依托海西政策创新优势，打造两岸“优要素”合作示范区

通过“优要素”的空间（产业）集聚和优化配置，实现两岸“优要素”的互动耦合，借以集成创新动能、提升两岸经济核心竞争力，是两岸“优要素”的核心目标。因而，营造相应政策环境，打造“优要素”集聚平台，促进“优要素”空间集聚，是推进两岸“优要素”合作的必由路径。于此，福建自贸区的平潭、厦门两岸交流综合试验区等对台“特区”可以发挥重要作用。这些“特区”具有政策先行优势，是两岸经贸、文化、社会交流基础深厚的区域，特别是在两岸人才交流、两岸高新技术产业合作、两岸现代服务业合作方面积累了丰富的经验。此外，以厦门大学为首的海西高校与台湾高校之间互动密切，在学术交流、合作研究、学者互访、学生联合培养诸方面已有长足发展。海西作为两岸产业搭桥专案的重点实践区域，在两岸相关产业的行业交流方面累积了雄厚的人脉基础。总之，海西凭借得天独厚的对台资源优势和发展优势，特别是“先行先试”的政策创新优势，有条件率先探索、实施两岸“优要素”合作模式，率先推动区域政产学研协同合作的机制体制创新组织模式创新，率先建构两岸“优要素”合作的制度环境，从而吸引两岸“优要素”在海西地区集聚、整合，打造海西成为两岸“优要素”合作示范区，为更广阔区域的两岸“优要素”提供经验借鉴。

原文载于《台湾研究集刊》2016 年第 6 期

“一带一路”背景下两岸能源合作的政策选择

杨　芳　邵诚道　孙传旺

引言

2013 年 9 月和 10 月，习近平总书记在出访中亚和东南亚国家期间分别提出了建设“丝绸之路经济带”以及“21 世纪海上丝绸之路”（以下简称“一带一路”）的构想，希望与各国展开更加紧密、更加深入的合作，建立良好伙伴关系，创新合作模式，开拓合作空间，以点带面，从线到片，逐步形成区域大合作。2013 年 10 月 2 日，中国提出了筹建亚洲基础设施投资银行（AIIB，以下简称亚投行）的倡议，旨在为亚洲地区发展中国家的基础设施建设提供资金支持，促进中国同周边区域的互联互通建设和经济一体化进程。“一带一路”的提出以及亚投行的筹建是在世界格局深刻变化的背景下提出的长期发展战略，先期将完善亚欧地区基础设施的互联互通建设，加强交通线路、油气运输管道、电力电网、通信电缆等基础设施建设；后期将在先期建设的基础上充分发挥各地区优势，在经济、文化、科技、医疗、农业等领域展开全方位的深化合作，促进第一产业、第二产业、第三产业的共同发展，实现沿线各国的互惠互利与经济繁荣。

2015 年 3 月 28 日，经国务院授权，由国家发展改革委、外交部以及商务部联合发布的《推动共建丝绸之路经济带和 21 世纪海上丝绸之路的愿景与行动》（以下简称《愿景与行动》）将新疆和福建分别确立为丝绸之路经济带以及 21 世纪海上丝绸之路的核心区，要求两地充分发挥各自的区位优势和对外开放的窗口作用，加强辐射效果，深化与周边地区的合作。因此，与福建仅一水之隔的台湾便成为 21 世纪海上丝绸之路的第一站，而“为台湾地区参与‘一带一路’建设作出妥善安排”也正是《愿景与行动》提出的要求。经过多年发展，两岸经贸合作成果显著，大陆目前是台湾的第一大贸易伙伴，而台湾也是大陆第七大贸易伙伴和第六大进口来源地，2014 年两岸贸易总额达 1983.1 亿美元，占台湾全年 GDP 的 37.6%，两岸正逐渐成为不可分割的利益共同体[①]。《愿景与行动》提出，“一带一路”战略的重要目标之一是打造通畅安全高效的海陆运输大通道，促进要素流动、优化资源配置。两岸在能源资源要素领域有着共同的利益诉求，依托“一带一路”战略优先发展基础设施的契机，积极在能源领域展开合作，既能使两岸互惠互利，也将增强两岸的政治互信，为推进两岸在更深层次、更宽领域展开全方位合作奠定基础，促进两岸经济共同发展。

一、两岸能源发展现状

（一）台湾能源发展过程中遇到的相关问题

首先，台湾能源供给的持续波动反映出其经济转型存在压力。1983 年至 2003 年，台湾的一次能源总供给增长稳定，年均增长率达 6.31%，然而从 2004 年开始，台湾一次能源总供给增速大幅放缓，2007 年、2008 年以及 2010 年甚至出现了能源供给的负增长。能源供给的持续波动，一方面是由于受金融危机影响，台湾进出口贸易受到冲击；另一方面，台湾已经进入了服务型社会，第二产业对经济增长的贡献不断下降，加上大陆工业体系的不断完善以及产品科技含量的日益提高，大陆商品与台湾产品在国际市场上的竞争越来越激烈[②]。能源消费的波动，反映出台湾面临的经济下行风险，而能源进口额占 GDP 高达 14% 的比重也给其经济增长带来压力。寻求新的经济增长点，在保证能源稳定供应的同时，还必须对上下游产业链进行分工整合，提高国际竞争力以维持足够的市场份额。

其次，能源对外依存度高，供应渠道单一。台湾的能源自给率低，油气资源 99% 以上需要进口，而煤炭更是完全依赖进口。天然气方面，以 LNG（液化天然气）的进口来源为例，卡塔尔占 46.3%，马来西亚占 22.4%，印度尼西亚占 15.2%，尼日利亚占 9.3%。从原油进口国来看，沙特占 31.5%，科威特

① 中华人民共和国商务部台港澳司：《2014 年 1—12 月大陆与台湾贸易、投资情况》，2015 年 1 月 22 日，http：//tga.mofcom.gov.cn/article/d/201501/20150100875390.shtml。

② 单玉丽：《当前两岸经济关系发展中的结构性难题与纾解路径》，《台湾研究》，2014 年第 5 期。

占21.1%，安哥拉占13.6%，伊拉克占7.5%，伊朗占2.8%，阿拉伯联合酋长国占6.8%，阿曼占10.7%。进口的煤炭中，印度尼西亚占44.7%，澳大利亚占36.9%，7.9%来自南非，俄罗斯占5.2%，中国大陆占1.7%。目前台湾进口煤炭、石油、天然气的路线主要有三条：一是通过马六甲海峡，现阶段50%以上的煤炭、90%以上的原油以及几乎全部的LNG都要经马六甲海峡抵达台湾；二是走太平洋路线，将美国、加拿大及澳洲的资源输送至台湾；三是通过大陆及东北亚路线，将大陆以及俄罗斯的资源运输至台湾。过高的能源对外依存度以及单一的能源运输渠道，使得台湾各个产业特别是工业制造业极易受到外部因素的影响，国际能源价格的波动、供应地区局势的动荡，都会对岛内的经济稳定造成冲击。

第三，不合理的能源结构亟待调整。台湾2013年的一次能源结构中，石油占比39.1%，天然气占比13.3%，煤炭占比37%，核能占比8.5%，水力发电占比1.1%，可再生能源占比1.1%。而世界同期的平均水平是：石油占比32.9%，天然气占比23.7%，煤炭占比30.1%，核能占比4.4%，水力发电占比6.7%，可再生能源占比2.2%。过多地使用石油、煤炭等化石能源不仅使台湾的能源对外依存居高不下，还给台湾实现节能减排目标带来不小压力。同时，受近年不间断爆发的民众反核运动影响，虽然台湾岛内核电起步较早，但发展却遇到了阻碍，核四项目一直被搁置，加上福岛核电站事故导致的全球性禁核运动，台湾当局对核电的态度变得更加谨慎。此外，台湾水力资源丰枯期分布不均，高频率的台风暴雨以及高强度的地震给水电开发带来了极大难度[①]，台湾岛内水力发电的发展空间受限。同时，由于近年岛内发电成本不断上升，为了维持岛内电价稳定，台湾当局一直给予发电企业相应的补贴[②]，过低的利润空间阻碍了台湾风能、太阳能、潮汐能以及生物质能等新能源的发展，加上新能源投资的前期成本巨大，岛内的新能源发展短期内很难形成规模。

① 程念高，罗锦华:《台湾电力与水电发展情况及启示》,《水力发电》，2012年10月第十期。

② 作者整理计算后发现，台湾每度电的发电成本自2005年来便一直高于其每度电售价。

表 1　台湾未来电力需求与供给

年份	高速发展情形（亿 kWh）	
	供给	需求
2020 年	3222.67	3222.67
2030 年	4023.88	4423.29
2040 年	4343.40	5351.06
2050 年	4560.67	6686.52

资料来源：台湾 2050 能源供需情境仿真器未来电力预测

第四，未来能源供需不平衡，能源供应存在较大缺口。台湾当局制定了以能源安全、稳定供应及节能减排为目标的能源政策。基于英国能源与气候变迁部的计算工具并整合台湾能源供给与需求的特性，台湾开发了“台湾 2050 能源供需情境仿真器（Taiwan 2050 Calculator）”（后简称“台湾 2050”），对未来能源供需情况展开了预测研究。“台湾 2050”预测，若按经济增长的高速情形[①]，台湾未来的能源供给将无法满足日益增长的能源需求，2020 年后将出现大规模能源短缺，2030 年一次能源供需缺口将达到 3.5Mtoe[②]，2050 年缺口将达到 8.3Mtoe。同期，台湾还将出现大规模的电力短缺，如表 1 所示，2030 年电力缺口为 399.41 亿 kWh，2050 年电力缺口将达 2125.98 亿 kWh。可以预见，台湾未来能源供需矛盾突出，能源进口的传统路径将制约能源供给的增长，为保障经济持续发展、维护地区稳定，台湾需要发展多元化的能源合作以弥补未来巨大的能源缺口。

（二）大陆的能源发展与台湾既存在相似性又存在互补性

首先，大陆能源发展与台湾有较强的相似性。能源消费放缓反映出大陆经济面临较大下行压力。2014 年，大陆能源总消费为 38.5 亿吨标准煤，较上年增长 2.7%，而全社会用电量的增长率仅为 3.7%，创 2000 年以来的最低值。同时，大陆的能源对外依存逐年升高，2014 年大陆原油对外依存度为 59.6%，天然气对外依存度达到 32.2%，根据国际能源署（IEA）的预测，大陆原油对外依存度将在 2020 年达到 68%，成为最大的石油进口国，到 2030 年，大陆将取代美国成为最大的石油消费国。此外，虽然大陆近年来积极发展新能源，可再生能源

① 经济维持高速增长是指，2013—2030 年年均经济增长为 4.5%、2031—2050 年为 3.5%。

② Mtoe 为百万油当量。

增长迅速，但整体的能源结构还欠合理[①]。2014 年，大陆煤炭消费占一次能源消费的比重为 63.9%，天然气所占比重为 6.3%，石油为 18.5%，非化石能源消费比重达到 11.3%。更关键的是，国家统计局 2014 年 11 月 20 日发布的数据显示，大陆目前的战略原油储备为 9100 万桶，只能维持 16 天的原油进口量，远远低于 IEA 建议的 90 天安全线。过高的能源对外依存度、欠合理的能源结构以及过低的能源储备，使得提高能源自给率、改善能源结构、增加能源储备以维护地区能源安全成为两岸的共同目标，是两岸的共同利益诉求。

其次，大陆的能源发展与台湾存在一定差异，有较强的互补性。与台湾相比，大陆幅员广大，处于欧亚大陆东边，向西与石油资源丰富的中亚、西亚接壤，向北又与天然气资源丰富的俄罗斯接壤，所以大陆拥有比海运更加稳定的陆地油气运输管道，且这些油气管道还在不断的扩展当中。随着“一带一路”形成的大陆与邻近地区的互联互通，伙伴关系将变得更加紧密，能源供应的安全性可以得到进一步提高。大陆还拥有更加丰富的风能、水力、太阳能等可再生资源，新能源发展迅猛。此外，虽然大陆较晚发展核能，目前核能占能源消费的比重不高，但由于政府政策支持、社会局势稳定，发展潜力很大。依据国务院发布的《能源发展战略行动计划（2014—2020 年）》，2020 年大陆核电装机容量将达到 5800 万千瓦，在建容量将达到 3000 万千瓦以上，现阶段，大陆有 21 台核电机组，装机容量达 1902 万千瓦，有 27 台在建核电机组，装机容量达 2953 万千瓦，在建数目居世界首位。大陆的核电机组几乎都分布在东部沿海地区，离台湾距离较近，可以通过跨海电缆为核电发展受阻的台湾输送清洁的电力资源。

二、能源合作将为两岸解决一系列问题并带来相应收益

（一）两岸能源合作将缓解我国与东南亚各国在南海问题上的争端

南中国海蕴藏着丰富的油气和矿产资源，国土资源部的数据显示，南海的石油储量在 230 亿—300 亿吨之间、天然气储量约 16 万亿立方米、可燃冰储量更是相当于中国石油总量的一半。因其丰富的资源，南海一直以来都是各国争相探测开采的地区，中国与东南亚各国在岛屿归属权的问题上一直存在分歧，但由于中国政府一直采取“搁置争议，共同开发”的政策，矛盾并未激化，而

① 英国石油公司:《BP 世界能源统计年鉴 2014》，2014 年 7 月 9 日，第 25 页。

东南亚各国已经从南海开采出大量油气资源，获得了丰厚利益。近年来，随着美国提出重返亚太计划并介入南海问题，东盟各国对待中国的态度开始变得强硬，矛盾不断激化，冲突与对峙时常发生。21世纪海上丝绸之路的线路规划中，南海都是必经之路，保持南海的航运线路畅通是保证中国与欧洲、北非、中亚以及东南亚各国贸易畅通的基础。此外，南海也是两岸能源运输的生命线，现阶段大陆88%的进口能源以及台湾98%的进口原油都要经过南海。因此，两岸联合起来对南海资源进行合作开发，对争议地区与东南亚各国进行谈判，不仅能够降低能源对外依存度，还能增加与东南亚各国的谈判筹码，符合两岸的共同利益。

（二）在解决区域发展不均以及产能过剩问题的同时促进产业转型升级

目前中国的改革开放，实质上是由东南沿海向太平洋国家的开放，忽略了面向印度洋、中亚、西亚等地区的开放以及中国西北地区的发展，而中西亚以及西北地区是我国重要的能源来源地，由此也带来了能源的安全隐患以及国内东西地区发展不平衡、贫富差距不断扩大等社会问题。同时，改革开放粗放式的发展带来了严重的产能过剩问题，特别是在钢铁、水泥、电力等行业，供给远大于需求。随着"一带一路"战略对基础设施建设的投资，逐步消化的过剩产能将为产业升级提供充足的市场空间。而且，投资建成的公路、铁路、油气管道、通信电缆、输配电网等基础设施后续也需要运营和维护。一方面，台湾在运营管理方面的丰富经验将为设施的运营维护提供帮助，降低维护成本；另一方面，产业升级所刺激的市场需求将为台湾能源企业的向西投资提供机会，在带动西部发展的同时通过与大陆能源企业的合作形成上下游一体化产业链，以便完成能源资源在产地直接转化，降低原材料的运输成本，提升综合竞争力。

（三）能源领域的合作将优化大陆的能源结构

大陆同样存在能源结构不合理的问题。大陆煤炭资源丰富，煤炭在一次能源消费中的比重接近70%，天然气却只有约5%，核能发电也仅占总发电量的2%，而世界平均水平分别大致是30%、25%以及16%。因为煤炭消耗量过大，中国成为世界上二氧化碳排放最大、雾霾影响区域最广的国家，面临巨大的环境治理与节能减排压力。大陆已经重启核电站的建设工作，但为了改善能源结构，还需要有稳定的油气资源供应，油气管道的建设是第一步。而提高水电、风电、太阳能等清洁能源的使用比重，是调整能源结构，改善环境的主要途径。

（四）能源合作将为台湾带来多方面收益

首先，两岸能源合作将缓解进口能源的成本压力。台湾用于能源进口的支出占其 GDP 的比重长期保持在 10% 以上，而且还有不断上升的趋势。能源成本过高不仅会对经济稳定产生影响，还会威胁到地区的政治稳定。而不稳定的能源价格、高昂的运输费用、过低的利用效率是造成能源成本居高不下的重要因素。结合各自在资金技术方面的优势进行能源的共同开采，能够降低对进口能源的依赖，从而提高对供应商的议价能力，降低能源采购价格。大陆与台湾一水之隔，福建平潭到台湾新竹的最近距离仅 130 公里，通过铺设横跨台湾海峡的海底电缆、海底油气运输管道，可以将台湾纳入大陆的电网体系以及油气管道网络系统，实现能源的互联互通。能源基础设施的建设，不仅将消耗大陆的过剩产能，还将缩短台湾能源运输的空间距离，降低物流成本，最大限度保障能源稳定。

其次，两岸能源合作将会促进能源技术的创新，实现节能减排的环境目标。在自由市场，成本是产品定价的重要考虑因素，但台湾的能源产品却远没有市场化。以电力为例，台湾的发电成本在过去十年大约增长了 70%，而电力价格增长幅度却不到 40%，随着发电成本的不断升高，台湾当局对发电企业的补贴额也越来越大，较低的利润空间使得能源企业对能源技术的创新动力不足。大陆电价长期低于台湾，推动两岸展开电力合作，不仅能降低台湾当局的财政支出每年约 55 亿美元，也将推动能源行业的市场化，为能源技术的创新提供动力。另外，在能源合作将帮助落实台湾节能减排的能源政策目标。台湾能源局对未来的碳排放减量额度做出了要求，其主要集中在电力、钢铁以及石化等行业，目标减排量分别为 3222 万吨、365 万吨以及 266 万吨[①]。两岸能源合作除了能促进资源配置的市场化以提高能源的利用效率外，还能通过大陆能源入台降低二氧化碳以及污染物排放，改善大气环境。

三、两岸能源合作的路径选择

（一）加强能源领域的共同勘探与开发

首先，通过南海的能源共同勘探与开发，将提高油气资源自给率，保障能源安全。大陆和台湾的能源依存度都很高，而邻近东海和南海有着丰富的油气

① 刘哲良:《台湾碳市发展现状及调整方向》，台湾《经济前瞻》，2013 年 11 月 12 日第 150 期。

和矿产资源，但是两岸开采利用的却很有限。这主要是因为地缘政治与开采条件的原因，邻近海域属于深水区，海底情况复杂，开采难度大，对资金和技术的要求很高。亚投行的成立可以在资金上对油气探测工程给予支持，结合台湾在深海油气开采方面的技术与经验优势，两岸在南海进行油气资源的联合开采，不仅可以降低勘探成本、提升勘探成功率，还能解决目前油气资源大部分从中东进口而导致的路线长、风险大、成本高等问题，改善两岸的能源安全局势。

其次，油气资源的成功开采将提升两岸在国际原油市场的话语权。若是两岸在南海的油气开采达到一定规模，除了降低两岸的能源对外依存度，极大改善两岸能源的安全现状外，还能进一步整合能源的上游产业链。“一带一路”倡议的目的是应对以美国为主导的 TPP 对中国实行的贸易封锁，而从美国近期的一系列外交行动中可以看出，“一带一路”倡议确实对美国的经贸封锁形成了突破，重返亚太计划受到影响。长期以来，作为美国战略盟友的石油输出国组织（OPEC）在油价问题上采取双轨制，经常单方面提高亚洲地区的原油价格，除了亚洲地区的油价高于欧美市场，油品的质量也低于欧美地区。此外，由于目前石油运输的必经之路——马六甲海峡被美国控制，中国能源安全面临始终威胁，这一点上，台湾和大陆有着共同的利益诉求。南海油气资源的成功开采，可以让大陆和台湾降低对 OPEC 的依赖，共同提高在国际原油市场的议价权。

第三，随着大陆对环境保护问题的重视，能源结构即将进入重大调整期，能源合作的空间将得到进一步扩展。为了降低污染物的排放，大陆正在对燃煤电厂进行关停改造，并积极推进燃气热电项目的建设。目前，中国境外共有中亚、中俄、中缅共计 7 条天然气管线。其中，中国—中亚天然气管道的 A、B 线已经完工通气，C 线将于 2015 年底完工通气，D 线也计划在 2016 年完工通气；中俄天然气东线将从 2018 年开始为中国供气 30 年，而西线也已经达成了基本共识；中缅天然气管线由中国、缅甸、韩国、印度投资建设，中国进口的原油和天然气可以由印度洋经缅甸直接到达中国云南省，从而绕过马六甲海峡，不仅降低了运输成本，更保障了能源的安全。中国的西气东输管线已经延伸到福建省，加强两岸的油气管道建设，可以将台湾纳入欧亚油气管线的大体系中，从而共同保障油气能源的安全。

第四，两岸在新能源领域有着广阔的合作前景。“一带一路”倡议对核电、太阳能、水电、风电等可再生能源的合作提出要求。核电方面，目前中国的核能发电仅占总发电量的 2%，远低于世界平均水平的 16%。2014 年 6 月 13 日，习近平在中央财经领导小组第6次会议上表示，在采取国际最高安全标准、确保安全的前提下，"抓紧"启动东部沿海地区新的核电项目建设[①]。作为东部沿海前沿的福建省已经成为今后核电发展的重点区域。与之隔海相望的台湾发展核电较早，拥有世界领先的核电施工与核能安全保障技术，具备丰富的运营管理经验。加上福建自贸区的设立，更是为台湾在大陆投资核电设备提供了便利。此外，利用海上丝绸之路的区位优势，推进两岸在离岸风力发配电、太阳能光电、LED照明等产业的合作，有助于两岸实现优势互补，互利共赢。

（二）深化两岸在能源领域的人才交流与技术合作

第一，建立完善的科技人员交流机制。目前台湾与大陆的人员流动主要集中在文化交流和生态旅游方面，两岸的高层会谈以及科技产业人员之间的交流互动较少，没有形成长期稳定有效的交流机制，在技术上的优势互补也未形成。两岸应该以现有的高校、科研单位、研究所为依托，由政府主导，促进科技人员的交流互动。

其次，尝试共建联合实验室以及研究中心，对重要的技术进行联合攻关。虽然台湾与大陆相比在相关产品与技术研发、中高端制造业以及原材料处理等方面有优势，但能源领域的许多核心技术依然由少数发达国家所垄断，如深海长距离电缆的铺设，第四代核电机组的相关技术等依然由美国、日本和欧洲等国家掌握。在科技人员充分交流的基础上，利用大陆充足的资金建立联合实验室，吸纳两岸的科研人员共同对技术壁垒实施攻克，有望打破国外的技术垄断，降低能源成本，提高两岸科技创新水平。

第三，优化技术分工布局、完成产业链上下游一体化建设并推动关联产业协同发展。能源技术的创新将带动上游原材料，下游相关产品设备的全面发展。两岸通过定期开展的设备展览会，能够促进更多企业之间的交流合作，而通过市场化进程，将激励企业不断自主创新。

（三）结合各自优势进行贸易市场拓展

台湾和大陆都是典型的外贸型经济体，进出口对经济发展有着重要的影响。随着"一带一路"沿线地区基础设施的完善，欧亚地区的贸易格局将发生重大变化。

首先，地面轨道交通网络的完善，将对水路运输产生巨大的冲击。随着市

① 中国联合商报:《核电正式重启 核电建设将迎高峰期》，http：//news.hexun.com/2015-04-13/ 174915630.html。

场经济的发展，时间成本将会取代实物成本，成为决定市场竞争优势的关键因素。水路运输的优势在于装载量大、运输成本低，但是其最主要的特点是速度慢，从深圳出发的货轮，要在海上漂泊近30天才能够到达欧洲市场，世界上最快的航空母舰的时速也只有不到62km/h。与此相对，亚欧高速铁路的设计时速已经达到了320km/h，从北京到伦敦只需要48小时。此外，考虑到水路运输易受天气影响，道路运输的优势更加明显。福建作为21世纪海上丝绸之路的起点，不仅有着天然的海港优势，还可以通过高速铁路直接通向欧洲。不仅可以台湾的产品迅速地运往中亚、欧洲的市场，与此同时，欧洲的产品设备、中亚的原材料，也可以通过欧亚铁路运送至福建，再由福建运送至台湾，极大提高经济的运转效率。加入“一带一路”战略，促进欧亚经济一体化进程，不仅可以增加大陆和台湾整体的竞争优势，还会降低对马六甲海峡的依赖，减少恶劣气候和海盗的威胁。

其次，欧亚大陆桥的建成，将会创造出新的经济增长点。短期来看，“一带一路”战略的重点将集中在基础设施建设领域，但是从长远的角度考虑，“一带一路”战略势必带动沿线国家各个领域的投资，创造出新的经济增长。虽然目前台商对大陆的投资在区域上出现了“北上西进”的势头，投资行业也有从制造业向服务业转移的趋势[①]，但总体变化并不明显，随着西北以及中亚国家基础设施建设的完善，台商的投资便可以向西北亚地区拓展。“一带一路”建设的社会根基是民心相通，只有发扬沿线各国人民的友好合作精神，才能维护好“一带一路”的经济成果，所以，旅游业、媒体、生态农业等领域将会发展潜力巨大，台湾的服务业发达，借助“一带一路”，可以扩大第三产业的投资，大陆的服务业也会得到促进。两岸有着共同的文化渊源，应该携手共同推进各国各地区的相互交流，丰富各地区人民的生活，为深化与各国的合作打下民意基础。

第三，台湾将作为节点成为连接大陆和东盟的枢纽。东盟是欧盟和美国之后中国的第三大贸易伙伴，同时还是很多中国工业品的原材料供应地，对中国的能源安全以及经济稳定有重要影响。但不可否认的是，中国与东盟大部分国家的南海争端还没有解决，再加上东盟控制着马六甲海峡，中国和东盟的关系一直处在十分微妙的平衡之中。一方面，美国重返亚太后积极推进的跨太平洋伙伴关系协定（TPP）旨在拉拢东盟孤立中国，而中国和东盟之间建立的中

① 李鸿阶:《台湾大陆经贸政策变化与深化两岸经济合作研究》,《台湾研究》，2014年第4期。

国—东盟自由贸易区则是为了加强中国与东南亚国家的合作，有着政治和经济的双重考量。发展21世纪海上丝绸之路，一方面是为了与非洲国家进行贸易，另一方面也是希望和东盟国家建立友好的往来，稳定东南亚的局势，台湾地区则在大陆、东盟和美国的关系中起重要的作用。台湾地区的经济体系与韩国类似，两者之间一直存在竞争，两者依赖马六甲海峡的畅通以及东盟的原材料供应，同时，中国大陆是台湾和韩国的第一大贸易伙伴，而美国，则对两地进行军事援助。韩国已经同中国大陆建立了中韩自贸区，希望加快扩大中国市场，而福建作为21世纪海上丝绸之路的起点，其自贸区的建立可以说是为台湾量身打造，为台湾扩大大陆市场打造了良好的平台[①]。台湾融入“一带一路”倡议，成为海上丝绸之路的重要一站，既可以帮助大陆维持东南亚局势的稳定，保证马六甲海峡的畅通，又可以依托中国大陆与韩国在世界市场展开竞争，实现中国大陆，东盟，台湾三方面的互利共赢。

原文载于《台湾研究》2016年第4期

① 张冠华:《全球经济变局与两岸经济一体化》,《台湾研究》, 2014年第2期。

历史篇

对抗与博弈：台湾荷据时期的荷西关系

林仁川

十七世纪是世界大航海时代，出现了第一波的世界经济国际化浪潮，处于这一巨大变化的台湾岛，引起世界各种贸易势力关注，成为各贸易集团争夺的焦点。最早来到台湾的是中国东南沿海的海商集团，接着日本商人，西方商人也相继来台，荷兰人占据台湾三十八年，西班牙人占据台北十六年，他们占据的时间不长，即始终互相争斗，均想以此为据点开展对中国沿海的直接贸易，可见当时的台湾成为东亚，东南亚海上贸易的主要竞争场所之一，因此研究此时的荷西关系不仅是台湾史课题，也是世界大航海史的重要课题。荷西斗争由来已久，他们在占据台湾以前已在东方海域展开激烈的争斗。

一

首先来到亚洲是西班牙人。他们到达菲律宾群岛后，发现做中国丝绸贸易的巨大商机，1521 年麦哲伦（Ferdinand Magellan）在侯蒙洪岛上看到中国的丝织品，在宿务岛上看到黄色丝织头巾，1570 年戈第（Martin de Gueyte）在巴都洛岛附近抢劫两艘中国商船，发现底舱有成捆的生丝和乱丝头。西班牙人占领吕宋以后，迅速开展与美洲的大帆船贸易，使生丝和丝织品输入吕宋的数量迅速增长，每年都有许多福建商船满载各种生丝和丝织品驶往马尼拉，其中很大部分是从月港输入的，万历二十七年（公元 1599 年）月港发放船引八十八张，东洋吕宋就占十六张，可见吕宋在月港对外贸易中的重要地位。由于生丝贸易的迅速发展，丝及纺织品是输入吕宋的最大宗商品，在华货输入总值中占有很大比例，如 1588 年以前的几年内，每年从中国输入马尼拉的总值二十二万西元的货物中，各种食物如面粉、糖、奶油、香橙、胡桃、板栗、菠萝、无花果、李子、石榴、梨等水果，咸猪肉及火脚等，一共只值一万西元，其余绝大部分为丝货，其中包括花缎、黑色及带有彩色的缎子、金银线织成的浮花锦缎，以及其他丝织品。[①]

大量的丝和丝织品运到吕宋后，除一部分在当地消费外，大部分通过大帆船贸易运往美洲各地，从马尼拉开往墨西哥阿卡普尔科港的大帆船每艘都装满各种丝绸，少者三四百箱，多者达一千多箱。如1636年出发的大帆船中，有一艘超过一千箱，另一艘多至一千二百余箱，内有珠色光缎250匹、深红色的纱72匹，另外有些箱子专门装载长丝袜，每箱1140双，所以人们称这些船为“丝绸之船”。由于中国丝织品精致美观，价廉物美，深受美洲各阶层人民的欢迎，迅速占领了墨西哥市场，以致墨西哥境内除中国丝织品外，不复销售其他国家的丝织品。运抵阿卡普尔科港的中国丝绸不仅销往墨西哥，还继续销往秘鲁各地，使秘鲁成为中国丝绸的又一市场，1602年秘鲁省督报告西班牙国王说，由于中国丝绸的大量销售，利马的西班牙人都穿质量最好，价钱最贵的绸缎，节日盛装和妇女衣着之繁多与华丽，是全世界其他王国所找不到的。不仅利马如此，从智利到巴拿马，到处都出卖和穿着中国绸缎，西班牙人的衣料主要都是东方货，从教士的法衣到利马人的袜子都是如此。中国丝绸不仅占领整个拉美市场，还越过大西洋，运销到西班牙本土，直接冲击西班牙的丝绸工业，结果，西班牙的所有丝织工厂全部都破产毁灭了，连经营对美洲贸易的商人也因损失巨大而破产。[②]

由于当时海上贸易我国处于出超地位，每年都有大量白银从月港等源源不断流入我国各地。当时白银来源除日本外，主要是吕宋，吕宋并不产白银，而是通过大帆船贸易，美洲的白银大量运到吕宋，再经月港等流入中国。拉丁美洲是世界著名的产银区，西班牙人占领后，进行大规模的开采，其中仅秘鲁南部的波尔多银矿，从1581年至1600年每年平均产量达二十五万四千公斤，约占当时世界白银产量的六成。不久，墨西哥银矿又异军突起，后来居上，产量剧增，成为全世界产银最多的地方。大帆船贸易开始后，西班牙人每年从拉丁美洲运出大批银元到吕宋购买中国丝绸等商品，使白银大量流入中国，1586年

① 全汉升：《自明季至清中叶西属美洲的中国丝货贸易》，《中国文化研究所学报》1971年第4辑第2期，第345—369页。

② 严中平：《老殖民主义史话选》，北京：北京出版社，1984年，第343页。

一位西班牙官员给西班牙国王的信中说，许多白银和银币都运到马尼拉去交换中国货物，这些银子虽然有一些留在菲岛，但绝大部分都被从中国大陆运货到那里出售的华商运走。1597 年西班牙菲律宾省督在给西班牙国王的信中也说，所有的银币都流到中国去了。1598 年马尼拉大主教在给西班牙国王的信中指出：每年从新西班牙运来的一百万西元的银币，都违反陛下的命令，全部转入中国异教徒之手。有一位曾长期在菲律宾的传教士在 1630 年写的一本书中说，中国可以说是世界上最强盛的国家，因为银子流到那里后便不再流出，有如永久被监禁在牢狱中那样。该书作者最后说，我这样叙述，绝不是由于道听途说，而是多年来亲眼看见和亲身经验的结果。① 据德国现代著名学者贡德·弗兰克的研究，1610 年以前，平均每年有 15 吨白银从墨西哥的阿卡普尔科港以及更早一些时候从秘鲁用大帆船直接运到马尼拉，几乎所有这些白银都又转运到中国，② 由此可见，当时的中菲贸易在西班牙的海外贸易中占有多么重要的地位。

然而自从荷兰人来到亚洲后海上贸易格局发生变化。荷兰是比西班牙后起的海上贸易大国，为了开展好望角以东地区的亚洲贸易，1602 年成立荷兰东印度公司，以巴达维亚为总部，开展与西班牙葡萄牙对中国大陆贸易的竞争，荷兰人明白要争夺与中国大陆贸易的主导权，必须阻断中菲贸易并占领台湾。1621 年 11 月 16 日，《印度事务报告》指出：只要我们不能在中国沿岸找到地方驻扎，并在那里与中国人贸易，他们（中国商人）也就不会放弃往马尼拉的航行，即使我们每年派舰队在马尼拉附近巡逻也无济于事，中国人仍将为巨额贸易利润冒险前往售货。但若我们能在他们的国家找到地方驻扎，而且他们能获许与我们贸易，他们很快会与我们来往，再迫使他们放弃与马尼拉的贸易将轻而易举。③ 于是，荷兰人一方面在东南沿海继续阻击西班牙船队，抢劫去马尼拉贸易的中国商船，如 1623 年 4 月荷兰人获知有 12 艘中国商船将从漳州驶往马尼拉，荷兰长官莱尔森（Comelis Reijersz）决定派出两条船到马尼拉沿岸，在中国商船的航行水域进行截击，结果截获 3 艘中国商船和一大批货物，捉获 800 名中国人。④ 另一方面于 1624 年 9 月荷兰人从澎湖撤退后，在台湾岛大员

① 全汉升:《明清间美洲白银的输入中国》,《中国文化研究所学报》1969 年第 2 辑第 1 期，第 59—80 页。

② 贡德·弗兰克《白银资本——重视经济全球化中的东方》，北京：中央编译出版，2000 年，第 204 页。

③ 程绍刚译注:《荷兰人在福尔摩沙》，台北：联经出版事业公司出版，2000 年，第 3 页。

④ 程绍刚译注:《荷兰人在福尔摩沙》，台北：联经出版事业公司出版，2000 年，第 29 页。

港建立新的贸易基地，从此以大员为据点，与西班牙等国争夺对中国大陆的贸易。荷兰人占领台湾以后，对马尼拉与中国大陆的贸易造成重大威胁。首先，大员与东南沿海各港口的距离比马尼拉近得多，海上运输成本比较低，风险比较小，更容易吸引中国商船到大员贸易。其次，荷兰人从大员出发便于阻击东南沿海各港口到马尼拉的中国商船。荷兰人以大员为据点进行拦截，迫使中国海商不得不经由澳门的葡萄牙人转手向马尼拉销售生丝，到1626年，马尼拉只采购到生丝44担，而同期荷兰人取得生丝900担，丝织品还不计算在内。①

为了反击荷兰人的封锁，他们认为必须在台湾建立新的贸易基地。其实早在1597年6月西班牙里奥斯（Colonel Hernando de Los Ryos）上校向西班牙国王提交《航海和征服备忘录》，大谈占领基隆的必要性，里奥斯说：基隆距中国大陆不超过二十里格（一里格约等于5555米），位于吕宋北端西北方向三十六里格，乃是中国到马尼拉和日本到马尼拉两条航线的必经之处，台湾周长约二百里格，供应充足，塞堡很少，基隆面对日本，没有设防，是一个深水大港，可容大舰队，这个海港，进口狭窄，以三百人筑寨据守，炮火便可抵抗任何进攻。港口附近的土地肥沃，富产粮食和肉类，每年运往中国的海鱼达两百船，所以是一个安全而有良好供应的港口，中国来往马尼拉的商船，都在基隆停泊。里奥斯上校最后的结论是："为了本群岛（菲律宾群岛）的安全，占领这个港口是非常必要的。"②1619年西班牙道明会士马丁略（Bartolome Martinez）再次提出在台湾建立贸易基地的建议，他在《征服福岛的益处》中说：为了让马尼拉得以维持，并进一步拓展其贸易关系，而无须惧怕荷兰人或其他海盗，在福岛（台湾岛）地方建造堡垒，可谓是明智之举。他接着说：此处为大港，被中国和日本所围绕，因此是个最理想的贸易点，据称这岛屿是离中国最近之处。他认为：一旦在福岛立脚，那港口便能对在当地出售的货物，课征合理的关税或税金，而能够支持马尼拉这座城市③。菲律宾省督塞尔发（Fernando de Silxa）对西班牙国王报告说：马尼拉只有靠对中国的贸易繁荣才能维持下去，荷兰人占领台湾的行动意味着毁灭马尼拉。同时一批传教士也竭力鼓吹在台湾建立基地，以便保护中国来马尼拉的商船，并接近中国，以便向中国渗透，于是侵占台湾

① 《菲律宾群岛》第22卷第97页，转引严中平《老殖民主义史话选》，第332页。

② 《菲律宾群岛》第9卷第310页，转引严中平《老殖民主义史话选》，第329页。

③ 鲍晓鸥《西班牙人的台湾体验（1626—1642）》，附录2，台北：南天书局有限公司出版，2008年，第355页。

成为西班牙人的迫切愿望，占领台湾已提到议事日程上来了。

二

西班牙人经过一段时间准备，1626年2月8日指派军士长巴尔德斯（Antonio Carreno de Valdes）率领三个步兵联队及马丁略神父带领的五位教会人员乘坐12艘大型舢舨船和2艘双桅桨帆船从甲米地Cavite港出发，5月7日看见台湾岛，沿台湾东海岸航行，5月10日到达台北的一个海湾，他们命名为圣地亚哥（Santiago）。马丁略神父和两艘小船向北行驶，发现一个主要港口，他们命名为圣千里达岛（Santisma Trinidad），他们宣称将此地纳入西班牙保护之中。在那个周长比一里格稍长的小岛上（社寮岛，今和平岛），他们建立圣萨尔瓦多城堡（San Salvador），在一个高达三百英尺的小丘上再建一个棱堡作为防卫之用，之后，马丁略神父又建造一个小而简陋的教堂，作为集会和西班牙人祷告的场所。[①]西班牙人占领鸡笼不久，开始向淡水扩张，第二年派遣威拉上尉（Antonio de Vera）带领20个士兵到淡水购米并调查扩张的可能性，1628年8月8日西班牙人正式占领淡水。顺利地占领台北鸡笼，大大地提高西班牙人的气势和信心，他们打算进一步进攻台南的荷兰人，1627年8月17日菲律宾省督塔伯拉（Juan Nino de Tabora）亲自率领一支庞大的舰队出征大员，妄图一举将荷兰人赶出台湾，这支舰队总共8艘船，总吨位达3875吨，有大炮136座，资深军官和其他人员9人，教会人员12人，西班牙步兵731人，邦板牙省人（Pampanga）步兵280人，炮兵和长官81人，水手和官员886人，总的人数达近二千人。[②]可惜天不遂人愿，舰队行驶在途中被风暴吹散，大部分舰船返回出发地，自此以后，西班牙人再也无力组织大规模的舰队主动进攻在台湾的荷兰人。

西班牙人占据鸡笼的消息传到大员，引起荷兰人的警惕，他们立即制订阻击西班牙人的计划，并派遣Orange等三艘船前去日本与那里的兵力会合，待北风季节开始迎击敌人，但由于上述船只不可能一鼓作气从日本前往台湾北端，

---

① 鲍晓鸥《西班牙人在福尔摩沙1582—1641》第一册，台北：南天书局有限公司出版，2001年，第72—73页。

② 鲍晓鸥《西班牙人在福尔摩沙1582—1641》第一册，台北：南天书局有限公司出版，2001年，第101页。

因此这个计划落空了。尽管这个计划未能实现，但他们驱逐西班牙人的决心未变，荷兰人认为无论从哪方面讲，我们急需把敌人赶出那一地区（鸡笼）不然则有碍于公司与中国的贸易，而且据说西班牙人占领的地方条件比大员更优越。他们认为与美洛居，安汶相比较，台湾岛上的中国贸易与稳定应置于首位，原因是如果敌人驻扎在那里而不能被驱逐出去，那么公司以及公司在那里所期望对中国人的贸易的价值就降低，而对西班牙人来说正好相反，他们对中国的贸易会大幅度增加，他们可以用大批资金获取巨额利润，而且依仗富有威信的朋友及代理人，在中国受到比我们更优厚的待遇，这些朋友和代理人是他们在马尼拉的长期谈判中结交的。①

为了驱逐台北的西班牙人，1628年巴达维亚总督顾恩（Jan Pietersz Coen）命令大员的荷兰长官纳茨，要他派几艘快艇去福州在敌人的根据地鸡笼和淡水之间巡弋，用以阻止他们的交易。为此，纳茨（Piter Nuyts）派出两条戎克船，每艘搭16名荷兰人和50至70名中国人，与其他三条中国人海盗帆船一起，于1628年11月从大员出航，但是因他们在渡往大陆沿海时遇到强风的天气，互相飘散，遭遇到很大的危险，这次出征才作罢。②

1629年蒲特曼斯（Hans Putmans）接任台湾长官不久，7月8日派遣Domburch等四条船从大员出发，往北航行到福州附近敌人的航行水域劫夺船只，侦察敌人在鸡笼和淡水的城堡，进一步探察中国北部沿海。8月13日舰队到达淡水，立即派出小帆船沿淡水河向上游侦察，发现一艘西班牙桨帆船，一艘快船和四艘中国戎克船。14日，黎门号（Diemen）和思洛腾号（Slooten）停留在河口，盾不黑号（Domburch）和几艘小帆船一起向淡水河上游进攻。15日破晓，西班牙桨帆船向他们开火，陆上炮台也向船队开火，击中荷兰人快艇，部分船员受伤，造成相当大的损失。荷兰人派出戎克船和小帆船，想夺取对方的桨帆船，但因水流和风向均不利继续进攻，只好撤退，其中一只船搁浅，被岸上炮台发射的一枚炮弹击中。黄昏时他们才退回河口，与另二艘船会合，16日他们沿着岛屿的东北方向航行，要去攻击敌人另一要塞，中午又因风向与水流不利，只好放弃。③ 尽管这次出征没有赶走鸡笼淡水的西班牙人，但已侦察到

---

① 程绍刚译注：《荷兰人在福尔摩沙》，台北：联经出版事业公司出版，2000年，第66页。

② 江树生主译：《荷兰联合东印度公司台湾长官致巴达维亚总督书信集1627—1629》第2册，附录1，台湾：台湾文献馆、台湾历史博物馆出版，2010年，第336页。

③ 鲍晓鸥：《西班牙人的台湾体验（1626—1642）》，附录7，台北：南天书局有限公司出版，2008年，第368页。

敌人的防守情况，他们回到大员报告说已对敌人占据的两地进行侦察，淡水有一个圆堡，并配备大炮，鸡笼在淡水以北六荷里处，有一座用石头建筑的城堡，该城堡周围还附有四座岗楼。报告接着说：我们无论如何要赶走敌人，如果我们想无忧无虑地进行对中国贸易的话，这一令人毫无察觉的据点抢走了我们一大部分利益。①

荷兰人退回大员后并没有放弃占领鸡笼淡水的愿望，一方面继续千方百计搜集西班牙人的防守情报。1631 年 4 月 15 日一艘中国戎克船从日本长崎要航行到大员，途中遇到暴风，被吹到鸡笼，被西班牙人扣押一个月后到达大员。荷兰长官立即向他询问关于那边兵力状况，他回答说：鸡笼的城堡没有热兰遮城堡这么大，在海边那面的城墙是用石头建造的，向陆地对着山那面用石头环绕着，他们经常驻在这个城堡以及另外一个城堡，有两三百个西班牙人和三四百个邦板牙省人（Pampanga）。② 同年 6 月 30 日有六个黑人从淡水搭一艘舢板逃来此地，荷兰长官也立即向他了解关于那边的详细状况，黑人回答说：在鸡笼的城堡有四个棱堡，周围用灰色石头造墙，高约三浔半，架有 14 门大炮，即在最主要的面向海洋那个棱堡架有五门，在面向陆地最大的棱堡架有四门，在第三个棱堡架有三门，第四个棱堡架有两门，在距离海边约一个步枪射程处，经常有六个士兵和一个军官在守卫，从上述那座山上可以看见该城堡内部情况，建造该城堡的地方是一个岛，该岛以及该海湾周围都是沙滩，到处可以上岸，便于登陆。③

另一方面继续拦劫去鸡笼的商船，封锁鸡笼的对外贸易。1633 年 3 月 22 日荷兰船长 Claes Janssen 在海上拦劫一艘西班牙商船，经审问获知他们去年从福州到鸡笼，从鸡笼前往马尼拉，又从马尼拉乘季风返回鸡笼，在那里装载订购的货物，即那些用西班牙字母标示的货物，主要是面粉，小麦，一些瓷器和其他杂物，由于该船及那些人都是属于一个西班牙商人的，所载货物大部分是西班牙人的，他们是我们世仇，因此决定予以没收。④1633 年 10 月 13 日又有一艘中国人的戎克船要从马尼拉前往鸡笼，途中被荷兰快艇 Rouwerhaen 拦获，该戎克船载有苏木及一些现款。⑤

① 程绍刚译注：《荷兰人在福尔摩沙》，台北：联经出版事业公司出版，2000 年，第 103 页。
② 江树生译注：《热兰遮城日志》，第一册，台南市政府发行，2000 年，第 44 页。
③ 江树生译注：《热兰遮城日志》，第一册，台南市政府发行，2000 年，第 49 页。
④ 江树生译注：《热兰遮城日志》，第一册，台南市政府发行，2000 年，第 85 页。
⑤ 江树生译注：《热兰遮城日志》，第一册，台南市政府发行，2000 年，第 101 页。

1638年5月10日获知有一艘戎克船要从马尼拉载西班牙人前往鸡笼，荷兰长官决定要派在魍港的Rijp号的长官去截取该戎克船，为此，还增派10至12个士兵搭一艘小戎克船去增援。[①]第三方面的做法是进一步开放大员，允许所有商人来贸易，从而争夺鸡笼和马尼拉对中国的贸易。1636年荷兰人认为只要增加在大员的资金，直到我们的人有能力购买从中国运来的所有货物，从而使大员的贸易成为惯例而得到稳定，即使对去马尼拉和鸡笼的货物运输不加阻拦也不会影响我们的贸易。[②]

荷兰人“为了使公司能尝到珍贵的福尔摩沙岛真正的果实，并使公司成为整座岛屿的主人，决定把西班牙人赶出鸡笼并占据他们的城堡工事”。1641年8月24日荷兰大员长官特劳牛斯（Paulus Traudenius）直接写信给鸡笼的西班牙长官，劝他最好献城投降，同时派遣两艘快艇，一艘平底船，一艘容克船，一艘领港船和几艘小的中国船只，搭乘105个士兵和115个水手，由队长Johan Junaensz指挥，去攻取鸡笼的西班牙城堡，不过，该舰队侦察敌人的阵地之后，于9月22日又回到大员，他们没有执行攻取的任务，因为Johan Junaensz认为他的士兵和大炮太少，无法用攻取该城堡。[③]这次未能攻占鸡笼，荷兰人并不罢休，1642年集结更强大的兵力发起攻击，8月10日哈罗斯舰长（Hendrik Harouse）由澎湖航抵热兰遮城，大员评议会随即就进攻鸡笼的时机和气候条件展开讨论，并决定不再耽搁，立即将驱逐岛上西班牙人的军事远征任务交给哈罗斯。8月17日由哈罗斯（Hendrik Harouse）率领的舰队向北启航，这个舰队由四艘船舰，一艘补给船，一艘戎克船，一艘使用拉丁帆的船所组成，共计人员690人，其中369名士兵，222名水手，48名中国人，8名爪哇人，30名广南人，13名奴隶组成。8月19日舰队到达，第二天哈罗斯组织300人的先锋队登岛作战，击退西班牙人的抵抗，很快登上和平岛，占领该岛的制高点（看守堡），21日开始用火炮猛烈轰击西班牙守军，经过几天的炮击，西班牙人逐渐丧失战斗力。25日荷兰哈罗斯要求西班牙守军投降，当天晚上，鸡笼西班牙守军长官波提罗（Gonzalo Portillo）与传教士们商量，认为已无力再继续保卫要塞，第二天西班牙人被迫签下投降书，荷兰军队结束战斗，将西班牙俘虏暂时

---

① 江树生译注：《热兰遮城日志》，第一册，台南市政府发行，2000年，第392页。

② 程绍刚译注：《荷兰人在福尔摩沙》，台北：联经出版事业公司出版，2000年，第182页。

③ 江树生译注：《热兰遮城日志》，第二册，台南市政府发行，2000年，第8页。

安置在道明会和方济会的修院里，然后再运往热兰遮城和巴达维亚。[①]从此，荷兰人终于占领全台湾岛。

三

荷兰人能够比较顺利地占领台北并不是他们的军力有多么强大，而是与西班牙人主动撤退有关系的，为什么西班牙人花大力气占领台北而又逐渐放弃呢？

首先，鸡笼淡水的商业地位并不像西班牙人原来预估的那么重要。他们原来的如意算盘是以鸡笼淡水为据点，既可以冲破荷兰人的封锁，直接与中国东南沿海开展贸易，特别是与福州的贸易，又便于干扰大员对中国和日本的贸易，因此占领台北初期对于扩展贸易寄以很大的希望，的确当时有中国商人违禁自福州前去贸易，另有人自中国北部地区运去许多瓷器。[②]为了进一步扩大鸡笼与中国大陆贸易，西班牙人采取种种措施：第一，免收商品税。1628 年 3 月 28 日马尼拉给派去福尔摩沙岛担任会计和运输的皇家财政人员指令：只要财政部门持续批准，无论载运什么货物，我们不向到福尔摩沙岛的中国船只抽税。除非获得“福尔摩沙岛”最高长官的允许，不得检查中国船只也不得收取任何费用。[③]第二，长官亲自招商。西班牙鸡笼长官加拉错（Juan de Alcarazo）曾两次尝试与中国建立正式贸易关系，第一次在他 1629 年前往鸡笼任职时，船队中一艘桨帆船迷失方向而航行到中国沿海，受到友好接待，消息传回鸡笼后，加拉错立即派遣一名中尉前去联系，但他回来说：中国皇帝驾崩，太监权相魏忠贤已冻结了所有海上活动，故没有办成。1630 年 12 月 30 日，加拉错二度尝试派道明会士高奇（Angel Coccli）为首的使节团，前往福州要见福州总督，他们带了 2 名士兵，7 个台湾少数民族助手，外交信函和给总督的礼物，准备完全不提宗教信仰，希望能够得到允许跟中国进行贸易，但途中受到中国舢舨船员的攻击，[④]以失败告终，仅在福州发现一所铸造西班牙伪币的工厂，大概是这次出

① 鲍晓鸥：《西班牙人的台湾体验（1626—1642）》，附录 16，台北：南天书局有限公司出版，2008 年，第 391 页。

② 程绍刚译注：《荷兰人在福尔摩沙》，台北：联经出版事业公司出版，2000 年。

③ 鲍晓鸥：《西班牙人在福尔摩沙 1582—1641》，第一册，台北：南天书局有限公司出版，2001 年，第 116 页。

④ 鲍晓鸥：《西班牙人在福尔摩沙 1582—1641》，第一册，台北：南天书局有限公司出版，2001 年，第 51 页。

使的最大收获。自此之后，便不再有相关的讨论，中国计划也遭到废弃。[①]同时荷兰人又加强对鸡笼的贸易封锁，如1633年7月29日大员长官给郑芝龙的信件中提出六条要求，有一条要郑芝龙不再允许任何戎克船前往马尼拉，鸡笼及其他我们敌人的地方，只许前往巴达维亚。[②]

在这种情况下，鸡笼的贸易日见萧条，尽管西班牙人每年还能派遣几条船到鸡笼与中国人交易，采购小数量的丝和丝织品，但因没有足够的现款，从中国运来的货物就很少了。[③]可见资金短缺成为约束鸡笼贸易的又一重要原因，如1639年一群中国商人在袭击荷兰船只以后驰往中国沿海，在福州附近搁浅，得到另一艘船后装载丝和丝织品扬帆鸡笼，但因西班牙人缺乏资金未能全部售出，便决定将剩余丝货运往马尼拉。[④]

其次，少数民族的激烈反抗使他们未能长期驻守。西班牙人占领鸡笼淡水以后因物资极度缺乏，立即派士兵去征服周围的少数民族村落，抢夺大米等生活物品，引起了强烈反抗。1628年鸡笼长官派遣Antonio de Vera队长带领20个西班牙士兵到淡水河边一个少数民族村落征收粮食，住了一两个月也没有征收到一粒大米，该队长暗中要鸡笼长官派出更多士兵和枪支以武力达到目的，此阴谋被少数民族识破，有一天酋长跟Antonio de Vera队长和西班牙士兵一起去打猎，少数民族突然袭击西班牙人，将队长和7个士兵杀死，其余西班牙士兵乘坐他们的小船逃回城堡，鸡笼长官立即派遣另一队长乘坐另一艘双桅浆帆船，带领100个士兵前去报复，他们进入淡水河边的村落时，少数民族立刻逃走，西班牙人从谷仓中搬走很多大米，装满了双桅帆船和4艘用来运货的大型舢板。[⑤]

1636年在淡水一个少数民族首领鼓动下，一些村落发生暴动，突袭杀死一批西班牙人，后来又用箭射死Francisco Vaez神父，将神父的头和右手割去带到山上庆祝。[⑥]同年在鸡笼也发生反抗事件，因西班牙人向每一对结婚的征收

① 鲍晓鸥：《西班牙人的台湾体验（1626—1642）》，台北：南天书局有限公司出版，2008年，第203页。

② 江树生译注：《热兰遮城日志》第一册，台南市政府发行，2000年，第110页。

③ 江树生译注：《热兰遮城日志》第一册，台南市政府发行，2000年，第225页。

④ 程绍刚译注：《荷兰人在福尔摩沙》，台北：联经出版事业公司出版，2000年，第209页。

⑤ 鲍晓鸥：《西班牙人在福尔摩沙1582—1641》，第一册，台北：南天书局有限公司出版，2001年，第131—132页。

⑥ 鲍晓鸥：《西班牙人在福尔摩沙1582—1641》，第一册，台北：南天书局有限公司出版，2001年，第240—241页。

3gantingh 米和两只鸡，引起与少数民族之间的冲突。[①]

第三，台北自然环境比较恶劣，不太适合长期居住。特别是淡水附近浓烈的硫磺气体对身体健康不利。西班牙人住在台北地区，由于鸡笼疾病流行，死亡现象不断出现，以及其他一些不利因素，一批从前定居下来的自由民乘坐上述快船离开那里前往马尼拉。[②] 荷兰人攻占以后这种情况也没有多大改善，他们到达淡水之后又有许多人病倒并死去，连同在淡水死去的人总计 150 人，这些死亡均由于危及身体健康的硫磺气体和肮脏的硫磺水造成的。[③]

由于以上原因，西班牙人从十七世纪三十年代中期已出现战略收缩的想法，1634 年 8 月 10 日菲律宾省督色列左（Cerezo de Salamanca）写给西班牙国王有关“福尔摩沙”的报告中提出：当时占领“福尔摩沙岛”的原因是该岛与中国距离近，可以在那里建立跟中国贸易以获取利润，同时加强与邻近岛屿的联系，但是由于很多困难並没有达到这个目的，他最后说我不敢说我们应该放弃“福尔摩沙”的基地，可是我一直认为我们最好是从来没有占领“福尔摩沙岛”。[④] 西班牙国王将此事交给下一任菲律宾省督高奎那处理（Hurtado de Corcuera），1636 年 7 月 11 日高奎那寄给西班牙国王的回信中说：“福尔摩沙”没有多少用处，因为不可能将少数民族转变为天主教徒，只是消耗我们 200 个西班牙人和 100 个当地民众以及一些船只。[⑤]

1637 年 1 月 22 日高奎那召集战争会议讨论是否应该放弃“福尔摩沙”的据点，会议认为：过去 11 年我们花费了大约 50 万元银子，维持一个 300 个军人的部队，包括 220 个西班牙士兵，驻守“福尔摩沙岛”，军力不足以将我们的敌人驱逐出“福尔摩沙岛”，每年从“福尔摩沙岛”贸易获利不超过 2000 比索。[⑥]1637 年 8 月 20 日高奎那写给西班牙国王有关“福尔摩沙”的报告中再次提出从“福尔摩沙岛”撤退的意见，他说我们占领“福尔摩沙岛”11 年来，投

① 鲍晓鸥:《西班牙人在福尔摩沙 1582—1641》，第一册，台北：南天书局有限公司出版，2001 年，第 249 页。

② 程绍刚译注:《荷兰人在福尔摩沙》，台北：联经出版事业公司出版，2000 年，第 153 页。

③ 程绍刚译注:《荷兰人在福尔摩沙》，台北：联经出版事业公司出版，2000 年，第 494 页。

④ 鲍晓鸥:《西班牙人在福尔摩沙 1582—1641》，第一册，台北：南天书局有限公司出版，2001 年，第 218 页。

⑤ 鲍晓鸥:《西班牙人在福尔摩沙 1582—1641》，第一册，台北：南天书局有限公司出版，2001 年，第 249 页。

⑥ 鲍晓鸥:《西班牙人在福尔摩沙 1582—1641》，第一册，台北：南天书局有限公司出版，2001 年，第 263 页。

入很多经费，没有得到益处，也没有能够将当地民众变成教徒，至于原先占领“福尔摩沙岛”的目的是促进跟中国贸易，但我认为中国人到马尼拉来贸易更好。[①]在此情况下，西班牙人的防御比较薄弱，1642年荷兰人轻松地驱逐北部西班牙势力，实现对整个台湾岛的占领。

① 鲍晓鸥：《西班牙人在福尔摩沙1582—1641》，第一册，台北：南天书局有限公司出版，2001年，第275页。

再论 17 世纪上半叶台湾海峡贸易主导权问题

——以荷兰殖民统治台湾初期的转口贸易为中心

黄俊凌

16 至 17 世纪，随着航海技术的进步以及欧洲重商主义的盛行，西方的航海探险密切了东、西方联系，推动了全球贸易体系的建立。亚洲各地原本已有的贸易圈和贸易势力，相互独立又彼此联系，交织成一个绵密的贸易网络。从 16 世纪起，欧洲殖民者大规模在东亚进行商业扩张，辗转于中国、日本、东南亚之间，从事转口贸易，积极争夺东亚贸易的主导权。由于葡萄牙窃据澳门、控制马六甲海峡，操纵东南亚与里斯本的远程贸易；而西班牙占领马尼拉，建立起中国、东南亚与美洲、欧洲的贸易航线。荷兰则迟至 17 世纪初期方在爪哇岛建立了巴达维亚殖民据点。为了突破东亚传统的贸易圈，并与葡萄牙、西班牙的贸易航路进行竞争，荷兰人力图打开直接对华贸易的大门，建立有效的新贸易航线。天启四年（1624）荷兰人被明朝水师驱逐出澎湖，转而侵占了台湾，以其为据点，逐渐发展出福建到台湾，再到从台湾至日本或巴达维亚、欧洲的贸易路线，这条转口贸易航线一度成为 17 世纪上半叶东亚海上贸易最为繁华的商业网络。有关 17 世纪上半叶东亚海上贸易主导权问题，长久以来形成了两派观点，大致可归分为“欧洲主导论”与“华商优势论”。主张“欧洲主导论”的学术流派，主要以荷兰东印度公司为典型，认为其通过武装贸易、商品垄断和价格控制，掌控了 17 世纪上半叶东亚海域的贸易主导权。[①] 或者从海权

① 丹麦学者尼尔斯·斯廷斯加尔德认为：荷兰东印度公司以武力支持贸易，再藉此垄断贸易，进而控制物价，操纵贸易品，最终超越亚洲商队。可参见尼尔斯·斯廷斯加尔德:《十七世纪亚洲的贸易革命：东印度公司与商队贸易的衰落》（Niels Steensgaard，*The East India Companies and the Decline of the Caravan Trade*），芝加哥：芝加哥大学出版社，1973 年。

实力以及区域贸易势力消长进行分析，认为17世纪上半叶东亚海权和主要贸易利润落入欧洲人之手，“荷兰凭借其雄厚的海上武力，在东亚海权争夺中最后胜出。”[①]“欧洲殖民者已逐步取代东南亚本土势力……从而成为了东南亚与其他地区海上贸易的主要经营者”,“海上贸易的主导权已落到了欧洲殖民者的手中”。[②]至于“华商优势论”的观点，一般认为17世纪荷兰东印度公司来到亚洲后，受到亚洲商人的挑战，并没有得到绝对的优势[③]，即使随着欧洲人武装贸易的推行，使长期以来活跃于各个贸易圈的许多亚洲海商圈或销声匿迹，或沦为次要的海商群，“唯独华人在东亚水域里始终扮演主要海商群的角色”[④]。而且荷兰东印度公司在17世纪的转口贸易，必须依赖华商早有的海外贸易航运网络[⑤]，强调中国海商在荷兰对华贸易中起到重要中介作用[⑥]。由于台湾地处中国大陆、日本和南洋群岛之间，在东、西洋贸易中具有得天独厚的地理优势。中、日海商，西班牙、荷兰殖民者都曾以其为据点，从事贸易活动。[⑦]当荷兰占据台湾后，竭力运用各种商业策略，构建海峡两岸的贸易新航路，并将其纳入东亚贸易网络

---

① 庄国土:《17世纪东亚海权争夺及对东亚历史发展的影响》,《世界历史》2014年第1期，第20页。

② 赵文红:《17世纪上半叶欧洲殖民者与东南亚的海上贸易》，昆明：云南出版集团公司、云南人民出版社，2012年，第180页。

③ 荷兰学者范·鲁尔认为，在近代资本主义兴起以前，东印度公司在亚洲并没有得到绝对的优势。可参见范·鲁尔:《印尼贸易和社会：亚洲社会与经济史的论文》(J.C.Van luer，*Indonesian trade and society: essays in Asian social and Economic history*)，W. 范·霍夫出版有限公司，1955年。

④ 张彬村:《十六至十八世纪华人在东亚水域的贸易优势》，张炎宪主编:《中国海洋发展史论文集》第3辑，台湾:“中央研究院”三民主义研究所，1988年，第345页；台湾学者林伟盛认为，十七世纪初马六甲以东、东印度群岛、印度支那、中国、日本的商圈则由华人主宰。参见林伟盛:《荷据时期的台湾贸易——以贸易路线和贸易品为中心》,《“台湾历史与经济发展”研讨会论文集》，台湾省咨议会编印，2004年，第23页。

⑤ 关于西方殖民者融入和利用中国海商在东亚海域贸易网络的观点。参见曹永和:《環アジア海域交流史における臺灣と日本》，箭内健次编:《鎖國日本と國際交流》，日本：吉川弘文馆，1998年；包乐史著，庄国土等译:《巴达维亚华人与中荷贸易》，南宁：广西人民出版社，1997年；李德霞:《17世纪上半叶东亚海域的商业竞争》，昆明：云南出版集团公司、云南美术出版社，2009年。

⑥ 翁佳音:《荷兰时代台湾史的连续性问题》，台北：稻乡出版社，2008年，第149页。

⑦ 林伟盛:《荷兰人与西班牙人在台湾贸易的比较（1624～1642)》，林玉茹主编:《比较视野下的台湾商业传统》，台北:“中央研究院”台湾史研究所，2013年；陈宗仁:《鸡笼山与淡水洋：东亚海域与台湾早期史研究1400～1700》，台湾：联经出版社，2005年。

之中。[①] 随着研究的深入，荷兰殖民统治台湾时期海峡两岸的贸易主导权问题，开始被学术界所关注，东亚贸易主导权中"欧洲主导论"与"华商优势论"的观点，被延伸到相关讨论中，形成海峡两岸贸易主导权的"荷兰东印度公司主导论"与"华商主导论"。"荷兰东印度公司主导论"从海权实力的角度，认为 17 世纪的荷兰是世界贸易、船运和金融的主轴，荷兰殖民统治下的台湾，是荷兰在亚洲最为繁荣的商馆[②]，并且认为正是因为荷兰强大的海权实力，使得台湾成为其"拓展贸易和建立远东霸权的重要据点"[③]。至于主张"华商主导论"的学者认为，17 世纪初的中国海商"活跃在台湾海峡，牢牢控制东南沿海与日本、马尼拉、南洋群岛的贸易主导权"[④]，并从中国海商所掌握出口商品的种类和数量、商品定价以及贸易方式三个角度，论证中国海商才是 17 世纪台海贸易的主导者。[⑤] 类似的分析，亦有从个别自由商人的角度肯定中国海商在台湾海峡贸易中的主导作用。[⑥] 当然，有的学者希望折中两种观点，认为 17 世纪荷兰殖民者掌握了台湾海峡一半的控制权，从福建商人"手中瓜分了相当一部分商业利益"[⑦]，但其强调的是荷兰殖民者争夺东亚海权的过程，对贸易主导权的归属则是语焉不详。

实际上，17 世纪上半叶荷兰殖民者在台湾从事的转口贸易，只是当时东亚

---

① 关于荷兰人在台湾的转口贸易活动，海内外已有相当程度的研究。参见永积洋子：《荷兰的台湾贸易》，村上直次郎、岩生成一等著，许贤瑶译：《荷兰时代台湾史论文集》，台湾：佛光人文社会学院，2001 年；曹永和：《台湾早期历史研究续集》，台北：联经出版社，2000 年；林伟盛：《荷兰时期东印度公司在台湾的贸易，1622 ～ 1662》，台湾大学历史研究所博士学位论文，1998 年；李金明：《十七世纪初荷兰在澎湖、台湾的贸易》，《台湾研究集刊》1999 年第 2 期；林仁川：《明末清初私人海商贸易》，上海：华东师范大学出版社，1987 年；杨彦杰：《荷据时代台湾史》，南昌：江西人民出版社，1992 年；翁佳音：《荷兰时代台湾史的连续性问题》，台北：稻乡出版社，2008 年；李德霞：《17 世纪上半叶荷兰东印度公司在台湾经营的三角贸易》，《福建论坛》2006 年第 5 期；李德霞：《17 世纪初荷兰在福建沿海的骚扰与通商》，《海交史研究》2004 年第 1 期。

② 乔纳森·I. 以色列：《1585—1740 年世界贸易中的荷兰》（Jonathan I. Israel，*Dutch Primacy in World Trade 1585—1740*），牛津：牛津大学出版社，1989 年。

③ 汪曙申：《试论十七世纪荷兰海权的崛起与对台湾的侵占》，《台湾研究》2011 年第 5 期，第 59 页。

④ 林仁川：《评荷兰在台湾海峡的商战策略》，《中国社会经济史研究》2004 年第 4 期，第 65 页。

⑤ 张彩霞、林仁川：《中国海商：17 世纪台海贸易的主导者》，《中国社会经济史研究》2010 年第 4 期，第 71 页。

⑥ 杨国桢：《十七世纪海峡两岸贸易的大商人——商人 Hambuan 文书试探》，《中国史研究》2003 年第 2 期。

⑦ 徐晓望：《论 17 世纪荷兰殖民者与福建商人关于台湾海峡控制权的争夺》，《福建论坛》2003 年第 2 期，第 32 页。

贸易网络中的一环。因此，台湾海峡贸易主导权的争夺，是当时东亚贸易主导权争夺的组成部分，是十分复杂的问题。从海权的角度来看，17世纪的荷兰在东亚海域有着举足轻重的地位，其政治、军事、经济影响力毋庸置疑。但西班牙、葡萄牙等欧洲殖民势力，是荷兰竞夺东亚贸易主导权的竞争对手，也是台湾海峡贸易主导权的外在影响因素。此外，台湾作为荷兰在东亚的贸易据点，处于华商传统势力范围，然而中国海商的状况极为复杂，有“官商”“私商”“军商”之分，而“私商”的角色又在“普通商人”和“海盗商人”之间转换。[①]当荷兰无法与明朝直接贸易的情况下，要利用台湾发展东亚海上贸易，就必须依靠华商运来中国的瓷器、丝绸、糖等商品。荷兰人一旦“无法掌握华商，让华商参与竞争，台湾的贸易将无法顺利展开”[②]。显然，中国海商作为商品的提供者，在商品的种类、数量、定价和贸易方式上拥有一定的自主权，是当时台湾海峡贸易主导权的有力争夺者，但不意味着中国海商必然能够主导17世纪上半叶的台海贸易。台湾海峡贸易主导权的归属，主要是荷兰殖民者与华商买卖双方的博弈，此外明朝与日本对于海外贸易政策的宽、严，西班牙、葡萄牙对台海贸易的插手介入，华商集团内部的分化和竞争，明末政局变化对商品生产的影响等，众多因素相互交织、相互作用，使得台湾海峡的贸易主导权争夺变得异常复杂，并呈现出阶段性特点。因此，本文认为十七世纪上半叶台湾海峡的贸易主导权，并不是单纯的“荷兰东印度公司主导”或“华商主导”就能够定论。从天启四年（1624）荷兰侵占台湾，直至崇祯十七年（1644）明朝灭亡，荷兰殖民统治台湾初期的转口贸易，经历了起步、发展和逐步衰落三个阶段，海峡两岸的贸易主导权也在中国海商和荷兰殖民者之间动态转移。本文结合中、荷档案[③]，再次探讨17世纪上半叶海峡两岸的贸易主导权问题，希望能够见微知著，以特定时段台湾转口贸易的发展过程及其各种内外影响因素，结合荷兰

① 李伯重教授把前近代与近代早期的国际贸易商人分为“官商”“私商”和“军商”，其中“私商”还可以分为“普通商人”和“海盗商人”两大类。参见李伯重：《多种类型，多重身份：15至17世纪前半期东亚世界国际贸易中的商人》，《南京大学学报》2016年第1期。

② 林伟盛：《荷据时期台湾的国际贸易——以生丝贸易为主》，台湾政治大学文学院编：《第五届“中国近代文化的解构与重建”学术研讨会论文集》，台南：台南市政府编印，2003年，第226页。

③ 本文利用的荷兰东印度公司档案最主要的是《台湾人在福尔摩莎》和《热兰遮城日志》。前者由华裔学者程绍刚博士，将荷兰东印度公司档案《东印度事务报告》中关于台湾的史料，翻译为中文；而《热兰遮城日志》是荷兰殖民当局记载台湾事务的日记，记载了1629年至1662年荷兰殖民者在台湾的各种活动，荷兰殖民者每年于北风季节将日记送到巴达维亚，再转往荷兰本国，是荷兰东印度公司的重要内部文件，日记以古荷兰文写成，由台湾学者江树生翻译。

殖民者与华商在特定商品货源、价格、贸易方式等方面的交涉和冲突，侧面反映当时东亚海上贸易主导权问题的错综复杂，也为后续的探讨抛砖引玉。

一、荷兰占据台湾初期海峡两岸的贸易（1624—1626）

（一）荷兰占据台湾初期的贸易困境

1624 年 7 月，在明朝水师的强大压力下，荷兰殖民者被迫撤离澎湖，转而窃据台湾大员（今台南市）。荷兰殖民者占据台湾初期，则认为“中国人得以许可到大员与我们贸易。只是宫廷尚未公开准许，军门、都督及大官等都默认。”[①]虽然荷兰人撤离澎湖后，明政府内部也讨论过海禁问题，礼部主事沈鈇主张“不如俟彭湖岛设兵镇后，红夷息肩，暂复旧例，听洋商明给文引，往贩东、西二洋”[②]，建议开放海禁。然而明末封建统治腐败，海禁松弛早已是不争的事实。所以，荷兰人也清楚“贸易在中国官员的默许之下仍继续进行。”[③]

不过，荷兰的对华贸易并没有因海禁松弛而进展顺利。由于中国的生丝在欧洲有很高的利润，加上 17 世纪的日本是东亚非常主要的生丝消费国，明朝的生丝在欧洲和日本市场上销路很好，因此荷兰殖民者在台湾的转口贸易，最渴望得到的商品就是来自中国的生丝。然而 1624 年 11 月 5 日，荷兰殖民舰队司令宋克在给巴达维亚城总督卡本提耳的信中提到：“直到现在我们几乎都还没买到丝”，即使少数中国海商运来的货物，“大部分是些粗劣和陈旧的货物”[④]。另一方面，宋克认为“没有中国人能够从此地运回中国的商品货物，是继续发展贸易的一大阻碍。胡椒和丁香大部分都以低廉的价格卖出去了，但是檀香木就卖的很少，因为品质很坏而且太陈旧了。”[⑤]可见，荷兰占领台湾后所面临的贸易困境在于，只有少数中国海商运来不多的货物，且质量不高；而荷兰从东南亚运到台湾的胡椒、丁香、檀木等货物，也无法顺利销售，只能低价处理。显然，这种状况与荷兰人期待的转口贸易相去甚远。

即使中国海商运来少量生丝，荷兰人也必须面对日本商人的强力竞争。早

---

① 郭辉译：《巴达维亚城日记》第 1 册，南投：台湾省文献委员会，1970 年，第 65 页。

② 沈鈇：《为处置澎湖启基善后永固闽疆事》，台湾史料集成编辑委员会：《明清台湾档案汇编》第 1 册，台北：远流出版公司，2004 年，第 222 页。

③ 程绍刚译注：《荷兰人在福尔摩莎》，台北：联经出版社，2000 年，第 60 页。

④ 江树生、翁佳音译：《荷兰联合东印度公司台湾长官致巴达维亚总督书信集》第 1 册，南投：台湾文献馆，2010 年，第 136 页。

⑤ 江树生、翁佳音译：《荷兰联合东印度公司台湾长官致巴达维亚总督书信集》第 1 册，南投：台湾文献馆，2010 年，第 136 页。

在 16 世纪末，中、日商人就在台湾进行贸易。荷兰殖民者清楚地看到，“在大员，每年有日本商贾乘帆船而至，在当地购买大量鹿皮，特别是与中国的海上冒险商做大宗丝绸生意。”[①] 而且，日本商人以更高的价格向中国海商订购生丝，对丝的品质要求也不像荷兰人那样挑剔。[②]1625 年 10 月 29 日，新任台湾长官德·韦特向总督汇报贸易情况时，指出日商对荷兰在台贸易的威胁，“而他们 [日本人] 也 [真的] 以 [每担]150 到 160 两 [银] 的 [高] 价格收购丝，使得运来此地的丝非常少，价格也高涨起来。如果这种情况年年持续下去，他们一来这里，荷兰东印度公司就要严重缺货，而他们将逐渐变成贸易的主人。”[③]

除日本商人外，西班牙人也是荷兰在台湾贸易的主要竞争对手。16 世纪后期，西班牙占领了菲律宾，开辟了从马尼拉通往墨西哥的“马尼拉—阿卡普尔科航线”。由于商业利润极高，吸引大量福建海商云集马尼拉，从 16 世纪后期至 17 世纪初期，每年均有 30 艘至 40 艘中国帆船定期航行马尼拉从事贸易。[④] 荷兰人占领台湾后，菲律宾总督席尔瓦写信给西班牙国王，指出台湾对西班牙与荷兰展开贸易竞争的重要性，“如果国王能在那里建一商馆，将可使菲律宾群岛回复到旧时的光彩与更多的繁荣”[⑤]。1626 年 5 月 5 日，马尼拉的西班牙殖民当局派出一支舰队，于 5 月 12 日进入鸡笼港（现台湾基隆），筑城设市，以吸引中国、日本的海商前去贸易。此后，鸡笼确实吸引了明朝海商前去贸易，西班牙道明会主教迭戈就形容中国海商“猎犬对猎物的敏锐还不如中国人对钱。”[⑥] 荷方台湾长官德·韦特也认为“马尼拉的西班牙人已经带一些军队来到本岛北端的这一边，即西边，并在那里筑砦防守（我们判断 [西班牙人] 是要在那里与中国人贸易，并要尽可能破坏公司在此地的贸易）。”[⑦] 总之，荷兰殖民者占据台湾之初，面临着货源紧缺、日本和西班牙竞争等不利条件，对华贸易进展缓

---

① 程绍刚译注：《荷兰人在福尔摩莎》，台北：联经出版社，2000 年，第 28 页。

② 程绍刚译注：《荷兰人在福尔摩莎》，台北：联经出版社，2000 年，第 47 页。

③ 江树生、翁佳音译：《荷兰联合东印度公司台湾长官致巴达维亚总督书信集》第 1 册，南投：台湾文献馆，2010 年，第 225 页。

④ 李金明：《十六世纪后期至十七世纪初期中国与马尼拉的海上贸易》，《南洋问题研究》1989 年第 1 期，第 79 页。

⑤ 荷赛·尤金尼奥·鲍晓鸥编译：《在台湾的西班牙人》（Jose Eugenio Borao Mateo et al. eds. *Spaniads in Taiwan*）第 1 卷，台北：南天出版社，2001 年，第 58 页。

⑥ 荷赛·尤金尼奥·鲍晓鸥编译：《在台湾的西班牙人》第 1 卷，台北：南天出版社，2001 年，第 195 页。

⑦ 江树生、翁佳音译：《荷兰联合东印度公司台湾长官致巴达维亚总督书信集》第 1 册，南投：台湾文献馆，2010 年，第 297 页。

慢，转口贸易打不开局面。

（二）荷兰殖民当局的贸易策略及效果

为了获得稳定的生丝货源，解决贸易困境，荷兰殖民者采取商业代理人制、商品预付款、提高收购价格等措施。日本华侨商人李旦以及中国海商许心素先后成为荷兰人的贸易代理人。1624 年 12 月 12 日，台湾的荷兰殖民当局决定，“我们为要取得纯净的新丝，不要再像以前那样有绞缠的情形发生，已经跟一个名叫 [许] 心素的中国商人订约，要交 100 到 150 担白色生丝给我们……这个商人是中国人甲必丹 [李旦] 很熟识的人。”[①] 为了使商业代理人成为荷兰人稳定的贸易伙伴，荷兰人为其提供订购商品的预付款，又叫“前金”或“赊金”。荷兰殖民者付给许心素首笔商品预付款 6 千两银子，1625 年下半年又贷给许心素 250 担生丝的资金。除了固定的商业代理人，荷兰殖民者还贷款给“散商”甚至明朝地方官员或武将。如 1625 年夏季，荷兰人贷给澎湖守备叶大经 2，550 荷盾 [②]，条件是“八个月后以良好的生丝偿还”，贷给王姓、罗姓两位福建水师战船将官各 3，493 荷盾，另一个中国“散商”六官（Lacquan）7，963 荷盾，作为替荷兰人收购货物的预付款。[③] 另外，通过贸易代理人制，荷兰殖民者也可以顺利地推销从东南亚收购来的商品。如许心素在天启五年向荷兰人购买了檀香木、胡椒、象牙，甚至包括海黄、小刀、铜锣等货物。[④] 通过商业代理人和预付款制，荷兰人勉强获得一定的商品供应，也成功推销部分东南亚的货物。

此外，为了吸引更多的明朝“散商”，荷兰人亦提高丝的收购价，这比提供给商业代理人的价格要高。因为荷兰殖民当局觉得“中国人许心素独揽中国与公司的贸易”，“从而不允许他人与我们在大员的人经商，也不允许我们自己在中国贸易”。[⑤] 所以，荷兰殖民者认为“在大员提高收购价格等，可望吸引中国商人把丝绸运往大员”，“在大员付出高价是明智的做法，长此以往我们便可控制他们的贸易，摆脱对许心素等中国商人的依赖”。[⑥]

---

① 江树生、翁佳音译：《荷兰联合东印度公司台湾长官致巴达维亚总督书信集》第 1 册，南投：台湾文献馆，2010 年，第 162—163 页。

② 1 荷兰盾≈ 0.35 两银

③ 江树生、翁佳音译：《荷兰联合东印度公司台湾长官致巴达维亚总督书信集》第 1 册，南投：台湾文献馆，2010 年，第 238—239 页。

④ 江树生、翁佳音译：《荷兰联合东印度公司台湾长官致巴达维亚总督书信集》第 1 册，南投：台湾文献馆，2010 年，第 232 页。

⑤ 程绍刚译注：《荷兰人在福尔摩莎》，台北：联经出版社，2000 年，第 65 页。

⑥ 程绍刚译注：《荷兰人在福尔摩莎》，台北：联经出版社，2000 年，第 65 页。

对于日本和西班牙等竞争对手，荷兰殖民当局没有太好的办法。1625年7月2日，荷兰殖民当局决定，对来台湾贸易的日商征收运出口货物价值的百分之十。[①]然而，此举遭到日商的激烈反对，他们用拖延缴税和聚集抗议的方式向荷兰人施压。由于日商的外贸受幕府将军或地方大名的保护，荷兰人的征税自然引起日本官方的抗议。同年11月，荷兰驻日本平户商馆人员遭到警告，被要求礼遇赴台贸易的日本人。荷兰东印度公司的高层认为“我们不能在各方面与日本闹僵，而影响我们获取各种必需物品及必要的船只停泊处，特别是公司攫取利润和增加收入。”[②]由于日本是荷兰东印度公司在亚洲贸易的最大市场，最重要的转口贸易对象，限制日商赴台不符合荷兰人的长远利益。最终，荷兰人不得不取消征税。对于占据台湾北部鸡笼、淡水的西班牙殖民者，荷兰人一度决定要派出军队去进攻，但因各项准备不足，进攻计划迟迟无法实现。

（三）荷兰占据台湾初期台海贸易主导权的归属

荷兰殖民者占据台湾初期的转口贸易，进展缓慢，根本原因在于无法顺畅地与明朝海商进行交易。这一时期的中国海商，无疑掌握了台海贸易的主动权。在交易对象选择上，中国海商可以北上日本或南下马尼拉，就算去台湾也可以根据采购价格的高低，选择与日商或者北部的西班牙人交易，荷兰人在台海贸易中没有主动权。

在激烈竞争之下，荷兰殖民者通过商业代理人和“商品预付款”模式，并提高收购价格来吸引明朝海商。但商业代理人和“商品预付款”，无法扭转荷兰人在台海贸易中的劣势，反而处处掣肘于人。一方面，荷兰人所仰赖的代理人许心素往往取走大量预付款后延迟交货，影响转口贸易进度。譬如1625年夏，许心素允诺在6个星期内以每担135两白银的价格交付250担生丝，但后来以天气以及海盗猖獗等原因推迟交货。而当许心素再次要求荷兰殖民者预付一笔70担生丝的钱，且将每担价格提高到137两白银时，德·韦特认为“我们不敢拒绝他这要求……如果没有这个人可用，我们在此地就什么都办不成了。”[③]巴达维亚殖民当局亦认同此种看法，建议继续“就可利用预付银两购货的方式经营贸易。为不使目前的贸易拖延和停滞，避免导致麻烦，我们对中国人采取怀

① 江树生、翁佳音译：《荷兰联合东印度公司台湾长官致巴达维亚总督书信集》第1册，南投：台湾文献馆，2010年，第225页。

② 程绍刚译注：《荷兰人在福尔摩莎》，台北：联经出版社，2000年，第51—52页。

③ 江树生、翁佳音译：《荷兰联合东印度公司台湾长官致巴达维亚总督书信集》第1册，南投：台湾文献馆，2010年，第360—361页。

柔而不是强硬的政策”，“即使我们很长一段时间需屈从于他人的垄断贸易，若无其他办法，这一做法也总比导致中国人的不满和贸易停顿明智”。①

荷兰殖民统治台湾最初的四年，与明朝海商的贸易并不顺利。这一时期的中国海商，在荷兰、西班牙、日本所形成的买方市场中，占据了台海贸易的主动。

二、荷兰争夺台湾海峡贸易主导权的努力（1627—1630）

（一）海峡两岸贸易形势的变化

明末，私人海商集团一直活跃在台湾海峡，他们亦盗亦商，从事海上贸易或劫掠，是影响东亚海域贸易的重要力量。1627年，台湾海峡的海盗集团开始活跃，郑芝龙、李魁奇、钟斌等海商武装集团先后崛起，“泛舟溟渤，劫掠商民”②，严重扰乱了台海秩序。崇祯元年（1628）初，兵部尚书阎鸣泰上奏崇祯皇帝，指出“今岁洋船之出洋者以四十三只”，仅返回23艘，“其余皆为贼夺驾以去者也。计贼所得商货银钱，已数百万”，建议“将崇祯元年洋商尽行禁止”。③显然，1627年后台湾海峡的海盗活动猖獗，严重影响东南沿海的对外贸易，甚至迫使明朝重新实施海禁。

在此情况下，荷兰人的台海贸易深受影响。如许心素原本为荷兰人收购的250担生丝，因“带兵去扫荡盘踞在漳州河前面的海盗”，被打败后“所有的戎克船都被烧毁”而无法送货，只能请求荷兰人派船接运货物。④荷兰殖民当局也看到“海盗们拥有约400条帆船，60，000至70，000人”的实力和“将整个中国沿海的船只烧毁，到大陆上抢掠”的危害。⑤

（二）荷兰殖民当局争夺贸易主导权的策略

1. 利用海盗集团谋求与明朝的全面“自由”贸易

面对台湾海峡猖獗的海盗活动，荷兰人试图利用海盗来改变其在台海贸易中的被动地位。首先，利用海盗问题来向明朝地方当局施压，谋求进一步的开

① 程绍刚译注：《荷兰人在福尔摩莎》，台北：联经出版社，2000年，第62、65页。

② 王之臣：《为海寇披猖官兵扰败谨据实驰报查忝失事官员事职》，中国第一历史档案馆、海峡两岸出版交流中心：《明清宫藏台湾档案汇编》第3册，北京：九州出版社，2009年，第35页。

③ 阎鸣泰：《为禁洋船以弭盗源事》，台湾史料集成编辑委员会：《明清台湾档案丛编》第1册，第302页。

④ 江树生、翁佳音译：《荷兰联合东印度公司台湾长官致巴达维亚总督书信集》第2册，南投：台湾文献馆，2010年，第3页。

⑤ 程绍刚译注：《荷兰人在福尔摩莎》，台北：联经出版社，2000年，第77—78页。

放贸易。由于荷兰人对许心素垄断台海贸易不满，认为跟其贸易“几乎都是随他的意思在进行……在这种情况下，海盗对我们不会没有助益的”[①]。对于明朝福建当局，荷兰人认为“[那些军门和都督认为]禁止其他人来大员跟我们荷兰人交易，只让[许]心素来[独揽]交易，会有更多的方便[贪污受贿]”[②]。因此，只有让福建当局与许心素的合作关系破裂，荷兰人取得在中国沿海贸易的许可，“那时公司才能取得真正的利益”。[③] 由于郑芝龙在海盗集团中实力突出，是与许心素“作战最重要、最主要的领袖”。[④] 对此，荷方台湾长官纳兹认为“我们应该网罗他们，支援他们。因为他们连这种[海盗的]力量都无法抵挡，怎能敌得过我们和那些人[海盗]合起来的力量？”[⑤] 可见，荷兰人想利用郑芝龙等海盗集团来打破许心素垄断台海贸易的局面，获得到中国沿海进行贸易的权益。其次，荷兰殖民者利用海盗来打击西班牙、日本等竞争对手。荷兰人拉拢了部分海盗，发给他们通行证，并且让他们对持有荷兰人通行证的所有戎克船，“都不得阻扰、为难他们”，[⑥] 但可以拦截其他没有荷兰通行证的船只。

荷兰人利用海盗向许心素和明朝地方政府施压的策略，取得预期的效果。因郑芝龙集团声势浩大，“甚至中国官府也无法把他们赶出中国海岸，派人在大员向我们的人求援”，荷兰殖民者见机向明朝地方政府表示“若福建省最高官员和水军司令即巡抚与都督亲自书面提出，并保证准许中国人对大员和巴城的自由贸易，我们将以现有力量，不需中国水军增援，赶走海盗一官及其同伙。”[⑦] 福建当局应允荷兰人的相关请求。但荷兰舰队配合明将俞咨皋进攻郑芝龙的结果却是“夷败而逃，郑寇乘胜长驱”[⑧]。荷兰人被迫龟缩到台湾，“海盗控制中国沿

---

① 江树生、翁佳音译：《荷兰联合东印度公司台湾长官致巴达维亚总督书信集》第2册，南投：台湾文献馆，2010年，第4页。

② 江树生、翁佳音译：《荷兰联合东印度公司台湾长官致巴达维亚总督书信集》第2册，南投：台湾文献馆，2010年，第19页。

③ 江树生、翁佳音译：《荷兰联合东印度公司台湾长官致巴达维亚总督书信集》第2册，南投：台湾文献馆，2010年，第20页。

④ 江树生、翁佳音译：《荷兰联合东印度公司台湾长官致巴达维亚总督书信集》第2册，南投：台湾文献馆，2010年，第4页。

⑤ 江树生、翁佳音译：《荷兰联合东印度公司台湾长官致巴达维亚总督书信集》第2册，南投：台湾文献馆，2010年，第5页。

⑥ 江树生、翁佳音译：《荷兰联合东印度公司台湾长官致巴达维亚总督书信集》第2册，南投：台湾文献馆，2010年，第4页。

⑦ 程绍刚译注：《荷兰人在福尔摩莎》，台北：联经出版社，2000年，第78页。

⑧ 曹履泰：《与李任明》，《靖海纪略》，台北：台湾大通书局，1987年，第22页。

海，将我们在大员和中国沿海的人之间的联系切断。”[①]1628 年初，郑芝龙攻入厦门，杀死许心素，当地“官兵船器，俱化为乌有，全闽为之震动”[②]。荷兰人的损失也不小，“戎克船 Sincan 号也被一官夺去，船上载有一千八百里尔现款和一批中国商人”，还有从台湾过去的 2 艘戎克和 50 艘渔船，也被郑芝龙夺走。

可以说，荷兰殖民者利用海盗问题谋求“自由”贸易的计划，虽有先期的战略性突破，但具体实施却令其失望。由于围剿郑芝龙无功而返，明朝地方当局对荷兰人不满，许心素的败亡又让荷兰人失去了商业代理人，更麻烦的是“因为一官 [郑芝龙] 已经把整个沿海占据得那么严密，没有一艘去那边的船不被他夺去的。”[③] 荷兰人的台海贸易又陷入困境。

不过郑芝龙与荷兰人的关系并没有持续恶化。郑芝龙长期的海盗生涯，使其很清楚荷兰人的海上实力及其商业影响力。为了能够击败李魁奇、周三老等其他海盗集团，取代许心素成为荷兰人的贸易伙伴，郑芝龙都必须与荷兰人取得和解。1628 年 6 月，郑芝龙接受明朝政府的招安，“解散伙党已万余人”[④]。随后，郑芝龙主动归还被其俘获的荷兰船、人员、银两和货物，并与荷方台湾长官纳兹签订了三年供货协定。[⑤] 此外，郑芝龙允许沿海受他控制的“散商”前往大员与荷兰人交易，使后者很快就买到价值近 277，000 荷盾“生丝、丝质布料和其他货物”。[⑥] 然而，因为李魁奇、钟斌等海盗集团依然存在，台海的局势依然动荡不安。

1629 年 8 月，普特曼斯接替纳兹担任台湾长官，由于李魁奇占据厦门，福建沿海仍是一片混乱，“那边的商人商船都不敢来这里跟我们交易”。[⑦] 而且李魁奇明确告诉荷兰殖民者“要让商人自由来跟我们通商之事，不能这样做，除非他也有利可图”。[⑧] 对此，荷兰殖民者决定“如果李魁奇不想与我们的人贸易，

---

① 程绍刚译注：《荷兰人在福尔摩莎》，台北：联经出版社，2000 年，第 80 页。

② 曹履泰：《上陆筠修司尊》、《与李任明》，《靖海纪略》，第 22、59 页。

③ 江树生、翁佳音译：《荷兰联合东印度公司台湾长官致巴达维亚总督书信集》第 2 册，南投：台湾文献馆，2010 年，第 142 页。

④ 朱一冯：《采通国之论纳巨寇之降伏候庙谟以净海氛事》，中国第一历史档案馆、海峡两岸出版交流中心：《明清宫藏台湾档案汇编》第 3 册，北京：九州出版社，2009 年，第 125 页。

⑤ 程绍刚译注：《荷兰人在福尔摩莎》，台北：联经出版社，2000 年，第 89 页。

⑥ 江树生、翁佳音译：《荷兰联合东印度公司台湾长官致巴达维亚总督书信集》第 2 册，南投：台湾文献馆，2010 年，第 150 页。

⑦ 江树生译：《热兰遮城日志》第 1 册，台南：台南市政府，1999 年，第 3 页。

⑧ 江树生译：《热兰遮城日志》第 1 册，台南：台南市政府，1999 年，第 9 页。

我们的人将以战争来解决问题，重新恢复一官在厦门的地位”。[①] 1630年1月，不仅李魁奇没有派人来台湾交易，甚至“散商”如不得其允许与荷兰人交易，“会受到严厉处罚，如果去申请许可，必须付他很多税，多到无利可图，因此商人都深居不出。”[②] 在这种情况下，荷兰人决定联合郑芝龙。郑芝龙于同年2月击败李魁奇，重新控制了厦门。不久，郑芝龙旧将钟斌再起，不过同李魁奇一样，钟斌无法建立与荷兰人的贸易联系，得不到荷兰人的支持。1630年底，郑芝龙击败钟斌，平定了福建沿海的动荡局面。但荷兰人谋求“自由”贸易的计划没有成功，其争夺台海贸易主导权的努力落空。

2. 荷兰殖民者应对明朝个体海商的保守举措

此阶段，虽荷兰殖民者失去了许心素这个重要的商业代理人，却仍有少数中国“散商”赴台贸易，然而荷兰人对待这些个体海商的政策极为保守。譬如这些“散商”提出的商品预付款请求，荷兰殖民者十分谨慎，“我们很客气地回绝了”，虽然荷方台湾长官纳兹向东印度公司建议“应该像对待[许]心素那样来对待他们。这样可以鼓励他们和其他商人更为公司效劳，使公司可以买到各种货物，另一方面也会有失去全部资金的风险，利弊参半，虽然如此，我们还是在可能的情况下应该尽量这样交易”[③]。可见，荷兰殖民当局主张对中国个体海商，采取怀柔政策，尽可能提供预付款，吸引更多的华商来台交易。然而，荷兰东印度公司这一时期的资金使用极为保守。1629年初，巴达维亚殖民当局直接给纳兹指示，“涉及小笔资金……则可慎重行事，预付资金”，当然最好是“需禁止在中国沿海出借或为供货预付任何资金”。[④] 总的来说，荷兰殖民当局受限转口贸易的低迷，对于赴台贸易的中国“散商”，不愿采取积极政策，这使其在台海贸易中处于更不利的局面。

三、以郑芝龙为首的中国海商掌握台海贸易主导权（1631—1634）

1631年初，郑芝龙先后平定李魁奇、钟斌两大海盗集团，被朝廷授“游击”职衔。此时，明朝政府也以“今海波靖矣”，开放海禁，允许“闽中洋船”出海

---

① 程绍刚译注：《荷兰人在福尔摩莎》，台北：联经出版社，2000年，第108页。

② 江树生译：《热兰遮城日志》第1册，台南：台南市政府，1999年，第11页。

③ 江树生、翁佳音译：《荷兰联合东印度公司台湾长官致巴达维亚总督书信集》第2册，南投：台湾文献馆，2010年，第80页。

④ 程绍刚译注：《荷兰人在福尔摩莎》，台北：联经出版社，2000年，第93—94页。

贸易。[①] 郑芝龙海上实力雄厚，成了荷兰殖民者在台海贸易中不得不倚重的对象。郑芝龙也利用开放海禁之际，极力争夺台海贸易的主导权。

首先，郑芝龙利用贸易通行证掌控中国海商赴台贸易的机会。1631年3月15日，郑芝龙跟荷兰人谈判，提出自己掌握6张贸易通行证（“洋船”出海贸易的“船引”），2张通行证属于他手下商人，其他4张可以交给荷兰人信任的中国海商，但附带条件“即这些商人交货时就要付款给他们”，而且“破损的货物也要跟好的货物一起收购”。[②] 荷兰人对此极为不满，认为“这种做法不只将变成强迫性的交易，也显然将因而使公司遭受很大的损失”。[③] 此后，郑芝龙手下的颜伯爷（Gampea）和郑明六（Bendiock）成为最常赴台贸易的商人。[④] 尽管1633年，福建“洋船”的通行证一度增加到8张，但实际情况是“颜伯爷和郑明六和其他人都以郑芝龙的名义以及在其默许下”来台贸易。[⑤]1633年7月6日，私人海商池裕德（Jocktay）向台湾殖民当局诉苦，指责郑芝龙独揽对荷贸易，只用颜伯爷和郑明六两个商人，其他商人必须支付运贩台湾生丝价值5%和杂货价值7%的税，“这使很多自立的商人无法运货前往大员交易”。[⑥]

其次，郑芝龙排斥荷兰人前往中国沿海进行贸易。荷兰人一直希望能直接到中国沿海进行交易。然而，明朝开放海禁的一个重要目的就是“红夷得以贸易货物，不至屡入内地求市”[⑦]，即禁止荷兰人来内地。郑芝龙作为明朝水师游击，自然要严禁荷兰人随意来大陆沿海交易。此外，将荷兰人限制在台湾，也有利于其分配通行证来垄断台海贸易。所以，郑芝龙频频告诫荷兰人来中国沿海贸易存在风险。如1632年9月6日，荷方台湾长官普特曼斯收到郑芝龙的信件，被要求尽量不要来大陆沿海贸易，颜伯爷与郑明六会与荷兰人交易，但最好的地点在大员。[⑧] 1633年初，荷兰殖民者带着1万多两银子和4万里尔现款

① 熊明遇等:《为敬陈闽寇当议事》，台湾史料集成编辑委员会:《明清台湾档案丛编》第1册，第347页。

② 江树生译:《热兰遮城日志》第1册，台南：台南市政府，1999年，第42页。

③ 江树生译:《热兰遮城日志》第1册，台南：台南市政府，1999年，第42页。

④ 荷兰档案记载的华商姓名，往往根据其闽南语发音记载下来，关于Gampea、Bendiock、Jocktay、Hambuan、Jochoo、Limbing、Jocksim等人中文姓名的考证，参见翁佳音:《荷兰时代台湾史的连续性问题》，新北：稻乡出版社，2008年，第176、184、196—199页。

⑤ 江树生译:《热兰遮城日志》第1册，台南：台南市政府，1999年，第77页。

⑥ 江树生译:《热兰遮城日志》第1册，台南：台南市政府，1999年，第123页。

⑦ 熊明遇:《筹议福建开海禁利害》，中国第一历史档案馆、海峡两岸出版交流中心:《明清宫藏台湾档案汇编》第3册，北京：九州出版社，2009年，第156页。

⑧ 江树生译:《热兰遮城日志》第1册，台南：台南市政府，1999年，第72页。

来中国沿海贸易，[①] 郑芝龙则干脆声明无法再关照跟荷兰人的贸易了。[②] 虽然荷兰人凭借强大的海上武装力量，时不时到福建沿海收购或者推销商品，但效果确实不理想。如1631年4月6日，荷兰人将胡椒运到漳州河一带销售，但一直滞销，直到7月3日才售完；[③] 同年11月20日，荷兰人在烈屿等候海商来贸易，但"因交易将进行得非常缓慢"，[④] 不得不拖延很长的时间。

再次，由于郑芝龙的操控，荷兰人无法把握商品的价格和质量。早在1630年初，当郑芝龙刚击败李魁奇时，就拒绝了荷兰人订立贸易契约的要求，郑芝龙"承诺要派他的商人去采购，于四五个月内会用他的戎克船送到大员，以那时能够同意的价格交付给我们"。[⑤] 显然，郑芝龙不愿意以限定的期货价格出售丝绸，而要以现时市价交易。而且郑氏手下海商提供的商品还出现质量不佳的情况，如1631年11月25日，颜伯爷从厦门载来糖、明矾、布料和一些生丝，但"生丝因为太缠绕又太掺杂，无法接受"[⑥]，荷兰人将生丝退回。1632年1月11日，荷兰人与郑芝龙谈判赴台商人很少的问题时，郑芝龙强硬地表示这是因为荷兰人没有完全收购中国海商的货物，"而让他们载着其他部分回去，使他们在大员无利可图"，并且威胁要将丝货卖给西班牙人，"在那里，他们（西班牙人）收购全部运去的货物"且价格更高。[⑦] 此外，即使没有通行证来台贸易的"散商"，荷兰殖民者也没有议价优势。1634年1月23日，一些华商运来丝货，"把他们的丝与丝货的价格喊得非常高"。1月25日，荷兰人出价"上好生丝一担142两，较差138两"，但华商则坚持"上好生丝一担144两，较差140两"。双方僵持到1月27日，荷兰人殖民者不得不做出妥协，决定"从一般的丝当中挑选出来的最精美的丝，将予以支付每担144两，而那些较粗劣的将予以支付140两"。[⑧]

此外，荷兰人恢复施行商品预付款制。1631年7月4日，台湾的荷兰殖民当局决定预付郑芝龙三四千两银子，用以购买精美的瓷器；1632年8月，荷兰人为了尽快收购生丝，预付郑明六与颜伯爷每人三四千里尔去收购生丝，且每

① 1里尔≈0.73两银
② 江树生译：《热兰遮城日志》第1册，台南：台南市政府，1999年，第82页。
③ 江树生译：《热兰遮城日志》第1册，台南：台南市政府，1999年，第50页。
④ 江树生译：《热兰遮城日志》第1册，台南：台南市政府，1999年，第61页。
⑤ 江树生译：《热兰遮城日志》第1册，台南：台南市政府，1999年，第20页。
⑥ 江树生译：《热兰遮城日志》第1册，台南：台南市政府，1999年，第61页。
⑦ 江树生译：《热兰遮城日志》第1册，台南：台南市政府，1999年，第65—66页。
⑧ 江树生译：《热兰遮城日志》第1册，台南：台南市政府，1999年，第144—145页。

担价格不低于134—135两。[①]

荷兰殖民者对1631年以来的台海贸易并不满意，这与其预想的“自由”贸易相去甚远。1632年初，刘香海盗势力兴起，福建巡抚邹维琏重新海禁，使得台海贸易又困难起来。为了扭转被动局面，荷兰殖民者决定通过武力打开对华贸易的大门。1633年4月30日，巴达维亚荷兰殖民当局决议“对中国发起一场严酷的战争……以获得所希望的自由的中国贸易”[②]。此后荷兰舰队先后进犯厦门和金门，但10月22日的料罗湾海战，荷兰舰队被打散，郑芝龙“焚其巨舰，俘其丑类，为海上数十年所未有”[③]。此后，郑芝龙主动向荷兰殖民者提议和谈，表示福建当局默许中国海商继续前往大员贸易。1634年3月，几经谈判后，荷兰人鉴于福建海禁渐开，“大员贸易规模大于从前，并得知，海澄和其他地方不敢擅自前往的商人也赴大员贸易”[④]，最终接受在大员贸易的现实。

四、荷兰殖民者逐步掌握台海贸易主导权（1635–1644年）

1635年5月，郑芝龙消灭刘香集团，使台湾海峡恢复平静，台海贸易逐步活络起来。此后，荷兰殖民当局面临着较为有利的贸易环境，开始在商品选择、贸易方式、商品价格等方面掌握了主动，逐步控制了台海贸易的主导权。

（一）台海贸易的发展以及荷兰殖民者掌握贸易主导权

1. 海峡两岸贸易的快速发展

由于台海局势的稳定，除了郑芝龙手下的海商外，还有大量的独立海商冒险来台贸易，他们源源不断带来商品，尤其在日本市场热销的生丝，供应有了长足的保证，使荷兰人有了充足的货源。

1635年初，中国海商亨万（Hambuan）及其所属商人池浴云（Jochoo）、林明（Limbing）和池浴沂（Jocksim），共运到台湾500多担生丝、大批布匹和精美瓷器，总值12万里尔。荷兰殖民者极为满意，惊叹“在这以前，公司未曾在这么短的时间内从中国收购到这么多的货物”[⑤]；同年5月，上述海商再运来近500担生丝，荷兰人兴奋表示“感谢神如此带领，使贸易发展到这么好的状

① 江树生译:《热兰遮城日志》第1册，台南：台南市政府，1999年，第50、72页。

② 程绍刚译注:《荷兰人在福尔摩莎》，台北：联经出版社，2000年，第126页。

③ 《兵科抄出福建巡按路振飞题》,《郑氏史料初编》，台湾：大通书局，1987年，第90页。

④ 程绍刚译注:《荷兰人在福尔摩莎》，台北：联经出版社，2000年，第158页。

⑤ 江树生译:《热兰遮城日志》第1册，台南：台南市政府，1999年，第200页。

况”。[①]到了9月，林明和池浴沂又运来价值9万里尔的生丝与丝货[②]，使1635年荷兰人的在台贸易取得重大突破。除了固定的大海商外，自由“散商”也活跃起来。1636年春，荷兰人从赴台贸易的“散商”收购到361担白色生丝和28担黄色生丝。[③]大量涌入的商品，让荷兰殖民者的转口贸易活络起来。1636年8月15日，荷兰从台湾运往日本142，151斤的中国白色生丝，经日本6名专家鉴定后，以均价每担267两出售，仅此一项荷兰东印度公司赚取利润14，000两白银。11月10日，荷兰贸易船从日本返航，带回36万两日本丁银，以及铜、铁、米、木板等商品，总值1，039，888荷兰盾。[④]两天后，中国海商池浴云与Sualiang（中文姓名不详）的戎克运来500担生丝、100篮丝布，250锭黄金，总值50万荷兰盾。[⑤]荷兰殖民者面对大量进入台湾的丝、瓷器等商品，不得不苦恼“仓库里已经满满的中国货物”。[⑥]可见，此阶段荷兰人获得大量的中国商品，并在转口日本的贸易中获取巨额利润。

2.荷兰殖民者逐步掌握台海贸易主导权

充足的货源，使荷兰殖民者对商品种类和质量的要求提高，并开始挑剔中国海商运来的货物。1637年初，荷兰人决定“要拒收大大超过预算的众多中国商人大量运来的黄金、花缎、茶苧和海黄等丝质布料”[⑦]。荷兰人一改以往来者不拒的态度，对于一些利润不大的商品，采取了拒收的策略。其次，荷兰人对商品质量的要求也提高。1637年2月19日，荷兰人毫不犹豫地让“一些被公司不喜欢而退回的瓷器”运回中国[⑧]；1638年4月25日，荷兰殖民当局贴出告示，“通告所有前来大员的中国商人，令他们要运来好的，状况良好的丝和丝制品，所有状况不良的潮湿的，不合格的丝……公司将不予接受，他们必须带着那些货物回去中国。”[⑨]

更重要的是，荷兰殖民者拖欠中国海商大笔货款，采用“以货易货”的方式还款，变相压低中国商品价格，并减少付给欠款利息，这尤其体现在台湾转

① 江树生译:《热兰遮城日志》第1册，台南：台南市政府，1999年，第204页。
② 江树生译:《热兰遮城日志》第1册，台南：台南市政府，1999年，第217页。
③ 江树生译:《热兰遮城日志》第1册，台南：台南市政府，1999年，第223页。
④ 江树生译:《热兰遮城日志》第1册，台南：台南市政府，1999年，第265—268页。
⑤ 江树生译:《热兰遮城日志》第1册，台南：台南市政府，1999年，第271页。
⑥ 江树生译:《热兰遮城日志》第1册，台南：台南市政府，1999年，第271页。
⑦ 江树生译:《热兰遮城日志》第1册，台南：台南市政府，1999年，第286页。
⑧ 江树生译:《热兰遮城日志》第1册，台南：台南市政府，1999年，第291页。
⑨ 江树生译:《热兰遮城日志》第1册，台南：台南市政府，1999年，第390页。

口贸易最大宗的生丝商品上。由于荷兰人的贸易资金，主要依靠台湾转口日本贸易的回收款。一旦贸易船无法及时返台，殖民当局就不得不拖欠华商货款。1636年9月1日，由于资金紧缺，荷兰人决定“将在10至12天内不准任何戎克船前往中国”，封锁缺乏资金的消息。① 同时为了稳住中国海商，荷兰人还请亨万写信给其手下商人，承诺“不但要把他们的货物都用合理的价格收购，还要于船只从日本抵达时，把公司一时无法支付的金额，加上2%、3%的利息偿还”。② 1637年8月27日，荷兰殖民当局拖欠中国海商的货款达到40万荷兰盾，但其承诺以月息3%的形式还款，“用以维持跟这些商人以及其他商人来往交易”。③1639年之前，尽管荷兰殖民者拖欠货款，但随后完全付款且支付利息，收购价格合理，尚能兼顾华商利益。

但到了1639年夏，中国海商与荷兰殖民者为货款拖欠再度交涉时，荷兰殖民者则态度强硬，毫不退让。1639年4、5月，海商池浴云与池浴沂先后运来大量的生丝、纱绫等商品。7月10日，荷兰舰船载运57万荷兰盾的货物前往日本，但却迟迟没有支付华商货款。为此，亨万与数名华商向荷兰殖民当局质询“是否没有现款可支付他们运来的中国货物”④。对此，荷兰人提出解决方案，以“胡椒、丁香、豆子、兜茶、乳香”等商品来抵大部分的货款，其余的欠款“等到从日本再运现款前来才能支付”，且“支付月息1.5%”⑤。这个建议遭到亨万等海商的拒绝，表示只能接受3%的月息，并威胁荷兰人“想要进行中国的贸易，就要设法留住商人，不然他们的主人将被迫做其他决定”，然而荷兰人强硬地表示“绝对不会同意的”⑥。中国海商第一回合谈判无功而返。7月12日，亨万等人再次与荷兰人理论，希望将欠款月息提高到3%，否则“让他们把运来的丝和丝制品运回去”，荷兰人却毫不示弱地表示“如果他们要运回他们的货物，我们不能阻挡他们”⑦。在这种情况下，华商再次退缩，要求荷兰人“支付比1.5%多的利息”。荷兰殖民者则做了小幅让步，表示“看看能否增加为支付三个月的2%的月息。”⑧ 7月15日，第三度谈判开启，亨万指出以往荷兰人

① 江树生译:《热兰遮城日志》第1册，台南：台南市政府，1999年，第256页。
② 江树生译:《热兰遮城日志》第1册，台南：台南市政府，1999年，第259页。
③ 江树生译:《热兰遮城日志》第1册，台南：台南市政府，1999年，第343—344页。
④ 江树生译:《热兰遮城日志》第1册，台南：台南市政府，1999年，第400页。
⑤ 江树生译:《热兰遮城日志》第1册，台南：台南市政府，1999年，第400页。
⑥ 江树生译:《热兰遮城日志》第1册，台南：台南市政府，1999年，第400页。
⑦ 江树生译:《热兰遮城日志》第1册，台南：台南市政府，1999年，第401页。
⑧ 江树生译:《热兰遮城日志》第1册，台南：台南市政府，1999年，第401页。

愿以4%的利息，“用以鼓励很多送交西班牙人和葡萄牙人贸易的丝制品转来交给荷兰人贸易”，何以“现在不肯支付2%以上的利息”[①]。荷兰人对此态度依然傲慢，认为华商“对此没有理由来抱怨”[②]。无奈之下，中国海商再次让步，接受商品抵付，但要求胡椒须以巴达维亚的收购价格，“即1担10里尔”收购。[③]然而，荷兰人坚持每担16里尔的收购价格。中国海商无法接受，谈判再次不欢而散。7月20日，亨万等人再次与荷兰人谈判，提出“以每担15.5里尔的价格买下2，500担胡椒……所欠的贷款得以月息3%收取三个月的利息”或者“接受2.5%的月息，但是不收胡椒或任何其他商品抵付”。[④]荷兰人则坚称“胡椒根本没有问题”，并告之华商“运回2，500担胡椒”，“此外也必须购买所有的阿魏（一种树胶），木香和一批铅”作为抵付款，剩下的欠货款将以2.5%的月息支付三个月利息。[⑤]7月22日，亨万及其所带海商开始购买荷兰人的2，500担胡椒和其他商品，表明中国海商最终向荷兰人的方案妥协。

此次荷兰人与中国海商的贸易争端，牵涉到交易方式、商品价格两大方面。从最终结果看，荷兰人在此次贸易谈判中始终掌握主动权，并迫使中国海商最终向其妥协。从交易方式来看，荷兰殖民者的还款方案，是用商品来替代欠款，即“以货易货”的方式，用胡椒、丁香、檀香木等商品替代现款支付华商货款。不足的部分，方才用现款支付，但欠款的利息从先前的3%至4%降到2.5%。价格方面，荷兰人对于胡椒、丁香等商品价格没有给予华商优惠，胡椒成交价格为每担15.5里尔，与中国海商期望的每担10里尔相去甚远，这实质上变相压低了中国商品的价格。可以说，谈判结果不利于中国海商。而谈判过程中，华商的杀手锏是威胁断绝贸易，或者将商品卖给西班牙或葡萄牙人，这是以往荷兰人最为在意的事情，却在此次谈判中失效，荷兰人几乎没有对中国海商让步。那么，这次“六月谈判”的最终影响如何？是否导致中国海商断绝与荷兰殖民者的商业往来呢？实际的结果是，明朝海商依然持续与荷兰人进行大规模的贸易。

此后，尽管中国海商在商品还款方式和提高欠款支付利息上仍有抗争，但荷兰人始终不让步。1639年1月10日，海商池浴云（Jochoo）等人继续运来丝

---

① 江树生译:《热兰遮城日志》第1册，台南：台南市政府，1999年，第401页。
② 江树生译:《热兰遮城日志》第1册，台南：台南市政府，1999年，第401页。
③ 江树生译:《热兰遮城日志》第1册，台南：台南市政府，1999年，第402页。
④ 江树生译:《热兰遮城日志》第1册，台南：台南市政府，1999年，第403页。
⑤ 江树生译:《热兰遮城日志》第1册，台南：台南市政府，1999年，第404页。

和丝织品，总值148.6万荷兰盾。1639年2月16日，亨万返回中国大陆采购商品，荷兰殖民者认为正是因为他“公司得以在这十九个月中购得4，600，000荷盾的中国货物”，[①] 但亨万无法左右华商与荷兰人的贸易。1639年3月24日，亨万在给普特曼斯的信中提醒“阁下还欠商人们的负债，请于首班船只从日本抵达大员时即予偿还”。[②] 同年5月16日，亨万的戎克船运来各种丝制品，他乞求普特曼斯“阁下是计划要一半以现款一半以商品收购的，不过我恳请阁下对这些货物诚挚地全部以现款收购”，说明即使是亨万也长期接受荷兰人“以货易货”的贸易方式。[③] 此外，中国海商无力改变荷兰人低利还款的局面。1639年11月4日，亨万代表池浴云等中国海商向荷方台湾长官反映“阁下只要新的和好的货物（将以好的价格支付），其他货物不要。商人们不同意地说，去年他们只获得2.5%的利益，那是很少的，而现在则还不到2%……商人们要远渡海洋去交易，为的也是要赚钱啊，阁下对此若能正直合理地处理，就可长期地进行交易。”[④] 但是，荷兰殖民者对于中国海商的警告无动于衷，他们认为“中国人需要我们的白银，正如我们不能没有他们的商品一样。”[⑤] 事实上，中国海商并没有因荷兰人降低利息而断绝与荷兰人的贸易，双方的贸易依旧持续。1640年1月13日，亨万派船运来价值约150万荷兰盾的丝和丝制品；1640年5月29日，池浴云（Jochoo）的戎克船运来16520斤黄丝，总值约17万里尔；8月30日和31日，亨万和池浴沂的商船共运来15004斤白色生丝，761斤丝纱，137斤丝，4004斤黄丝，1480斤上色绞捻的丝和26118匹红色与白色的缩缅，“这些货物全部收购存进公司的仓库里”，总值约为411785里尔。[⑥]

所以，这一时期的台海贸易，荷兰殖民者通过拖欠货款，“以货易货”变相压价，降低欠款利息等方式，压缩了中国海商的利润空间，而华商们无力抗争，接受苛刻条件继续维持与荷兰人的贸易，没能掌握台海贸易主导权。

3. 荷兰殖民者控制台海贸易主导权的原因

首先，明朝海商在与荷兰殖民者的贸易中，能够获取稳定的商业利润，即便无法主导台海贸易，也只能忍而为之。正如崇祯三年（1630）兵部尚书梁廷

① 江树生译:《热兰遮城日志》第1册，台南：台南市政府，1999年，第424页。
② 江树生译:《热兰遮城日志》第1册，台南：台南市政府，1999年，第423页。
③ 江树生译:《热兰遮城日志》第1册，台南：台南市政府，1999年，第435页。
④ 江树生译:《热兰遮城日志》第1册，台南：台南市政府，1999年，第460页。
⑤ 程绍刚译注:《荷兰人在福尔摩莎》，台北：联经出版社，2000年，第221页。
⑥ 江树生译:《热兰遮城日志》第1册，台南：台南市政府，1999年，第467—468、472页。

栋所述，“闽地瘠民贫，生计半资于海——漳、泉尤甚。故扬航蔽海，上及浙直、下及两粤，贸迁化居，惟海是籍。”[①] 所以，对明末的中国海商而言，出海贸易是生计所在，甚至有人向荷兰人表示“只要让他们能赚一点点”，台湾就不会缺货。[②] 所以，尽管此阶段华商受到荷兰殖民者的贸易压迫，也没能影响他们继续向台湾输送商品。

其次，贸易对手退出竞争，使得荷兰在台海贸易中垄断买方市场。1633 年，日本实行闭关锁国，禁止日本商人外出贸易，使得荷兰人在台湾少了一个重要的竞争对手。另一个竞争对手西班牙，则时常受限于资金紧张，无法顺畅购买中国商品，往往迫使华商将囤积在鸡笼、淡水的商品贱卖，“不然就是将这些货运回中国”，影响了华商赴鸡笼、淡水交易的积极性。[③] 至于西班牙殖民总部马尼拉的状况也不理想，早在 1635 年 6 月 15 日，荷兰人根据情报推断“马尼拉现在的状况没有像那时候能够吸引那么多的货物了，他们的商业必然已经衰退了”。[④] 实际情况是中国海商“在马尼拉和鸡笼以及柬埔寨都几乎没有或完全没有获得利益”；[⑤]1636 年夏季，30 艘中国商船前往马尼拉，“大部分都没赚到钱，反而大赔钱”。[⑥] 由于西班牙人在鸡笼、淡水经营不善，被迫于 1637 初放弃淡水，退守鸡笼。荷兰人于 1642 年 8 月 21 日出兵鸡笼，经过短期围困，西班牙人于 8 月 26 日投降。此后，西班牙人的势力被赶出了台湾，荷兰独揽在台湾与明朝海商的贸易，这使其在台海贸易中占有议价优势。

最后，中国海商在长期台海贸易中，成为荷兰转口贸易利益链条中的一环，并逐步被纳入荷兰主导下的世界市场体系内。荷兰人在大规模收购中国商品时，也会根据自身乃至国际市场的需求，向中国海商提出不同的商品规格。譬如 1640 年 1 月 13 日，在亨万写给荷方台湾长官的信中，提到“从阁下的告令看到，阁下所要的布匹都要长一点，宽一点，颜色要好一点，这些事情，商人们都知道得清清楚楚”，“阁下送来的布匹的所有样品，已经交给几个商人去广东

① 《明实录闽海关系史料》，台湾：大通书局，1988 年，第 153 页。

② 江树生译：《热兰遮城日志》第 1 册，台南：台南市政府，1999 年，第 199 页。

③ 哈辛托·艾斯奇维：《艾尔摩莎岛情况相关事务的报告》，荷西·马利亚·阿瓦列斯著，李毓中、吴孟真译：《西班牙人在台湾（1626—1642）》，南投：“国史馆”台湾文献馆，2006 年，第 144 页。

④ 江树生译：《热兰遮城日志》第 1 册，台南：台南市政府，1999 年，第 207 页。

⑤ 江树生译：《热兰遮城日志》第 1 册，台南：台南市政府，1999 年，第 220 页。

⑥ 江树生译：《热兰遮城日志》第 1 册，台南：台南市政府，1999 年，第 243 页。

生产了……瓷器的样品，已经交给Jusit（中文姓名不详），他已经在生产了。”[①] 1643年3月1日，台湾评议会议长写信给郑芝龙，“并检附祖国与日本需求的订单”。[②] 4月3日，荷兰人也得到消息，华商Lotia（中文姓名不详）派2艘戎克船去广州订购“那些为荷兰、日本和印度订购的商品”。[③] 因此，华商日益融入荷兰人主导的欧亚贸易体系中，台海贸易逐渐成为国际贸易的组成部分，荷兰人通过国际市场的需求来指引华商的贸易，而荷兰长期的各种国际订单，又反过来促进了中国商品与国际市场的接轨，中国海商也从中得到稳定长期的利益，哪怕这时贸易主导权已经易主。

当然，此阶段郑芝龙放松对台海贸易的管控，也是荷兰殖民者能够顺利把握台海贸易主导权的外在因素。郑芝龙接受明朝招安后，虽然也一度利用通行证分配贸易资源，掌控台海贸易主导权。但随着海禁松弛，亨万等海商在台海贸易中表现活跃，郑芝龙无法严密控制明朝海商赴台贸易。而且郑芝龙作为水师将官，与荷兰人的贸易也受到朝廷的注意，特别剿灭刘香集团后，郑芝龙擢升副总兵，在与荷兰人的贸易中显得更为谨慎，这也有利于荷兰殖民当局操纵台海贸易。

（二）台海贸易的衰败以及台湾转口贸易的沉寂

从崇祯十四年（1641）开始，海峡两岸间的贸易热潮开始衰退。

首先，荷兰人连续几年大规模地向日本输入中国商品，造成日本市场供过于求，进而引起了商品滞销。1640年底，荷兰在日本的商馆“每天忙着推销货物，以致需要以贱价出售”；[④] 1641年初，荷兰从日本运回大员“在那边还未卖出去的几种中国货物与其他货物，合计总值99，353荷兰盾”，荷兰殖民当局决定“要尽量出售公司拥有的货物……并计划偿清有利息借贷的现款以后，将停止营业，直到市场好转。”[⑤] 对日转口贸易的停滞，直接影响到两岸贸易的进行。1641年11月的荷兰殖民当局，鉴于“日本堆满中国的布料”，[⑥] 只能有限度地收购明朝海商运到台湾的商品，使“中国商人很失望地，必须把他们剩下，价值

① 江树生译:《热兰遮城日志》第1册，台南：台南市政府，1999年，第460页。
② 江树生译:《热兰遮城日志》第2册，台南：台南市政府，1999年，第47页。
③ 江树生译:《热兰遮城日志》第2册，台南：台南市政府，1999年，第69页。
④ 江树生译:《热兰遮城日志》第1册，台南：台南市政府，1999年，第478页。
⑤ 江树生译:《热兰遮城日志》第1册，台南：台南市政府，1999年，第478页。
⑥ 江树生译:《热兰遮城日志》第2册，台南：台南市政府，1999年，第10页。

90,000里尔的货物，运回中国大陆。”[①] 在这种情况下，荷兰人悲叹“整个地说，大员与中国大陆之间的贸易停滞了。”[②]

另一方面，是明末中国大陆的内乱加剧，影响了台海贸易的发展。尤其17世纪40年代后，农民战争频繁，崇祯十七年（1644）清军入关后，民族矛盾和阶级矛盾使社会高度动荡，严重破坏社会生产力，生丝、瓷器等商品生产锐减，中国海商所能提供的商品也随之减少。1641年12月31日的《巴达维亚城日记》记载“我们为得到生丝而尽了很大努力，但所得甚少”。[③] 荷兰殖民当局得到的消息是，“中国处于一片混乱之中，各省发动战争互相争斗，致使通往北方的路途被贼寇和强盗所占，货物运输需大批人马护卫，商人损失惨重。”[④] 1644年1月14日，荷兰殖民当局接到华商池浴沂和Lotsui（中文姓名不详）的来信，提到“中国发生很大的内战，因此很难迅速购货”。[⑤] 1644年2月15日，台湾殖民当局给巴达维亚总督的信中，提到“中国的内战使贸易严重失常错乱，而且没有迅速恢复到正常的希望”。[⑥] 到了4月份，荷兰人甚至写信给中国海商池浴沂和Sisick（中文姓名不详），“信里亲切地邀请他们来，因为此地的贸易非常萧条。”[⑦] 可见，自崇祯十七年后，荷兰人在台湾的对华贸易陷入了低谷。

五、结语

总之，从天启四年（1624）至崇祯十七年（1644），海峡两岸间的贸易经过起步、发展和衰落三个阶段。崇祯八年（1635）之前的十年，由于台湾海峡海盗集团的兴起，明朝的海禁时宽时严，荷兰殖民者在台湾贸易起步并不顺利，只能靠贸易代理人和提供预付款的方式，吸引华商赴台贸易。但西班牙在鸡笼、淡水建立据点，以及日本商人赴台，给荷兰人的贸易造成直接的冲击。荷兰殖民者两度对中国东南沿海的武力侵犯，均以失败告终，无法控制海峡两岸的贸易，郑芝龙海商集团在消灭其他海盗势力后，逐步垄断台海贸易，这一时期是明朝海商主导台海贸易时期，也是台湾转口贸易刚刚兴起的阶段。1635年

① 江树生译:《热兰遮城日志》第2册，台南：台南市政府，1999年，第11页。
② 江树生译:《热兰遮城日志》第2册，台南：台南市政府，1999年，第12页。
③ 郭辉译:《巴达维亚城日记》第2册，南投：台湾省文献委员会，1970年，第145页。
④ 程绍刚译注:《荷兰人在福尔摩莎》，台北：联经出版社，2000年，第235页。
⑤ 江树生译:《热兰遮城日志》第2册，台南：台南市政府，1999年，第229页。
⑥ 江树生译:《热兰遮城日志》第2册，台南：台南市政府，1999年，第379页。
⑦ 江树生译:《热兰遮城日志》第2册，台南：台南市政府，1999年，第412页。

至1644年，由于台海形势稳定，明朝海禁再度放开，除了郑芝龙海商集团外，其余海商也源源运来商品，解决荷兰殖民当局的货源问题；此外日本闭关锁国，以及西班牙退出台湾鸡笼、淡水，使荷兰殖民者在台湾的贸易没有了竞争对手，对华商的商品价格、质量和贸易方式上逐步拥有发言权和决定权，随着台湾转口贸易的发展，台湾成为衔接中国大陆、日本、东南亚以及欧洲的贸易中转站，明朝的海商也被融入国际性的市场中，荷兰殖民者逐步控制台海贸易的主导权。然而明朝灭亡后，明清鼎革间中国大陆因战乱使商品生产量下降，加上日本市场对中国商品需求的短暂萎缩，让海峡两岸间的贸易开始衰落，台湾作为转口贸易站的功能随之丧失。荷兰殖民者不得不面对转口贸易衰败的现实，其注意力开始转向开发掠夺岛内的自然资源，在台湾本地进行甘蔗种植和麋鹿资源掠夺，扩大蔗糖和鹿皮的对外贸易比重。其后，郑成功海上力量崛起，其从福建沿海直接赴日的贸易航路日益繁荣，荷兰殖民者无力与其竞争，海峡两岸间的贸易迟迟难以恢复到先前的水平。1662年荷兰殖民者被郑成功驱逐出台湾，其在台湾的贸易活动彻底终结。

所以，17世纪上半叶台湾海峡的贸易主导权，虽然主要由荷兰殖民者与华商双方的博弈决定，但明朝与日本海外贸易政策的宽、严，西班牙、葡萄牙等西方殖民势力的介入程度，华商集团内部的分化和竞争，明朝政局变化对商品生产的影响等，多种因素交叉影响，使得台湾海峡的贸易主导权争夺呈现出阶段性特点，是一个在中国海商和荷兰殖民者之间动态转移的过程，绝非单纯的"华商主导论"或"荷兰东印度公司主导论"所能概括，这也是当时东亚贸易主导权变迁的一个缩影。

原文载于《世界历史》2016年第5期

再论“何斌事件”的前因后果

——兼议郑成功收复台湾前的一系列动作

陈 思

何斌，又称何廷斌，荷方文献中名为“Pincqua”，是17世纪50年代台湾的著名商人，与荷兰殖民者关系密切。1659年，何斌因在台湾大员为郑成功征税而遭到荷方逮捕，后逃往大陆，劝说郑成功收复台湾。这一事件在当时造成了不小的震动，也成为郑成功收复台湾的契机之一。过去由于相关资料匮乏，学术界对何斌的研究难度较大。[①] 而近年来随着《热兰遮城日志》等新史料的陆续出版，“何斌事件”之前的详情也逐渐变得清晰起来。如果结合事件之前郑成功的一系列动作，我们就会发现“何斌事件”可能并不是一个孤立的事件，它其实是17世纪50年代郑成功对台布局中的一部分，其目的是通过在台湾行使其经济权力，增强对当地大陆商人的影响与控制，进而控制整个台湾海峡的海上贸易。

一、“何斌事件”前郑成功的对台权力宣示

“何斌事件”虽然发生于1659年，但郑荷双方在台湾大员的较量却早在四年之前便已开始。1654年，由于马尼拉的西班牙殖民者对中国海商的迫害，郑成功决定颁布公告，禁止与马尼拉之间的贸易。1655年7月，郑成功给大员也发去了相同内容的公告，并要求荷方张贴并执行。“该公告相当精细严峻，对从此地或其他地方出航要去马尼拉的中国人，跟从他的那些海港出航要去那里的

① 关于早期学术界对何斌的研究，可参见陈碧笙:《何斌事迹略考》,《厦门大学学报》(社会科学版）1963年第4期；颜兴:《何斌考》,《台南文化》第2卷第2期；廖汉臣:《何斌考》,《台南文化》第7卷第2期等相关文章。

中国人都一样严禁。”[①] 郑成功的要求遭到了荷方的拒绝，一大理由是大员与马尼拉之间的贸易额其实有限，根据巴达维亚总督的报告，1655 年只有一艘中国帆船从马尼拉来到大员，并且“载运货物无甚价值”。[②] 而大员的商人也不乐意前往马尼拉，“这些商人对西班牙人在那里恶劣的付款等诸如此类的情形已有反感。”[③] 所以荷方认为发布禁令是多此一举。问题在于，作为东亚最大的海商集团领袖，郑成功真的对马尼拉与大员之间的贸易状况一无所知，以至于认为可以通过禁止这一贸易来打击西班牙人？抑或是，郑成功向大员送去这一公告，其实还另有用意？关于这一点，荷兰殖民者首先考虑到了政治上的影响，他们决定将郑成功的公告秘而不宣，“因为这对公司与荷兰人的主权可能会造成一些损害。”[④] 美国学者欧阳泰对此解释道：“如果公司官员听命行事，并且于台湾发布藩令，即代表承认郑成功对移民乃至福尔摩沙岛上的汉人享有主权。”[⑤]

当然，荷方以此便认定郑成功此举有着政治意图，未免有牵强附会之嫌。不过更让他们恼火的是，此后郑成功的类似动作便接连而至。1656 年 6 月 27 日，为了报复荷兰殖民者对郑方海上贸易的频繁破坏，郑成功在厦门颁布公告，宣布将于 100 天后断绝与大员的贸易。而且还派遣使者携相同的公告前往大员，打算在当地宣示。这让荷兰殖民者十分惊慌，他们连忙没收了这份公告，“并下令禁止带这告示来的那个人贴出这告示（如果他还另有这告示），违令将处以严罚。”[⑥]8 月 12 日，荷方决定在大员颁布公告，宣布“禁止携带外地君王的任何告示或敌对荷兰人在此地政权的书信进来此地”。[⑦]

犹如对荷方的嘲弄一般，就在他们颁布公告的当天，郑方又有一名官员来到大员，他身上携带着郑成功的委任状，命令其在大员检查禁令的实施情况，

① 江树生译注：《热兰遮城日志》第三册，1655 年 8 月 17 日，台南：台南市政府，2003 年，第 535 页。

② 程绍刚译注：《荷兰人在福尔摩莎》，台北：联经事业出版公司，2000 年，第 447 页。

③ 江树生译注：《热兰遮城日志》第三册，1655 年 8 月 21 日，台南：台南市政府，2003 年，第 537 页。

④ 江树生译注：《热兰遮城日志》第三册，1655 年 8 月 21 日，台南：台南市政府，2003 年，第 537 页。

⑤ 欧阳泰著、郑维中译：《福尔摩沙如何变成台湾府？》，台北：远流出版公司，2007 年，第 391 页。

⑥ 参见江树生译注：《热兰遮城日志》第四册，1656 年 7 月 9 日，台南：台南市政府，2011 年，第 96—98 页。

⑦ 江树生译注：《热兰遮城日志》第四册，1656 年 8 月 12 日，台南：台南市政府，2011 年，第 113 页。

“调查所有的戎克船，看看他们从哪里来，要去哪里，船上有没有载违禁物，也要写下他们的名字，以便回来向我报告。”[①] 荷兰殖民者阅读了这份委任状后大为震怒，立刻决定将其没收，并驱逐这名官员，“也告诉他说，以后，他或任何其他人，若持这种告示或委任状再来此地，我们将按照他前来此地时，我们宣示的为维护我们权益所需的办法，来对待他或其他前来的人。”[②]

荷兰殖民者的反应如此激烈自然是有原因的。他们认为，郑成功的这些举动“触犯了尊贵的荷兰公司的威权，就像他国姓爷也不会允许我们或其他君王送告示或命令去他统治下的地区公布”[③] 一样。但对郑成功而言，荷方的这一指责的前提并不存在，因为他一向视台湾为中国领土，视居住在台湾的大陆移民为其子民。[④] 后来郑成功领军收复台湾时，也一再对荷兰殖民者指出：“这两个滨海之地【指澎湖群岛与台湾】的居民都是中国人，他们是自古就已据有此地，并在此地耕种的人。”[⑤] “该岛一向是属于中国的。当中国人不需要它时，可以允许荷兰人暂时借居；现在中国人需要这块土地，来自远方的荷兰客人，自应把它物归原主”。[⑥] 而收复台湾之后，郑成功又喜作《复台》一诗，称“开辟荆榛逐荷夷，十年始克复先基。”并自注曰：“太师会兵积粮于此，出仕后为红毛荷兰夷酋弟揆一王窃据”。[⑦] 因此在郑成功眼中，他对其在台湾的子民颁布命令，是理所当然的权力，并不需要征求荷方的意见。

另一方面，郑成功的这些举动，更有着深刻的时代背景。作为当时亚洲最大的两股海上商业势力，郑成功所领导的郑氏武装海商集团与荷兰东印度公司殖民者之间一直存在着复杂的竞争关系。17 世纪 50 年代后，随着郑方商业势

---

① 江树生译注：《热兰遮城日志》第四册，1656 年 8 月 19 日，台南：台南市政府，2011 年，第 117 页。

② 江树生译注：《热兰遮城日志》第四册，1656 年 8 月 19 日，台南：台南市政府，2011 年，第 118 页。

③ 江树生译注：《热兰遮城日志》第四册，1656 年 8 月 19 日，台南：台南市政府，2011 年，第 117 页。

④ 如前所述，郑成功曾给大员发去数次公告信件，当中不止一次地称呼当地大陆移民为“我的百姓”。参见《热兰遮城日志》第三、第四册相关内容。

⑤ 江树生译注：《热兰遮城日志》第四册，1661 年 5 月 1 日，台南：台南市政府，2011 年，第 417 页。

⑥ C.E.S：《被忽视的福摩萨》卷下，厦门大学郑成功历史调查研究组编：《郑成功收复台湾史料选编》，福州：福建人民出版社，1982 年，第 153 页。

⑦ 郑成功：《复台》，厦门大学郑成功历史调查研究组编：《郑成功收复台湾史料选编》，福州：福建人民出版社，1982 年，第 1 页。

力的不断扩展，其与荷兰殖民者的矛盾也愈演愈烈。荷方恼怒地指出：“如果让国姓爷这样继续交易下去,公司的胡椒将变得完全腐败无用了。”[①]这也正是其频繁袭击郑方船只，破坏对方贸易的原因所在。因此如何在与荷兰殖民者这一蛮横对手的较量中占据上风，便成了郑成功所要考虑的重要问题。而最直接有效的策略，莫过于从荷方在东亚最重要的殖民转口贸易节点——台湾下手。而当时荷方在台湾的转口贸易，则主要依赖中国海商提供货源，如果能够加强对这些商人的控制与影响，让其服从自己的权威，便可以将荷兰殖民者的经济命脉掐在自己手中。不过，这些中国海商中，还有相当一部分长期居住在台湾，要想将这部分人纳入自己麾下，就有必要在台湾对其宣示与行使权力。而正是从17世纪50年代开始，郑成功方面试图在台湾对大陆商人行使其权力，挑战荷兰殖民当局的事件便接二连三地发生，这恐怕不能视为一种偶然。而且，郑成功的尝试并未到此为止，从1656年开始的对台贸易禁令，成了他进一步展开行动的机会。

二、郑成功对台贸易禁令与何斌出使大陆

1656年10月以后，随着郑成功对大员的贸易禁令生效，两岸贸易顿时一落千丈，令荷兰殖民者蒙受巨大损失。为了摆脱困境，大员评议会不得不于1657年3月决定派遣使者前往厦门拜会郑成功，请求其重新开放两岸贸易。而担任这一使命的人选就是何斌。

关于何斌其人，中方史料中的记载较少，且多矛盾错误之处。倒是荷兰文献中不时提及其事迹，为我们研究其生平提供了参考。根据《热兰遮城日志》等资料的记载，何斌早在17世纪40年代便已在大员从事贸易活动，50年代后业务日渐扩展，贸易范围遍及日本、印尼、越南各地。他不仅是贸易商，同时还是大员最大的税收承包商，名下承贌了人头税、稻米税、乌鱼税、磅秤税等各种业务。何斌与荷兰殖民者关系相当密切，长期作为通事（翻译）为其工作，并且在大陆移民中担任长老一职，地位显赫，交际广泛，与郑成功方面也有着良好关系。[②]正因为如此，何斌才被荷兰殖民者选中执行此次使命。

① 江树生译注:《热兰遮城日志》第三册，1655年9月13日，台南：台南市政府，2003年，第554页。

② 关于何斌此前的具体事迹，可参见王昌:《17世纪大员华人何斌考略》,《云南民族大学学报》(哲学社会科学版）2013年第5期。

1657 年 3 月 24 日，何斌从大员出发，3 天之后抵达厦门，之后便前往郑成功在福州的军营进行谈判。6 月 13 日，何斌返回大员，向荷方通报了此次会谈的详细情况。根据何斌的描述，郑成功首先列举了荷兰殖民者这些年来对中国商人的种种不公和刁难，但他的重点却并不在此，认为“那也不是什么严重的事情，要不是以后又接续发生一些相关的情形，他也不会在意这些事情。”而郑成功所指的“相关的情形”，便是本文前面所提到的从 1655 年到 1656 年，郑成功试图在台湾行使其权力的一系列举措。郑成功非常严厉地质问何斌：荷方为什么一再阻止郑方官员在大员的任务？为什么要没收他所颁发的公告和委任状？[①] 由此可见，郑成功之前的种种举措确实是认真的，绝非随性而为。他在台湾行使权力的计划，不容荷兰殖民者妨碍。

对郑成功的质问，何斌竭力进行辩解，甚至欺骗郑成功，称荷兰殖民者拿走郑方官员的委任状，只是为了将其送往巴达维亚让总督查看。他还将种种问题全部归咎于前任荷兰台湾长官卡萨（Caesars），声称台湾现在已由新任长官揆一（Coyett）主政，他保证后者将会善待中国人，与郑方友好往来。[②] 在何斌的劝说下，郑成功的态度逐渐缓和了下来。经过多次交涉，郑成功最终就恢复通商一事开出了自己的条件，并交由何斌带回。根据《热兰遮城日志》的记载，郑成功要求荷方以后必须善待往返大员的中国船只，为其活动提供各种方便；同时让大员当局写信给巴达维亚总督和评议会，告知对方以后不得再破坏郑方船只在东南亚各地的贸易。[③] 这样的条件，对大员方面显然不痛不痒，因此他们很快便决定接受，并让何斌回报郑成功。

但是，郑方文献的说法却与荷方大相径庭。根据杨英的《先王实录》记载，何斌此次出使，向郑成功承诺“年愿纳贡和港通商，并陈外国宝物”，以荷方“年输饷五千两，箭柸十万支，硫磺千担”为条件，换取郑方恢复两岸通商。[④] 为何会产生如此差别？美国学者欧阳泰据此认为，何斌为了达成自己的使命，

---

① 参见江树生译注：《热兰遮城日志》第四册，1656 年 6 月 13 日，台南：台南市政府，2011 年，第 188—189 页。

② 参见江树生译注：《热兰遮城日志》第四册，1656 年 6 月 13 日，台南：台南市政府，2011 年，第 188—189 页。

③ 参见江树生译注：《热兰遮城日志》第四册，1656 年 6 月 14 日，台南：台南市政府，2011 年，第 192 页。

④ 参见杨英撰、陈碧笙校注：《先王实录校注》，永历十一年六月，福州：福建人民出版社，1981 年，第 153 页。

狡猾地在郑荷之间玩弄了两面手法。[①]这点很有可能，因为郑方的条件并非是以书面的形式送达大员，而是全凭何斌口头转述，[②]他的确是最有条件和动机做手脚的人。无论真相是否如此，何斌最后毕竟完成了他的使命。1657 年 8 月 23 日，何斌回到大员，并带回了荷方期盼已久的东西——郑成功宣布恢复两岸贸易的告示。

但郑成功的这份告示，却让荷兰殖民者心生疑虑，因为郑成功在告示中明确指出，这份告示的“晓谕”对象，是“住在那里的荷兰人和中国人，以及在那边和这边的其他商人”，这自然勾起了荷方之前那几次不愉快的回忆，所以他们立即质问何斌“这告示除了要拿来给我们看以外，是否也是为了要拿来给此地大众的人看的”。何斌圆滑地回答道，郑成功并没有这种意图，是否公开告示全凭荷方的意思。[③]不过从告示的内容与郑成功之前几次的做法来看，其回答值得怀疑。而且，此时的何斌，已经开始为郑方效力。他这次回大员，正是担负着郑成功给予的使命，还不止一个。

1657 年 8 月 22 日，就在何斌返回台湾的前一天，一名郑方官员乘船来到了大员，这位官员名叫常寿宁，曾弹劾郑成功手下重臣郑泰贪污未果，反遭郑泰控告而被撤职问罪。最后，郑成功决定将常寿宁“幽置台湾，令何廷斌供给衣食开销。”[④]由此可见，郑成功完全是以君主对属民的形式向身为在台大陆商人代表的何斌下达命令，这又是在呼应他之前的一系列举动。而从此事中，我们也可以再次看出何斌是如何谨慎地周旋于郑荷之间的，作为常寿宁在台湾的监管人，他却未与后者同行，而是晚到了一天，这恐怕是刻意为之，生怕郑成功的这一举措可能又会引起荷兰殖民者的警觉，进而怀疑他与郑方的关系。何斌的掩饰起到了效果，从《热兰遮城日志》的记载来看，荷方并没有发现此事与何斌有关。[⑤]

---

① 参见欧阳泰著、郑维中译:《福尔摩沙如何变成台湾府？》，台北：远流出版公司，2007 年，第 411—413 页。

② 参见江树生译注:《热兰遮城日志》第四册，1656 年 6 月 14 日，台南：台南市政府，2011 年，第 192 页。

③ 参见江树生译注:《热兰遮城日志》第四册，1656 年 8 月 25 日，台南：台南市政府，2011 年，第 240—241 页。

④ 杨英撰、陈碧笙校注:《先王实录校注》，永历十一年六月，福州：福建人民出版社，1981 年，第 153 页。

⑤《热兰遮城日志》仅记载常寿宁为郑成功所“放逐”，将来台湾生活一段时间，只字未提何斌。参见江树生译注:《热兰遮城日志》第四册，1656 年 8 月 22 日，台南：台南市政府，2011 年，第 235 页。

而何斌所担负的另一个使命，不见于郑荷双方当时的文献记载，但当它于两年之后曝光时，却直接导致了一场震动大员的“何斌事件”。因为这一使命，代表着郑成功在经过之前数次在大员行使其权力的尝试之后，向台湾所迈出的最新、最大的一步，那就是获得在大员征税的权力。

三、郑成功获取大员征税权的计划与何斌的抉择

郑成功为何会想到要在大员征税？根据C.E.S撰写的《被忽视的福摩萨》一书的说法，是因为“对从福摩萨运往国姓爷辖地的货物，在装货地抽税，比在到达地的厦门有利得多。”[①]不过，郑成功此举真的只是出于税收利润上的考虑吗？众所周知，征税权是政府享有的重要权力，征税权的行使正是政府对治下民众权力的体现，郑成功在大员征税，在政治上意味着要让在台湾的大陆商人服从其管理和控制，这点他不可能不清楚。不过如前所述，在郑成功心目中，在台湾的大陆商人本来就是中国子民，他理所当然地有权向他们征税。而且更重要的是，通过此事确立郑氏对台海贸易的控制，让在台湾的商人服从自己的权威，可能才是郑成功此举在深层次上的真正用意。

根据何斌的说法，郑成功是在何斌赴大陆与其谈判时提出此事的，作为恢复通商的条件：“数年前国姓爷禁止帆船自本地开往大员时，大员之长官及评议会命余前往厦门询问国姓爷不许帆船渡航大员之原因，国姓爷对余所问答以：欲于大员征收关税。”[②]这并不是郑成功第一次试图在台湾征税，早在1651年4月，荷兰殖民者便曾接到报告，称有一艘属于郑成功的船只来到台湾魍港，要向当地渔民征收年税。更让他们震惊的是，这种“在未取得尊贵的公司的租权与许可之下，向中国人征收年税”[③]的活动，据说从郑成功之父郑芝龙时期便已经开始了。[④]于是荷方决定扣留这艘船只，并向郑成功写信提出强烈抗议，要求其“归还自从我们统治这岛屿以来26年间被他自己和他父亲从公司这领地偷

① C.E.S:《被忽视的福摩萨》卷上，厦门大学郑成功历史调查研究组编:《郑成功收复台湾史料选编》，福州：福建人民出版社，1982年，第126页。

② 中村直次郎原译、程大学译:《巴达维亚城日记》第三册，台湾省文献委员会，1991年，第207页。

③ 江树生译注:《热兰遮城日志》第三册，1651年4月13、14日，台南：台南市政府，2003年，第204页。

④ 郑芝龙也不是最早这么做的人，在他之前，一名中国官员已经在魍港向当地渔民征税多年，后来才将这一权利转卖给郑芝龙。可见中国官方在台湾征税的历史有多么悠久。参见江树生译注:《热兰遮城日志》第三册，1651年4月16日，台南：台南市政府，2003年，第205页。

取的钱"。[1] 郑成功对此则强硬回击称:"他向魍港渔民收税,是延续自古以来的惯例","是他自己的权利",荷方无权过问。他还警告荷兰殖民者,如果继续扣留其船只,"他将下令禁止他属下所有的戎克船和商人来通商,使大员的贸易完全停顿"。[2] 事件最后以荷方作出让步,同意释放被扣船只告终。

如上所述,郑成功对于己方在魍港征税一事毫不退让,甚至不惜为此要与荷方断绝贸易关系。可根据郑方人员的证词,此项税收利润其实相当有限,1650 年整年的收入不过 340 两,[3] 对郑成功来说根本微不足道。可见,郑成功之所以要在台湾征税并非是为了直接的经济利益,而是为了向台湾的大陆人显示其权威。而这一次,郑成功则打算利用荷兰殖民者因两岸贸易断绝而陷入困境之机,以重新开放贸易为筹码,一举获得在荷兰在台殖民统治的心脏地带——大员的征税权。

郑成功的征税方案,是向所有从大员开往大陆的商船征收出港税,包括"一切出口的猎物税、鱼税、虾税、糖税及其他货物税"。[4] 而这一方案的具体实施者便是何斌,他以每年 18000 两上好白银的价格,从郑成功手中承包了征税权。问题在于,以何斌周旋于郑荷之间的圆滑谨慎,他理应清楚此事牵涉重大,为何竟敢于接受这一要求,并冒着身败名裂的风险亲自为郑方在大员征税?荷方文献和一些西方学者都极力渲染何斌是个贪财的卑劣小人,似乎他此举只是利令智昏。[5] 不过事情恐怕并不那么简单。因为当时的何斌,本身正处在一场严重的危机当中。

如我们前面提到过的,何斌是当时台湾著名的大商人,地位十分显赫。不过在这风光的背后也隐藏着危机,那就是债务问题。根据荷方报告,截至 1659 年,何斌拖欠荷兰东印度公司的债务达 17122.5 里尔,而在大员的私人债务更达 50000 里尔之多。[6] 如此巨额的债务,绝非短期内所能形成,而应该是长年

---

① 江树生译注:《热兰遮城日志》第三册,1651 年 5 月 5 日,台南:台南市政府,2003 年,第 211 页。

② 参见江树生译注:《热兰遮城日志》第三册,1651 年 6 月 23 日,台南:台南市政府,2003 年,第 222—223 页。

③ 参见江树生译注:《热兰遮城日志》第三册,1651 年 4 月 16 日,台南:台南市政府,2003 年,第 205 页。

④ 《被忽视的福摩萨》中所述各事的《可靠证据》(第八号),C.E.S:《被忽视的福摩萨》附录,厦门大学郑成功历史调查研究组编:《郑成功收复台湾史料选编》,福州:福建人民出版社,1982 年,第 190 页。

⑤ 如 C.E.S:《被忽视的福摩萨》,美国学者欧阳泰也持类似的观点。

⑥ 参见程绍刚译注:《荷兰人在福尔摩莎》,台北:联经事业出版公司,2000 年,第 513 页。

积累的结果。所以个人推测，17世纪50年代以来，何斌为了发展其事业，向各方举借了大量的债务。而光靠其事业盈利又不足以偿还这些债务，因此他又不断地举借新债。结果便是其事业与债务均如滚雪球一般地发展起来，最终使何斌成了“在福岛负债最多，也是福岛贸易和耕地租佃规模最大的中国人”。①

何斌的这种做法能否维持下去，主要取决于其事业的经营状况。如果何斌的事业能够持续盈利，加上个人的显赫地位，其偿还信用便可得到保证，各方也乐于借债给他，从而让他能够填补债务亏空。但倘若这点出了问题，那么何斌的资金链便会立刻出现缺口，导致他陷入困境。如1655年，何斌名下的一艘大商船在赴日本途中因遭遇风暴而损坏，不得不前往大陆沿岸停泊，结果船只和货物均被清军夺走。“这使何斌极为震怒，也使他濒临破产。”② 而更糟糕的事情还在后面，那就是1656年郑成功对大员的贸易禁令。

1656年郑成功对大员的贸易禁令，不但打击了荷兰殖民者，也让何斌等在当地从事贸易的商人损失惨重。而且两岸贸易断绝后，大员许多居民纷纷离开，这又导致何斌的税收承包业务收入锐减。随着何斌的各项事业出现问题，他立刻面临着被巨额债务压垮的风险。所以到了这个时候，何斌的经济状况实际上相当不妙，甚至已经“濒临破产”。因此他才会不遗余力地为恢复两岸通商而奔走，甚至不惜采用欺骗等手段。一是为了使其贸易事业步回正轨，二是为了取悦荷兰殖民者，希望能从后者手中获得优厚回报。但荷方却似乎另有打算。

荷兰殖民者与何斌的关系，表面上颇为热络，但前者对后者仅仅是利用而非信任，实际上从未放下过对中国人的戒心。就连何斌1657年出使大陆的开销，荷兰殖民者也要仔细审查，斤斤计较，从5721又3/4里尔的总额中扣除800里尔的“不应该花费”，防止何斌从中渔利。③ 且由于何斌多年来承包大员的各项税收获利颇丰，这也让荷方十分眼红，想方设法从其手中攫取利益。如1655年，何斌以5350里尔的价格承包大员市镇的磅秤税业务，荷方觉得这一价格过于优待，便打算让他“在上述这优待的5350里尔之外补偿2000里尔，

① 程绍刚译注:《荷兰人在福尔摩莎》，台北：联经事业出版公司，2000年，第513页。

② 参见江树生译注:《热兰遮城日志》第三册，1655年8月17日，台南：台南市政府，2003年，第534页。

③ 参见江树生译注:《热兰遮城日志》第四册，1657年10月15日，台南：台南市政府，2011年，第283页。

使公司获得利益”[①]。1657年6月20日，何斌又请求以每月3300里尔的价格继续承包大员的人头税征收。[②]他满心以为，由于“他在促成这重开航运上的勤劳努力”，这一请求必然能够得到满足，但荷方却无情地拒绝了他，将征税权以每月4150里尔的更高价格赎给了其他商人。[③]这对何斌不啻当头一棒。已经处在破产边缘的他，现在又失去了这样一项有利可图的业务，到底要如何才能填补那巨额的债务缺口？

而郑成功的征税方案，就在这个时候摆到了身陷绝境的何斌面前。面对这根救命稻草，他除了紧紧抓住之外，没有别的选择。[④]而且有迹象表明，何斌此举可能也得到了荷兰方面的默许。这点本文接下来就会提到。

四、“何斌事件”的爆发与结局

1657年8月，何斌自大陆返回之后，便作为郑成功的代表，在大员开始了征税活动。对这一举动，荷兰殖民者方面又有何反应呢？C.E.S在《被忽视的福摩萨》一书中声称，“这些事情都是在中国人之间暗中进行的”，在此事曝光之前，荷方完全被蒙在鼓里。[⑤]但杨彦杰的《荷据时代台湾史》一书则认为，何斌的活动得到了当时荷兰台湾长官揆一的默许。[⑥]因为何斌后来曾提及，当他将郑成功的要求回报揆一后，“长官再遣余至国姓爷处转达：唯要关税不涉及公司,不至使公司蒙损,则国姓爷欲课税于中国人并无异议”[⑦]。美国学者欧阳泰对

---

① 参见江树生译注:《热兰遮城日志》第三册，1655年4月26日，台南：台南市政府，2003年。第472—473页。

② 参见江树生译注:《热兰遮城日志》第四册，1657年6月20日，台南：台南市政府，2011年，第196页。

③ 参见江树生译注:《热兰遮城日志》第四册，1657年6月30日，台南：台南市政府，2011年，第203页。

④ 甚至连承包郑成功这一税收所需的费用，何斌当时也已经无力支付，而是由郑泰垫付的。参见《被忽视的福摩萨》中所述各事的《可靠证据》(第八号)，C.E.S:《被忽视的福摩萨》附录，厦门大学郑成功历史调查研究组编:《郑成功收复台湾史料选编》，福州：福建人民出版社，1982年，第190页。

⑤ 参见C.E.S:《被忽视的福摩萨》卷上，厦门大学郑成功历史调查研究组编:《郑成功收复台湾史料选编》，福州：福建人民出版社，1982年，第127页。

⑥ 参见杨彦杰:《荷据时代台湾史》，南昌：江西人民出版社，1992年，第266—267页。

⑦ 中村直次郎原译、程大学译:《巴达维亚城日记》第三册，台湾省文献委员会，1991年，第207页。

此表示怀疑，因为荷方文献中并没有类似的记载。[①] 何斌的说辞当然未必可信，不过能够支持杨书观点的依据，实际上不止这么一个。

根据荷方后来的调查，何斌在大员征税时，不但向商船发放“以国姓爷名义要求征收上述港税的特别印刷文件作为证明”，付过税的商船还能从他那里拿到收据作为凭证，上面甚至光明正大地盖着何斌本人的印章。[②] 如此公开而正规的征税活动一直持续了将近一年半之久，“以至中国人认为，若非长官预闻此事，绝不能一迳征收至今”。[③] 的确，以何斌的谨慎圆滑，如果事先没有得到大员高层的许可，怎可能这么不加掩饰地行事，以至于留下诸多证据，一旦曝光便无从辩解？更令人起疑的是，荷方实际上早在1657年9月便已得到情报，称“何斌奉官员国姓爷的命令，在此地向来中国的人征收从此地输出的货物，例如鹿肉、咸鱼、虾子等各种食物的关税”，但却未采取任何实质行动，仅仅是将何斌召来质询一番了事。[④] 如此漫不经心，实在大为反常。种种迹象表明，荷方对郑成功在大员征税之举，事先并不是一无所知的，而揆一为了恢复两岸贸易而默许何斌所为的嫌疑，也很难被排除。

到了1659年2月，何斌的征税活动终于被人公开告发，由于证据确凿，揆一不得不逮捕了何斌，“何斌事件”由此爆发。1659年4月21日，大员评议会作出决议，撤销何斌的一切职务，并处以300里尔的象征性罚款。[⑤] 欧阳泰认为，这么轻的处罚是因为荷方还想继续同何斌合作。[⑥] 但这却与他之前的观点相矛盾。假如何斌真的品行卑劣、胆大妄为到敢于私下从事对荷方如此不利的重大行动，揆一又怎敢再任用此人！除非他确实是在某种程度上替大员高层背

---

① 参见欧阳泰著、郑维中译:《福尔摩沙如何变成台湾府?》，台北：远流出版公司，2007年，第411页。

② 参见《被忽视的福摩萨》中所述各事的《可靠证据》(卷上)，第八号，C.E.S:《被忽视的福摩萨》附录，厦门大学郑成功历史调查研究组编:《郑成功收复台湾史料选编》，福州：福建人民出版社，1982年，第190页。

③ 《被忽视的福摩萨》中所述各事的《可靠证据》(卷下)，第二十号，C.E.S:《被忽视的福摩萨》附录，厦门大学郑成功历史调查研究组编:《郑成功收复台湾史料选编》，福州：福建人民出版社，1982年，第218页。

④ 参见江树生译注:《热兰遮城日志》第四册，1657年9月22日，台南：台南市政府，2011年，第265页。

⑤ 参见《被忽视的福摩萨》中所述各事的《可靠证据》(卷上)，第九号，C.E.S:《被忽视的福摩萨》附录，厦门大学郑成功历史调查研究组编:《郑成功收复台湾史料选编》，福州：福建人民出版社，1982年，第191页。

⑥ 参见欧阳泰著、陈信宏译:《决战热兰遮》，台北：时报文化出版企业股份有限公司，2012年，第128页。

了黑锅，这才能让后者不好意思施以严惩，并依然打算与其合作。不过，处罚虽然已经手下留情，但对何斌的打击依然是毁灭性的，使他顿时从通事、长老的显赫地位上跌落下来，变为一文不名的罪人，这也让他彻底丧失了信用和收入来源。再没有人肯借新债给他，而老债主们更是群起逼债，导致他的事业完全破产。此时的何斌，在台湾已无立足之地，逃往大陆投奔郑成功成了他唯一的出路。

何斌究竟是何时逃往大陆的？中外史籍上并无确切的记载。根据《先王实录》，永历十五年（1661 年）郑成功与诸将议取台湾时，曾提及“前年何廷斌所进台湾一图，田园万顷，沃野千里，饷税数十万。”[①] 杨彦杰认为，《先王实录》中的“前年”，意思应为“去年”。如永历十四年（1660 年）四月三十日右武卫进言：“前年南京之失，总系天数，非战之罪。”而南京之役实际上发生在永历十三年（1659 年）。所以何斌逃往大陆的时间应在永历十四年（1660 年）。[②] 不过，这一观点却与后来出版的荷方史料记载不符。因为早在 1659 年 12 月 16 日巴达维亚总督的报告中，便已经提到何斌投奔郑成功一事了。[③] 考虑到大员的消息传到巴达维亚所需的时间，则何斌逃往大陆应在 1659 年 11 月或更早。遗憾的是，由于重要史料《热兰遮城日志》中 1659 年的记载缺失，我们依然无法确认此事发生的具体时间。

但是，《先王实录》记载的是一直跟随郑成功南征北战的户官杨英的亲身见闻，属于时人记时事，可以说是中方史料中价值最高、最为可信者。我们又应如何看待《先王实录》的这段记载？实际上，中荷双方的记载并不矛盾，而可能是杨彦杰的推测出了问题。因为个人在《先王实录》永历十一年八月二十日条中，找到了这段记载：

藩札营西南城外。时虏总镇李必见大师威仪，又闻先台州守将马信投诚重用，持疑两端。本藩见城上旗帜参差，官兵混乱，遂集诸提镇谕曰：“我观城上情形，虏将非走必降，断无有死守之兵当此对垒而参错如是。马提督你前年守此，有旧属者可遣招之，必断然来归也。”[④]

① 杨英撰、陈碧笙校注：《先王实录校注》，永历十五年正月，福州：福建人民出版社，1981 年，第 244 页。

② 参见杨彦杰：《荷据时代台湾史》，南昌：江西人民出版社，1992 年，第 270 页。

③ 参见程绍刚译注：《荷兰人在福尔摩莎》，台北：联经事业出版公司，2000 年，第 513 页。

④ 杨英撰、陈碧笙校注：《先王实录校注》，永历十一年八月，福州：福建人民出版社，1981 年，第 156 页。

根据上述记载，永历十一年（1657年）八月，郑成功率军围攻台州，因属下提督马信前年曾为当地守将，所以欲利用其关系进行招降。而在《先王实录》中，马信为清朝镇守台州的时间正是永历九年（1655年），随后便在当年十二月归降了郑成功。① 可见这段记载中的"前年"，指的就是两年之前。而且，此段记载与永历十五年提及何斌的那段记载一样，均是郑成功的原话，相比杨书所根据的永历十四年右武卫的进言，前者的意思自然更加贴近。所以个人认为，《先王实录》中郑成功所述的何斌献图时间，就是永历十三年（1659年），与荷方记载一致。

如上所述，何斌逃往大陆的时间，应在1659年4月21日到1659年11月之间，而他面见郑成功，正式投入其麾下的时间范围，还可进一步缩小。因为"何斌事件"发生时，郑成功正身处北伐前线，一直到永历十三年九月初七（1659年10月22日）才返回厦门。② 所以即使何斌在此之前便已逃往大陆，也无法见到郑成功。他与郑成功会面，只可能是从1659年10月22日到1659年11月这段时间。个人猜测，何斌逃往大陆也是在这个时候，他在被荷方惩处后，经过了一段时间的准备，制订好了逃亡计划，③ 待得到郑成功返回厦门的消息之后，便立刻前往投奔。

何斌的逃亡，在台湾引起了极大的震动。这不仅是因为他还拖欠着大员各方巨额的债务，更重要的是"他对公司在福岛的情况了如指掌，肯定会借此机会为国姓爷卖力以取信于国姓爷"。④ 荷方的担忧是正确的，何斌此次投奔郑成功，特意为其献上了一份描绘台湾状况的珍贵地图，目的正是劝说郑成功收复台湾，以借助后者的力量东山再起，而这正与郑成功心中所想不谋而合。

对郑成功来说，随着北伐的失败，郑方在大陆的处境严重恶化，寻找新的抗清根据地已是当务之急。另一方面，正如本文之前一直提到的，郑成功与盘踞台湾的荷兰殖民者之间的商业竞争十分激烈，又一向视当地大陆商人为自己子民，有着将其纳入麾下，控制台海贸易的强烈愿望。因此台湾自然成了郑成

① 参见杨英撰、陈碧笙校注：《先王实录校注》，永历九年十二月，福州：福建人民出版社，1981年，第130页。另按《明清史料己编》的记载，马信降郑时间为永历十年元月，不过本文既然讨论的是《先王实录》一书中的词义，自然应以《先王实录》的记载为依据。

② 参见杨英撰、陈碧笙校注：《先王实录校注》，永历十三年九月，福州：福建人民出版社，1981年，第222页。

③ 何斌并非只身逃亡，还携带了家眷，包括妻儿与其姐夫，可见应是有准备的逃亡。参见程绍刚译注：《荷兰人在福尔摩莎》，台北：联经事业出版公司，2000年，第513页。

④ 程绍刚译注：《荷兰人在福尔摩莎》，台北：联经事业出版公司，2000年，第513页。

功眼中的最佳目标。而何斌恰在此时来投，并为郑成功提供了大量收复台湾所必需的第一手情报，这让他敏锐地感觉到，“平克台湾，以为根本之地”[①]的时机已经成熟，下定决心将其付诸实施。1661年4月30日，郑成功率领舰队从荷方设防空虚的鹿耳门水道突入大员港，登陆成功，从而开始了收复台湾的战役。而他采用这一路线，可能正是听从了久居大员，对当地港道状况十分熟悉的何斌的建议。[②]不少学者认为，郑成功出兵收复台湾，何斌功不可没。[③]

五、结语

17世纪50年代以后，郑成功方面尝试对台湾的大陆商人行使其权力，挑战荷兰殖民当局的事件接二连三地发生。他先是试图在大员颁布政令公告，接着对台湾实施贸易禁令，要求在台商人遵从其指示，然后又以恢复两岸贸易为条件，换取在大员的征税权，一系列动作层层递进，环环相扣，很难说是无意为之。联系郑成功当时对台湾的思想认识与郑荷商业竞争的时代背景，个人认为这些动作很可能均是17世纪50年代郑成功对台布局中的一部分，目的是为了增强对在台大陆商人的影响与控制，从而让其在与荷方的商业争夺中占据优势。“何斌事件”便是这一时期郑荷双方在台湾权力争夺的集中体现。而这一事件的结局，也最终促成了郑成功收复台湾的实现。

原文载于《台湾研究集刊》2016年第5期

① 杨英撰、陈碧笙校注:《先王实录校注》，永历十五年正月，福州：福建人民出版社，1981年，第244页。

② 有中方文献甚至记载，何斌亲自坐在郑军船头，依照地图引导舰队进港。参见江日升:《台湾外记》卷五，《台湾文献史料丛刊》第6辑，台北：大通书局，1987年，第194—195页。

③ 如杨彦杰:《荷据时代台湾史》，南昌：江西人民出版社，1992年，第271页。

郑经的婚姻情感生活与郑氏政权的两次内乱

邓孔昭

郑经是郑成功的嫡长子，是郑氏政权的第三代领导人。他为人“仁慈俭恤，谦恭爱人”“好学善射”。[①]“工诗赋，善弓马，推诚待人，礼敬明室遗宗”。[②]在继承郑成功的遗志和事业方面能够坚定不移。他坚持抗清，在开发和建设台湾方面也有许多建树。然而，他在婚姻、情感生活和家庭关系方面却处理得很不好，并且造成了严重的后果，成为郑氏政权两次内乱的肇因。本文通过对一些史料的梳理、分析，对一些有关的问题提出自己的看法，供大家参考。

一、郑经与唐氏的婚姻

郑经的妻子姓唐，是南明隆武政权兵部右侍郎唐显悦的孙女。关于唐氏，有关史料记载如下：

郑克塽等所撰《郑氏附葬祖父墓志》记载：“母唐为明进士兵部尚书唐讳显悦公孙女，生于壬午年十二月十二日未时，卒于丙午年七月二十四日丑时，享年二十有五。”[③]可见，唐氏生于1643年1月31日，死于1666年8月24日，实际上死时只有23周岁多一些。而郑经生于“壬午年十月初二日未时”，[④]与唐氏同一年出生，仅大两个多月。至于他们何时结的婚？未见明确的记载。而明代男子16岁即可成婚，或许他们的婚姻生活已有七、八年。

① 江日升：《台湾外记》，福州：福建人民出版社，1983年，第164页。

② 夏琳：《海纪辑要》，台湾文献丛刊本，第67页。

③ 厦门市郑成功纪念馆、厦门市郑成功研究会编：《郑成功族谱四种》，福州：福建人民出版社，2006年，第266页。

④ 厦门市郑成功纪念馆、厦门市郑成功研究会编：《郑成功族谱四种》，福州：福建人民出版社，2006年，第266页。

江日升的《台湾外记》记载，“经聘唐显悦长子之女为妻，端庄静正而不相得，故多外蓄姣童、骚妇为乐”。[①] 根据这个记载，唐氏“端庄静正”，但与郑经之间的夫妻关系却不和谐，郑经经常在外寻欢作乐。

夏琳的《海纪辑要》记载，“唐妃，乃兵部侍郎显悦孙女，贞静有礼，不苟言笑。世子惑于嬖妾，久不见答，郁抑而卒。及世子病革，乃追悔前非，遗命合葬”。[②] 一个“不苟言笑”的妻子，郑经很长时间都不搭理她，唐氏因此“郁抑而卒”。这样的婚姻，彼此之间都是无趣而痛苦的。

徐鼒《小腆纪传》“唐显悦”传记载，“唐显悦，字子安，仙游人。天启壬戌（1622）进士。……隆武召为右通政，以兵部右侍郎致仕，全家渡厦门。朱成功子经之妻唐氏，显悦女孙也，而不礼于经，显悦衔之”。[③] 这个记载说明，唐氏不受郑经礼待，唐显悦因此怀恨在心。

沈云的《台湾郑氏始末》记载，“初世子经取（娶）尚书唐显悦女孙为妇，不相得”。[④] “经初娶唐氏，妒悍无子。妾林氏生男克壓，唐嫉谓非经出，欲害之，经乃秘之他所。他妾再生男，则又告，显悦以为私乳媪所生，遂搆大难，几灭族。实则夕御更迭，虽经与董夫人莫察也”。[⑤] 在沈云的这个记载中，唐氏不仅不再是“端庄静正”“贞静有礼”的形象，而且还十分的“妒悍”。沈云的这个记载，除了明显地将林氏生克壓以及乳媪生男的时间前后倒置之外，其他的则不能轻易地怀疑。因为，郑经婚姻、情感生活和家庭关系中一些原本看来不合情理的现象，只有根据这里的说法，才能得到比较合理的解释。

试想：如果唐氏真是一个“端庄静正”“贞静有礼”的妻子，那么，她对郑经这样一个豪门巨族“三世祖”的荒唐事，就有可能抱着“出嫁从夫”的态度、比较平静地面对，就不会搬出自己的祖父闹出那么大的动静，更不会搞的自己“郁抑而卒”，年纪轻轻就丢掉了性命。只有相当的“妒悍”，才会出现心理的极度不平衡，才会将郑经的私生活中的一些隐秘事闹得满城风雨，甚至不顾后果地让自己的祖父去谴责治家（包括治军）十分严厉的郑成功，差点造成杀夫灭家的悲剧。郑经在他的诗集《东壁楼集》中有一首《妒妇歌》，诗中写道：“妒妇口舌利，发声愚夫趄。巧言皆正理，存心最狼毒。若见婢妾辈，眉发上倒触。

① 江日升：《台湾外记》，福州：福建人民出版社，1983 年，第 164 页。
② 夏琳：《海纪辑要》，台湾文献丛刊本，第 70 页。
③ 徐鼒：《小腆纪传》，台湾文献丛刊本，第 788 页。
④ 沈云：《台湾郑氏始末》，台湾文献丛刊本，第 55 页。
⑤ 沈云：《台湾郑氏始末》，台湾文献丛刊本，第 75 页。

轻则发怒詈，大则加箠梏。甚至施异刑，死生立迫促。夫婿惧威风，微言反受辱。虽死且不避，无子心甘足。夫婿惊严命，婢妾日卖鬻。鬻卖一朝尽，方快其所欲。似此妒妇愚夫，皆可诛灭无属”。[①]郑经能把“妒妇”写得如此活灵活现，或许就是根据自己的经历有感而发。

以往的史家大多都赞扬唐氏的“端庄静正”“贞静有礼”，谴责郑经的荒唐。而根据沈云《台湾郑氏始末》的记载，郑经同时也是这段不幸婚姻的受害者。

二、郑经与其弟乳母陈氏的私通

《台湾外记》关于郑经与其弟乳母陈氏的爱恋经过及其后果的描写过于生动，显然有演义的成分，但不能否认其中也有一些事实的依据。《台湾外记》记载：“时经四弟之乳母陈氏，年可二十六七岁，双眉如远山淡扫，不施粉黛，光彩可人，且窈窕轻佻，语言丰韵。经见之，魂销天外。然其母董氏，家规严肃，未由接语。一日，经入内候母安，适从陈氏卧旁过。陈氏初起未妆，拨朦胧眼，娇声曰：‘孝哉人子！’经遂停足窗外，曰：‘好似睡起海棠初拭目，醉余杨柳不胜衣。’陈氏娇语答曰：‘未逢恩宠先流盼，恐惹梦魂湿泪斑。’经逼近门首，以手招曰：‘人众非言语所。下午偷空到书院一话，何如？’经请其母安出，广稠之际，惟相视以目传情而已。是日，经心不能主，如痴如醉。陈氏亦沾泥柳絮，欲逐春风遂素服淡妆，下午托抱弟从众于中堂，作匿影藏形之戏，互相躲避，各展其巧。陈氏乘便脱空至经处，经屏左右候之，急搂陈氏于怀，抚其背曰：‘真可餐也！’藏于宝帐，共赴高唐之梦。恐人觉之，急去。后愈狎昵，恍如佳偶。惟瞒成功一人而已。”[②]“经因私通陈氏有娠，生男子，诡报侍妾所出。……功大喜，颁赏台湾诸将士暨留守金、厦兄泰并洪旭、黄廷王秀奇等币帛。而又加给其妻董氏金六锭、花红六匹，子经四锭、花红四匹，生母陈氏金二锭、花红二匹。孙赏亦如之”。[③]“经差赍谢启，暨诸王、乡绅贺启至。功阅及尚书唐显悦，内有‘三父八母，乳母亦居其一。令郎狎而生子，不闻饬责，反加赍赏。此治家不正，安能治国乎？’功登时气塞胸膛。立差都事黄毓，持令箭并画龙桶三、漆红头桶一，过金门与兄泰，同到厦门斩其妻董氏治家不严之罪，并其

① 泉州文库整理出版委员会编：《延平二王遗集（外二种）》，上海：上海辞书出版社，2012年，第121页。

② 江日升：《台湾外记》，福州：福建人民出版社，1983年，第164页。

③ 江日升：《台湾外记》，福州：福建人民出版社，1983年，第171页。

子经与其所生孙、乳母陈氏。黄廷、洪旭、陈辉、王秀奇等接令骇然。泰与毓、旭等商议曰：'主母、小主，其可杀乎？然藩令到，又不得不遵。以我愚意，可将陈氏并孙杀以复命。至主母、小主，我等共出启代为请罪。不知列位以为何如？'旭曰：'此金石至论，拜服！拜服！'随将所议启董夫人与经，经与董夫人曰：'此可与法两尽。'遂出二人斩之。将头付黄毓过台报命"。[①]

根据《台湾外记》的说法，陈氏是郑经四弟的乳母。而根据《郑氏宗谱》记载，郑成功"妣董氏。合葬康店山大墓。侧庄氏、温氏、史氏、蔡氏。子十：经（又名锦）、聪，俱董出。明、睿、智，庄出。宽，温出。裕，董出。温，史出。柔，温出。发，蔡出"。[②] 可见，郑经的四弟是郑睿，而郑睿的生母是庄氏。郑经到董夫人处请安时，经过四弟乳母"卧旁"的可能性不大。

另据郑达的《野史无文》记载，"初，招讨有少子裕舍。裕舍生，令昭娘乳之。经私通于昭娘，延平闻而怒，令沉昭娘于海。经匿之。后昭娘怙宠，凌辱经妻唐夫人。夫人怒，使其祖父密白延平，招讨使礼部都事黄元亮往杀经"。[③]《野史无文》的这个记载，除明显地把陈氏错当昭娘外，关于郑经与其弟郑裕的乳母私通的记载则是可信的。郑裕出生于顺治"庚子年十一月二十七日"，[④] 换成公历，则是 1660 年 12 月 28 日，因此，他的哺乳时间，正好与故事发生的时间契合。而且，郑裕的生母是董夫人，郑经到董夫人处请安时，经过郑裕乳母陈氏的"卧旁"才合情合理。所以，陈氏不是郑经四弟郑睿的乳母，而应该是郑经七弟郑裕的乳母。郁永河《郑氏逸事》也记载，"锦舍（即郑经）与弟裕舍乳母某氏通"。[⑤]

唐显悦谴责郑成功，说什么"三父八母，乳母亦居其一。令郎狎而生子，不闻饬责，反加赍赏。此治家不正，安能治国乎？"。所谓的"三父八母"，旧指同居继父、不同居继父、从继母改嫁之继父，合称三父；嫡母、继母、养母、慈母、嫁母、出母、庶母、乳母，合称八母。虽然乳母是八母之一，但弟弟的乳母不是本人的乳母。唐显悦以郑经私通八母之一的乳母的罪名谴责郑经，即

---

① 江日升：《台湾外记》，福州：福建人民出版社，1983 年，第 172 页。

② 厦门市郑成功纪念馆、厦门市郑成功研究会编：《郑成功族谱四种》，福州：福建人民出版社，2006 年，第 197 页。

③ 郑达：《野史无文》，台湾文献丛刊本，第 166 页。

④ 厦门市郑成功纪念馆、厦门市郑成功研究会编：《郑成功族谱四种》，福州：福建人民出版社，2006 年，第 241 页。

⑤ 郁永河：《裨海纪游》，台湾文献丛刊本，第 50 页。

使根据封建礼教，似乎也有些牵强。唐显悦的做法曾被郑成功的部将怀疑是清方的指使，黄安就曾对郑成功说，“中冓事隐，安见显悦非为梧卖者？”[①]意思是说，像这样宫室深密处的私隐事，唐显悦竟然将它张扬出来，有意败坏郑氏的名声，怎能排除他不是被黄梧（郑成功叛将、清封海澄公）所收买？黄安质疑唐显悦的做法有一定的道理。即使唐显悦没有为清方所收买，他这种为儿女（孙女）私情泄愤而不顾大局的做法，也是应当谴责的。唐氏的“妒悍”，或许可以从唐显悦身上找到家族遗传的根源。

郑经与七弟郑裕的乳母陈氏的私通，最后演变成了不幸的悲剧。不但陈氏和无辜的孩子死于非命，而且也是造成郑成功死亡的原因之一，“成功怒欲诛经，令不行，遂愤懑成疾卒”。[②]更是成为郑氏政权第一次内乱的导火线。

三、与林昭娘的关系及郑克壍的身世之谜

有关郑经与林昭娘的关系及郑克壍的身世，有各种各样的记载。

郁永河《郑氏逸事》记载，“郑经幼好渔色，多近中年妇人，民妇为经诸弟乳母者，经皆通焉。有昭娘者，遂纳为妾，有宠。经妻唐氏无出，昭娘首生钦舍，当时流言昭娘假娠乞养，实屠者李某子，独郑经谓生时目睹，不之信，族人窃诽之。未几，昭娘以众嫉死矣”。[③]

《野史无文》记载，“克壍小字钦舍。其母昭娘也，姓林氏，为李乙妻，入招讨府为奶媪，经私通之，有妊。招讨屡欲置之死，经匿之厦门。及免身，生克壍。唐夫人怨昭娘，经益宠之”。[④]

《台湾郑氏始末》的记载，“经初娶唐氏，妒悍无子。妾林氏生男克壍，唐嫉谓非经出，欲害之，经乃秘之他所”。[⑤]

《海纪辑要》记载，“初，世藩未有子，嬖妾产女，密取他人之子代之，即克壍也。其事甚秘，世藩莫知，甚爱之，立为监国”。[⑥]

阮旻锡《海上见闻录》记载，清康熙十八年（1679）“四月，陈永华启请元

① 沈云：《台湾郑氏始末》，台湾文献丛刊本，第56页。

② 徐鼒：《小腆纪传》，台湾文献丛刊本，第788页。

③ 郁永河：《裨海纪游》，台湾文献丛刊本，第52页。

④ 郑达：《野史无文》，台湾文献丛刊本，第174页。

⑤ 沈云：《台湾郑氏始末》，台湾文献丛刊本，第75页。

⑥ 夏琳：《海纪辑要》，台湾文献丛刊本，第67页。

子克壓为监国，时年十六，号曰‘监国世孙’”[①]。二十年正月三十日，“董太妃与诸公子收监国印，克壓不肯与，拥兵自卫。公议以克壓乃乳母抱养之子，非亲血脉，乃缢杀之”。[②]

《台湾外记》记载，郑经西征，陈永华留守台湾。“华胸藏韬略，持己廉正，法严约束，夜不闭户，百姓乐业。后见经诸弟微有恃势，占夺民田，华虽屡遏止，似若艰于破面执法。遂以‘元子年登十六，聪明特达，宜循君行则守之典，请元子克壓监国。’经允其请。四月初六日，遣礼官郑斌赍谕抵台湾，同陈永华立克壓监国”。[③]康熙二十年正月，郑经死后，冯锡范“着礼官郑斌等办理丧事。随密向国轩谋曰：‘监国乃螟蛉子，安得承继？’轩曰：‘此郑氏之家事，岂外人所预？’……六官会议，择日嗣位。锡范密向聪、明、智、柔诸公子言曰：‘自古承继大统，嫡庶尚且有分，何况螟蛉？’郑聪等曰：‘公此言，真国之辅佐！’克壓李氏之子，血抱抚养，人所周知，独藩主为嬖者瞒昧。且此子狂悖刚强，苟与嗣位，将来有不利于邦家”。[④]

在以上这些记载中，各说纷纭。但其中有些问题并没有分歧，而可以肯定。例如：

1. 林昭娘的来历。林昭娘原来是屠夫李某的妻子，也是因为到郑成功府中为郑经的某个弟弟（郑经的五弟郑智、六弟郑宽、七弟郑裕均出生于清顺治十七年，即公元 1660 年；八弟郑温出生于康熙元年，即 1662 年。[⑤]）当乳母，郑经与之私通，并将其纳为妾侍，进而得到郑经的宠爱。

2. 郑克壓的出生年份。郑克壓康熙十八年（1679）十六岁，古人的年龄算虚岁，因此，他出生于康熙三年（1664）。

有的问题虽有不同的说法，但经过梳理、分析，也可以得到一定的厘清：

例如，郑克壓的身世之谜。根据以上的记载，郑克壓的身世有两种不同的说法。第一种说法，郑经与林昭娘私通之后，昭娘有孕，生郑克壓。昭娘分娩之时，郑经就在当场，曾亲眼目睹。第二种说法，郑经与林昭娘私通，昭娘有孕，生女，密取他人（李某）之子代之，骗过了郑经。这两种说法，那种更为

---

① 阮旻锡：《海上见闻录》，福州：福建人民出版社，1982 年，第 70 页。

② 阮旻锡：《海上见闻录》，福州：福建人民出版社，1982 年，第 74 页。

③ 江日升：《台湾外记》，福州：福建人民出版社，1983 年，第 290 页。

④ 江日升：《台湾外记》，福州：福建人民出版社，1983 年，第 309 页。

⑤ 厦门市郑成功纪念馆、厦门市郑成功研究会编：《郑成功族谱四种》，福州：福建人民出版社，2006 年，第 240—241 页。

可信？其实明眼人一看就明白。

第一种说法，克壓出生之时，郑经在场，昭娘没有任何作假的空间。因此，旁人也没有任何可以怀疑的空间。虽然后来还有克壓乃抱养的流言，但郑经始终相信自己的眼睛，不为所动。不但郑经始终相信克壓乃自己亲生，精明能干的陈永华也没有怀疑过郑克壓的身世，否则，他不会将自己的“季女”嫁与克壓为妻。

第二种说法，昭娘密取他人之子以代自己所产之女、这种“狸猫换太子”的做法，在郑经已经执掌大权的康熙三年、在此前郑经还没有男性继承人、郑经每个孩子的出生都会引起特别关注的情况下，其实很难能够做到。

既然郑克壓为郑经的亲子不容怀疑，那么，所谓他乃抱养的螟蛉子的说法是如何产生的呢？显然，这是郑经“妒悍”的妻子唐氏的“杰作”。正如《台湾郑氏始末》所记载的：“唐氏，妒悍无子。妾林氏生男克壓，唐嫉谓非经出，欲害之”[①]。亦如《郑氏逸事》所记载的：“当时流言昭娘假娠乞养，实屠者李某子，独郑经谓生时目睹，不之信”[②]。这次，唐氏的加害没有产生直接的作用，但她的“妒悍”，导致了郑经的更加不满。唐氏因此更加“郁抑”，2年后（或许不到2年，唐氏死于康熙五年七月，郑克壓出生于康熙三年不知何月），以不到24周岁的年龄黯然去世。

既然，郑克壓非郑经亲生乃唐氏“妒悍”而制造出来的流言，那么，为什么在郑经死后这种说法反而成了“定论”、成了致郑克壓于死地的“理由”呢？这当然与郑氏家族内部的矛盾、与郑经死后家族的“大家长”董夫人的感情倾斜有关。

郑克壓出生之后，除了郑经坚信不疑外，唐氏所制造的流言总在家族中隐秘地散布着：“族人窃诽之。未几，昭娘以众嫉死矣”[③]。这种流言所以总有市场，当然和家庭、家族的矛盾有关。以林昭娘的身份，产下郑氏家族第一顺位的继承人，引起众人的嫉恨是可以想象的。除了唐氏之外，郑经的其他妾侍、郑经诸弟及其妻妾都有可能成为这种流言的传播者。不久，林昭娘就成了家族矛盾的牺牲者。

据《郑氏逸事》记载，郑克壓16岁“监国”后，“赏罚功罪，一出于公，

① 沈云：《台湾郑氏始末》，台湾文献丛刊本，第75页。

② 郁永河：《裨海纪游》，台湾文献丛刊本，第52页。

③ 郁永河：《裨海纪游》，台湾文献丛刊本，第52页。

即诸父昆弟有过，不少假，用之宗族多怨之。及郑经自厦门败归，视监国处分国事悉当，益信其贤，自是军国事悉付裁决，与精兵三千为护军，宗族益惮监国而含怨愈深矣。会经疾遽亡，未立后，家人方治含殓，经母董氏出坐帏中，传集各官，听读遗命，立新主，逡巡无举。经诸弟白董氏先收监国印。董氏命太监往取印，钦舍不与。时因讹传监国率兵且至，众仓惶不知所出。群妾有和娘者，即克塽母也，曰：'监国必无是，请往取之。'钦舍曰：'此印先君所授，军国系焉。向使一太监传命，真伪莫据，何可轻付？和娘来，固当持去。遂随和娘至丧次，再拜董氏前纳印。'董氏曰：'汝非郑氏骨血，宁不知乎？'钦舍未及对，经诸弟群起挞之。钦舍笑曰：'挞我何足武，我平日不避嫌怨，守法不阿，亦为郑氏疆土耳。今日死生惟命，何挞为？'董氏命置傍室中，不令出。经诸弟又遣乌鬼往缢之。乌鬼畏不敢前。钦舍知不能生，遂自缢死"[①]。

《野史无文》也记载，"克壓执法，不私诸父兄。……于是父兄外戚不敢为非。果断过于经，郑氏昆弟人人怨之。……经返台湾而病殁，未尝遗命克壓行招讨事。郑氏子弟既怨之，而冯锡范又欲立克塽，乃扬言曰：'彼非郑氏子，孰肯为之下？'相与环泣，诉于经母董夫人前。夫人曰：'若非吾骨肉，一旦事权尽归之，将奈何？'皆曰：'吾郑氏无遗类矣！'乃收其监国印。夜使乌鬼拉杀之。而立克塽"[②]。克壓死后，董夫人召克壓之妻陈夫人至，"抚慰之有加，曰：'总制，先将军之贤辅，尔无虑也。彼行当自死。'夫人泣，左右见者不忍即视。乃又询所欲为，夫人曰：'昔将军在，以我为儿妇。今克壓非太夫人孙，身不得为太夫人妇。且昔闻之先君，罪人之妻不可承事贵人，既为罪人妻，宜出。愿居克壓丧柩旁，以执箕帚、除污秽。'董夫人听之。夫人昼夜哭于柩侧，如是者百日，而自经死"[③]。

《台湾外记》记载，克壓处事"明敏果断。诸叔有欲夺占，事闻，壓让诸叔曰：'当以国为家，百姓足，则自足矣！何必自有为哉？'必执不可。诸叔不敢横为，百姓喜有天日"[④]。

阮旻锡《海上见闻录》记载，郑经死后，"董太妃与诸公子收监国印，克壓不肯与，拥兵自卫。公议以克壓乃乳母抱养之子，非亲血脉，乃缢杀之。妻陈

---

① 郁永河：《裨海纪游》，台湾文献丛刊本，第 53 页。

② 郑达：《野史无文》，台湾文献丛刊本，第 174 页。

③ 郑达：《野史无文》，台湾文献丛刊本，第 175 页。

④ 江日升：《台湾外记》，福州：福建人民出版社，1983 年，第 290 页。

氏亦自缢。二月初一日，董太妃率世子克塽即位，时年十二岁。百官朝贺毕，太妃起，出位，谕所以诛监国故，以世子托付冯、刘等，俾竭力匡扶，涕泣沾襟，众心大慰。……以二公子聪为辅政公，领护卫。”[①]

从以上的这些记载中可以看出：郑克壓监国之后，处事果断、执法公正，对家族中一些叔叔们侵占民众利益的不法行为屡屡予以制止和惩罚，引起了郑经诸弟的不满和怨恨。郑经死时，没有来得让克壓正式接班。而郑经的弟弟们担心克壓如果正式继位，他们以后的日子将会更不好过。因此，他们和冯锡范（郑克塽的岳父）勾结在一起，利用那个已经在家族中徘徊了多年的幽灵——所谓郑克壓非郑经亲生的流言，一定不让克壓继位。在这场家族矛盾的争斗中，有定夺大权的董夫人的情感天平明显地向儿子们（其中郑聪、郑裕为其亲生，后来郑聪当了辅政公）这一方倾斜了。她亲自出面将以往的流言说明是事实：“谕所以诛监国故”。[②]她甚至对克壓的夫人陈氏说，“彼行当自死”（或许在董夫人看来，得罪了叔叔们就必须死）。[③]正因为董夫人的感情倾斜，本来应该成为郑氏政权第四代领导人的年轻有为的郑克壓才不幸死于非命。董夫人的“偏心”，遭到了克壓夫人陈氏的“抗议”，在董夫人向陈氏表示她因为是陈永华之女可“无虑”的时候，陈氏谢绝了董夫人的“好意”，哀怨地说：“昔将军在，以我为儿妇。今克壓非太夫人孙，身不得为太夫人妇。且昔闻之先君，罪人之妻不可承事贵人，既为罪人妻，宜出。”[④]董夫人在这场家族争斗中虽然一时在情感上倾向了儿子们，但在她的心中不是没有煎熬的。据《台湾外记》记载，5个月后，康熙二十年六月，“国太以监国死非其罪，且非己意，辄积郁于怀，遂染疾，于二十九日卒”[⑤]。

董夫人在史家的笔下一直是一个比较正面的角色。《海纪辑要》称其为：“方正端雅。凡理家政、处媵妾，俱以贤德见称。辛卯马得功入岛，妃独怀其姑木主以行，赐姓嘉其识大义，尤加敬礼。居常无事，深戒子孙以抚恤民瘼为念。至七郡之失、厦门之弃，每云‘若辈不才，徒苦生灵。今百姓流离至此，须加轸恤。’凡难民得免丁役者，皆董妃之赐也。”[⑥]这样的评价，显然忽视了郑成功

---

① 阮旻锡：《海上见闻录》，福州：福建人民出版社，1982年，第74页。
② 阮旻锡：《海上见闻录》，福州：福建人民出版社，1982年，第74页。
③ 郑达：《野史无文》，台湾文献丛刊本，第175页。
④ 郑达：《野史无文》，台湾文献丛刊本，第175页。
⑤ 江日升：《台湾外记》，福州：福建人民出版社，1983年，第314页。
⑥ 夏琳：《海纪辑要》，台湾文献丛刊本，第67页。

曾经"以教子不严"的缘故派人要杀她的事实。[①]郑成功的严厉，曾被认为是"乱命"而被部属们拒绝执行。但郑成功责董夫人"教子不严"却一点也不冤枉。郑经和她身边的乳媪陈氏私通生子，只是她"教子不严"的例证之一。还有许多的例子可以说明她的"教子不严"。郑成功死后，郑经又和弟弟中的另一个乳媪林昭私通并进一步将其纳为妾侍，是董夫人"教子不严"的例证之二。郑经西征之时，董夫人的其他几个儿子在台湾侵占民众的田产、侵害民众的利益，造成陈永华不便管、郑克壓管后产生了叔侄矛盾，是她"教子不严"的例证之三（尽管她在子孙面前也时常会说一些须"以抚恤民瘼为念"的空话）。屡行不法的诸子与公正执法的孙子郑克壓形成对立、矛盾激化之后，她又坚定地站在儿子们一边，绞杀了年轻有为的郑克壓，并让自己亲生的、"懦而贪"的儿子郑聪当了"辅政公"，[②]这是她"教子不严"的例证之四。凡此种种，足以说明，董夫人并没有把"母亲"这个角色扮演好。这或许就是郑经情感生活"荒唐"的根源之一。

四、郑经荒唐的情感生活与郑氏政权的两次内乱

纵观郑经的婚姻和情感生活：他和妻子唐氏的婚姻是不幸的，唐氏的"妒悍"造成了他们婚姻的不和谐，甚至差点引来杀身之祸。而他和妻子之外的其他妾侍的感情应该是不错的，他死后，未满"七七"，康熙二十年三月十一日，他"所爱四嫔同日俱投环从死"。[③]当然，郑经在情感生活方面是很不严肃的，甚至在性心理方面似乎也有一些偏差，"幼好渔色，多近中年妇人，民妇为经诸弟乳母者，经皆通焉"[④]。他的荒唐的情感生活，直接或间接地造成了郑氏政权的两次内乱，给郑氏政权的稳定和发展带来了极大的危害。

郑氏政权的第一次内乱。

郑成功从唐显悦的书信中得知郑经与弟乳母私通生子的消息后，"登时气塞胸膛。立差都事黄毓，持令箭并画龙桶三、漆红头桶一，过金门与兄泰，同到厦门斩其妻董氏治家不严之罪，并其子经与其所生孙、乳母陈氏"。[⑤]郑成功如此严厉的命令让在金、厦的诸将"接令骇然"，他们决定只把乳媪陈氏和私生的

① 夏琳：《海纪辑要》，台湾文献丛刊本，第30页。
② 江日升：《台湾外记》，福州：福建人民出版社，1983年，第312页。
③ 佚名：《闽海纪略》，台湾文献丛刊本，第62页。
④ 郁永河：《稗海纪游》，台湾文献丛刊本，第52页。
⑤ 江日升：《台湾外记》，福州：福建人民出版社，1983年，第172页。

孩子杀死复命，而联名替郑经和董夫人求情。“功不允。解所佩剑交黄毓，再来金门见泰，必当照令而行”。[①] 从郑成功的角度，“王子犯法与庶民同罪”，当时，通奸者是必须处死的，所以，郑经也不能宽贷。“成功立法尚严，虽在亲族有罪，不少贷。……其立法，有犯奸者，妇人沉之海，奸夫死杖下”。[②] 而从金、厦诸将的角度，这种诛杀“主母”和“小主”的命令是无法执行的。而且，当时金、厦诸将拒绝诛杀郑经还有一个重要的因素：郑成功收复台湾后，康熙元年（1662）初，曾“严谕搬眷，郑泰、洪旭、黄廷皆不欲行，于是不发一船至台湾。而差船来吊监纪洪初辟等十人分管番社，皆留住不遣，海上信息隔绝”。[③] 原来在金、厦的诸将就不想搬眷去台湾，“时台地初辟，水土不服，病者即死。故致各岛搬眷，俱迁延不前”。[④] 郑经在，他们迁延搬眷赴台，只能算是消极抗命，而且，责任可以由郑经担着；如果他们把郑经也杀了，再拒绝搬眷赴台，那就是“造反”了。所以，他们拒杀郑经也有抵制搬眷的因素在。“成功闻诸将拒命，愤甚。……五月癸酉朔，成功病，强掖黄安登将台，望澎湖，有船东至否？”黄安又劝他宽恕郑经，以免其他部将的不安，“‘父子至亲且若是，他更何以自处？’成功益忿怒，狂走。越八日庚辰（初八日），啮指而卒”。[⑤] 显然，郑成功的去世和郑经与乳媪私通的事情有很大的关系。

郑成功病逝后，郑经在厦门得报发丧嗣位。而在台湾，“其弟世袭护理大将军印，以世子得罪于父，遂欲阴谋自立”。[⑥] 郑世袭的心腹亲信在前往游说一些统兵大员以获取拥戴时，都拿郑经的不是说事。例如，张骥在游说右虎卫黄安时说，“世子乱伦，情急于势，党众拒父。……此乃不孝，乌可承统？”但黄安不为所动，答以“子承父业，谁敢异心？”张骥只好知难而退。[⑦] 而张骥在游说后冲镇黄昭时，黄昭却认为，郑经“所行，真不堪为人上。……护理仁慈弟也。弟承兄业，未为不可”。[⑧] 张骥在游说中冲镇萧拱宸时，萧拱宸也认为，“世子行既不正，护理仁慈，承继大统，名正言顺”[⑨]。郑世袭的另一个亲信曹从龙

① 江日升:《台湾外记》，福州：福建人民出版社，1983年，第172页。
② 郁永河:《稗海纪游》，台湾文献丛刊本，第50页。
③ 阮旻锡:《海上见闻录》，福州：福建人民出版社，1982年，第48页。
④ 江日升:《台湾外记》，福州：福建人民出版社，1983年，第170页。
⑤ 沈云:《台湾郑氏始末》，台湾文献丛刊本，第56页。
⑥ 夏琳:《海纪辑要》，台湾文献丛刊本，第67页。
⑦ 江日升:《台湾外记》，福州：福建人民出版社，1983年，第173页。
⑧ 江日升:《台湾外记》，福州：福建人民出版社，1983年，第174页。
⑨ 江日升:《台湾外记》，福州：福建人民出版社，1983年，第174页。

则建议说，“可假藩主遗言，数世子罪状，命弟继统，方可以服众”。于是，“袭即假成功遗言，出告四方。黄昭、萧拱宸即扶袭为东都主，分兵拒经”[①]。郑氏政权出现了叔侄争权，分庭抗礼的局面。而郑世袭的“阴谋自立”以及一些将领的拥护，都是以郑经的品行不能服众为借口。

康熙元年十月，郑经率领周全斌、冯锡范、陈永华等统兵前往台湾平定内乱。因策略得当，除阵斩黄昭，“收杀萧拱宸、李应清、曹从龙等，余皆不问”。“请世袭至，待之如初”。[②]这次内乱及其平定，虽然没有造成很大的杀戮，但还余波未了。

康熙二年正月，郑经率舟师回厦门。他在台湾时，发现了户官郑泰和黄昭的来往书信，因此怀疑郑泰和黄昭曾有勾结。郑泰居守金门，拥有重兵和大量的财富，知道郑经怀疑自己，也称病不到厦门相见。六月，郑经采用陈永华的计策，称将前往台湾，请郑泰居守金、厦，铸居守印，差协理户官吴慎送到金门。郑泰犹豫再三，最后还是带着兵船和十万两饷银到厦门拜谢。结果被郑经软禁。他的弟弟郑鸣骏和儿子郑缵绪“率诸将及眷口下船，入泉港投诚。船凡二百□□、精兵八千、文武官数百员。全斌等追之，不及。泰□之，遂自缢”[③]。

这一次内乱，尤其是郑泰势力的降清，极大地削弱了郑氏政权的力量，涣散了人心。“自郑鸣骏入泉州，人心解散，镇营多叛，右武卫杨富、左武卫何义、忠靖伯陈辉等，文官参军蔡鸣雷、礼官都事陈彭等皆先后投降”[④]。

郑氏政权的第二次内乱。

郑氏政权的第二次内乱，郑经诸弟和冯锡范以年轻有为的“监国”郑克𡒉非郑经亲生为借口，将其杀害，拥立年仅12岁的郑克塽。这是郑经荒唐的情感生活再一次被亲族作为生事的借口。这一次内乱过后，郑氏政权内部更是上下离心，不久，宾客司傅为霖就纠联了11镇准备接受清福建总督姚启圣的策反。尽管这次策反最终败露，但郑军中的离心倾向已不可遏止，郑氏政权的最终败亡已不可避免。

原文载于《台湾研究集刊》2017年第3期

① 江日升：《台湾外记》，福州：福建人民出版社，1983年，第174页。
② 阮旻锡：《海上见闻录》，福州：福建人民出版社，1982年，第49页。
③ 夏琳：《海纪辑要》，台湾文献丛刊本，第33—34页。
④ 阮旻锡：《海上见闻录》，福州：福建人民出版社，1982年，第51页。

嘉道年间闽台地方官开发台湾东部“番地”的主张探析

——以噶玛兰及水沙连地区为中心

陈忠纯

有清一代台湾土地开发史上，汉“番”关系的演变一直影响着治台政策的思考与制定。以往对于清代前中期的“理番”政策探讨较多，后期尤其“开山抚番”以前的“理番”措施着墨较少。[①] 但就笔者所见，近代前后，随着台湾开发进程的深入及汉番关系的变化，闽台官员也试图改变以往以封禁为主的“理番”政策。当时闽台官员推动开垦台湾东部噶玛兰及水沙连诸“番地”，即可看成是调整封禁政策的一次尝试。

嘉道年间，闽台官员及民间曾一度热议是否开发台湾东部的噶玛兰及水沙连诸“番地”，其结果是设立噶玛兰厅，水沙连地区则未被清廷接受。学界多将此时期东部“番地”的开发归于杨廷理等少数官员的努力。但若从整个清代台湾开发史的脉络看，开发台湾东部地区应是台湾进入深度开发阶段的历史必然。不过，清廷上层并不了解台地的新变化，仍倾向株守隔绝汉“番”接触的保守政策。本文将着重分析闽台地方官员开发噶玛兰及水沙连诸“番地”的言论，探讨当时地方官员对台湾“番地”开发主张的演变，及其与清廷中枢的分歧。

---

① 本文所涉及的相关研究成果散见于各种关于清代噶玛兰、水沙连诸番地开垦问题的论著中，但专门讨论清廷上下关于两地设治问题的不同看法的文章还不多见。参见邓相扬：《水沙连地区的拓垦与邵族的处境》，自陈秋坤、洪丽完主编：《契约文书与社会生活（1600—1900）》，台北：中研院台史所筹备处，2001 年；廖风德著：《清代之噶玛兰》，台北：里仁书局，1982 年；庄胜全著：《万文遥寄海一方：清帝国对台湾的书写与认识》，新北：稻乡出版社，2013 年；程仁桃：《〈蛤仔难纪略〉与台湾宜兰的建置开发》，《中国地方志》2008 年第 4 期；刘汉忠：《“开兰名宦”杨廷理及其著述》，《东南文化》2000 年第 3 期等。

一

清嘉道年间，随着台湾西部地区基本开发殆尽，实力日益强大的汉人移民势力逐渐越过“土牛之界”，向被清廷封禁的台湾东部噶玛兰、水沙连等“生番”聚居地拓垦，是否应将两地纳入行政版图的问题提上日程。对于官方而言，这不仅是重启自乾隆以来便已停滞的在台增设行政机构，还直接牵涉是否变更已延续百年之久的汉“番”隔绝政策。有清一代，清廷在开发“番地”问题上长期存在两种基本主张：一为实行汉“番”隔离的政策，防止汉“番”接触产生冲突；一为采取抚“番”政策，将开发土地与招抚“番民”结合起来。台湾南北两路的荒地，最初都是“番民”的“鹿场”，并非无主之地。大陆移民入台开垦土地，不可避免地会触及“番”民的利益，引发汉“番”冲突，这成为困扰台地官民的两难问题：是鼓励移民开发土地，还是保护“番民”利益，禁止汉民入垦“番地”。汉“番”冲突在康熙晚期至雍正年间愈发频繁，逐渐引起清廷的重视。从现有的清宫档案中可以看出，在治台问题上雍正帝特别关心的，除了赴台官员的选任，就是台地的汉“番”关系，要求有“生番”伤人事件，务必上奏。[①] 他反复谕令闽台官员应隔绝汉“番”交往，避免事端：“朕谆谆训谕，但画清界限，令熟番、生番、百姓为安生理不相互侵扰，则可保相安无事之谕，汝等忘记。帅向后当防事于未然，方为治地方之道者，如此随事整饬，恐不胜其烦矣。”[②] 封禁政策逐渐成为处理汉“番”关系基本措施，历经康雍乾三朝，不断强化。然而，民间开垦“番地”已然成风，清政府禁垦之令，始终难以彻底执行。乾隆晚期，林爽文事变后，福康安遍巡台湾南北近山地区，发现封禁“番地”的土牛界限早已形同虚设。[③]

对于不少闽台地方官绅来说，无论“立界”“禁汉民之入”“迁界以避”，都

---

① 禅济布：《奏报生番杀人折》，《宫中档雍正朝奏折》，第5辑，台北：“国立故宫博物院”，1978年，第449页。

② 赫硕色：《奏报凤山县生番杀人折》，《宫中档雍正朝奏折》，第12辑，第216页。

③ 乾隆五十三年（1788年），福康安曾奏报：“各处番地，不特嘉义以南，多有侵越，即淡水等处，续定土牛之界，亦成虚设。臣福康安追剿贼匪时，周历全郡，所过近山地方，良田弥望，村落相联，多在舆图定界之外。旧设土牛，并无遗址可寻。”（《钦差协办大学士福康安等奏募补番丁章程折》，中国人民大学清史研究所、中国第一历史档案馆合编：《天地会》（五），北京：中国人民大学出版社，1986年，第81页。）

不是理“番”良方，[①]他们认为开发土地与招抚“番民”可以相辅相成。雍正时期，蓝鼎元指出开发台湾对于解闽省之乏及台湾民“番”冲突均有特别意义：“南北二路，地多闲旷，应饬有司劝民尽力开垦，勿听其荒芜，可以赢余米谷资闽省内地之用。且可以恢廓疆境，使生番不敢恣意出没射杀行人。”[②]雍正七年（1729年），署理台湾府知府沈起元还提出“限田”与“归化”并行的措施，一方面防止汉民无节制地滥垦，一方面必须酌留“番民生息之地”，能耕者划地教之耕，不能耕者按甲贴饷，以免影响“番民”生计，“亦虑激而为患”。[③]

到了嘉道年间，台湾的土地开发进入一个新的阶段，显著的变化是汉“番”的实力对比已彻底逆转，汉族移民有能力集合较大的拓垦集团向“生番”聚集的内山地区侵垦。咸丰四年（1854年），福建台湾道徐宗干便观察到：“前此林爽文穷蹙窜入，谋据险要，幸彼时私入之人无几、生番之势尚强，不为所据。数十年来，私入之人较多，生番之势极弱。今昔异形，所以尚无事故者，以并无巨恶乘机窜入。设或成为巢穴，则险为贼据，番力不敢拒争。”[④]原本人迹罕至的噶玛兰、水沙连诸番地，现下成为被觊觎的良田。相应地，封禁政策从主要是为防止“番”民出草伤人，转为避免因内山“番地”被汉人侵垦，导致“番民”生存陷入危机。

清廷如何应对这一新的形势？以吴沙为首的漳泉势力入垦噶玛兰的过程中，官方扮演的角色颇值得玩味。我们可以从地方官绅们的议论及记载中，体会其中微妙的态度差异。

首先要提到的是开兰支持者谢金銮所著《蛤仔难记略》。谢金銮时任嘉义县教谕，著述此书是为支持杨廷理的开兰主张，为开兰造舆论，据言还曾由少詹事梁上国呈递给嘉庆帝。[⑤]他在讲述开兰缘起时称：“内地民人蕃庶，地力已尽。蛤仔难番既通贸易，漳泉广东之民多至其地，垦田结庐以居以食，蚕丛未

---

① ［清］沈起元撰：《离任后覆台湾地亩科则生番界址事宜上督院高公》，《敬亭诗草八卷文稿九卷补遗一卷》卷5，清乾隆十九年刻增修本，第29页。自《四库未收书辑刊》第8辑第26册，北京：北京出版社，2000年，第178页。

② ［清］蓝鼎元撰：《鹿洲奏疏·经理台湾第二》，《鹿洲全集》（下），蒋炳钊、王钿点校，厦门：厦门大学出版社，1995年，第806页。

③ ［清］沈起元撰：《治台私议》，《敬亭诗草八卷文稿九卷补遗一卷》卷6，清乾隆十九年刻增修本，第5—6页。自《四库未收书辑刊》第8辑第26册，第200—201页。

④ 徐宗干：《议水沙连六社番地请设屯丁书》，台湾史料集成编辑委员会编：《明清台湾档案汇编》第三辑，第62册，第503—510页。

⑤ 《崇祀乡贤事迹录》，自谢金銮撰：《二勿斋文集》，陈支平主编：台湾文献汇刊第4辑第13册，北京、厦门：九州出版社、厦门大学出版社，2004年，第21页。

辟，官吏不至，以为乐土。闻风者接踵以至，于是围堡御患，自北而南，为头围、二围、三围，又南为四围。漳人有吴沙者，遂统其事，众目为头家。沙能部署，设立乡勇，以防生番。”[①]谢金銮强调吴沙等人因困于生计，谋食于兰地。其次是有“开兰名宦”之称的杨廷理，他曾任台湾府南路理番同知、知府等职，并摄理过噶玛兰通判，是噶玛兰开发的主要推动者之一。他在《请开台湾后山噶玛兰（即蛤仔难）节略》如此描述该地的开垦动议及过程：“徐署郡篆，每向理称吴沙可信，并蛤仔难生番易于招抚，地方广袤、土性膏腴情形。屡会理禀商徐抚宪嗣曾，抚宪以经费无出，且系界外，恐肇番衅，弗允奏办。后闻吴沙私以盐布与生番往来贸易，适番社患痘，吴沙出方施药，全活甚多，番众德之，情愿分地付垦。吴沙遂招漳、泉、广三籍之人，并议设乡勇，以防生番反复。内地流民，闻风踵至。”[②]杨廷理称吴沙自发入垦噶玛兰前，他本人与淡水同知徐梦麟有允许吴沙入垦的动议，其原因是该地“地方广袤、土性膏腴”，且“生番易于招抚”。换言之，部分地方官方因应了民间开发噶玛兰的诉求，曾试图主动引导噶玛兰的开发。

若比照道光元年（1821年）曾任噶玛兰通判的姚莹的记述，会发现杨廷理等人美化了吴沙入垦噶玛兰的过程。姚莹记言：“林爽文之乱，虑贼北窜内山。同知徐梦麟言，三貂有吴沙，民番素信，可堵贼，毋使遁入者是也。沙既通番久，尝深入蛤仔难，知其地平广而腴，思入垦。与番割许天送、朱合、洪掌谋，招三籍流民入垦，并率乡勇二百余人、善番语者二十三人，以嘉庆元年九月十六日进至乌石港南，筑土围垦之，即头围也。……初入，与番日斗，彼此杀伤甚众。沙使人绐番曰：‘我奉官令，以海贼将据蛤仔难尽灭诸番，特来堵贼，且护番垦田足众粮而已，非有他也’。番性愚，不事耕凿，间有耕者，用力苦而成功少，故视地不甚惜。得沙言，疑信者半。斗又屡败，以为汉人有神助，稍置之。番社患痘，沙出方施药，全活甚众，德之。”[③]杨廷理称吴沙入垦噶玛兰的契机是“番”民感念吴氏施药救人，情愿“分地付垦”。而姚莹侧重记录了吴沙觊觎兰地肥沃，强行招人入垦的暴力历程，施药救人只是后来平息冲突的一个

① 谢金銮：《蛤仔难纪略·原由》，二勿斋藏版，道光甲午重刊，第2页。

② 杨廷理：《请开台湾后山噶玛兰（即蛤仔难）节略》，自氏撰《知还书屋诗抄》，南投：台湾省文献委员会，1996年，第369页。

③ 姚莹：《噶玛兰原始》，自氏撰《中复堂全集·东槎纪略》卷三，第2页。沈云龙主编：《近代中国史料丛刊续辑第六辑》，台北：文海出版社有限公司，1974年，第2534—2535页。

原因。[①]汉“番”冲突是清廷十分忌惮的话题，为了消除开兰阻碍，杨廷理等主张开兰者当然要尽量曲护吴沙等人。在正式向清廷提出开兰时，福州将军赛冲阿称私垦之民“或因节次台匪滋事，潜入避难；或因船只遭风击碎，随地流寓，历年久远，渐聚渐多”[②]；少詹事梁上国则如谢金銮所言含糊其辞，并称垦民为知大义之民。[③]

闽台地方官们希望将噶玛兰等“番地”纳入版图，主要是为了应对汉民大规模侵垦内山“番地”的趋势。但他们正式向清廷提出开发“番地”时，却回避了这一事实，另寻依据。噶玛兰地区作为“番界”，入籍过程颇为曲折。按杨廷理所述，自嘉庆元年（1796年）首倡至嘉庆十五（1810年）年正式纳入版图，前后经历十五载。而该地入籍起始为督抚所拒，转寰之机出现于嘉庆十一、二年间，其时蔡牵、朱濆骚扰台湾，觊觎噶玛兰地区，引起清廷上层对该地的重视。嘉庆十一年（1806年），嘉庆帝据福州将军赛冲阿所奏，称“淡水沪尾以北山内，有膏腴之地一处，为蔡逆素所窥伺”，要求询明该处地名，派官兵前往筹备防务，“相机办理”。[④]嘉庆十二年（1807年）间，朱濆曾试图进攻苏澳番界，杨廷理在当地民众的协助下顺利围剿了来犯之敌。次年，赛冲阿奏请在该地屯田设弁，该地之民“为官出力”，成为主要理由：“蛤仔烂本系界外番地，今民人、熟番越界私垦，本应驱逐治罪。惟是开垦年久，已成永业，一经驱逐，不惟沃土抛荒，而无业游民盈千累万，实亦碍难办理。因思该处民番久已相安，且为官出力，自应归入版图，以广声教。虽番地初辟，设官安兵均多窒碍，而

① 笔者所见最早记述吴沙与“生番”关系，是乾隆五十三年（1788年）福康安奏报林爽文事件缘由时，提及吴沙、许天送等人在三貂、蛤仔栏地方“租垦番地”，“素与生番熟悉”，故令其带领“生番”协助官兵林爽文等人。故吴沙入垦蛤仔栏的时间，或在林爽文事件前后，要早于杨廷理、姚莹等人所述。而嘉庆前后，则是吴沙等人开始大规模入垦噶玛兰地区。（《钦差协办大学士福康安等奏林爽文起事缘由折》，中国人民大学清史研究所、中国第一历史档案馆合编：《天地会》（四），北京：中国人民大学出版社，1983年，第356页。）

② 赛冲阿：《台湾蛤仔烂地方开垦地亩情形》，中国第一历史档案馆、海峡两岸出版交流中心编：《明清宫藏台湾档案汇编》，第117册，北京：九州出版社，2009年，第137页。

③ 梁上国：《台湾山外土田屡为洋股窥伺宜急筹收抚绝盗觊觎》，中国第一历史档案馆、海峡两岸出版交流中心编：《明清宫藏台湾档案汇编》，第117册，北京：九州出版社，2009年，第356—357页。

④ 此条材料最早似来自杨廷理的记述，笔者尚未找到赛冲阿的奏折及嘉庆帝的上谕。参见杨廷理：《请开台湾后山噶玛兰（即蛤仔难）节略》，自氏著：《知还书屋诗抄》，南投：台湾省文献委员会，1996年，第371页。

为之有渐，可期獉狉日开。”[①] 赛冲阿虽然比较谨慎，仅建议先在该地屯田，待将来“生番”渐转为“熟番”，田土日辟，民“番”情洽后，再正式设官安兵，仍未能被清廷接受。同年，詹事府少詹事梁上国的奏言却打动了嘉庆帝。梁上国以“台湾山外土田屡为洋股窥伺宜急筹收抚绝盗觊觎”为题，强调将该地收入版图，可以“绝盗贼觊觎之患”“使海疆无化外之民”“使全台增土田之利”“使番社怀天朝之德”。[②] 嘉庆帝为此发布上谕：噶玛兰地区“若收入版图，不特绝洋盗窥伺之端，且可获海疆之利”。[③] 此后，清廷正式将开兰之事纳入议程。不过，此次开兰的努力仍因该地漳泉械斗而中止，之后出现转机则是当地“番民”主动内附。嘉庆十五年（1810 年）四月，闽浙总督方维甸奉命过台巡查时，噶玛兰“生番”头目包阿里等主动叩见，呈送户口清册，请求纳附。[④] 方维甸据此，再度奏请将噶玛兰之地纳入版图，终得到清廷的同意。[⑤]

可见，防患内山“番地”为乱民所侵扰盘踞，才是清廷上层主要关心的问题。这也就不难理解，为何如杨廷理后来自言开兰乃是为了防盗：“理汲汲欲开噶玛兰之见，实缘洋匪李培、蔡骞、朱濆先后窥伺，图作贼巢。理耳闻目击，不胜惶悚。若再不及时收入版图，设官经理，万一水陆奸宄，互相勾结，负隅拒险，势必全台惊扰，故敢自任其事。”[⑥] 同为开兰支持者的台湾县学教谕郑兼才更为夸张，称蔡牵之所以垂涎台湾，目的即在占据噶玛兰，“然日久计熟，所欲得志者噶玛兰耳。”[⑦] 郑兼才还强调噶玛兰乃台湾要害之地，“以势论之，郡城地近极南，蛤仔难处极北，上可及下，下不能顾上，蛤仔难即可弃，为郡城计，

---

① 赛冲阿:《台湾蛤仔烂地方开垦地亩情形》，中国第一历史档案馆、海峡两岸出版交流中心编:《明清宫藏台湾档案汇编》，第 117 册，北京：九州出版社，2009 年，第 132 页。

② 梁上国:《台湾山外土田屡为洋股窥伺宜急筹收抚绝盗觊觎》，中国第一历史档案馆、海峡两岸出版交流中心编:《明清宫藏台湾档案汇编》，第 117 册，北京：九州出版社，2009 年，第 350—363 页。

③ 上谕档:《寄谕闽浙总督阿林保等台湾淡水田土丰饶令悉心妥议》，中国第一历史档案馆、海峡两岸出版交流中心编:《明清宫藏台湾档案汇编》，第 117 册，北京：九州出版社，2009 年，第 348 页。

④ 方维甸:《为查明噶玛兰即蛤仔难地势情形请收入版图设官以顺舆望以绥海疆事》，台湾史料集成编辑委员会编:《明清台湾档案汇编》第三辑，第 48 册，第 39—40 页。

⑤ 孙尔准:《为开辟台湾噶玛兰案内应行查办各款并未尽事宜按款定拟事》，台湾史料集成编辑委员会编:《明清台湾档案汇编》第三辑，第 50 册，第 453 页。

⑥ 杨廷理:《请开台湾后山噶玛兰（即蛤仔难）节略》，自氏著:《知还书屋诗抄》，南投：台湾省文献委员会，1996 年，第 371 页。

⑦ 郑兼才:《山海贼总论》，台湾史料集成编辑委员会编:《明清台湾档案汇编》第三辑，第 50 册，第 70—71 页。

不可弃也。以理论之，垦田数万、聚众数千，地为化外之地、人为向化之人，化外之地可弃，向化之人不可弃也。况其地易为巨盗占踞，未雨绸缪，斯为要著。”①

然而，实际上谢金銮等人开兰之议的动机主要还是因应民间的诉求。嘉庆十六年（1811年），南投县丞翟灏有言：“夫有其地若此，果能利其生番，治其田亩，广人烟，立学校，数十年必有大可观者。”②而高澍然评价杨廷理开兰之功，贡献在于该地产粮可解民困，“资其粟足食数郡，其泽尤可百世也。”③高澍然此论，反映的应是闽台民间对于开兰的一般认知。

二

从噶玛兰地区纳入版图的过程可见，清廷上下对于内山“番地”的认知有着明显的不同，如前所言，清廷上层主要是为防患蔡牵势力侵入该地才同意将其纳入版图，但隔绝汉“番”，防止冲突的立场并未改变。道光四年（1824年），道光帝还据赵慎畛等人的奏报，谕令严禁民人越垦水沙连等“番”地。④也正因此，随后水沙连地区入籍便遇到更多的阻碍。嘉道以后不少官员试图依照噶玛兰地方纳入版图的案例，开发水沙连诸“番地”。水沙连诸“番地”的情况与噶玛兰类似，在地方官提出设治前，已有不少民人越垦。噶玛兰设治不久，彰化县民郭百年等人便假借官府名义，强行入垦水沙连地区。嘉庆二十二年（1817年），时任台湾镇总兵武隆阿得悉此事，令彰化县令吴性诚派兵将郭百年等人驱逐出山，并重新设立禁碑，不许汉人入垦。但经此事件后，水沙连诸社大为衰落。官方数次驱逐，严令封禁，但始终难以禁绝私垦之民。

道光三、四年（1823、1824年），鹿港同知邓传安先后向时任闽浙总督赵慎畛、福建巡抚孙尔准建言，依噶玛兰之例，将水沙连地区纳入版图：“阿里山之副通事、水沙连之社丁首，皆治贌社、输饷事宜。……夫贌社，即民番互市

① 郑兼才：《上汪瑟荠先生书》，台湾史料集成编辑委员会编：《明清台湾档案汇编》第三辑，第47册，第266页。

② 翟灏：《蛤仔烂记》，台湾史料集成编辑委员会编：《明清台湾档案汇编》第三辑，第48册，第216页。

③ 高澍然：《台湾知府杨廷理传》，自氏著《抑快轩文集》（二），扬州：江苏广陵古籍印刻社，1998年，第827页。

④《谕命严禁民人私垦并令彰化营于隘口拨兵防堵》，中国第一历史档案馆、海峡两岸出版交流中心编：《明清宫藏台湾档案汇编》，第142册，北京：九州出版社，2009年，第158页。

也。所谓归化，特输饷耳；而不薙发、不衣冠，依然狉狉榛榛，间或掩杀熟番而有司不能治，为之太息，安得如噶玛兰之改土为流乎。”[①] 但邓传安的两度建言均被姚莹所驳。由于噶玛兰的开发被不少主张开发水沙连诸“番地”的地方官绅视为样本，姚莹遂以噶玛兰开发为例，强调道光中期水沙连地区纳入版图的时机尚未成熟：“往者噶玛兰之开也，乾隆间即有民人潜往。嘉庆元年，吴沙率众佃入山，占夺攻杀，凡十余年。杨廷理往开时，大局已定。故众社番献纳舆图，设官经理；然委员督垦之初，东势社番亦尚相持，强而后可。”姚莹依照噶玛兰设治的经验，罗列了“和睦番情”、“通事必求良善”、“官课、社租不可混淆”、“界址作何开闭”、“官荒召佃，永除业户之名”、推行“结首制”、设立“厅县之制”、“开通以便舟楫”等八项开发的条件，强调开辟水沙连地区的时机尚未成熟。[②] 姚莹的分析让孙尔准等官员“见而难之”，放弃开辟之议。[③]

上节曾提到姚莹等人对于吴沙等人入垦噶玛兰过程的记录不同于杨廷理等开兰者，若再联系他对开发水沙连地区的态度，会发现其对噶玛兰入籍过程的追述，或别有用意。他在《埔里社纪略》中，直言：“嘉庆中，又开噶玛兰，遂及山后，增幅员百里。论者皆以形胜为言。夫圣德遐被，八荒皆我外藩，鸿图式廓，远迈隆古。乃侈言沧海之一舟，大圜之一星，岂非陋耶？”[④] 可见，姚莹身为噶玛兰通判，对开兰之事的评价并不高。换言之，姚莹反对开发水沙连地区的真正原因其实不是时机问题，而是对开发“番地”持否定态度。然而，姚莹在台正是因处理噶玛兰开发得当，才得到台民的拥护。其上述开列八项的条件，是他对官方开垦内山“番地”的经验总结。

姚莹对于开垦内山“番地”的态度，与邓传安、杨廷理等闽台官员截然不同，这或与他对台湾开发的态度有关。首先，他认为开发台湾所入内贡“岁不过十万”，而所需兵饷“倍之”，故“其不能利益国家明矣”；其次，“番民”“慕化充屯”，是“我天朝之赤子”，故清廷立土牛之界，保护“番民”利益，乃属“诚仁之至也”；再次，入山开垦之民，则属“舆夫”“赤棍”“盗贼”等“莠

① 邓传安：《台湾番社纪略》，台湾史料集成编辑委员会编：《明清台湾档案汇编》第三辑，第61册，第168页。

② 姚莹：《埔里社纪略》，自氏撰《中复堂全集·东槎纪略》卷一，第37页。沈云龙主编：《近代中国史料丛刊续辑第六辑》，台北：文海出版社有限公司，1974年，第2470页。

③ 姚莹：《埔里社纪略》，自氏撰：《中复堂全集·东槎纪略》，卷一，第39—41页。沈云龙主编：《近代中国史料丛刊续辑第六辑》，台北：文海出版社有限公司，1974年，第2474—2478页。

④ 姚莹：《埔里社纪略》，自氏撰《中复堂全集·东槎纪略》卷一，第40页。沈云龙主编：《近代中国史料丛刊续辑第六辑》，台北：文海出版社有限公司，1974年，第2475页。

民”，是“全台之大患也”。[①] 正是出于这种认知，姚莹对吴沙的评价并不高，称之为“无赖”。[②] 在姚莹眼中，台地乃“好乱之地”，治理首要在于“防乱”，这与清廷上层的治台理路是一致的。[③]

姚莹的立言虽在谢金銮之后，但谢金銮在《蛤仔难记略》中，已对类似言论作了针锋相对的驳斥。他认为台湾不同于一般意义上的“边地”，开发台湾并非“开疆辟土”，其民既为乃中国之民，其地即是中国之地，将之收入版图理所应当。噶玛兰虽为“番地”，但汉民“户口日繁”，有此膏腴之地而不往耕，“势不能也”。只能将其纳入版图，再采取措施，“而后可谓之还番、而后可谓之无事”。对于指责入垦之民属“其心叵测”之人，谢金銮言倘能“敬事以爱民”，则噶玛兰之民，即“尧舜之民”，“何祸端之有”？[④] 相似的，杨廷理在林爽文事变后曾指出，台湾致变的首要原因是“民不土著而无恒产”；顺利镇压事变的一个主因则是台地泉、粤义民“卫公保私”，使“贼不能进”。[⑤] 有此认知，杨廷理主张纳兰地入版图也就顺理成章。

同样，邓传安曾在《蠡测汇抄》中，讲述其对开发东部“番地”的理解：“我国家车书一统，声教无外，不宜于一岛中判夷夏。溯台湾初平时，仅有台、凤、诸三县，已而于半线置彰化矣，又于竹堑置淡水厅矣，今又于艋舺、三貂之东南增噶玛兰厅矣；诚如鹿洲所谓气运将开，非人力所能遏抑者。分界禁垦，前人权宜于一时；究竟旧日疆界，无不踰越，所当变而通之，以番和番，为柔

---

① 姚莹:《埔里社纪略》，自氏撰:《中复堂全集·东槎纪略》，卷一，第39—41页。沈云龙主编:《近代中国史料丛刊续辑第六辑》，台北：文海出版社有限公司，1974年，第2474—2478页。

② 姚莹:《噶玛兰台异记》，自氏撰:《中复堂全集·东槎纪略》，卷三，第18页。沈云龙主编:《近代中国史料丛刊续辑第六辑》，台北：文海出版社有限公司，1974年，第2567页。

③ 姚莹曾不止一次地与闽省督抚或好友谈及类似观点。在鸦片战争期间，他在《上督抚言全台大局书》中言：“台湾孤悬海外，南北绵亘千数里，地气本浮，人心好动，命盗案多甲通省。分类械斗变生，顷刻布谣胁惑，谋逆造反习以为常。治理弛张之道，与内地迥不相同……夫以浮动好乱之地，当官民交困之时，为政之道似以抚绥为先。”（自氏著《中复堂全集·东溟文后集》，卷六，第18—19页。沈云龙主编:《近代中国史料丛刊续辑第六辑》，台北：文海出版社有限公司，1974年，第697—700页。）同时，他给梅曾亮的信中也称：“台湾不同内地，他处但防夷耳，台则兼防内乱也。”（自氏著《中复堂全集·东溟文后集》，卷七，第1页。沈云龙主编:《近代中国史料丛刊续辑第六辑》，台北：文海出版社有限公司，1974年，第717页。）

④ 谢金銮:《蛤仔难纪略·论证》，二勿斋藏版，道光甲午重刊，第13页。

⑤ 杨廷理:《东瀛纪事·自序》，自氏著《知还书屋诗钞》，南投：台湾省文献委员会，1996年，第375页。

服伐贰、内外合一根本。”[①] 邓传安此文颇重要，说明地方官员在多年的治理经验基础上，认识到开发内山的条件已经成熟，治台政策必需因时而变，前人的封禁政策已难以为继，形同虚设，必须应对民间开发内山地区的需求。不仅如此，邓传安还提出允许“生番”自行招徕“熟番”耕种，达成“以番和番”的效果：“且此次越入之熟番，实缘生番招来，异乎当日汉民之强占者。特以开垦不利于壮丁，未免侜张其辞，以闻于上。当事虑有奸民混入其中，渐次藏垢纳污，不得不察实申禁耳。余所见已异乎所闻，并逆料熟番之开垦，将来必无成功，不必如往岁实力驱逐；惟谕令具状，俟岁事既毕各还本社，可以安番众而复土，官何多求焉。”[②] 这一认知也逐渐成为地方官们的共识，如道光二十七年（1847 年），淡水厅鹿港同知曹士桂禀也称：“盖熟番外山之田，已为汉人盘剥，售卖殆尽，故昔日舍性命而聚居埔社，今者闻开垦而争趋埔社，迹似强悍，情实可悯，一视同仁，尤加意焉。以番地安番民，以番养番，似亦以番制番之道也。十年内可以弥补此日之经□□足，□□大业户不如零星小业户开垦，似亦损上益下，拯贫扶困之法。”[③] 故虽然开发水沙连之议被否，但从契约文书中可见地方官们仍准许该地“生番”“自招佃租”，招徕“熟番”入垦。[④]

可见，开发内山地区毕竟已是大势所趋，相关言论不时再起。道光十二年（1832 年），台湾爆发张丙之乱，官方担心乱民拥入内山番地。闽省名士鳌峰书院山长陈寿祺曾建言加强对水沙连诸番地的管理：“埔里社、水沙连诸番地，汉民各萃数万，势难禁绝。曩大吏履议辟境设官，缘畊（耕）垦田土，不得统理之人，因而中止。今纵未及定制，亦宜严定疆界，俾番民不相侵越、汉奸不得滋事，亦杜乱萌之涂，可以推及者也。”[⑤] 道光二十六年（1846 年），新任闽浙总督刘韵珂将开垦水沙连诸社作为一省要务之一，显见当时开发台湾内山已成闽

① 邓传安：《台湾番社纪略》，台湾史料集成编辑委员会编：《明清台湾档案汇编》第三辑，第 61 册，第 169 页。

② 邓传安：《水沙连纪程》，《明清台湾档案汇编》第三辑，第 61 册，第 173 页。

③ 曹士桂：《为进禀台湾番势番情安抚控驭事》，台湾史料集成编辑委员会编：《明清台湾档案汇编》第三辑，第 60 册，第 368—370 页。

④ 《咸丰元年八月埔社草地主笃律、眉社草地主斗礼暨众番等立招佃耕字》，自简史朗、曾品沧主编：《（水沙连）埔社古文书选辑》，台北县：“国史馆”，2002 年，第 74—75 页。

⑤ 陈寿祺：《与程梓庭制府书》，台湾史料集成编辑委员会编：《明清台湾档案汇编》第三辑，第 45 册，第 49 页。

省上下关注的重要问题。[①] 当年，刘韵珂正式上奏将水沙连纳入版图，他在折中所提出的开垦水沙连等地的理由，除了由于该地"番民"主动内附，还有防止该地成为奸民聚集之地，以及增加税赋等兴利之处，要求援用噶玛兰改土归流之例，"一体开垦，设官抚治"。[②]

但是，刘韵珂等人的努力再度遭到清廷的拒绝。道光二十六年，江南道监察御史江鸿升回应刘韵珂的奏折，质疑水沙连生番内附的真诚，怀疑史密等官员的用意，更表示开发该地意义不大："我朝版图式廓，为前古未有，固不在得此海隅黑子番地，遂为盛世也。"[③] 江鸿升此折影响颇大，刘韵珂后虽据实地考察及台地官员的意见重新上奏，也未能说服清廷接受开辟水沙连诸"番地"的请求。

道光二十七年（1847年）十月十九日，大学士穆彰阿回奏开垦水沙连诸"番社"事，正式反对在该地设治。他们认为开水沙连诸番地恐启汉番冲突，违背"防微杜渐"的传统治台旧例："番地旧以土牛为界，乾隆年间复立石碑，例禁甚严；此时辄请开边，究失杜渐防微之意，相应请旨，责成该督，妥为开导，慎重从事，与其轻议开辟而贻害于后，不若遵例封禁而遏利于先。以臣等愚昧之见，一切仍应从旧，无事更张，似觉妥协。"[④] 清廷中枢的观点，仍拘泥于既有治台理念上，以避免汉"番"冲突为主，且比较关注治理该地的成本，对于民间的诉求，则视之为小利。在此立场下，清廷对于台地的新情况了解实有限。道光帝据此合议，决定继续封禁番地："所议自系筹及久远，未肯迁就目前。且此项番地，旧以土牛为界，乾隆年间复立石碑，例禁系严，自应恪遵旧章，永昭法守。该督所请六社番地归官开垦之处，[著]毋庸议。"[⑤] 此后，开发台湾东

---

① 刘勋珂曾以开垦水沙连诸番地为由，专门要求清廷捡派官员赴闽襄办。参见刘勋珂：《为密陈闽省夷务繁重分任急须得人吁垦敕令熟习夷情之员来闽襄办以免疏虞事》，台湾史料集成编辑委员会编：《明清台湾档案汇编》第三辑，第60页。

② 户部：《为移会内阁抄出闽浙总督刘勋珂等奏台湾水沙连六社生番输诚内附事》，台湾史料集成编辑委员会编：《明清台湾档案汇编》第三辑，第59册，第482—485页。

③ 江鸿升：《为台湾水沙连生番献地宜防将来流弊事》，台湾史料集成编辑委员会编：《明清台湾档案汇编》第三辑，第59册，第507—508页。另后来林豪曾记载，江鸿升反对开发水沙连地区，是因为史密得罪台地士绅所致。参见林豪：《丛谈下》，自氏著：《东瀛纪事校注》，顾敏耀校释，台北：台湾书房出版有限公司，2011年，第230页。

④ 穆彰阿等：《为遵旨履勘水沙连六社番地体察各社番情会议具奏一切仍应从旧事》，台湾史料集成编辑委员会编：《明清台湾档案汇编》第三辑，第60册，第287—288页。

⑤ 刘勋珂：《奏勘番地疏》，台湾史料集成编辑委员会编：《明清台湾档案汇编》第三辑，第60册，第352—353页。

部番地的进程基本停滞，直至同治年间，沈葆桢等人因牡丹社事件重倡“开山抚番”，清廷才正式大规模开发台湾东部山地。

三

以往学界讨论近代台湾的“开山抚番”问题时，一直将其视为应对外来列强挑战的措施。就沈葆桢提出“开山抚番”的原因及清廷的回应来看，这个观点是符合史实的。但如本文所揭示的，早在外敌威胁之前，闽台地方官已有开发内山的动议，这一动议更多的是来源于对台湾开发进程的认知以及谋求自身的利益。

这其中，姚莹的观点颇值玩味。作为长期在台任职的官员，姚莹比较清楚台地的实情，但其对开发水沙连诸“番地”的态度却与其他地方官员大相径庭，一方面，他也认识到包括内山地区的台湾全岛迟早都会开发殆尽，“台湾生齿日繁，游手甚众，山前无旷土矣。番弱势不能有其地；不及百年，山后将全入版图，不独水、埔二社也”。姚莹也承认封禁制度已无济于事：“既不能禁，不但番社被逼有走险之虞；抑且地形险阻，设有巨奸招聚亡命，即林爽文之大里杙也。其恶可胜言哉？则安抚之道，又不可不讲矣！”[①]否则，听凭民间开发只会加重汉“番”冲突的风险，对于“番民”更加不利。如梁上国所言“民侵则疆界牵涉易启争端，官垦则四至秩然，无虞弊混”。[②]但他又坚持官方不应主动引导，“然会有其时，今则尚未可耳”。所谓“其时”，是应按噶玛兰设治的经验，待民间开发成熟后，再顺理成章地纳其入版图。[③]

需要再提及的一点，鸦片战争爆发后，台湾已面临列强的觊觎，不过与同治年间牡丹社事件促成“开山抚番”相反，此时外敌的威胁反而成为反对开发内山的依据。道光二十一年（1841年）正月十七日，有户部掌印给事中朱成烈据福建人所言，台湾“该处地多辽廓，未垦之田极多”，提议开发台湾内山“番

① 姚莹:《埔里社纪略》，自氏撰《中复堂全集·东槎纪略》卷一，第37—41页。沈云龙主编:《近代中国史料丛刊续辑第六辑》，台北：文海出版社有限公司，1974年，第2469—2478页。

② 梁上国:《台湾山外土田屡为洋股窥伺宜急筹收抚绝盗觊觎》，中国第一历史档案馆、海峡两岸出版交流中心编:《明清宫藏台湾档案汇编》，第117册，北京：九州出版社，2009年，第358页。

③ 姚莹:《埔里社纪略》，自氏撰《中复堂全集·东槎纪略》卷一，第37页。沈云龙主编:《近代中国史料丛刊续辑第六辑》，台北：文海出版社有限公司，1974年，第2469页。

地”，一可增加福建海防经费，一可消除英人对台地的企图：“台湾应垦地亩甚多，请饬查办一折，据奏，该处地多辽阔，未垦之田极多，如果认真垦种，即以每岁所入为福建海防，潜消夷觊觎。”[①]但此建议遭到姚莹等地方官员的极力反对。除了认为对海防筹饷贡献不大外，姚莹还强调在内山“生番”尚未完全归顺的情势下，贸然开发内山确有引发台湾内乱的危险。[②]当时闽浙总督颜伯焘据姚莹等官员的意见上奏，认为台湾内山地区，“与其辟之未得便宜，莫如听其荒芜，较为妥协。”[③]统观姚莹所议，结合上节道光帝及穆彰阿反对开发水沙连的理由，可知他是在深知清廷未改变治台理念，没有将其作为重点建设的海防边疆，不愿投入更多人力物力的情况下的所提出的一种过渡性的治台思路，也反映地方官员在清廷中枢未改变看法前对于开发东部“番地”的无奈：既反对墨守封禁旧例，也不赞同由官方出面开垦番地。

咸丰初年，福建台湾道徐宗干进一步总结了内山开垦的历史意义：“窃思封禁旧制，防微杜渐，永远遵行，原为长治久安之策。然土牛界禁，在乾隆年间早经奏明虚设，法久弊生，即欲力为整顿，而相沿已久，有积重难返之势。官不能禁，而后请开；官不准开，而又不能禁。是部议所谓番与民戕、番与官抗之虑，恐在目前也。……总之，绸缪久远之计，无论汉民、番民，安危之机、利害之原，在于得人不得人，不在于得地不得地也。惟征之往事，合现在时事而论，究以得地为善策耳。”[④]可见，在“生番”势力不断削弱的情况下，即使不招民开垦，以往的封禁政策也必须做出调整，不能简单将“生番”视为化外之民，任其自生自灭。然而清廷中枢仍抱残守缺，株守康熙以来在台防乱的“旧章”，拒绝将内山“番地”纳入行政区域。虽噶玛兰地区因蔡牵、朱濆之乱得以设治，但之后直至同治年间，开发台湾东部“番地”的进程基本停滞。

原文载于《台湾研究集刊》2015 年第 4 期

① 朱成烈：《请查照办理福建台湾应垦地亩以重海防》，中国第一历史档案馆、海峡两岸出版交流中心编：《明清宫藏台湾档案汇编》第 165 册，北京：九州出版社，2009 年，第 267 页。

② 姚莹：《台湾山后未可开垦议》，自氏著《中复堂全集·东溟文后集》，卷三，第 13—15 页。沈云龙主编：《近代中国史料丛刊续辑第六辑》，台北：文海出版社有限公司，1974 年，第 544—548 页。

③ 颜伯焘：《为查明台湾厅县内并无未垦地亩事》，台湾史料集成编辑委员会编：《明清台湾档案汇编》第三辑，第 57 册，第 117 页。

④ 徐宗干：《议水沙连六社番地请设屯丁书》，台湾史料集成编辑委员会编：《明清台湾档案汇编》第三辑，第 62 册，第 503—510 页。

“牡丹社”事件

——1874年日本出兵侵台始末

李祖基

一八六八年日本实行明治维新，在政治、社会及经济等方面进行改革，国力渐强，开始对外扩张。同治十三年（1874），日本以征讨杀害琉球船民的台湾“番民”为借口，悍然派兵在台湾南部瑯峤地方登陆，攻打牡丹社和高士滑社（又作高士佛社），并企图在台久踞，中国海疆出现了重大危机。清政府一面任命沈葆桢为钦差大臣渡海赴台，加强防卫；一面在外交上展开对日交涉。经过艰难的折冲樽俎，中日双方于当年九月在北京签订了《互换条约》，“牡丹社”事件终于落下帷幕。

一、事件的起因：琉球船民被害

“牡丹社”事件的发生与琉球有关。明太祖统一中国之后，于洪武初年开始遣使招谕琉球，中山王察度即臣服我国。永乐二年，其子武宁嗣位，接受明成祖册封。自是琉球奉明正朔，习明法度，二年一贡。每当新王即位，必来请册，我国必遣使往封，形成了稳定的宗藩关系。清代除了沿明之例外，更在福州设琉球馆，作为琉球贡使之公廨。

同治十年，琉球宫古岛太平山、八重山岛民各乘船二艘，装载方物，到中山府纳贡。事竣之后，于十月二十九日自中山府启碇返回，在十一月初一夜突遇飓风，帆桅折断，船只随风漂流。其中除太平山船一艘顺利回到故里，八重山一艘不知所终外，另一艘八重山船于十一月十二日漂到台湾洋面一小岛，遇台民获救，船上头目松火著、夷官马依德及跟丁、舵手、水手等四十四人登岸，经打狗港李成忠以船接回，将其一行送至凤山县衙门，再转送至台湾府，后又有同船二人获救，亦送至台湾府，由官府发给衣食钱文。其中一名永森宣者患痘身故，由台湾府给棺收敛。

另一艘太平山船于十一月六日漂至台湾东南岸八瑶湾，触礁船破，船上共六十九人，三人溺水死亡，余六十六人凫水登岸。一行为寻找人家而徘徊，恰遇当地二人，告以若向西行，则将遇大耳人，必将被害，遂带其向南走。因日暮，且离人家犹远，指其路旁岩穴暂宿。琉球漂民不听，且疑此二人属盗贼之类，教其向南行似有诈，遂告别二人，径自转向西行，深夜时宿于路旁小山。七日，继续行路，忽见南方山旁有人家十五六户，有男女居住，其有耳粗而垂至肩者，即高士佛社。社民以小贝壳盛饭与六十六人食，是夜宿于该社。半夜有一人左手握薪火，右手持刀，推门而入，剥取二人之内衣而去。八日晨，该社男子五六人各携小枪，来告知琉球漂民说将去打猎，应等其归来。琉球漂民见该社之人行为怪异，心生疑惧，乃二三人一伙，分散逃出。至离社里许处聚合，并在小溪旁暂歇，此时见有男女七八人跟踪追来，众人又涉溪奔逃。见路旁有五六户人家，内有一老翁名刘天保，字老仙，粤籍，系居住该处与番民贸易者，琉球漂民遂上前求救。刘天保一面领其众人入屋，一面与追来之社民交涉。不料追来之人愈聚愈多，将琉球漂民团团围住，拔刀啁啾作语，剥取漂民衣饰，并分批将漂民带出门外。忽一人裸身奔回，谓皆被杀矣！众漂民闻言惊恐，四散奔逃，其中仲本、岛袋等九人潜藏于刘天保家，幸免于害。九日，天保之婿来告知此地甚危，不可留，乃邀其九人至其家。其父杨友旺为保力庄庄主，遂又率其子阿告、阿和偕刘天保入石门至双溪口漂民被害之处，见无头尸体累累，知为牡丹社人所杀。另有二漂民从林丛中出来拼命求救。时牡丹社人追来又欲加害，刘、杨等尽词慰解，连同前救九人合计十一人，约以番银及酒牛猪布等交换。继又闻有一人为高士佛社人掳去未死，杨氏兄弟等又赴该社以酒食等赎出。又以酒肉布等赎回被害人之头颅，与尸体合葬于双溪口边。为救出琉球漂民，杨友旺等共付给社"番"番银四十余元、酒十瓮、水牛一头、猪数头、布十余匹。

被救护的琉球漂民在杨家居留四十余日，十二月二十二日由杨氏兄弟等护送离庄，于二十六日抵达凤山县衙署，得到官方的接待，并发给每人棉衣一件。二十九日又由衙役护送至台湾府城，与前获救的八重山人会合。漂民中署名张谢敦、充得秀二人且向台湾地方官员呈递陈情书，报告海难被害及获救经过，请求配船送至福建寓馆，俾早得回国，云云。[①]

同治十一年正月十日，两批获救琉球漂民由官役护送，乘轮船离台，十六日抵达福州，寓琉球驿馆，妥为照顾。福州将军兼署闽浙总督文煜、福建巡抚王凯泰将事件经过具折上奏，称："查琉球国世守外藩，甚为恭顺。该夷人等在洋遭风，并有同伴被生番杀害多人，情殊可怜，应自安插馆驿之日起，每人日给米一升、盐菜银六厘。回国之日另给行粮一个月，照例加赏物件，折价给领，于存公银内动支，一并造册报销。该难夷等船只倾覆，击碎无存，俟有琉球便船，即令附搭回国。至牡丹社生番见人嗜杀，殊形化外，现饬台湾镇、道、府认真查办，以儆强暴而示怀柔。"[②]

当年六月初二日，琉球获救船民始顺信风搭船自福州起航回国，六月七日抵达那霸。

二、日本侵台之策划与准备

琉球虽然在永乐年间就与中国形成了封贡关系，但万历三十七年（1609）日本萨摩藩主岛津义久发动"庆长之役"，入侵琉球，虏其王尚宁，干涉其财政，规定其世子年满十五岁必游鹿儿岛之例，并从琉球与中国的朝贡贸易中获取利益。所以琉球与日本关系的历史虽不如中国之深久，但亦受日本的影响与控制，形成两属关系。明治维新之后，日本实行"版籍奉还""废藩置县"，将琉球编入鹿儿岛县管辖，派驻日本官吏。

同治十一年（1872）七月，琉球漂民在台湾被害的消息传到日本，鹿儿岛县参事大山纲良于二十八日即向日本政府上建言书，声称要向台湾兴问罪之师，"直指彼巢窟，歼其渠魁，上张皇威于海外，下慰岛民之怨魂"。[③]在地的旧萨摩藩士族熊本镇台鹿儿岛分营营长桦山资纪闻讯也急忙赶赴东京，向参议西乡隆盛及其弟陆军省少辅西乡从道和副岛种臣等游说发动征台。

众所周知，日本很早就对中国领土怀有野心，而台湾孤悬海上，更是首当

---

① 琉球漂民被害及获救经过，见［日］伊能嘉矩：《台湾文化志》（中译本）（下），南投：台湾省文献委员会编译，1991年，第79—82页有关"生存者仲本筑登儿、岛袋筑登之笔录"；《福州将军兼署闽浙总督文煜、福建巡抚王凯泰奏》，王元稺：《甲戌公牍钞存》，台湾文献丛刊第39种，第1—2页。

② 《福州将军兼署闽浙总督文煜、福建巡抚王凯泰奏》，王元稺：《甲戌公牍钞存》，台湾文献丛刊第39种，第2页。

③ ［日］伊能嘉矩：《台湾文化志》（中译本）（下），南投：台湾省文献委员会编译，1991年，第79页。

其冲。1592年丰臣秀吉侵略朝鲜时就曾有出兵台湾的传闻，其后的村山等安的侵扰以及滨田弥兵卫等事件莫不是日本企图染指台湾的表现。德川幕府末期，日本感受到西方列强的压力，国内舆论即提出以攻为守的策略。佐藤信渊在其《防海策》中即提出应积极经略日本的南方各岛，“使之与琉球国互为犄角，进而出其不意攻占吕宋与巴剌卧亚二国，……再以此二国为南进基地，出动船舶经营爪哇、渤泥以南各岛。或与之修好，以收互市之利；或派遣舟师，趁其脆弱而兼并之。然后驻兵要津，则可耀武扬威于南海”。[①]佐藤信渊的构想是近代日本南侵论的嚆矢，其中虽未直接提到台湾，但台湾位于琉球与吕宋之间，无疑也是其构想中应该掌控之地。

十九世纪五十年代末第二次鸦片战争英法联军侵华之际，鹿耳岛藩主岛津齐彬企图乘火打劫，提出占取福州、台湾说，称：“法既得志于清，势将转向而东，先发制人。以今日之形势论，宜先命将出师，取清国之一省，而置根基于亚东大陆之上，内以增日本之势力，外以昭勇武于宇内，则英、法虽强悍，或不敢干涉我矣。夫清国沿海诸地，关系于日本国防者，惟福州为最，取而代之，于国防有莫大之利焉”；[②]并强调“早日取得福州和台湾及朝鲜，以强化日本国防，乃是当前之要务”。[③]而吉田松陰在其所著《幽囚录》论保日本之道中更明确提出向外扩张的目标，称“今急修武备，舰粗具，炮略足，则宜开垦虾夷，封建诸侯，乘间夺堪察加、鄂霍次克；谕琉球朝觐会同，比内诸侯；责朝鲜纳质奉贡如古盛时。北割满州之地，南收台湾、吕宋诸岛，渐示进取之势”。[④]琉球漂民在台湾被害一事对日本而言无疑是一个很好的借口，外务卿副岛种臣赞成兴“问罪之师”，出兵台湾。日本政府开始为此进行一系列的策划与准备。

（一）实施“琉球处分”方案，为出兵台湾制造借口

如上所述，近代以来琉球虽然为鹿耳岛县所控制，但仍与中国保持宗藩关

---

① 佐藤信渊：《佐藤家の全集》下卷，“防海策”。转引自梁华璜：《甲午战争前日本并吞台湾的酝酿及其动机》，《台湾文献》第26卷第二期。

② 林子侯：《牡丹社之役及其影响》，《台湾文献》第27卷第三期。

③ 岛津齐彬：《齐彬公史料》，第193—194页，杉浦明平、别所兴一编：《明治期の开明思想》，东京：社会评论社，1990年。转引自藤井志津枝：《甲午战争前与日本大陆浪人的思想与行动》，台湾师范大学历史研究所历史学系编印：《甲午战争一百周年纪念学术研讨会论文集》，1995年。

④ 吉田松陰：《吉田松陰全集》第一卷，第596页，转引陈丰祥：《甲午战前的日本大陆政策》，《历史学报》，第13期；参见自梁华璜：《甲午战争前日本并吞台湾的酝酿及其动机》，《台湾文献》第26卷第二期。

系。为了切断中琉宗藩关系，副岛种臣拟定“处理琉球之三条”，实行併吞琉球的计划。同治十一年八月十二日（1872 年 9 月 14 日），日本天皇利用琉球伊江王子尚健赴东京晋见，呈递琉球王奏文和献贡之机，册封尚泰为日本的藩王，并叙为华族。[①]琉球王被夺王位，列为与日本旧藩王相等的华族身份，日本达到琉球处分的第一步。副岛又继续提出“对琉球藩王具体五条”，包括赏赐尚泰三万日元、贵族衣冠、东京宅邸等。接着又在琉球设立外务省那霸分部，派外交官四人驻琉，代办一切外交事宜。同时照会各国公使，声称琉球已归日本，将琉球与美、法、荷三国所订条约改为日美、日法、日荷条约。此既为日本并吞琉球的开端，也是其藉口保护本国人民出兵侵台计划的第一步。

（二）高薪延聘李仙得作为侵台帮手

日本虽定下出兵的计划，却苦于对台湾相关的情况了解不多。外务卿副岛种臣得知美国海军曾与台湾“生番”作战，乃向美驻日公使德朗（C.E.De Long）查询经过，并商借美国海军所有的台湾内山及港湾地图。其时正好美国驻厦门领事李仙得（Le Gendre 又译作李让礼）因与美国驻华公使镂斐迪意见不合，请假回国，途经日本，李氏携有整套的台湾地图和照片及多种有关资料。德朗正为无法满足日本人要求而苦恼，闻讯大为兴奋。李仙得除透露他曾与“生番”订有救护遭难美商船员协定，“生番”历经照约行事，以及中美之间关于台湾的其他谈判，目前仍无结果外，并表示如果日本采取行动，亦可从“生番”方面取得同一性质的保证。德朗认为李仙得既愿协助，正好藉此机会提供日本政府以最有用的详细情报，藉以促进驻日公使与日本的密切关系，增进美国的重大利益，因而要求李仙得暂行留居日本，并于九月二十三日（10 月 24 日）将其向副岛种臣作了推荐。

副岛听了关于李仙得的经历及其在台湾活动经过的介绍后，如获至宝，迫不及待于次日立即在横滨接见李仙得，德朗及其秘书等人列席。副岛就台湾“番”地形势、各社人种数目及其相互关系、“生番”对中国政府态度、台湾要地、港口及附近岛屿概况以至于各地物产产销情形等问题向李仙得做了深入的询问。李仙得则一一做了答复并提出建议。其要点为：一、中国政府对“生番”行为以及“番”社内部事务，无力过问。此次琉球人被杀，传闻中国政府曾下令惩办凶手，地方官慑于“生番”凶悍，不敢采取行动；二、台湾内山十八

① ［日］伊能嘉矩：《台湾文化志》（中译本）（下），南投：台湾省文献委员会编译，1991 年，第 83 页。

"番"社头目卓杞笃前经协议救助遭难外国船员，但不包括中国人在内，此次琉球船民被害，实由其容貌与中国人类似，致为"生番"误会；三、美船人员被害之处，中国政府虽认为归中国管辖，究为王化所不及之地，实则该处土地人民均属善良，如经适当交涉，由美国人居住，中国人未尝不可退出。四、当美船人员被害案办结之时，中国政府曾在台湾南端设立炮台，留置兵员守卫，随时救护遭难船员，但数月后即告废弃，另允在原处建立灯塔一所，迄未实行；五、此次琉球人被害，目前处理办法，应先商请台湾官府建立灯塔，随时保护，如不照办，美国并不欲取得该处土地，日本政府如有意统辖该地，可与中国政府交涉，迳在该处建立炮台，派兵守卫，自行保护遭难船员。① 对于李仙得所提供的资料及建议，副岛完全是大喜过望。据日本外务少丞郑永宁所撰《副岛大使适清概略》的记载，副岛对于这次会谈的感想是"共话半日，而相见恨晚！"②

九月二十六日（10月27日），副岛再度与李仙得会晤，李仙得逐项陈述，指出台湾官府建立灯塔的计划似乎已无下文，全岛各地驻军稀少，往往有额无兵，岛上居民约二百万，海关收入颇为可观。在副岛的要求下，李仙得进一步提出建议：第一，此次琉球人在台湾被害，日本可与闽浙总督等交涉，声明出事地点未建炮台灯塔，中国政府并未尽到保护遭难船员的责任，依万国公法，日本政府可自行修筑，保护人民，惟应立约为据，以免中国政府反悔。第二，中国遇有外国诘问，往往视台湾为化外之地，究属何国管辖，殊有问题；日本为亚洲国家，如欲占领台湾，他愿尽力协助；且中国政府在台防卫力量薄弱，只需两千兵力，即可攻取。第三，日本如因出兵台湾，致与中国决裂，自非善策，但既经依照万国公法商请中国政府保护遭难外国人民，中国政府未能办到，日本自行设法保护，乃理所当然；且此一地区迟早必须开发，终有为人攫取之一日。③

如上所述，日本早有侵台野心，德朗、李仙得力劝日本采取攻略台湾的政策，正中副岛下怀，双方臭味相投，一拍即合。副岛以李仙得熟悉台湾情况，

① 《日本外交文书》，第七卷，副岛种臣与李让礼对话书，第5—8页。转引自黄嘉谟：《美国与台湾——一七八四至一八九五》，第七章"日军侵台与美国态度"。

② 郑永宁编纂：《副岛大使适清概略》，《明治文化全集》第六卷"外交篇"，第65页，转引自庄司万太郎：《一八七四年日本出师台湾时Le Gendre将军之活跃》，《台湾银行季刊》第十卷第三期。

③ 《日本外交文书》，第七卷，副岛种臣与李让礼对话书，第13—15页。转引自黄嘉谟：《美国与台湾——一七八四至一八九五》，第七章"日军侵台与美国态度"。

能提供日本政府求之不得的情报，立即以上宾相待。此后副岛与德朗、李仙得不断接触会谈，随着对相关情况的了解愈益详尽，日本对于中国（大陆）、朝鲜和台湾的企图和计划也日趋成熟和明朗。就对外方面，日本自认为，第一，中国一向确认琉球为藩属，日本则已实行兼并，不再容忍中国的此种态度。第二，依照李仙得提供的情报，台湾分为“生番”、熟番和华人等地区，中国只能统辖一部分，且其防卫力量薄弱。第三，琉球人在台湾被害之地，不属中国管辖，不必事先通知中国政府，即可以少数兵力迳行攻取，一经占领，即难被驱离。第四，台湾在地理上的位置，可以控制中国海和日本海的进口，为日本亟欲占领的目标。第五，朝鲜曾向日本入贡，近年坚持无礼行为，日本政府已决定予以惩罚。第六，中日条约未经批准互换，而中国朝廷拒绝外使觐见，必须解决，否则应停止两国邦交，或进行战争。就对内而言，日本也认为中国国力次于日本，日本实行维新之后，兵额庞大，军备优良，且官兵均不愿徒事操练，而急于表现其作战的能力。日本政府认为与其容忍那些出身各藩的军人在国内滋事，还不如让他们到中国、朝鲜或台湾作战。因为这样不但可以解决琉球的归属问题，取得台湾，侮辱中国，且可以博得日本人民的信任，弭息内部纷争，可谓一举多得。[①]

然而，对外战争并非易事，德朗与李仙得又建议在采取武力行动之前，先竭尽外交的努力，才可有所藉口，日本政府予以采纳。为要进行此项交涉，自有待于李仙得提供相关情报，如果诉诸战争，则尤须利用其军事经验及其对于台湾港口和道路的知识。副岛于是一再表示，希望李仙得留下，为日本政府服务。李仙得初时不肯，后经德朗一再诱劝，终于同意。

十月二十一日（11 月 21 日），副岛随同日本太政大臣三条实美谒见天皇，天皇决定不顾任何反对实施上项计划，当晚副岛即于其寓所接见德朗、李仙得，并介绍他们与日本舰队首长会晤。副岛表示日本政府将任命李仙得为助理公使，随同日使前赴中国谈判，成功之后即由李仙得负责日本驻华使馆的馆务；如果谈判不协，则派李仙得为日本征台军的将领；如果日军占领台湾，继续统治，即以李仙得为总督，代表日本政府行使政权；并答应完全比照美国驻日公使的

① C.E.De Long to Hamiltom Fish，Japan，November 22，1872，USNA：MD，Japan，M-133，R-21. 转引自黄嘉谟前揭书，第七章“日军侵台与美国态度”。

标准，付给李仙得每年银元一万二千元的高薪。[①] 十一日十八日（12月18日），副岛正式照会德朗，申述前日所议事项，略有不同的是拟授以李仙得“钦加二等官衔”，并确定年薪为一万二千元，并要求代为转达。“重赏之下必有勇夫”，十一月二十八日（12月28日），李仙得接奉日皇的敕命，受任为日本外务省二等官，并于两天后正式觐见日皇，表示效忠日本政府，尽力完成所担任的任务。此后李仙得果然陆续向日本政府提出了几十件备忘录（觉书）及许多意见书，积极为日本攻取台湾出谋献策。[②]

（三）借换约及觐见之机套取征台“口实”

日本虽然从李仙得处获得不少极有价值的情报，但对中国政府的态度尚不了解，于是接受李仙得等人的建议，以互换条约，并祝贺同治皇帝亲政为名，派遣副岛种臣为特命全权大臣赴中国，刺探中国政府的态度，寻找出兵征台的“口实”。同治十二年二月十一日（1973年3月9日），日皇向副岛颁发了《为生番问罪委让全权》的敕旨，称：“朕闻台湾岛之生番，数次屠杀我人民，若置之不问，后患何极？今委尔种臣以全权，尔种臣其往伸理之，以副朕保民之意。钦哉。”[③] 另有《为生番问罪与中国交涉方法四条》的别敕，其内容为：

第一、清政府如果视台湾全岛为其属地，可接受其谈判，由其负责进行处置，应责成清政府为遭杀害者伸冤报仇。清政府必须给予罪人以相当之责罚，对于横死者之遗族给以若干扶助金，并保证今后不再有同样之暴虐事件发生。

第二、如果清政府认为政令所不及，不视其为属地，不接受上述谈判条件时，则应由朕来处置。

第三、清政府如以台湾全岛为其属地，却事托左右，不接受谈判，则辨明清政府已失政权，且责以“生番人”无道暴虐之罪；如不服所责，则如何处置，任朕之意见。

---

① C.E.De Long to Hamiltom Fish，Japan，November 22，1872，USNA：MD，Japan，M-133，R-21. 转引自黄嘉谟前揭书，第七章“日军侵台与美国态度”；《米人李仙得雇入准二等出仕达并副岛外务卿米国公使往复书》，日本国立公文书馆藏档：A03031117700，转引自李理：《李仙得为日本政府提出的“攻台计划”》，中国社会科学院台湾史研究中心主编：《割让与回归——台湾光复六十周年暨海峡两岸关系学术研讨会论文集》，北京：台海出版社，2008年，第11—38页。

② 李理：《李仙得为日本政府提出的“攻台计划”》，中国社会科学院台湾史研究中心主编：《割让与回归——台湾光复六十周年暨海峡两岸关系学术研讨会论文集》，北京：台海出版社，2008年，第11—38页。

③ ［日］伊能嘉矩：《台湾文化志》（中译本）（下），南投：台湾省文献委员会编译，1991年，第84页。

第四、上述谈判，除以上三条以外，另生枝节，则须注意遵守公法，不失公权而临机处理。①

从别敕内容可以明显看出副岛此次使华目的是“醉翁之意不在酒”，而在刺探中国政府的态度，为出兵侵台寻找“口实”。《副岛适清纪略》附言就明白指出:“副岛适清，换约名也，谒帝亦名也，惟伐番之策分。”②副岛自己也说道:“使外人之觊觎台湾者，不敢妨我王事；使清人甘让生蕃之地，开土地，得民心，非臣恐无成处；请赴清，藉换约，以入北京，说倒各国公使，绝其媚疾，因与清政府讨论谒见皇帝问题，告以伐蕃之由，正其经界，开拓半岛。”③

二月十三日（3 月 11 日）副岛种臣偕副使柳原前光、翻译官郑永宁由横滨启程来华，李仙得作为代表团顾问随行。代表团一行于三月二十四日（4 月 20 日）抵达天津，之后会晤李鸿章，完成换约手续。四月十一日（5 月 7 日）日本代表团抵达北京，与相关官员接触，于六月五日（6 月 29 日）觐见同治皇帝。

虽然日本代表团此行的主要目的是台湾“番”地问题，但为了避免引起西方列强的猜疑及中国方面的戒备，副岛种臣在先前的外交谈判中绝口不谈台湾事件，不送照会，不亲自交涉，而是在整个行程即将结束之际于五月二十七日（6 月 21 日）匆匆派副使柳原前光与郑永宁会见总理衙门大臣毛昶熙和董恂，先旁敲侧击询问澳门的地位及朝鲜实际独立的程度等问题，最后提到台湾“生番”杀人的话题。中方官员答称:“番”民之杀琉民，既闻其事，害贵国之人则未之闻。琉球系我藩属，彼时已将幸存者，妥为救护，并已送还其国。柳原又问：贵国既言已救护琉人，何不惩治台湾“番”民？中方官员答称：台湾之“番”民有生、熟两种，从前服王化者为熟“番”，置府县治之；未服王化者为生“番”，故且置之化外，未便穷治。并称中方所以对“生番”未加穷究，系因政教所不及。然有闽浙总督救护琉人之奏报，待再查阅后，再作答复。柳原知道中方不可能在书面材料中有任何漏洞，便以副岛大使急于束装归国为由，表

① 《副岛外务卿へ生番问罪ノ为メ清国応接振四个条别敕》，日本国立公文书馆藏档：A03031118600。参见李理前揭文及［日］伊能嘉矩:《台湾文化志》（中译本）（下），南投：台湾省文献委员会编译，1991 年，第 84 页。

② 《单行书·副岛使清纪略》，公文书馆藏档：A040171196800，转引自李理前揭文。

③ 郑永宁编纂:《副岛大使适清概略》，《明治文化全集》第六卷“外交篇”，第 65 页，转引自庄司万太郎:《一八七四年日本出师台湾时 Le Gendre 将军之活跃》，《台湾银行季刊》第十卷第三期。

示不想等待以后的任何答复，总署官员亦未与之深论。①

日方藉由与中国官员非正式的接触，以及将中国官员疏忽的答话解释为中国政府就台湾“番”界地位所作的明确答复。就在双方会谈的当晚，副岛即迫不及待地向日本政府报告，称已从总理衙门方面获得原先想要的答复，即承认“番”地为中国政令及教化不及之地，任务已圆满完成。此行的目的既已达到，副岛一行遂于六月九日（7月3日）离开北京返回日本。

就在副岛出使中国的同时，台湾附近又发生一起船难。日本小田县备中州人佐藤利八等四人驾船运载盐、蓆往纪州尾和濑，售出后换回线粉香菇等物，回程时在纪淡海峡遭遇大风，于同治十二年二月十日漂至台湾东海岸卑南马武窟，船碎，物无一存，登岸求救，又遇土人围聚，惊恐之际，幸得卑南番目陈安生救护，在其家中居住三月余，然后由其送至旗后，再经郡城，至六月十二日乘轮船至福州。官府给予衣食零钱，备受优待，最后于二十六日（7月20日）搭轮护送至上海交日领事送回日本。时日本方面曾来函致谢。后日本出兵时竟诬称其难民遭“生番”劫掠，作为其侵台的另一借口。

（四）派员到中国侦察，测绘地形，收集情报

同治十一年，桦山资纪赶赴东京游说时就向陆军省提出《探险台湾生番意见书》。作为侵台准备工作的重要环节，日本先后秘密派遣桦山资纪、黑冈勇之丞、福岛九成、儿玉利国、田中纲常、成富清风等人潜入台湾，旅行于南北各地，调查地理、风土、民情，收集有关情报，“各复命所见，献替征台之画策［良］多”。②其中如同治十二年4月间留华学生黑冈勇之丞由上海赴淡水，经陆路侦察台湾南部地区，于5月底返回北京。另福岛九成伪装成画家，游历台湾。在车城与总理林明国、生员廖周贞会谈，“问此地方原来是否土著民自开而领之，或属台湾府之管辖纳付正供，而得知其为自垦自领之地，完全与官府无关系之言质笔记，后来为立证台湾之番地为中国之辖外一资料被提供”。③同年

① 关于柳原前光与总理衙门大臣谈话的内容《同治甲戌日兵侵台始末》卷一“三月辛未（二十九日）总理各国事务恭亲王等奏”中有提到，但较简略。本文参考［日］伊能嘉矩：《台湾文化志》（中译本）（下），南投：台湾省文献委员会编译，1991年，第84—85页及连战：《台湾在中国对外关系中的地位（一六八三年——一八七四年）》（载薛光前、朱建民主编：《近代的台湾》，台北：正中书局，1977年）一文中有关中日双方会谈的内容。

② ［日］伊能嘉矩：《台湾文化志》（中译本）（下），南投：台湾省文献委员会编译，1991年，第85页。

③ ［日］伊能嘉矩：《台湾文化志》（中译本）（下），南投：台湾省文献委员会编译，1991年，第85页。

四月，副岛种臣命令在香港留学的水野遵到台湾探察情形，由于南部已有黑岡与福岛的调查，水野遵的主要调查范围以北部大科崁“番地”为主，于同月底离台赴京报告。

另在李仙得第一号备忘录确立后，日本“正院”（内阁）随即于1872年11月下了一个裁示，派遣桦山资纪前往台湾探察。第二年，桦山资纪和水野遵、成富清风、儿玉利国等于七月初一日（8月23日）经由福州抵达淡水，邀请精通台湾“番”情的英国领事馆馆员倍得逊会商研究。桦山等人此行的目的除了要对台湾东部“番”地进行调查外，还要接应与副岛种臣约定的十月末日军可能的征台计划。桦山于七月十四日（9月5日）由淡水出发，租用墨西哥籍人彼得（Peter）之帆船，由彼得驾驶，携带银盐布等物，经噶玛兰、苏澳至南方澳地区展开活动。后又利用平埔熟“番”为向导，登陆花莲，企图占有奇莱平原。[①]桦山在调查过程中将台湾地形、地貌与当地社会背景以及自己的感想等每天用铅笔写在随身的小手册上，内容相当详细。这就是后来被研究“牡丹社事件”的学者作为重要资料的《桦山日记》。八月二十五日（10月16日），桦山等自南澳回到淡水，然并未得到东京方面的消息，乃将台湾情报交由儿玉、成富二人带回，自己再往台湾府、打狗等地继续打探，于十月二十一日（12月10日）由打狗赴香港，结束了其首次侦察台湾的行程。

同治十三年日本侵台军队出发之前，桦山再次奉命赴台侦察，于正月二十一日（3月9日）持游历执照从打狗上岸，从正月二十七日（3月15日）开始至三月初七日（4月22日）与水野遵一道探查台湾南部恒春半岛“番”地。其间二人于二月初七日申刻由旂后到枋寮，称欲至柴城一带地方查看牡丹社、龟仔角等处山势形胜。初八、九两日因风大，未能起程。初十日，二人乘坐小舟进抵瑯峤，在柴城社寮地方延搁四天，又至大绣房看龟仔角山势，往返计程两天，共计六日，并绘有龟仔角山及沿海地图一幅。而牡丹社因高山远隔，未能看见，而无绘图。水野遵还带有李仙得上年所绘旧图一幅，沿途查对。[②]

桦山与水野二人探查完南部后，又从西海岸北上至淡水。桦山在转往鸡笼候风时恰遇日本攻台军舰“日进号”（上有谷干城、赤松则良），得悉日军已发

① ［日］伊能嘉矩：《台湾文化志》（中译本）（下），南投：台湾省文献委员会编译，1991年，第86页；南投：台湾省文献委员会编：《台湾省通志》卷三政事志外事篇，1971年，第106页。

② 《枋寮巡检王懋功、千总郭占鳌禀报》，王元穉：《甲戌公牍钞存》，台湾文献丛刊第39种，第2—4页。

动征台之役。该船因风浪过大，突然拔锚出港，桦山未及登船，只得从陆路赶路南行，于四月初四日（5月19日）到达打狗，水野亦于次日从水路到达，两人在打狗再度会合，然后一起加入日军对台湾南部“番”地的所谓“征讨”行动。

三、日本侵台军事行动之实施

副岛种臣结束使华任务，返抵东京后继续鼓吹征台事宜，与此同时，自明治维新以来日本与朝鲜之间的矛盾与争执，历经五六年的交涉，不仅未能解决，反而愈演愈烈，一时之间，日本国内“征韩论”甚嚣尘上。然而，此时赴欧美考察近二年的“岩仓考察团”于9月间返日，在以考察团为主的“内治派”与以留守阁员为主的“征韩派”的辩论中，“征韩派”败北，该派主要人物西乡隆盛、副岛种臣、后藤象二郎、板垣退助、江藤新平等阁员相继辞职，挂冠而去。[①]“内治派”获胜后推动改革，1873年11月10日设立内务省，大久保利通出任内务卿，推行殖产与兴业政策。

尽管国内政局发生了变化，但日本政府并未放弃侵台的企图，而且各项出兵的准备也从未停止过，只是为了避开外国公使的耳目，防止列强的干涉改采秘密的方式进行罢了。[②]而受挫的征韩派对政局不满，发生了企图暗杀岩仓具视的事件。接着又爆发了佐贺之乱。在平定叛乱之后，日本政府乃决定将准备已久的侵台计划付诸实施，以转移内乱的危机。1874年1月26日，大久保利通和大限重信被任命为台湾朝鲜问题调查委员，经过与儿玉利国及李仙得等人会谈之后，在2月6日的内阁会议中，大久保利通和大限重信两人联署提出《台湾蕃地处分要略》，其内容为：

第一条　台湾土蕃部落为清国政府政权未逮之地，其证明在清国出处之书籍内亦明记为证，尤其去年前参议副岛种臣使清时，彼朝官吏之回答亦判然分明，故具备可视为无主地之道理。因此报复我藩属之琉球人民遭杀害一事，为日本帝国政府之义务，故讨蕃之公理于此可奠定深厚基础。但至于处分，则应

---

① “岩仓考察团”成员包括三分之一重要阁员，如岩仓具视、木户孝允、大久保利通、伊藤博文等人，另有一百多名赴美留学生随行，于1871年11月出发。主要目的在赴各国交涉1872年到期的不平等条约，但到了美国却不知有“全权委任状”，碰了一鼻子灰，自此乃改为考察各国典章制度，至1873年9月返日。

② 爱德华·豪士（Edward H.House）:《征台纪事》，陈政三译述，台北：原民文化事业有限公司，2003年，第31—32页。

以确实完成讨蕃抚民之役为主，以清国所生之一二议论为次。

第二条　应派公使赴北京，筹设公使馆，使之办理外交。清人若问琉球之所属，即准照去年出使之说法，谓琉球自古以来为我帝国之所属，并应明示现已更使其沐浴恩泽之实。

第三条　清官若以琉球向彼本国遣使献贡之故，而认为应为两国所属时，应不再回顾其关系，而以不回应其问题为佳。因为控制琉球之实权皆在于我帝国，且如果我方之目的在于处理完台湾问题后立即使其停止遣使献贡之非礼，故无须枉费力气与清政府辩论。

第四条　若清政府提起台湾处分之问题时，则应坚守去年之议点，收集政权不逮于蕃地之明显证据，使之无可动摇。若由于土地比邻之故，而提出可议论时，则应以和平方式解决。若其事件涉及非常困难之部分，可向本国政府请示。惟于推托迁延时日之间而成事且不失双方之和，此为机谋外交之一策略。

第五条　土蕃之地虽视为无主之地，但其地势与清国版图犬牙相连，因而发生邻境关系之纠葛时，则于属福建省之台湾港置领事一名，令其兼管淡水事务，并于征蕃时办理有关船舰往来之各项事务。除上述职掌外，令其担当有关台湾处分时与清国地方官应对，极力保持和好为长久之计。但应任命视察清国之福岛九成为领事。

第六条　领事无关蕃地之征抚，担任征抚者无关于两国之应对，盖明其分界，以维持和好是也。若事涉及极端重要，则可转达驻北京公使。

第七条　福州为福建之一大港，但处分台湾之方便路径是以台湾及淡水为要地，且福州有琉球馆，故应暂时置之度外，以避免嫌忌为佳。

第八条　应先派福岛九成、成富清风、吉田清贯、儿玉利国、田中纲常、池田道辉等六名至台湾，进入熟蕃之地，侦察土地形势，且令其绥抚怀柔土著，他日处分生蕃时，可使诸事便利。

第九条　侦察之要点为计划让军队由熟蕃之地瑯峤、社寮港上陆，故应先注意此一带之地势及其他便利于停泊上陆之事宜。①

《要略》第一条显示，日本视台湾番地为无主之地，出兵讨“番”有理，征台在于获得“番地”为殖民地。第二、三条为其外交策略，力主琉球属于日本之说，若中国提出两属之说，则不加理会，待处分台湾后，再禁止琉球向中国朝贡。

① 牡丹社事件史料专题翻译（二）《处蕃提要》，黄得峰、王学新译，南投市：“国史馆”台湾文献馆编印，2005年，第101—103页。

第五、六条指派福岛九成出任厦门领事，命其与台湾官员维持友好关系，并使领事事务与军事行动划分清楚以避嫌。第八、九条则为军事行动前的侦察要领，派福岛九成、成富清风、儿玉利国等赴台，进入“熟番”部落侦察（见上文）。

同日，内阁会议作出攻台决定。4月4日，日本政府设立“台湾蕃地事务局”，由大藏卿大限重信出任“台湾蕃地事务局”长官；李仙得则以外务省二等出仕；陆军中将西乡从道任台湾蕃地事务都督，陆军少将谷干城与海军少将赤松则良为参军，陆军中佐佐久间佐马太与陆军少佐福岛九成为参谋。同时，任任命柳原前光为驻华全权公使，令其着重办理日军征台的交涉事宜。另根据李仙得推荐，高薪雇佣了美国海军少校克些尔（Douglas Cassel，又译为克沙勒）和陆军中尉瓦生（Lientenant James Wasson）分别负责军事策划和指导建筑阵地工程。侵台兵员的组成，主要以熊本镇台军（明治政府在熊本地区的正规部队）为主体，另外又在鹿耳岛征募兵员，总数共3600余名。大久保利通还委托大仓喜八郎组建大仓组商会，负责军需运输的任务。另外又租借了英国商船“约克夏号”与美国商船“纽约号”来运送兵员与物资，以补充日本船只之不足。

4月9日，西乡从道率日进号、孟春号等军舰由东京湾品川港出发，前往长崎。日本出兵侵台的行动，引起列强驻日公使的强烈关注。英国驻日公使巴夏礼（Harry S.Parkes）鉴于英国在台湾各口重大的商务利益，于4月9日、13日、16日连续三次照会日外务卿寺岛宗则，诘问日本派兵赴台湾的确实地点与目的，对日本出兵的合法性提出质疑，并于13日声明局外中立，撤回受雇加入日本侵台军事行动的英国公民和船只。继而俄国、意大利、西班牙等也纷纷对日本的出兵提出质疑，宣布中立。美国新任驻日公使平翰（John A.Bingham）对美人员和船只加入日军侵台的传闻，反应迟钝。三月初二日（4月17日），《日本每日前锋报》(Japan Daily Herald）批评平翰不但未严守中立，且默认或明许美船被日本雇用。平翰乃于次日照会日外务卿寺岛，诘问传闻是否属实，抗议日本雇用美国人员和船只从事战争行动，以付会中国政府和人民。同日，《星期邮报》(Week Mail）再度抨击美公使，终于促使平翰向日本表明局外中立，同时禁止美国人员和船舶参加征台行动。①

① John A.Bingham to Tershima Munenori，Tokei，April 18 1874，USNA：MD，Japan，M-133，R-28，参见黄嘉谟：《美国与台湾》，第七章“日军侵台与美国”；并参见爱德华·豪士（Edward H.House）：《征台纪事》，陈政三译述，台北：原民文化事业有限公司，2003年，第35页注12以及李理前揭文。

除了列强的干预，文部卿木户孝允等亦对出兵持有异议，并于4月14日提出辞呈以示抗议。日本政府的信心有所动摇，拟中止出兵。4月19日，太政大臣三条实美派权少内史金井之恭赴长崎，通知大隈重信暂停征台行动，但西乡从道以"陆海军士气高昂，恐难遏制"为借口，悍然拒绝接受，命令"有功丸"搭载首任驻厦门领事兼台湾"番地"参谋福岛九成、克些尔、瓦生、纽约前锋报记者爱德华·豪士（李仙得之秘书）及由二百多名士兵组成的先头部队，携带西乡从道致闽浙总督李鹤年之《日军征台之通知书》于27日连夜启航驶往厦门。而李仙得则因顾虑各方的反对意见，不得不放弃原先随军出发的打算，返回东京。5月2日，日将谷干城、赤松则良也率兵搭日进、孟春舰及运输船三邦丸、明光丸等组成的船队自长崎出发。

5月3日，"有功丸"进入厦门港。[①]日本原先雇聘的熟悉台湾南部地区，能说数种部落方言的英籍医师万松（Dr.Patrick Manson）已接到英驻华公使的警告函离厦回国。福岛九成向厦门同知李钟霖递交西乡从道致闽浙总督李鹤年的照会，称这次奉命统兵，深入番地的目的是对两年前劫杀琉球遭风人民的"土番"，"招酋开导，殛凶示惩"；并要求其"晓谕台湾府县、沿边口岸各地中外商民"，对日军"不得毫犯"云云，[②]而且不等闽浙总督复函，就匆匆驶离厦门，前往台湾。

同治十三年三月二十二日（5月7日），日军先头部队所乘坐的"有功丸"抵达瑯峤湾，次日，士兵登陆上岸。二十五日，谷干城、赤松则良率领千余名士兵乘坐日进号、孟春号驱逐舰及三邦丸、明光丸两运输船也相继抵达瑯峤。日军采用李仙得的计划，先安抚瑯峤地区的居民，使牡丹社、高士佛社孤立，再以军队攻讨之。5月15日，日军派遣赤松则良、克沙勒、瓦生、豪士及华裔美籍通译詹汉生（James Johnson）入山与头目接触。其时老头目卓杞笃已过世，由射麻里社的头目一色（Yisa）和老卓杞笃的幼子小卓杞笃与之会谈。日方借助李仙得的名义与头目建立了关系，并藉由试放洋枪，展现武力，与头目达成某种协议。不过，瑯峤居民对日军仍"抱持戒心和敌意，即使军营附近的村民，也面露仇视的眼神，……日军一开始即派人极力解释，试图安抚村民的

① 本处时间据爱德华·豪士:《征台纪事》，而福建水师提督咨报中则称三月十五日（阳历4月30日）有日本大战船一只寄泊厦港（见《三月辛未总理各国事务恭亲王等奏》，《同治甲戌日兵侵台始末》第2页），与前者所记稍有不同。

② 王元穉:《甲戌公牍钞存》，台湾文献丛刊第39种，第7页。

情绪，但效果似乎有限”。[①]5月18日，日军的侦察部队在双溪口、四重溪一带巡逻，其中脱队的五六名士兵遭到埋伏于灌木丛中台湾少数民族的袭击，班长北川直征被馘首。与此同时，日进号军舰到东部海岸探测水域时也遭到岸边埋伏的龟仔角社战士的开火射击。5月20日，侦察部队在三重溪遭到牡丹社民的伏击，二名士兵重伤，台湾少数民族一人被杀。5月21日，另有日军侦察部队“往保力山巡哨，至石门洞，被牡丹番放铳伤毙六名”，[②]佐久间佐马太率大队日军赶往四重溪增援，双方在石门展开激战。石门两侧危崖耸立，直挺冲天，一边高约五百英尺，另边四百五十英尺，崖底仅宽三十英尺。牡丹社人占据有利地形，进行射击。日军大部队难以展开，乃从石门背后之山腹攀爬而上，然后从崖顶居高临下与下面的日军首尾夹攻。牡丹社人不支撤入内山。是役牡丹社包括酋长阿禄父子在内十二人战死，被日军馘首，日方死者则有十四人。[③]

正当石门之役双方鏖战正酣之际，日本侵台军总司令西乡从道和参谋幕僚乘坐“高砂丸”抵射寮港，另有船舶共载来增援军队一千九百余名、大仓组工匠五百名。

四月十八日（6月2日），日军依军事会议决定兵分三路，对牡丹社进行总攻击。左翼由谷干城任指挥官，桦山副之，水野为通译，从枫港迂回进袭；中路自石门而入，以佐间久为指挥官，西乡偕克沙勒、瓦生、豪士等随行督师；右翼自竹社口进攻，以赤松则良为指挥官。三路共有兵力一千三百余人，另有火炮多门，声势颇大。十九日，日军攻占牡丹社，社民已事前逃离，不见踪影，遂放火将番社焚毁。为了安全和交通问题，日军遂撤出牡丹社，在双溪口设置分营，展开诱降行动。五月十八日（7月1日），周劳束酋长率领牡丹社、尔乃社、高士佛社等六社酋长，透过统领埔头人林阿九等人之仲介，在保力庄杨天保家中与日军议和。

日军解决了牡丹社之后，便在枫港增驻一支营，在周劳束海岸派遣一小队把守番地入口，又在龟山等地盖建营房，设立“都督府”。此后还陆续从日本运

① 爱德华·豪士（Edward H.House）：《征台纪事》，第83页。

② 《摘抄另纸探报》，王元穉：《甲戌公牍钞存》，台湾文献丛刊第39种，第49页。

③ 关于石门之战双方伤亡人数各方资料记载不一，如爱德华·豪士《征台纪事》载“生番”死十六人，日军有六名战死，近二十人受伤；中方委员周有基探报称日兵被“生番”铳杀七人，伤者十余人，“生番”被杀十三人。此处数字为林呈蓉据水野遵《台湾征蕃记》及桦山《日记》等资料所整理，见林呈蓉：《1874年日本的“征台之役”—以从军纪录为中心》，《台湾风物》五十三卷一期。第23—49页。

来铁器、农具及果树苗木等，实行屯田、植树，以图久踞。

四、中国方面的反应与对策

中国政府一直认为琉球为中国藩属，台湾更是中国的领土，琉球船民被害应由中国自办，与日本无关，因而，完全未料到日本竟会以此作为侵台的借口，所以未做任何防备。

同治十三年二月初十日至十七日，水野遵与桦山资纪两人持游历执照，乘船进入瑯峤地区进行勘探侦察，同时带有李仙得以前所绘该处旧地图一纸，沿途查对，并测绘龟仔角山及沿海一带地图。在地驻守的中国官员枋寮巡检王懋功、千总郭占鳌对日本人的间谍行为不仅未加以阻止，而且，二月初九日（3月26日）二人在枋寮拜访王懋功、郭占鳌时，见王懋功所持扇上画有瑯峤一带地图，桦山乃请水野遵向王借扇临摹，毫无敌情观念的王懋功竟然答应将扇借予二人临摹描画。[①] 又二月二十九日（4月15日），台湾道夏献纶接到台湾口税务司爱格尔（Henry Edgar）来函，告知接阅香港新报内有日本国二月十一日该国兵部奉伊国主谕令，预备兵船，并调兵一万五千名要来台湾打仗的消息。当时台湾镇、道正忙于剿办彰化廖有富一案，各营勇弁俱随赴彰化，所以对日军侵台的消息甚感意外，称：“查上年日本国人利八等四名，在台湾南山后遭风，当经救护，送回上海，交其领事官领收，曾据该国寄送礼物酬谢。又上年四月间，琉球人林廷芳等九名，在瑯峤遭风，亦经救护送回均属毫无异言。兹何以忽有调派兵船来台之举？”[②] 并将之与上年日本人欲报复琉球人被杀而征伐牡丹社的“谣传”联系起来，说“倘仍如上年之谣传，自可毋庸置议”；夏献纶甚至还说“牡丹社系属番社，彼如自往剿办，在我势难禁止”，[③] 未对日军侵台采取任何有效的防范措施。

对日本派兵侵台的消息，清廷最先是从英使方面得知的。同治十三年三月初三日（4月16日），总理衙门接到英国驻华公使威妥玛（Thomas F.Wade）的信函称，据英国驻日公使电报，知日本运兵赴台湾沿海迤东地方，有事“生番”；并询及“生番”居住之地，是否隶中国版图；东洋兴师曾向中国商议准

① 借扇之事据桦山日记记载，见爱德华·豪士（Edward H.House）:《征台纪事》第47页注④；并参见林呈蓉:《1874年日本的“征台之役”——以从军纪录为中心》，载《台湾风物》，五十三卷一期。第23—49页。

② 《台湾道禀总督、将军》，王元穉:《甲戌公牍钞存》，台湾文献丛刊第39种，第4—5页。

③ 《台湾道禀总督、将军》，王元穉:《甲戌公牍钞存》，台湾文献丛刊第39种，第4—5页。

行与否？总署函复答称：上年日本国使臣住京时，从未议及有派兵赴台湾“生番”地方之举。究系因何兴师，未据来文知照。台湾“生番”地方，系隶中国版图，且中国类此地方，不一而足，未能强绳以法律。① 继英国公使的询问之后，总署陆续于初四、初五日接到英国汉文正使梅辉立、法国翻译官德微里亚、总税务司赫德、日国（即西班牙）使臣丁美霞等先后访问，询及日本派兵赴台查办“生番”之事。在得到总理衙门的答复后，列强很快作出反应，宣布采取局外中立的立场。但中国政府对日本的举动宜如何斟酌，却反应迟钝，既没有向日本提出质问，更没有想到用抗议阻止日本的侵略行为。后来，李鸿章、李宗羲又从江海关沈秉成抄送长崎电报得到另一消息，称日本为“生番”事件派人查问，并且在上海已有八名日本随员等候该国使臣，此消息与各国公使及赫德所述日本派兵赴台说法不符。李鸿章及总署对相关的情况进行了分析，认为：首先，各国兴兵之举，必先有文函知会因何起衅，或不准理诉而后兴师。日本甫经换约、请觐，和好如常，台湾“生番”一节，并未先行商办，岂得遽尔称兵？即冒然称兵，岂可无一语知照？此以理揆之而疑其未确也。其次，日本内乱甫平，其力似尚不足图远。即欲用武，莫先高丽。江藤新平请伐高丽，尚因不许而作乱，岂竟舍积仇弱小之高丽，而先谋梗化之“生番”？即欲藉图台湾，若中国以全力争之，未必遂操全胜，从自悖义失和。此以势度之而疑其未确也。再次近年东洋新闻百变，诈伪多端，巴夏礼与该国情好最密，代为虚张声势，故作疑兵，恐难尽信。② 总之，于理于情，中国方面判断日本不宣而战出兵侵台的可能性不大，故准备等日使柳原前光到达后，相机驳辨。不过，总理衙门也认识到“各国垂涎台湾已久，日本兵政寖强，尤滨海切近之患，早迟正恐不免耳”；并提出“勿恃其不来，恃吾有以备之”。③

中国方面最先对日本出兵台湾作出反应，要求日本退兵的是闽浙总督李鹤年。李鹤年于三月二十三日接到由厦门同知李钟霖转交的西乡从道的照会后，于二十六日复照，称：“查台湾全地，久隶我国版图，虽其土著有生、熟‘番’之别，然同为食毛践土，已二百余年，犹粤楚云贵边界猺獞苗黎之属，皆古所谓我中国荒服羁［靡］縻之地也。虽生番散处深山，獉狉成性，文教或有未通，政令偶有未及，但居我疆土内，总属我管辖之人”；并援引万国公法，认为“台

① 《三月辛未（二十九日）总理各国事务恭亲王等奏》,《同治甲戌日兵侵台始末》，第1—3页。

② 《总署复福州将军文煜函》，王元穉:《甲戌公牍钞存》，台湾文献丛刊第39种，第18—19页。

③ 《总署复福州将军文煜函》，王元穉:《甲戌公牍钞存》，台湾文献丛刊第39种，第18—19页。

湾为中国疆土，‘生番’定归中国隶属，当以中国法律管辖，不得听凭别国越俎代谋”，指出日本政府“并未与总理衙门商允，作何办理，迳行命将统兵前往，既与万国公法违背，亦与同治十年所换和约内第一、第三两条不合”；“琉球岛即我属国中山国疆土，该国世守外藩，甚为恭顺，本部堂一视同仁，已严檄该地方官，责成生番头人，赶紧勒限，交出首凶议抵。总之，台湾在中国，应由中国自办，毋庸贵国代谋。各国公使，俱在北京，必以本部堂为理直，应请贵中将撤兵回国，以符条约，而固邦交”[①]。不过福岛九成乘坐“有功丸”号的日军先头部队根本不等候李鹤年的照复就开驶赴台，李鹤年将这份照复送到台湾府，命台湾府派员赴瑯峤与日军理论；同时一面将情况向清廷奏报，一面严饬台湾镇、道，命其“按约理论，相机设筹，不可自我启衅，亦不可苟安示弱”。[②]

李鸿章经过连日与英翻译梅辉立、德翻译阿恩德、美副领事毕德格等会晤，证明各国所接电报实有日本图攻台湾“生番”之信，并称美国人李让礼带领陆军，又雇美国水师官某带领兵船，与其从上海接到的探报相同。于三月二十五日致函总署，提出对付日本侵台阴谋的若干办法：其一，根据掌握的情报，与美国公使辩论，要求美国遵照公法撤回李让礼，并严禁商船应雇装载日兵，迫使日本放弃侵台；其二，鉴于台地海防陆汛，无甚足恃，建议另调得力陆军数千，用轮船载往凤山瑯峤附近一带，择要屯扎，为先发制人之计。设日本兵擅自登岸，一面理谕情遣，一面整队以待，庶隐然劲敌，无隙可乘。同时推荐“管辖新造兵轮船，又系闽人，情形熟悉”的船政大臣沈葆桢为专办日军侵台事件的负责人，由他“会商将军、督抚，密速筹办”。[③]

李鸿章的建议立刻为清廷所采纳。三月二十六日（5 月 11 日），总理衙门照会日本国外务省，提出抗议，并要求日方对出兵的原因提出解释。照会中称：“查台湾一隅，僻处海岛，其中生番人等向未绳以法律，故未设立郡县；即礼记所云不易其俗、不易其宜之意，而地土实系中国所属。中国边界地方、似此生番种类者，他省亦有，均在版图之内，中国亦听其从俗，从宜而已。此次忽闻贵国欲兴师前往台湾，是否的确，本王大臣未敢深信。傥贵国真有是举，何以

① 《日本外交文书》第七卷，第 78—79 页。

② 《四月戊子（十六日）闽浙总督兼署福建巡抚李鹤年奏》，《同治甲戌日兵侵台始末》，第 9 页。

③ 李鸿章：《论日本图攻台湾》（三月二十五日），《李文忠公选集》，第 16—18 页。

未据先行议及？其寄泊厦港兵船，究欲办理何事？希即见覆，是所深盼！”[①]二十九日（5月14日），又发布上谕，称：“生番地方本系中国辖境，岂容日本窥伺！该处情形如何，必须详细查看，妥筹布置，以期有备无患。李鹤年公事较繁，不能遽离省城；着派沈葆桢带领轮船兵弁，以巡阅为名，前往台湾生番一带察看，不动声色，相机筹办”。[②]四月六日，清廷恐沈葆桢事务太多，应接不济，又谕令福建布政使潘蔚“驰赴台湾，帮同沈葆桢将一切事宜妥为筹划，会商文煜、李鹤年及提督罗大春等，酌量情形，相机办理”。[③]

上谕发布之后，清廷又陆续接到各方传来的报告，称日本国兵船，于三月下旬，有驶进厦门海口者，有前往台湾者。由瑯峤地方登岸，并无阻问之人。英国水师提督亦选调兵船往台湾迤南巡查。并闻日本购买轮船，装载军装、粮饷。法国及日本兵船，均已抵厦。日本兵共八营，俱在台湾东海旁起岸，欲攻“生番”。情势已十分严重，沈葆桢如以“船政大臣”身份赴台，“恐彼族以非办理各国事务官员，置之不理；且遇有调遣轮船、酌拨官弁等事，亦虑呼应不灵”，乃采纳总署的建议，于四月十四日（5月29日）下诏改授沈葆桢为钦差办理台湾等处海防兼理各国事务大臣，所有福建镇道等官，均归节制，江苏、广东沿海各口轮船，准其调遣。并令其驰赴台湾一带，“体察情形，或谕以情理，或示以兵威，悉心酌度，妥速办理”；同时强调“所有该大臣需用饷银，着文煜、李鹤年筹款源源接济，毋任缺乏。应调官兵，并着李鹤年迅速派拨，毋误事机”。[④]

五、沈葆桢渡台加强防务

沈葆桢是一位有胆有识、敢作敢为的政治家，接奉谕旨之后，即与福州将军文煜、闽浙总督李鹤年会筹台湾防备，于四月十九日（6月3日）联衔上奏，提出“防台四策”。其一、联外交。将递次洋船遭风各案，摘要照会各国领事。将日本不候照复，即举兵入境，并与“生番”开仗各情形，亦分次照会，借列强来公评曲直。日本如怵于公论，敛兵而退最好；否则，亦可展转时日，为集

① 《给日本国外务省照会》,《同治甲戌日兵侵台始末》，第4—5页。该照会由总署雇用的英籍人士带往日本，但此人在上海耽误了近一个月，故于四月二十日（6月4日）才送达日本外务省，而寺岛宗则又故意拖延至六月二日（7月15日）才回复。

② 《清穆宗实录选辑》，台湾文献丛刊第190种，第145页。

③ 《清穆宗实录选辑》，台湾文献丛刊第190种，第145页。

④ 《清穆宗实录选辑》，台湾文献丛刊第190种，第146页。

备设防争取时间。其二、储利器。日本所以敢贸然侵犯，乃是窥中国军备不足，中国必须以深远之计赶紧着手军事现代化。建议将闽省存款，移缓就急，其不足者，暂借洋款，用以购买铁甲船、水雷、洋枪、巨炮、洋煤、洋火药、开花弹及火龙、火箭等西洋武器，作为外交谈判的后盾。尽管“所费不赀，必有议其不量力者，然备则或可不用，不备则必启戎心。乘军务未萌之时，尚可为牖户绸牖之计，迟则无及矣。”其三、储人才。沈葆桢除了自己专责赴台外，还奏调福建陆路提督罗大春、籍隶广东之前署台湾道黎兆棠和吏部主事梁鸣谦等人随其东渡，以期集思广益。其四、通消息。台洋之险，甲诸海疆。欲消息常通，断不可无电线。提出敷设由福州陆路至厦门，由厦门水路至台湾之电报线，使情报瞬息可通，事至不虞仓卒。[①]

五月初一日，沈葆桢一行由福州马尾出发，潘蔚乘伏波轮直放大洋，于次日抵达。沈葆桢与法籍军事顾问日意格（Prosper Giquel）、斯恭塞格（De Seonsac）等分乘安澜、飞云两轮船则沿各港口而行，途经兴化南日、泉州深沪，初三日抵澎湖，登岸踩勘炮台水口形势，于初四日抵安平，接见台湾镇、道，开始实地了解日军侵台的情形及台湾的防御情况。经悉心筹度后，沈葆桢提出“理谕”“设防”及“开禁”三项防台措施。但“开禁”非旦夕所能猝办，必待外侮稍定，乃可节节图之。[②]所以沈葆桢先从“理谕”及“设防”二项着手。

在“理谕”方面，沈葆桢先派其帮办福建布政使潘蔚与西乡从道交涉。潘蔚先前经过上海时已与日本公使柳原前光交涉，获得柳原给西乡“按兵不动，听候覈办”的文书。五月初八日，潘蔚偕台湾道夏献纶等抵达瑯峤，递交给西乡从道的照会。沈葆桢在照会中声明：“生‘番’土地，隶中国者二百余年，虽其人顽蠢无知，究系天生赤子，是以朝廷不忍遽绳以法，欲其渐仁摩义，默化潜移，由生‘番’而成熟‘番’；由熟‘番’而成士庶，所以仰体仁爱之天心也。至于杀人者死，律有明条，虽生‘番’亦岂能轻纵？然此中国分内应办之事，不当转烦他国劳师糜饷而来”；[③]对于日本未经与中国商办擅自出兵台湾，提出抗议。并指出日本烧毁牡丹社，且涉及无辜之高士滑社，并传出将攻卑南社，显然与与来文所称“殛其凶首”，“往攻其心者”不合，且有以德为怨之嫌。

① 《五月壬寅（初一日）福州将军文煜、闽浙总督兼署福建巡抚李鹤年、总理船政前江西巡抚沈葆桢奏》，《同治甲戌日兵侵台始末》，第16—18页。

② 《五月丙寅（二十五日）福州将军文煜、闽浙总督兼署福建巡抚李鹤年、办理台湾等处海防兼理各国事务沈葆桢奏》，《同治甲戌日兵侵台始末》，第26—28页。

③ 《给日本国中将西乡照会》，《同治甲戌日兵侵台始末》，第31—32页。

照会最后称“贵国方耀武功，天理不足畏，人言不足恤。然以积年精练之良将劲兵，逞志于蠢蠢无知之生‘番’，似未足以示威。即操全胜之势，亦必互有杀伤。生‘番’即不见怜，贵国之人民亦不足惜耶？或谓贵国既涉及无辜各社，可知意不在复仇。无论中国版图尺寸不敢以与人，即通商诸邦岂甘心贵国独享其利？”[①]表明了捍卫领土主权完整的决心。五月九日至十三日，潘蔚率同夏献纶，同知谢宝鼎及洋将日意格、斯恭塞格等针对其在上海与柳原会谈时提及所谓西乡奉敕限办三件事：“第一、捕前杀害我民者诛之。第二、抵抗我兵为敌者杀之。第三、番俗反复难制，须立严约，定使永远誓不剽杀难民之策”，[②]与西乡从道，佐久间佐马太等进行多次会谈交涉。在五月九日上午的第一次会谈中，西乡始则一味推诿，声称自己只是奉命带兵打仗，与中国应接等事宜，一切由柳原公使交涉，若中国有事谈判，请向北京报告后，与当地柳原公使谈判，“届时请申述所见所闻，则公使必向我政府陈报，之后我政府若对余有所指示，余必遵照办理”云云。[③]对于四月间闽浙总督照会及钦差沈葆桢的照会，也推说“此应奏知朝廷，候朝廷有信与柳原再复，伊不能复”。[④]潘蔚问道：“贵除杀害琉球人之牡丹社蕃地外，是否将着手处分其他蕃地？”西乡答称：“无此打算。”潘蔚又追问道：“处分结束后军队是否立即回国，抑或驻留此地？”西乡答称：“此事应陈报我政府后，余将遵照政府命令行事”。[⑤]当天下午4时，西乡及佐久间等至车城潘、夏寓所拜访，潘、夏问其是否会对卑南派兵，西乡答称无此事。潘又问道对第三条中未来之处理方式有何高见？西乡称待牡丹社处分结束后再处理。潘问可否先告知其方法？西乡则称虽有某些概略腹案，但皆有待牡丹社之事结束后视后势而定，目前难以预告。潘、夏再三要求牡丹社应由中国处分，且后续处理亦应由中国为之，但为西乡所拒绝。[⑥]

初十日潘蔚、夏献纶派县丞周有基、千总郭占鳌等进入“番”社，传集各“生番”头目，至者共一百五六十人，皆谓日本欺凌，恳求保护。因谕令具结前来。次早，除牡丹等三社因日人攻剿，不敢出来外，到者共有十五社，均呈不

① 《给日本国中将西乡照会》，《同治甲戌日兵侵台始末》，第31—32页。

② 《柳原公使致福建布政使潘蔚函》，《处蕃提要》，第236—237页。

③ 《西乡都督陈报大限长官有关清官来蕃之应对手续等数件》，《处蕃提要》，第274页。

④ 《帮办潘、台湾道夏赴日营会晤情形节略》，王元穉：《甲戌公牍钞存》，台湾文献丛刊第39种，第77—78页。

⑤ 《处蕃提要》，第274—275页。

⑥ 《处蕃提要》，第275—276页。

敢劫杀状。潘、夏即以好言慰之，酌加赏犒，“番”目等皆欢欣鼓舞，咸求设官经理，永隶编氓。潘、夏将各社具结办妥后，即致函西乡，约定时刻会晤，不料西乡竟托病不见。

十二日下午及十三日上午，潘、夏等又赴龟山日营中与西乡交涉，双方就“番”地领土主权所属展开激烈辩论。潘蔚指出柳原第一条所云“捕前杀害我民者诛之”，查牡丹社虽害琉球国人，惟该处系中国所属，应由中国派兵办理，要求西乡按兵勿动。西乡则称其到此地，将施行处分，牡丹人埋伏于菁间，擅自狙击其斥候杀之，故不得已举兵进击，剿其巢窟，并不承认“番”地为中国版图。潘蔚则指出牡丹社实系中国版图，载在志书，岁完“番”饷，可以为凭。因系中国所管，故应由中国办理。并将带去《台湾府志》一本内开瑯峤十八社系属归化“生番”，交与阅看。西乡答称“生番”非中国所管，中外各国书中俱有记载，即英国、花旂、荷兰诸国人，亦皆有此说并有地图。潘蔚当即请其将地图及各书交出一看。西乡又复支吾，不能交出。最后，潘蔚就柳原所议三条提出处理办法：第一条，由中国官员令牡丹“番”出来谢罪，以后誓不剽杀，并将前年戕害琉球人尸身交出；第二条，“抗拒为敌者杀之”，现在各社均无此事，可毋庸议；第三条，“番俗反复难治，应立约使永远誓不剽杀”，现已传各社“番”头目出具切结，以后永远保护，不敢再有欺凌杀害抢夺情事。西乡对此初甚不悦，称此事中国不必与闻。潘蔚答称此系中国应办之事，乃云中国不必管，大不近理。并质问：“舍中国有凭之志书，谓不足信，而硬派“生番”各社非我所管，譬如长崎系日本所管，我硬派非贵国辖境，有是理乎？”[①]其实，日本在台的军事行动，基本已告结束，所以后来西乡也就顺水推舟说：伊亦望此三事早为办定，即可完结；然而又提出这次日本“大兴兵师，耗费财物，折损兵员之处不在少数”，其费用赔偿之事，应由中方考虑。潘蔚问其究竟花费若干，意将何为？西乡称原共筹银二百一十万元，现已用去一百二十万元，要求贴补。[②]潘蔚则表示：“贴补兵费，是不体面之事，中国不能办理。既系贵国擅行兴兵前来，更无贴补之理”。要求西乡应先将各社之兵调回勿动，并知照其政

① 《帮办潘、台湾道夏赴日营会晤情形节略》，王元穉：《甲戌公牍钞存》，台湾文献丛刊第39种，第82页。

② 此处中方记载为银元，《处蕃提要》中日方记载为美元。

府以后不必添兵前来。西乡应允。[①]

关于"设防"之事，沈葆桢认为"万不容缓"。[②]台地绵亘千余里，固属防不胜防，要以郡城为根本。沈葆桢计划在安平设立炮台，"仿西洋新法，于是处筑三合土大炮台一座，安放西洋巨炮，使海口不得停泊兵船，而后郡城可守。"[③]沈葆桢到台、澎实地踩勘时发现内地班兵已不可用，乃与台湾镇、道商议，将台、澎班兵疲弱者先行撤之归伍，用其旷饷招募本地精壮及习水渔民充补，以固边防。[④]南路迫近倭营，防务由台湾镇总兵张其光负责。该镇原有部勇一营，并内地调来二营，须增募五营，以遏冲突。北路淡水、噶玛兰、鸡笼一带物产殷阜，为台地精华。苏澳民"番"关键，尤为他族所垂涎。据噶玛兰通判洪熙恬报告，自上年以来苏澳一带常有倭人来往，今年五月初三日有日本船一只，驶往后山沿海而去，船内备有糖、酒、哔吱等物，企图与山"番"联合，在后山开拓兴业；又据淡水厅陈星聚报告，近有日本兵船载兵百余名，由台南绕后山一带过噶玛兰，入鸡笼口，买煤一百五十顿［吨］而去。日意格提议急需派兵驻扎，沈葆桢决定由台湾道夏献纶负责。该道原有部勇一营，须再募一营继之，以杜旁窜之谋。并派靖远轮迎陆路提督罗大春一同驻镇北路。另由前署台湾镇曾福元组训南北乡团。整体兵力部署为游击王开俊一营驻东港，总兵戴德祥一营驻凤山。至张其光原有一营分驻彰化三哨，先带两哨至凤山。夏献纶则挈参将李学祥率一营往驻苏澳。其新募者，除夏献纶在台北自募二营，及曾福元招募壮勇五百，交在台之烟台税务司薄朗训练为洋枪队外，另五营则派员赴粤招募。并奏调打仗勇敢的前南澳镇总兵吴光亮及甚有勇略的浙江候补道刘璈来台效力。

日军虽驻扎在龟山、枫港等处，但仍不时至附近各庄游弋骚扰。五月二十八日，日兵五人在柴城调戏民妇张杨氏，其族人张来生前往阻止，为日兵杀伤。沈葆桢等照会日营，提出书面抗议，但日军营置之不理。六月初三日，山后有大鸟万、千仔帛二社，又被胁迫至倭营说和。初四日，有倭兵百余名添扎枫港。

① 关于潘蔚等与西乡交涉经过，见《帮办潘、台湾道夏赴日营会晤情形节略》，王元穉：《甲戌公牍钞存》，第77—84页及《西乡都督陈报大限长官有关清官来蕃之应对手续等数件》，《处蕃提要》，第271—280页。

② 《五月丙寅（二十五日）福州将军文煜、闽浙总督兼署福建巡抚李鹤年、办理台湾等处海防兼理各国事务沈葆桢奏》，《同治甲戌日兵侵台始末》，第26—28页。

③ 《五月丙寅（二十五日）福州将军文煜、闽浙总督兼署福建巡抚李鹤年、办理台湾等处海防兼理各国事务沈葆桢奏》，《同治甲戌日兵侵台始末》，第26—28页。

④ 《沈葆桢等又奏》，《同治甲戌日兵侵台始末》，第29页。

下午又有倭兵四人至枫港二十四里之茄鹿塘哨探。[①]沈葆桢决定进一步加强南部的防卫措施，命令王开俊由东港带兵进扎枋寮，以戴德祥一营由凤山填扎东港。[②]为了阻止日军入侵卑南，沈葆桢派同知袁闻柝乘轮船往招陈安生等。该"番"目五人立即薙发，随袁等至台湾府，赏给银牌、衣物，以原船送归，并派员随之，计划从后山寻路与西部相通。[③]然据袁闻柝所派员回报，卑南各"番"社与西部各社"生番"素无往来。旋经张其光到凤山下淡水一带勘查，得知可由潮州庄开路通卑南，遂决定先行招徕土人，然后动工开路。[④]六月初七日，张其光抵凤山，有昆仑铙、望祖力、扶圳、鹿埔角四社头目来谒；巡至下淡水，则又先后有山猪毛社总头目及扶里烟六社头目率百余人来见。十五日，袁闻柝复带来"番"目买远等十五名至郡城，苦求派兵驻防其社，沈葆桢令袁闻柝招募土勇五百，名"绥靖军"，无事以之开路，有事以之护"番"。[⑤]

北路方面，台湾道夏献纶率参将李学祥部勇于五月二十九日出发，经澎湖、沪尾、鸡笼，于六月初三日抵达苏澳，亲自督办淡水、噶玛兰各处乡团，发现日人在北路全用利诱手段，非如南路惟用威胁。"番"民不识其计之诡诈，往往坠其术中，招抚较难。为了防止日人的借口，沈葆桢决定先将成富清风向中国地方官所报的"失银事件"彻底查清。六月十六日，派噶玛兰通判洪熙恬、委员张斯桂、李彤恩偕淡水税务司好薄逊（H.E.Hobson）前往花莲港实地调查，并带船户墨西哥人啤噜与当地"生番"面质。结果发现日人所报的"失银案件"，纯属虚构。沈葆桢即将所查讯供记录禀报朝廷，请照会日本公使，就成富清风等违约往不通商口岸诱惑土人提出抗议，并吊销其游历执照。[⑥]

经过夏献纶的努力，六月间淡水、噶玛兰团练开始举办，添招练勇亦已成军，有事当勇，无事开山。自苏澳至南风澳山路，两日之内，便已开通，继而进辟歧莱之道。平路以横宽一丈为准，山蹊以横宽六尺为准，俾榛莽勿塞，车马可行。为使后路无虞，又在新开歧莱山道设寮驻勇，并增勇三百人，料匠二百人，随同入山伐木。自六月十六日起至二十一日止，已开路九百七十余丈。[⑦]

① 《钦差大臣沈葆桢等奏》，王元穉:《甲戌公牍钞存》，台湾文献丛刊第39种，第102—106页。
② 《钦差大臣沈葆桢等奏》，王元穉:《甲戌公牍钞存》，台湾文献丛刊第39种，第102—106页。
③ 《钦差大臣沈葆桢等奏》，王元穉:《甲戌公牍钞存》，台湾文献丛刊第39种，第97—100页。
④ 《钦差大臣沈葆桢等奏》，王元穉:《甲戌公牍钞存》，台湾文献丛刊第39种，第102—106页。
⑤ 《钦差大臣沈葆桢等奏》，王元穉:《甲戌公牍钞存》，台湾文献丛刊第39种，第110—114页。
⑥ 《沈葆桢等又奏》，《同治甲戌日兵侵台始末》，第119—120页。
⑦ 《钦差大臣沈葆桢等奏》，王元穉:《甲戌公牍钞存》，台湾文献丛刊第39种，第110—114页。

六月二十日，福建陆路提督罗大春带印至台，并于七月十三日驰抵苏澳，接替夏献纶；其原部营勇六百人，也陆续到防，继续北部抚番开路事宜。①

在水师总署方面，沈葆桢则以扬武、飞云、安澜、靖远、镇威、伏波等六兵船常驻澎湖，由日意格教导操演阵式。福星一号驻台北，万年清一号驻厦门，济安一号驻福州，永保、琛航、大雅三船往来南北，担任运输。沈葆桢认为台湾远隔内地，防务文书，刻不容缓，眼前船只已不敷周转，奏请将原已停工的马尾造船厂再行开工，赶造船只。②

台湾防务，费用殷繁。沈葆桢担心若等待省城辗转拨解，恐难应手，于是奏准将台湾盐课、关税、厘金等款应行解省者，尽数截留，拨充海防经费，归台湾道衙门支销。不敷之款，由再文煜、李鹤年筹拨接济。③六月初五日，李鸿章通过济安轮自天津寄来洋炮二十尊，洋火药四万磅。紧接着闽浙总督李鹤年也于海关、厘捐两项合筹银二十万两，并拨洋火药三万磅交船厂，轮船于初八日送达台湾，以济需要。④

经过潘蔚在瑯峤与西乡交涉以及对日军在台行动的观察，沈葆桢认识到日军有在台久踞之意，“非益严儆备，断难望转圜”。⑤鉴于班兵惰窳性成，募勇又训练无素，沈葆桢乃于五月二十一日（7月4日）奏请于北洋大臣处借拨久练洋枪队三千，于南洋大臣处借拨久练洋枪队二千，令其坐雇轮船赴台增援。⑥李鸿章也了解到闽中陆勇寥寥，台地仅两营，尤嫌单薄，且“洋人论势不论理，彼以兵势相压，而我第欲以笔舌胜之，此必不得之数”，⑦因此早有提议由大陆调派枪队赴台增援，以壮声势。不过，他认为直隶防军拱卫京畿，必须留备缓急，碍难分调；南洋枪队无多，防务紧要，亦难酌拨。“且兵势聚则气盛，分则力弱。若于两处零星抽拨，兵将素不相习，转临敌贻误”。⑧所以于六月初十日上奏，建议将“素习西洋枪炮，训练有年，步伐整齐，技艺娴熟”由记名提督唐定奎统领驻扎在徐州的武毅“铭”字一军十三营，移缓就急，调拨赴台。

① 《台湾道夏禀省宪》，王元穉：《甲戌公牍钞存》，台湾文献丛刊第39种，第118页。

② 《沈葆桢等又奏》，《同治甲戌日兵侵台始末》，第121—122页。

③ 《谕军机大臣等》，《同治甲戌日兵侵台始末》，第30—31页。

④ 王元穉：《甲戌公牍钞存》，台湾文献丛刊第39种，第92页；第105页。

⑤ 《六月己卯（初八日）福州将军文煜、闽浙总督兼署福建巡抚李鹤年、办理台湾等处海防兼理各国事务沈葆桢、帮办台湾事宜福建布政使潘霨奏》，《同治甲戌日兵侵台始末》，第44—47页。

⑥ 王元穉：《甲戌公牍钞存》，台湾文献丛刊第39种，第87页。

⑦ 李鸿章：《论台湾兵事》（五月十一日），《李文忠公选集》，第33—34页。

⑧ 李鸿章：《派队航海防台折》（六月初十日），《李文忠公选集》，第42—44页。

李鸿章的建议迅速为清廷所采纳，六月十二日，上谕饬令唐定奎统带所部六千五百人由徐州拔赴瓜洲口，由李宗羲、张树声饬调沪局轮船暨雇用招商局轮船驶赴瓜洲，分起航海赴台，听候沈葆桢调遣。[①] 七月十六日（8 月 27 日），唐定奎率第一批援台淮军抵达，驻扎凤山，台湾军心为之一振。第二批五营亦于八月初五日抵达澎湖。另张其光与吴光亮所募粤勇二千余人，亦乘所雇轮船于十七日到旂后登岸。[②] 一时兵勇聚集，防御力量大大增强。沈葆桢以这些雄厚兵力为后盾，在南北两路同时进行“开山抚番”工作，给日军予相当的压力与威慑。

六、中日间外交折冲樽俎与《互换条约》的签订

日本在出兵台湾的同时，也派遣柳原前光作为驻华全权公使，除履行公使职责外，也奉命掌理处分台湾之相关交涉事宜。同治十三年四月初四日（1874 年 5 月 19 日），柳原自横滨启程，于十三日（28 日）抵达上海。由于对西乡对闽浙总督之答复及与沈葆桢之应接过程未能详细了解，不便行事，且对清廷是否会承认其使臣职权心中无数，尤其担心前往天津后将面对李鸿章方面严厉的论调，故柳原决定暂且滞留上海，俟南北两地情势明朗后再相机北上。[③] 中国方面由两江总督李宗羲指派苏松太道沈秉成及江苏布政使应宝时与柳原会谈交涉。沈秉成责问柳原日本出兵之理由，柳原强调“生番”是化外之民，土地为化外之地；沈氏则认为先前副岛种臣并未向中国总理衙门大臣议及出兵；即便要出兵，按理应先照会中国。双方谈判无大进展。四月十六日（5 月 31 日），应宝时与柳原会面，双方唇枪舌剑，展开激烈辩论。应宝时谴责日本出兵不仅侵犯中国主权，且未经谈判，有违和亲国之所为与诋毁国际公法，要求日本务必撤兵；柳原则称去年早已告知总理衙门“生番”之事，且此次西乡亦曾先行文照会福建总督，并无违背友谊之处，中国的撤兵之论是妨碍日本的“义举”。应宝时又质问日本讨“番”是否仅为尽义务加以惩处还是将来有占有该地之目的？柳原则辩说日本以行义为先，日后之措施次之，刻意回避“占有”话题。[④] 双

① 《清穆宗实录选辑》，台湾文献丛刊第 190 种，第 156—157 页。

② 王元穉:《甲戌公牍钞存》，台湾文献丛刊第 39 种，第 127 页、134 页。

③ 《柳原公使自上海陈三大臣及寺岛外务卿有关沈道台来馆与总理衙门书柬、沈应陆书状及其他数件》,《处蕃提要》，第 213—220 页。

④ 《柳原公使自上海陈三大臣及寺岛外务卿有关沈道台来馆与总理衙门书柬、沈应陆书状及其他数件》,《处蕃提要》，第 213—220 页。

方不欢而散。

四月下旬，帮办台湾事务的福建布政使潘蔚离京回闽路过上海之际，于二十二、二十三日（6月6、7日）与柳原举行谈判，双方并有文书互相往来。柳原表示日师既出交锋，西乡奉有君命，岂肯轻退，日本已经布告通国，誓其保民之义，何可中止？西乡奉命须办三件事："一、捕前杀害我民者诛之；二、抵抗我兵为敌者杀之；三、蕃俗反复难制，须立严约，定使永远誓不剽杀难民之策。"[①] 潘蔚则针对这三条提出答复：第一条、第二条系专指牡丹社、卑南社二处抢害之"生番"而言，与别社并未滋事之"生番"无涉，足见办事头绪分明。如再有滋事者，应由中国派兵查办，事属可行。第三条所云中国自当照约竭力保护，拟于海船经过要隘，或设营汛、或派兵船、或设望楼灯塔，使商船免致误入，再被"生番"扰害。[②] 柳原见潘蔚复函中有"足见办事头绪分明"一语，如获至宝，自以为潘蔚已经承认"讨蕃是为日本政府之义举"，"事渐有进展"，而沾沾自喜，并承诺等潘蔚与沈葆桢详细研商后寄发正式照会书时，正式向日本政府请示并等待指令。[③]

柳原关于对华谈判的如意算盘是，第一步"由潘蔚依约提出正式照会，使清政府明白承认我讨蕃之举为义举，……尔后计划将蕃地归为我版图之方略则完全由庙议精密策划后决定，而以其为第二局之目标来进行"。[④] 然而，此时日本侵台的军事行动共已开销各种费用达一百三十六七万元之谱，"前后金额实已不少，且此后至结束为止之费用亦难以估计"；而且渡台士兵中除了遭狙击或死于战地者外，其余"因风土炎热而罹病致死者，于长崎病院已有四十余名，尚有近日将由蕃地送回长崎之患者三百名"。[⑤] 军费浩繁和大批士兵罹病死亡给日本很大的压力，使其不得不重新审视原来的计划和目标。7月9日，大隈重信在致柳原函中就提到："有关台湾蕃地处分一事，当然不可违背最初出发前所奉内谕之旨，但现在应仔细思考将来设施之事宜、先后缓急之策略等彼我之事情、情况等，经朝议凝思决定后，拟于下次船班派一官员赴其地，面谈庙算所

① 《柳原公使致福建布政使潘蔚函》，《处蕃提要》，第237页。

② 《福建布政使潘复柳原公使函》，《处蕃提要》，第238页。

③ 《柳原公使自上海陈三大臣及寺岛外务卿有关潘蔚往返信函及其他数件》，《处蕃提要》，第232—235页。

④ 《柳原公使自上海陈三大臣、外务卿有关都督与清官谈判偿金之电报等事宜》，《处蕃提要》，第298—299页。

⑤ 《大隈长官致函柳原公使有关蕃地死伤患者之略记、经费支给之概算等事宜》，《处蕃提要》，第299—300页。

在”。[①]7月11日，西乡派信使来沪向柳原通报与潘蔚会谈的详情。西乡在会谈中提出赔偿金一说，不仅打乱了日方关于西乡只负责军事，而由公使负责外交的分工计划，而且暴露了日方谈判的底牌，令柳原颇为不满，其在致日本三大臣及外务卿的信函中抱怨道：“若一开始西乡将谈判事宜完全推给下官，就不会发生混淆，岂有开谈后所牵扯如此盘根错节情形！”[②]而潘蔚在给柳原的复函中明确地拒绝了日方提出的赔偿金，则更使柳原感到恼怒不已，决定将于7月18日起程进京，直接与总理衙门交涉。

当时日本报纸及外国人中盛传李鸿章等人言论主张激烈，而趋向于战争，且听说福州、上海之制造所尽全力铸造大炮炮弹，准备水雷，并招募水兵等。日方认为“万一由彼（指中国）先发动时，则成为重大失策，实为国家之大患”，“故此对内调整兵备，对外贯彻谈判，乃不可延宕之事，丝毫疏忽不得”，[③]遂于7月13日派外务省四等出仕田边太一携带指令赴上海向柳原面授机宜，并对与中国谈判定下了基本原则：1. 日本出兵台湾问罪，乃为保民义举；2. 清国政府视该地为化外而不理，不可称其为所属地方乃无庸置疑之事；3. 占领台湾，制定使蕃民不再猖狂之法为日本既定之志向，此绝非为贪图其地利与人民；4. 中国政府如为巩固其疆域，而对日本在台地有危惧不安之情时，则日本将其地全部奉还亦毫不足惜，但对于日本所靡费之财货、所折损之人命，应给予相当之赔偿。[④]指令中还详细规定了《与清官谈判应注意事项》，如“与清国委员谈判蕃地处分事宜时，皆应依附件要领，不可有丝毫屈桡之处，且要尽力促使谈判达成，不可无故拖延立约盖章之期”；“谈判之要领虽在于获得偿金后让与所攻取之地。但一开始不可露出欲索偿金之情，此为想要由我方掌控每次谈判主动权之故”；“谈判逐渐涉及偿金，而认及其数额时，固然不拟要求额外金额，但尽量不由我方提出数额”；“谈判之要领为，如满足我方要求时，应尽速订约”；“前文条约成立后，正式通知政府时，政府为着手都督撤其在台地之军队。是

① 《大隈长官致函柳原公使有关蕃地死伤患者之略记、经费支给之概算等事宜》，《处蕃提要》，第299—300页。

② 《柳原公使由上海上陈三大臣、外务卿有关潘蔚与西乡谈判因与前约龃龉而责问潘、沈及辩驳等事宜之一号至六号来函》，《处蕃提要》，第302—322页。

③ 《三大臣致函柳原公使有关兵备调整谈判贯通告谕及函送陆海军内示案等事宜》，《处蕃提要》，第323—325页。

④ 《三大臣致函柳原公使有关兵备调整谈判贯通告谕及函送陆海军内示案等事宜》，《处蕃提要》，第323—325页。

故，订约之日必应迅速以电报预报政府”，[①]等等。

为了配合柳原在北京与总理衙门谈判，日本还同时任命李仙得为特例办务使，派其前往福建，向闽浙总督李鹤年、福州将军文煜等人游说，施加压力。其游说的主旨为：“第一、清国政府既视台湾蕃地为化外，自然为无主之地，故日本政府征服之后，该地就有属于日本之道理。第二、日本政府既已于台湾蕃地有其权力，但若清国政府要此地时，必须订定约定，确立方法，以使蛮民尔后决不再对航海之日本人及外国人施以凶虐无道之行径。且须对日本政府赔偿征服该地所花之费用”，[②]同时还指示其将谈判的情形用电报与柳原互通气脉。六月二十三日（8月5日），李仙得一行抵厦门。次日，美国驻厦门领事恒德申（Henderson）即奉驻上海总领事西华的指示，将其逮捕。理由是李仙得有劝促、协助、并教唆日本出兵侵入台湾，违犯了美国法律和美国对于中美条约所应负的义务，破坏了寄托于是项法律和条约上的和平。虽然李仙得被解送上海后，即由西华宣布释放，但已无法执行其特例办务使的任务，以支援柳原在北京的外交谈判。李仙得对此极端不满，即在上海匿名出版了 *Is Aboriginal Formosa a part of the Chinese Empire?* 一书，到处散布“台湾番地无主论”，为日军出兵侵占台湾制造借口。七月，李仙得又与抵沪的大久保通利会合，加入其谈判代表团。

柳原接到日本国内指示后即于六月初四日（7月17日）自上海出发，初八日（21日）抵天津，六月十一日（7月24日）即会晤李鸿章。李鸿章对日本未经知会擅自出兵台湾一事提出抗议，柳原答称西乡系奉日本朝命出兵，退兵仍应候朝廷旨意；自己是奉旨来通好的，不能作主。李指责日本一面发兵到中国境内，一面又叫人来通好，是“口说和好之话，不做和好之事”。并诘问牡丹等社已被烧毁劫杀，三件事已办了，为何还不退兵？[③]柳原答云尚未办得彻底。最后，柳原不顾李鸿章所提在天津就地商谈解决台事的建议，于数天后离开天津径赴北京。

柳原于六月十八日（7月31日）抵京，自六月二十五日至七月十九日与总理衙门大臣举行了四次会谈，双方并多次照会往来。六月二十五日，柳原在致

① 《三大臣致函柳原公使有关兵备调整谈判贯通告谕及函送陆海军内示案等事宜》，《处蕃提要》，第323—325页。

② 《任命李仙得为特例办务使之主旨书》，《处蕃提要》，第328页。

③ 李鸿章：《与东使柳原前光、郑永宁问答节略》（六月十一日），《李文忠公选集》，第47—51页。

恭亲王奕訢照会中称中国“从前弃番地于化外，是属无主野蛮，故戕害我琉球民五十数名，强夺备中难民衣物，惘不知罪，为一国者杀人偿命、捉贼见赃，一定之理，何乃置之度外，从未惩治？既无政教，又无法典，……我国视为野蛮，振旅伐之也”。① 文祥在当日的辩论中即明确回答：“台湾是中国邦土，自一定若说野蛮，是我们邦土的野蛮。如要办，亦该我们自己办”。柳原责问：“既是贵国所属邦土，从前杀人之惨，何以不办？”文祥答：“说中国不办，从前日本有照会否？既无照会，则琉球我们自己属国，已经地方官办理。”② 总署大臣又责问台湾“生番”，系中国地方，两国修好条规，大书两国所属邦土，不相侵越。本日照会所称无主野蛮，殊为无礼。柳原前光及郑永宁皆系上年随副岛种臣来京人员，又证以副岛种臣来京时，并未与中国商明，何以捏称中国允许日本自行办理？柳原无可狡赖，只得承认总署从无允许之事。③

七月初二日（8月13日），总署大臣董恂、沈桂芬、崇纶等前往答拜柳原时，双方又举行了会谈，当时田边太一及日驻厦门领事福岛九成刚到北京也来谒见。会谈中郑永宁传柳原话云：“日本朝廷以琉球岛向归所属，如同附庸之国，视如日本人一样。其人被“生番”伤害，日本是应前来惩办的。”董、沈云：“贵国人受害一事，内中并无人命。”柳云：“抢其衣物，几乎致死，幸有人救了，后承贵国送回。”沈等指出：“日本朝廷视‘生番’为无主者，大约以先是不知道，如今想已明白‘生番’实系中国地方，贵国民人如有被害之事，应行文中国，由中国办理。”最后，郑永宁传柳原话云：“日本既已带兵到‘生番’地方，应如何归着，刻下柳原之意是要求各位大人示以定见，好令田边回复本国。”董、沈等答称：“我们自当回明王爷并告知各位中堂大人。我们先有一言奉复：‘生番’是中国地方，必应由中国办理！”④ 同日，恭亲王给柳原复照中，列举事实，再次对“‘生番’为无主野蛮”之说加以驳斥：“查台湾府志，非为今日与贵大臣详辩而始有此书也。内载雍正三年归化‘生番’一十九社，输饷折银各节。牡丹社即十九社之一，亦在瑯峤归化‘生番’十八社中。治本等六十五社，即卑南觅之七十二社。志书所列‘番’社，指不胜屈，皆归台郡厅县分辖。合台郡之‘生番’，无一社不归中国者。又恭载乾隆年间裁减‘番’饷之

① 《日本国柳原前光照复》，《同治甲戌日兵侵台始末》，第105—106页。

② 《六月二十五日问答节略》，中国第一历史档案馆藏，外务部档，第2155号。

③ 《恭亲王等又奏》，《同治甲戌日兵侵台始末》，第97—101页。

④ 《同治十三年七月初二日成、沈、董、崇、夏大人答拜柳原问答节略》，中国第一历史档案馆藏，外务部档，第2155号。

圣谕，复详其风俗，载其山川，分别建立社学等事。‘番’社为中国地方，彰明较著若此。贵大臣即以为野蛮，亦系中国野蛮；有罪应办，亦为中国所应办。若谓其戕害琉球民，则琉球国王应请命于朝廷”。①

初四日（15日），柳原在照复中重申前议，措词强硬，称：日本为一独立强国，伐一无主野蛮，何用获得邻国允许？如“番”地果属中国，何不在日军抵台的消息传到之时，就要求其撤退？他还认为“此系两国大事，名义所关，不宜徒事辩论，必须及早分晰各家所归”，要求中方提出台事究竟如何办理的定议。②

初六日（17日），双方又在总署举行会谈。恭亲王奕訢向柳原表示，中日两国谊切比邻，有辅车唇齿之义，两国无论何国胜负，总非我两国之利。现在不再辩论曲直是非，只应想一了结此事之法，须两国均可下场。并多方设譬，层层启发，冀其从此悔悟，自为转圜，以维护双方友好关系。然而，柳原不但不以平和态度继续商谈，却在初九日（20日）致函总署，咄咄逼人，要求在三天之内对其于8月15日（初四日）所提出的要求予以答复。如届时不答复，他将派员返回东京，向日本政府报告，认为中国朝廷对日本派兵入台并无异议。柳原在信末还再次强调“贵国别有何等施设方法，指明后局，使本国此役不属徒劳，可令下得了场，以固睦谊，是本大臣肺腑之望”。③

尽管柳原语带威胁，但总理衙门并不为其所动，而且恭亲王也看出日方的意图，称“推其意，若以不言餂我，欲使兵费等说，皆出之中国之口，则在彼既得便宜，又留体面”。④乃于十一日（22日）致函柳原，指出：“‘生番’所居既属中国舆地，自应由中国抚绥施政”，驳斥日本在台“设官施政”之非是。并表示“现在下场办法，自应还问贵国，缘兵事之端非中国发之，由贵国发之也。若欲中国决定裁复，则曰台湾‘生番’确是中国地方。若问后局方法，则曰惟有贵国退兵后，由中国妥为查办；查办既妥，各国皆有利益”。⑤总理衙门的这项正式答复使柳原更加不耐，他在十三日（24日）致恭亲王的照会中认为“贵衙门所论如此，直与两家叠次辩论仍画一样葫芦，终无了日”，表示日本“既仗自主之权，伐一无主之野蛮，奚容他国物议？”且宣称日本政府有决心对台湾

① 《给日本国柳原前光照复》，《同治甲戌日兵侵台始末》，第106—108页。

② 《日本国柳原前光照复》，《同治甲戌日兵侵台始末》，第108—109页。

③ 《日本國柳原前光來函》，《同治甲戌日兵侵台始末》，第110—111页。

④ 《恭亲王等又奏》，《同治甲戌日兵侵台始末》，第97—101页。

⑤ 《给日本柳原前光信函》，《同治甲戌日兵侵台始末》，第111—112页。

“番”地“渐次抚妥，归我风化”。[①]这项近似狂妄自大的照复只能证明柳原的整个任务已无法完成。十九日（30日），双方在总理衙门再次会晤，总理衙门也表现出同样强硬的态度，不但再次坚持中国对台湾“番”地的领土主权，而且警告柳原“从此不可再以不和好之言相迫”。[②]

在双方采取强硬立场及互不相让的情况下，谈判于1874年8月底陷入僵局。日本原先想以军事上有限度的成功来赢取政治上的利益的如意算盘，显然已难以实现，而柳原前光入觐同治皇帝，呈递国书的要求也理所当然遭到中国方面的拒绝。

就在柳原的使命于中日双方互相责难中陷于停顿之际，日本政府开始对出兵台湾的全盘形势重加检讨。此时日本政府接获报告，得悉中国已加强战备，而西方列强也日渐对中国的立场表示同情。曾经建议对台湾用兵以纾解国内反对派不满情绪的大久保利通此时已开始感到各方面的压力。早在三月三十日（5月15日），大久保就表示愿对因未能阻止西乡远征而引起的后果负完全责任。6月30日，他亲自请求内阁会议任命他为谈判使者前往北京。为了应付可能发生的各种紧急事态，大久保于7月下旬进一步向内阁会议提出一系列计划，包括加强日本的军事准备，以应付更大规模的战争及争取国际舆论的支持等。六月二十三日（8月5日），日皇发布敕旨，任命大久保为全权办理大臣，派赴中国，代替柳原进行谈判。敕旨中指示柳原所奉之秘密敕旨和由田边太一传达之各项纲领以不动为原则；谈判以保全两国亲善交谊为主，但必要时则拥有决定和战之权；同时对驻华之日本文武官员拥有指挥进退之权。[③]

而对谈判的僵局，中国方面也在寻找各种解决的方案。沈葆桢原先所提的“联外交”，请各国公使公评曲直一节，因外国驻华公使多半作壁上观，不肯为中国出面干涉，而且李鸿章认为“各国虽未明帮日人，未始不望日人之收功获利，断无实心帮我者”，[④]而予以放弃。另一种方案是集洋股，雇洋人，开采“番”矿，以各国分占，牵制日本的野心。但是李鸿章又认为：“分令各国占地，尤虑喧宾夺主，且此时各国方坐观成败，未肯出头”。[⑤]第三种方案则是让瑯峤成为

① 《日本国柳原前光照会》，《同治甲戌日兵侵台始末》，第112—113页。

② 《七月十九日问答记》及《七月二十日文祥给日本柳原节略》，中国第一历史档案馆藏，外务部档，第2155号。

③ 《致大久保办理大臣之敕旨》，《处蕃提要》，第355—356页。

④ 李鸿章：《论柳原入京》，《李文忠公选集》，第51—52页。

⑤ 李鸿章：《复沈幼丹节帅》，《李文忠公选集》，第56—58页。

通商口岸，此乃英国公使威妥玛的意思。沈葆桢认为“若添瑯峤为通商口岸，本地既无出产，来货又无销路，各国何利之有？若以内山为通商地面，使各国分握利源，喧宾夺主，番性本属不驯，台湾从此多事；且恐云南、四川等腹地，援例要求通商，流弊更大”。[①]李鸿章则觉得沈葆桢所虑似亦中肯，“惟目前彼此均不得下台，能就通商一层议结，洵是上乘文字。好在台湾系海外偏隅，与其听一国久踞，莫若令各国均沾。但通商章程必须妥立，嗣后官制兵制，似亦略须变通耳。柳原谆谆于指明后局，使该国此役不属徒劳，是其注意实在占地、贴费二端，落到通商，必非所愿”。[②]而且总署也认为“通商或仅添一瑯峤口岸，日人固未厌所欲，各国亦何所贪图？”[③]因此这一方案也被放弃了。

台湾方面，中国虽然调集淮军枪队，但只为设防备御，并非想与日本动武，并无必要时不惜与日军一战的打算。李鸿章也担心“若我军齐集，遽与接仗，即操胜算，必扰各口，恐是兵连祸结之象”，[④]故叠函劝沈葆桢“祇自扎营操练，勿遽开仗启衅；并密饬唐提督到台后，进队不可孟浪。西乡苟稍知止足，无断以兵驱逐之理”。[⑤]

七月上旬，大久保利通已到中国，同时还盛传日军集兵六万将攻金陵、津沽。十六日（8月27日），李鸿章提出解决台事的另一方案，称：“平心而论，琉球难民之案，已阅三年，闽省并未认真查办，无论如何辨驳，中国亦小有不是。万不得已，或就彼因为人命起见，酌议如何抚恤琉球被难之人，并念该国兵士远道艰苦，乞恩犒赏饩牵若干，不拘多寡，不作兵费，俾得踊跃回国。且出自我意，不由彼讨价还价，或稍得体，而非城下之盟可比。内不失圣朝包荒之度，外以示羁縻勿绝之心”[⑥]。

七月二十一日，大久保抵天津，但并未拜会李鸿章，而是通过美国驻天津副领事毕德格放出风声，称“不给兵费，必不退兵，且将决裂，扰乱中国各口”云云。[⑦]李鸿章于二十四日与毕德格会晤后立刻向总署报告此事，并就即将与大久保举行的谈判策略提出建议：与大久保交涉应避免激烈决绝之语。中国现拟

---

① 李鸿章：《论台事归宿》（七月十六日），《李文忠公选集》，第64—66页。

② 李鸿章：《论台事归宿》（七月十六日），《李文忠公选集》，第64—66页。

③ 李鸿章：《复沈幼丹节帅》，《李文忠公选集》，第63—64页。

④ 李鸿章：《复王补帆中丞》，《李文忠公选集》，第55页。

⑤ 李鸿章：《论台防》，《李文忠公选集》，第55—56页。

⑥ 李鸿章：《论台事归宿》，《李文忠公选集》，第64—66页。

⑦ 李鸿章：《述美国副领事毕德格面议节略》，《李文忠公选集》，第70—72页。

办法，仍如柳原前在上海与潘尉所议三条，请大久保查明日本及日本属国人民（不必提琉球，免致彼此争较属国）在“番”地先后被害若干人？是何姓名？以便中国查拿凶酋问抵，并酌议抚恤，嗣后当设法保护，不准“番”人再有扰害行旅情事等云云。并说“此先发制人之计，若待彼先开口，或彼先照会，词气失平，便难登答”。①

大久保于七月三十日（9月10日）到京，八月四日（9月14日）即与总理衙门展开谈判。与柳原前光所称“番地为无主野蛮”不同，大久保改变策略，以中国政教不及台湾“番”地为由来否定中国对“番”地的主权，并以福岛九成与枋寮“番”地居民谈话记录为据。最后提出两项书面问题：第一，中国既以“生番”之地谓为在版图内，然则何以迄今未曾开化“番”民？夫谓一国版图之地，不得不由其主设官化导，不识中国于该“生番”，果施几许政教乎？第二，现在万国已开交友，人人互相往来，则于各国，无不保护航海之安宁。况中国素以仁义道德闻于全球，然则怜救外国漂民，固所深求。而见“生番”屡害漂民，置之度外，曾不惩办，是不顾怜他国人民，惟养“生番”残暴之心也。有是理乎？②要求中方答复。

总理衙门虽然事前接到李鸿章的建议，应用先发制人之计，但被大久保抢得先机之后，只好坚守原则，逐条据理予以辩驳。如此，谈判的焦点又回到台湾“番”地主权之争上，双方先后经过四轮近一个月的会谈及照会往来，毫无进展。九月初一日（10月10日），大久保在照会中又连篇累牍，仍事辩论，强词夺理，并以回国相威胁，但在照会末也提出：“贵大臣果欲保全好谊，必翻然改图，别有两便办法”。③初七日（16日），文祥致函大久保，称“贵大臣如真欲求两便办法，彼此自可详细熟商”。④中日双方遂于初九日（18日）举行第五次会谈，双方停止有关“番”地领土主权的争论，转入“两便办法”的具体协商。大久保承认中国所说的“生番”为中国地方，对中国之政教实不实也不再提，但称日本此举数月中，伤亡、病殁兵勇，所花费用应由中国偿给，方可使本国兵回去。中方则称对日本不知台湾“番”境为中国地方而加兵一节，可以不算日本的不是。漂民被害案件，日本兵退之后，仍由中国查办。案中被害之

① 李鸿章：《述美国副领事毕德格面议节略》，《李文忠公选集》，第70—72页。

② 《大久保面递第一条》《大久保面递第二条》，《同治甲戌日兵侵台始末》，第144页。

③ 《大久保照会》，《同治甲戌日兵侵台始末》，第157—160页。

④ 《日本外交文书》，第七卷，第272页。

人或其家属，查明实情，由中国皇帝恩典予以酌量抚恤。至于费用一层，中方认为两国并未失和打仗，如何能讲偿费？[①]谈判至此有了实质性的进展。

九月十一日，双方举行第六次会谈。大久保对于抚恤，必欲问明数目。中方答称必须日本退兵，中国方为查办。因担心大久保误会以抚恤代兵费之名，又告诉说中国实在只能办到抚恤，并非以此代兵费之名。大久保恐日本退兵后如何办法放心不下，要求写一详细明白办法。中方遂将前议自行查办四条以书面形式提出：

一、贵国从前兵到台湾“番”境，既系认台“番”为无主野蛮，并非明知是中国地方加兵。夫不知中国地方加兵，与明知中国地方加兵不同。此一节可以不算日本的不是。

二、今既说明地属中国，将来中国于贵国退兵之后，中国断不再提从前加兵之事，贵国亦不可谓此系情让中国之事。

三、此事由台“番”伤害漂民而起，贵国退兵之后，中国仍为查办。

四、贵国被害之人，将来查明，中国大皇帝恩典酌量抚恤。[②]

大久保则要求此外给予另单，写明抚恤银数额，但未得到中方同意。双方因抚恤数目又发生分歧，郑永宁到总署告知，日本“须索银洋五百万圆，至少亦须银二百万两，不能再减”。[③]九月十四日（10月23日），双方最后一次在总署举行会谈，大久保“仍切切于允给银数，而所言皆指费用”；[④]并说“无数目，他实在不能回去”。[⑤]中方则认为抚恤是中国皇帝优待日本之意，固不妨从丰，但大久保所说数目实在太远；且“虽就抚恤办理，而为数过多，是无兵费之名，而有兵费之实”，故难以通融迁就。双方严词激辩，不得要领。末了，大久保故技重施，表示议无成绪，即欲回国，并重提“生番为无主野蛮，日本一意要办到底”。中方则仍坚持“台番是中国地方，应由中国自主”。彼此不合而散。[⑥]

---

① 《重阳面谈节略》，中国第一历史档案馆藏，外务部档，第2155号。

② 《九月十一日大久保等来署面谈节略》，中国第一历史档案馆藏，外务部档，第2155号。

③ 《九月辛酉（二十二日）总理各国事务恭亲王等奏》，《同治甲戌日兵侵台始末》，第174—178页。

④ 《九月辛酉（二十二日）总理各国事务恭亲王等奏》，《同治甲戌日兵侵台始末》，第174—178页。

⑤ 《毛大人、文中堂、沈大人与大久保问答节略》，中国第一历史档案馆藏，外务部档，第2155号。

⑥ 《九月辛酉（二十二日）总理各国事务恭亲王等奏》，《同治甲戌日兵侵台始末》，第174—178页。

因中国官员不肯屈从其所提出的抚恤金数目，大久保在无法与中方达成协议的情况下，悻悻然准备于九月十七日作登车离京之计。临行前，他于十五日访问英国驻华公使威妥玛，先向其辞行，接着又诉苦说未得“书面”，不能回国，并表示日本愿在赔偿金数目上让步。在探明大久保来意之后，威妥玛决定出面调停，向总理衙门施压，使中国屈服于日本的要求范围。

九月十六日，威妥玛前往总理衙门，初示关切，继为恫喝之词，并谓日本所欲二百万两，数并不多，非此不能了局。总理衙门权衡利害重轻，认为情势迫切，若不稍予转机，不独日本铤而走险，事在意中，中国武备未有把握，随在堪虞。且顾虑若令威妥玛无颜而去，转足坚彼之援，益我之敌。遂告以中国允支付十万两给同治十年受害琉球人家属作为抚恤，再允将日本在“番”社修道、造房等件，留为中国之用，给银四十万两，两项合计最多不能超过五十万两。①

当晚，威妥玛通知大久保，称中国已经接受日方要求。大久保随即前往英国公使馆，两人针对中方提出的草案细加商量，大久保亲自动笔删去中方条文中关于日本承认台湾“番”地为中国所属地的部分以及中国皇帝恩典酌量抚恤的文字，并添加“日本国属民”“保民义举”等对日本有利的字句。并请威氏转告中方绝不可改变“书面”内容，否则，日方将宣告谈判破裂。总署顾及英使的面子，表示同意大久保所撰写的“书面”内容。只是对赔偿问题，主张分为二部分，抚恤部分为银十万两；但兵费部分，总署不愿照写，改为“日本退兵，在台地所有修道建房等，中国愿留自用，准给费银四十万两”。②

九月二十二日（10 月 31 日），在威妥玛的见证之下，中日双方谈判代表正式签订《互换条约》，内容如下：

照得各国人民有应保护不致受害之处，应由各国自行设法保全。如在何国有事，应由何国自行查办。兹以台湾“生番”，曾将日本国属民等妄为加害，日本国本意惟该“番”是问，遂遣兵往彼，向该“生番”等诘责。今与中国议明退兵，并善后办法，开列三条于后：

一、日本国此次所办，原为保民义举起见，中国不指以为不是。

二、前次所有遇害难民之家，中国定给抚恤银两。日本所有在该处修道、

① 《九月辛酉（二十二日）总理各国事务恭亲王等奏》，《同治甲戌日兵侵台始末》，第 174—178 页。

② 《日本外交文书》，第七卷，第 316 页。

建房等件，中国愿留自用。先行议定筹补银两，另有议办之据。

三、所有此事两国一切来往公文，彼此撤回注销，永为罢论，至于该处“生番”，中国自宜设法妥为约束，以期永保航客，不能再受凶害。[①]

另有《互换凭单》，规定日本国从前被害难民之家，中国先准给抚恤银十万两。又日本退兵，在台地所有修道、建房等件，中国愿留自用，准给费银四十万两；同治十三年十一月十二日（日本明治7年12月20日），日本国全行退兵，中国全数付给，均不得愆期。[②]

条约签订之后，大久保于九月二十九日（11月7日）到上海向江海关领取抚恤银十万两，旋动身赴台，于十月八日（11月16日）到瑯峤传谕退兵。翌日，向沈葆桢提出《蕃地交代事宜节略》五条，沈遂派台湾知府周懋琦前往办理接收事宜，计营房130多间，板片1200多片。十一月十二日（12月20日）中国银两全数付给，日军亦全部撤回，历时七个多月的“牡丹社”事件终告结束。

小结

日本图谋侵占台湾，由来已久。1874年的“牡丹社”事件，是日本将侵台图谋付诸行动的第一次尝试。在此次日本侵台事件中，美国原驻厦门领事李仙得等人为虎作伥，充当帮凶，起了重要作用。由于中国方面在军事上加强防备以及在外交谈判中据理力争，日本侵占台湾的图谋最终未能得逞。

此次侵台之役，日本共投入兵力3658人，其中将校及下级军官781人，军属172人，士兵2643人，工役62人，军舰5艘，运输船13艘。死亡573人，其中战死者12人，病死者561人，负伤者17人。共支出军费361万余日元，另加船舶购买费等，共计支出771万余元。[③]中国以抚恤及补贴日本修路建房等名目支付白银50万两，合日本币78万元。如由费用而言，此役日本可以说完全得不偿失。然而，大隈重信认为此役“不但清廷承认琉球人为日本居民、琉球群岛为日本领土，且使各外国认识日本的兵力，再加英、法两国自幕府末年

① 《互换条约》，《同治甲戌日兵侵台始末》，第178—179页。

② 《互换凭单》，同治甲戌日兵侵台始末》，第179页。

③ 黑龙会编：《西南纪传》，第1782页，转引自庄司万太郎：《一八七四年日本出师台湾时Le Gendre将军之活跃》，薛余译，《台湾银行季刊》第十卷第三期。

迫害外国人以来即驻兵横滨，现亦因而撤退，故在明治外交上，所受间接的利益，是很大的”。[①]

实际上，在“牡丹社”事件中，中国方面自始至终从未承认琉球人为日本居民、琉球群岛为日本领土，大隈重信所谓“清廷承认琉球人为日本居民、琉球群岛为日本领土”之说完全是自欺欺人之谈。然而，清政府破财消灾的做法，既暴露了海防的空虚，又表现出外交的懦弱，在一定程度上助长了日本对外侵略扩张的野心，为其后日本并吞琉球及二十年后发动甲午战争和强行割占台湾埋下了祸患，历史的教训值得我们永远记取。

原文载于《台湾历史研究（第三辑）》2016年3月

① 大隈重信：《开国大势史》，第1216页，转引自庄司万太郎：《一八七四年日本出师台湾时Le Gendre将军之活跃》，薛余译，《台湾银行季刊》第十卷第三期。

日据时期殖民者的台湾历史书写
——兼以康熙统一台湾叙事为例

陈小冲

历史是过去发生的所有事件或人类活动的总和，历史学的使命是为了探索关于过去的真相。不过，越来越多的史家提出历史既有其本体性，亦有其文本性。换句话说，尽管历史学家们大都宣称自己的研究如何地接近历史的真实，但他们编纂的历史文本无疑都是具有局限性的，“（它们）都是其所处时代的产物，作者都是带着各自独特的观念和意识形态来审视过去的。”① 台湾史的研究肇始于日据时期。总体而言，日据时期殖民者的台湾历史书写多以配合殖民统治宣传为其存在的基础。不过1928年台北帝国大学设立后，以文政学部为主导力量滋生出较具学术性的台湾史研究分支，显现出若干与殖民者书写的宣传性历史有所不同的价值取向。台北帝国大学的台湾史研究已有学者专论探讨②，本文则拟透过对日据时期日人若干通史类台湾史典型著作的细致解剖，来尝试探讨殖民统治者的台湾历史书写脉络，了解其如何描述、解构台湾历史，并通过分析其对康熙统一台湾的历史叙事，揭示潜藏于背后的深层用意，展现日据时期殖民者台湾历史书写中深深的时代烙印。

---

① 理查德·艾文斯:《捍卫历史》，张仲民等译，桂林：广西师范大学出版社，2009年，第1页。

② 许毓良:《日据时期的清代台湾史研究回顾——以台北帝大文政学部研究年报与光复初期台湾岛内发行的杂志为例》，收入中国社会科学院台湾史研究中心主编:《日据时期台湾殖民地史学术研讨会论文集》，北京：九州出版社，2010年，第172页。

一、台湾史之先声——从旧惯调查到史料编纂

1895年中日甲午战后，日本强迫清政府签订不平等的《马关条约》，台湾沦为其殖民地长达半个世纪。然而，早期日人对于如何统治这第一块殖民地，是缺乏经验的。日本政府内部曾讨论效仿法国统治阿尔及利亚的模式在台湾实施同化治理政策，但初期的统治毋宁说是在“以无方针为方针”的方式下摇摆不定[①]。与此同时，岛内不甘做亡国奴的台湾民众则奋起反抗日本殖民占领，开展了轰轰烈烈的武装斗争，从滞台清军与抗日义军共同开展的反割台斗争，到日据初期的抗日游击战争乃至稍后的反殖民武装暴动，给予日本殖民者以打击。为了镇压台湾民众的反抗，稳定殖民统治秩序，日本殖民者最初采取血腥的“无差别报复”乃至大屠杀政策，企图威慑抗日民众；后以招抚与镇压相结合的方法，离间、瓦解抗日义军。不过，庞大警察与军队费用支出严重拖累了殖民地地方财政，军事费与警察费挤占了殖民地经营经费用的大多数，不得不依赖日本国内的支持，财政状态可谓捉襟见肘，悲观的日人中将台湾出售以摆脱沉重负担的议论一度盛行。[②]

儿玉源太郎继任台湾总督后，启用后藤新平任民政长官，日本殖民政策发生了大的改变，其中最主要的着眼点即是开始对台湾这块殖民地的重新检视，调整殖民政策，后藤新平将其概括为所谓“生物学原理”，其要点如下：

绝不能将比目鱼的眼睛当作鲷鱼的眼睛呀！鲷鱼的眼睛在头的两侧，而比目鱼的眼睛却在头的同一侧，虽然很奇怪，要像鲷鱼般把眼睛置放到两侧是不可能的。比目鱼的一侧有两个眼睛，在生物学上有其必要才如此的。要是非将所有的鱼类的眼睛都置放在头的两侧，是行不通的。这个概念在政治上也是很重要的。

社会的习惯或者制度这些东西，都是其来有自的，是实际有其必要下产生的。其道理未予辩明，便欲将文明国家的制度强行在未开化国中实行，可称之为文明的暴政；这种事情是不能做的。

所以，我们在统治台湾时，首先要把该岛的旧惯制度，以科学方式详细调查，顺应民情施治。不理解这个道理，就冒然地想把日本的法律制度移植到台湾实施的一干人等，就和想把比目鱼的眼睛换成鲷鱼的眼睛的人是一样的，都

---

① 鹤见祐辅:《后藤新平》，太平洋协会出版部，1943年，第25页。

② 参阅陈小冲:《日本殖民统治台湾五十年史》，北京：社会科学文献出版社，2005年，第128页。

是不懂真正的政治为何物的家伙。[①]

换言之，后藤新平开出的药方实际上就是四个字——“因地制宜”，即一改往任自上而下贯彻实施的教条式的殖民政策，转而要求应从实际出发，创造性地发展真正适合台湾社会的殖民统治方略。按照后藤的说法就是必须消除“徒有高尚理想却脱离实际的弊害”。[②] 显然，统治台湾首先必须建立在对这块土地充分、详实了解的基础之上，于是台湾殖民地史上最大规模的调查工作由兹展开，除了偏向政策性的土地、林野调查外，其中所谓的旧惯调查事业映入了人们的眼帘。

在后藤新平看来，日本在台统治尽管已历经数年，各级政府机关和官吏也都了解一些当地的民俗风情，但新开展的旧惯调查绝不仅于此，“需要一定的专门家之探讨”。[③] 为此，1901年成立临时台湾旧惯调查会，后藤新平亲任会长，先后延聘京都帝国大学教授冈松参太郎、织田万等加入其间。调查的内容为：“对于通行于台湾各地方或各种族（族群）间之旧惯进行统一或分类之调查”，包括“调查公私法方面一切旧惯，以为台湾恰当立法之基础；调查农工商经济相关旧惯，以增进台湾之长远福祉”。此外，还翻译介绍西方各国殖民地经验，分析其利弊得失，以供统治之参考。[④]

经过一段时间的努力，临时台湾旧惯调查会获得了一定的成果，试将其刊行书目举其要者列示如下：

① 北冈申一：《后藤新平传》，魏建雄译，台北：台湾商务印书馆有限公司，2005年，第38—39页。

② 后藤新平：《在台湾经营方面旧惯制度调查为必要之意见》，许进发编：《台湾重要历史文件选编》一（一八九五——九四五），台北：国史馆，2004年，第350页。

③ 后藤新平：《在台湾经营方面旧惯制度调查为必要之意见》，许进发编：《台湾重要历史文件选编》一（一八九五——九四五），台北：国史馆，第353页。

④ 后藤新平：《在台湾经营方面旧惯制度调查为必要之意见》，许进发编：《台湾重要历史文件选编》一（一八九五——九四五），台北：国史馆，第375页。

表 1　临时台湾旧惯调查会刊行书目选

刊行时间	书目	册数
1900 年	台湾旧惯制度调查一斑	一
1903 年	（临时台湾旧惯调查会第一部）调查第一回报告书上、下，附录参考书	三
1905 年	（临时台湾旧惯调查会第二部调查）经济资料报告上、下卷	二
1906—07 年	（临时台湾旧惯调查会第一部）调查第二回报告书第一、二卷，附录参考书	五
1909 年	（临时台湾旧惯调查会第三回报告书）台湾私法第三编上、下卷，附录参考书	四
1910—11 年	同上 台湾私法第一、二、三卷，附录参考书	十三
1910 年	台湾糖业旧惯一斑	一
1913 年	蕃族调查报告书阿眉族南势蕃外二社	一
1914 年	蕃族调查报告书阿眉族奇密社外三社	一
1915 年	蕃族惯习调查报告书第一、二卷	二
1915 年	蕃族调查报告书曹族、阿里山蕃、四社蕃、简仔雾蕃	一
1915 年	台湾蕃族图谱第一、二卷	二
1916 年	契字及书简类集	一

资料来源：许进发编：《台湾重要历史文件选编》一（一八九五—一九四五），第 377—380 页。

除此之外，亲属继承、不动产物权、家族制度、祭祀公业等等，均在调查之列。还有，为明了台湾旧惯之渊源而对全中国的扩大调查，其集大成者当属《清国行政法》（1910—14 年）全七册，被日人称为“全面而有系统地研究清廷制度之空前绝后的巨著”。[①] 加上出于借鉴老牌殖民主义国家经营经验之目的而翻译的译著，譬如《殖民地组织法大全》《法兰西殖民法纲要》《英法及其殖民地司法行政裁判制度》等等，可谓洋洋大观。

如前所述，后藤新平主导开展的台湾旧惯调查事业，目的是为日本在台殖民统治政策的制定提供参考，但换个角度来看，则是“无心插柳”地累积了庞大的地方史料，客观上为台湾历史的研究提供了资料基础。另外，台湾惯习研究所主办的《台湾惯习纪事》杂志，亦记录了大量对前清遗老遗少、乡间耆老的访问，内容涉及社会、政治、经济、教育、文化、宗族及民间信仰等等各个方面，具有重要的史料参考价值。[②]

① 北冈申一：《后藤新平传》，魏建雄译，台北：台湾商务印书馆有限公司，2005 年，第 40 页。
② 台湾惯习研究所：《台湾惯习记事》（第一—七卷），台湾：日日新報社，1907 年。

日据时期攸关台湾史的另一重要事件是1922年台湾总督府史料编纂委员会的成立。其编纂委员长贺来佐贺太郎在谈到该委员会成立趣旨时说道：

台湾自改隶以来，已经二十有七年。统治之成绩，自有世评所存。关于其间之治绩，于官衙民间著述之编不少，既虽富于史料，然未有综合统治之成绩而大成之俾人大观，以公于世者。顾改隶当时之当事者，或已去世，或离本岛，不惟文书未载之史料，空葬于闇黑，虽既存之关系文书，与岁月之推移，渐将湮灭。是欲使台湾统治之史迹，垂于后昆，深为遗憾。故督府有此计划，然经费及年月，自有制限，毫无余裕为憾。唯于如此制限之范围内，务要努力，以达所期之目的。因此组织史料编纂委员会。[①]

看起来，总督府史料编纂委员会与一般意义的学术机构不同，它的主要任务在于收集日本殖民统治台湾以来的相关历史资料，包括关系文书、当事者经历及口述史料，最终目标是展示“统治之成绩”，“欲使台湾统治之史迹，垂于后昆”，换句话说，这是一个殖民当局的官方御用史料整理单位，其以“总督府”之名相冠，可谓名至实归。总督府史料编纂委员会曾计划编纂官方第一部台湾史，并草拟了《新台湾史》目录草稿，其内容大致如下：

第一卷 前纪
台湾之地理
领有以前历史概略
日本与台湾之关系
第二卷 本纪一
桦山、桂、乃木总督时代
儿玉总督时代
第三卷 本纪二
佐久间、安东、明石总督时代对外关系
田总督之统治

第四卷 志类一
一、官厅志
二、法制志
三、司法及监狱志……
第五卷 志类二
二十四 地理志
二十五 气象志
二十六 水利志……
附录图表[②]

① 台湾总督府史料编纂委员会委员长贺来佐贺太郎之致辞（1922年7月24日），许进发编：《台湾重要历史文件选编》一（一八九五—一九四五），台北：“国史馆”，2004年，第740页。

② 新台湾史目录草稿，许进发编：《台湾重要历史文件选编》一，台北：“国史馆”，2004年，第747—748页。

显而易见，这样一个由官方主导下之机构拟编纂的台湾史，大书特书的是日本统治台湾的“史迹”，而日据之前的台湾历史仅仅在第一卷的第二部分简略提及，厚今薄古可谓到了极致。不过，该委员会所专注日据时期台湾史料整理，与前述之旧惯调查事业着重进行的日据前资料搜集形成了客观的衔接，不知不觉中构建出台湾史资料建设相对完整的链条。

二、殖民者的台湾历史书写

前文谈及的儿玉后藤时代所实施的旧惯调查，通俗而言实际上就是对台湾这块初辟殖民地的一次“摸家底”行动。所谓“旧惯”，顾名思义就是日据之前的清代台湾本地施行的一切政制、民事、法律、乡族、教育乃至宗教等方方面面的官方体制、民间风俗、习惯法，日人的目的在厘清其来龙去脉，“甄别良莠”，以便据此制定契合台湾实际的殖民统治政策，只不过在此基础上意外的留存了大批堪为台湾史基础的史料。到了总督府史料编纂委员会时代，殖民当局有意识地开展了历史资料的发掘收集工作，但主要限于对日本统治时期史料的抢救性发掘整理，目的在为日本的所谓“治绩”留下见证，同时亦作为日本殖民当局施政之参考。

然而，历史资料的累积并未必然地带来台湾史编纂工作的繁荣，旧惯调查会因其自身主要目标并非出于为台湾历史编写服务，自另当别论。总督府史料编纂委员会的历史定位就是一家历史编纂机构，其编纂部长持地六三郎并主持草拟了《新台湾史》目录，似乎首部官方台湾史呼之欲出。遗憾的是，我们看到该委员会除了出版《台湾史料稿本》等资料集外[①]，成绩有限，《新台湾史》的编纂亦杳无音信。作为史料编纂委员会委员的伊能嘉矩曾积极执笔写作清代之前的台湾史部分并大致完稿，而他人撰写的其余部分则始终未见完成。[②]也就是说，官方版台湾史实际上是难产了。难怪当时有日人叹云：“有关台湾新旧史籍汗牛充栋，然多偏于一局部，尚无得窥全豹之著作，欲得知台湾历史者，颇感不便。”[③]在这样的背景之下，由个人编修的台湾历史专书开始出现，填补了此一空白。

---

① 《台湾史料稿本》仅为打字油印稿本，主要记录1895—1919年台湾总督府施政纪要。另收录了《改隶前支那史料》《台湾史料杂纂》《巴达维亚城日记》等。

② 伊能氏去世后，其门人故旧将其编辑出版，定名《台湾文化志》（刀江书房1928年版），详细见吴密察：《台湾大学藏伊能文库》，《大学图书馆》第一卷第三期。

③ 藤崎济之助：《台湾全志》，中文馆，1927年，自序第18页。

1927年，由山崎繁树与野上矫介合编的《台湾史》一书由株式会社宝文馆正式出版发行，山崎在序言中以对谈的方式这样描述该书编纂缘由：

"有关台湾的各种论著已有相当数量，但作为历史之编纂似乎不怎么见到。"

"整体上堪称历史的书籍可以说未见一本，只是在一些杂纂类的书中零散地记载史实。"

"我等以教育本岛人为己任，倘若不了解台湾历史，便无法树立正确的教育指导方针。因此研究台湾历史是非常有必要的。而今编写合格的历史书却一本也没有，不由深感不安。事在人为，深入开展史实调查研究，略加收集的话，或许便可尝试编纂（台湾）历史。"

"本人亦深有同感，母国人在面对台湾人时，最要紧的是理解彼等，而理解彼等之首要者在彼等之历史，以及深悉彼等之土俗、风尚、趣味、思想等。……"①

那么，究竟一部什么样的台湾史才符合殖民者的要求呢？藤崎济之助的一段话很能表明日本殖民者的著史心态，他说："台湾领台前历史的研究，主要应致力于网罗遥远四千年以来之史实，特别是探寻、叙述我国与台湾之间自古以来的历史关系。"② 因此，日据时期台湾史的一个最大特点，就是挖掘、描述台湾与日本自古以来的历史联系，并且是越久远越好。 以下试列举两部台湾史著作为例予以说明：

一、《台湾史》（1927年版）	二、《台湾小史》（1945年版）
第一篇 无所属时代	1. 黎明期的台湾
第一～三章	2. 无所属时代的台湾
第二篇（荷）兰领时代	3. 荷兰领有时代的台湾（一）
第一～六章	4. 荷兰领有时代的台湾（二）
第三篇 郑氏时代	5. 郑氏割据时代的台湾（一）
第一～五章	6. 郑氏割据时代的台湾（二）
第四篇 清领时代	7. 清国领有时代的台湾（一）

① 山崎繁树、野上矫介:《台湾史》，株式会社宝文馆，1927年，第1—2页。

② 藤崎济之助:《台湾全志》，中文馆，1927年，凡例第1页。

第一～十章

第五篇 改隶时代

第一～十八章[①]

8. 清国领有时代的台湾（二）

9. 清国领有时代的台湾（三）

10. 新生台湾（一）

11. 新生台湾（二）

12. 新生台湾（三）

13. 新生台湾（四）

14. 大东亚战争与台湾[②]

整体来看，这两部私人台湾史著作较之总督府史料编纂委员会草拟的《新台湾史》目录，在篇章结构上还是相对较为合理的，虽然日本殖民统治时期历史依旧占据大部分的篇幅，但对台湾史的叙述还是大致照顾到了各个历史时代，较具完整性。当然，这仅仅是就全书结构体系而言的，具体到书写的内容上，不消说明显地将注意力放在了台湾与日本关系史的叙述上，请看下表：

表 2　台湾史关于台日关系史事记述

<table>
<tr><th rowspan="2">时 代</th><th colspan="2">台湾与日本关系史事</th></tr>
<tr><th>《台湾史》</th><th>《台湾小史》</th></tr>
<tr><td>古 代</td><td>第一篇第二章台湾与日本民族之交涉
第一节倭寇
（一）倭寇之跳梁
（二）台湾与倭寇
第二节在台湾之日本人史迹
（一）台湾与弘法大师及智证大师
（二）台湾与丰臣秀吉（御朱印船、台湾招谕）
（三）台湾与纳屋助左卫门
（四）台湾与山田长政
（五）台湾与德川家康（有马晴信、村上（山）等安）</td><td>2. 无所属时代的台湾
《日本书纪》所载之“当世国”“蓬莱山”即为台湾。
日本人之海外发展——八幡船之活跃、台湾岛上的日本人势力
丰臣秀吉之台湾招谕——建设大亚细亚帝国之理想、山田长政之寄台、村山等安之讨伐</td></tr>
</table>

① 山崎繁树、野上矫介：《台湾史》，日本：株式会社宝文馆，1927 年，目次第 1—44 页。

② 种村保三郎：《台湾小史》，日本：东都书籍株式会社，1945 年，目次第 1—12 页。

续表

<table>
<tr><th rowspan="2">时 代</th><th colspan="2">台湾与日本关系史事</th></tr>
<tr><th>《台湾史》</th><th>《台湾小史》</th></tr>
<tr><td>荷 据</td><td>第二篇第一章荷兰之崛起
第二节 荷兰东印度公司
（二）东印度公司的活动 东印度公司与日本贸易
第三章 荷兰人的台湾统治
第二节 在台荷兰人与日本及支那之贸易
（一）与日本人之贸易
第四章 西班牙人占据台湾
第二节 西班牙人的台湾经营
（二）日本人宣教师
第五章 日（荷）兰人冲突之经纬
第一节 冲突前日（荷）兰人在台湾的根据地
（一）冲突前日本人在台湾的根据地
第二节 柏原太郎左卫门的伟大功勋
（一）在台日本人的潜在势力
（二）关税问题的纷争
（三）没收日本兵器
（四）柏原太郎左卫门的武勇
（五）日（荷）兰政府的交涉
第六章 荷兰人的没落
第一节 日本人及支那人的反抗
（一）日本人的反抗</td><td>3. 荷兰领有时代的台湾
荷兰人对日本人、支那人及原住民之态度——日本人的特权……
日（荷）兰人之冲突——滨田弥兵卫的伟大功勋、太守纳茨被引渡日本
田川氏渡明
流落异乡的大和抚子
郑成功之义举——日本武士义勇队参加…</td></tr>
<tr><td>郑 氏</td><td>第三篇第一章郑成功在日与郑芝龙
第一节 郑芝龙与日本
第二章 郑成功之渡明与遵奉明室
田川氏之渡明 郑芝龙与德川幕府的交涉 田川氏之自刎 七左卫门之声援</td><td>5. 郑氏割据时代的台湾
郑成功向日本求援</td></tr>
<tr><td>清 代</td><td>第四篇第七章明治七年征台之役
征台之朝议及与清国之交涉 讨伐台湾 缔结北京条约</td><td>8. 清国领有时代的台湾
日本经略台湾之先声 明治七年征台始末 阵中的西乡都督</td></tr>
</table>

资料来源：据山崎繁树、野上娇介：《台湾史》、种村保三郎：《台湾小史》相关内容制作。

考察《台湾史》与《台湾小史》，人们可以看到日人极力突出的是这样一个历史观——台湾自古以来就与日本有着千丝万缕的联系。首先，台日关系被追溯到了近两千年前，《台湾小史》写道:《日本书纪》记载，垂仁天皇曾遣人至“当世国”，“求非时香果”（柑橘类）；雄略天皇时期，亦有日人飘至“蓬莱山”，与当地人结婚生子，后再返日本。书中引用尾崎秀真的研究称“当世国”与“蓬莱山”均为今天的台湾，于是断言距今（《台湾小史》出版的1945年）一千四百至两千年前便有日本人到达台湾的明确记载。[①] 其次，列举了丰臣秀吉与德川家康时期日本对台湾的贸易与殖民图谋，尤其是所谓的“台湾招谕”及滨田弥兵卫绑架荷兰驻台总督纳茨事件，称之为显示了日本人活跃于台湾的“伟大功勋”。再次，郑成功的日本血统被强调和放大，田川氏的日本母亲形象，郑成功与日本割不断的关系，向日本的求援活动等等，都是以《台湾史》《台湾小史》为代表的此一时期台湾史书所乐于描述的事项。

或许有人会说，上文引述的两本台湾史书的作者非专业人士，毕竟与严谨的学术著作有所区别。那么我们再来看看被后世称之为台湾史研究之“巨峰”[②] 的伊能嘉矩的台湾史大作——《台湾文化志》又是怎样书写台湾历史的。《台湾文化志》研究范围为清代台湾历史，其书中有关早期台湾史部分主要集中在“清朝以前中国人所知之台湾”一节，在这里我们看到伊能氏笔下的台湾史展现出的是这样的一番样貌：除细数中国史籍中历代关于台湾的记载之外，日本人的影子同样如约而至、浮现出来。书中先是讲述了早期日本人如何漂流到台湾，然后谈到“日本人入侵台湾之先驱——倭寇”和日人命名台湾为“高砂”的由来，继而有“丰臣秀吉之招谕、有马、村山之入侵”，荷据时期的“日本甲螺”等。[③] 换句话说，在台湾历史的书写中强调和突出日本与台湾的历史联系这一点上，伊能嘉矩的《台湾文化志》与上引二书并无实质性的差别。这种由私人各自著述却又在思想理念上达到高度一致的状况，在无论是伊能嘉矩氏抑或之后的台湾史著作，应该是或多或少的受到了总督府史料编纂委员会公布的《新台湾史》目录的影响，这一官方指导性文件有可能成为当时台湾史著述的一个范本被日人在编纂台湾史时自觉不自觉地遵守着，《新台湾史》目录中醒目地设置了“日本与台湾之关系”一节，随后出版的台湾史书籍基本按照这一思路进行章节安排，从而造成了台湾史千书一面的情形发生。

---

① 种村保三郎:《台湾小史》，日本：东都书籍株式会社，1945年，第10—11页。

② 吴密察:《从人类学者到历史学者——台湾史研究的巨峰伊能嘉矩》,《当代》1998年第135期。

③ 伊能嘉矩:《台湾文化志》（上卷），江庆林等译，南投：台湾省文献委员会，1985年，第40—70页。

三、殖民者笔下的康熙统一台湾叙事

康熙二十二年清政府经过多年的准备，排除内部纷争，授予水师提督施琅专征权，率领大军进击澎湖，随后克取台湾，实现了全国统一，史称康熙统一台湾。[①] 台湾正式纳入了中央政府的直接管辖之下，此后数百年间，来自大陆的闽粤移民与原住民一道，胼手胝足，开发、建设了座美丽的宝岛。

作为清代前期中国历史上的重大事件，康熙统一台湾得到了后世的高度评价，康熙《重修台湾府志》曾赞云："台湾，荒裔区也。二十余年沐圣天子深仁厚泽，置郡县、定营制、启文明，士读农耕、商怀工集，毂击肩摩之盛，有礼陶乐淑之风；大纲小纪，治具毕张。猗欤休哉！凡庙谟宪虑，真无远弗届矣。"[②] 然而，在日本殖民者的笔下，康熙统一台湾却展现出另一番历史景象。

日据时期殖民者的台湾历史书写中，康熙统一台湾历史事件受到了较大的关注。其中着墨最多的是两个方面：其一，台湾弃留问题；其二，清廷之治台政策。试分别列述如下：

1. 种村保三郎：《台湾小史》

施琅之台湾保有论与清之领台　清朝为扫荡郑氏出动大军前后历二十年有余，至康熙二十二年（一六八三），终究剃去郑氏一族头顶周边的头发，得达其夙愿。然清朝征服郑氏的目的在坚拒郑氏一族留发要求，并未以将台湾岛土地收入版图为其目标。换言之，是为了把郑氏从台湾岛上一举扫荡，而非将此东南孤岛、瘴疠之乡收为版图，全无经营其间之意志。清将施琅完成接收台湾手续后，将一切善后托付吴英返回厦门，当时清廷基业未定，国内多事，且以台湾为瘴疠不毛之地，故唱放弃台湾论者居多，庙议将决，唯施琅独自顽强反对之，向朝廷草上"条陈台湾弃留历害疏"，孤军奋战，终于颠覆朝议而获成功。[③]

2. 伊能嘉矩：《台湾文化志》

台湾之领有　清朝虽已巢荡台湾，然曩使而其所以认为有征服台湾必要者，

---

① 陈孔立主编：《台湾历史纲要》，北京：九州图书出版社，1996年，第134页。

② 康熙《重修台湾府志》卷一封域志、附形势总论，台湾文献丛刊第六六种第一册，台北：台湾银行，1960年，第27页。

③ 种村保三郎：《台湾小史》，日本：东都书籍株式会社，1945年，第100—101页。

初不过为芟除以此海岛为根据地之前明余党（尤其唯一势力郑氏之族党）。其在中原之建国鸿谟犹未固，内治之基业，亦未就绪之时，欲收之归入永久版图，此在清朝国策上，殊不容易决定者也。……《台湾外记》云："众以留恐无益，弃虞有害，各议不一"，可见其依违难决之状。……时，以亲历征服，建树首功之靖海候施琅，坚持留台之意见，遂于康熙二十二年十二月二十二日题疏详陈弃留之利害，……此意见终见获准，康熙二十三年四月，遂发上谕，台湾归入版图。

夫一旦已收之领土，固不容忽尔放弃，虽渐使统制就绪，而其实并未出诸真挚之经营，系属事实。《裨海纪游》所谓："今台郡百执事，朝廷以其海外劳吏，每三岁迁擢，政令初施，人心未洽，而转盼易之，安必萧规曹随，后至者一守前人绳尺，不事更张为？况席不暇暖，视一官如传舍，孰肯为远效难稽之治乎？"系当时被等闲政治之内容，终至康熙末年酿成朱一贵之大乱。因此，近此年代所有关台湾之文书中，如特书台湾之形胜，寓意赞颂泰平，与其说将其评为当时之实状，毋宁为粉饰虚华，可谓不外所有炫张一时之笔尔。[①]

3. 山崎繁树、野上矫介：《台湾史》

清国之台湾弃留论　如上所述，康熙二十二年郑克塽投降，台湾成为清国之领土。但是当时清朝之基业尚不完备，国内波澜尤未为止。其最初决意征伐台湾，主要是为了夷平郑氏之不逞，其有无须将台湾永久纳为领土之意识尚有疑问，有司亦多唱领有台湾之不利，主张只拥澎湖以为东方门户之锁钥即可，倾向于将台湾从全国版图中放弃。……然此时水师提督施琅一人称其不可，特上疏条陈台湾弃留之利害……清朝遂采其议，于翌康熙二十三年（一六八四）以台湾为一府，隶属福建，从而将台湾作为清国之领土永久统治。

崛起于满洲的清朝颠覆明朝，降服郑氏，将台湾纳入清之版图，从而统领其领土二百余年，然其政治不得宜、内忧外患交加，甚至出言台湾为化外之地，

① 伊能嘉矩：《台湾文化志》（上卷），江庆林等译，南投：台湾省文献委员会，1985年，第139、141、142页。伊能氏将下引《台湾府志》记事斥为粉饰虚华："海外苍茫岛屿，自古未有建郡县者。隋开皇中，略澎湖；至元末，置巡司。而北港、台湾，前明始见于简编；初为逃籔，继作倭窟。自伪郑拾荷兰之遗，城市室庐，颇近中土。迨入国朝版图，声教遐讫，经营而缔造之，历七十年；天献其祥，地不爱宝，千峰作镇，百川汇流，巍然有东南之保障。所谓圣人怀柔及河乔岳者，宁以海外异哉！"

政治未能振兴，文化之发展与经济之勃兴均不足为道，更多的似乎是给土民带来苦难。[①]

以上关于康熙统一台湾后台湾弃留之争的描述，应该说还是基本符合历史事实的。彼时清廷攻取台湾的主要目标就是为了消灭郑氏政权，以铲除东南海上最大的抗清势力，最终奠定清王朝统一国家的基础。至于剿灭郑氏之后的台湾岛本身的前途命运问题，朝廷上下并无定见，出现争论也是正常的。康熙帝最终做出保留台湾的决策，体现出了一个伟大政治家的远见卓识。不过引人注目的是，上述台湾史著作在讨论台湾弃留之争整个过程的时候，着重渲染的是清廷视台湾为"瘴疠不毛之地"，指其目的只是为了消灭反叛势力，根本无将台湾收入版图之主观意图。更重要的是，进一步宣传康熙统一台湾后实施消极的治台政策，各级官员懒政懈怠，清廷的统治非但没有给这个岛屿上的人民带来幸福，相反，黑暗的政治、凋敝的经济和落后的文化，却已然使得台湾民众陷入"苦难"之境地。

日本殖民者对康熙统一台湾历史的如此叙事与定位，隐含着相当的深意。法国历史学家米歇尔·德·塞尔托（Michei de Certeau）在他的《历史书写》一书中曾形象地将历史叙事比喻为中世纪城堡中的"历史陈列廊"，"其中一系列的肖像、像画以及墙上的彩绘标识，在被文本描述前，构成了一种空间（博物馆）与浏览（参观）的关系。历史编纂学和一幅长长的画卷有着同样的结构。它们都沿着叙述的主线再现亡者。"塞尔托认为："原始资料决定了我们基于该资料所提供的文献所'重建出来'的历史的模样。我们所获得的原始资料以及我们选择进行研究的素材，从一开始就确定了我们所要制作出来的历史的类型。"[②]日据时期殖民者的台湾历史书写，正是试图通过择选历史事件、放大某一历史片段，来重组台湾"历史长廊"，最终呈现出符合其"需要"的历史形象，因为这样的历史"再现"对于巩固日本在台湾的殖民统治有着莫大的益处。《台湾史》作者山崎繁树曾经说道："今日之台湾人大体不了解台湾历史，学校也没有教，于是从小、公学校到中学校的儿童、学生乃至青少年，多以为今日台湾文化发达的现状不过是以往之延续，对于往昔台湾遭受各国人占领、压迫以及

① 山崎繁树、野上矫介：《台湾史》，日本：株式会社宝文馆，第160—161、158页。

② 米歇尔·德·塞尔托（Michei de Certeau）：《历史书写》，倪复生译，北京：中国人民大学出版社，2012年，第81、108页。

饱尝横征暴敛之苦均一无所知。不光是青少年，不少长辈对于遥远过去疏于记忆，即便改隶前之近期事情亦印象模糊。由此而来，今日作为一视同仁统治下的帝国新臣民，一边沐浴深厚泽惠，过着平静安稳生活，一边却稀见感激之念甚至不满足。究其原因，这都是不了解台湾历史、换言之是不了解自己的历史的缘故。”[①] 于是，殖民者的笔下台湾历史发展典型过程就被这样描绘了出来：

台湾孤悬南荒海洋，故较近方为世界了解，距今不过约三百年。其间前百余年，或为西班牙、葡萄牙、荷兰，或为郑氏等接踵占领，在混沌杀伐中渡过。后二百余年被置于前清治下，以其蕞尔小岛，且为化外蕃夷而遭疏远；又以为生蕃难治之区而生恐惧，以至于日本之南富饶之台湾被长期放置，天府之密钥闭锁，全岛之真相不为外界所知。政治废弛，住民生活无着。改隶之后，在我（天皇）一视同仁治理之下，日本建设台湾，庶政大举，文物璨然，这是全岛四百万民众值得庆贺的事情。本岛这样的黑暗面与光明面的史料根本就不缺乏。[②]

历史是一面镜子，日本人给台湾人递上了一面经过精细挑选的镜子，抚今追昔，让台湾人想想他们昨天的苦难——“黑暗面”，看看今天的好日子——“光明面”，以觉悟这些是多么的来之不易。一时间，这样的忆苦思甜般的古今对比几乎成了殖民者台湾历史书写的“规定动作”，譬如《台湾统治及其功劳者》的作者桥本白水在描述康熙统一台湾后清代台湾历史时写道：“清朝的台湾统治……不负责任、放任自流，较之支那大陆尤甚。纵观清朝统治台湾二百年之史迹，政府业绩乏善可陈，仅至晚期台湾巡抚刘铭传稍见改观。追溯以往，蕃人与清国人之人种斗争无日不休，康熙二十二年纳为领土到光绪十九年的二百三十年，有惊人的二十二次叛乱。”整个社会“冠盗、匪贼、奸豪跋扈”，“分类械斗”纷起，此均源于“清国二百年间的恶政”。[③] 而作为强烈对比，在日本的治理下，“(台湾）全岛安和乐丽，昭和时代大气蔚然，赞颂之声响彻云霄，与清朝治下二百三十年二十二次叛乱的时代，及匪徒横行的军政时代相比宛如

① 山崎繁树、野上矫介:《台湾史》，日本：株式会社宝文馆，1927年，第2页。
② 山崎繁树、野上矫介:《台湾史》，日本：株式会社宝文馆，1927年，第4页。
③ 桥本白水:《台湾統治とその功労者》，南国出版協会，1930年，第12、13页。

隔世之感。”[①] 在此人们可以毫不客气地说，日据时期殖民者的台湾历史书写，与其说是在描述历史，不如说是在按照自己的主观意愿建构历史，建构一个为我所用的全新台湾历史。

应当指出的是，本文列举台湾史著作都是由殖民者编纂的，即所有这些台湾史的编写者都有共同的殖民者的身份：《台湾史》作者山崎繁树是台中州立台中商业学校校长，曾任台南高等商业学校教授，野上矫介是台中商业学校教谕，曾任台中州立教育博物馆嘱讬，他们都是日本在台殖民教育的实践者。《台湾小史》作者种村保三郎是总督府警务局保安课的警察，兼任总督府官房外事科翻译，本身就是实实在在的殖民官吏。其余如《台湾全志》作者藤崎济之助先后担任新竹州警务课警视、台北地方法院代理检察官、台北州理蕃课警部乃至台北州苏澳郡郡守，同样是典型的殖民警察和官吏。[②] 即便是被普遍认为较具学术水准的《台湾文化志》的作者伊能嘉矩，他本人也是以日本侵台军队陆军部雇员的身份来到台湾的，为此曾获明治二十七、八年战役从军徽章，先后任职总督府民政局、台湾土语讲习所、总督府嘱讬、总督府史料编纂委员会等，其在谈及“决然渡台”的初衷时这样说道：“盖治化、保护及诱掖未开蕃民之道，似易而甚难。即是一面设立教育之法，宜为适当作智德启培之媒助，一方面讲究授产之术，不可不消除日潜祸机于未然。而为此事，首先要审慎从事人类之研究，以此完全观察其形而上及行而下，并探勘其地理与自然之关系然后将其结果加以运用之。若是此根源之调查未完成，而徒然着手处理善后者，不知对于治化、保护及诱掖，何以得见其能适实也。”表示愿为此调查事业“甘冒百难，不顾生死”，“在所不辞”。[③] 看了这“一心为公”的表白之后，人们似亦不必对伊能氏之殖民者身份有何疑义。正由于此，这些身为殖民者的作者们在书写台湾历史的时候，带着一种本能的集体冲动致力于从历史上证明日本占领台湾的合理性与正当性，通过对台湾“历史长廊”的比较展示，极力赞美日本统治，督促台湾人感谢天皇一视同仁之浩荡皇恩，曲线兜售殖民统治有功论，这应该是千书一面的殖民者台湾史著作产生的深层原因。

山川均在谈到日据时期台湾教育的时候曾经说过这么一段话：“在台湾一切

---

① 桥本白水：《台湾統治とその功労者》，南国出版協会，1930年，第21页。

② 《台湾总督府职员录》，“中研院”台湾史研究所档案馆台湾总督府职员录系统；橋本白水：《評論台湾の官民》，台湾：日日新報社，1924年，第179页。

③ 《作者小传》，见伊能嘉矩：《台湾文化志》（上卷），江庆林等译，南投：台湾文献委员会，1985年，第17页。

的学校，从顶到底，都循着台湾人和日本人的‘民族线’，明确地分做两样。”[①]日据时期台湾的殖民者与被殖民者、统治者与被统治者双方在描述这片土地与人民的发展历史的时候，同样依“民族线”而发展出截然相反的解读。台湾爱国史家连横在《台湾通史》序言中写道:“夫史者，民族之精神而人群之龟鉴也。代之盛衰，俗之文野，政之得失，物之盈虚，均于是乎在。故凡文化之国，未有不重其史实者也。古人有言:‘国可灭而史不可灭’。”“洪维我祖宗，渡大海，入荒陬，以拓殖斯土，为子孙万年之业者，其功伟矣。”[②]在回顾台湾著名历史人物郑成功时更发出“缅怀忠义，冀鼓英风，凭吊山河，慨然陨泪”的感叹，其“存正朔于沧溟，振天声于大汉”[③]的指导思想与本文揭示的日本殖民者宣扬占有台湾正当论和殖民统治有功论的台湾史观，实可谓南辕北辙。日据时期台湾历史书写中清晰可见的“民族线”，展示给人们的另一面，乃是台湾人在殖民同化政策下的民族文化自觉与坚持。

原文载于《史学理论研究》2014年第4期

① 山川均:《日本帝国主义铁蹄下的台湾》，收入王晓波编:《台湾的殖民地伤痕新编》，香港:海峡学术出版社，2002年，第178页。

② 连横:《台湾通史》自序，高雄:台湾时代书局，1975年。

③ 参阅茅家琦:《台湾通史和它的作者连横》，收入汪毅夫主编:《连横研究论文选》，厦门:厦门大学出版社，2006年，第10页。

宗主国中小资本在殖民地

——以日据时期台湾“米糖相克”问题为例的研究

周翔鹤

列宁的帝国主义理论指出殖民地是宗主国的资本输出地和初级产品提供地，但列宁关心的是垄断资本，或者说是大资本，那么宗主国的中小资本呢？他们来到殖民地吗？他们在殖民地如何行为呢？这并不是无产阶级革命前夜帝国主义理论的问题指向，但是可以成为历史研究的一个内容，何况他们来到殖民地后，严重地影响到殖民地人民的生活。日本是一个后起的帝国主义国家，它的主要殖民地是朝鲜和台湾，以下我们以台湾为例来研究这个问题。

一、关于“米糖相克”

“米糖相克”是日据时期台湾社会经济中的一个重大问题，日据时期台湾殖民当局的官员、新闻记者、学者等各方面人员对这个问题有许多报道和探讨研究。“米糖相克”被称为日据时期台湾社会经济研究一个绕不过去的问题，当今治日据时期台湾史者也都要碰到它。所谓“米糖相克”简单地说就是稻蔗争地，台湾的自然条件被认为既可种稻也可种甘蔗，农民能够在两种作物之间容易地进行转作，如此一来，两种作物的供给和需求就会发生摩擦。日本从1910年代起，本国米产量不足，发生“米骚动”，需要输入殖民地的稻米来补充需求。日本所需的稻米主要是从朝鲜输入的，但台湾输日的稻米时间在每年春末青黄不接的时候，有其重要意义。1920年代，日本人喜欢食用的蓬莱米在台湾引种成功，台湾农民大量种植蓬莱米以供出口至日本，而本身则仍食用较便宜的在来米（台湾旧有米种）。台湾的蓬莱米被认为有降低日本国内工资成本，增加利润的功能。但另一方面，日资在台湾设置了许多制糖厂，这些制糖厂 80% 的原料甘蔗要靠农民提供，稻米种植面积过多，就要影响到甘蔗的种植和产量，因此，稻米和甘蔗两种作物的种植之间就存在摩擦和冲突。旅日台湾学者涂照彦指出，日本既需要台湾的稻米，也需要台湾的甘蔗，是产生两者相剋的原因，[①] 这自然是不错的，但在米糖相剋的问题中，殖民当局的政策、日本糖业资本的所作所为、台湾农民的因应体现了殖民地社会经济的错综复杂，需要我们深入细致的实证研究及在此基础上的理论探讨。日据时期的学者和当代学者在这方面已做了许多工作，而进一步的实证研究将能为理论探讨提供更宽广深厚的基础。

二、学术史回顾

日据时期著名的经济学家矢内原忠雄对米糖相剋问题有深入的分析，他从稻田和蔗田的收入着手，认为蔗田的收入决定于同样面积的稻田，在稻米产出仅供给台湾时（且大多数为农家自家消费）稻米的价格是低的，因而蔗价也低，与在台湾的日资制糖厂输出到日本的粗糖糖价不成比例，日资糖厂占据了蔗糖的高额利润，不让蔗农分享。在日本因粮食不足，需要从殖民地输入稻米时，农民趋向于种植稻米，乃形成了米糖相剋，在这种情况下，殖民当局就出手进行干预。矢内原忠雄认为米糖相尅问题是日本粮食问题所引起的。矢内原忠雄所采用的是帝国主义理论和社会发展阶段论，因此他认为米糖相剋是暂时性的问题，最终社会的演变将导致资本主义大农场的诞生，而农民将沦落成为农场工人，而制糖厂在建立大种植园后，将会采用先进技术，提高甘蔗产量，且嘉南大圳等大规模水利修建成功后，水利的发展和甘蔗种植技术的提高将彻底解决原料甘蔗的制约。[②] 矢内原忠雄关于资本主义种植场的预想乃是基于以西方农业资本主义化模式为样板的社会发展阶段论，我们知道，他的这个预想没有成为现实，日据时期台湾的农业一直保留小农经营的模式。但矢内原忠雄关于蔗价决定于米价和米糖相尅乃日本国内粮食不足引起的结论为后来的学者所继承。

日据后期，日本学者川野重任是以市场均衡模型来分析米糖相剋的。川野

① 涂照彦《日本帝国主义下的台湾》。涂照彦从殖民地社会土著资本和农民的角度深入分析殖民地社会经济，这里不拟展开。

② 矢内原忠雄《帝国主义下的台湾》。

重任认为在蓬莱米和在来米的生产之间已达成良好的市场均衡。蓬莱米是用来出口到日本的，有较高的价格回报，这促使农民转向蓬莱米的生产。但蓬莱米要求良好的灌溉、更多的肥料和肥沃的土地以及较高的地租，这就把较贫苦的农民排除在外，他们只能仍旧种植在来米。但是种植蓬莱米的农民在出售稻米后，他们需要购买食用在来米，这样就拉高了在来米的价格，两个米种之间形成了良好的市场均衡。但是，由于米和甘蔗之间的土地生产力发展不一致，又容易进行转作，彼此之间难以形成均衡价格，所以米糖相剋其实是二者之间难以形成适当的价格比率。台湾的稻米完全由小农种植，一直到日本发动侵略战争前夕，总督府对台湾稻米生产和输出进行管制之前，蓬莱米和在来米的均衡是由农民自行形成的。和稻米生产不同的是，甘蔗的产出和日本糖业资本直接相关。日本糖业资本投下巨资设立现代制糖厂，不能让设备闲置，原料甘蔗的短缺意味着资本闲置和利润损失，因此日资糖厂积极推动蔗作。而在备战之前，殖民当局在相关甘蔗种植的政策上，相比于稻米是积极得多，因此，川野重任认为米糖相剋问题是一个政治问题。[①] 或许川野重任说稻米市场的均衡价格由农民自己形成这一点尚有讨论空间，但他认为原料甘蔗问题是一个政治问题提示殖民当局的积极干预使得甘蔗价格难以由市场决定，在当时的情况下，他也只能讲这么多。

当代学者仍继续深入探讨这个问题。对米糖相剋问题用力最勤的大约要算台湾学者柯志明，他对日据时期台湾制糖业和农民的关系的研究是多方面的。他曾经比较台湾和爪洼的糖业资本和农民的关系，这是两个既产米又产糖的地区，同时也都存在着宗主国资本和土著农民错综复杂的关系，柯志明指出“台、爪之间在糖业资本与农民关系以及米、糖部门关系上的差异主要是土著既存社经结构的特性（也即‘传统爪洼村落集体取向的农民社会与台湾家户个体取向的农民社会’）所造成的，直接化约到资本的逻辑，探讨‘资本主义化’彻底不彻底这种僵硬的视角误导了问题。”[②] 这主要是从社会学的角度来进行探讨的，挑战的理论对象显然是矢内原忠雄。另外，柯志明也从经济学角度分析米糖相剋问题，他主要利用依附理论关于边缘地区（殖民地）产业部门之间发展不平衡来分析问题。殖民地内部存在着近代企业和传统产业（农业部门），在近代企业

---

① 参阅川野重任:《日据时代台湾米谷经济论》，台北：台湾银行经济研究室编印，台湾研究丛刊第102种。

② 柯志明:《糖业资本、农民、与米糖部门关系》，《台湾社会研究季刊》1992年第12期。

发展的同时，保留传统产业的不发展状态是有利于近代企业获取廉价的原料的。具体到日据时期的台湾，在蔗价取决于米价时，保留低米价是有利于日资糖厂的，但蓬莱米输出到日本有拉高米价从而影响到蔗价的情况。对于日资糖厂来说，要保证原料甘蔗的供给，有两种方法，一是水平式扩展，增加蔗田面积；一是垂直式发展，提高蔗田的产量。而水平式扩展的成本要低于垂直式发展，是日资糖厂的首选。他指出“1920年代以前，米作尚未发展，水平式扩张的阻力不大；1936年以后米生产及米价受到殖民政府行政的压抑［政府管制米生产（1936）及垄断米出口（1939）］使制糖公司得以再度遂行水平式的扩张。”[①] 但是“米糖相尅”问题最集中体现的正是1920—1940年这一段时间，1920年代蓬莱米的驯化成功及出口到日本造成米作与蔗作争田。日资糖厂固然不忘水平式扩张，但同时向各种原来的米作田（包括原来种植陆稻、水稻、番薯的水田和旱地）扩张。川野重任认为在这一扩张过程中，南部的旱地已经被利用殆尽，蔗田于是侵入中北部的水田，这就是米糖相尅问题中的“蔗田北进”。柯志明是比较反对“蔗田北进”说法的，他认为“北进争地的问题也缺乏可资证明的资料。长期的（1908—1940）统计资料显示，南、北蔗作面积一直是一同增减，并无北部增加、南部停顿的现象。同资料也显示，1910年代中期以后，南、北蔗田占全岛蔗田面积的比例已大致稳定，并没有北部持续增加的迹象。南部蔗作区饱和致甘蔗北上侵入中北部水田的说法是站不住脚的。”[②] 柯志明所引用的《台湾糖业统计》（详下文）是一个重要的资料。

蔗田究竟有没有北进，这是稻蔗争田的关键，这是一个实证性的问题，以下我们从这个实证性问题入手，来进行我们的研究。

三、关于米糖相尅的实证研究

1. 关于稻蔗争田的统计资料分析

柯志明据以说明南、北蔗田一同增减的统计资料如下：

① 柯志明：《所谓的“米糖相尅”问题——日据台湾殖民发展研究的再思考》，《台湾社会研究季刊》1989年第二卷第三、四期。

② 柯志明：《所谓的“米糖相尅”问题——日据台湾殖民发展研究的再思考》，《台湾社会研究季刊》1989年第二卷第三、四期。

附录1 南、北部蔗田面积及占全岛蔗田比

年度	南部蔗田 甲	北部蔗田 甲	南部蔗田占 全岛蔗田比	北部蔗田占 全岛蔗田比
1908	20891.99	7695.36	0.728	0.268
1909	30960.69	8010.11	0.793	0.205
1910	51130.20	12106.86	0.806	0.191
1911	72270.41	16720.80	0.808	0.187
1912	56305.82	18032.16	0.747	0.239
1913	46346.87	19719.98	0.688	0.293
1914	50696.63	23301.25	0.665	0.305
1915	55792.01	26645.86	0.655	0.313
1916	80466.59	30570.30	0.703	0.267
1917	86873.35	38046.74	0.670	0.293
1918	94284.81	50641.31	0.629	0.337
1919	75864.71	39732.00	0.630	0.330
1920	67244.27	37101.86	0.620	0.342
1921	74028.70	40483.72	0.617	0.338
1922	90511.28	45767.40	0.637	0.322
1923	76155.24	34866.20	0.653	0.299
1924	82581.91	35254.44	0.670	0.286
1925	84763.76	40442.76	0.650	0.310
1926	77929.13	40277.68	0.631	0.326
1927	64828.65	31953.44	0.639	0.315
1928	67519.67	36605.91	0.623	0.338
1929	77185.13	38197.46	0.643	0.318
1930	70408.41	34270.39	0.644	0.313
1931	62290.81	31988.68	0.629	0.323
1932	71061.42	32846.54	0.649	0.300
1933	57658.87	21980.63	0.684	0.261
1934	60199.94	25360.96	0.660	0.278
1935	78059.64	36490.65	0.642	0.300
1936	84904.39	36016.87	0.662	0.281
1937	83120.99	33745.67	0.667	0.271
1938	87019.36	39014.35	0.648	0.291
1939	104190.2	53368.27	0.623	0.319
1940	106395.47	56863.81	0.610	0.326

资料来源:《台湾糖业统计》第14期（1926年）：2—5页：第29期（1943年）：4—5页

附注：北部地区包括台北州、新竹州、台中州，南部地区包括台南州、高雄州。

该资料显示，从1908年到1940年，台湾的蔗田总体呈现稳定增加的状态，无论南部或者北部，蔗田一直在增加中，而南部和北部的蔗田所占比率大体稳定。其实，在“蔗田北进”的命题中，南、北部蔗田各自所占比率这个概念意义不大，南部蔗田的增加可以被视为台湾蔗糖业增长的应有之义，这里本来就是传统的蔗作区，而中、北部则是传统的稻作区。一般来说，以浊水溪为界，以南（日据时期的台南州、高雄州）为蔗作区，以北（日据时期的台中州、新竹州、台北州）为稻作区，这是符合自然条件的。台湾岛的南部，群山集水面积小于平原面积，水资源不足，大部分土地只能开辟为旱地，种植甘蔗和番薯、芝麻、陆稻等旱作。从荷据时期起，荷兰殖民者就招徕闽南移民到岛上插蔗熬糖，输出到西方去；郑氏时期和清代，大陆移民在这里大量种植甘蔗、制糖，输出到大陆和日本；日据时期，这里仍然是甘蔗种植区。而浊水溪以北的彰化平地、台中台地、新竹沿海平地、台北盆地、宜兰平地等，土壤肥沃、水资源充足，适于水稻栽培。清康熙后期，移民开始开发这些地区，水源丰富的地方基本被开垦成稻田，即使像桃园台地这样水资源不充分的地区，移民也修建了许多蓄水池（俗称陂）以种植水稻，因此，台湾岛的中、北部一直是稻作为主，清代，这里的产米销往大陆，成为福建的米仓。在缺水灌溉的地方，农民们种植旱作，自然也包括甘蔗。但是甘蔗是一种喜温作物，对日照时数和积温有要求，虽然它在台湾岛全岛都能生长，但种在北部肯定不如南部，北部农民们种甘蔗只是对缺水地区的土地资源的利用，对于甘蔗的产量、出糖率等并不计较。

与此有关的有一个资料是经常被引用的，就是康熙后期，台湾知府高拱乾看到农民热衷于种植甘蔗，怕影响到粮食作物的种植，曾发布一个谕示，劝谕农民不要追逐糖利，放弃了粮食作物，造成粮食供应紧张。[①] 这个资料似乎说明稻米和甘蔗传统上是台湾的对抗性作物，两者一向竞争种植面积。但高拱乾的时代，台湾的开垦刚刚越过斗六门（今云林县斗六），已开发地区就是台湾南部，这里是传统蔗作区，农民种植甘蔗是普遍而正常的，高拱乾担心粮食作物不足也是可以理解的。雍正年以后，中、北部地区逐步开发，水稻大面积种植，稻米产出充足并输出到对岸，官方也就没有这种担心了。实际上，高拱乾的谕示是清代仅见的例子。台湾岛的传统农业区，按自然条件区分就是南部的蔗作区和中、北部的稻作区，这种情况一直延续到日据初期。而根据上表，日据时期中、北部蔗田面积大规模增加，这可以被视为“蔗田北进”。

川野重任曾根据台湾总督府殖产局的《糖业统计》作出“（台湾）州别甘蔗

---

① 高拱乾:《台湾府志》，台湾文献丛刊本，第250页。

收获面积之变迁”一表，统计日据时期台湾各地甘蔗种植面积之变迁，其中，中、北部各州的变迁如下：

日据时期台湾中北部甘蔗收获面积（单位：甲）

	1907—1908	1917—1918	1927—1928	1936—1937
台北州	817	4190	2858	2937
新竹州	4957	13988	6885	5253
台中州	2920	32463	48709	25556

资料来源：据川野重任《日据时期台湾米谷经济论》p82表格改制，略去南部台南州、高雄州以及东部台东与花莲港。

从上表可以看出，1910年代前后，中、北部的蔗田猛增，台中州（彰化地区和台中地区）增加的最猛，而这里是台湾最重要的稻米产区。因此，川野重任说蔗田北进，侵入米作区是有根据的。1932年（日本昭和七年）2月9日至26日，日本《经济时代》记者藤井乡川在台湾旅行，考察糖业[①]，在台中地区看到帝国制糖会社的制糖厂屹立在稻田的正当中，藤井乡川也知道这里是传统米作区，他所要报导的正是米作区当中的制糖企业在获取原料甘蔗时的种种麻烦以及日资糖厂在不利条件下的增长。那么，都是谁和帝国制糖会社一样在北进呢？让我们从头说起。

2. 关于“蔗田北进”的分析

（1）台湾近代制糖业最初十年各制糖厂原料采取区域分布

台湾最早的近代制糖厂是三井系投资建立的台湾制糖厂。日本占据台湾后，即确定“工业日本，农业台湾”的殖民政策，而第四任台湾总督儿玉源太郎与民政长官后藤新平即将台湾制糖业确定为“国策”。日本占据台湾之初，因为镇压台湾人民的武装抵抗，军费开支浩繁，其他事业费如土地调查费、铁路、公路、港口、邮电等基础设施费用庞大，而总督府收入仅有田赋和专卖，收支不抵，其时台湾财政要仰赖日本本国财政的补助，而其时日本财政本身也吃紧，因此，儿玉源太郎与后藤新平乃提出“殖产兴业”政策，殖产兴业的内容为制糖业和矿产开发，但台湾自然资源贫乏，殖产兴业只能落实到制糖业上。台湾

① 藤井乡川：《台湾糖业の实际·第二编台湾糖业行脚记》，《日治时期台湾文献史料文献缉编第一四三号》，台北：成文出版有限公司印行，2010年，第115页。

总督府在1902年6月出台“糖业奖励规则”，从资金补助、原料保障、市场保护等方面奖励近代制糖业。[①]其中，与我们论题密切相关的是原料保障，即原料采取区制度。1904年5月，盐水港厅发布了“制糖场取缔规则”，为各个制糖厂制定划分了原料地盘；凤山厅与阿猴厅随即仿效（这三个厅都是台湾传统蔗作区），在此基础上，总督府于1905年6月发布了“制糖场取缔规则”，凡设立全部或部分采用新式机器的制糖厂应获得总督府临时台湾糖务局的许可；获得许可后，糖务局为其划定相应的原料采取区域。其第三条规定，“台湾总督府许可制糖场之设立或变更时，应限定其原料采取区域，……原料采取区域内的甘蔗，未经台湾总督府许可，不得运出此区域，或供制糖以外之用途。”也就是说，该区域内的甘蔗只能卖给该制糖厂，而不能运出区域外或作他用（所谓运出区域外，就是指其他制糖厂的竞买）。同时，该制糖厂有义务购买区域内的甘蔗。这个规则对后来各制糖厂的分布、发展影响巨大。

三井系资本还在台湾总督府“糖业奖励规则”发布前就瞄准了台湾糖业，他们在1901年1月就登记、设立了台湾制糖株式会社（以下简称湾糖），社长铃木藤三郎等实地踏查，选址台南州桥仔头庄，这是台湾传统上最主要的蔗作区之一。在“糖业奖励规则”发布后，湾糖在1906年12月第一次增资以设立第二工场，厂址仍在桥仔头一带，随即又在土地肥沃、灌溉方便的后壁林设立第三工场。湾糖的原料采取区域都在传统蔗作区内，但为了获取更多的原料采取区域，1909年，湾糖合并了在湾里拥有四间改良糖廍，同时拥有丰富、良好的原料采取区域的本地资本的台南制糖；又在1911年合并了英商怡记，该英商工厂在台南厅三崁店及凤山，同样拥有良好的原料采取区域。湾糖拥有如此之多的良好的原料采取区域还不放心，又几次斥资购买土地，以及总督府无偿划拨荒地，设立了后壁林农场、阿猴农场、旗尾农场、桥仔头农场，这样，湾糖在原料供应上就高枕无忧了。[②]

日俄战争后，日本因引进外资及铁道国营等原因，资金充裕，在台湾总督府的糖业奖励政策下，日资大举进入台湾制糖业。

首先，三菱系的明治制糖于1906年12月设立，之前，作为发起人之一和

① 糖业奖励规则将奖励对象设定为每天能消耗12000贯原料甘蔗的制糖厂，而这个能力在台湾旧有糖廍的生产能力之上，因此就把台湾大量旧式糖廍排除在外。实际上总督府的一个目的也正是要淘汰旧式糖廍。但其时改良糖廍尚不在被淘汰之列。

② 参阅佐藤正藏编：《台湾之糖业》，台北：成文出版有限公司影印，1910年，第96—107页。

董事的相马半治在实地踏查后，确定以台南州的麻豆、萧垅两地作为厂址，并以嘉义厅的蒜头一带为候补地。嘉义也是一个旱作区，清代这里的制糖业也很发达，但不如台南地区和打狗地区（今高雄地区）。相马半治作为临时台湾糖务局的技师，对此应当是深为了解的。次年 8 月，明治制糖收购了本地资本的麻豆制糖（自然是为了原料采取区域）开始了其制糖事业。1908 年 11 月，明治制糖在台南佳里设立了萧垅工场；1910 年 11 月在蒜头设立蒜头工场；1911 年 12 月在台南州麻豆设立总爷工场；这样，明治制糖奠定了其在台湾制糖业中的基础。[①] 和湾糖相比，明治制糖的原料采取区域虽然略逊一筹，但也都在传统蔗作区内，还是很不错的。

与明治制糖前后脚到台湾的是大日本制糖会社，其由东京日本精糖和大阪日本精糖在 1906 年合并组成，为保证原料粗糖的供给而进入台湾制糖业，1906 年 12 月在斗六厅五间厝设立虎尾工场。其后，大日本制糖因日糖事件[②] 破产，由藤山财团接收。大日本制糖多头发展，在日本本国和朝鲜有精制糖事业，在爪洼也有制糖业，又在朝鲜和本国开发甜菜糖。在甜菜糖开发失败后，乃又将事业重心转回台湾，1925 年，在虎尾设立产量英制 3000 吨的制糖厂，为日据时台湾最大糖厂。当时谚语云"油价北港定，蔗糖虎尾榨"。[③] 在日后台湾制糖业的几次合并过程中，大日本制糖收购了许多中小糖厂而成为和湾糖拮抗的台湾最大的制糖企业之一，但在 1920 年代，它还是以嘉义、云林为基地。嘉云地区虽在浊水溪之南，但去台南、屏东这两个传统最主要的蔗作区已较远。大日本制糖被认为在农业方面下力气较迟，但它的虎尾工厂区域跨虎尾、北港、嘉义、斗六四个郡，采取区域总面积 61538 甲，其中蔗作适合地 41032 甲，这其中不乏通过合并中小糖企而获得的。[④] 总的说来，大日本制糖在原料获得上还是有保障的。

日据前期，在浊水溪以南，除了湾糖、明治制糖、大日本制糖三家垄断资本的近代糖厂，还有一家规模小得多的中型糖企——盐水港制糖。盐水港制糖本是本地资本王雪农在 1903 年 12 月与郭春秧所创办，位于台南州新营郡盐水

① 佐藤正藏编：《台湾之糖业》，台北：成文出版有限公司影印，1910 年，第 96—107 页。

② 大日本制糖因过度投资资金套牢，又因股市暴跌导致糖价大跌而严重亏损，乃关说国会议员谋图糖业官营以逃避损失，事情败露后企业破产。

③ 参阅杨彦骐：《台湾百年糖纪》，台北：猫头鹰出版社，2001 年，第 42 页。

④ 藤井乡川：《台湾糖业の实际》，《日治时期台湾文献史料文献缉编第一四三号》，台北：成文出版有限公司印行，2010 年，第 99—100 页。

港街岸内。日俄战争后，台湾糖业繁荣，日资纷纷进入台湾，占据适合蔗作的区域以设立糖厂。日人槇哲、荒井泰治等以资本金500万元组织盐水港制糖株式会社，收买了王雪农的盐水港制糖。[①]其时王雪农在1905年的糖价暴跌时，押汇损失300万，被迫以所持股份抵债。[②]王雪农创办的台南制糖被湾糖合并已见前述，另外，他在1906年与他人（有本地人，有日本人）合作创办的斗六制糖在1914年被东洋制糖会社合并。盐水港制糖的原料采取区域在新营、岸内一带，北面被新高制糖、明治制糖、大日本制糖的原料采取区域所包围，传统上是制糖的适合地方。[③]盐水港制糖在日据时期几次糖业合并中挺了下来，它虽然和湾糖、明治制糖、大日本制糖不可同日而语，但到日据末，它也成为制糖业四个会社之一。

20世纪的最初十多年里，是台湾近代制糖业迅速发展的时期，日本大资本纷纷在南部抢占适合蔗作的区域设立制糖厂，如上所述，三井系的湾糖、三菱系的明治制糖、藤山财团的大日本制糖以及盐水港制糖已经把浊水溪以南适合蔗作的地区瓜分得差不多了，留给后到者新高制糖的地盘已经很少了。

新高制糖为大仓财团所有，其时，大仓财团在日本财团中排名第八。大仓财团起家于牡丹社事件中为日军提供后勤服务，因此与台湾总督府关系密切，儿玉源太郎与后藤新平提出“殖产兴业、国策糖业”时，原来属意大仓财团，但大仓财团并不看好台湾糖业，没有跟进，儿玉源太郎乃转向三井系。1909年10月，大仓财团方进入台湾制糖业，以500万元设立新高制糖，其时儿玉源太郎与后藤新平均已去职。如上所述，新高制糖设立时，南部适合蔗作的区域已经接近被瓜分殆尽了，新高的董事山田伸吾乃规划，以适合生长制造红糖的甘蔗的嘉义打猫地方设立嘉义工场，另在彰化引进水田甘蔗，设立彰化工场。[④]山田伸吾农学出身，日本占据台湾之初就进行农业调查，1898年发表《台北县下农家经济调查》，任总督府殖产局权度课长，曾赴爪洼考察水田甘蔗。其时，台湾引进的玫瑰竹种甘蔗适合水田栽种，因此，山田伸吾对水田区域发展制糖业充满信心。后来，新高先着手彰化工场，嘉义工场反而延迟。新高是第一个将近代制糖业引入水田区域者，也是台湾糖业合并运动之前唯一一个进入中北部

① 佐藤正藏编:《台湾之糖业》，台北：成文出版有限公司影印，1910年，第107页。

② 杨彦骐:《台湾百年糖纪》，台北：猫头鹰出版社，2001年，第95—96页。

③ 藤井乡川:《台湾糖业の实际·第二编台湾糖业行脚记》，《日治时期台湾文献史料文献缉编第一四三号》，台北：成文出版有限公司印行，2010年，第114页。

④ 参暨南国际大学历史学系阙林兰芳《大仓财阀在台湾研究成果报告》，www.docin.com.

米作区的大资本。它这一来，引发了米糖相剋。

（2）中北部水田区的制糖企业

1909年，与新高制糖差不多同时进入中部水田区的是本地资本和日资合资的林本源制糖。[①]次年，帝国制糖也在中部设立。

帝国制糖是在松岗富雄设立的改良糖廍的基础上建立的。松岗富雄原是公职人员，水田甘蔗引种成功后辞去公职开办改良糖廍松岗制糖。1910年10月，松岗富雄和安倍幸兵卫、山下秀实发起，资本金500万，实收75万，收购松岗改良糖廍和本地人的协和、台中两个改良糖廍作为出发点，设立台中第一工场；1912年又设立台中第二工场，这是一家不大的糖厂，只有300吨的压榨能力；1914年又合并了拥有新竹制糖的南日本制糖株式会社，并建立酒精工厂和本土的精制糖厂，如此渐次发展，最后成为拥有好几家粗糖制造厂和酒精厂，并有自备运输船舶的较大的制糖企业。[②]帝国制糖的发展史可以说典型地代表了台湾中北部中小日资糖企的特点，即以水田甘蔗和改良糖廍为基础和出发点。台湾传统糖廍是以牛拉动两个竖立的石碾子压榨甘蔗，效益低。所谓改良糖廍就是将石碾换成铁制的滚筒，并以蒸汽或柴油作为动力，效益提高非常多。日俄战争结束前，日本本土资金紧张，日资对于台湾总督府的殖产兴业政策没有多少响应，总督府的替代性政策就是鼓励改良糖廍的发展，其时本地资本设立了许多改良糖廍，根据制糖原料采取区域制度，这些改良糖廍都能获得相应的原料采取区域。日俄战争后至一次世界大战期间，日资大量投入台湾制糖业，改良糖廍就成为日资合并的对象。中小日资无法像垄断资本一样投入大量资金设立大制糖厂，改良糖廍就成为他们的出发点。改良糖廍生产能力的扩大是很容易做到的，早期的改良糖廍多为单重三转子压榨，后期有变换为多重压榨的，此外，简单地增加压榨机也可以扩大能力。传统糖廍生产的是含蜜糖（红糖），增添去除糖蜜的设备就可以制成分蜜糖（精制糖的原料粗糖），这样，一个改良糖廍就转型成为一家小型近代糖厂。改良糖廍利润丰厚，这些都是很容易做到的。中北部的许多中小日资制糖厂就是这样起家的。[③]佐藤正藏指出，帝国制糖树立榜样后，苗栗制糖、台北制糖、南日本制糖等新式制糖厂在北部地方设立起

① 佐藤正藏认为1908年，有一座日压榨能力199吨的改良糖廍在中部水田区设立，是制糖业进入水田区的嚆矢。改良糖廍的记录少，此座改良糖廍尚难以查证，不知是否指松岗富雄所创办的改良糖廍；另外，它还不是近代制糖企业。前引佐藤正藏书第28页。

② 佐藤正藏前引书，第192页。

③ 参阅拙稿《日据时期台湾改良糖廍研究》，《台湾研究集刊》1995年2期。

来了。[①] 在第一次世界大战前后这一段台湾近代制糖业的繁荣期，中北部建立了许多改良糖廊，这些改良糖廊有许多是本地资本设立的，但后来多数却被日资所合并。譬如，王雪农在1911年设立亿源糖米组合，并在1915年投入巨资，推动大甲溪以南的4500甲土地的甘蔗种植。但在1918年，新高制糖扩展到大甲溪一带，上述4500甲土地被无偿编入新高制糖的原料采取区域，王雪农为奖励甘蔗种植而向安部、增田屋、三井物产贷款的数十万元血本无归，亿源改良糖廊乃被债权人合并到沙辘制糖。[②] 其他许多资本比王雪农小得多的本地资本改良糖廊更是逃脱不了被兼并的命运。杨彦骐指出，"明治四十三年（西元一九一零年）是台湾制糖工场诞生的黄金年。这一年台湾有台北木村新三郎等人创立的台北制糖株式会社；以小松楠弥为首的北港制糖株式会社；台湾资本家王雪农等人投资的日资糖厂斗六制糖株式会社；以安部幸兵卫、松岗富雄、松方正熊为首的帝国制糖；台北花田等人设立的中央制糖株式会社等等，台湾新式制糖工场从明治四十一年的八家，到明治四十二年增加几乎一倍的十五家，明治四十五年（1912年）时全台制糖工场更多达廿九家，将近日俄战争时的五倍之多。"[③] 在这29家制糖厂中，南部的都是一些大厂，也有个别小厂。而中北部，除了新高制糖的彰化工场，其他都是小厂，即使帝国制糖，这时刚起步，也是小厂；而中北部其他的厂大多是通过收购、合并改良糖廊成立，都是小厂，它们有基于水田甘蔗的，有基于旱地甘蔗的。总督府本来有个未明文的规划，即南糖北米，即浊水溪以南为蔗糖区，浊水溪以北为稻作区。在蔗糖业的黄金期，这个设想被打破了，不过，来到浊水溪北面的制糖厂大多是中小日资。实际上，北部糖厂并不多，台北的糖厂后来也关闭了，1928年成立的昭和制糖原来在宜兰有两家工厂，后来也停产了一家。中小制糖厂主要还是位于中部地区的。总的说来，南部的糖厂是基于旱地的，而中北部的糖厂是基于水田的，[④] 基于水田的糖厂在原料获得上都有问题。帝国制糖的农务课长山本氏抱怨农民执着于水稻，他说，在米价不是很高时，相对于基于旱地甘蔗的糖厂，（基于水田的）帝国制糖的生产费还不是很高，而当米价升高时，虽然生产费用也高，但农民还是倾向于种稻，在稻作、蔗作收入相同的情况下，农民终究还是会种稻米。有

① 佐藤正藏编：《台湾之糖业》，台北：成文出版有限公司影印，1910年，第96—107页。

② 大圆市藏《台湾始政四十年史》"第四编产业第一章糖业10昭和制糖株式会社"。

③ 杨彦骐：《台湾百年糖纪》，台北：猫头鹰出版社，2001年，第44页。

④ 藤井乡川：《台湾糖业の实际·第二编台湾糖业行脚记》，《日治时期台湾文献史料文献缉编第一四三号》，台北：成文出版有限公司印行，2010年，第121页。

鉴于此，帝国制糖收购甘蔗的价格并不是一开始就定下来的，而是比照稻米的市场价格来决定收购甘蔗的价格，[①]此即米价比准法。据吴育臻研究，米价比准法只出现在中北部，尤其中部的台中州；至于南部，仅是东洋制糖[②]在传统上有埤圳灌溉的台南州地方实行过几年，台南州其他地方和高雄州均未实行过。[③]可见，所谓的米糖相剋，主要发生于中部。而相对于小厂，新高制糖、帝国制糖、林本源制糖这三家糖厂可以说是处于米糖相剋问题的中心。

综上所述，日据时期台湾的近代制糖业起始于20世纪初，在最初的十年里，主要是日本大资本在南部旱作区设立近代大糖厂；第一次世界大战前后，是日据时期台湾近代制糖业大发展时期，除了大资本继续在台湾南部设立糖厂之外，一些中小日资（这些中小日资有来自日本本国的，也有岛内日本人的资本。）在中北部设立了一些小规模的糖厂，这些糖厂多基于水田甘蔗，引发了稻蔗争地即米糖相剋。1920年代，蓬莱米在台湾引种成功，并输出到日本，稻米的主要种植区为中北部，米糖相剋问题乃尖锐化。1930年代中期，因日本本国对殖民地稻米的需求已不迫切，且日本已开始走向备战道路，殖民地当局乃开始管制台湾的稻米生产，并垄断稻米出口，米糖相剋问题在当局的行政控制下不再凸显。

四、结语

一般而言，宏观理论多着眼于总体形势。假如我们以帝国主义理论作为分析工具的话，可以发现，日据时期，台湾制糖业成为日本资本的一个有利的投资场所，但同时，日本又需要殖民地的初级产品——稻米和粗糖；正如列宁所说的要从一头牛身上剥下两张皮；而正是资本输出和初级产品的需求同样旺盛时，米糖相剋的问题就发生了。但我们可以更进一步深入对资本构成进行分析，柯志明认为日资为降低成本而在原料甘蔗种植上实行水平式扩张，这是不错的，但大资本在南部旱作区的扩张未引致明显的问题，而中小资本在中部地区的扩张却引起了米糖相剋。在殖民地，大资本占尽天时地利，而中小资本也努力要分一杯羹。实际上，在割台之初，就有许多日本人来台湾寻求机会，而殖民当

① 佐藤正藏编：《台湾之糖业》，台北：成文出版有限公司影印，1910年，第176页。

② 东洋制糖是一家专事收购改良糖廍的会社，后来就在1927年12月被大日本制糖所合并。

③ 吴育臻：《“米糖相剋”问题的空间差异（1895—1954）》，台湾师范大学地理学系学位论文，2002年，华艺线上图书馆，www.airitilibrary.

局中的一些公职人员因占据有利地位而容易获取机会而进入工商领域，松岗富雄等人是典型的个案，他们一般资金较少，但和日本国内的中小资本结合，利用殖民地政府对宗主国资本的有利政策，压迫蔗农，也能逐步取得发展。以前对他们的研究是比较少的，也缺少理论框架来处理殖民地的中小资本研究，这是今后可以考虑的一个研究领域。

原文载于《台湾历史研究（第三辑）》2016 年 3 月

台湾地区大陆同乡会数量、成立时间及刊物的考订

王玉国

一、问题的提出

2013年，社会科学文献出版社开始与台湾出版机构合作，收集整理台湾地区大陆同乡会（下文简称“大陆同乡会”）的文献资料。大陆同乡会多有文献出版，涉及家乡地理、历史、人文、习俗，也有回忆录、纪念文集、人物传略，还有涉及政治、经济、文化的时评和论文等，具有较高史料价值和文献价值。目前，社科文献出版社已建成“台湾大陆同乡会文献数据库”（下文简称“同乡会数据库”），并完成陕西、湖北、福建、山东、东北、河北、河南、山西、甘肃、广西、广东、浙江、江苏、湖南、贵州、江西、四川、云南库数据资料。同乡会数据库简介称：“1949年国民党退守台湾，国民党党政军人员、学生以及文化界人士等约120万人到台湾并定居下来”，“为了联络乡谊、互相济助，成立了300余个同乡会组织”。[①] 数据库“汇集1949年后台湾大陆同乡会组织创办的100余种，10000多期，约6亿字文献资源”[②]。大陆同乡会数量多、时间长、资料杂，收集整理工程浩大，社科文献出版社及相关专家学者功不可没。但笔者所接触到大陆同乡会资料，与目前公布情况存在较大出入。因此本文拟就台湾地区大陆同乡会的数量、分布、成立时间及刊物等基本情况加以考证，希望

① 数据库简介，2018年1月1日查询 http：//www.tongxianghuicn.com/gy/index.jhtml？libid=。

② 《台湾大陆同乡会文献数据库介绍》，2018年1月1日查询 http：//www.tongxianghuicn.com/。

能对同乡会数据库有所补充完善。此外，有台湾学者将大陆同乡会定位为“政治性移民的互助组织”，本文结合成立时间、会员构成等，亦希望有所讨论。

二、相关研究及资料的运用

目前，学界对于战后台湾地区大陆同乡会的研究还较少，较为重要的有：李效玲的硕士论文《民间社会之研究：以台北地区同乡会组织为例》，研究光复以来台北地区所设立同乡会的发展、组织结构、内外关系、主要活动以及社会功能等；① 钟艳攸修订其硕士论文出版《政治性移民的互助组织：台北市之外省同乡会（1946—1995）》，同样集中探讨台北市的外省同乡会，论述同乡会的产生背景、发展历程、数量与形态、组织与精神象征、会员与经费、主要活动与功能变迁等；② 徐丽娟的硕士论文《台北市江西同乡会之探讨》，对台北市江西同乡会做个案研究，分析其创立、发展、主要活动、事业及《江西文献》内容特色，探讨台北市江西同乡会与台湾社会变迁；③ 李映发的《四川人在台湾——高雄四川同乡会史》，论述了高雄市四川同乡会发展演变、慈善事业、出资助学、联谊活动、制度规范及两岸交流等，并收录重要乡亲文萃；④ 张洁和计慧珍的《温州——台湾民间交流研究》以台北市温州同乡会的《温州会刊》为中心，考察了温州和台湾之间的民间交流；⑤ 陈海忠和林瑜的《台湾地区潮州同乡社团述略》探讨台湾地区潮州同乡会的发展与现状。⑥ 此外，台北市湖北同乡会、台北市宁波同乡会等编辑出版了会史，台北市闽南同乡会、台北市浙江同乡会、台北市广东同乡会、台北市湖南同乡会、台北市海南同乡会、高雄市浙江同乡会等出版过周年纪念专刊。台湾地区的“中国地方文献学会”编印《中国地方文献社团荟要》介绍中国地方文献学会、大陆各省市县旅台地方文献社团、台湾省市县地方文献社团等，并探讨研究中国地方文献的理论与方法。⑦ 总体而言，

---

① 李效玲：《民间社会之研究：以台北地区同乡会组织为例》，台湾大学考古人类学研究所硕士论文，1978 年。

② 钟艳攸：《政治性移民的互助组织：台北市之外省同乡会（1946—1995）》，台北：稻香出版社，1999 年。该书保留其台湾师范大学历史研究所硕士论文（1996 年）的总体框架结构及基本观点，部分内容有所修订。

③ 徐丽娟：《台北市江西同乡会之探讨》，台湾师范大学历史学系硕士论文，2005 年。

④ 李映发：《四川人在台湾——高雄四川同乡会史》，成都：四川人民出版社，2001 年。

⑤ 张洁、计慧珍：《温州——台湾民间交流研究》，《温州大学学报》，2014 年第 5 期。

⑥ 陈海忠、林瑜：《台湾地区潮州同乡社团述略》，《韩山师范学院学报》，2015 年第 5 期。

⑦ “中国地方文献学会”编：《中国地方文献社团荟要》，台北：“中国地方文献学会”，1985 年。

同乡会编辑的会史、纪念刊及《中国地方文献社团荟要》大多为资料汇编或同乡会沿革，徐丽娟、李映发、张洁、计慧珍、陈海忠和林瑜的研究属于个案研究，李效玲和钟艳攸的研究集中在台北市，目前尚缺乏对台湾地区大陆同乡会全面详实的梳理，也缺乏深入系统的研究。

在台湾，同乡会属于人民团体，其创设要依据“人民团体组织法”，根据不同层级，向台湾内政部门或各市县的社会局 / 处申请备案，[①] 登记注册方可成立，并接受主管部门的监督管理。因此，台湾内政部门和各市县社会局 / 处的统计资料最为客观全面。此外，台湾地区大陆同乡会大多有连续刊物或周年纪念专刊等出版品，少数同乡会还编辑会史，个别同乡会因应信息时代而建立网站。综上，台湾地区政府部门统计资料、大陆同乡会出版品和网站，为本文主要资料来源。

三、台湾地区大陆同乡会的数量与分布

资料是学术研究基础，掌握资料多寡决定学术研究的深度与广度。对大陆同乡会的研究，首先要掌握其数量与分布的基本情况。同乡会数据库称“成立了300余个同乡会组织”，但根据台湾内政部门1992年统计，截至1991年底，台湾地区所设同乡会为657家，其中台北地区306家。[②] 根据钟艳攸统计，截至1995年12月，台北市曾有339家（次）外省同乡会成立案，有13家同乡会撤销后再度重组，实际有326家同乡会，其中又有30家同乡会撤销，故现存296家。[③]2013年，台湾内政部门再次统计，截至2011年底，台湾地区所设同乡会为758个，[④] 这个数字包括台湾地区各市县之间的同乡会。笔者根据台湾内政部门和各市县社会局 / 处公布的资料统计，截至2017年12月31日，台湾地区大陆同乡会共486家，具体分布情况如表1和表2。

---

① 台东县人民团体主管部门为民政处，与其他市县不同。

② “内政部”统计处编：《中华民国八十一年内政统计提要》，“内政部”统计处，1992年，第252—253页。

③ 钟艳攸：《政治性移民的互助组织——台北市之外省同乡会（1946—1995）》，台北：稻香出版社，1999年，第70页。

④ “内政部”统计处编：《中华民国100年各级人民团体活动概况调查报告》，“内政部”统计处，2013年，第40页。

表 1　台湾各县市大陆同乡会统计表

单位：家

台北市	高雄市	台南市	基隆市	台中市	花莲县	新竹市	桃园市	台东县	澎湖县	苗栗县
228	35	25	23	21	15	14	14	12	12	10
新北市	嘉义市	宜兰县	南投县	屏东县	云林县	彰化市	新竹县	金门县	连江县	全台
9	9	9	7	7	5	4	2	1	1	23
合计 486										

资料来源：笔者根据台湾内政部门、各市县社会局 / 处相关资料统计，时间截至 2017 年 12 月 31 日。

同乡会成立后，会因各种原因解散、注销。如台湾地区陕西省同乡会，一些县市“虽曾一度成立，或因人事更迭，而停止运作，致遭主管机关解散，或因未依章程如期改选其理、监事，而陷于停止活动”。① 又如 1988 年，台北市“定远、新疆、镇江等三个同乡会，因停止活动逾两年”，而被注销“立案证书及图记”。② 台北市浙江省平湖县同乡会、台北市浙江省嘉善县同乡会、台北市随县同乡会，均因“未依人民团体法召开法定会议，会务停顿已逾 2 年”，分别于 2014 年 1 月 21 日、1 月 27 日和 2015 年 10 月 7 日，“依法解散，并注销该团体之立案证书及图记”。③ 因此同乡会数量不断变化，当在情理之中。据统计，截至 2017 年 3 月，至少有 132 家大陆同乡会注销或解散。换句话说，从 1945 年台湾光复至今，台湾地区至少有过 618 家大陆同乡会，远远超过同乡会数据库所说的 300 余家同乡会。同乡会注销后，其资料有限，故下文将重点分析现存的 486 家同乡会。

台湾地区现存的 486 家大陆同乡会中，全台的大陆同乡会共 23 家，接受

① 陕西同乡会，http：//www.tongxianghuicn.com/alone4/index.jspx？ libId=333&jId=624，2018 年 1 月 1 日查询。

② 《台北市社会局公告》，《台北市政府公报》秋字第五十五期，1988 年 9 月 2 日。

③ 《台北市浙江省平湖县同乡会依法解散并注销立案证书及图记》，《台北市政府公报》第 57 期，2014 年 3 月 28 日，第 54 页；《台北市浙江省嘉善县同乡会依法解散并注销立案证书及图记》，《台北市政府公报》第 57 期，2014 年 3 月 28 日，第 55 页；《注销台北市随县同乡会立案证书及图记》，《台北市政府公报》第 233 期，2015 年 12 月 9 日，第 17 页。

台湾内政部门监督管理；各市、县的大陆同乡会共463家，接受各市县社会局/处监督管理。台北市为台湾地区政治、经济、文化中心，外省族群聚居众多，共有228家大陆同乡会，约占各市、县463家同乡会的一半。相较而言，台北市周边的新北市和桃园市，大陆同乡会分别为9个和14个。其主要的原因就是，同乡会虽然设在台北市，但其会员却辐射到周边地区，甚至全台。诸如台北市龙岩县同乡会，会址在台北市林森北路，并在台北市社会局登记注册，但其会员遍及台湾18个市县。2008—2015年间，该会会员分别为385、378、367、364、342、351、331、336人，台北市会员分别为176、170、171、165、157、157、148、151人，[①] 历年台北市会员都不足该会会员一半。此外，受内政部门监督管理的23家全台大陆同乡会也大多设立在台北市。因此，台北市是台湾地区大陆同乡会最为集中的城市。总体而言，大陆同乡会在台湾的分布，除了嘉义县之外，遍布全台湾各市县。大陆同乡会在台湾地区数量多、分布广，在一定程度上也证明了大陆和台湾历史、文化渊源深厚。

表2　大陆同乡会统计表

单位：家

福建	广东	江苏	浙江	湖南	江西	山东
86	49	45	41	40	32	28
河南	湖北	安徽	四川	陕西	河北	广西
27	26	24	19	10	8	6
贵州	云南	海南	重庆	山西	上海	天津
6	5	4	3	3	2	2
辽宁	内蒙古	甘肃	青海	跨区	其他	合计
2	1	1	1	11	4	486

资料来源：笔者根据台湾内政部门、各市县社会局/处相关资料统计，时间截至2017年12月31日。

① 《全省会员统计表》,《龙岩会讯》第34期，2008年，第143页;《全省会员统计表》,《龙岩会讯》第35期，2009年，第133页;《全省会员统计表》,《龙岩会讯》第36期，2010年，第140页;《全省会员统计表》,《龙岩会讯》第37期，2011年，第106页;《全省会员统计表》,《龙岩会讯》第38期，2012年，第127页;《全省会员统计表》,《龙岩会讯》第39期，2013年，第121页;《全省会员统计表》,《龙岩会讯》第40期，2014年，第153页;《全省会员统计表》,《龙岩会讯》第41期，2015年，第163页。其中，2012年、2014年的统计数字有误，笔者根据当年会员名录修订。

表2依照大陆目前行政区划加以分类。钟艳攸认为台北市的大陆同乡会多以1949年之前的“各层行政区域为组设单位”,“显示其政治归属性极强”。[①]这个判断显然大陆同乡会的政治归属性过于简单。首先，同乡会是以地缘为纽带而组设的社会团体，而行政区划通常以山川河流等自然地理作为分界，这就导致行政区划往往具有延续性。1949年后，大陆虽然对行政区划有所调整，但变化不多。就目前的同乡会名单来看，除台北市热河同乡会、台北市绥远省同乡会、台北市察哈尔同乡会、台北市西康省同乡会之外，其余的同乡会归属均与大陆当前行政区划高度重合，仅凭大陆同乡会的行政区划难以决定其政治属性。其次，台湾当局虽然失去对大陆的实际控制权，但从未放弃法律上的主权，“两岸人民关系条例”明确将“中华民国”分为台湾地区和大陆地区。台湾当局囿于“意识形态与政治干预”的影响，行政区划停格在1947年的“历史地理”。[②]台湾当局沿用1947年行政区划限制了大陆同乡会组设，故不能简单以此强调大陆同乡会政治归属性。此外，近年来大陆同乡会还有根据大陆行政区划更改同乡会名称的，如河北平津同乡会更改为河北京津同乡会。再如常德旅台同乡会1983年在台北市成立，后“为配合湖南省行政区域重划”，于2015年向台北市政府社会局申请重新立案，经核准更名为台北市湖南省常德市同乡会。[③]因此，大陆同乡会本质上是社会团体，地缘是维系同乡会的重要纽带。在两岸对峙初期，大陆同乡会因应台湾当局需求有所政治配合，仅为同乡会社会功能的一部分而已，不应夸大其政治归属性；而且，随着两岸关系缓和与发展，大陆同乡会政治功能也在发生变化，更不能简单强调其政治归属性。

钟艳攸统计台北市大陆同乡会，截至1995年，江苏省同乡会45家、福建省同乡会39家、浙江省同乡会38家、江西省同乡会37家、湖南省同乡会29家、广东省同乡会26家，福建和广东两省同乡会的数量并不突出。[④]同样，截止2017年底，在台北市228家大陆同乡会中，福建省同乡会29家、江苏省同乡会28家、浙江省同乡会25家、广东省同乡会24家、湖南省同乡会19家、

① 钟艳攸:《政治性移民的互助组织——台北市之外省同乡会(1946—1995)》,台北：稻香出版社，1999年，第70页。

② 王文隆:《台湾中学地理教科书的祖国想像(1949—1999)》,《“国史馆”学术集刊》(台北)2007年第17期。

③《台北市湖南省常德市同乡会简介》, http://www.changdes.net/ct-menu-item-2.html，2018年1月1日查询。

④ 钟艳攸:《政治性移民的互助组织——台北市之外省同乡会(1946—1995)》,台北：稻香出版社，1999年，第76页。

江西省同乡会14家，福建和广东两省同乡会在数量上也没有绝对优势。但通过表2可以看出，台湾现有的486家同乡会，覆盖了大陆25个省、市、自治区。此外，台湾地区还有11个跨区域的同乡会，如台北市河北京津同乡会地域包括北京市、天津市和河北省，台南市、台中市、桃园市和台东县都有两广同乡会，而花莲县大陆各省市同乡会总会更是囊括了大陆各省市。在486家同乡会中，以福建省86家同乡会最多，广东省49家次之，江苏省则为45家，浙江省41家，湖南省40家。从这个角度可反映出福建、广东两地与台湾渊源更为深厚，两地同乡会在全台分布更为广泛。

综上，从1945年台湾光复至今，台湾地区有超过618家大陆同乡会，现存486家大陆同乡会。除嘉义县之外，大陆同乡会遍布台湾各市、县，逾半大陆同乡会集中于台北市。现存大陆同乡会中，以福建省、广东省、江苏省、浙江省、湖南省为最多。大陆同乡会在台湾地区数量多、分布广，在一定程度上证明了两岸历史、文化渊源深厚。

四、台湾地区大陆同乡会的成立时间

同乡会数据库较为关注1949年后成立的同乡会组织，[①]其实，早在清代台湾就有同乡会馆组织存在。[②]日据时期，大陆同胞在台湾筹设“台湾中华会馆”，同样为同乡组织。[③]台湾光复后，大陆同乡会也随即在台湾组设，钟艳攸统计1945—1949年间台北地区大陆同乡会共8个：台北市闽南同乡会、台北市莆仙同乡会、台北市福州同乡会、台北市宁波同乡会、台北市山东同乡会、台北市广西同乡会、台北市江苏同乡会和台北市山西省同乡会。[④]虽然《台北市志》称“光复后，各省县同乡会在台北市寥寥可数”，[⑤]但同乡会数据库简单强调“1949年国民党退守台湾”，容易让人误解大陆同乡会似乎是1949年之后才开始组设。

台湾光复前，在台湾的汉人以福建和广东籍居多。因此，光复初期，福建、

---

① 数据库简介，http：//www.tongxianghuicn.com/gy/index.jhtml？ libid=，2018年1月1日查询。

② 周宗宪：《台湾会馆的研究》，《淡江学报》1986年24期，第237—252页。

③ 吴文星：《日据时期台湾中华会馆之研究》，《日据时期在台“华侨”研究》，台北：台湾学生书局，1991年，第83—140页。

④ 钟艳攸：《政治性移民的互助组织——台北市之外省同乡会（1946—1995）》，台北：稻香出版社，1999年，第46页。

⑤ 台北市文献委员会编《台北市志》卷四社会志社会组织篇，台北：台北市文献委员会，1988年，第128—129页。

广东同乡会的筹设，肩负着与前来接收台湾的同乡人士联络沟通之责。闽南同乡会、湖北旅台同乡会、广东同乡会和台北市宁波旅台同乡会都在这样的背景下组设。郭庆霖、吴漫沙、郭秋兴、林良德、郭毓晖、陈三绵、骆长成、李清标等同乡，宴请来台接收的同乡党政军公人员陈达元、陈清文、张开箴、陈泗孙、吴春熙、黄南阳、苏铁花等，鉴于“台湾割离祖国五十年，今国土重光，本于爱乡爱国热忱，遂共同发起组织‘闽南同乡会’，以团结新旧旅台同乡会情感，共谋同乡福祉，并协助政府推行三民主义，建设新台湾”①。1946 年 3 月，闽南同乡会在前中华会馆举行成立大会，出席同乡数百人。1946 年 11 月，张慕陶、瞿荆州、孙必亨等 20 余人欢迎闽台监察使刘文岛来台，决定成立湖北旅台同乡会。②1947 年 8 月，宁波同乡会在首次筹备会议记录中记载“拟筹组台北市宁波旅台同乡会”，“可作后日来台者咨询之处”。③在 1945—1949 年间，除了钟艳攸统计的台北地区 8 个大陆同乡会外，还有台中市福州十县同乡会（1945 年 12 月）、社团法人基隆市闽南同乡会（1946 年 1 月）、台南市福州十一县市同乡会（1947 年 1 月）、社团法人基隆市广东同乡会（1947 年 7 月）、台南市潮汕同乡会（1948 年 5 月）。由此可见，1949 年之前大陆同乡会在台湾北、中、南地区都有分布，但比较集中在北部地区。此阶段同乡会会员多数是光复前基于地缘、血缘关系就在台湾谋生或经商之人士，以及国民政府前往台湾接收的官员等。此阶段同乡会大多以联谊乡情、团结互助为宗旨，政治色彩并不明显。

伴随国民党当局迁台，大量军公教人员涌入台湾，大陆同乡会在 1949 年后“如雨后春笋，纷纷筹组”。④1950 年，国民党当局为了规范同乡会，根据“非常时期人民团体组织法”制定《台湾省某某同乡会章程准则》，分总则、任务、会员、组织、会议、经费及会计等，共计 6 章 28 条。该准则规定同乡会“以联络同乡情感，团结同乡力量，发挥互助合作精神，改善乡土习俗，并协助政府举办公益与生产事业，以增进地方福利，促进建国大业为宗旨”，在任务中要求

① 《台北市闽南同乡会创会经过暨历任理事长对会务贡献简述》，载台北市闽南同乡会编《思源——台北市闽南同乡会成立四十五周年会庆特刊》，台北：台北市闽南同乡会，1991 年，第 93 页。

② 钱江潮：《台北市湖北同乡会简史》，载台北市湖北同乡会会史编辑委员会编《湖北旅台同乡会会史》，台北：台北市湖北同乡会会史编辑委员会，1984 年，第 7 页。

③ 台北市宁波同乡会会史编辑委员会编纂《台北市宁波同乡会会史》，台北：台北市宁波同乡会，1990 年，第 6 页。

④ 台北市文献委员会编《台北市志》卷四社会志社会组织篇，台北：台北市文献委员会，1988 年，第 128—129 页。

同乡会“对于反共救乡及地方建设事项，得向政府提出建议”。[①] 在此之后成立的大陆同乡会，章程多半参照国民党当局的规定格式。1953年，台北市浙江同乡会组设，规定“本会以联络乡谊，交流情感，团结力量，响应讨毛救国，促进社会建设，发挥互助合作精神，协谋同乡福利为宗旨”。[②]1954年，台北市南安同乡会成立，规定“本会以联络同乡情感，团结同乡力量，发挥互助合作精神，共谋全体会员福利，并促进海内外同乡协助政府推行国策，重建家乡，完成复国大业为宗旨”。[③]1974年，台北市福建省同安县同乡会成立，规定“本会以联络同乡情感、团结同乡力量、发挥互助合作精神、期以奠定雄厚基础进而抱持人饥己饥、人溺己溺、推己及人慈爱为志旨，共谋全体会员福利，更为服务广大社会群众，缔造各阶层之和谐，并促进海内外同乡协助政府推行国策，共创福利之社会为宗旨”。[④] 由上可见，大陆同乡会在强调联络感情、互助合作的同时，都还强调“推行国策”或“复国大业”。在两岸对峙的历史环境下，大陆同乡会章程受到《台湾省某某同乡会章程准则》限制，其政治色彩明显，也是情理之中。

1979年，全国人大常委会发表《告台湾同胞书》，宣布了和平统一方针。1980年代初期组设的大陆同乡会已逐渐淡化政治色彩。1984年，花莲县云南同乡会成立，其宗旨为“加强乡亲情谊，互助互爱，敦亲睦邻，宏扬云南讨袁护国精神，拥护政府”。[⑤]1987年后，伴随着两岸关系缓和，两岸人员往来与互动日益频繁，维系故乡文化、加强文化传承成为大陆同乡会组设宗旨之一。据不完全统计，1996年以后成立的大陆同乡会至少有38个。2008年后，同乡会宗旨更是强调两岸交流，并且与大陆互动频繁。2012年12月，中华海门同乡会在台北成立，其任务为“会员联谊、相互关顾；促进海门语系华人之乡情；举

---

① 《台湾省某某同乡会章程准则》，《台湾省政府公报》，1950年夏第71期，1950年6月22日。

② 《台北市浙江同乡会章程》（1958年1月2日通过），《浙江月刊》1968年5月第1卷第1期，第32页。

③ 《台北市南安同乡会章程》（1993年2月20日修订），台北市南安同乡会：《民族英雄郑成功三百七十周年诞辰、台北市南安同乡会成立四十周年纪念特刊》，台北：台北市南安同乡会，1994年，第331页。

④ 《台北市福建省同安县同乡会章程》（2007年2月25日修订），台北市福建省同安县同乡会：《台北市福建省同安县同乡会成立三十周年纪念特刊》，台北：台北市福建省同安县同乡会，2009年，第58页。

⑤ 《台湾各县市云南省同乡会概况》，http：//www.yunnan.tw/index.php/companionship/association-overview.html，2018年1月1日查询。

办公益社会服务；建立家乡交流平台；奖助后代子孙”。[①]2013 年 10 月，台北市石狮市同乡总会成立大会在台北市举行，石狮市委书记张永宁前往参加并致辞祝贺。邱国泉会长表示，“将秉承同乡会宗旨，进一步团结所有旅台乡亲，同聚乡情友谊，增进感情；同时，发挥自身优势，为促进狮台两地经贸文化交流合作，为家乡建设发展贡献力量。”[②]2015 年 3 月，台北市石狮市同乡总会在台南市召开年度会议，筹备升格“台湾石狮市同乡总会”，福建泉州石狮市副市长蔡天守率当地乡亲约 80 人赴台观礼。[③]2015 年 4 月，南投县云南同乡会成立，其宗旨为：将持续与海内外各云南同乡团体密切合作，联系同乡情谊，促进两岸交流与发展。[④]2015 年 9 月，台湾平潭同乡会在台北成立，理事长林亮镛接受采访时表示：“十几年前，平潭人为了讨生活，跨海来到台湾各地发展”，[⑤]这说明该会会员为台湾“新住民”，而非 1949 年前后迁往台湾的军公教人员或其后代。

钟艳攸在其硕士论文中将政治性移民定义为“受到政治迫害、国土沦亡而徙居外地者，并非因政策决定而迁徙的居民”，[⑥]后在其专著中修订为“受到战乱因素影响，或因国土分裂而徙居外地者”，[⑦]显然其定义“政治性移民”为 1949 年前后因国共内战从大陆移居台湾的军公教群体。台湾光复初期成立的同乡会并非政治性移民，钟艳攸亦将 1946—1947 年概括为非政治性移民时期。[⑧]1949 年前后组设的同乡会或多或少具有一定政治色彩，但同乡会毕竟是

① 中华海门同乡会，https：//npo.moi.gov.tw/npom/homepage/detail/285103639，2017 年 6 月 30 日查询。

② 《台北市石狮同乡总会成立大会举行》，《石狮日报》2013 年 10 月 28 日，第 1 版；《台湾石狮市同乡会成立》，http：//www.twtimes.com.tw/index.php ？ page=news&nid=471926，2018 年 1 月 1 日查询。

③ 刘采妮：《全台石狮市同乡总会于台南市召开年度大会》，http：//emmm.tw/news_content.php ？ id=28871，2018 年 1 月 1 日查询。

④ 叶瑞其：《从异域到新故乡——南投县云南同乡会简介》，http：//www.yunnan.tw/index.php/literature/list-5/yunnanliterature46/1941-article4628.html，2018 年 1 月 1 日查询。

⑤ 《台湾平潭同乡会在台北成立》，http：//www.taihainet.com/news/twnews/bilateral/2015-09-20/1534095.html，2018 年 1 月 1 日查询。

⑥ 钟艳攸：《政治性移民的互助组织——台北市之外省同乡会（1946—1995）》，台湾师范大学历史研究所硕士论文，1996 年，第 5 页。

⑦ 钟艳攸：《政治性移民的互助组织——台北市之外省同乡会（1946—1995）》，台北：稻香出版社，1999 年，第 2 页。

⑧ 钟艳攸：《政治性移民的互助组织——台北市之外省同乡会（1946—1995）》，台北：稻香出版社，1999 年，第 18—25 页。

社会团体，联络乡谊、团体互助、传承文化是其主要功能，配合国民党当局的政治活动仅为其功能之一。尤其 1987 年之后，大陆同乡会推动两岸交流与发展，其迁台初期的政治特性已发生根本改变，仍强调其政治性移民属性有待商榷。

此外，随着岁月的流逝，因政治因素迁往台湾的军公教人员逐渐凋零，大陆同乡会会员已经有数量众多的第二代和第三代加入。以台北市龙岩县同乡会为例，该会 2014 年会员共 328 人，1950 年（含）之后在台湾出生的 163 人，占全部会员的一半。因此，我们在关注军公教人员移民台湾的政治因素同时，更应加强对不同时期大陆同乡会组设的宗旨、会员构成、活动及功能等方面的研究，才能全面认识大陆同乡会的发展与演变。

五、台湾地区大陆同乡会的刊物

大陆同乡会大多发行刊物，除了公布同乡会会务、搜集整理地方文献外，还报导大陆各省现况，具有较高参考价值。根据钟艳攸问卷调查，在 130 家同乡会中，约有 62% 同乡会定期出版刊物。① 在另一篇文章中，钟艳攸罗列了大陆同乡会出版的刊物 119 种。② 张围东在介绍台湾地方文献刊物时，认为在 1962—1978 年间，同乡会刊物总发行 20 种，③ 显然没有关注到钟艳攸的研究成果。同乡会数据库认为，大陆同乡会组织多附有文献社，从 20 世纪 50 年代开始出版刊物，借刊物发行达到维系同乡感情、保存故乡文献、抒发思乡感情、宣传会务等目的，并整理列表 112 种刊物。④ 这些刊物中，有的直接隶属于同乡会，有的则是单独成立的文献社。个人认同这种广义的界定，因为文献社也是以地缘为纽带的民间社团，在人员上与同乡会往往高度重合。但笔者所掌握资料，大陆同乡会数据库在统计与分类上仍有商榷之处。

同乡会数据库将《蒙古之友》《蒙藏季刊》《蒙藏通讯》列为同乡会刊物，但这几份刊物系台湾当局“蒙藏委员会”发行，并非同乡会刊物。1972 年 6 月，

① 钟艳攸:《政治性移民的互助组织——台北市之外省同乡会（1946—1995）》，台北：稻香出版社，1999 年，第 5 页。

② 钟艳攸:《战后台湾同乡会的经济方面资料》，林满红主编《台湾所藏中华民国经济档案》，台北：“中央研究院”近代史研究所，1995 年，第 415—422 页。

③ 张围东:《纪录台湾——地方文献刊物发展概述》，《全国新书资讯月刊》2007 年 9 月。

④ 数据库简介，http：//www.tongxianghuicn.com/gy/index.jhtml？ libid=，2018 年 1 月 1 日查询。

台湾当局“蒙藏委员会”筹划蒙藏工作推展，成立蒙古通讯社发行《蒙古通讯》，在发刊词中明确表示“分寄海内外蒙胞，以沟通意见促进团结，并借此使海内外蒙胞了解政府对蒙藏的各项措施”。[①]1982年2月，《蒙古通讯》改名《蒙藏通讯》，办刊目的是“报导政府重要措施”，“加强海内外蒙藏同胞之联系，增进相互间之了解与团结”。[②]1985年，“蒙藏委员会”恢复《蒙藏通讯》为《蒙古之友》；次年，单独发行《西藏之友》。时任“蒙藏委员会委员长”的董树蕃强调出版二刊的四大宗旨：“贯彻反共国策，扩大政治号召；配合国家建设，加强政策宣导；增进情感交流，厚植复国力量；阐扬民族文化，激发国族意识。”[③]2009年，《蒙古之友》《西藏之友》合并为《蒙藏季刊》。可见，上述各刊虽然强调蒙胞和藏胞情感交流，但报导台湾当局各项政策，加强宣导等政治功能为其主要宗旨，与大陆同乡会刊物不同。此外，从《蒙古通讯》到《蒙藏季刊》一路演变，其发行单位始终为台湾当局“蒙藏委员会”，其官方背景与大陆同乡会的民间社团性质不同。同样，《闽园》也是台湾地区福建省政府所创办的刊物，创刊宗旨为“加强省政研究工作，发扬本府团队精神，激励同仁战斗意志，并联络海内外闽籍乡亲，贡献智慧，加强团结”。[④]《闽园》创刊号上，《当前福建省政府的政治地位》《福建省政府委员简介》《省府的过去、现在和未来》等文章占据主要篇幅，其发行人兼社长为时任福建省政府主席的吴金赞，这些都表明《闽园》政府背景浓厚，完全不同于大陆同乡会民间社团的刊物。因此，大陆同乡会数据库将《蒙古之友》《蒙藏季刊》《蒙藏通讯》《闽园》列为同乡会刊物是不合适的。

《苗友》创刊于1962年6月，原为苗栗地区刊载客家文物掌故为主的客家杂志，后因杂志在全台均有影响而向台湾内政部门申请发行《中原》，但同时保留《苗友》，两者成为姊妹刊物，共同发扬客家精神，弘扬客家文化。[⑤]台北市中原客家联谊会虽然成立于1952年，但直至第九届干事会才决定发行客家刊物双月刊，经台北市政府批准，1987年12月12日创刊《中原客家杂志》。[⑥]适逢台北市中原客家联谊会筹备台北市客家崇正会，所以《中原客家杂志》就成为

① 本社：《发刊词》，《蒙古通讯》1973年8月第1期。

② 《发刊词》，《蒙藏通讯》1982年2月第1期。

③ 董树蕃：《发刊词》，《蒙古之友》1985年第1期。

④ 吴金赞：《光复大陆国土、复兴中华文化》，《闽园》1987年第1期。

⑤ 《发刊的话》，《中原》1964年5月15日第1期。

⑥ 曾永有：《发刊词》，《中原客家杂志》1987年12月12日第1期。

该会会刊，也是以客家文化为核心的刊物。因此，《苗友》《中原》《中原客家杂志》都是以客家为纽带，联络在台湾的客家人，弘扬客家文化，传承客家精神，在一定程度上与同乡会杂志弘扬地方文化、联络同乡乡情性质相近。台湾内政部门定义“同乡会”为“指原籍贯或出生地（以省市、县市区域为准）相同者于他行政区域组织之同乡团体，或区域同乡团体联合海外同乡团体组织之世界同乡总会”。[①] 可见，同乡会以地缘为纽带，而客家是以族群为纽带，两者之间还是存在差异的。因此，同乡会数据库将《苗友》《中原》《中原客家杂志》列为同乡会刊物也不甚合适。

台湾大陆同乡会数据库将其整理的112种同乡会杂志列入大陆不同的省份地区，但在划分上有值得商榷之处。《西北杂志》在发刊词中介绍，西北地区“包括陕西、甘肃、青海、宁夏、新疆五省及西安市”，“西北地区的旅台人士，乃组织了一个同乡联谊会，刊行《西北杂志》”。[②] 因此，《西北杂志》是西北地区的联合刊物，并非陕西省一地刊物，数据库将《西北杂志》划入陕西并不合适。1955年，中华人民共和国第一届全国人民代表大会第二次会议撤销热河省，将热河省所属行政区域划归河北省、辽宁省和内蒙古自治区。因此，数据库将《热河通讯》划入河北也过于简单。

此外，同乡会数据库所列刊物中，还有个别刊物笔者在台湾各大图书馆查询不到。因此，本文剔除同乡会数据库中非同乡会刊物，对个别同乡会刊物重新分类，并补充个人所见同乡会刊物，共计182种，具体列表如下：

表3　台湾地区大陆同乡会刊物一览表

单位：个

福建	福建会刊、福建会讯、福建文献、福建杂志、福州月刊、福州之声、古田会讯、古田文献、会务通讯（惠安）、晋江会讯、晋江杂志、连声、林森会讯、梅溪会讯、闽声、闽台、莆仙会刊、浦城乡亲、同安、乡音（武平会刊）、永春文献、长汀会讯、汀州会讯、福建月刊（2种）、闽光杂志、龙岩会讯、罗星塔、闽西、八闽会讯	30

① “内政部”统计处编：《中华民国100年各级人民团体活动概况调查报告》，“内政部”统计处，2013年，第12页。

② 杨大干：《西北杂志创刊词》，《西北杂志》1985年第1期。

续表

江苏	常熟乡讯、丹阳文献、丰县文献、阜宁人、海门县讯、海门乡讯、海州文献、江苏文物、江苏文献、江苏文献季刊、金坛乡讯、南京通讯、南京文献、沭阳文献、苏讯、泰兴、无锡乡讯、武进乡讯、萧县文献、宿迁季刊、宿迁文献、扬州乡讯、宜兴乡讯、江苏乡讯、睢宁乡讯、如皋文献、青溪乡讯、淮阴文献、徐州文献	29
广东	潮讯、大埔会讯、大埔会刊、会讯（高雄市潮汕同乡会）、高雄市潮汕同乡会会讯、高雄市广东同乡会会刊、广东文献季刊、广东之声、嘉应五属年刊、岭南特讯、台北潮人、台北市东莞同乡会会刊、台北市梅县同乡会会刊、台北市五华同乡会会刊、文昌文献、台北市蕉岭同乡会会刊、台北市兴宁同乡会会刊、广东报导、高雄市南澳同乡会会讯、龙川同乡会刊、梅州年刊、台北市惠州同乡会会刊、台南市潮汕同乡会会讯	23
浙江	高雄市浙江同乡会年刊、乐清会刊、宁波同乡、青田会刊、嵊讯、台浙天地、桐庐乡讯、温州会刊、义乌乡情、永康同乡会会刊、浙江月刊、舟山乡讯、富阳年刊、虞声	14
湖南	东安文献、湖南文献、湖南文献季刊、零陵人讯息杂志、零陵讯息杂志、宁乡文献、湘乡文献、湘学新报、湘资会刊、湘阴会讯、台南湖南乡讯、会讯（台北市湖南省湘阴县同乡会）、湖南会讯	13
江西	赣风、江西文献、宁都文献、萍乡文献、瑞金文献、乡情报导（台北市江西省萍乡旅台同乡联谊会）、瑞金简讯、兴国文献、寻邬文献、贵溪乡讯、黎川乡亲乡情、广丰人	12
河南	安阳文献、河南同乡、洛阳文献、鄢陵通讯、豫声杂志、中原文献、乡讯（台南河南同乡会）、内乡杂志、台中市河南同乡会会刊	9
湖北	鄂城县刊、湖北文献、黄安文献、监利文献、江陵同乡会讯、阳新文献、枣阳文献、黄冈会讯、会务通讯（屏东县湖北同乡会）	9
山东	古城阳、鲁泗会讯、山东会讯、山东同乡会会刊、山东文献、高雄县山东同乡会会讯、东牟简讯	7
安徽	安庆乡讯、皖声、安徽文献、安徽同乡会刊、皖音	5
海南	海南文献、海南简讯、海南同乡会会刊、海南杂志、南风	5
贵州	贵州文献、黔灵报导、黔人季刊	3
上海	崇明县乡情报导、浦东、松江乡讯	3
陕西	华县文献、陕西文献	2
四川	四川文献、高雄四川同乡会年刊	2
重庆	江津	1
山西	山西文献	1

续表

甘肃	甘肃文献	1
广西	广西文献	1
云南	云南文献	1
河北	河北会刊	1
跨区	川康渝同乡会年刊、东北文献、河北平津文献、河北京津文献、西北杂志、两广之声、乡情报道（全国各同乡会联谊会）	7
其他	察哈尔省文献、热河通讯、绥远文献	3
合计		182

说明：(1) 同乡会刊物刊名不能体现同乡会名称的，在（ ）内加以说明；(2)《同安》为封面刊名，封底为《台北市福建省同安县同乡会会讯》，无版权页，故以封面为准；(3)《福建月刊》共两种，分别为福建月刊出版委员会1970年创刊和台北市福建省同乡会福建月刊社1992年创刊；(4)《南风》为“中华民国南风学会”出版，学会由海南旅台大专毕业同学组成；(5)《西北杂志》封面写为“西北”，版权页写为“西北杂志”，故以版权页为准；(6)《察哈尔省文献》仅创刊号为《察哈尔文献》，故用《察哈尔省文献》。

资料来源：作者统计。

台湾地区大陆同乡会的设置，是遵循1947年行政区划，因此刊物名称也是沿袭当时行政区划。1949年后，大陆行政区划有所调整，如察哈尔、热河、绥远、西康等省的撤销合并，又如晚近设立的重庆直辖市，如果沿用1947年行政区划，已与大陆现实情况不相符合，尤其是热河和察哈尔省在1949年后划归2个以上省份，因此，笔者将《热河通讯》《察哈尔省文献》《绥远文献》归类为其他省区的同乡会刊物。其次，《河北平津文献》《河北京津文献》《东北文献》《西北杂志》《两广之声》《川康渝同乡会年刊》等都包括2个以上省、直辖市，故将其归类为跨区域同乡会刊物。表中所列同乡会刊物为笔者所见，尚有待今后补充完善。在182种刊物中，以福建、江苏、广东、浙江、湖南和江西为多，基本和这6个省份的大陆同乡会数量成正比。这182种同乡会刊物，基本为连续出版，或为月刊、季刊，也有年刊、不定期刊等。伴随时代发展，同乡会刊物有所转型，《台浙天地》纸本发行至2014年6月第33期止，自2014年9月第34期起改以电子版发行。无论是早期的纸本刊物，还是如今的电子刊物，大陆同乡会刊物种类多、数量多、内容丰富，都值得进一步深入研究。

六、结论

同乡会是联络同乡、凝聚乡情、互助救济的重要组织。1945 年台湾光复，先前基于地缘、血缘关系就在台湾谋生或经商之人士，国民政府前往台湾接收的官员，以联谊乡情、团结互助为宗旨组设同乡会，其政治色彩并不明显。1949 年后，因政治因素迁往台湾的人员纷纷组设大陆同乡会。大陆同乡会具政治功能、经济功能、社会功能和文化功能，各项功能随时代发展而有所变化。初期大陆同乡会的政治功能，随着两岸关系的缓和与发展，以及会员中迁台第二代或第三代的增加，已经发生转变。因此，不能简单用迁台初期的“政治性移民”来研究大陆同乡会。

通过台湾内政部门、各地社会局统计数据以及政府公报等资料，可以发现台湾光复后就有大陆同乡会的组设，到目前为止至少有过 618 家大陆同乡会，虽有注销或改组，当前仍有 486 家大陆同乡会存在。这些大陆同乡会遍布除台湾嘉义县之外的各市、县，逾半大陆同乡会集中于台北市。全台同乡会中，福建省、广东省、江苏省、浙江省、湖南省较多。大陆同乡会在台湾地区数量多、分布广，覆盖大陆地区广，证明两岸历史、文化渊源深厚。大陆同乡会在台湾创办至少 182 种刊物，在维系同乡感情、保存故乡文献的同时，也促进了两岸文化交流与发展。

台湾地区大陆同乡会是研究台湾历史及两岸关系的重要宝藏，本文仅从数量、成立时间及出版刊物进行初步考订，抛砖引玉，希望更多专家学者加强对台湾地区大陆同乡会的研究。

原文载于《台湾研究集刊》2018 年 2 期

文学篇

语言与台湾民众的“国族认同”

——以20世纪台湾文人、作家为中心

朱双一

语言往往涵容、负载着民族的重要文化信息。在台湾近现代以来的历史中，可以发现语言与广大民众的民族、国家、政治认同，密切相关。一般而言，大陆同胞较少面临国族认同的纠结，从不怀疑自己是中国人、炎黄子孙。而台湾同胞则有所不同，特别是自甲午战争以来，他们先后经历了异族殖民统治和处于“冷战”和“内战”交叠构造下而与祖国大陆较长时间隔绝，因此其民族、国家认同在历史的巨大变动中经受波折和考验，显得格外地复杂。

一、日本殖民统治下汉语的保存与民众的“国族认同”

日本殖民统治台湾后，即在台湾压缩汉语教学空间，推行日语教育，将日本和台湾儿童分别归入“小学校”和“公学校”施行差别教育。梁启超曾以《公学校》一诗记载其亲身闻见的当时台湾人的教育状况：“公学校”除了日语外，其他自然、社会课程均告阙如，结果往往汉语失教，而日语也仅学皮毛。读了几年毕业时，实际水平仍相当于文盲，“台湾识字之人本少，更十年后则非惟无识中国字者，亦将并无识日本字者矣。”[①]

然而中国文化在台湾根深蒂固，被殖民的台湾人仍保有浓厚的汉民族意识，在长达20年的武装反抗外，他们也采用文化的手段来抵抗殖民者。传统书塾被禁后，他们寻找其他途径来学习和保存汉语汉字，汉诗社因此如雨后春笋般涌

① 梁启超:《游台湾书牍》第四信，吴松等点校《饮冰室文集点校》第四集，昆明：云南教育出版社，2001年，第2203页。

现，1930年代最多时全台达数百个，号称诗人多如过江之鲫。殖民者强力推行的日文中固然夹杂着不少汉字，但这些汉字却是用日语来发音、阅读的；写作汉诗则不然，汉诗有押韵、音节等方面的格律限制，非得用汉语（包括其方言）来吟诵不可。因此，只要有汉诗的存在，就必然有汉语汉字的存在，汉诗创作也就成为维系汉语的重要手段之一。另一方面，写诗免不了要用典，这就要求作者必须熟知中国历史文化的诸多知识，甚至熟读、背诵中国古典诗歌。诗社活动经常采用击钵吟等竞赛方式，这就激励文人们为了争胜，在平时下苦功夫，不废吟咏。进一步而言，由于中国传统文化（含古典诗文）浸渍着儒家伦理观念以及佛、道等多种中国传统文化精神，这必然使台湾文人在此过程中得到熏染。这样，台湾士绅文人通过写汉诗保持和提升了汉语汉字能力，也加强了中国传统文化的修养，并进一步增进了对本民族的认同感。

除了传统诗文活动外，从祖国复制、引入新文化运动所倡导的白话文，也在台湾产生巨大的影响。早期文化启蒙刊物《台湾青年》《台湾》上面，就出现了提倡语言文字改革的文章。留日而在暑假游学北京的黄呈聪，在其《论普及白话文的新使命》长文中首先作“白话文之历史的考察”，指出当前它在中国通行最广最远，为“中国的国语”，而“我们是中国民族的系统”，所以并不难学。接着他又论说了“白话文与台湾文化和日常生活的关系”，指出“中国就是我们的祖国”，“若就文化而论，中国是母我们是子”，其风俗人情、社会的制度都一样，言语的发音虽多少有些差异，但语根和语法的排列大都一样，因此“比学日本的话更是容易了”。当前一些志士仁人看中国“守旧不合现代的生活”，遂掀起各种思想的革命，其中文学的革命如白话文“是最显著的，也最打动人心”，报章杂志新书无不使用白话文，“大多数的人不论男女老幼都喜欢读这个容易的文，所以现时中国文化的进行有一日千里之势。”英国大思想家罗素甚至预感：中国不上三十年就会成为一个“最强的国”，而这都应归于白话文普及之功效。[①]文章末尾将大陆作为台湾的主要文明输入源的情况分析得淋漓尽致：

这个文现在北京大学做中心，诸教授也很热心鼓舞宣传，到如今已经收了绝大的效果，没有人再敢议论是非了。看这个状况也可以打动我们的觉醒，使我们步他的后尘，快一点来学这个文了！我们的同胞若是晓得白话文，便可以向中国买得现代的新书和报纸杂志来启发我们郁积沉迷的社会，唤醒我们同胞

① 黄呈聪：《论普及白话文的新使命》，《台湾》1923年1月1日第4年第1号，（汉文之部）第17—18页。

的大梦，这就是改造台湾新的使命了！因为中国的社会和我们的社会是一样，中国要革新的事，我们也是一样，所以中国的新人对中国希望革新的事，无异也是对我们一样的希望了！[①]

显然，向台湾引入白话文，是建立在对本民族特别是近年来中国出现的革新、现代取向深表认同的基础上的。在他们心目中，台湾并不像日本殖民者自我吹嘘的那么“现代”，而是一个“郁积沉迷”，急需改造的相对落后社会。黄呈聪还和梁启超相似，指摘当时公学校只教日语而不教科学和一般常识，致使毕业生沦于“无器用”；殖民当局并无心让台湾同胞进入“文明”之境，而是出于同化的目的，这正是台湾社会不发达的原因。[②]由此可知当时台湾知识者的认知，与当前“台独”派学者鼓吹的日本先进、中国落后、日本殖民统治带给台湾现代化的说法大相径庭，甚至截然相反。

与此同时，同为留日学生且与黄呈聪同往北京的黄朝琴，也撰写了《汉语改革论》说明白话文的优点及采用它的必要性，并认为：世上所有民族都有其固有的族性，“我们台湾的同胞，亦是汉民族的子孙，我们有我们的民族性，汉文若废，我们的个性我们的习惯我们的言语从此消灭了！”这里将汉文的保存与民族性的维系紧紧联系在一起，是很有见地的。他还指出：“台湾是台湾人的台湾，万不可以少数的内地（指日本）儿童做标准，来牺牲大多数的台湾儿童。”[③]从上下文看，这里所谓“台湾是台湾人的台湾”，其抗辩的对象是“日本”而非“中国”，字里行间表露出强烈抗日倾向和汉民族意识，而非如今某些人如获至宝地反复用来作为台湾人很早就有针对中国的“主体性”和“独立”追求的证明。

《台湾青年》《台湾》属日文和汉语文言文合刊本，1923 年 4 月创办的《台湾民报》则明确定位为中国白话文的报纸。蔡惠如（铁生）在其创刊号上说：“台湾的兄弟不懂汉文，我所以滚下泪珠儿来咧……我们台湾人的人种，岂不是四千年来黄帝的子孙吗？堂堂皇皇的汉民族为什么不懂自家的文字呢？……快快醒来！汉文的种子既然要断绝了，我们数千年来的固有文化，自然亦就无从研究了。连我们自己的民族观念都消灭了，将来世界上的人类若比较起来，我们就可以排在最劣等的里面了。但是劣等的人类，究竟叫作甚么东西？有人说

① 黄呈聪：《论普及白话文的新使命》，《台湾》1923 年 1 月 1 日第 4 年第 1 号，第 20 页。
② 黄呈聪：《论普及白话文的新使命》，《台湾》1923 年 1 月 1 日第 4 年第 1 号，第 22 页。
③ 黄朝琴：《续汉文改革论》，《台湾》1923 年 2 月 1 日第 4 年第 2 号，第 26—27 页。

叫作奴隶。”[①]《台湾民报》创刊词上则写道：“为了启发民智，振起民气，普及白话文是必须的”，并倡设“白话文研究会”。同时开始转载来自大陆的新文学作品，七八年内数量高达几十位作家的上百篇作品。其中包括胡适翻译的法国作家都德的名作《最后一课》——战败的法国不仅赔款割地，被割土地人民还被迫改学德文，这种情况与台湾人民的经历和处境极为相似，而最后一堂法文课上老师哽咽演讲中“现在我们总算是为人奴隶了，如果不忘祖国的语言文字，必还有翻身之日”[②]一句，必然会让台湾民众感同身受，深深扣动心扉。连雅堂秉持“灭人之国，必先去其史”（龚自珍语）[③]的认知著写《台湾通史》，又整理“台语”，编撰《台语考释》，正与“如果不忘祖国的语言文字，必还有翻身之日”的精神相通。

1929年十一二月间，连雅堂在《台湾民报》上为其《台语考释》（后称《台湾语典》）撰写序文。《台语整理之责任》写道：“余既整理台语，复惧其日就消灭也”——“今之学童，七岁受书，天真未漓，咿唔初诵，而乡校已禁其台语矣。今之青年，负笈东土，期求学问，十载勤劳，而归来已忘其台语矣。今之搢绅上士，乃至里胥小吏，遨游官府，附势趋权，趾高气扬，自命时彦，而交际之间，已不屑复语台语矣……余以僇民，躬逢此阨，既见台语之日就消灭，不得不起而整理，一以保存，一谋发达，遂成《台语考释》，亦稍以尽厥职矣。曩者余惧文献之亡，撰述《台湾通史》，今复刻此书，虽不足以资贡献，苟从此而整齐之，演绎之，发扬之，民族精神赖以不坠，则此书也，其犹玉山之一云、甲溪之一水也欤！”[④]可以看出，连雅堂整理并提倡使用“台语”（台湾的闽南话等汉语方言），完全基于对抗日本殖民统治及其语文教育政策的汉民族立场。

《台语考释》的另一篇序文《台语整理之头绪》稍早也发表在《台湾民报》上。作者因自己“能操台湾之语”却“不能明台语之义”而深感自愧，写道：“夫台湾之语传自漳泉，而漳泉之语传自中国（按：指中原），其源既远，其流又长……余以治事之暇，细为研求，乃知台湾之语，高尚优雅，有非庸俗之所能知，且有出于周秦之际，又非今日儒者之所能明，余深自喜”。接着，作者

① 蔡铁生：《祝台湾民报创刊》，《台湾民报》1923年4月15日第1号，第2页。

② ［法］都德著，胡适译：《最后一课》，《台湾民报》1923年5月15日第3号，第11—12页。

③ 龚自珍：《古史钩沉论二》，《龚自珍全集》，上海：上海人民出版社，1975年，第22页。龚自珍为连雅堂所推崇者。

④ 雅堂：《台语整理之责任》，《台湾民报》1929年12月1日第289号，第8页。

举出“泔”（饭汤、淅米水）、“尻川”（谷道，俗称屁股、肛门）等为例，所谓“尻川”，“言之甚鄙，而名甚古，尻字出于楚辞，川字载出于山海经，此又岂俗儒之所能晓乎？”不少词汇，尤多典雅，“其载于六艺九流，征之故书雅记，指不胜屈，然则台语之源流长，宁不足以自夸乎？”当然，整理工作难度颇大，“苟非研求文字学、音韵学、方言学则不得以得其真……非明六书之转注假借，则不能知其义”，有的则“非明古韵之转变，则不能读其音”，“非明方言之传播，则不能指其字”。作者并重申此举与保持民族精神的关系：“余惧夫台湾之语日就消灭，民族精神因之萎靡，则余之责乃娄大矣。”[①]这里连氏一则指出“台语”的“传自中国”的悠久渊源，一则指出了如果想将其文字化，其实也需以汉字为基础，并考究其源流以及语音、语义之传播演变的过程。所有这一切，都没有离开这么几个认知：“台语”源于古代中国，所以高尚优雅；只是缺乏整理，对其加以整理是吾人的责任；整理和使用它是为了保持和彰扬中国民族精神。

连雅堂撰写《台语考释》与郑坤五在《台湾艺苑》刊出他所辑录、注音、评析的32首台湾民间歌谣，乃至更早的1924年10月1日起连温卿在《台湾民报》连续发表《言语之社会的性质》《将来之台湾话》等文，被称为“台湾话文保存运动”[②]。紧接着自1930年前后起，出现了“乡土文学”的提倡和“台湾话文建设运动”。延绵了数年之久的“台湾话文”论争，实际上乃“中国白话文”派与“台湾话文”派之争。后者提倡：为要普及大众文艺起见，要用台湾话做文、做诗、做小说、做歌谣，描写台湾的事物。[③]郭秋生慨叹台湾人“出外留学没有能力，在地糊涂了六年公学校没有路用”，成了“现代的知识的绝缘者”，为医治台湾的文盲症，便须使用言文一致的台湾话文。[④]稍后在《南音》创刊号上他又阐明其台湾话文字化的主张：一方面考据语言，找出适用的文字，一方面采用“形声”原则，利用六书中“象形”“指事”“会意”等方法来创造新

① 雅堂：《台语整理之头绪》，《台湾民报》1929年11月24日第288号，第8页。

② 梁明雄：《日据时期台湾新文学运动研究》，台北：文史哲出版社，1996年，第217—218页。

③ 黄石辉：《怎样不提倡乡土文学》，1930年8月16日《伍人报》第9号，引自中岛利郎编：《1930年代台湾乡土文学论战资料汇编》，高雄：春晖出版社，2003年，第1—2页。

④ 郭秋生：《建设“台湾话文”一提案》，《台湾新闻》1931年7月7日起连刊32回；引自中岛利郎编：《1930年代台湾乡土文学论战资料汇编》，高雄：春晖出版社，2003年，第42页。

字[①]，以建设出一种言文一致的台湾话文来。前者却认为：台湾话粗涩而不清雅，而且讹音又多，学习和采用中国白话文比自创特殊的台湾字还来得容易，较为经济方便，“若能够把中国白话文来普及于台湾社会，使大众也能懂得中国话，中国人也能理解台湾文学，岂不是两全其美！”[②]（注：日据语境）

这场论争时长人众，但基本上只是台湾左翼作家内部的论争，其目的都是为了“文艺大众化”、启蒙民众。两派之间的差别，只在一者认为要采用普通话，在当时台湾的环境下是不可能的，而另一派却认为直接使用普通话可行、有益而极力加以提倡。“台湾话文”的提出，缘于台湾新文学作家面临的一种深刻的客观困境以及他们的主观心理倾向。黄石辉一句被广为引用而各自解释的话或可为其写照：

台湾是一个别有天地，政治上的关系不能用中国的普通话来支配；在民族上的关系（历史上的经验）不能用日本的普通话（国语）来支配，这是显然的事实……[③]

这句话说的正是当时台湾人不能说汉语却又不愿说日语的情形：从政治上讲，他们被迫说日语，被禁止说汉语普通话，客观上也没有学说这种话的条件；但从民族认同上讲，他们仍旧坚持自己是中国人、汉族人，殖民者被他们称为“四脚仔”（即狗），因此很不情愿说日语。这时他们试图通过说台湾话——汉语的一种方言——来解决或至少是缓解这种困境。总的说，“中国白话文”派固然是指向“中国”的，“台湾话文”派也并未背离“中国”。当今有人将当年的“台湾话文”运动视为1980年代后“台语”运动乃至“台独”意识之源头，无疑是对历史的扭曲。

“台湾话文”派将台湾话文字化的努力，后来并没有结果——本身难度极大，其实也没有必要，所以至今都未真正实现和推广——但他们搜集整理台湾的民间文学（歌谣、故事等）取得了丰硕成果，李献璋所编《台湾民间文学集》即其一。日据时期台湾文学的语言现象值得注意的还有小说创作中大量使用了汉语方言语汇。闽南话为当时许多台湾作家之“母语”，他们从咿呀学语时起，

① 郭秋生：《说几条台湾话文的基础工作给大家做参考》，《南音》1932年1月1日第1号，第14页。

② 克夫：《“乡土文学”的检讨——读黄石辉君的高论》，《台湾新民报》1931年8月15日第377号，第11页。

③ 黄石辉：《我的几句答辩》，《昭和新报》1931年8月15、22、29日142—144期；引自中岛利郎编：《1930年代台湾乡土文学论战资料汇编》，高雄：春晖出版社，2003年，第70页。

就用闽南方言思维，因此自然而然地直接将其付诸笔端——根据其发音，用上自己觉得最合适的汉字。如“扫涂脚”（扫地）、“不晓衰”（不知羞耻）、“刁意故”（故意）等，如果作者不是直接用闽南语思维，是不可能出现此类词汇的。闽南方言的使用，具有保存民族的语言，对抗日本强制台湾人使用日语之同化政策的意义。正如前述连横所表白的，他之所以孜孜考察“台语”的古汉语来源，乃“余惧夫台湾之语日就消灭，民族精神因之萎靡，则余之责乃娄大矣”①。

1937—1945 年战争期的台湾，报刊汉文栏被禁，作家多用日文写作，也就没有了使用“台语”的可能性。然而汉语方言仍旧在家庭日常生活中存在着。与此同时，《诗报》《风月报》等极少数汉文刊物在夹缝中生存，为汉诗文创作留下了一线空间。至于诗社或个人的汉诗写作，更无法禁绝，不少新文学作家如赖和、陈虚谷、叶荣钟、杨守愚等，这时转而重新更多写起汉诗。因此到了 1945 年台湾光复之时，大部分台湾民众的用语现实是：既会日语，也会汉语方言（闽南话或客家话），但不会听、说北京话（汉语普通话），而文人、作家普遍仍保留着识读、书写汉字的能力。这就为光复后迅速地转向汉语写作打下了基础。像吕赫若、杨逵等，都是在短短的一两年内就用中文发表了新作。日本殖民统治 50 年以强力手段在台湾推行日语，却未能将汉语连根拔掉，方言和汉诗的存在，可说功不可没。

二、光复后台湾的语言转换及其与“国族认同”的关系

尽管当前许多人指责光复后推行的国语运动过于严苛，其实当年台湾人充满了学习民族共同语的热情，积极、主动地投入其中。这一方面乃出于民族自豪感，觉得恢复了堂堂的中国国民身份，理应学会本国本民族通用的语言；另一方面，也因现实的需要：长官公署的政策，不懂国语将在应聘任职、工作学习乃至看书读报等方面失去机会或遇到困难。当时国民党募兵甚至以此为诱饵——有新竹农民就因为当兵后可以接受北京话的培训而报名参军。② 官方成立了“国语推行委员会”，由来自大陆的魏建功、何容先后担任主任委员。两岸文化界人士迸发出极大积极性，各显神通想出各种办法来实现共同目标。如杨逵编印包括鲁迅《阿 Q 正传》和郁达夫、茅盾等的作品在内的《中国文艺丛书》，采用中、日文对照方式，便于台湾同胞借助已有的日语能力来学习中文。

① 连横：《自序（一）》，台湾银行经济研究室：《台湾语典》，1963 年，第 2 页。

② 李文吉摄影、陆传杰撰文：《宝山乡的征夫》，台北《人间》1988 年 12 月杂志第 38 期。

台湾省国语推行委员会编写出版了一系列国语教学书籍，如《注音符号十八课》（1946）、《国语说话教材及教法》（1948），并于1948年10月25日创办了逐字注音的《国语日报》。

最具创意的是根据当时台湾人在日常生活中还说着闽南话的特点，提倡通过方言来学普通话，以达事半功倍之效。人们普遍认识到，汉语和日语是截然不同的两个语言系统，而闽南话乃汉语的一种方言，语音上有规律性的对应关系，语法也基本相同，特别是文字是完全相同的，通过汉语方言来学习汉语普通话，是一可行的捷径，而从日语直接跳转到汉语普通话，其难度不可同日而语。为此，国语推行委员会特出版了《国台字音对照录》（1946）、《厦语方音符号传习小册》（1948）等，甚至到了1952年，还有《国台通用语汇》《台语方音符号》等的出版。魏建功、何容等也从一开始就撰文大力提倡。最早的或许是1946年3月底魏建功发表的《台语音系还魂说》，针对"台语"与"国语"的关系被忽略的现状，提倡将"台湾语"恢复到国语系统中间，这样"国语"在台湾的推行"就不是'生吞活剥'的单音词组的模仿了"[①]。

紧接着何容于1946年4月7日《台湾新生报》上发表的《恢复台湾话应有的方言地位》，观点之深刻和全面，措施之可行，令人赞佩！他首先指出"国语"和"方言"并不矛盾："推行国语不必，也不能，把方言消灭。"其理由，在于国语本身也是一种方言，只不过它符合于作全国通用语的条件。有了全国通用的国语，各地方言仍可在本区域内通行，这不但不妨害、甚且有助于国语的推行。因方言和国语是由同一种语言演变而成不同支派，尽管语音有所差别，但有演变轨迹可寻，并不像两种不同系统语言的音那么毫无关系。保存方言即可以用比较对照的方法来学习国语，所以有助于国语的推行。

何容还进一步阐述为什么不能消灭方言的理由。他以日本殖民统治为例来说明用强力消除某种语言的不可行："日本人在台湾推行日本话，方法那么周密毒狠，经过了五十年的时间，也没有把台湾话消灭啊！"不过台湾话已被日本话搅乱得有些变质了，并且因受日本话强力压迫，已经丧失了它应有的地位，因此何容明确提出：现在本省推行国语固然很重要，同时还应该设法恢复台湾话应有的方言地位。具体措施主要有二：除了"凡是可以用台湾话的时候，都用台湾话，不用日本话"主要是针对同时会讲日语和台湾话的台湾同胞外，第

① 魏建功：《台语音系还魂说》，《现代周刊》1946年3月31日第12期，第10页。

二项却是针对大陆来台人士的:“从内地来的不会台湾话的人，应该学习台湾话，要像不会广东话的人到了广东要学广东话一样。因为台湾话同内地各种不同的方言同样有被学习的资格。至少我们在心理上应这样想才对。”[1]

总之，何容认定：任何情况下都不应该再用日本话，至于推行国语和学习台湾方言，这是可以两条腿走路的；而要恢复台湾话应有的方言地位，首先应该改变我们对台湾的心理态度。这就将一般的语言问题提升至政治的高度。一个普遍的看法是，光复初期之所以出现省籍矛盾现象，乃大陆来台人士不大了解台湾的历史、对台湾同胞持不正确态度所致。而何容却提出了改善大陆人士对台湾的心理态度的问题，可说难能可贵！目前有人试图将当年“国语运动”加以污名化，借此渲染所谓“中国文化”对“台湾本土文化”的压制和欺凌，但从魏建功、何容等重视台湾话的态度，可知这种说法是片面、不符合事实的。

此后魏建功继续发表了《何以要提倡从台湾话学习国语》，强调台湾人学习国语，不是单纯的语文训练，而是已牵连到文化、思想、精神的光复问题，“受日本语五十年的浸染，教育文化上如何使得精神复原，这才是今日台湾国语推行的主要问题”。他不赞同“我们只要有标准语，何必再说方言”，以及“主张硬生生教人死板的呆学会话的办法”，因此致力于把大陆各省学习国语的经验介绍过来:“我们对台胞贡献的是自家学话的方法，不是教外国人学我们的国语的方法”[2],因此必然是有效可行的。又有一位当时还在北京的台湾人梁永禄,在读了何容《推行国语和恢复方言》一文后，写了一封给作者的信，在“不胜共鸣”之余，现身说法，讲述学会了本省话后，更容易学习国语的个人实际经验。[3]

不过这一方法、途径也引起一些争论。何容的文章发表后，4 月 12 日和 14 日的《台湾新生报》上有李武忠的《关于“恢复台湾话”问题》表示一些异议，此后陈文彬和李武忠在《人民导报》上就此问题争论了数回合。长期参加祖国抗战、光复后返台的宋斐如，在 1946 年 12 月 2 日的《人民导报》发表《如何恢复台湾话的方言地位》，表示自己并未反对这种说法，而是认为现在“问题的重心，已进到如何恢复的具体办法了”，对此“外省语言专家，还该多与本省懂得国音的人交换意见”，并“提议国语推行委员会应多采用本省人，或闽南人，

① 何容:《恢复台湾话应有的方言地位》,《台湾新生报》1946 年 4 月 7 日。

② 魏建功:《何以要提倡从台湾话学习国语》,《台湾新生报》1946 年 5 月 28 日“国语”副刊。

③ 梁永禄:《从我学国语的经验谈到国语和方言》,《台湾新生报》1946 年 8 月 28 日“国语”副刊。

或熟悉台湾话的国音家”，“先训练一批台胞教员，由一而十，而百，而千，而万，则问题就较易解决，目的也可达到。”[①] 可见他与何容的不同之处在于更强调依靠台胞，发挥台胞的作用。1947年6月1日，何容又在《台湾新生报》发表《方言为国语之本——顺便谈谈我们的任务》，提醒大家注意“多数台湾同胞丢掉了‘从方言学国语’这把钥匙”的严重现象，认为有这把钥匙，三五年之后就能收到成效，“不然的话，老是像教外国语那样教本省同胞学国语，要想得到日本人从前在本省推行日语的成绩，至少也要五十年的工夫！”[②] 何容期盼着通过以方言学国语的捷径，他很快能完成到台湾来的任务而返回大陆，未料后因时局变化，返乡的心愿终生未能实现。

尽管略有不同意见，但通过方言的捷径以更快地推行国语，成为当时的一项基本共识。在这种思路下，有些作家进行了成功的尝试。如吕诉上组织的“银华新剧团”创作、演出轻喜剧《现代陈三五娘》[③] 并正式出版。该剧本的最大特点，在于通篇用闽南方言写成，连一些方言特有的语气词，都有代用的汉字，十分传神。这种全方言的使用，笔者觉得比当前诸多“台语文学”作品还要成功许多，堪为典范。作者称“因为内容采取本省，所以俗语多，文字也力求浅白，现本省的国语文初学者，正欠缺浅白初步的娱乐安慰读物”。可见作者采用方言写作有明确的目的，而非偶然、随兴举动。方言的使用使人物的对白充分口语化，许多俗语增添了乡土色彩和语言的生动性，如用“脚后蹄筋（脚后跟）又底（在）弹三弦”来形容发抖，“膏膏缠”意为纠缠——用药膏的“粘”来形容纠缠的粘人——等等。其中不少其实是古代汉语，显示了闽南方言的“中原古音”渊源。吕诉上是台湾人，这从一个侧面证明了宋斐如所说调动本省同胞的积极性来推行国语能取得更好的效果。又如，“可能是光复后第一本用铅字印刷的学园刊物”，仅出一期就因1949年四·六事件而终止的《龙安文艺》，其成员“几乎全部都是（师范学院）台语戏剧社的社员”，戏剧社长蔡德本自然成为了龙安文艺社社长。[④] 刊物的实际编辑者林曙光在《编后》中，也说明本刊的出版主要归功于台语戏剧社各社员的努力。[⑤] 由此可知，光复初期台湾的闽南

① 宋斐如：《如何恢复台湾话的方言地位》，《人民导报》1946年12月2日。

② 何容：《方言为国语之本——顺便谈谈我们的任务》，《台湾新生报》1947年6月1日。

③ 吕诉上：《后记》，《现代陈三五娘》，台北：银华出版社，1947年。

④ 蔡德本：《〈龙安文艺〉终于找到了》，《文学台湾》2003年4月第46期，第176页。

⑤ 林曙光：《编后》，《龙安文艺》1949年4月第1期；引自《文学台湾》2003年4月第46期，第251页。

话戏剧活动具有一定声势，才能在高校中形成活跃的学生社团。这应该也是通过方言学国语时潮的一个体现。

1949年国民党正式迁台后，继续推行自光复后就在台湾展开的国语运动。上世纪80年代最早到台湾的大陆学者，往往惊叹于台湾乃全中国各方言区中推行“国语”（汉语普通话）最好的省份。与此同时，方言也并未在台湾消失。台湾广大民众（包括少数民族）一般都既能讲普通话，也能说方言或本民族语言。台湾的电视节目中，演员、主持人往往是闽南话和“国语”很自然地混杂在一起，纯熟地相互转换——平常用闽南话，而一些现代科技词汇、人名、概念术语，则用汉语普通话。这样既能使节目富有乡土气息，生动活泼，又可避免一些现代词汇难以表达的情形。这一点，也许是值得大陆方面学习的。

三、当前“台语文学”与日据、光复初期语言运动的关联

上世纪80年代以来，“台语”“台语文学”运动兴起并成为“台湾民族”论建构的重要一环。它们试图从历史中寻找依据和动力，因此有两个主要动向，一是为“台语”塑造长期受欺压的悲情形象——批评国民党推动“国语运动”乃出于加强统治的政治目的，手段上过于严苛、粗暴，压抑了本土语言；另一动向则是为“台语”运动寻找“前身”，造成台湾的前辈先贤早已如此的印象，同样为自己的存在和发展寻找历史的依据。

对于当年“国语运动”的批评之声中，像许雪姬所说“‘二二八事件’之后，国民党当局对台湾的‘国民’统合更为强化，认为‘台湾人彻底被日本教育奴化，被日本思想毒化’”，“必须透过‘国语’教育完全改造台湾人的国家、民族意识，并全面禁止日语，要求公务人员必须一律使用‘国语’”[①]，可说是最为流行的说法。其实这里所谓“一律使用‘国语’”至多仅施行于正式公务场合，在日常生活中闽南语显然仍具有广泛的存在空间，否则就不会有“台语片”风行一时的情况，而1980年后“台语运动”的突然勃兴，也是不可能的。黄英哲曾根据具体资料归纳出在1958年间，“国语推行委员会”的经常性活动有“标准示范事项”“辅导训练事项”等四类，其中“研究实验事项”中包括了“调查研究本省闽南、客家及山地方言”，而“编辑审查事项”中包括编辑“闽

① 许雪姬：《台湾光复初期的语言问题——以二二八事件前后为例》，《史联杂志》1991年12月第19期，第98页。

台音比较用书”[①]。由此可知，在“国语运动”中，作为方言的闽南语仍占有一席之地，并未被完全取消。

郑良伟是台湾著述颇丰的语言学家，其 1979 年出版的《台语与国语字音对应规律的研究》一书，立意与光复初期通过方言学“国语”的提倡仍有相似之处，也是方言并未完全被禁绝的另一证明。他在陈述本研究的理论根据时写道：

“本书所做的假设是以台语为母语的人，在成年后使用国语时，将不知不觉地在利用他的台语的词汇（包括音与义）。这个假设很容易加以证明，中国人记英语词汇要比法国人费力的多。原因是法语和英语的词汇有很多的同根语……中国人学习日语的时候，可以分成两类：一类是日语固有的词汇，我们记起来很吃力；另外一类是由汉语组成的词汇，无论是词义或是发音，我们学起来就很容易。原因是前者与汉语毫无关系，后者则有同源或译音的关系。又以台语为母语的人，学习国语的发音或用词都要比学习日语的固有词汇容易得多。这些事实告诉我们，原操台语的人，在学习国语的时候，很可能在不知不觉之中，利用着他的台语语汇。”[②]

该书认为由“台语”的字音推测“国语”的字音，最有规则的是声调的对应；而声母“百分六七十都可以靠台语的声母来推得到”，韵母的对应也同样有迹可循。由此可知，“台语”作为汉语的一种方言的地位，是有充分的科学依据的，而通过“台语”来学“国语”的捷径，也始终是有效的。[③]

台湾学者吕正惠针对“台语文学”之风昌炽而撰写的《台湾文学的语言问题》一文，也聚焦于方言和普通话的辩证关系。文章一方面仍从历史入手，追溯中国“书同文”的悠久传统，指出采用普通话“白话文”用以全国人民的相互沟通和书写记录的必要性和必然性，以及近年来台湾议论颇多的所谓方言“文字化”的不妥和不必。另一方面，又指出全中国“言殊方”的实际存在，强调和肯定方言乃“真正最‘活’的语言”，提倡适当地加入方言以丰富“白话文”，并对国民党压制方言的政策提出尖锐批评。为此吕正惠还引用毛泽东关于人民的语言是作家语言的源泉的论断，推崇赵树理的通篇以“口语”腔调写

① 黄英哲：《一九五〇年代台湾的“国语”运动（下）》，《文学台湾》2003 年 7 月第 47 期，第 177—178 页。

② 郑良伟：《台语与国语字音对应规律的研究》，台北：台湾学生书局，1979 年，第 15 页。

③ 学界有种说法，认为后来主要采用和推行齐铁恨的“国语注音方案”，借助方言学国语的途径被废止了。笔者则认为，“从方言学国语”是指学说国语的方法，“国语注音方案”则是小学生学识字的方法，这是不同的两回事。

成的现实主义作品，并对大陆作家常将各地方言“腔调”融入普通话，以各具特质的普通话并列组合成五彩缤纷、众声齐鸣的普通话“整体”的情况大加赞赏。[①] 无疑这才是对待“台语”的正确的态度。

对“国语运动”的批评还主要集中在当年学校教育中限制方言的严苛程度上，即中小学学生如果说“台语”，就会遭受挂牌、罚站乃至挨打等处罚。这种说法在文学作品中不乏其例。不过也有人指出，处罚说“台语”的学生乃日本人遗留下来的习气，并非来自大陆。虽然此说似乎难以找到实证资料，但如果结合日据时代的一些情况来观察，笔者是颇有同感的。50年代台湾的中小学教师主要应该有两部分，一是从大陆来到台湾的，一是台湾本省籍的，后者应占更大比例。其实大陆各地都未曾有过禁止方言的做法，反倒是日本殖民统治时期在学校里是严格禁止说“台语”的，违反者必遭惩戒。另外日本教师惩罚学生的手段也十分严苛残暴。台湾学者蔡元隆等就曾指出：日治时期体罚的方式包括打、罚站、跪罚，或是用水泼头。最常见的是“赏耳光”，日籍老师以能造成内出血的力量掴学生的脸颊，吴浊流《亚细亚的孤儿》中就提到学生被打耳光而引起中耳炎的事件。此外还有日籍教师拿着武士刀的木剑敲打学生，并对学生说：“上课睡觉就会被我当西瓜劈。”[②] 学生遭受惩罚所犯的错误中就包括讲台湾话，像《台湾民报》上青钊剧本《巾帼英雄》中的台籍女生施蕙兰，就因说了一句台湾话让校长听到了，校长便剥夺了她因成绩第一而本应享有的荣誉和权利。[③] 杨逵《公学校——台湾情景》中写道：有一次同学们用台湾话骂校长时，刚好被校长听到，校长狠狠地甩了这些“台湾团仔”的耳光。[④] 到了50年代，正是这批受到日本教育的台湾少年长大成人当了老师，他们将日本老师对待他们的那一套带到现在的学校里，是有可能的。反过来说，一般大陆的学校教师并无严厉体罚学生的习惯，传统私塾老师固然会用打骂方式管教学生，但随着新式学校的开办和五四新文化运动的展开，早已成为过去，这与日本教师视体罚学生为武士道精神的彰显，不可同日而语。

---

① 吕正惠：《台湾文学的语言问题——方言和普通话的辩证关系》，《战后台湾文学经验》，台北：新地文学出版社，1995年，第100—107页。

② 蔡元隆、张淑媚、黄雅芳等合撰：《日治时期台湾的初等教育：校园生活、补习文化、体罚、校园欺凌及抗拒殖民形式》，台北：五南图书出版公司，2013年，第86—89页。

③ 青钊：《巾帼英雄》（上、下），《台湾民报》，1928年6月3、10日第211、212号。

④ 杨逵：《公学校——台湾情景》，彭小妍主编《杨逵全集》第14卷，台南：文化资产保存研究中心筹备处，1998年。

在为“台语”运动寻找历史依据方面，除了一厢情愿地将1930年代的“台湾话文”当作自己的“前身”外，还有宣扬台湾人因接受现代意识而产生“台湾民族主义”并归因于日据时期的日语教育的。1987年3月起，因谢里法发表了《从二二八事件看台湾知识分子的历史盲点》一文，引起台湾统左派人士联手加以批判。[①]谢里法认为：“语文是传达思想的工具，但语文能力到了一定程度后，语文背后的文化体系便发挥作用，影响到人的观念和思考方法……本世纪的台湾正好以日本语文而接受近代文化的影响，才从封建社会逐步蜕变为近代社会。”又称：“中国统治台湾刚满一年便废止日文”，这使台湾“无异从近代社会又跨回到封建的旧社会去……致使社会进步的步伐停滞了将近二十年”；而文学家们为了达成“使台湾文学成为中国文学的一部分”的愿望而放弃日文写作并学习汉文，其结果是造成了“思想贫乏”的通病。[②]这些说法其实已超出了学术研究的范畴，而具有了鼓吹日本殖民统治带给台湾现代化等论调的政治意涵，当时就引起林书扬等的批驳。林书扬指出：殖民地文化要素（如日本文化要素）即使是“新”的，也不过是模仿性和外附性的东西而已；日本民族也具有许多负面文化，日本的近代文化也有落后消极的负面性，日语日文并不代表近代文化；日据时期台湾知识分子大多只有中小学生的日文水平，远未达到“使日文背后的文化体系”“影响到观念和思考方法”的地步。相反，战后一代台湾知识分子无论是通过中文学习所达到的文化高度，或是中文的学习效率，都比日语日文更好一些，谢里法本人就是一个很好的证明。[③]林书扬进一步写道：“所谓的近代化中，有殖民者的近代化，有殖民地人的‘近代化’，也有民族主体的近代化。第一种近代化是罪恶的、血腥的。第二种近代化是屈辱的、模仿不全的、虚弱无生机的‘拟似近代化’。而唯有第三类民族自主自力的近代化才是合乎进步法则的，具有真正的内在推动力的近代化。”因此，那些在战后放弃日文、回归中文写作的作家，乃是“放弃了屈辱的、模仿不全的近代化虚像，走回民族自尊的、自主近代化的轨道”。[④]

---

① 陈芳明：《荒芜与丰饶——写在书前》，谢里法《重塑台湾的心灵》，台北：自由时代出版社，1988年，第3页。

② 谢里法：《从二二八事件看台湾知识分子的历史盲点》，《重塑台湾的心灵》，台北：自由时代出版社，1988年，第90—91页。

③ 林书扬：《受压制者的伦理倒错——评谢里法氏的“历史盲点”论》，《如何让过去的成为真正的过去》（《林书扬文集》二），台北：人间出版社，2010年，第214—215页。

④ 林书扬：《受压制者的伦理倒错——评谢里法氏的“历史盲点”论》，《如何让过去的成为真正的过去》（《林书扬文集》二），台北：人间出版社，2010年，第216页。

日本学者藤井省三的《台湾文学这一百年》一书中一条贯穿始终的主线，在于宣扬日据时代殖民当局将"近代国家的国语制度"带入台湾，使得"全岛共通的'国语'（按：指日语）超越了经由各方言、血缘和地缘所组成的各种小型共同意识，而形成台湾等身大的共同体意识，可说是台湾民族主义的萌芽"[①]。在回答"台湾文学是什么"的问题时，藤井认为："只要该文本是和台湾等身大的共同体意识，或和所谓的台湾民族主义的价值判断有所关联，就可以称为台湾文学。"[②]这种说法在吹嘘日本统治带给台湾近代（现代）制度方面，与谢里法颇为相似，但更强调了台湾文学与所谓"台湾民族主义"的关联。笔者以为，台湾确实存在着说闽南语、客家语、南岛语等不同的族群或民族，甚至闽南族群内部历史上还曾发生过漳、泉械斗，但无论闽南语、客家话，都是属于汉语的一种方言，在日据初期的武装反抗以及后来长期的文化抵抗中，并不分你说闽南话，我说客家话，而是有志一同地与日本殖民者展开了浴血奋战，可见他们全都统一在汉民族或"中华民族主义"中。因此上述藤井省三所谓由于日语的推行才使得台湾各族群形成了与台湾"等身大"——意谓涵盖全台湾所有族群——的共同体意识，并最终发展为"台湾民族主义"的说法，是完全背离事实的。

由此可知，在一百多年来动荡变迁的台湾历史中，"语言"问题始终关联台湾民众的国家、民族的认同。特别是台湾的语言状况颇为复杂，日语、汉语普通话和不同的汉语方言乃至多种南岛语系少数民族语言交织在一起。殖民者曾强力推行日语，但直到 1945 年日本投降时，台湾民间还是通行着闽南语、客家语等汉语方言，中青年一代的台湾人虽然普遍会听说日语，但基本上仅是粗通而已，除了极个别人（如吕赫若）外，即使是吴浊流、龙瑛宗这样一流的台湾作家，其日文水平仍被讥为仅及中学生而已，其他人就更不用说了。台湾光复后，通过包括"从方言学国语"等方式，台湾民众很快地掌握了"国语"（汉语普通话），形成了"国语"和汉语方言并行的现象。从文学创作上看，1950 年代就已出现了林海音、钟理和、钟肇政、叶石涛以及《文友通讯》台籍作家群等。1960 年代中期，主要由台籍作家组成的《台湾文艺》《笠》诗刊等创办，1965 年 10 月，钟肇政主编《本省籍作家作品选集》和《台湾省青年文学丛书》

① ［日］藤井省三著、张季琳译：《台湾文学这一百年》，台北：麦田出版，2004 年，第 21 页。

② ［日］藤井省三著、张季琳译：《台湾文学这一百年》，台北：麦田出版，2004 年，第 21—22 页。

各10册相继问世，仅前者就收录了168 位台湾本省籍作家的创作。到了1970年代乡土文学思潮兴起后，本省籍作家已成台湾文坛主力。日据时期的日语日文和光复后的汉语中文的推行、普及速度之所以产生如此巨大的反差，原因在于日语日文属于异国异民族的语言文字，而汉语普通话和中文汉字属于本国本民族的语言文字，在读音语法、词汇字根等结构上，前者是完全不同的，后者却基本相同或有对应关系，再加上语言背后的整个民族文化体系的异同关系，其学习的难易程度自然会有天壤之别。日本殖民当局50年无法做到的事，台湾在光复后的短短几年十几年内就已做到并大大超越。目前一些台湾人士宣称闽南话、客家话等是其“母语”并掀起“母语权运动”，致力于闽南话等的文字化，但其内部派系繁多，各种方案无法统一。更主要的是闽南话、客家话，实质上都是汉语的一种方言，所以从小说闽语客话者，汉语也就是其“母语”，汉语各地方言固然读音上有所差别，但早已有历史悠久的统一而通行的书写文字，要另行“创造”一种文字书写方式，既很困难，也不必要，台湾有些人只是出于某种意识形态目的而进行政治性操弄，并无学理上的依据，其成功的可能性也甚微。

原文刊载于《文学评论》2017年第5期

殖民地台湾与"满洲"文化圈研究

张　羽

关于日本殖民地（占领地）文学研究，自上世纪七〇年代初，开始在日本、台湾、祖国大陆等地涌现出来，为笔者提供了相当多有益的参考。[①] 但在诸多研究中，重点剖析台湾与"满洲"[②] 文化圈之关联和互动的研究较为少见。本文将以此为重点，围绕以下几个问题展开论述：何种原因促成了日本在殖民地台湾和"满洲"采取的文化政策具有极强的相似性和连续性？台湾文化人为何要奔赴气候迥异的"满洲"？知识分子跨地域的文化流动产生了何种特殊精神体验？日本当局在两地所进行的文化侵略对两地文学生态产生何种影响？

一、跨境：跨越台湾与"满洲"的文化流动

今天看来，台湾和中国东北地区一南一北，所处地理位置相当遥远，气候

① 相关研究参见尾崎秀树《旧殖民地文学の研究》（东京劲草 1971 年）、河原功《台湾新文学的展开——与日本文学的接点》（研文出版 1997 年）、下村作次郎《从文学读台湾》（东京田畑 1994 年）、垂水千惠《台湾的日本语文学——日本统治时代的作家们》（东京五柳 1995 年）、冈崎郁子《台湾文学——异端的谱系》（东京田畑 1996 年）、藤井省三《台湾文学这一百年》（东京东方书店 1998 年）、中岛利郎编《台湾新文学与鲁迅》（前卫出版社 1999 年）、井手勇《决战时期台湾的日本作家与"皇民文学"》（2001 年）、冈田英树《伪满洲国文学》（2001 年）、松尾直太《滨田隼雄研究——文学创作于台湾》、逄增玉《黑土地文化与东北作家群》（湖南教育出版社 1995 年）、刘晓丽《异态时空的精神世：伪满洲国文学研究》（华东师范大学出版社 2008 年）、柳书琴《荆棘之道：台湾旅日青年的文学活动与文化抗争》（台北联经出版事业股份有限公司 2009 年）、许雪姬著《日治时期在"满洲"的台湾人》（台北"中央研究院"近代史研究所 2004 年）、许雪姬《在中国东北的台湾人 1908—1945》（"台湾殖民地史学术研讨会"，大连 2009 年 8 月）、黄文雄著《台湾 朝鲜 满州 日本の殖民地の真实 》（东京扶桑社 2003 年）、李文卿《共荣的想象：帝国、殖民地与大东亚文学圈 1937—1945》（台北县板桥市稻乡 2010 年）等。

② 清太宗时称中国东北为"满洲"，日本控制傀儡政府后亦称"满洲国"，本文为行文方便，以"满洲"、伪满洲国概称之。

迥异，地域文化差异也相当大，但在上世纪前半叶，因日本帝国的强力入侵，两地曾经有过一段非常相似的历史命运，即都遭日本帝国的占领、殖民和掠夺。在台湾，日本的殖民统治是 1895 至 1945 年发生，历时整五十年；在东北三省，自 1905 年日俄战争后，日本开始全面入侵“满洲”。1932 年伪满洲国建立后，日本更控制傀儡政府，直至 1945 年日本投降。两地被当作帝国日本一南一北的延长线，紧密地捆绑在一起，也促成了两地人员往来和文化交流颇为频繁的局面。

笔者阅读日据时期台湾报纸期刊时，发现台湾对“满洲”的关注，并不如笔者最初预想的那样始于伪满洲国成立的 1932 年，而是早自 1905 年，就已经开始对“满洲”加以报道。以“台湾总督府”机关报《台湾日日新报》为例，“满洲”为关键词进行搜索，自 1905 年 7 月 1 日起至 1906 年 10 月 14 日止，结果共 1996 条，平均算下来，该报每天出现“满洲”的次数超过四次。这些报道初期紧密关注日俄战争，在 1905 年 7 月 4 日发表“满洲内地之辽阳以南。既自一日起开放矣”[①]的消息后，关于“满洲”的报道不再局限于战局报道，而是逐渐扩大到“满洲”物产、气候、物价、在“满洲”的日本人等方面。

为何殖民地下的台湾如此关注“满洲”？连台湾报刊都为遥远的“满洲”保留大量的版面呢？这恐怕与历史上日本官员在台湾和“满洲”之间实行轮调的行政管理体制有很大的关系。当日本从俄国手中夺取了大连租借地和南满铁路经营权后。1906 年 1 月，担任台湾总督的儿玉源太郎被任命为“满洲经营调查委员会”委员长，7 月 13 日被日本内阁任命为“满铁”委员长。儿玉立刻举荐还在台湾任职的后藤新平来担任“满铁”的公司总裁。在文化管理方面，最早将台湾与“满洲”联系起来的就是后藤新平[②]。1898 年至 1906 年，他曾在台湾执政，历任台湾总督府卫生顾问（1896 年）、台湾总督府民政长官（1898 年至 1906 年），任民政长官期间，实际掌管统治台湾的大权。1906 年 10 月 6 日，因后藤将赴“满洲”就职，《台湾日日新报》对其“去台湾而之满洲”，用“全台人民不忍遽离”[③]之语来形容。1906 年 11 月 13 日，后藤离开台湾后即赴满洲

① 《开放满洲》（电报），《台湾日日新报》1905 年 7 月 4 日，第 1 版。

② 后藤新平（1857—1929 年）为日本帝国时期的政治家、医师和童军运动推广者，出生于日本陆奥国胆泽郡塩釜村（今岩手县奥州市水泽区），毕业于福岛县的须贺川医学校，后来进入当时的内务省卫生局服务。之后曾留学德国两年，得到医学博士的学位。曾任台湾总督府民政长官、东京市长、南满铁道会社首任总裁、外务大臣和内务大臣等要职，1928 年被封为伯爵。

③ 《后藤男爵送别会（基隆）》（杂报），《汉文台湾日日新报》1906 年 10 月 6 日，第 2 版。

担任“南满洲铁道株式会社”总裁，直至1908年7月14日卸任。

在台湾八年零八个月的期间里，后藤新平利用人性的弱点，提出“治台三策”：“台湾人贪生怕死，得用高压手段威胁”“台湾人贪财爱钱，可用利益诱惑”“台湾人非常爱面子，可用虚名拢络”，进而主导采用“糖饴与鞭”的两手策略，一方面以严刑峻法对待异议人士，另一方面积极致力于建设台湾经济。[①]其后，后藤借鉴在台湾的殖民经验，在东北提出“文武装备”论，可以视为“糖饴与鞭”的延伸。受其影响，关东军制定的《对满蒙方案〈第四次方案〉》中强调：“必须彻底普及王道主义、民族谐和的建国精神和日满融合之观念，倾注日本文化，排挤三民主义和共产主义”[②]。为了便于统治和殖民，日本殖民当局在两地分别组织了专业人员进行土地调查、户口普查、风俗旧惯调查，推动铁、公路等交通建设。其制定的殖民“文化政策”往往从国家统合与文化统合两方面着手，深蕴政治考量，竭力排除中华文化。其继任者也承袭这一思路，向殖民地民众灌输新的“日本国家（民族）认同”，将民众的国族认同引导到某个特定方向即认同大日本帝国，这些文化政策在两地的影响范围之广，延续时间之长，成为文化殖民统治中的重要特例。

除了后藤新平等日本官员调任“满洲”，延续其在台湾的文化统合政策，导致的两地殖民文化政策的大体相近外，此期也有大量台湾人转赴“满洲”求学和谋生，台湾人的这种跨境流动，带来了两地深层的文化交流和互动。曾在伪满洲国任职的台湾人谢介石[③]成为当时台湾人眼中“事业成功”的榜样。清朝灭亡后，在日本学习法律的台湾人谢介石被聘为吉林法政学堂教席。期间返台，与台湾诸友相聚，曾作《将赴吉林留别台阳诸友》两首诗，诗云：“华国方归又吉林，征鞍碌碌感殊深，春风濯罢扶桑足，晚日欣倾葵藿心。世纪舞台堪试演，三千世界任高吟，雪来柳往男儿事，朔地严寒岂畏侵。”“春风送我赴天涯，髀肉生时鬓未华，准拟燕飞先入幕，不曾虎啸敢为家。韁名锁利劳人甚，北马南船客路赊，万里河山增感慨，相思无限属蒹葭。”[④]该诗生动揭示了谢介石不畏

① 菊仙（黄旺成）：《后藤新平的治台三策》，《台湾民报》1927年2月20日第145号。

② 转引自肖安鹿：《简析日本军国主义在东北推行的奴化、同化政策》，《甘肃理论学刊》1995年第5期。

③ 谢介石（1897—1954），台湾新竹人，曾任“满洲房产株式会社”理事长，后居北京，战后因汉奸罪被捕，1948年出狱，1954年逝世。

④ 赖子清编：《台湾诗醇》，嘉义：作者自刊，1935年，转引自许雪姬：《是勤王还是叛国——“满洲国”外交部总长谢介石的一生及其认同》，《中央研究院近代史研究所集刊》2007年9月第57期。

严寒，期待能够在“世纪舞台”上“堪试演”的雄心大志。他后来担任了伪满洲国第一任外交部总长、第一任驻日大使。因谢介石引荐而赴伪满洲国行政机关任职的台湾人很多，尤其是外交部。伪满洲国成立一周年时，谢介石当特使到日本，向天皇致谢承认“满洲国”。①1935年，是日本殖民台湾的第四十个年头，伪满洲国成立的第四年，谢介石还代表伪满皇帝返台参加了“始政四十周年纪念”博览会，负责主持“满洲馆”之“满洲日”的开馆仪式。此间，曾发表声明：“满洲建国之日尚浅，要到全岛各地走走，先进的台湾可作为满洲国的典范。”② 在这次博览会上，日本当局为了展示“现代化成绩”，第一会场以日本殖民（占领）地（台湾、朝鲜、“满州”）建设展出为主轴，以“殖民经验”宣传为主。③

台湾学者许雪姬曾查阅日本大使馆的统计数字，并结合常驻在“满洲”的台湾人的口述历史，统计得出1895年至1945年间驻留“满洲”的台湾人约5000人左右，在1945年返回台湾后，在台湾的政治文化生活中，形成了“东北帮”④。除了统计数据，我们也可以从当时的文学作品中探触到台湾人对“满洲”的认知态度。日据末期台湾小说中，常出现主人公在台湾走投无路后，决定奔赴充满希望的“满洲”的情节。如台湾医生王昶雄的小说《镜》（1944年）中，台湾青年最终选择放弃台湾生活，走向“满洲”谋生。除了文学作品中表露出强烈的“满洲向往”之外，还有台湾作家真的奔赴“满洲”生活，如曾在奉天（今沈阳）生活过几年的台湾作家钟理和，这样描述当时涌向“满洲”的人潮：“满洲，对于日本来说，是块新天地，这新天地以地广人稀所造成的真空，大量吸引着日本帝国的臣民，想发大财和做大官的野心家，都想到那里去显显身手，移民的怒潮透过那条连接着日本、朝鲜，和南满铁路的大动脉，以排山倒海之势指向那里猛扑。每班船和每班火车，都堆积得几无立锥之地。”⑤ 值得探讨的是，台湾人为何愿意奔赴气候殊异的“满洲”？笔者推测，这一方面与

---

① 许雪姬：《是勤王还是叛国——“满洲国”外交部总长谢介石的一生及其认同》，《中央研究院近代史研究所集刊》2007年9月第57期。

② 《台湾日日新报》1935年10月3日第12755号，第7版。

③ 此处论述参照程佳惠的《台湾史上第一大博览会：1935魅力台湾Show》中的相关论述、亦对张世朋《日治时期始政四十年台湾博览会之研究》（成功大学建筑学系 硕士论文2005年，第58—62页）有所借鉴。

④ 许雪姬：《是勤王还是叛国——“满洲国”外交部总长谢介石的一生及其认同》，《中央研究院近代史研究所集刊》2007年9月第57期。

⑤ 钟理和：《奔逃》，钟铁民主编：《钟理和全集》1，高雄：春晖，2003年，第88、89页。

台湾报刊媒体的宣传有关，当时台湾报刊普遍宣扬“满洲”提倡五族协和，是适于人居的王道乐土，经过包装的“满洲”成为台湾人的新向往；另一方面，与殖民地台湾的现实不公平和高等学校紧缺有关，许雪姬曾如此分析：“日治下的台湾人求职较日人难，即使相同的工作也常感受到差别待遇，而在日本控制下的满洲，正需大量的人才前往协助经营；另外，日治时期台湾只有一所台北帝国大学，东北则有日本人所设水准甚高的南满医学堂（以后改成满洲医科大学）、旅顺工业大学等，不少台湾学子为了求学而前往中国、日本。求职、求学是台湾人前往满洲的主要原因。”①1937年后，也有一些台湾知识分子为躲避“皇民化”的压力，而转赴伪满洲国居住。②

二、跨语：两地语言政策的延续性与殖民性

以提出“文化资本”概念闻名的Bourdieu将语言视为另一种形式的“资本”。Bourdieu（1991）认为，语言并不单纯只是彼此沟通的一种媒介，有些语言在经过国家或统治者认证后，即取得了合法正当性，成为“官方正式语言”（official language）。“学校教育体系与劳动力市场之间的互动关系”在“贬低方言，以及建立语言使用的新位阶关系”③方面起到了重要作用。“殖民地语言的遭遇，和殖民主义许多其他层面一样，为了不平衡的权力关系所左右成为其特征——在这个例子里所指的是殖民者与被殖民者间的语言。对日本人而言，再没有比他们语言的纯粹性及精神性更敏感的课题了。”④基于此，日本在台湾和伪满洲国强制实施“国语”政策，透过语言政策、报纸、杂志、出版等逐步渗透和传播，强调学习日语的重要性。

日本语被比喻为日本人的“精神血液”，日本语教育也成为日本殖民的重要策略被加以切实推动。在台湾，殖民当局采取种种手段压制汉语，推行日语，如“扩充未受初等教育之十二至二十五岁青少年为对象之‘国语讲习所’，及

① 许雪姬：《是勤王还是叛国——“满洲国”外交部总长谢介石的一生及其认同》，《中央研究院近代史研究所集刊》2007年9月第57期。

② 例如杨肇嘉曾于1943年赴伪满洲国、上海居留。详见杨肇嘉：《杨肇嘉回忆录》，台北：三民书局，1967年，第320—337页。

③ Bourdieu，Pierre，1991，Language and Symbolic Power.Cambridge：Polity Press，转引自陈婉琪 温郁文：《讲啥米话咁唔要紧？——语言资本对族群间职业取得差异的影响》，《台湾社会学刊》2010年6月第44期。

④ 阮斐娜著：《帝国的太阳下：日本的台湾及南方殖民地文学》，吴佩珍译，台北市：麦田，城邦文化出版，2010年，第165页。

二十六岁以上之壮年为对象之‘简易国语讲习所’等，这些社会教育教化设施。结果，在1935年到40年期间，公学校就学率从41%上升到57%，‘国语’普及率则从29%提升到51%。”[①]1937年后，台湾总督府废除汉语教育，废止报纸“汉文栏”，至此极端的日语教育大致完全占据了台湾的语言教育。伪满洲国推行日语较台湾稍迟，1937年伪满文教部发布《关于在学校教育上彻底普及日本语之件》，要求彻底推行日语，不过此期报章杂志还通用汉语，日常交流是日本语和汉语混用。如《新满洲》发表的桥本虎之助《民族协和的信条和实践》一文揭示了语言混用的实况：“言语文章和民族存立很有关系，所以日本人应该努力去学习满语，满洲人当然更应该研究日本语，来谋意思的疏通。对方大多数本来是满系，愣说日本语，或者闹脾气的时候，本来应当尊重满系的体面，可是乱用日本语，还有因为仅仅用日本语竟把事情闹得不圆满的时候，也是不少。”[②]1938年贯彻新学制，全力推动新学制中的日本语教育，日语、满语和蒙语的授课时间大约相同。其后，日本开始加快在“满洲国”的日语普及力度，至1943年的中等教育新学制中，日语的授课时间达到满语或蒙语的两倍之多。

此期，有一个现象值得注意，一些日语较好的台湾人移居伪满洲国后，为了在就职方面获得优先地位，相当踊跃地参与当地的“日语检定考试”。如冈田英树曾在《伪满洲国文学》中指出，由于伪满洲国政府民生部的斡旋，1936年开始实施外语检定考试。1936年第一次日语检定考试有3607人，每年递增，至1940年参加日语检定考试的人数已达29223人，可证明伪满洲国人“学习日语热的高涨”。而日语热的推波助澜者不乏台湾人，在第五次检定考试中（特等、一等）的内部材料看，成绩优异的日本人为44名，中国、朝鲜人25名，亦即台湾籍和朝鲜籍的“日本国民”占36%。殖民地台湾人因为较早被强制学习日语，日语普遍较好，伪满洲国急需日语人才，成为台湾人向伪满洲国流动的一个诱因。这些“正雄辩地证明了这个国家复杂的民族问题和曲折的语言交流的情况”[③]。在一定意义上，也彰显了日本殖民当局语言政策在一南一北两个

① ［日］山本有造原著：《一视同仁、一意一心——以所谓‘皇民化政策’为中心论点》，杜武志译，《台北文献》第143期，2003年3月。

② ［日］桥本虎之助述：《民族协和的信条和实践》（续），关毅译，《新满洲》1939年第1卷第6号，第6页。

③ 冈田英树据以下资料整理，《满语版 满洲国日语》（1940年10月1日第5号）刊载的一览表和《第五次语学检定考试者数》《日语版 满洲国语》（1940年10月1日第7号）作成，笔者未见原始资料，此处参照［日］冈田英树著《伪满洲国文学》，靳丛林译，长春：吉林大学出版社，2001年，第173、174页。

殖民地取得了实效，它甚至成为两地人才流动的内在动力，并混淆了两地民众的文化认同。

常驻殖民地的日人作家也多次强调学习日语的重要性。如西川满的《台湾纵贯铁道》（小说连载于 1943 年至 1944 年）中，台湾人简秀兴被日本人雇佣为伙夫实习工，在上工第一天，简秀兴满怀希望地告诉自己：“我该早日熟悉这个工作，然后再学日文。不对不对，为了工作需要，应该先学语言才对。昨日之我，已经和猪尾巴辫子一起从这个世界消失。”在日人作家的文学作品中，我们常会看到学习日语往往和积极参与日本在台的现代化建设、军事活动息息相关。朱惠足曾指出：“为了将殖民地台湾的汉人送往父祖之地的中国大陆战场攻打同样是汉人的中国人，书写台湾汉人成为帝国主体的‘那一刻’是有必要的。然而，大费周章地写这么长的一部小说重申帝国统治的正当性，反倒暴露出帝国军事动员殖民地异族的行动缺乏正当性、需要刻意合理化。”①

受语言政策的影响，不同时代的文学作品中可以看到日语影响的渐进过程。1920 年代，跨越新旧文学的台湾赖和等作家汉学造诣深厚，在从事新文学的写作之余，坚持旧诗词创作；1930 年代，杨守愚、朱点人等新文学作品中，常常出现日语（多用汉字代音）、闽南方言、汉语的混杂状况，并以文本中的汉文化空间的塑造来抵抗殖民空间，典型的例子如朱点人在小说《秋信》中，前清老秀才斗文先生用《正气歌》《桃花源记》来强调自己的中国认同；在伪满洲国的文学作品中也出现了中日混杂的“协和语”；在 1937 年后，因语言政策的强制实行，两地更出现不少日语世代知识分子，在台湾有杨逵、龙瑛宗、张文环、吕赫若、王昶雄、周金波等人，在东北则出现古丁、爵青等人。比较言之，因日本在台湾殖民时间久，日语强制普及时间长，台湾作家能熟练使用日语的人数较伪满洲国多，涌现出的日本语作品也较多。但这些日本语文学在相当长的时间内被作为“附日”的文学，较少受到研究。殖民地文学如果只以“附日”和“抗日”二元视角来研究，未免会陷入简单化的研究之中。事实上，殖民当局的“官检”（Censorship）与日语世代知识分子的“托寓”（allegory），二者之间的对抗、协力、暧昧也令台湾和伪满洲国的文学生态复杂而多元。

由此可见，强势的语言政策成为日本侵略“国策”中的重要组成部分，殖民者对语言教育的极端化的行政化管理，不惜消灭汉语，造成在地民众语言的

① 朱惠足：《帝国主义、国族主义、“现代”的移植与翻译：西川满〈台湾纵贯铁道〉与朱点人〈秋信〉》，《中外文学》2005 年 4 月第 33 卷第 11 期，第 134 页。

断裂。在殖民地台湾和伪满洲国日语以强势的姿态进驻到汉语中，并成为外来语而固定下来。1945年，台湾和东北迎来了光复，两地文坛同样面临着第二次的语言跨越——从日语到汉语。

三、“首”与“体”：建构帝国日本的“南方文学”和“北方文学”谱系

日本殖民当局在架构“大东亚共荣圈”中，将台湾视为帝国的“南进基地”，伪满洲国则被视为帝国“北进”的基石。受其战略影响，帝国日本还着力从文化空间上建构殖民地台湾和伪满洲国的文学谱系。1935年前后，常驻台湾的日本知识分子岛田谨二和西川满等倡导“南方文学”，岛田谨二在《台湾文学的过现未》一文中，建构出“在台内地人”的文学谱系；西川满则揭举“南方文学”的旗帜从事刊物编辑和文艺创作，随后“在台日人文学”一词逐渐被“南方文学”所取代，报章的使用频率明显增多。如主持《文艺台湾》编辑的西川满说过：“几乎每天忙着做什么…… 因为当时满腔热忱地埋头于树立南方文学。”[①]1937年后，常驻“满洲”的日系文学者开始倡导“北方文学”。如上野凌嵱说：“有人所说满洲文学实际上只能由满洲人来完成，日本人只能占辅导性的地位。这种错误的理论只能让人目瞪口呆”，强调宣言：“满洲文学必须彻底是日本文学的一个流派，而且必须在其主流中贯彻现代日本文学的领导意识。”[②]日本文人在两地有意识地提倡并经营日本的“南方文学”和“北方文学”，其策略与影响值得深入分析。

首先，从文化舆论方面营造“日本为大东亚文化圈核心”的主旨论述，谋求确立中央（日本文坛）与边陲（殖民地文坛）的从属关系，强调殖民地文学的政治属性。此期，在台湾和伪满洲国的媒体报刊和文学书写中，都出现了大量对殖民宗主国和殖民地之间关系的身体譬喻，如在伪满洲国，日本人桥本虎之助在谈及民族协和的问题时，曾这样表述：“日本民族在满洲国站在指导的中心的地位……日满系的关系……更可以说以脑为中心的神经系统市政府机关，是发号司令的，以心脏为中心的血管系统是协和会，司体力荣养的，两方面合

① 陈藻香：《西川满の台湾的浪漫——诗歌と闽南语》，《台湾日本语教育文集》1994年12月第2号，第96页。

② ［日］上野凌嵱：《满洲文化的文学基础——何谓满洲文学》，《满洲日日新闻》1935年9月25日。

起来活动，才能活泼发达呢，满洲国全体的情形，应当是这样。”[①]台湾青年巫永福曾有一篇小说《首与体》[②]中，用“首”与“体”的比拟，形象揭示了日本宗主国和殖民地台湾的位序排列。施淑曾指出：“……在殖民体系中，接受‘内地’（指日本——笔者注）与‘本岛’，开化与野蛮的身份认同的台湾本地知识人身上。于是，生活在京都贺茂川的化身与历史的孤岛的台湾知识人，也就在首与体的对立下，辗转于理想与现实、自我与传统的矛盾”。[③]在台湾和伪满洲国的两地文化刊物中，此类譬喻具有高度的一致性和重复性，日本多被比喻为“首”，身体中“首”至关重要，负有掌控全局的功能；殖民地则被比喻为“体”，必须听从命令，服从指挥。

“卢沟桥事变”爆发后，日本本土及其殖民地关系发生了重大的变化。日本开始为所谓的“圣战”做“国民总动员”，殖民地台湾和伪满洲国成为“总动员”的重要参与者。在“文学报国”策略的推动下，两地文坛的生态更呈现出惊人的趋同性。常驻台湾的日系知识分子从提出文学口号，开始更密切地协力殖民地台湾的“同化运动”，“皇民文学”“报国文学”等被反复加以讨论。台湾籍作家被迫要求面对战争翼赞的要求，张文环、黄得时、杨云萍、龙瑛宗等人都被纳入“战时思想文化委员会”担任委员，[④]吕赫若、张文环、龙瑛宗、杨云萍、杨逵以及陈火泉、周金波等人被总督府情报课派遣各地从事报导文学的写作，编辑成《决战小说集》乾、坤两卷[⑤]。在伪满洲国，“独立的满洲文学不是在满日本人的文学，而是从日本人文学向满洲民族文学质变的文学”[⑥]，各类配合战局的文宣开始充斥文学杂志中，如1944年9月出刊的《麒麟》的卷首就刊登了岩本修藏的诗歌《于圣焰旗下》：“亚细亚的精神是一体！扬起这圣焰旗一直的往前进，守护我们的神圣的大地，我们是为神圣的和平去战斗的！”[⑦]每期刊有“麒麟评论”和“麒麟电台”配合时局进行文宣。此时的伪满洲国文学生态正如

---

① ［日］桥本虎之助述：《民族协和的信条和实践》（续），关毅译，《新满洲》1939年第1卷第6号，第5页。

② 巫永福：《首与体》，《福尔摩沙》1933年7月创刊号。

③ 施淑：《首与体——日据时代台湾小说中颓废意识的起源》，发表于《吕赫若文学研讨会》1996年11月30日—12月1日，台北：“行政院文化建设委员会”主办，联合文学承办，第15页。

④ 名单见于《皇民奉公会会志》，《新建设》19号，第52页。

⑤ 其作品先后发表于各杂志，后交由台湾出版文化株式会社，1944年12月30日出版，版权页上注明初版发行一万部，是决战时期的精神食粮，影响力相当大。

⑥ ［日］江原铁平（吉野治夫）：《再谈满洲文学》，《满洲日日新闻》1939年4月4日。

⑦ ［日］岩本修藏作，大内隆雄译：《于圣焰旗下》，《麒麟》（长春）1944年9月号第3卷第9期，第31页。《伪满洲国期刊汇编》（第十册）线装书局复刻版。

当时的评论中所指出的那样，“新意义上的‘战斗的文学’早已在满系作家中间出现。那就是大同报等报刊揭载的一种时局文学、爱国文学。这些短篇小说，写了国家征兵法，写了前线和后方的配合，也写了人们如何努力增产粮食。”①

其次，日本殖民当局还从制定文艺政策、组织文艺团体、召开文学会议、设立文学奖项等方式来消解异音，统一殖民地民众的“日本认同”。在中国东北，1932年后，日本文人开始有意识地“收编”和“主导”东北文坛，口号是“日满协和”。在1934年先成立了日本人的“奉天笔会”，日人作家意识到应该进一步拉拢殖民地作家，又于第二年成立了由日本人为顾问或主要负责人的“满洲文化协会”，其使命是“为日满两国人共同文化机关，于大正九年创立以来，对于满洲文化之进步，日满共存之目的，努力进行”②。西村真一郎在论文《在满作家必然发生的问题》中，指出“满洲文学”的政治属性：“其所具内容，是基于日满不可分之精神的日本民族的指导、强化‘教化’，是遵循着满洲工作线的文学活动。”③随后为了促动日人文化集团对当地文化团体的渗入和指导，达到拉拢东北作家的目的，还于1937年成立了“满洲文话会”，会员多达四三三名，东北文化人几乎均被列入。1939年，日人出于跨地域文艺团体结盟的需求，成立了全满洲的“满洲文艺家协会”，更将“满洲文学”界定为体现“满洲建国”主题思想的文学。1941年由民生部弘报处颁布《文艺指导纲要》，要求文学创作“应以‘建国精神’为其根本……以移植日本文艺为经”④。这些艺文宣导将“满洲文学”视为日本文学的延长线。在台湾，日本文人负责宣传日本中央文艺国策，积极鼓动“皇民奉公会”的成立，甚至为配合战局需求提出了极端的“皇民文学”政策,造成了“非皇民文学不可”⑤的空前专制的文化环境。

从1942年至1944年，日本“文学报国会”连续三年出面组织召开了“大

---

① ［日］大内隆雄：《大东亚战争以后满系文坛的动向（上）》，《满洲日日新闻》1942年12月3日。

② 《伪满洲国期刊汇编》第2册，《大同文化》“满洲文化协会”发行1935年第259期，第643页。

③ ［日］西村真一郎：《在满作家必然发生的问题——最近的满洲文学界》，《满洲日日新闻》1937年4月10日。

④ 《文艺指导要纲》，详见刘晓丽：《异态时空中的精神世界——伪满洲国文学研究》附录一《伪满洲国时期出台的部分文艺政策》，上海：华东师范大学出版社，2008年，第287页。

⑤ 《台湾决战文学会议》记录，《文艺台湾》（复刊本）1944年1月第7卷第2号，第35页。

东亚文学者大会”，[①] 更成为将殖民地作家统合起来的重要举措。三次大会台湾和伪满洲国都派出了日人作家（常驻殖民地）和本地知识分子参加，台湾与会代表有西川满、滨田隼雄、长崎浩、齐藤勇、龙瑛宗、张文环、周金波、杨云萍等人，伪满洲国与会代表有山田清三郎、大内隆雄、古丁、爵青、拜克夫（白俄作家）、小松、田兵、吴瑛、吴朗、疑迟、石军、田琅、竹内正一等人，这些代表返回后，被当局要求在报刊杂志上发表感想，宣传大会精神。三次大会的主要议题皆不脱离——“协力大东亚战争”，创造“新东亚文化精神”，“结成大东亚文学者联盟”，共建“大东亚共荣圈”。[②] 施淑指出：“这类把枪杆子和笔杆子等同视之，把文学当作政治传声筒的现象，只要是极权体制，就有发生存在的条件。不同的是这个名为树立大东亚精神，复活亚洲传统的大东亚文学构想，在以日本为先锋的前提下，要树立的不过是日本文化精神与欧美文化的权力宰制的更替……以天皇为首脑的世界‘垂直统治秩序’的殖民主义意识形态的演练。”[③] 此外，还设立诸多文学奖项，来“示范”殖民地文学创作的主题和内容。影响比较大的奖项如“大东亚文学者大会”公布的两次“大东亚文学奖”，两次正奖均空缺，第一次“次奖”获得的作家和作品分别是庄司总一《陈夫人》、大木惇天《在海原上歌唱》、石军《沃土》、爵青《黄金的窄门》、潘予且《日本印象》及《予且短篇小说集》、袁犀《贝壳》。第二次“次奖”获得的作家和作品分别是鑓田研一《满洲建国史》、梅娘《蟹》、古丁《新生》。此举“着眼于对中国的长期占领与统治，目的在于通过思想文化的渗透来‘收揽人心’”[④]。还有殖民地文坛内部的奖项，如台湾的“文艺台湾赏”，其设立目的是：“率先设定本赏，期使本岛文学者奋发，以文学实践臣道，并期望在台湾树立日本南方文

① 1942 年 11 月 3 日，“第一次大东亚文学者大会”在东京帝国饭店举行，来自中国、伪满洲国、蒙古、台湾、朝鲜和日本等国家和地区共 115 位代表参会；1943 年 8 月，第二次大会在东京举行，日本动员了著名的作家，如久米正雄、菊池宽、高村光太郎、小林秀雄、横光利一和三好达治等，聚集了当时知名的现代日本文学者；1944 年 11 月，第三次大会在南京举行，台湾、伪满洲国等地都派出代表。第四次大会原定于“满洲”的首府新京（现长春）举行，后因战争结束被取消。

② 此处参照王向远：《“笔部队”和侵华战争：对日本侵华文学的研究与批判》，铁血读书：http：//book.tiexue.net；柳书琴：《战争与文坛：日据末期台湾的文学活动》，台北：台湾大学历史所 1994 年硕士论文，第 140—141 页。

③ 施淑：《“大东亚文学”在“满洲国”》，《文学、文化与世变》第三届国际汉学会议论文集文学组，台北：中央研究院中国文哲研究所，2002 年，第 594、595 页。

④ 王向远：《日本对中国的文化侵略——学者、文化人的侵华战争》，北京：昆仑出版社，2005 年，第 211 页。

学。"[①]伪满洲国也频繁设立各类文学奖项，如"满洲"重要文化刊物《新满洲》《新潮》等联合举办迎合时局的"大东亚战争与我们的觉悟"的征文奖。一系列大大小小文学奖项的设立，其目的显然是借由奖赏和鼓励，来指挥作家的创作倾向，培植适合帝国殖民的意识形态。阿尔都塞在其著名的《意识形态与意识形态国家机器》一文中指出："借助主体的范畴的作用，总体意识形态将具体的个体当作属民招呼或质询。"[②]在此影响下，殖民当局要求作家主动表态，接受"国家"召唤，并主动以自身行动加入大东亚共荣圈。

最后，作为日本文学的延长线——一南一北的殖民地文坛之间，存在着互相关注和相互较劲的现象。我们先来看当时两地盛行的"移民题材热"，长期驻台的日本作家滨田隼雄之所以创作出日文长篇小说《南方移民村》[③]（1941年），据作者本人讲就是因为受到日本中央文坛和伪满洲文坛的"满洲移民文学热"[④]的刺激，他说："那阵子在东京出现了不少趁着国策描写满洲移民的作品。比如《大日向村》等等作品。一读这些作品我就产生了不满。漂亮话虚饰过度。……对于内地贫农成为甘蔗移民的结果，现在仍然继续沉沦下去也感到震惊。因此无法相信满洲移民小说。甚至感受到愤怒。移民之类的可不是那么简单的事唷！"[⑤]为了与当时的满洲书写相对照，滨田特别在小说标题上用了"南方"二字，特别强调了台湾属性，作品中多次将"伪满洲国"和台湾的殖民建设进行比较，我们从这部写实主义极强的作品中，会发现"满洲"与"台湾"是两个联系非常密切的场域。作品中常出现两地的密切互动，如"满洲国"的建立，成为小说主人公神野珪介的期待："听说今年就会建立满洲国"，这让他有"到这村子（在台湾的日本移民村——笔者注）来第一次感觉春天光明的过年"；"支那事变（"七七事变"）的契机，农业国的台湾促进工业化，东部的工业开发问题浮出台面，发电所的计划，在花莲港、台东附近设置工厂等具体化"。两地

① 《关于"文艺台湾赏"》,《文艺台湾》1940年12月第1卷第6号，第2页，笔者试译。

② 斯拉沃热·齐泽克，泰奥德·阿多尔诺等著:《图绘意识形态》，方杰译，南京：南京大学出版社，2002年，第171页。

③ ［日］滨田隼雄:《南方移民村》，黄玉燕译，台北市：柏室科技艺术股份有限公司，2004年。本文引文皆来自黄玉燕的译本。

④ 朱双一、张羽:《海峡两岸新文学思潮的渊源和比较》，厦门：厦门大学出版社，2006年，第249页。

⑤ ［日］滨田隼雄:《文艺十话》(4),《河北新报》（日本）1971年2月3日，引自［日］松尾直太:《滨田隼雄研究——文学创作于台湾（1940—1945）》，台南市：台南市立图书馆，2007年，第154、155页。

文化工作者也存在着紧密互动和相互较劲的态势，我们可以从散见在当时报章杂志中寻出大量的相关论述。1940 年 12 月，身为在台湾长大的日本人第二代的西川满在《台湾时报》上发表《新体制的外地文化》，对“满洲国”文化运动进行了详细的介绍：“在满洲国中表现最为活跃的是满洲文话会，将原本以文学为中心的组织，扩大而至包含文化各领域，并与民生部门紧密联系，陆续展开了令人惊奇的活动。”在与台湾文坛比较之后，西川满指出：“当然，满洲国有满洲国自身的立场，若将其文化政策硬套在本地，当然不恰当，不过，满洲国充满生气的文化现象无疑是值得我们检讨的”①。1943 年，参加过“大东亚文学者大会”的台湾代表周金波谈及与会感想时曾说：“当时中国的作家也一起参加了大东亚文学者大会，但我们跟满洲国（东北）和朝鲜的代表就谈兴愉快，偏偏和来自中国各地出席的作家谈不上几句话。”②不难看出，殖民地台湾的周金波之所以觉得和伪满洲国、朝鲜代表“谈性愉快”，原因在于这些作家皆来自日本的殖民地或占领地，再有就是此前所进行的政策宣传、媒体宣传已经开始在这些作家的心理方面产生一定影响。伪满洲国代表小松曾倡导促进两地作家的跨地域互动：“我满洲国担负北方镇护之任，协助大东亚圣战之进行。……是于此我主张招聘南方作家至满洲，派遣满洲作家往南方。”③又如在 1943 年，中村哲和龙瑛宗关于台湾文化的一次座谈中，再次展现出台湾文化人对满洲文坛的熟悉程度，中村哲指出：“台湾文化的盛衰，终究取决于新人的出现与否。若是不好好在这里培育满洲那热情洋溢的青春气息的话，恐怕连现职的文化人的遗产都无法继承吧。”龙瑛宗对此强调指出，新近的《民俗台湾》杂志发表了盐见薰关于满洲创作的文章。④

这些围绕在宗祖国日本以及殖民地文学圈周边，表面看起来非常繁荣，而实质却是排除异议，建构暴力体系，打造集体妄想的“文艺谎花”。期间，也曾

① ［日］西川满：《新体制下的外地文化》，原载《台湾时报》1940 年 12 月 1 日第 258 期。转引自黄英哲主编：《日治时期台湾文艺评论集》第三册，台南市：台湾文学馆筹备处，2006 年，第 47 页。

② 张文环：《从内地回来》，《台湾文学》1943 年 1 月第 3 卷第 1 号，引自陈万益编《张文环全集》（第 6 卷），台中县：县立文化中心，2002 年，第 134—137 页。

③ 《文艺》1942 年 12 月 1 日第 10 卷 12 期，第 49、50 页。转引自［日］冈田英树著《伪满洲国文学》，靳丛林译，长春：吉林大学出版社，2001 年，第 198 页。

④ 《中村哲、龙瑛宗之座谈会——关于台湾的文化》，原载《台湾艺术》1943 年 2 月 1 日第 4 卷第 2 期。引自黄英哲主编：《日治时期台湾文艺评论集》第四册，台南市：台湾文学馆筹备处，2006 年，第 81 页。

引起殖民地文学者的强烈反感。如台湾杨炽昌这样描述日本文人的文宣和对台湾文学的态度："犹记当年台北帝大（即台湾大学）教授矢野峰人、岛田谨二、工藤好美、西田正一等人对文学活动的提倡不遗余力，引进西欧文学的倾向，并介绍杰出作品的内容，对新文学的鼓舞颇具功劳，可是他们却随时随地流露出殖民意识的优越感，对台湾作家的贬斥也格外的强烈，所以当时的台湾作家心中都有着共同的认识——日本是'看上不看下的'"[①]，此语也揭示了殖民地文坛普遍存在的内部角力现象。

四、结　语

纵观日本在台湾和"满洲"的文化政策之形成，一方面，日本的文化政策是建立在霸权之下，企图提升总体战力，谋求在殖民地实行以"皇民精神"为实质内容的思想奴化，进而协助"圣战大业"，最终实现汉族文化的灭绝主义；另一方面，自明治维新之后到1945年，部分日本知识分子在日本侵华过程中，借助文学组织、文化批评和文学会议等形式，引领当地的"文化翼赞"活动，更利用文学的趣味外壳，将具有偏激色彩的"文明论"移植其中，来迷惑殖民地知识分子。重返历史语境，有助于我们看清楚当年帝国日本在殖民地台湾、伪满洲国所打造的文化精神结构图像，更让我们了解当前美化言论的历史源头，学理性地加以批判。当代的殖民地文学史研究，一方面应重视殖民当局文化政策的动态变化，以及在殖民地实施过程中的异动，如柳书琴指出："皇民文学现象与战时文艺统制政策及殖民地历史诠释权争夺之间的复杂关系，必须重新考察殖民地官方权力在收编/斗争民间文化运动的运作"[②]；另一方面，殖民地文学研究亦应尊重历史，深入分析作家的创作环境、个体际遇、职业背景、"春秋笔法"等，避免以标签定格复杂的文学现象和多样的作家托寓。

原文载于《厦门大学学报》2012年第3期

---

① 杨炽昌：《回溯》，《联合报》1980年11月7日，后收入《宝刀集》，台北：联经，1981年。转引自杨炽昌著《水荫萍作品集》，台南市：南市文化，1995年，第221页。

② 柳书琴：《谁的文学？谁的历史？——日据末期台湾文坛主体与历史诠释之争》，石婉舜等编：《帝国里的"地方文化"——皇民化时期台湾文化状况》，台北市：播种者出版有限公司，2008年，第178页。

贞节与政治：节烈故事与清代台湾的妇女生活

蒋小波

引言

中国传统历史上节烈妇女研究起源于二十世纪初期的新文化运动，其着眼点主要在“反封建”与“反礼教”，揭露妇女被压迫的历史以配合现代的妇女解放运动[①]。近二十年来，随着中外学者对这一领域的进一步开掘[②]，关于中国古代节烈妇女的研究又一次成为一个热点。当代学者对于中国古代（以明清时期为重点）节烈妇女的研究，一方面肯定与继承了现代学者的启蒙传统与女权意识，同时也在视野、方法以及史料的发掘上进一步丰富与发展了这一领域。和五四时代的学者相比，当代学者更注意对于礼教制度形成的社会背景与经济基础的具体分析；更注重对于意识形态所表彰的贞烈典范与实际的妇女生活状态之差异的分析[③]；更关注妇女的殉节行为与社会动荡（比如说流民、暴乱与改朝换代时期的大规模暴力）之间的关联[④]，也更重视贞节现象的区域、时代与阶级阶层

① 这方面的代表作有陈东原《中国妇女生活史》，董家遵《中国古代婚姻史研究》等。

② 关于美国学者对于明清妇女史研究的介绍可参诸艳红《二十世纪美国明清妇女史研究》，《中国史研究动态》，2012 年第 6 期；关于近期中国学术界对古代中国妇女生活研究的介绍可参 Shuo Wan，*The "New Social History" in China: The Development of Women's History*，Sourse：*The History Teacher*，Vol. 39，No.3（May，2006），PP 315–323.

③ 比如说学者提到虽然理学家一直标榜“从一而终”观念，但事实上古代妇女的改嫁相当普遍。Bettine Birge，Women，Property，and Confucian Reaction in Sung and Yuan China（960-1368）.

④ 比如说美国学者费丝言在《由典范到规范：从明代贞洁烈女的辩识与流传看贞洁观念的严格化》（台湾大学历史学研究所硕士论文，1997 年）一书中论述了晚明的社会动荡与妇女贞节观念的“激烈化”之间的内在关系，而 Wai Yee Li 在 *Herioc Transformations: Women in National Trauma in Early Qing Literature* 一文中集中地分析了清初文学中的烈女形象，并探讨了由于满州征服所引发的创伤记忆如何影响了当时的节烈叙事。

差异；在史料的选择上更重视官方正史之外的民间史料（包括野史、笔记、地方志、采访册、族谱与契约文书等）以及中央与地方的民刑事档案的发掘及运用。

遗憾的是，目前大部分学者在研究明清时代的节烈现象时，往往选择这一历史时期最具有文化代表性的典型区域（比如江南地区，或华北、山东、四川等人口密集的核心区域）作为考察对象。而边疆地区仅仅只是作为特例或比较对象偶尔提及[①]。事实上，在传统中国的边疆地区，由于族群多元，文化混杂，社会流动性大，而政教的影响力相对微弱，因而社会风俗的规范化与内地的核心区域相比，具有独特的历史程序。同时，在朝代更替的过程中，边疆地区往往最后被纳入大一统国家的教化范围，这种政治意识形态与社会制度的不同步与不对称现象，造成了边疆地区贞节话语的多义性与特殊性。以本文试图研究的清代台湾地区为例，作为明清更替之际最后一块坚持奉明朝为正朔的海岛地区，朝代更替所引发的政治危机与道德焦虑如何折射到贞节话语的形成；另外，作为一个由不同来源的移民与原住民混杂的多元文化区域，这块在士大夫眼里“民风浇漓”的海外飞地是如何逐步建立起规范化的道德标准的；同时，清代台湾的节烈故事背后所揭示的妇女生活的真实状况是如何的，这些问题，都有进一步深入探讨的必要。目前，关于清代台湾节烈妇女研究，虽然已有学者进行了一些开拓性的工作[②]，但与整个明清妇女史与清代台湾史研究的规模还是不成比例的，随着近年来新方法新理论的输入以及史料的进一步丰富，关于这一题目尚有较大的论述空间。

闽人说闽事：易代之际的节烈故事

台湾早期节烈故事，基本上都与明末清初的政治动荡有关，其中最有名是陈烈女与五妃的故事。故事的背景大概是这样的：康熙二十年（1681年），也就是明郑台湾所奉永历三十五年正月，郑氏政权的第二代统治者郑经去世，遗

① 卢苇菁的著作曾关注到清代云南一少数民族妇女受到贞节旌表的事例，但她全书的大部分案例仍选自清朝的核心区域。

② 目前笔者所见到的关于台湾节烈妇女的研究主要有：徐文彬《清代台湾地区节妇论述》；刘佳《清代台湾地方志中的贞节烈女研究》；周宗贤《清代台湾节孝列妇的旌表研究》；曾玉敏、邱淑珍《试论贞节意识之形塑——以清代台湾贞孝节烈诗歌为例》等。另外，汪毅夫的《闽台妇女史研究三题》，以及郭松义的《伦理与生活：清代的婚姻关系》等文章、著作也涉及这一论题。

命由庶出长子郑克臧继位。但是权臣冯锡范联合郑氏诸子在大将刘国轩的默许及董太妃（郑成功之妻，郑经之母）的支持下谋杀了郑克臧，扶植郑经的次子郑克塽继承蕃位，郑克臧的妻子陈氏殉夫而死，此事史称“东宁之变”。“东宁之变”严重地削弱了本已在清政府“迁界”政策的封锁下变得虚弱的郑氏政权，两年之后（1683 年），施琅大军在澎湖打败刘国轩的主力，郑克塽投降，在台的明代最后一位藩王宁靖王朱术桂及其五位妃子殉明而死。

记载明郑事迹最可信的材料，当首推当时当地作者的著作，即所谓“闽人说闽事”。关于“东宁事变”与上述几位妇女殉节的经过，阮旻锡的《海上见闻录》、夏琳的《闽海纪要》、江日升的《台湾外纪》以及稍晚郑亦邹的《郑成功传》都有记载，但在详略、主次与叙事态度上则有微妙的差别。阮旻锡基本上认为这一事件的原因是主庶争位，并以郑克塽继位为正统。比如说阮著提到郑经死后，“冯锡范、刘国轩调兵驻承天府，会六官议立嗣。董太妃与诸公子收监国印，克臧不肯与，拥兵自卫。公议以克臧乃乳母所生，奸生子也，非正嫡所出，乃缢杀之；妻陈氏亦自杀。”[①]突出立嗣程序的合法性（会六官议立嗣）与克臧的贪权不放及身份的不合法，并为克塽的继位渲染一种合符民心的气氛：“百官朝贺，群臣涕泣沾巾，众心大慰”[②]。关于克塽的被诛及陈氏的殉死只是一笔带过，对于政权交替的动荡和后来军事失利之间的逻辑关系并没有清醒的认识。夏著虽然也同样强调郑克臧身份的不合法，并以克臧为假子：“初，世藩未有子，嬖妾产女，密取他人子代之，即克臧。其事甚秘，世藩莫知；甚爱之，立为监国”[③]。但是，夏著提到了郑经遗命传位克臧：“世藩临薨，授以剑印，命中提督刘国轩善辅之。”[④]对克臧表示了较多的同情，对于陈氏的殉夫也给予较多的笔墨。郑亦邹在《郑成功传》虽然也沿袭了关于克臧身份的说法，但是认为：“克臧严毅，颇效成功”，事实上已暗示克臧是一位合格的权力继承人，而“诸弟畏之。迨经败东还，永华亦殁，以国付臧。亡何，经死，诸弟扬言曰：‘克臧非吾骨肉，一旦得志，吾属无遗类矣’。”[⑤]因而诸子的篡位无论是动机还是结果上看，都是对东宁政权的抗清事业的一次严重的伤害。然而，在叙述这场嫡庶之争中态度最鲜明，因而也将陈烈女的殉夫行为烘托得最具悲剧色彩的得推江日升

① 阮旻锡：《海上见闻录》（卷二），《台湾文献丛刊》1957—1972 年第 24 种。
② 阮旻锡：《海上见闻录》（卷二），《台湾文献丛刊》1957—1972 年第 24 种。
③ 夏琳：《闽海纪要》（卷下），《台湾文献丛刊》1957—1972 年第 11 种。
④ 夏琳：《闽海纪要》（卷下），《台湾文献丛刊》1957—1972 年第 11 种。
⑤ 郑亦邹：《郑成功传》（卷下），《台湾文献丛刊》1957—1972 年第 67 种。

的《台湾外记》。比如说他提到在郑经东征失利之后，意志萎靡，朝中诸事，皆委政于监国，而克臧"秉政两载"，行事"刚断果决，有乃祖遗风"，致力于中兴郑氏，而冯锡范为代表的权贵集团则一方面骄奢淫逸，鱼肉百姓，另一方面希图偏安，不思进取，因而对克臧的严峻作风由畏惮而生忌恨，必欲除之。因此，冯锡范集团与克臧的斗争就不再简单的是嫡庶争位的矛盾，而有中兴抵抗派与苟安投降派的斗争。同时，江日升突出了冯氏诸人虐杀监国的过程之残忍，陈氏乍闻监国死讯时的悲愤，以及在绝望之后，赴死意志之坚决与就义过程之从容。

和陈烈女的故事相比，另一个得到大肆渲染的节烈故事是关于宁靖王朱术桂与他的五位妃子殉明而死。在夏琳的《闽海纪要》中，关于此事的记录如下：

宁靖王术桂，字天球。南都破，间关流寓岛上。后至东宁，成功父子礼之甚厚。至是，见世孙降，自以明室宗亲，义不可辱；乃朝服拜二祖列宗，作绝命词曰："艰辛避海外，总为几根发！今日事已毕，祖宗应容纳！"遂从容自经。妾王氏、袁氏、梅姐、荷姐、秀姑，皆缢以殉。见闻之人，莫不流涕；谓其可与北地王争烈矣！①

在清军征服江南的过程中，以非常严峻的手段推行剃发令，将此看作是归顺新朝的一个重要仪式，在江南人民反抗剃发的起义中，无数人头落地。而在郑氏政权与清政府的多次谈判中，剃发也是明郑政权最难以接受的条件②。儒家的孝道认为"身体发肤受之父母"，因而对发肤的毁伤也就意味着对孝道的违拗，而且，在汉族的士大夫看来，在异族暴力逼迫下的强行剃发与改变衣冠，是对汉族礼仪文化的侵犯与破坏，因而反抗剃头还具有超越孝道的文化意义。作者还将宁靖王殉明而死与崇祯"君主死社稷"的行为进行了比照，称赞他"与北地争烈"。

《台湾外记》对于五妃的殉死也有更详细的描写，写到宁靖王从容赴死之前建议他的五位妃子，袁氏、蔡氏、荷姑、梅姊和秀姑自由择配，但与陈氏一样，五妃主动地选择殉节："殿下既毅然尽忠，妾虽妇人，颇知大义，亦愿尽节，相随殿下，岂易念失志乎"③，并提到宁靖王殉死前专程拜别郑克塽与刘国轩诸人，

① 夏琳:《闽海纪要》(卷下),《台湾文献丛刊》1957—1972年第11种。

② 参邓孔昭《清政府对郑氏政权的招降政策及其影响》及《论清政府与郑氏集团的谈判和'援朝鲜例'问题》，收入邓孔昭:《郑成功与明郑台湾史研究》，北京：台海出版社，2000年。

③ 江日升:《台湾外记》(卷十),《台湾文献丛刊》1957—1972年第60种。

以答谢郑氏三世庇护之恩，而克塽诸人“惟咨嗟耳”，作者评论道：“当时应俯首负惭也”[①]。因而将朱术桂及五妃的从容就义与郑克塽等人的贪生怕死做了一个鲜明的对照。

在研究明清易代之际台湾的节烈故事时，有两个值得思考的问题：其一是由于朝代更替时期的社会激烈动荡所引起的妇女（尤其是政治地位较高的上层妇女）贞节行为的激烈化，其二是士大夫作者借贞洁烈女故事所表达的亡国之痛。虽然中国古代妇女的殉节有理学长期教化的因素，所谓“饿死事小，失节事大”，并且明代妇女道德一向“忽庸行而尚激奇”，明政府大规模的旌表节烈以及文人士大夫对于节烈妇女的推崇与赞美无疑也起到推波助澜的作用，所谓“国制所褒，志乘所录，与夫里巷所称道，流俗所震骇，胥以至奇至苦为难能。”[②] 但我们也要看到现实环境对于妇女的生存威胁与妇女节烈行为之间的关系。在明末以迄清初长达半个世纪的社会动荡中，大规模的军事冲突以及针对平民的暴力活动达到历史上的一个新高度，而妇女往往成为男性暴力最直接的受害对象。在建州女真与明朝的长期斗抗中，大批汉族妇女被掳为奴仆。而清军入关之后，在镇压江南人民的抵抗力量时更是采取了非常残忍的手段。比如说在著名的“扬州十日”中，许多妇女被强奸与虐杀，苟且活下来的则沦为军妓。在“嘉定三屠”中，清军将领李成栋为了报复当地人民的抵抗，放纵士兵的屠杀与强奸行为，许多妇女在看着自己的男性家庭成员被残害之后再被奸杀。在满州征服中国的过程中，这样的惨剧数不胜数。面对战争带来的暴力，妇女为保护自己尊严往往主动或被动地殉节。比如说崇祯皇帝在自杀之前曾手刃自己的妻妾子女，并发出“汝何生吾家”的悲叹。而在清军与郑氏集团的对抗中，妇女遭遇性暴力的例子也比比皆是，在无数的受害妇女中包括了郑成功的母亲田川氏，据《赐姓始末》记载：“芝龙既降，其家以为可免暴掠，遂不设备；北兵至海安，大事淫掠，成功母亦被淫，自缢死。成功大恨，用夷法剖其母腹，出肠滌秽，重纳之以敛。”[③]

和五妃的殉国行为相区别的是，陈烈女的殉节，表面上看起来只是传统的宫廷斗争的牺牲品。宫斗的残酷性决定了失败的一方将面临覆巢之下无完卵的结局，在明代初期朱棣篡位之后，与建文帝有关的大批臣子遭到杀戮，而他们

① 江日升：《台湾外记》（卷十），《台湾文献丛刊》1957—1972 年第 60 种。
② 《明史》（列传第一百八十九，列女一），北京：中华书局简体字本，2000 年。
③ 黄宗羲：《赐姓始末》，《台湾文献丛刊》1957—1972 年第 25 种。

的女性家属则卖入乐籍与娼家，世世代代沦为贱民。克臧在监难之前对妻子预测："耳目非是，恐不能相保"。而陈氏虽然没有面临眼前的生命威胁，但是在传统的男权社会中，对于失去男性家长庇护的罪人之妻与遗腹子的未来命运，她不可能再抱任何幻想："成立之父，不能保七尸躯，况此呱呱耶！"[①]

虽然陈氏的殉夫不具备五妃殉国那样直接的民族主义色彩，但由于监国克臧所代表了反清的明郑正统，而诛杀监国的是以冯氏为代表的投降派，所以联系到东宁之变后郑氏政权的迅速崩溃，陈氏的殉夫仍然具有殉国的意义。如果将故事的背景放到当时天崩地裂、山河变色的历史环境中，她们的殉死都具有明显的政治象征意义。《台湾外纪》以大量的篇幅来描写几位女子的命运，加强了东宁政权最后倾覆的悲剧气氛。同时，作者有意识地将陈烈女、宁靖王与五妃来与投降派进行忠奸对比，暗示了作者本人的在易代之际的政治倾向。

进一步言之，清初闽籍文人借烈女故事表达了汉族士大夫在山河变色、朝代更替之际所承受的道德焦虑。"忠臣不事二主，贞女不事二夫"，在中国传统关于妇女贞节的论述与叙事中，妇女的贞节道德与男性的政治忠诚之间存在着对称关系。这种对称关系为我们解读男性话语中的贞节叙事提供了一个超越于家庭伦理之外的政治维度。而这种政治隐喻在明清之际的节烈故事表现得特别明显。明清易代之际，文人的精英文化表现出一种对烈士的迷恋，烈士情结的一个突出特征是对于节烈妇女的推崇。因而，易代之际的烈女叙事带有赤裸裸的政治含义，婚姻的忠贞隐射政治的忠诚，而对女性英雄主义的激烈赞叹反衬出对男性在政治变动中失节行为的反讽。清初士人对于节烈妇女非同寻常的激情与朝代更替以及他们在其中的经历有着千丝万缕的联系。联系到清初闽籍文人的个人背景，我们可以发现，他们大部分曾经参与过郑成功所领导的反清运动，而后要么在残酷的斗争中（包括内部的清洗）变节事清，要么隐居江湖从事著述，或遁入空门。从根本上说，他们对节烈妇女的关注是由他们在改朝换代的"民族伤痛"中所处的位置决定的。因而，这些特定时代的烈女故事应当读作是易代之际知识分子抒发亡国之痛的民族寓言[②]。

① 江日昇《台湾外史》，连横《台湾通史》说得更明白："监国夫人欲殉，董夫人与兄长劝其养孤延祀，夫人对曰：他人处常，可毋死；妹所处者变也，纵生孤，孰能容之？（《台湾通史》卷37，列女）"

② 民族寓言是美国批评家杰姆逊在评论鲁迅小说时所采用的概念，参弗雷德里克·杰姆逊《后现代主义与文化理论》（讲演），唐小兵译，西安：陕西师范大学出版社，1986年。

孝节治天下：节烈旌表与清代台湾的风化问题

在考察清代初期台湾官方的节烈旌表时，我们必须注意到以下几个事实，首先，台湾作为最后一块奉明朝为正朔的反清基地，当地的汉族居民对于明郑一直抱着一种感念之情，正如上一节所分析的，民间史传文学中的节烈叙事其实包含着汉族知识分子的家国之痛。因而，如何将节烈叙事中所表现出来的对故明的忠贞与怀念之情转化为对新政权的认可与忠诚，这是治台之初清政府所要处理的问题。事实上，天下底定之后，满清统治者所要面对的第一个难题是如何安抚、转化被统治者的民族怨愤，除了大兴文字狱以压制潜在的反抗情绪之外，他们还必须在意识形态上建立自身统治的合法性。摄政王多尔衮一开始打着为故明复仇的旗号入主紫禁城，但是当农民武装和南明政权联合起来对抗征服者时，这一套说法就显得理屈词穷了。所以后来雍正皇帝在《大义觉迷录》中又求助于中国传统的“天命观”，“得天命者得天下”，通过天命的转移来论证爱新觉罗氏统治的合法性。而在具体的政策层面，则借助高压之外的怀柔手段来纾解汉人民族主义者的仇恨意识，其手法之一是通过官修史书高调地表彰故明的忠臣义士①，而另一个办法则是大规模的奖励与提倡节孝。

在入关之前，满族婚俗与性道德并不看重妇女的贞节，旗人对于妇女改嫁习以为常，社会也并不以娶改醮妇女为耻。顺治元年（1644年），顺天府督学御史曹溶向摄政王多尔衮条陈，要求按照明朝旧制褒扬节孝，恤其子孙，旌其门风，以励风节。曹氏的建议很快就被清廷采纳，从顺治四年（1647年）开始，朝廷的节孝旌表活动逐步制度化。郭松义认为，清政府接受曹氏的建议表彰节孝，“既表示对这些归降的明朝旧臣的宽容与尊重，同时也显现出满州人对汉族圣人礼教的敬意，用以赢得人心”②美国学者曼素恩也认为，清朝在开国之初就如此热衷于表彰节烈，其原因在于满人统治者的民族身份，旌表是将清朝的王命合法化的一种手段，“通过将汉族文化规范加以系统化和强化，可以宣称他们

① 从这个角度而言，清政府对郑氏政权的善后与郑成功形象的处理应该是相当成功的，首先，施琅在平台之后并未对郑氏遗族与部属进行报复性的屠杀，而是做了较为妥善的安置，并祭扫成功之墓，称：“琅于赐姓，剪为仇敌，情犹臣主；芦中穷士，义所不为！公义私恩，如是而已”。同时，康熙正式将郑成功定位为“明之忠臣，非朕之乱臣贼子。”从而巧妙地将成功旧部与闽台人民对郑成功的感念转化为对新政权的接受，并进而将郑成功塑造为一个符合当代国家意义的超越民族主义的忠义典范。参高致华:《郑成功信仰》，合肥：黄山书社，2006年。

② 郭松义著:《伦理与生活：清代的婚姻关系》，北京：商务印书馆，2000年，第387页。

代表了汉族本土的道德和社会体系，或代表了恢复这一体系的力量”[①]。

和明代相比，清代贞节旌表制度的一个显著特点是将“节”放在比“烈”更高的道德标准上加以提倡。清政府甚至几次下诏禁止殉夫，在1688年的一通诏书中，康熙皇帝明确表示了对于殉夫的反对态度：“人命至重大，而死丧者恻然之事也。夫修短寿夭当听其自然，何为自殒其身耶？不宁惟是，轻生从死，反常之事也。若更从而旌异之，则死亡者益众矣，其何益焉！此后夫死而殉者，当已其旌表。王以下至于细民，妇人从死之事，当永永严禁之。”[②]康熙还规定，决心殉死的寡妇须向地方官报告自己的意愿，经过有司的合法程序，来讨论并决定是否批准她的请求。这种要求寡妇通过漫长复杂的程序获得朝廷允准的政策，可以看作是阻挠殉夫的一种策略。雍正也曾担心对烈妇的旌表会“成闾阎激烈之风，长愚民轻生之习”[③]，清初的禁殉政策除了意对纠正明代“忽庸行而尚激奇”的偏激风气之外，同时还有政治策略上的考虑。清初，不少汉人学者鼓吹自杀，以之表达眷念旧明，反对夷清的情绪。因此，朝廷的禁殉令可以用来打击那种情绪。

清初的台湾地方官员是如何将明郑台湾的烈女故事重新编排，去除其激烈的反清色彩，纳入新朝“奖励孝节”“移风易俗”“绥靖地方”的道德教化目的。我们试从几朝清代官员所编定的《台湾府志·节烈传》，来考察烈女形象的功能转移。

目前所看到的《台湾府志》共六种，起于康熙二十四年（1685年）首任台湾最高地方行政长官蒋毓英编订首部《台湾府志》，迄止于乾隆29年（1764年）台湾府知府余文仪主修的《续修台湾府志》。合计为：蒋志（蒋毓英编订）、高志（高拱干编订）、周志（周元文编订）、刘志（刘良壁编订）、范志（范咸编订）、余志（余文仪）等六志。时间跨度基本上从清初跨越到清代中叶。“高志”在卷八“人物志”中列入“贞节”目，共收录六名节烈妇女的传记，其中四位为前朝故人，两位年代不详，这一方面反映了当时台湾早莱初辟，新政初定，人物缺乏的事实，同时另一个重要的原因是清初台湾限制女性移民政策造成女性数量的稀少。列在第一位的是郑氏，即在傅为霖策反事件中被株连杀害的续顺公审瑞之妻，列在第二位是郑克臧之妻陈氏，同时列入的还有一位黄弃娘，

① 转引自卢苇菁《矢志不渝：明末清初的贞女现象》，第72页。

② 《清圣祖实录》卷一百三十五，北京：中华书局影印，1985年。

③ 《清世宗实录》卷六十七，北京：中华书局影印，1985年。

是傅为霖之子傅旋的妻子。傅旋伏诛，而黄叶娘被家属赎出，但叶娘自愿殉夫而死。宁靖王五妃则未收录。这种编排次序，多少反映了烈妇与新政权的关系疏密，以及编订者的政治意识。“周志”的编订在进间上去“高志”不远，收录节烈妇八位，除新增两名节妇之外，其余内容与次序与“高志”大致相同。“刘志”与“高志”“周志”的一个重大区别是分设了“节孝”与“贞烈”两目，而将“节孝”排在“贞烈”之前，收入“节孝”的共有十三位妇女，多是丧夫苦守，养孤送老的贞节妇女。其中包括一位明朝宗室妇女朱氏，朱氏是鲁王之女，在清军攻克澎湖时，虽然同为明朝宗室，朱氏却选择了守节，而不是殉明，“养姑抚儿”，“孀居五十余载，冰操无玷。年八十余，终。”①

显然，对于含辛茹苦地服务于家庭责任的节妇的推崇，有淡化烈妇“忽庸行而激奇”的激烈行为的目的，同时，让妇女从政治舞台上回归家庭，也是非常符合当时台湾社会治理之需要的。台湾早期移民社会的一个重要人口结构上的特点是男女性比例的失调。由于男多女少造成大量男性光棍——“罗汉脚”。罗汉脚是早期台湾社会的不安定因素与“革命因素”。造成台湾早期移民社会的性结构不平衡的原因，和清政府限制女性移民的政策有关。关于这一点，陈孔立与邓孔昭两位学者有比较详细的论述，虽然他们倾向于认为清代台湾社会性比例失调的严重程度由于当代政治的原因被人为地夸大了，但他们仍然承认早期的台湾确实存在相当严重的地区性与族群性的性比例失调（新开发地区相比老开发区严重，客籍移民比闽籍移民严重）。②

移民社会中性比例的失调带来了大量的社会治理问题，包括强奸、通奸、鸡奸、卖淫、买卖婚姻以及变相的共妻与租妻等风化问题，也严重地冲击儒家纲常伦理。当时的一些台地官员与游幕的士大夫对此都有观察与描述。比如说曾参与编订“刘志”的六十七在《台湾风土论》中指出，台湾的民风“奢侈相尚”，“淫风流行”“桑间濮上之风炽也”，而同时又“烈女、节妇，所在辈出”，因而，如何通过方志的表彰树立当地的道德楷模，达到移风化俗的效果，正是方志编订的重要目的所在③。《东瀛记事》称：“台阳土性松脆，民俗浮嚣，兼之无籍游民趋之若鹜，无妻子之恋，无田宅之安，聚则成群，动辄滋事。”④道咸

① 刘良壁：《重修福建台湾府志》（卷十七），《台湾文献丛刊》1957—1972年第74种。

② 陈孔立：《清代台湾移民社会研究》（增订版），第174—175页；邓孔昭：《试论清代台湾女性移民》，《台湾研究集刊》2010年第5期。

③ 六十七：《使署闲情》（卷三），《台湾文献丛刊》1957—1972年第122种。

④ 林豪：《东瀛纪事》（戴逆倡乱），《台湾文献丛刊》1957—1972年第8种。

之际的诗人刘家谋曾有诗记述台湾风俗，其中有一首描述了当时台南府城大西门外妓馆的盛况："睥睨东边列屋居，冶游只费杖头储；哪知千里徵村外，别有催科到女闾。"[①] 妓院老板招徕逃亡的婢女与负债妇女从事色情业，而妓院往往与的赌博、吸鸦片等活动密不可分，光绪年间的官员唐赞衮观察到："台地赌风，甲于他处，宝摊、牌九，不一而名。抱布贸丝者，入肆问津，无不倾囊而出。更有曲房密室，银烛高烧，艳妓列于前，俊仆随于后，呼盧喝雉，一掷千金。"[②] 清代台湾妓女的社会活动范围之广还可以从这么一个故事中看出端倪，在林爽文起事时，诸罗县有一个名叫黄玉娘的妓女，在她的丈夫叶省死后被推为首领，在攻打鹿仔草时，"鹿仔草的亡赖子在玉娘为娼时，曾多往来，所以闻玉娘至，私以水灌炮，炮不能发，寨陷。"[③] 妓女在当时台湾社会的活动能力与影响力可见一斑。

有感于台湾民风之浇漓，六十七曾专门颁发了一份"通饬慎婚姻重廉耻启示"，劝导台人遵守从一而终的婚姻道德。"现今圣朝首重贞节，凡妇女持正守志者，率加旌表。尔等虽居海外，当知秉礼守义，为声教之所不遗；万勿狃于恶习，恬不知改。各宜凛遵，毋违！"[④] 而蓝鼎元在《经理台湾疏》中也提到：台湾男多女少，光棍无赖之徒无家室羁绊，无妻儿亲戚之株连，故往往游走为食，嚣聚成聚，极易铤而走险，酿成巨变。因而只有讲之以礼义，教之以节孝，"使愚夫愚妇，皆知纲常伦纪"，"则浮嚣之气，可以自平"。[⑤]

历史上儒家与官方对于烈女的极力推崇未必表明贞洁是一种普遍践履的道德规范，而可能恰恰代表一种价值渴求。因而，清代台湾官员对于妇女贞节的提倡可能恰好反映了一种相反的社会现实。这一方面是由于移民社会的因素造成的，而在台湾士大夫 眼里，对于儒家婚姻伦理的另一重威胁则来自台湾少数民族的婚姻风俗。和儒家男权社会要求妇女从一而终的婚姻观相比，台湾少数民族的婚姻习俗及其自由的性观念在汉族士大夫眼里实在无异于禽兽之行。《台阳笔记》的作者是这样描述台湾少数民族婚俗的："男女相遇，不通媒妁，随口作曲，互唱入彀，女则以手牵男而去，主于女家。番之结婚名曰牵手，实因此

① 刘家谋：《海音诗》，《台湾文献丛刊》1957—1972年第28种《台湾杂泳合刻》。

② 唐赞衮：《台阳见闻录》（风俗），《台湾文献丛刊》1957—1972年第30种。

③ 不著撰人：《平台纪事本末》，《台湾文献丛刊》1957—1972年第16种。

④ 六十七：《使署闲情》（卷三），《台湾文献丛刊》1957—1972年第122种。

⑤ 蓝鼎元：《平台纪略》（附录），《台湾文献丛刊》1957—1972年第14种。

故，番生男不贺，生女则贺。所谓化外之民，禽聚而兽行者也”[①]。而另一位官员林谦光对番人男女之间随便的性关系也表示惊讶：“夫妇不合，不论有无生育，往往互相交易。暑月，男女皆裸体对坐。淫欲之事，长则避；幼若弟妹子女，略不羞避。”[②]

清代的法律对于不同民族之间通婚是十分警惕的，但是对于台湾汉人与台湾少数民族之间的通婚，介于男多女少以及汉族男子大量与台湾少数民族通婚的事实，官方一开始是不太过问的，只是到了乾隆初年才加以严禁。乾隆二年（1737）年，巡台御史白起图秦准施行，内中规定：“违者离异，民人照违制律杖一百，土官、通事减一等，各杖九十。该地方官如有知情故纵，题参交部议处。”[③]虽然清政府的禁止民番婚姻，有隔离汉番的种族分治以及防止奸民以婚姻手段侵夺原住民土地等考量，但是担忧番人的婚姻习俗影响传统的儒家婚姻观与性道德，风行草偃，蛮夷滑夏，也是一个重要的因素。以夷变夏是不允许的，但是以夏变夷则受到表彰。“刘志”还收入了一位原住民妇女大南蛮，在丈夫死后，“愿变番俗，不更适人，自耕以抚其男”。[④]地方政府旌表一位自愿守节的台湾少数民族妇女，其变化风俗的道德目的是很明显的。

再使风俗淳：节烈背后的故事

清代几次扩大节烈旌表的范围，雍正帝胤祯即位后，对表彰贞节更不遗余力，他先是下诏，责备官员并没有认真咨访，致使许多乡村僻壤贫寒家庭的贞节女子被忽视与埋没，“乡邻嗟叹为可钦，而姓氏不传于城邑；幽光烟郁，潜得消沉”[⑤]，接着又放宽了对于节妇的年龄限制，“若节妇年逾四十而身故者，守节已历十五载以上”，[⑥]即可受到旌表。同时进一步规范了旌表仪式，下令在京师和地方各府州县建立节孝祠，门首树立大坊，刊刻被旌表的节妇、孝妇名字，祠内再设牌位，以昭垂久远。

① 翟灏：《台阳笔记》（生番归化记），《台湾文献丛刊》1957—1972年第20种。

② 林谦光：《台湾纪略》（附彭湖），收入《台湾文献丛刊》1957—1972年第104种《彭湖台湾纪略》。

③ 马建石、杨玉棠主编：《大清律例通考校注》，北京：中国政法大学出版社，1992年，454页。

④ 马建石、杨玉棠主编：《大清律例通考校注》，北京：中国政法大学出版社，1992年，454页。

⑤ 《清世宗实录》卷四，北京：中华书局影印，1985年。

⑥ 《清世宗实录》卷十二，北京：中华书局影印，1985年。

除了扩大旌表范围、简化旌表申报手续并给予受到旌表的节列妇女相应的政治地位与一定经济抚恤之外，雍正皇帝的另一个与节烈旌表相关的重大政策是废除贱籍，以及相应的法律改革。贱民包括仆役、乐户、娼妓及其他从事低贱职业的人群，他们在历史上地位低下，不能读书科举，也不能作官。雍正元年（1723 年）四月皇帝发出第一道“豁贱为良”的谕旨，此后清政府陆续发布政令要求各地查明与开豁各地的贱民。豁贱为良的政策意味着从前只对普通平民开放的社会晋升渠道（科举）同样也对从前的贱民开放，贱籍妇女只要确有突出的道德表现，同样同以列入旌表。同时，法律限制了上层阶层的男性对于贱民的性特权，比如说主人对于女仆的性特权被急遽地剥夺了，还规定主人有义务为他的女仆安排适时的婚姻，锢婢的男主人不但受到舆论的谴责，还可能受法律惩罚。有人认为，雍正的制度变革意味着中国古代性规范的一个重要分水岭，从此前的流行的“身份表现”（status performance，个人的性规范视其社会阶层身份而有等差）过渡到普适性的“性别表现”（gender performance，建立一套普遍适用于所有男女的性规范）①。这些相关法律制度的设置，对于当时及此后社会风气的影响是十分深远的。

从台湾历朝方志及各种地方采访册中所记载的节烈妇女传记中可以看出，清代台湾受到旌表的节列妇女社会阶层分布还是相当广泛的，既有上层的绅士阶层与官家妇女，也有普通的平民女子，以及贫贱不移的穷困妇女，甚至包括娼家女子，原住民女子。借由列女传记，可以一窥清代台湾各阶层妇女生活的面相。根据社会阶层以及受旌表的原因，清代台湾的节烈妇女大致包括如下几种类型。

第一类是官绅阶层的妻眷。官绅包括官员与取得科举功名的士绅。在传统中国社会中，绅士是一个独特的社会集团，他们具有人们所公认的政治、经济和社会特权，他们是“由儒学教义确定的纲常伦纪的卫道士、推行者和代表人，这些儒学教义规定了中国社会以及人际关系的准则。”② 简言之,绅士是维系社会教化的纽带，乡里之人望，因而也理应成为愚夫愚妇的道德表率。对于绅士阶层高标准的道德尺度不仅针对他们本人，也包括他们的家庭与妻子。士人之妻

① Matthew H. Sommer，Sex，Law，and Society in Late Imperial China，Stanford University Press，2000，Page 8.

② 张仲礼著，李荣昌翻译:《中国绅士——关于其在十九世纪中国社会中作用的研究》，上海：上海社会科学出版社，1991 年，第 1 页。

特殊的社会地位决定她不仅承担着辅佐丈夫取得更高功名的责任，在丈夫早逝的情况下，她们在赡养父母的同时，还承担起儿子的教育责任，以维持书香门第于不坠。绅士阶层的崇高地位与整个社会对功名的狂热追求对于绅士家庭的新寡之妻具有强大的感召力，促使她们义无反顾的选择守节。在清代台湾的列女传记中记载了许多绅士家庭的妇女守节的故事，《彰化县节孝册》记录了道光年间的一位杨林氏，丈夫是一位生员，在赴乡试的路上，“船破而没”，杨林氏侍奉姑翁，守节三十七载，同治年间请旌。节妇陈杨氏，鹿港廪生陈宗华之正配，“佐夫攻书，鸡鸣戒旦”，宗华早年便取得功名，但是在一次送当地童生赴台郡（当指台南府）考试的过程中，染疾卒于郡垣，“氏闻讣，痛不欲生，即矢志柏舟，铅华不御，课督儿子读书”，后来她的儿子成为当地有名的诗人。杨林氏的另一个为人称道的事迹是独力将公公的遗体从台湾运回故乡同安下葬。像这种士人家庭的节妇，在清代台湾的节烈传中占有一席突出的地位。

官员与绅士的文化属性有相似性，但是绅士的影响在当地，而官员的服务在职守，由于古代中国普遍采取流官制度（官员回避在自己家乡任职），因而造成一部分官员家庭的留守妇女，《彰化节孝册》收录了一位名叫吴林氏的妇女，嫁给台籍官员吴景春为妻。景春积劳成疾，病逝于漳州任上，吴林氏治丧之后，即操持家政。吴林氏颇有经商才能，通过买卖谷物，增加了家庭的财富。“所买之田，契券皆亲自检阅，无一被人伪造者，以故未尝与人诉讼”[①]。在她死后，她的儿子捐献巨金，为她建祠。

在台湾节烈妇女的传记中我们看到许多节妇从事商业活动的记述，这一方面说明了台湾商品经济的发达，同时也体现了节妇比较容易取得家庭经济的支配权。清代的法律规定，在丈夫死后，守节的妻子有权支配她丈夫名分下的家庭财产份额，追求财产与人格上的独立性往往是妇女选择守节的一个重要驱力。《彰化县节孝册》记载了一个节妇林杨氏的故事，林杨氏二十二岁守寡，当时只从家族继承了十余石（谷物）的财产，但是她治家有方，教育三个儿子读书，成年后让他们经商，在节妇七十二岁时，他们家的财产已达五千余石，发展成一个人丁兴旺而富甲一方的大家族。桐城学派的著名文学家姚莹记述了一位故人之妻余淑人的事迹。余淑人是福建闽安陈一楷的继室。陈一楷幼入行伍，后任台湾武官，因与“提督某公”的关系不谐，忧惧而死，但提督意犹未已，派

① 《彰化节孝册》，《台湾文献丛刊》1957—1972 年第 108 种。

人看守住的陈的家属，不让他们离开，“欲藉其家”。余淑人派人向姚莹求援，姚氏亲赴台湾游说周旋，使余淑人及家属脱困解厄，后来淑人病死在福州，遗命儿子撕毁姚莹欠陈家银两的债卷，以偿其当年扶危救困之恩。从这个故事可以看出余淑人在家庭事务中所发挥的关键性作用，以及知恩图报，重义而轻利的个性特点。[①] 在清军攻入厦门时，郑成功之妻董氏舍下金银财宝，背着郑氏祖先的牌位逃生，此事受到历朝史家的赞叹。另一位台湾妇女黄氏，在道光年间的一次闽粤分类械斗中，丢下儿子与金钱，背着年迈体衰的公公涉水而逃，因此被收入节孝传。[②] 对节妇经济活动的叙述一方面突出节妇对家庭的贡献，同时也彰显儒家重义轻利的道德秩序。

第二类是普通的平民女子，这类妇女的传记主要强调她们在丈夫死后坚贞自守，承担家庭劳动，养老扶孤的事迹。《彰化节孝册》记录了一位名叫黄氏霞的节妇，二十八岁失去丈夫。她回到泉州同安县，奉养翁姑，并抚养孤子以成人。后来她的家庭子孙繁昌，家道日见小康。“人咸谓节妇还渡重洋，孝养二老所致也”[③]。由于台湾属新开辟的移民社会，再加上商业活动比较兴盛，造成一种特殊类型的节烈妇女，她们往往由于丈夫去台湾垦殖、出海捕捞或经商遭遇意外身亡而成为寡妇，因此守节，独立承担起养老抚孤的重任。比如《彭湖续编》（卷上）收入多名因丈夫外出身故而守寡的妇女。其中有一名翁享娘的妇女，二十三岁时，夫夫客死台湾，她抚养周岁的儿子成人，在儿子十六岁，即令往台扶父柩归葬。一位叫赵梓娘的妇女，丈夫渡台谋生，不久就死在台湾，梓娘拒绝了亲戚要求她再醮的建议，收养了一位侄子，并将养子抚养成人。另一位叫吴易娘的妇女，丈夫外出，漂泊不知存亡，吴易娘将丈夫的遗腹子抚养成人。这种养育幼子、遗腹子、或在无子的情况下收养儿子抚育长大的例子很多，主要突出她们为男性家庭承接香火的贡献。

清代台湾妇女的殉节一般和当时社会动乱和反抗性暴力有关。战乱，兵贼，也包括乡里恶徒，正在进行或即将进行的暴力侵害，都可能导致妇女遇害或自杀。清代台湾治安不晋，所谓三年一小乱，十年一大乱，一些随夫迁住于台地的官家妇女，在战乱中殉夫而死。“刘志”收入一位名叫蒋氏的妇女，是北路参将罗万仓的小妾。康熙六十年朱一贵之变，农民军犯诸罗城。万仓战死；蒋氏

① 姚莹:《中复堂选集》,《台湾文献丛刊》1957—1972年第83种。

② 《淡水厅志》（卷十，列传），《台湾文献丛刊》1957—1972年第172种。

③ 《彰化节考册》,《台湾文献丛刊》1957—1972年第108种。

看见万仓的坐骑独自回来，身上满是血迹，曰："吾夫其死矣！遂自缢以殉。"[①]在林爽文之变中，彰化同知刘亨基被农民军执获，准备要将他杀死，他的女儿满姑，"跟跄请以身代死"，"贼不可，更前骂贼，贼磔之，至死骂不绝口"。[②]凤山县教谕叶梦苓死难，其妻林氏自经死。这些事例，也从另一个侧面反映了当时台湾阶级矛盾的尖锐性，以及妇女在社会动乱中受到的伤害。由于在朱一贵起义中台湾许多官员携家眷逃往厦门，朝廷曾一度禁止台地官员携眷赴任（后在雍正十二年放松禁令，于乾隆四十一年废止）[③]，因而表彰那些在民变中殉夫而死的官家妇女，对于稳定台湾的统治秩序与强化官员对朝廷的忠诚意识当然就具有特殊的意义。

为反抗性暴力而牺牲生命的妇女构成烈女的另一个主要成分，《金门志》记载了一个名收黄招娘的女性，原籍潮州，幼年时被掳入台湾，卖给许元洛为妾。后来随夫到金门居住。一天，黄氏在野外劳动时遇到流兵张考，张考想强奸她，她抵死不从，结果被张打成重伤，元洛将张考告上官府，官府在拘问考张时，张欲狡辩，黄氏垂死之际，"犹转睛面斥之"，后来暴徒张考正法，黄氏于康熙四十三年祀节烈祠。另一个载入《金门志》的节烈妇女名叫许初娘，被郑成功家族郑泰的儿子缵绪看中，谋奸不成，将初娘父亲拘去，诬其坐盗，以此威逼初娘就范，初娘叱骂郑家人，被虐杀。郑泰后来在郑氏的权力斗争中被诛。

值得一提的是连横在《台湾通史》中收入几名娼家妇女，因拒绝卖淫，坚贞不屈而死，因而受到旌表的例子。其中一名叫吴氏女的童养媳，被婆婆逼迫卖淫，吴氏女坚决拒绝，后被婆婆合同嫖客虐杀。道光七年，知府邓传安为白其冤，请旌。另一个名叫吕阿枣的少女，出身娼门，她剪发毁容，以保全清白，最后还是被迫自杀。时人赞曰："女子守贞，国有旌典，而今出自娼门，尤足为坊表，所谓出污泥而不染者也。"[④]《台湾通史》还记录了一个极富传奇色彩的烈女复仇故事。刘氏女为台湾镇总兵廷赋之女。廷赋死后，眷属在返回大陆的海途上遭遇海盗，"尽杀之，女以丽免，一客附舟哀求。盗挤于岸，至安海，卖巨宅居之，凡十四年，生四子。一日，在观音寺遇到一僧，乃十四年前之舟中客也。以一牒授之，僧夜走告官，且告群盗聚饮期，遣役尽捕之，并四子，问

① 《彰化节考册》，《台湾文献丛刊》1957—1972 年第 108 种。

② 不著撰人：《平台纪事本末》，《台湾文献丛刊》1957—1972 年第 16 种。

③ 邓孔昭：《清代台湾女性移民》，《台湾研究集刊》2010 年第 5 期。

④ 连横：《台湾通史》（列传七），《台湾文献丛刊》1957—1972 年第 128 种。

刘氏如何处之，曰：吾忍辱十数年，为仇未报尔，若岂子哉，手刃之，然后自经。”[①] 作者将其比作是豫让、聂政、庞娥。这个故事的真实性还有待进一步考证，它极可能是唐传奇的改写。

结语

通过以上的分析我们可以看出，清代初期，台湾刚刚纳入大清版图，士民对明郑尚怀感念之情，因而民间史传文学中的节烈叙事充满了强烈的政治隐喻色彩，其中突出的特点是以烈女对丈夫的忠贞暗喻台人政治上对明郑的忠诚。清政府对台湾实施行政管理之后，非常策略地将对节烈妇女的表彰引导到维护地方秩序与重建儒家伦理的轨道上来。总体而言，清代的节烈旌表政策对于台湾民间风俗的转移是明显的。借助于提倡节孝、兴办学校、奖励科举等一系列文治措施，清政府成功地在台湾这样一块“民风浇漓”的海外飞地逐步建立起礼仪之邦的社会规范。节烈表彰对于社会风俗的影响不仅体现在节烈妇女的人数的急遽攀升上，也体现在传记所反映的节烈妇女身份阶层的逐步多元化方面。同时，节烈书写的主体也从清初单一的官府（官修方志）重新向民间转移。文人诗赋、野史稗传、私人碑铭、家谱、族谱等多种形式的节烈叙事体现了民间对于节烈道德的呼应，而尤其是地方缙绅主导的节烈采访册的兴起，更是体现了中央政府与地方精英在道德教化方面的良性合作与积极互动。通过研读台湾节列妇女的传记，我们可以发现清代台湾的妇女生活与社会变迁除了具有与内地相同的共性之外，还具有一些海岛移民社会独具的特点，比如说移民社会男女性比例失调带来的社会问题及其对妇女生活的影响，多元族群的混杂带来的不同风俗之间的同化问题，流徙型社会所造成的留守妇女问题，节妇在家庭经济与商业活动中所扮演的角色，以及社会动荡引发的暴力活动对于妇女生活影响，这些方面，是我们在研究清代台湾妇女生活时所要特别加以注意的。

原文刊载于《台湾研究集刊》2016年第4期

① 连横：《台湾通史》（列传七），《台湾文献丛刊》1957—1972年第128种。

启蒙的遗产与失败者的再出发

——从《雪盲》看保钓知识分子的自我反思

吴舒洁

作为一篇自传性色彩浓厚的小说，《雪盲》对于知识分子主体与家国历史之关系的书写历来是评论家们所关注的焦点，而这篇小说也以其纯熟的艺术技巧成为郭松棻的代表作。这篇写于1985年的小说，可以看作是郭松棻对自我生命历程的一次解剖，幸銮与校长交织牵系的命运，在“你/我”不断转换又不分彼此的叙事视角中，层层剥离出两代台湾知识分子残废而无法言说的精神创伤。流亡者、异乡人、病体……这些标签拼贴出了郭松棻的历史想象与国族认同，研究者往往将郭松棻的写作纳入海外华文创作的“异乡”母题序列，热衷于破解其精致的现代主义技巧以通往某种“共识”。《雪盲》中反复描摹的佝偻生命，成为启蒙幻灭的象征，而“雪盲”的题名则喻示着（男性）启蒙主体的精神偏执与盲目追求乌托邦所陷入的困厄状态，这种困境更被阐释为殖民地精英在“启蒙”与“反启蒙”之间以及国族认同上的悖论①。在这样的解读视域中，“现代主义”便具有了形式的必然，历史变成了一盘不可破解的残局，而叙事的危机只能求助于意识流吉光片羽式的书写，以及意象的精巧搭建，这些都令人似曾相识地想起了存在主义的异乡情境。王德威曾说，“郭松棻是少数中文作家中，如此生动体验现代主义‘骨感’美学的能手”，他对于“写作”的纯粹之追求，相较王文兴甚至有过之而无不及②。论者不无意外的发现，曾经极力抨击现

① 许素兰：《流亡的父亲·奔跑的母亲——郭松棻小说中性/别乌托邦的矛盾与背离》，郭松棻：《奔跑的母亲》，台北：麦田出版社，2002年，第289页。

② 王德威：《冷酷异境里的火种》，郭松棻：《奔跑的母亲》，台北：麦田出版社，2002年，第5页。

代主义的郭松棻，竟会成为台湾最成功的一位现代主义小说家，而他当年批判加缪哲学的不遗余力，与他晚年对加缪文学的推崇备至又形成了有趣的对照①。郭松棻一生的信仰与认同仿佛遭遇了一个戏剧性的拐弯。曾经以左翼立场号呼奋斗于保钓运动的他，在经过了从理想到现实的幻灭后，坦言自己就像纪德一样，“忽左忽右”让人觉得前后矛盾②。

我所关心的是，为什么郭松棻会有这样的转变？其实我们也可以反过来问，郭松棻真的变了吗？推而广之，又应该如何理解一代保钓知识分子所谓的“转向”问题？郭松棻晚年在接受舞鹤访谈时曾表示，“现在我没什么政治主张，但多少还是个自由派。左翼是很美丽的。如瞿秋白一般的文人不适合搞政治运动。瞿秋白无奈卷入了大时代的潮流，不得不作，最后留下了一篇《多余的话》”③。郭松棻无疑是从瞿秋白的“多余”中看到了自己当年参加保钓的影子，这种“误入歧途”的感慨显然不止是因为文学与政治之间的错位，更因为保钓运动——这场曾经被视作“海外五四”的运动，在如今却变成了一些当事者的“昨日之怒”，抑或被供奉为爱国主义的古董。置身于20世纪末全球激进政治实践失败的形势中，保钓者尽管几次试图将保钓运动再“救起来”（如1974年的“保沙运动”），仍难以抗拒“历史的终结”的命运。保钓运动阒然消逝，而其精神遗产也并未如“五四”那样形成丰富深刻的传统，或如赵刚所质询的，“保钓运动为何无法在台湾形成一个有持续性的思想运动？”④为什么这场曾经深刻影响了台湾历史进程的运动在今天已经失去了介入现实的能量，甚至正在被遗忘？当保钓世代的“转向”或“背叛”成为后来人津津乐道的话题，甚至被某种意识形态舆论导向所利用时，我们如何重新唤起保钓运动的思想能量与反叛传统——这种唤醒的努力并非以纪念碑史学的讲述方式去掩饰矛盾与失败，而是直面其中的困境，不断地在现实的语境中予以激活并回应？在这个意义上，我们大可以失败者的态度对保钓运动这一“事件”发出质询，这或许将是从一片犬儒的慨叹声中救活保钓精神的一种努力。因此，我更愿意将郭松棻的“异乡”书写视作是以一种失败者的方式在反省自己的青春，反省那个启蒙时代，

---

① 廖玉蕙：《生命里的暂时停格：小说家郭松棻、李渝访谈录》，《联合文学》2003年第225期。

② 简义明：《郭松棻访谈》，郭松棻：《惊婚》，台北：印刻出版社，2012年，第230页。

③ 舞鹤：《不为谁为何而写——在纽约访谈郭松棻》，《印刻文学生活志》，2005年第23期第49页。

④ 赵刚：《陈映真对保钓可能提出的问题》，《台湾社会研究季刊》2010年第79期。

而非简单的告别或拒绝，那么《雪盲》正是这种反省的一个代表性文本。

“多一点文学吧！少一点哲学”[①]，郭松棻在八十年代的“回归”，似乎宣告了一种启蒙理性的坍塌，取而代之以文学建构一个充满悖论与乖谬的异托邦（heterotopia）。在此我们无须去比对，《雪盲》中的意象是如何惊人的相似于福柯对于异托邦的描述，关闭的房屋、海上的小船，更不用说从殖民地台湾到沙漠上的海市蜃楼拉斯维加斯。然而有意思的是，在《雪盲》时空叠错的意识流叙事背后，不处不在的却是历史强硬冷酷的逻辑。当写作是为了剔除白脂以勾勒筋骨峋立的生命时[②]，实际上暗示了某种对于理性主体的执着追寻，只不过它被掩藏于局外人般漠然的叙事之下。正如唐文标对《月印》的评价，那是一种“用劲但不带力痕而又曲折地把历史写入一个人的生命中”的写法。历史总是构成了郭松棻创作中那个揣揣于腹中的“梦胎”，无论是《月印》中隐晦寄寓于男女情爱下的白色恐怖，还是《今夜星光灿烂》对历史当事人的描摹作传，郭松棻笔下的人物与故事总是挣扎于历史的漩涡中难以逃离。《雪盲》同样如此，日本殖民、台湾光复、二·二八、白色恐怖，这一连串的历史化作校长及其亡兄、乃至米娘的身影，深深埋在了幸銮的记忆中。而吊诡之处在于，为何不曾遭遇过历史创伤的幸銮，会一任自己沉沦于虫豸般的生命状态？他的颓废、病弱与自我放逐，与文本中鲁迅所代表的启蒙话语之间究竟存在着怎样的精神联系？幸銮并不是历史的“孤儿”，恰恰相反，他的生命与历史紧紧交缠在一起，后者像鬼魅般挥之不去。因此，或许更有意义的是，在被技巧和意象所分割的文本背后去粘黏起历史的雪泥鸿爪，探寻写作主体在思想上的谱系与构造，才能真正理解一个失败者对于自身与历史的反思。

一、立志的神话与谎言

这篇小说描写了三位台湾知识分子：幸銮、校长、校长的哥哥，其中幸銮又构成了小说最主要的叙述视角。校长及其哥哥的故事，都是通过幸銮的回忆来展开，而这三个人的生命又在不同的时空中交错重叠，不分彼此。从成长的年代来看，幸銮无疑才是郭松棻的自画像，他出生于20世纪30年代末期战争中的台北，大约在20世纪50年代中期考取了台北的大学（台大），20世纪60

① 舞鹤：《不为谁为何而写——在纽约访谈郭松棻》，《印刻文学生活志》，2005年第23期，第49页。

② 郭松棻：《论写作》，《郭松棻集》，台北：前卫出版社，1997年。

年代赴美国留学，这些都和郭松棻的人生经历是相一致的。然而幸鎏的生命中却永远徘徊着校长及其亡兄的影子，他们分享着幸鎏的人生，同时又构成了对幸鎏的视角的质询，因此幸鎏的故事必须从校长及其亡兄讲起。

校长兄弟二人可以称得上是日据时期殖民地精英知识分子的代表，他们从年轻时代就立下了远大的志向。校长立志要做一个小学校长，他能说的一口“上品的日文，比任何一个殖民地的文官都不差”[①]。校长的哥哥则立志于从医，考上了岛都的医科大学，正是意气飞扬。

大人们围着火谈起台湾人出现第一个飞行员的往事。盆火照红了父亲一团被窝气的脸。萨尔牟逊式的“高雄号”飞入云端。万里长虹。台湾人的抱负。意志升上去了。飞越在殖民地的上空。从高空鸟瞰，据说汉民族的土地郁瀚苍翠。气运沸沸。十几年的威尔逊主义在这里长出了苗芽。而念医科的台湾青年实在太多了。“文化协会”那么需要有志的知识人。[②]

汉民族的气运沸沸与威尔逊主义对于民族自决的美好许诺，仿佛给台湾带来了无限希望。校长及其哥哥的立志，又何尝不是台湾的立志，中国的立志，个体的“自觉”与民族的“自决”熔铸成硬币之两面，创造了现代中国原初的激情。纵然“高雄号”坠毁了[③]，又有何妨？它只是一次不成功的习作，台湾正在勤勉地学习着来自日本殖民母国与西方世界的先进文明。

这是我们所熟悉的弱小民族立志的故事。立志，这一现代中国启蒙话语的核心，包含了热切的资本主义现代性理想与社会达尔文主义的信念。二十世纪初叶，在日本求学的鲁迅写下了《人之历史》《摩罗诗力说》《文化偏至论》等文章，酣畅淋漓地表达了他对于现代主体与现代国家的见解，也就是“立人”的命题。在鲁迅看来，挽救民族危机的根本首先在“立人”，“掊物质而张灵明，任个人而排众数”，只有培养出具有强大意志的个人主义英雄，由“立人”而“立国”，才能使“沙聚之邦”转变为“人国”[④]。校长兄弟二人正是当时许许多多向西方寻求真理的新知识分子中的一员，他们从小就决心与槟榔断绝关系，为

① 郭松棻：《雪盲》，《郭松棻集》，台北：前卫出版社，1997年，第139页。

② 郭松棻：《雪盲》，《郭松棻集》，台北：前卫出版社，1997年，第139页。

③ 台湾人杨清溪于1933年在东京立川飞行学校毕业取得飞行士资格后，向日本陆军购买了一架退役侦察机，并命名为“高雄号”。1934年开始环岛飞行，两天后环岛一周，安全抵达台北，成为轰动全岛的大事。但在同年11月3日的飞行中，“高雄号”坠毁，杨清溪也在事故中罹难。

④ 鲁迅：《文化偏至论》，《坟》，《鲁迅全集》（第一卷），北京：人民文学出版社，2005年，第57页。

的是抵抗自己与生俱来的“亚热带的惰性”。更不用说教育与从医的志向，几乎成为救亡图存的知识分子必然的选择。

理想在疗救国民性的使命中不断膨胀，直到校长哥哥的自杀。这名医科大学的青年，在上完接生课后精神彻底崩溃了。校长的记忆停格在亡兄从医科大学飞奔出来的画面：

马路空旷无人。桫椤科植物绿荫成盖。医科的红砖大楼，在骄阳下巍然矗立。艳丽的晌午时分。医科的实习生刚刚上完接生课，哥哥一下子精神崩溃了。

哥哥要飞奔过街，罩衣像一只白日的鬼影，嬉戏般在街心飞舞。那奔跑的影子，带着绳结般的困扰，印入了校长的记忆。[①]

医科的红砖大楼——殖民地现代文明与权力的象征，它的巍峨艳丽，与亡兄白衣飘扬的鬼影形成了巨大的映照。令哥哥精神崩溃的，是目睹新生的丑陋。“医学的理性深入到令人惊异的浓密感知中，把事物的纹理、色彩、斑点、硬度和黏着度都作为真相的第一幅形象展现出来”[②]，接生课给亡兄带来了真正医学感知的苏醒，这种苏醒却不是如福柯所言的由目视所建构出的理性主体，反而因为看见了深藏在事物内核的真相——人之诞生的真相，主体的幻觉轰然崩毁。

那么真相到底是什么？此时的台湾，正值战争中“皇民化”运动的高潮，一批又一批的青年或被送往战场，或被招进学校，成为帝国侵略战争中的后备军。受战争动员体制的影响，1930—1945年间，台湾的高等教育快速扩张，尤以医学和工业人才的培养最受重视[③]。校长的哥哥所就读的，恐怕正是1936年后台北帝国大学的医学部，其前身则是成立于1899年的总督府医学校，亦是当时台湾的最高学府之一，主要是为了培养服务于台湾本地的医学人才。而校长在光复后的自然课上演示的肥皂制作，其实也是日据时期台湾的一项重要工业，更暗示了由殖民者所带来的现代卫生观念（与之相对的则是弱国子民的不洁）。校长和哥哥的立志，与殖民统治者的“皇民化”竟是如此紧密相连，如果说启蒙的“立人”理想是为了摆脱被奴役状态的话，那么真相却是新人的诞生，原来只是更彻底的奴化。

① 《雪盲》，第143页。

② 福柯著，刘北成译：《临床医学的诞生》，上海：译林出版社，2001年，第5页。

③ 郑丽玲：《帝国大学在殖民地的建立与发展——以台北帝国大学为中心》，台湾师范大学2002年硕士论文。

小说并没有深入去探讨校长和哥哥的心理，我们无从知道他们是自觉的认同于“皇民化”的改造，还是挣扎于某种“现代化”与“皇民化”的分裂中。这些并不重要。对于幸銮来说，校长及其哥哥在某种程度上构成了他的精神父亲，而他的亲生父亲，“生前那么努力想把上品的日语学好，害得乡下来的母亲在一旁如鸭子听雷”[①]。幸銮看到了这些父辈们扭曲的立志，是如何被残酷的历史真相嘲弄乃至击垮，而幸銮自己，又何尝不是“皇民之子”？小说隐晦地将“皇民化”与五四的启蒙思想糅杂在一起，从而表现出一种复杂的历史观念，它无意于从民族主义的角度进行道德性批判，更不是为了粉饰“皇民化”，而是充分呈现历史的辩证与荒谬，在戳穿历史假象的同时更指向了对启蒙神话的反思。“立人”的夭折缘于启蒙者发现了自己的奴性。外科生产的骇人场面，令我们想起了鲁迅的幻灯片事件，后者以死亡的恐怖和生者的麻木震惊了鲁迅，由此成为现代中国启蒙话语的一个精神原点。科学的真实产生了主体的客体化效果，使其最终得以看见自身的丑陋与屈辱。当真相揭开的时候，看者的目光只能折返于自身，挫败的视觉经验阻断了主体的形成，看者本身也变成了被看者。这就是鲁迅所提出的“看”与“被看”的经典命题：殖民地半殖民地的知识分子，从未能够获得某种启蒙主体的目视权力，殖民者所带来的现代理性，使他们在看到中国之“病”的同时也看到了自己身为“病体”的一部分。而对于校长的哥哥来说，更为艰难地则是如何去面对“立志”成为帝国战争的一部分，这使其在获得新生的同时也背负上了难以摆脱的原罪。

哥哥的原罪并未随着死亡而消弭，“亡兄”的影像反而成为贯穿整篇小说的一个幽灵。亡兄身前的白衣鬼影，不断追逐缠绕于校长和幸銮的生命经验中，构成了他们不得不承受的精神创伤，同时也驱使着他们不断逃离。缺乏抵抗和反省的“立志”，注定了其在谎言崩解后再也无法站立的屈辱，正像孔乙己一样。哥哥自杀之后，校长放弃了不离手的口琴，意识到“自己终其一生都将是一个瘖哑的人格”[②]，并破戒嚼起了槟榔。光复之后的新生转瞬即逝，即使他努力地听广播剧自学北京话，在课堂上教授科学知识，革新学校风气——这些“民主与科学”的回光返照，却只能被粉碎于戒严的暴戾之下。“校长。一生的热情。站在月台上，像战前一支悲伤的歌。”[③] 在少年幸銮的记忆中，台湾历史的

① 《雪盲》，第169页。

② 《雪盲》，第144页。

③ 《雪盲》，第146页。

灾难与剧变，全部化成了校长一生的悲情，那是从战前的殖民地时代就开始一点一点淤积的颓唐，直到戒严中宪兵的那一记清脆的掌掴，启蒙者的立志终于全部变成屈辱。

然而为幸銮所念念不忘的却是米娘。米娘这个在日夜的轰炸里突然成长起来的女人，无父无母的、失去了一切依傍与幻想，只以自己的肉身存活于世。她胆敢于战争后废墟一样的人间穿上冶艳的红鞋，仿佛是残败的历史中仅存的一丝光亮。米娘的出现使校长终于有了逃离的契机，在挑衅世俗伦理的同时也在触探着自己沉沦的底线。不要忘了，校长太太可是台中林家的名门闺秀，又曾上过高等女子师范学校。她与校长的结合，大概也是新女性的时代选择。生活使她变成了一个俗气的家庭妇女（这使我们想起了出走的娜拉），但在那个理想幻灭的年代，这种俗气反而培育出了生命的坚韧与强悍。这种生命力是患了“谢世症”的校长所不敢直视的，而米娘所带来的诱惑，毋宁是一种解脱。“我走。我走。”小说中一再地重复校长这句话，仿佛他已下定了决心逃离，却到底还是被太太一语戳穿:“他哪里敢。他有胆,我倒任他去了”[①]。或许不是不敢，而是无处可走。郭松棻的清醒就在于，他并没有像许多现代主义或后现代小说那样将这种越轨的情欲铺陈为反抗的希望或救赎。“整条巷子都是米娘的话语。整条巷子还不及米娘的爱深长”[②]，米娘以其奢侈的温柔成了那噤声的年代里一个异质的幻象，她的美丽注定会在充满“恶气”的街巷里腐烂。几年后，幸銮怎么也不肯相信,“坐在路边那个一身破烂满脸污垢的女乞丐就是米娘”[③]。米娘终于也变成了“鬼”。她在乡邻的视线中消失了若干年，结果却被发现其实一直未曾离开，甚至“已经生了好几个小乞丐围在她的身边”[④]。在某种意义上，米娘和校长的亡兄一样，也变成了迪化街的幽灵，他们所背负的原罪，以及由此而迸发的出人意表的美丽或癫狂，反而展现出了摄人的力量，笼罩在校长和幸銮的生命中。

“我走。我走。只身离开这个气闷的海岛。远远地走开。远远地走开。少年时代立的志。”[⑤] 这段没有主语的告白,其实既属于校长又属于幸銮,前者的离开是为了摆脱“亚热带的惰性”，后者则是为了逃离那光复后久久不散的“恶气”。

① 《雪盲》，第 134 页。
② 《雪盲》，第 163 页。
③ 《雪盲》，第 172 页。
④ 《雪盲》，第 179 页。
⑤ 《雪盲》，第 136 页。

正是这种生命经验的共享与时间的重叠，使小说没有陷入所谓光复后“再殖民”的话语偏执。校长既是幸銮的启蒙之父，同时又是幸銮所欲逃避的对象，这也是为何幸銮在离开南方澳前固执地不肯坐校长的船——抗拒着立志所带来的希望。历史的进化使虫豸站立起来成为人，幸銮却宁愿自己像孔乙己一样跪地爬行。离开了潮湿的海岛，来到异乡的沙漠，在这个干燥冷酷的流放之地里，原来竟深埋着一条绵延不绝的昆虫的生命史。虫豸的顽强生命力，是幸銮所没有意料到的，反观自身，却是身为人——中国人的孱弱。

尽管深受达尔文主义影响，但鲁迅并不认同以适者或强者为尊的“任天说”，在他的进化观里，自由之精神才是猴与人的根本区别：

我想，人猿同源的学说，大约可以毫无疑义了。但我不懂，何以从前的古猴子，不都努力变人，却到现在还留着子孙，变把戏给人看。还是那时竟没有一匹想站起来学说人话呢？还是虽然有了几匹，却终被猴子社会攻击他标新立异，都咬死了；所以终于不能进化呢？[①]

正如伊藤虎丸所指出的，鲁迅对于进化论的接受，始终是以“作为劣者的中国人”主体为立场的[②]，他所关注的是弱者如何通过精神的自由而成为真正的现代主体。在《雪盲》中，无论是校长还是他的哥哥都没有获得这种自由，他们一心想要“走异路，逃异地，去寻求别样的人们”[③]，结果却发现所谓的“异地”其实只是被划定的另一个囚牢，仍然是弱国子民永远走不出去的“此地”。与郭松棻常有的“父亲”形象阙如的小说不同，《雪盲》中的“父亲”构成了一组强大的意象，同时具有了启蒙与压抑的双重功能。在这里，幸銮们的“思想病”不再是那种“无父的一代”所匮乏或扭曲的家国认同，恰恰是在对故国加深认识的过程中更加确认了主体所不可能逃脱的情境。徐秀慧在分析郭松棻与鲁迅的互文关系时就曾指出，鲁迅的“牺牲者”形象在某种程度上构成了战后台湾知识分子克服左派忧郁症，走上实践之道的精神资源[④]。意识到自身虫豸般

---

① 鲁迅:《随感录·四十一》,《热风》,《鲁迅全集》(第一卷)，北京：人民文学出版社，2005年，第341页。

② 伊藤虎丸著，李冬木译:《鲁迅与终末论：近代现实主义的成立》，北京：三联书店，2008年，第147页。

③ 鲁迅:《〈呐喊〉自序》,《鲁迅全集》(第一卷)，北京：人民文学出版社，2005年，第415页。

④ 徐秀慧，《革命、牺牲与知识分子的实践哲学——郭松棻与鲁迅文本的互文性》，徐秀慧、吴彩娥主编，《从近代到后冷战：亚洲的政治记忆与历史叙事国际学术研讨会论文集》，台北：里仁，2011年。

的存在，直面故国与父辈们的屈辱和错乱，正是对于乌托邦式乡愁的否弃。在校长亡兄的身上，我们看到了些许鲁迅的“历史中间物”气质，即以“抉心自食”的解剖，迎向历史过程中必然的自我灭亡，而这是直到多年后，在海拔五千公尺的美国沙漠中，幸銮才恍然大悟的。

二、异邦与故国：别求新声的寂寞

“回到你的国家，你也教不了你的鲁迅”[①]，幸銮的同事日本教授想劝其在美国安身。无论是日本作家还是幸銮的美国学生，鲁迅对于他们都是陌生而无关痛痒的，令人疑惑的是，为什么幸銮偏偏要对他们谈起鲁迅呢？幸銮第一次接触到的鲁迅，是校长给他的《鲁迅全集》，那是校长亡兄的遗物，也是校长家里唯一的一本中文书：殖民时代残存的一线文脉，更是现代中国启蒙知识分子的精神偶像。然而正如前面所分析的，为孔乙己和阿Q所吸引的幸銮，看到的是鲁迅投身于黑暗的决绝一面。那种彷徨于无地的精神气质，显影出来的是无法为启蒙主体所规约的游魂，飘荡于寂寞的中国之上。

我们可以强烈地感受到《雪盲》这篇小说所弥漫的一股寂寞氛围。潮湿气闷的故国是寂寞的，异乡炙烤的沙漠也是寂寞的。寂寞构成了这些知识分子的生存情境，而百年来台湾知识分子的奋力抵抗，似乎也被这寂静之境所吞没。“你悄悄走入一片鼠色的阴影，然后把身子藏在干燥的黑暗里，眺望着落日和沙的地平线慢慢完成T形的结合。鲁迅，在阴影下曾经被树上掉下来的毛虫冷冷地爬过颈背。那是一九一八？”[②]落日与地平线形成的T形意象，是幸銮最迷恋的图景，落日一步步沉入地表，黑暗的寂寞降临。在幸銮的心中，他的寂寞与鲁迅的寂寞是相通的。一九一八，彼时的鲁迅正蛰居于北京的S会馆（绍兴会馆）里“钞古碑”：

客中少有人来古碑中也遇不到什么问题和主义，而我的生命却居然暗暗的消去了，这也就是我惟一的愿望。夏夜，蚊子多了，便摇着蒲扇坐在槐树下，从密叶缝里看那一点一点的青天，晚出的槐蚕又每每冰冷地落在头颈上。[③]

---

① 《雪盲》，第180页。

② 《雪盲》，第176页。

③ 鲁迅：《〈呐喊〉自序》，《鲁迅全集》，第一卷，第440页

在民国初年“城头变幻大王旗”的热闹中，鲁迅却感到了寂寞，“这寂寞又一天天地长大起来，如大毒蛇，缠住了我的灵魂了”[①]。此时新文化的高潮已过，几个同仁所创办的刊物《新生》也胎死腹中，革命后的中国并未如期许中的那样为之一新，立志的奋起正面临着失败的危机，一切似乎又回到了那个“寂漠为政，天地闭矣”[②]的状态。

郭松棻晚年曾说，“鲁迅应该是和我最贴近的作家了”[③]，这种贴近恐怕正是来自同为第三世界知识分子的那种寂寞感。一九一八年的鲁迅，“正在酝酿着呐喊的凝重的沉默”[④]，这是竹内好称之为“回心”的时刻：“他此后的思想趋向，都是有迹可循的，但是成为其根本的鲁迅本身，一种生命的、原理的鲁迅，却只能认为是形成在这个时期的黑暗里”[⑤]。这段黑暗是无法为美国学生们所言明的，在课堂上，幸銮讲的是“一九一九”，“三年以后的一九二一他就达到了决定性的高潮”；而走下讲台，望着窗外孤立的枯树，幸銮想到的却是“一九一八”[⑥]。“已经十七年了，母亲提醒着你。在这沙漠里你却没有走出一步的迹象”[⑦]，如果我们认为幸銮是郭松棻在某种意义上的自我写照，那么可以推想，在美国的警察学校里教授鲁迅的幸銮，已是经过了保钓运动的幸銮。小说并没有写到保钓运动，也略去了幸銮在台北的大学年代——完全剔除了青春激情的写作，仅存的执念就是教授鲁迅。因此，鲁迅如何面对革命过后无边的沉寂，实际上正是幸銮——也是郭松棻所欲汲取的精神资源。

保钓运动的阒然中止，以及对社会主义中国实地考察后的落差，对于郭松棻的左翼理想提出了不小的挑战。今天我们已难以真切获知郭松棻从大陆归来后的感受。后来的采访者和研究者往往热衷于凸显郭松棻的“幻灭”，但我以为彼时的他其实是面临着寂寞的艰难。“我应该是很不适合搞政治运动的那种个性，那些因缘际会让我踏入了保钓运动和随后而来的左派探索岁月，现在回想

---

① 鲁迅：《〈呐喊〉自序》，《鲁迅全集》，第一卷，第439页。

② 鲁迅，《破恶声论》，《坟》，《鲁迅全集》，第一卷，第65页。

③ 简义明：《郭松棻访谈》，郭松棻：《惊婚》，台北：印刻出版社，2012年，第241页。

④ 竹内好：《鲁迅》，竹内好著，李冬木等译，《近代的超克》，北京：生活·读书·新知三联书店，2005年，第45页。

⑤ 竹内好：《鲁迅》，竹内好著，李冬木等译，《近代的超克》，北京：生活·读书·新知三联书店，2005年，第45—46页。

⑥ 《雪盲》，第176页。

⑦ 《雪盲》，第179页。

起来，都是空的”[①]。保钓运动结束后，郭松棻转向沉潜于马克思主义和左翼思想史的阅读研究，希望通过对马克思主义正本清源的梳理来反思自己的左翼理想。此外，他还接连撰写文章系统的讨论了萨特、加缪与马克思主义之间的关系，尽管他对加缪的思想持批判态度，但此时的他也开始看到了个体的反叛、革命的政治与历史的荒谬三者之间更加复杂的关系：

卡缪界定叛徒的立场为“不求征服，但求强制。”反叛的旨意在于抗议谎言与罪恶。卡缪认为反叛和革命之不同在于：反叛是向现状抗议的一种苦修行为，革命则是彻底颠覆现状的一种激烈行动。易言之，反叛是原则上叛逆现状，它不藉任何有效行动或暴力来达成效果。终极地说，反叛是一种抗议为表，“无为”为理的心态。[②]

一方面，他仍坚持马克思主义以及萨特思想中的历史介入姿态，从人的历史存在出发，认识历史进而参与历史的行动。而此时的郭松棻转向理论的思考和阅读，正是试图重新认识历史以思考革命的问题，如其自己所述：“当时文革结束后，我依旧在左派的这些思潮里辗转了很多年，其实并非走不出中国的阴影，而是想要找到另外的可能出路。那时念左派的最重要的原因是，我自己的思想还没有过去，文革过去了，但自己的问题还没有解决。”[③]但另一方面，随着全球性左翼反叛思潮的退却，苏联社会主义的僵化，“文革”中现实与理想的扭曲，资本主义自由化浪潮正在席卷全球，这一连串的变化使革命的行动反而失去了现实的指归。“天地不仁，以万物为刍狗”，历史的巨变使个体的理想与反叛迅速被吞噬，知识分子“立志”的荒谬竟至成为一种宿命？

在《雪盲》中，幸銮藉由教授鲁迅以在异国的沙漠中保有一块最后的故土，那是以遗忘和告别的形式来坚守的故土。和幸銮一起流放于这沙漠之中的，还有波兰逃亡的老太太，以及落魄的“江户儿”日本教授，这些弱小民族的被侮辱与被损害者（战后的日本无疑也成了其中的一员），在美国自由的天堂里，却始终无法进入“万国公民”的大同世界。而彼时的台北，已经变成了一个肥大的城，经济起飞后的繁荣，民主化运动的蓄势待发，似乎正在预告着它将取代东京成为亚洲新的“民主天堂”。现代化的膨胀并没有颠倒昔日的主奴关系，幸

① 简义明：《郭松棻访谈》，郭松棻：《惊婚》，台北：印刻出版社，2012 年，第 213 页。

② 李宽木（郭松棻）：《从“荒谬”到“反叛”——谈卡缪的思想概念》（一），《夏潮》1977 年第 2 卷第 5 期，第 22 页。

③ 简义明：《郭松棻访谈》，郭松棻：《惊婚》，台北：印刻出版社，2012 年，第 142 页。

鸾走不出的沙漠岂止是在异国，更是身为弱国子民在世界权力体系中被压抑、被消音的生命干涸，在自由世界的表象下其实是重新划定了禁足/禁言的囚地（不只是因郭松棻被列入党国的“黑名单”而无法返台）。但另一方面，当主体从理想的母体被抛弃于荒漠中时，一个赤裸面对真实界的契机也因此展现，这使其终于得以挣脱“走异路，逃异地”的执念，坦然面对那个“教不了鲁迅”的故国——同时也是那种决定性的黑暗。

三、熙攘的人间与失败者的再出发

日本教授的刺激，幸銮不可能不明了，回到故国，依然无法安放自己的鲁迅。问题是，这里的故国指什么？是台湾，还是大陆，抑或是另一个故乡？小说的第三节即标以“故国”的章名，意味着幸銮开始正视自己那不愿触及的乡愁。沙漠的光芒“照耀了内心的一切。没有一片阴影可以留存”[①]，“无论如何，这是一块可以生存下去的地方”[②]，在沙漠里，只有孤立的自然，它既是流放之地，也是可以逃离残酷人间的圣地，“你不用担心会染上什么恶疾”[③]。然而故国的记忆仍然如洪水奔涌而至，那里有不得不操着外国语的父子两代人，有母亲的屈辱，有校长“学着用纯正的北京话从嘴里发出心底的思想”，也有狂犬病流行的台北，整个城在戒严中的死寂，还有米娘的那双红鞋。这个故国既划满了伤痕，也是几代青年立志的根本，它既是精神的废墟，也是最后的救赎。

“我于是用了种种法，来麻醉自己的灵魂，使我沉入于国民中，使我回到古代去……”[④]鲁迅于寂寞的痛苦中沉入了故国，表面看起来与当初“走异路，逃异地”，“别求新声于异邦”的立志是相背离的，但实际上恰恰是在不曾确定终点的途中，在一连串的失败过后，不断地回到那个启蒙的原点——身为国民的责任，从而确定再出发的起点。

《雪盲》中略有些突兀的引用了张爱玲《中国的日夜》中的段落：

沉重累赘的一日三餐。

谯楼初鼓定天下；

安民心，

① 《雪盲》，第165页。

② 《雪盲》，第167页。

③ 《雪盲》，第166页。

④ 鲁迅：《〈呐喊〉自序》，《鲁迅全集》，第一卷，第440页。

嘈嘈的烦冤的人声下沉。

沉到底。……

中国，到底。[①]

紧接着对其作出解释，“那是女主人翁挽着菜篮，行过菜市场。心里默默地有了向随时随地都如市场般嘈乱的同胞祝福下沉的心愿。”[②] 郭松棻对张爱玲其实并无甚好感[③]，然而《雪盲》中却一再地重复这种“沉到底”的意绪。事实上，我们可以把这段话视作是对鲁迅“沉入于国民中”的注脚。倪文尖富有洞见的指出，《中国的日夜》代表了张爱玲人生中最初的一次大妥协，抗战的胜利迫使她从眼前的一座城池——上海，看到了一个中国。这个中国虽然是平凡庸碌的一日三餐，却使她感到“定天下”的安稳。而初读到这段话的幸銮，正是在台北念大学的时候，在罗斯福路的租书店里从一排武侠小说中拣出了一本《张爱玲短篇小说集》。郑鸿生曾经回忆到，张爱玲在沦陷区上海写的小说，到了1960年代成为台湾青年捧读再三的作品，甚至“列在我们小读书会的书单里，与陈映真的作品一起捧读”[④]。郑鸿生分析，或许就是张爱玲那种“哀矜而勿喜”的普世内涵，吸引了当时的台湾青年[⑤]。这是一种从生活的旁观者转变为生活的同情者的态度，他人的生活不再是与我无关的“传奇”，而就是我生活于其间的世界。这种态度在鲁迅那里则更为充分地发扬为一种自我与他者的共生关系：“无穷的远方，无数的人们，都和我有关。我存在着，我在生活，我将生活下去，我开始觉得自己更切实了，我有动作的欲望——但不久我又坠入了睡眠”[⑥]。尽管不足以承担行动的全部希望，但正是这种沉入俗世的情感共鸣，构成了战斗的鲁迅反抗绝望的亮光。

因此，沉沦便具有了双重意涵，一方面，它是历史失败和创伤的产物，而另一方面，下沉也意味着面向熙攘的人间，以切实的主体之身驱散淤结的恶气。郭松棻曾经这样说过孔乙己：“多数的人读到的‘孔乙己’这个人物的形象与解释是过气的，落伍的，偷书啊，一个负面的人物，我觉得大家都不瞭解他，小说里的孔乙己是酒楼里唯一会跟小孩（鲁迅的化身）说话的，很可爱的，也不

① 《雪盲》，第174页。

② 《雪盲》，第174页。

③ 在廖玉蕙、简义明等访谈文章中，郭松棻都表达了对于张爱玲的冷淡。

④ 郑鸿生：《台湾的文艺复兴年代：七十年代初期的思想状况》，《思想》第4辑，第91页。

⑤ 郑鸿生：《台湾的文艺复兴年代：七十年代初期的思想状况》，《思想》第4辑，第90页。

⑥ 鲁迅：《这也是生活》，《且介亭杂文末编·附集》，《鲁迅全集》（第六卷），第624页。

拖欠跟酒店的账。”[①]郭松棻在孔乙己身上看到了冷漠的世界中难得的童心，其实也是最真诚的赤子之心，而这不正是革命者所不应遗忘的初衷吗?

当郭松棻在多年后慨叹往事如烟，“都是空的”，其实并不是在否弃曾经的立志与行动，而是一种“退志”后对于理想的反思。他非常赞许瞿秋白和普列汉诺夫，他们在看到革命背离初衷后有了“退志”，“说‘退志’而不说‘退意’，是因为他觉得‘退’是要有勇气的，不是一般人能做到的”[②]。这里的“退志”正如校长亡兄的自杀，正如鲁迅的沉寂，是重新探寻真相的勇气，也是对初衷的“忠诚”。在巴迪欧那里，“主体在宣布真理的过程中以其对事件的忠诚而成为了主体”，主体的成立取决于对事件后果的承担，偶然的相遇只有经历了持久性和再创造的过程才能凝定为真理。在这个意义上，保钓运动如何能够成为一个“事件”，才是郭松棻们遭遇的最大考验，也是《雪盲》中的“立志”所留下的宝贵遗产。

早在保钓运动中，郭松棻就已经意识到了这种背离初衷的危险。在保钓知识分子们热衷于谈论中国谈论革命的时候，他们对于社会主义中国的认识却只能借助于西方反叛性思潮的视角，就是郭松棻自己，对于社会主义的中国“也无非只存些朦胧暧昧的影子”[③]。而在保钓阵营内部，关于中国问题和台湾问题的矛盾也日渐凸显。当时美国各地的“中国问题讨论会”如火如荼，陆续从中国大陆参访归来的留学生正热衷于演讲他们所看到的中国，对于“文革”的现实状况更是意见纷呈。一向坚持中国统一立场的郭松棻，敏锐的洞察到了时兴的“中国统一论”中所包含的分歧和危机，指出这些知识分子其实已是脱离了人民大众的“异立特主义”(精英主义)，他们对于社会主义的想象已经沦于空想的论调[④]。在这种情况下，郭松棻反而强调：

> 真正的社会主义，最好先把它放在市井街头，让它挑起现实的问题，在实践里建立它的体系。现在海外的中国人，要是拥护社会主义的，最好先从台湾问题先研究起。而且，真正社会主义是反资本主义的，敌我截然分明，不容丝

① 简义明:《郭松棻访谈》，郭松棻:《惊婚》，台北：印刻出版社，2012年，第240—241页。

② 李怡:《昨日之路：七位留美左翼知识分子的人生历程》，林国炯等编:《春雷声声：保钓运动三十周年文献选辑》，台北：人间出版社，2001年，第755页。

③ 简达(郭松棻):《台独极端主义与大国沙文主义》，林国炯等编:《春雷声声：保钓运动三十周年文献选辑》，台北：人间出版社，2001年，第211页。

④ 简达(郭松棻):《台独极端主义与大国沙文主义》，林国炯等编:《春雷声声：保钓运动三十周年文献选辑》，台北：人间出版社，2001年，第211页。

毫含混的决心，恐怕不是目前为了顾全“中国统一”，而盲目拥护社会主义的人士一时可以下定的。[①]

先从“台湾问题”研究起，并非是退向“台独分离主义”，恰恰是清醒地意识到革命理想极度缺乏历史现实的支撑，一夜之间胜利的背后，其实是抽象观念膨胀的幻觉。

较之当时台湾本土的青年只能向“乡土”去寻求反叛的资源，这些海外左派更容易形成一个社会主义中国的视野，以及第三世界革命的视野，但也相应地缺乏在地文化的实践——不仅是对于大陆，也是对于台湾而言。他们普遍地缺席于六七十年代台湾社会反抗威权体制的行动，也无从去了解台湾左翼传统中那种极度压抑与受挫后的堕落或重新集结。在《雪盲》中我们也可以看到，光复后的恶气之所以久久未散，与1950—1970年这段历史的空白是分不开的。在郭松棻的小说中，较突出的一个左翼男性主体形象是《月印》中的铁敏，然而他却患上了严重的肺痨，其左翼活动也只发生于不可见的家庭之外。这与陈映真对于左翼男性主体的持续性书写形成了鲜明的对照，正如我们所熟悉的，后者是如何以飞蛾扑火的生命实践塑造了一个富有韧性的台湾左翼主体序列。

在这种情况下，保钓知识分子们急急否弃病弱的台湾，向革命的中国寻求理想和庇护，这种国族意识的觉醒却缺乏鲁迅那种将自身视为国族病体之一部分的自觉。刘大任曾经对这批留学生有过这样的描述：

基本上，这一带留学生在近代中国历史中，没有扮演任何主动参与的角色。他们绝大多数都生长在他们的祖父辈、父执辈已经偃息旗鼓之后的时代；他们的世界，是书本，是传说；他们的生活经验，是文字的移植，是空想的揣测与模拟；他们大多数无法逃出这些框框架架。他们走上了父执辈为他们准备好的道路，无论他们对这条路的看法如何，他们没有能力自创一条新路。他们或将一生背负父执辈创造的历史，在阴影中，模糊地循着父亲手指的方向走去。[②]

空洞的国族意识在初次遭遇现实后立刻土崩瓦解，甚至转向非此即彼的另一种立场，这就像竹内好所说的一场“没有失败感的自觉”的抵抗。当保钓退潮，民族主义失去了它的旗帜性效力时，隐含在“中国”内部的分歧就会暴露

① 简达（郭松棻）:《台独极端主义与大国沙文主义》，林国炯等编:《春雷声声：保钓运动三十周年文献选辑》，台北：人间出版社，2001年，第211页。

② 刘大任:《留学生的思想框架》，《大学杂志》1970年，第25卷，第39—41页，转引自萧阿勤:《回归现实：台湾一九七〇年代的战后世代与文化政治变迁》，台北：中央研究院社会学研究所，第27页。

出来。1970年代中期以后在蜂拥而起的各种台湾问题研究刊物，就是这种情况下海外左翼知识分子们重新出发的方式，他们更强调一种立足于台湾历史与社会的第三世界视野①。沉入故国，其实也是沉入人间，使自己成为国民的一员重新出发，而不是简单的转向或拒绝，这或许就是幸銮，也是郭松棻们在失败后的“退志”吧。

小学校长抱住船，俯身将它推向海上。

……

校长张开的脚趾盘入沙里，脚板掀起来，成为他向前推进的着力点。沙上已经印出长长一条足迹，像铁模的凹槽，轮廓完整而美丽。两排略成八字形的印模彼此对咬前进，一直从沙坝上印到水边。

……

校长仍抱住船，俯身奋力。铅空下，他全身力量的集结透露了允诺的信息。②

小说一开始即出现了校长在斜阳下的海边推船的意象，而这一意象在文本中的反复出现，使我们想起了受罚的西绪弗斯，日复一日的滚石上山。“在人返回他的生活这一微妙的时刻，返回巨石的西绪弗斯静观那一连串没有联系的行动，这些行动变成了他的命运，而这命运是他创造的……”③，在受罚的命运中获得自由的幸福，这大概是校长最后的反抗方式，也是他留给幸銮的精神遗产——允诺。我想，“雪盲”所造成的暂时性失明，并不是来自所谓国族意识的偏执，而是未能在国族与主体之间建立有机的联系、正视失败与病弱的历史，由此而形成的自由主义盲视。这是经历了失败的郭松棻对幸銮——自己的当头棒喝，也是作为启蒙者的鲁迅留给我们的遗产。困于美国荒漠中的幸銮终于恍然大悟，原来自己所缺少的就是一个“亡兄”：

那白日哭丧的魅影在狂风中及时为你目击，好铸成你日后幸福的佐证，领你走向立志的道路。

太迟了，太迟了。

你在心中总是这样对自己说。④

---

① 参见郑鸿生：《解严之前的海外台湾左派初探》，《人间思想》2012年第1期。

② 《雪盲》，第125—127页。

③ 加缪著，郭宏安译：《西绪福斯神话》，《局外人·西绪福斯神话》，上海：译林出版社，2011年，第190页。

④ 《雪盲》，第184页。

因意识到立志的荒谬而自杀的亡兄，在小说的最后重新又成为立志的激励，使幸銮看到了自己“那挥之不去的允诺”。在这篇小说中，生命与死亡、立志与沉沦总是奇怪地如影随形又相互转化，其间不正蕴藏了以沉没而复仇、以告别而前进的新生契机吗？

原文刊载于《台湾研究集刊》2014 年第 2 期

陈映真小说的忧郁诗学与情感政治

刘 奎

陈映真的小说，尤其是他早期的小说，常笼罩着浓浓的忧郁、哀愁和感伤氛围，不少论者提及类似的阅读体验，如姚一苇就曾指出陈映真那“充溢于作品中的人间爱”，“以及爱的背后的那深沉的悒郁；亘古不化的忧愁，宛如山的重压”[①]；黎湘萍曾揭示陈映真“小说中欲说还休的苦难而忧郁的感觉”，并且认为正是这受理性压抑的苦难感，“一直在支配着他的写作”[②]。陈映真自己也有相关的说法，他在《试论陈映真》中将自己的创作以1965年为界分为前后两个时期，前期有着“惨绿”或“青苍”的色调，“显得忧悒、感伤、苍白而且苦闷”，1969年之后则是另一种笔调，“呈现出一种比较明快的、理智的和嘲讽的色彩”[③]。因而，问题首先在于忧郁是否构成了陈映真作品的某种主导性风格，它是如何形成的，是否创造了一种独特的小说美学？这种美学风格或精神气质在戒严时期有何特殊指向？此外，陈映真对其作品风格的夫子自道，也一直是学界评判其前后期创作风格的重要标准，不过正如很多论者审慎指出的，他后期的作品实际上并未摆脱忧郁、感伤的情绪，如《夜行货车》《山路》等均不乏感伤情绪与忧郁色彩。那么，他前后期作品风格的这种变化与延续是怎样发生的？具体来说，则是个人理念的改变如何通过小说叙事达成？还需注意的是，对陈映真小说风格的判断，不仅关系着其创作前后分期的问题，因为该分期一定程度上内涵着早期文学者陈映真与后期思想者或政治者陈映真的割裂式判断，因

① 姚一苇：《〈陈映真作品集〉总序》，《陈映真作品集》第1卷，台北：人间出版社，1988年，第13页。

② 黎湘萍：《台湾的忧郁》，北京：生活·读书·新知三联书店，1994年，第82、83页。

③ 许南村：《试论陈映真》，《第一件差事》，台北：远景出版事业公司，1975年，第17页。

而背后还关系着如何从整体上认识陈映真的问题。

一、忧郁的主人公与氛围小说

作为文学者的陈映真，其贡献除以小说的形式反映并批判性地思考其所处社会外，更在于他小说形式的独创性。通过小说，他触及并回应着不同时代的诸问题，也塑造了一系列鲜活而典型的人物，如《乡村的教师》中由希望走向绝望的吴锦翔，《我的弟弟康雄》中有无政府主义思想却陷入苦闷的康雄，《唐倩的喜剧》中周旋于不同哲学家之间的唐倩，《将军族》里在底层苟活终为尊严而死的老兵三角眼，《山路》中因理想危机郁郁而逝的蔡千惠，《万商帝君》中在跨国公司工作而终于疯癫的林旺德，等等。如果将这些人物的命运串联起来，几乎构成了台湾当代社会的一部史诗，从各个层面反映了当代台湾社会的发展、变革与困境。

陈映真对社会困境的思考使他笔下人物呈现出类似的命运，多数以自杀或意外死亡结束。正因他笔下的人物常面临无路可走的境地，其精神气质和情感状态也就往往带着忧郁或感伤色彩，这类人物在陈映真笔下大量存在着："死在一个哀伤负罪的心灵里"的虚无者康雄①；由希望走向"无助地颓然"、终而绝望的吴锦翔②；"一种温和的、幽暗而且仿佛无极的颓废和缠绵的、无名的忧愁在他的心的深处筑巢而且营丝了"，"在不觉之间成了一个忧郁病患者"的犹大③；"苍白""患有轻度夸大妄想症""孤独的，狐疑的，不快乐的"的猎人阿都尼斯④；《凄惨的无言的嘴》中忧郁的叙事者和牧师郭先生；《哦！苏珊娜》中"觉得自己的七情皆死"的叙事者⑤；有着"漂亮的、忧悒的方型脸"的郑介禾，他那常"带着几分忧悒的眼神"，"是一种生活的忧悒感罢，而不是知性的那一种"⑥；"稀

---

① 陈映真:《我的弟弟康雄》,《陈映真作品集》第 1 卷，台北：人间出版社，1988 年，第 14 页。

② 陈映真:《乡村的教师》,《陈映真作品集》第 1 卷，台北：人间出版社，1988 年，第 30 页。

③ 陈映真:《加略人犹大的故事》,《陈映真作品集》第 1 卷，台北：人间出版社，1988 年，第 88 页。

④ 陈映真:《猎人之死》,《陈映真作品集》第 2 卷，台北：人间出版社，1988 年，等 21 页。

⑤ 陈映真:《哦！苏珊娜》,《陈映真作品集》第 2 卷，台北：人间出版社，1988 年，第 61 页。

⑥ 陈映真:《最后的夏日》,《陈映真作品集》第 2 卷，台北：人间出版社，1988 年，第 68、66 页。

疏的眉宇之间”“常常渗透着某种轻轻的忧悒”的林荣平[①]；有着“清癯、忧悒的脸”的林旺德[②]；脸色苍白，有着“长时忧愁着的眼睛”的高东茂[③]；变得沉默“甚至于有些忧悒”的蔡千惠[④]，“脸色青苍”的赵南栋[⑤]，等等。忧郁几乎是陈映真笔下人物的某种带普遍性的精神和情感，这些人物从外表上看多显得脸色苍白，精神和情绪也显得沮丧、忧郁、感伤乃至绝望。正如黎湘萍所指出的，“显然，俊美，苍白，忧郁，这些意象已成为陈映真大部分人物，尤其是那些‘问题’人物，那些承担着历史、社会加诸他们身上的苦难感的人物的主要外部特征与心理状态”[⑥]。

人物的忧郁气质在陈映真小说中不是孤立存在的，这类精神状态也往往得到小说从主题学和美学上的支撑，或者可以说，忧郁或感伤的氛围也是其小说美学的某种自觉追求，而忧郁的人物只是生成这种美学风格的一个因素。在精细表达人物的微妙情绪时，他也极重视氛围的烘托，这从他第一篇小说《面摊》开始便是如此；该小说写摆摊夫妇与警察的几度遭遇，戏剧性紧张实际上都在内心层面发生，与此相映的是周边环境渗透着的淡淡的悲哀，如孩子眼中的夜景：“夜里像是蒙着雾，潮湿而且阴凉。满街的灯光，在远远的夜空中，看起来仿佛使这个城市罩着一层惺忪的光晕。”[⑦]在冷静的叙述笔调下，满街的灯光让人感受到的是街道的冷清和压抑，连小说中象征希望的“橙红的早星”，也显得渺茫而不确定，这种从头至尾的压抑氛围，与主人公的气质是相互映衬的。

此类氛围对忧郁主人公的烘托，在陈映真后来的小说中变得十分常见。《家》中就处处弥漫着无出路的悲哀气氛，如叙事者抽烟的细节：“我弹着一截烟灰，看着它带着那种灰烬的重量，跌散在地上。蓝色的烟薰着食指袅袅地爬上来，郁结于电灯的瓷罩之下”[⑧]。这与主人公在其父过世后所要面对的家庭压力相呼应。《乡村的教师》中，即便是在满怀希望时，乡村内外的颜色也是黯淡的，景

① 陈映真：《夜行货车——华盛顿大楼之一》，《陈映真作品集》第3卷，台北：人间出版社，1988年，第98页。

② 陈映真：《万商帝君——华盛顿大楼之四》，《陈映真作品集》第4卷，台北：人间出版社，1988年，第190页。

③ 陈映真：《铃珰花》，《陈映真作品集》第5卷，台北：人间出版社，1988年，第13页。

④ 陈映真：《山路》，《陈映真作品集》第5卷，台北：人间出版社，1988年，第42页。

⑤ 陈映真：《赵南栋》，《陈映真作品集》第5卷，台北：人间出版社，1988年，第147页。

⑥ 黎湘萍：《台湾的忧郁》，北京：生活·读书·新知三联书店，1994年，第92页。

⑦ 陈映真：《面摊》，《陈映真小说集》第1卷，台北：人间出版社，1988年，第5页。

⑧ 陈映真：《家》，《陈映真作品集》第1卷，台北：人间出版社，1988年，第19页。

物依旧附着着忧郁的情调——“清晨的雾悒结在坡上、田里和长而懒散的村道上”[1]，让人感觉压抑、消沉。更有甚者，忧郁的主人公乃是整个小说忧郁主题的一个部分，人物的命运只是时代的缩影。像《一绿色之候鸟》中众多处于忧郁状态的知识分子，他们实际上都算不上该小说的主角，真正的主角是那只绿色的候鸟，它构成了小说的整体氛围和主题象征——“这种只产于北地冰寒的候鸟，是绝不惯于像此地这样的气候的，它之将萎枯以至于死，是定然罢”[2]，它是小说中外省知识分子群体的命运隐喻，是小说的主题级意象和象征。与此类似的《铃铛花》，文中忧郁的高东茂更是那个时代的缩影，正如叙事者所感受到的，“那一年，整个莺镇出奇的沉悒，连大人们也显得沉默而惧畏”[3]。

实际上应该说忧郁的主人公是时代忧郁的产物，人物的气质、精神与时代氛围有着密切的关联。这些人物的忧郁不是孤立或突然出现的，不是个人性格发展上的偶然或“奇迹”，而是那个时代的必然现象，是特殊的政治环境和社会氛围孕育出来的，忧郁的主人公实际上是时代忧郁的承载者和集中体现者，小说因此也从整体上呈现出忧郁、感伤或压抑的氛围。由这个特征而言，陈映真的小说有氛围小说或情绪小说的美学特征。这种美学特征的文学资源来源不一，可能源自契诃夫、鲁迅、爱伦坡的小说及日本文学的影响[4]。

氛围小说或情绪小说的美学特征，无论具体表现为人物的精神气质，还是环境的忧郁氛围，在陈映真笔下都得到了叙事技巧的支撑。陈映真很多小说都带有心理独白色彩，这除了直接诉诸心理描写外，也往往借助日记体、书信体等体裁剖露人物的心理状态，如《我的弟弟康雄》《云》《最后的夏日》《山路》《夜雾》等都夹杂着此类体裁。日记体是最易生成感伤和忧郁氛围的叙事手法，在中国现代文学中，庐隐的《丽人日记》、丁玲的《莎菲女士的日记》等均是其间的代表性作品。而带心理独白色彩的感伤类作品就更多，如郁达夫的《沉沦》、丁玲的《梦珂》等都部分采用自叙传和心理独白的手法。日记或书信体对于陈映真小说忧郁风格的形成起着较为关键的作用，除《我的弟弟康雄》这类早期作品外，后期较为理性的批判性作品如《云》中也存在，这部后来被列为“华盛顿大楼”系列首篇的小说，对以跨国公司为表征，由发达国家主导的世界秩

---

① 陈映真:《乡村的教师》,《陈映真作品集》第1卷，台北：人间出版社，1988年，第27页。

② 陈映真:《一绿色之候鸟》,《陈映真作品集》第2卷，台北：人间出版社，1988年，第12页。

③ 陈映真:《铃珰花》,《陈映真作品集》第5卷，台北：人间出版社，1988年，第14页。

④ 参见陈映真《我的文学创作与思想》,《上海文学》2004年第1期。

序作了深刻批判，但在该公司工作的员工小文的日记，除了记录斗争的过程外，也以抒情的笔调写了她回忆中的故乡风物和她返乡的见闻，不乏感伤色彩。《山路》末尾蔡千惠的书信，以诚挚的语调剖露了她的内心世界，是小说感伤和忧郁氛围生成的关键形式因素。

二、忧郁的精神分析与社会构造

陈映真出狱后似乎对他早期的忧郁和感伤非常不满，而忧郁长期以来也确是较为负面的存在。在古希腊医学的体液说中，忧郁与黑胆汁同名，是种体液失衡的疾病，症状是莫名的沮丧和忧虑，在中世纪教会的影响下又被贴上了不道德的标签。不过因与星相学的关系，这个概念后来与文艺复兴时期的天才观发生关联。直到近代，忧郁的医学、心理学和伦理学边界依旧模糊不清，但无论是作为文化概念，还是主观情绪或精神状态，它大致都表现为痛苦、沮丧、悲伤和不安等情绪特征[①]。现代关于忧郁研究的最著名文献是弗洛伊德的《哀悼与忧郁症》，该文指出哀悼与忧郁症“源于环境影响的诱因是相同的”，“通常是因为失去所爱之人而产生的一种反应，或者是对失去某种抽象物所产生的一种反应，这种抽象物所占据的位置可以是一个人的国家、自由或者理想等等”[②]。忧郁与哀悼的差异在于后者接受对象失去这一事实，而前者拒绝接受也不愿选择替代性方案。弗洛伊德对忧郁的精神分析，考虑到了个人精神状态和社会条件两方面内容，并对二者间的关系作了勾连，这对分析陈映真笔下人物的忧郁气质有一定的启发和可行性。

陈映真笔下的忧郁与伤逝往往共存，《我的弟弟康雄》《家》《兀自照耀着的太阳》等作品中，忧郁、感伤和压抑的氛围便均与逝者相关。如《家》中叙事者就是因父亲离世而遽然感到生活的压力，更糟的是，社会却未能提供任何出路，这让他的反抗和挣扎多少带点萨特和加缪笔下那种荒谬色彩：

这样一个绝望的战争年代的阴影哟！我无力地摔下烟蒂，用一种愤怒的努力踩熄了它，竟翻出其焦黄的肚里了。

小屋子里变得死寂。我无目的地溜着眼睛。道林纸糊起来的板壁，角隅里

① 参见珍妮弗·拉登《〈情绪精神紊乱：忧郁及抑郁论文集〉前言》，张凯译，汪民安、郭晓彦编《生产》第8辑，南京：江苏人民出版社，2012年，第111—131页。

② 弗洛伊德：《哀悼与忧郁症》，马元龙译，《生产》第8辑，南京：江苏人民出版社，2012年，第3页。

已经开始有蜘蛛营丝了。钟没有挂直。昨天的日历还不曾撕去。而我仍止不住把眼睛留驻在几次都蓄意避开了的放大的人像上。我的父亲。[①]

这除了受存在主义哲学的影响，实际上也不无自传色彩。陈映真曾说，因为其养父在他中学时过世，家道中落，因而《家》《故乡》《祖父和伞》等带有感伤色彩[②]。同时他还从政治经济学的视野指出，这是由其市镇小知识分子的阶层位置所决定的："在现代社会的层级结构中，一个市镇小知识分子是处于一种中间的地位。当景气良好，出路很多的时候，这些小知识分子很容易向上爬升，从社会的上层得到不薄的利益。但是当社会的景气阻滞，出路很少的时候，他们不得不向着社会的下层沦落。于是当其升进之路顺畅，则意气昂扬，神采飞舞；而当其向下沦落，则又往往显得沮丧、悲愤和彷徨。陈映真的早期作品，便表现出这种闷局中市镇小知识分子的浓重的感伤的情绪。"[③]这当然不无自我反思和批判的意味。对于陈映真笔下忧郁的人物和氛围，或许不必完全从作家论的角度坐实为青春期的苦闷或家庭变故的缘故，而毋宁说，他是身处那个时代，切身感受并体验到了那个时代的氛围进而濡染了时代的苦闷与忧郁气质。由幻灭而来的忧郁，对于同处台湾 20 世纪 50 年代的人来说，可能是某种颇为普遍的体验，陈映真则是敏锐地捕捉到了它并将其艺术化了。

光复之后，台湾民众满怀热望回归祖国，但国民政府的接收实为劫收，让部分民众再度陷入苦闷，在"二二八"事件之后，很多台湾人更是对国民党失望，尤其是年轻人开始重新思考出路的问题，很多人开始变得左倾[④]。旋即国民政府在大陆败北退往台湾，自 1949 年起施行"戒严"统治，对有左翼倾向的人士大肆清剿，朝鲜战争开始后更是变本加厉，陈映真关于 20 世纪 50 年代的系列小说，如《铃珰花》《赵南栋》写的正是这个时代的故事。在"白色恐怖"的年代，受害者远不止左翼人士。如倾向自由主义的王鼎钧便指出，在当时的特务统治下，他虽然跟那些受害者"没有任何关联"，"仍然受到惊恐"，以致常做噩梦，梦见"在保安司令部上了手铐、灌了冷水、押到'马场町'执行枪决"[⑤]。陈映真写于 50、60 年代之交的作品，也正是忧郁情调最浓的作品，这除个人原

① 陈映真：《家》，《陈映真作品集》第 1 卷，台北：人间出版社，1988 年，第 21 页。

② 陈映真：《我的文学创作与思想》，《上海文学》2004 年第 1 期。

③ 许南村：《试论陈映真》，《第一件差事》，台北：远景出版事业公司，1975 年，第 18 页。

④ 陈明忠：《无悔：陈明忠回忆录》，台北：人间出版社，2015 年，第 94 页。

⑤ 王鼎钧：《文学江湖：王鼎钧回忆录四部曲之四》，台北：尔雅出版社，2009 年，第 144、146 页。

因外，很大程度上正是源自50年代恐怖统治对理想主义的戕害，以至理想几乎成为一个时代的禁忌，正如他所指出的：

特别在台湾，理想主义受挫折、失败，是生活上的现实。一九四九年以后，一直到一九五五年吧，美国第七舰队封锁了台湾，台湾进行了相当彻底的肃清。进步的学生、青年、教授、新闻工作者、文学家和艺术家、工人运动者和文化人在台湾的历史舞台上消失。剩下来寥寥无几的、异数般的理想主义者，是残缺的、不完全的、破相的。理想主义的胜利，首先必须要有坚强地为理想前仆后继的人的存在。如果有人写了一个“积极的”“光明”的斗争，在台湾，那是骗人的。[①]

正是这种极为现实的处境，才让《乡村的教师》中的吴锦翔陷入绝望。他日据时期曾秘密参加抗日活动，却被日本人送往战场，光复后归来，兴致勃勃地开展他的启蒙教育，试图让年轻一代建立一种“关乎自己、关乎社会的意识”，“务要使他们对自己负起改造的责任”，但“二二八”事件及紧随其后的白色恐怖，让吴锦翔逐渐陷入精神危机并终而自杀了。他的危机来自多个方面，但主要有两个内容：首先是他昔日的社会理想失去了实践的现实条件和可能，“他的知识变成了一种艺术，他的思索变成了一种美学，他的社会主义变成了文学，而他的爱国情热，却只不过是一种家族的、（中国式的！）血缘的感情罢了”[②]；其次，当他前进的动力消退，昔日在南洋战场的残酷经历便再度袭来，这最终击垮了他。战争所带来的创伤，也是陈映真笔下常见的主题，除了吴锦翔之外，《文书》《六月里的玫瑰花》《贺大哥》等都直接涉及战争创伤让人陷入精神危机的问题，这就由本省人的遭遇，扩展到外省人以及第一世界的第三世界人的历史遭遇和战争创伤。如果我们将陈映真笔下的战争，包括抗日战争、解放战争和越南战争，置于更大范围的历史框架下，可以发现所谓的战争创伤实际上是两岸及第三世界人民所共同经历的历史创伤，它既处在阶级结构中，也是世界史结构中第三世界所必然遭遇到的。

当然，革命理想遇阻之后也不是无路可走。进入20世纪60年代以后，不

---

① 韦明：《陈映真的自白——文学思想及政治观》，《陈映真作品集》第6卷，台北：人间出版社，1988年，第36页。

② 陈映真：《乡村的教师》，《陈映真作品集》第1卷，台北：人间出版社，1988年，第29、30页。

仅文化领域曾出现短暂的文艺复兴[①]；土地改革之后，台湾开始向工业化转型，经济在美援下也开始繁荣起来[②]。在美国的对台政策下，台湾知识分子以“来来来，来台大”“去去去，去美国”为实现人生的目标[③]。陈映真对这一问题早在60年代中期便有所思考和批判，而并非要等到70、80年代的“华盛顿大楼”系列。在创作于1966年的《最后的夏日》中，他就描画了几位中学教员的思想状况。这些人大多虚伪做作，裴海东与邓铭光爱慕同事李玉英，却都缺乏爱的能力，前者怯于承认后者则向人夸示，实际上二人都被李所拒绝。他们在办公室聊天的内容是诋毁他人，寻求的出路是申请去美国。唯一的例外是郑介禾，他在现实中也找不到出路，毕业后再未碰过以前学过的知识，小说中有处细节很形象地传达了他的处境：

郑介禾旋即自弃地笑起来。于是他们沉默着了。现在除了三只风扇的声音外，又有一只大头蜻蜓在慌忙地撞着窗子的声音。郑介禾和裴海东都默然地注视着那只长着虎纹的黄色的大头蜻蜓。裴海东把烟放在脚下踩熄了，放进桌上的烟灰盘，又顺手把它扶到他和郑介禾的正中央。蜻蜓仍然死命地撞着玻璃窗子。[④]

这只误以为透明玻璃窗是出路的蜻蜓，与茅盾小说《动摇》结尾处，方罗兰太太所看到的那只悬空作徒劳挣扎的蜘蛛一样，都是人物精神、处境与命运的隐喻。不过，虽然现实中没有出路，郑介禾对流行的美国梦却依旧保持质疑。在他看来，“在这边，日子过得飘飘浮浮；到那边，还不是飘飘浮浮的过”[⑤]？如果说吴锦翔代表了光复后知识分子的幻灭的话，郑介禾等则代表了光复后成长起来的知识分子在60年代的社会困境与精神苦闷。在该小说中，陈映真更是借人物的视角指出了美援背后的经济殖民，“美国和日本的进口货做得比我们好，我们竞争不过”[⑥]，这揭示的是台湾60年代经济繁荣的代价，尤其是民族经济在

① 参见郑鸿生《陈映真与台湾的“六十年代”：试论台湾战后新生代的自我实现》，《台湾社会研究季刊》2010年6月第78期。

② 参见刘进庆《台湾战后经济分析》，王宏仁、林继文、李明峻译，台北：人间出版社，2012年，第260—286页；杨渡《水田里的妈妈》上，台北：南方家园出版，2014年，第195页。

③ 参见陈若曦《坚持·无悔——七十自述》，新北：新地文化艺术有限公司，2016年，第110页。

④ 陈映真：《最后的夏日》，《陈映真作品集》第2卷，台北：人间出版社，1988年，第67页。

⑤ 陈映真：《最后的夏日》，《陈映真作品集》第2卷，台北：人间出版社，1988年，第78—79页。

⑥ 陈映真：《最后的夏日》，《陈映真作品集》第2卷，台北：人间出版社，1988年，第86页。

美、日资本威胁下节节败退并走向破产的命运。从这个角度而言，郑介民的忧郁可以说是认清现实之后的绝望，类似鲁迅所指出的“梦醒了无路可以走”①的悲剧性境地。这发展到后来的“华盛顿大楼”系列，进退失据的参与者要么如《夜行货车》中林荣平一样被异化，或《云》中张维杰那样被抛弃，要么如《万商帝君》中的林旺德走向疯癫。如果将美国梦作为出路，那么，在世界史的结构中，第三世界的这种梦想可能注定要走向破灭。

理想的匮乏与缺位，是陈映真笔下人物具有忧郁气质的精神和社会原因，这也是作为审美特征的忧郁生成的条件。理想的匮乏导致了陈映真小说缺乏历史的远景，文学中的远景是指由艺术所展现，却与社会发展相关、具有历史必然性且可预期的成长和发展图景。正如卢卡契所指出的，“远景不是一种空想，不是一种主观的幻梦，而是客观社会发展的必然结果，客观社会的发展是艺术地通过在一定情况下的一系列人物的发展客观地显示出来的”②。远景的缺失导致小说叙事缺乏历史的纵深，小说人物缺乏朝向未来成长的方向和动力，叙述手法也往往从史诗性的叙事转入诗意的描写。陈映真笔下的人物如康雄、吴锦翔等人正是因为现实中的理想缺乏实践的可能，才转而成为哈姆雷特式的人物，即便偶尔有所行动，也是堂吉诃德式的。小说的叙事进程也因此变得缓慢，叙事语言多为散文化的诗意的，社会环境的描写也成为人物内心的烘托，连写作本身也成为“苦闷的象征”③。

三、情感与叙事结构

忧郁情调一直延续到陈映真晚期的三篇小说中，但从总体而言，陈映真后期的作品确实显得更为明快和理性。像《唐倩的喜剧》，作者通过唐倩的感情经历和精神世界，批判了台湾知识界先后流行的存在主义、实证主义思潮，以及台湾精英所追逐的美国梦。叙事者以冷峻而幽默的语言，揭示出不同哲学思潮的流行完全停留在话语层面，未充分顾及台湾的社会现实。作品中有大量的哲学内容，可以说达到了小说感性外观能承载的理论极限。小说以诙谐的笔法，将几位学者的理论主张与个人生活实践相对照，巨大的反差形成了漫画式的讽

① 鲁迅：《娜拉走后怎样》，《文艺会刊》1924年第6期。

② 卢卡契：《关于文学中的远景问题》，《卢卡契文学论文集》一，张佩芬译，北京：中国社会科学出版社，1980年，第455页。

③ 参见厨川白村《苦闷的象征》，鲁迅译，北京：北新书局，1924年。

刺效果，从而兼顾了文学性与理论深度，这类冷峻而诙谐的语调，与陈映真早期的作品风格就完全不同，也部分地廓清了早期的感伤和忧郁风。

除了这类直接引入理论的作品外，陈映真的“华盛顿大楼”系列代表了另一种试图克服忧郁的方式。该系列小说主要写在跨国企业工作的台湾白领，他们在外国老板、现代管理知识和台湾社会之间的处境和心态，如林荣平默默忍受情人被美国老板调戏、张维杰试图改革工会失败的闹剧、林旺德在压力与幻想中走向疯狂，等等，从而揭示出跨国资本对台湾的经济与文化地再殖民，台湾精英所追求的第一世界梦想的虚妄。无论是批判的深度还是世界史的宏大结构，都使早期的诗意风格转化为硬朗的批判，忧郁即便还存在，也只是第三世界被殖民者心态的婉曲表达。

后期的陈映真确实更为理性，在《试论陈映真》的自我反思之后，他也有意识地加强小说的分析性语言，加上他后来还写了大量的批判性文字，并积极参与社会活动，这些都使其政治者与思想者的一面得到凸显，这也加深了学界关于早期文学者陈映真与后期思想者 / 政治者陈映真的分裂性判断。但问题在于，陈映真早期也并非有意识地追求忧郁和感伤的风格，这一风格实际上也带有政治批判色彩，具有宽阔的社会和历史视野。而后期以《铃珰花》为代表的20世纪50年代系列和以《忠孝公园》为代表的历史系列中的忧郁和感伤程度也未尝减弱，这又该如何解释？如果政治与文学的这类分割显得捉襟见肘的话，小说学的视野是否可以提供某种解释的可能？从叙事学的角度出发，可以发现陈映真从一开始就将忧郁和感伤的相关元素镶嵌在某种叙事结构中。

陈映真的小说主要采用第三人称全知叙事、第三人称限知叙事和第一人称限知叙事三种方式。第一种最为常见，作品包括《面摊》《乡村的教师》《那么衰老的眼泪》等；第二种包括《死者》《猫它们的祖母》《最后的夏日》等；第三种则包括《我的弟弟康雄》《一绿色之候鸟》《哦！苏珊娜》等。其中，第一种类型风格前后变化最大，第三人称全知叙事中作者的权限最大，小说的风格与作者的精神状态有着更直接的关联，陈映真后期既然有意加强理论批判，并对早期的忧郁风做了自我检讨，这类作品的风格前后变化较大也就可以理解。

第三人称限知叙事与第一人称限知叙事类前后变化较小，因这类叙述视角较为贴近叙述者，与人物心理距离较近，故忧郁与感伤情绪容易流露出来，这也表明陈映真似乎难以回避此类人物的存在，类似情绪也始终萦绕着他。不过，在这两类作品中，忧郁也从来不是叙事的目的，似乎只是达成其他目的的手段，有关忧郁的素材和体裁往往被置于更大叙事结构之中。在第三人称限知叙事类作品中，作者常设置多个叙事者，如《猫它们的祖母》就有三个不同的叙事者，从不同角度叙述同一件事，彼此之间相互补充、对话、冲突，构成巴赫金所说的复调效果[①]；《赵南栋》也是如此，不同时代不同人物的叙述之间，形成了代际之间差异和不同时代之间的张力。

第一人称叙事直接借助人物视角和口吻，是感伤小说和忧郁情调最易生成的叙事形式，如《我的弟弟康雄》《铃珰花》就采用了这种手法。不过陈映真笔下的第一人称叙事内部也有较为复杂的结构，最具代表性的是《第一件差事》，该小说模拟了侦探小说的叙事模式，第一人称限知叙事使真相始终被悬置，疑问需经叙事者的调查逐渐揭示。小说的叙述视点是一个新任职的警察，这是第一层叙事者；因佳宾旅馆有人自杀，他开始调查旅馆的老板、体育教员和死者的情人，这些人物的讲述构成次级叙事；在这些人物的叙述下，死者胡心保的话语是第三级叙事。经由第二级叙事者的介绍和转述，胡心保的形象才最终得以建立。他原本是北方大户人家的少爷，1949 年到台湾，后成家立业，事业也颇有成就。但他“忽然不晓得怎么过来的，又将怎么过下去”，“好比你在航海，已非一日。但是忽然间罗盘停了，航路地图模糊了，电讯断绝了，海风也不吹了”[②]，生活的无意义和无力感让他陷入困境。这个形象与康雄、吴锦翔、阿淳和蔡千惠等大致是同一类型，根源上也是理想缺位所带来的精神危机。然而，胡心保的故事却被作者小心翼翼地藏在叙事结构的内层，从而使小说形成了嵌套叙事的结构，也就是如略萨所指出的“中国套盒式的结构”[③]。这种叙事结构中，一级叙事者和二级叙事者的叙事口吻、态度和评价，对整部小说的风格构成了直接的影响，如体育教员所说的“死心眼”，旅馆老板的不解等，都对胡心保的故事构成了某种前理解，潜在地影响着三级叙事者讲述内容的接受效果，但有时候也相反，内部的真相也对这种前理解构成挑战，从而形成结构上的张力。如警察对他“自杀的理由”的一再追索，以及结尾处他所撰写的那篇与死者风马牛不相及的报告，呼吁人们以传统“八德”为人生哲学，这表明他调查再多也无法理解胡心保的尴尬，一、二级叙事与胡心保的故事构成了反讽效果，从

① 巴赫金：《陀思妥耶夫斯基诗学问题》，白春仁、顾亚铃译，北京：生活·读书·新知三联书店，1988 年，第 27—29 页。

② 陈映真：《第一件差事》，《陈映真作品集》第 2 卷，台北：人间出版社，1988 年，第 137 页。

③ 略萨：《中国套盒：致一位青年小说家》，赵德明译，天津：百花文艺出版社，1999 年，第 86—87 页。

而使小说整体上呈现理性的批判，但内层则不无忧郁色彩。

第一人称叙事中的嵌套结构，是陈映真小说中较为常见的手法，不同层级的叙事者之间的信息误差和叙述口吻，往往形成内在的张力结构，从而对诗化描写和感伤氛围形成一定程度的中和乃至消解。除《第一件差事》这篇陈映真转变后的小说外，即便是他早期《我的弟弟康雄》也有类似结构。小说中一级叙事者是康雄的姐姐，康雄的故事实际上是由姐姐讲述的；康雄的话语和日记构成了次级叙事。当一级叙事与次级叙事相吻合的时候，小说的感伤氛围最浓郁，而当他姐姐背叛弟弟的理想，选择嫁入豪门之后，即便她准备诸多借口，也无法彻底说服自己，因而造成不同价值和观念的冲突，她话语内在的张力由此显现出来；当她终要为弟弟修建豪华墓地的时候，小说的感伤氛围也被反讽所取代。如结尾处康雄姐姐的话，“此愿了后，我大约也就能安心地耽溺在膏粱的生活和丈夫的爱抚里度过这一生了罢”[①]。看似下定决心，内心趋于平静，但实际上并非如此，这句话内部实际上存在诸多矛盾，如“耽溺”“膏粱”都是贬义，在与“安心”“爱抚”等词汇搭配时，让人读起来就颇不舒服，而叙述者如此表达，正表明其内心依旧存在矛盾双方的戏剧性拉扯。嵌套叙事结构不仅仅存在于第一人称叙事的类别中，在第三人称限知叙事类中也有类似作品，《山路》《夜雾》等即采取了类似的嵌套结构。如《山路》中叙事视角为李国木，蔡千惠的信也是经由他展现出来的，属于次级叙述。李国木对蔡千惠死因的不解，与《第一件差事》中警察对胡心保自杀原因的误解，二者也存在结构上的相似之处，只是李国木之不解的原因是时代的更替。

由此可以发现，早期陈映真借叙事技巧对忧郁和感伤作了结构性处理，而越到后期，忧郁的元素往往也被掩藏得越深。但同样值得留意的是，忧郁和感伤也始终是他小说的重要元素，它们或是对历史的缅怀，或是对失去理想的哀悼，或是对现实的批判，构成了陈映真作品较为独特的一面。这或许是文学者之于陈映真的意义，使他从政治经济学的角度关注社会发展和历史进程时，也极为重视个人的情感和精神状态，而这也很可能是他从事写作或社会斗争的出发点。同时，有不少读者因立场而强调陈映真前后期的转变，对其文学与政治作了分割处理，肯定他早期的文学，进而否定他后期的社会活动和意识形态批判。但从叙事学的角度而言，后期的陈映真对文学形式的探索实际上走得更远，

① 陈映真:《我的弟弟康雄》,《陈映真作品集》第1卷，台北：人间出版社，1988年，第17页。

而从结构形式来看，文学者、思想者和政治者陈映真实际上从一开始就是统一的。

四、忧郁的情感政治学

陈映真对忧郁的自我克服，使他与部分论者所批判的“左派忧郁”（Left Meloncholia）有所不同。左派忧郁是本雅明提出的概念，美国学者温迪·布朗（Wendy Brown）在《抵制左派忧郁》中对此有相关的阐述和批判。在他看来，忧郁者因沉迷于逝去之物，从而失去了对当下的把握；左派忧郁具体是指因“依附于某种独特的政治纲领或政治理想（甚至是一个不可实现的理想），并没有抓住当前彻底变革的诸多机遇”[①]，导致激进的左派最终可能沦为时代的保守主义者。此说当然有些片面，但对左翼教条主义者不无针对性，真正的批判性理论应该始终具有生产性。不过，陈映真的忧郁并未陷入保守主义。一方面，这要视理想的具体内容和现实环境而定，陈映真所坚持的理想，当时已在其他国家和地区走向实践，对台湾来说更是方生未艾的力量，只是在冷战—内战的双战格局中被强行终止而已；同时，从上文的分析可以看出，陈映真从未沉迷于失去之物的忧郁氛围，而是将忧郁嵌在自己的理论结构之中，根据现实斗争的需要不断调整这个结构。而另一方面，忧郁虽然让人沉湎过去以至情绪沮丧，但它也有积极的一面，正如费布尔（Ilit Ferber）对忧郁具有双面性的分析表明，它除了“内涵诸多消极面——如沮丧，消沉与孤独”，也“包含积极的创造性的面向——诸如深度，创造性，和天才的爆发”[②]。学界也关注到忧郁在文化政治和情感政治中的积极作用[③]。如前文所提及的，忧郁的这种双重内涵是受西方中世纪星相学和文艺复兴思潮影响的结果，它提示我们从不同角度关注忧郁问题。对于陈映真来说，在20世纪50、60年代高度政治化的语境中，“反共文学”与“战斗文艺”才是台湾文艺的时代主流，忧郁这类情感结构（structure of feeling）一定程度上逸出了当局为文学设定的精神阀限，因而它本身也意味着某种政治态度和立场选择。

---

① 温迪·布朗:《抵制左派忧郁》，庞红蕊译，《生产》第8辑，第81页。

② Ilit Ferber. *Philosophy and Melancholy: Benjamin's Early Reflections on Theater and Language*, Standford: Stanford University Press, 2013, p.2.

③ 参见刘人鹏、郑圣勋、宋玉雯编:《忧郁的文化政治》，新北：蜃楼股份有限公司，2010年；张春田《革命与抒情：南社的文化政治与中国现代性1903—1923》，上海：上海人民出版社，2015年，第331页。

陈映真在狱中接触到了更多的革命理论和实践经验，这使他对早期的忧郁和感伤颇为惭愧，表示“因着中落的挫辱而把自己关闭起来的陈映真，竟至于连母亲似的故乡也避拒了。这种不健康的感伤，正显示出市镇小知识分子的那种脆弱的、过分夸大的自我之苍白和非现实的性质”[①]。因而，在出狱之后他选择以自我反思和清算的方式告别过去，并加强了理论斗争的方式。忧郁不仅在概念史上名声不佳，在中国现代革命史上也是颇有争议，对于革命者来说，忧郁和感伤都是小资情调，属于瞿秋白所批评的“薄海民”（Bohemian）的“浪漫谛克主义”[②]。所谓革命的浪漫派，是指对革命理论认识不足、阶级意识不明确的感情革命家，他们在革命上升期的热情与革命受挫后的幻灭与动摇，这在茅盾的《蚀》三部曲中有形象的表现，也是陈映真所批判的小镇知识分子的犹疑性格。

但如果回到20世纪50年代台湾的历史语境中，陈映真早期作品中的忧郁似乎又显得较为另类。1949年后，国民党总结其在大陆失败的经验教训，部分归咎于文宣事业，从而开始主抓文艺，“反共文艺”由此成为时代的主旋律；而在冷战的格局下，欧美现代主义也在台湾大行其道，现代主义对精致形式的追求，及其与现实之间的距离使它尤为符合双战结构中的台湾知识界。在50年代成长，并自1959年开始文学创作的陈映真，他作品中的忧郁和感伤反而显得较为另类，其时代意义既在于恰切地把握到那个时代部分人身心被压抑的心态，同时又通过艺术的方式为同时代人保留或提供了异样的感性经验。值得强调的是，这种异样经验是反抗性的，带有乌托邦的未来视野，因而也可说陈映真的写作是在进行一场“感性的革命”。正如马尔库塞指出的，“革命必须同时是感性的革命，与革命相伴随的必须是社会物质方面和知识方面的重构，革命创造的将是崭新的审美氛围”[③]。在社会革命成为禁忌的时代，陈映真当然不能像马尔库塞所说的那样在政治革命的同时进行感性革命，但他利用了文学的优势，甚至包括现代主义的方法，率先从事感性的革命，这是陈映真文学的实践意义，也是忧郁和感伤的情感政治。

从这个角度而言，也不必讳言陈映真早期的现代主义倾向，现代主义本身

---

① 许南村：《试论陈映真》，《第一件差事》，台北：远景出版事业公司，1975年，第20页。

② 何凝（瞿秋白）：《〈鲁迅杂感选集〉序言》，《鲁迅杂感选集》，上海：青光书局，1933年，第19页。

③ 马尔库塞：《审美之维》，李小兵译，北京：生活·读书·新知三联书店，1989年，第118页。

并不具有特定的政治属性，关键在于写作者对所处历史语境与自我阶层意识的自觉，甚至可以说，现代主义对作品形式和结构完整性的重视，更有利于陈映真掩藏他在戒严时代的复杂思想。如他第一篇小说《面摊》，便借用了很多象征主义的手法，但也借此隐藏着特殊的政治符码和时代议题，如前文提到的孩子眼中的夜景，除了笼罩的夜雾外，他还可以看见“左对面的大房子的楼上”，“挂满了许多画像，有拿刀的，有流血的。有男的，也有女的”①。这些看似电影海报式的画面，也是通缉令、告示等政治暴力的时代显影，这是赵刚指出的，因为其思想的密教性质，而不得不采用的寓言形式②。而就社会效果来看，他对文学形式的精致诉求，也并未阻碍读者对内容的接受，也确实有很多读者经由陈映真这些作品走上不一样的路，这也证实陈映真这种写作方式的社会有效性。

陈映真早期选择情感革命的方式，既与他早期对革命的认识限度有关，也是时代的压力使然。后来，当这两方面条件得到改善后，理论批判与社会活动便成为他革命实践的重要方式。不过与中国现代革命对小资情调的清算不同，他虽然有所反思，但还是始终保留了情感革命的维度，无论是从革命史还是从左派知识分子的特点来看，这种兼顾情感、理论与社会活动的革命实践，都使他具有一定的独特性，文学与革命之间的辩证关系，也让我们看到文学者与革命者在陈映真这里的统一。

原载《文艺研究》2017 年第 9 期

① 陈映真:《面摊》,《陈映真小说集》第 1 卷，台北：人间出版社，1988 年，第 5 页。

② 赵刚:《橙红的早星：随着陈映真重访台湾 1960 年代》，台北：人间出版社，2013 年，第 38 页。

法律篇

台湾地区司法判决中的两岸政治定位

——以台湾地区“宪法”第 4 条的援用为中心

彭 莉 马 密

一、研究缘起：从“宪法”规范到司法实践

两岸政治定位是两岸关系研究的核心议题，对此，两岸学界已有大量的探讨。在台湾地区，规范层面的两岸政治定位主要见诸“中华民国宪法”（以下简称“宪法”）第 4 条及相关条文中。1946 年制定的“宪法”第 4 条明确规定：“中华民国”的领土依其固有的疆域，未经“国民大会”的决议，不得变更。毋庸置疑，这里“固有疆域”的范围包含大陆和台湾地区。20 世纪 90 年代以后，台湾宪制性规定中“本土化”特征日益明显，连接海峡两岸的元素被不断弱化，“宪法”第 4 条成为台湾地区坚守“一个中国”的核心法律依据，也是论证两岸同属一中的重要法理基础。

虽然一直以来台湾“宪法”第 4 条及相关规范始终坚持一个中国的底线，但是 1994 年“司法院大法官释字 328 号解释”使得台湾“宪法”的“一中性”留下了“模糊的空间”。1993 年 8 月，陈婉真等部分民意代表在审查陆委会预算时，声请“大法官”解释“宪法”第 4 条固有疆域的具体意涵，意图通过“大法官解释”限缩固有疆域的范围，进而达到“法理台独”的目的。1994 年 2 月台湾“司法院”“大法官”作成“释字 328 号解释”，认为对于“中华民国领土”的规定，根据政治以及历史的理由，“宪法”第 4 条并没有采用列举方式而是作出“依其固有之疆域”的概括规定，并设定限制领土变更的程序。其中所称“固有疆域”范围的界定是重大的政治问题，不应该由行使司法权的“释宪

机关”予以解释。[①] 这一解释文根据政治问题不解释的理论回避了对“固有疆域”的阐释，一方面摒弃了“独派”分子试图通过“释宪”将“固有疆域”范围限缩为台湾地区的企图，从而使得领土的变更回归到遵循“宪法”规定的程序轨道之上；另一方面，却也罔顾当时之立宪者的意志，回避了“固有疆域”包含大陆地区的基本事实。进而言之，“释字328号解释”为台湾政治人物的两岸政治定位论述提供了开放的解释空间，造成了两岸政治定位的解释困境。台湾现任“大法官”许宗力在“释字644号解释协同意见书”中表示：由于“中华民国”特殊历史、政治因素使然，“中华民国”与台湾这两个符号的关系，是等号，或包含，不同政治立场者有不同解读，且均各自引经据典，从“宪法”本身寻获其立论依据。[②] 据此，2016年10月许宗力在接受台湾“立法院全院委员会”审查时，竟公开宣称两岸是“特殊国与国关系”。

制定法和习惯法，可谓只是半制成品，它们只有通过司法判决及其执行才趋于结束。法律由此继续不断地重新创造着自己的这一过程，从一般与抽象走向个别与具体。它是一个不断增加个别化和具体化的过程。[③] 由于“释字328号解释”的暧昧不明，若要深入探寻“宪法”文本下的两岸政治定位问题，司法判决无疑是一个重要的观察面向。在台湾，虽然“解释宪法”的任务主要由“司法院”“大法官”承担，普通法院的法官不能对“宪法”进行有权解释与直接适用，但从普通法院法官在解释法律时援用“宪法”第4条或规避援用“宪法”第4条的态度中，可以展现其对两岸政治定位的理解。因此，本文拟通过从“宪法”规范到司法实践的研究视角的转换，即以台湾“司法院法学资料检索系统”中所收录的台湾地区法院援用“宪法”第4条的司法案例为中心进行类型化的分析，以考察两岸政治定位问题。

二、一个中国：台湾地区司法判决中两岸政治定位的核心

台湾地区司法判决案例库中涉及大陆的案件众多，每一案件都是反映两岸关系的微观镜像。两岸政治地位有其特定内涵，该问题的提出虽然源自20世纪80年代后期两岸交流的逐步展开，但其多元化、复杂化的态势是在20世纪90

---

① 参见台湾地区“大法官释字328号解释”。

② 参见台湾地区“大法官释字644号解释”。

③ 参见［奥］凯尔森著：《法与国家的一般理论》，沈宗灵译，北京：中国大百科全书出版社，1996年，第152页。

年代后期形成的，加之基于判决数据完整性的考虑，本文主要选取2000年以来台湾地区相关司法判决为分析依据。

以“宪法”第4条为关键词，就台湾“司法院法学资料检索系统”进行全面检索得知，自2000年以来，台湾地区法院援用“宪法”第4条的案例共741个，[①] 其中，刑事类案件705件，行政类案件23件，民事类案件12件，公务员惩戒委员会仅1件。就所收集的案例逐一分类，741件案件中，法官在判决书中通过援用“宪法”第4条解释法律的案例共674件，占案例总量90.9%；当事人主张援用而法官回避的案件66件，占8.9%；主张“两国论”的1个案例。进一步分析，台湾地区司法判决援用“宪法”第4条的741件司法案件，在程序部分通过适用“宪法”第4条以确认管辖权案件共576件案件，占案件数量的77.7%，主要集中于台湾地区司法判决中对大陆刑事管辖权的认定，这部分案件明确承认了大陆属于“中华民国”的固有疆域。在实体部分，通过援用“宪法”第4条的共有98件，占案件数量的13.2%，这部分案例从实体层面否认了两岸属于“国与国”之间的关系。由此可见，现阶段台湾“宪法”第4条视野下的台湾地区司法判决，其核心部分始终坚守着一个中国原则。

（一）程序维度：大陆“领土主权”的确认

程序维度的大陆“领土主权”确认主要体现在刑事管辖权方面。刑事管辖权的行使，事关国家主权，各国法律对此都有明文规定。大陆和台湾同属一个国家内的两个不同法域，同样会产生刑事管辖冲突问题，刑事管辖权的确定由此成为考察台湾地区司法判决是否坚持一个中国的重要面向。长期以来，台湾当局始终将台湾人民在大陆犯罪的行为纳入其管辖范围，2000年以后依然如此，相关案件多达数百件，体现了遵守“宪法”第4条关于领土“固有疆域”的立法原旨。台湾“最高法院”2000年台非字第94号刑事判决乃具有代表性的案例之一。该案件的情况是：台湾地区的被告人甲在福州犯应处三年以下有期徒刑的诈欺罪，经台湾地区检察官起诉，一审法院认定，大陆属于“中华民国”领域之外，故判处被告无罪。公诉人不服判决诉至二审，二审法院未予以改判此案进而诉至“最高法院”。“最高法院”判决认为，“宪法”第4条规定“中华民国”固有疆域的变更必须经“国民大会”的决定。自1947“中华民国宪法”颁布至今，“国民大会”并未曾变更领土，就此可见“中华民国”领土的范围包

① 司法判决资料来源于台湾地区“‘司法院法学资料检索系统”，http：//www.judicial.gov.tw/Index.htm。

括大陆从未更改。“宪法”增修条文第11条明确规定，两岸间事务依据特别法律处理。所谓的特别法“台湾地区与大陆地区人民关系条例”（下文简称“两岸人民关系条例”）第75条明确规定，在大陆或在大陆船舰、航空器内犯罪，虽在大陆曾经受过处罚，仍可以依法处断，但可以免其刑之全部或一部之执行，这一规定加强了大陆属于“中华民国”固有疆域的观点。[①] 因此，法官根据形式法律推理方式得出“大陆属于‘中华民国’的领土，在大陆犯罪应该受到惩罚”的结论。该判决强调说明了“宪法”第4条的“中华民国”固有疆域的具体内涵，确立了相关案件的裁判标准。这一判决作出后，后续许多类似案件均依照这一判决的论证，作出了台湾地区人民在大陆犯应处以三年以下有期徒刑的罪行必须受到处罚的判决。[②]

综上所述，从程序维度看，主流台湾地区司法判决的两岸政治定位观认为，大陆和台湾地区同属“中华民国”，“中华民国”从未对大陆放弃“主权”，大陆和台湾地区之间的关系并非“国与国”关系。

（二）实体维度：“国与国”之间关系的否定

除程序方面体现了以一个中国原则的两岸政治定位的司法论证逻辑外，台湾地区的司法判决在实体方面总体上也延续了程序部分的论证逻辑，坚持了一个中国的底线。就所收集案例进行类型化分析，可做以下归类：

首先，就涉及出入境方面的罪名做出特殊的处理。此类案件主要指法官通过援用“宪法”第4条，对大陆人或物在出入境方面做出有别于其他国家的处理。早期的典型案例为台湾地区“最高法院”1982年台上字第8219号判决，该案情况为：被告人甲自大陆地区输入管制药品到台湾地区，被台湾地区检察官抓获后起诉至法院。法院根据大陆地区属于“宪法”上规定的固有疆域予以证成：大陆属于“中华民国”领土，因而非属“国外”。从大陆运送伪药、禁药至台湾地区，若没有经过其他国家的转口港，不能将它与国外运输进入的情形同等看待而处以输入罪。[③] 这一判决作出后成为判例，援引该判例者众多。2000年以后这一判例继续被采用，相关案例共89件，占案件总量的12%。屏

① 参见台湾地区“最高法院”2000年台非字第94号刑事判决。

② 如台湾地区“最高法院”刑事判决2001年度台上字第705号判决、“最高法院”刑事判决2001年度台上字第2282号判决、“最高法院”刑事判决2001年度台上字第4247号判决、“最高法院”刑事判决2008年度台上字第6412号判决、“最高法院”刑事判决2015年度上诉字第742号判决等。

③ 参见台湾地区“最高法院”1982年台上字第8219号判决。

东地方法院 2002 年易字第 683 号刑事判决就同样的案件事实，根据上述逻辑作出判决并发展了这一判例的精神。该判判例指出，“国家之统治权”是以独立性与排他性行使于其领土之内，此不因领土之一部分由于某种事实上之原因暂时未能发挥作用而有所不同。[①] 在该判决书中，从大陆输入的管制药品，未使用自外国药品输入时命名“伪药”的名称，而是重新命名为“禁药”。

即便台湾地区“最高法院”2013 年度第 1 次刑事庭会议决定 1982 年台上字第 8219 号判例不再援用，大部分法官依然会先援用“宪法”第 4 条表明，两岸属于“中华民国”固有疆域后才以进出口论出入境相关的罪名。以桃园地方法院 2015 年诉字第 212 号刑事判决为例，判决首先指出，依“宪法”第 4 条，“中华民国”领土依其固有之疆域，非经“国民大会”之决议，不得变更，“宪法”增修条文第 11 条、“两岸人民关系条例”第 2 条第 2 款等规定，皆认为大陆仍属“中华民国”之领土，进而认为，“药事法”等所称的“输入”，固然是针对自外国进口而言，但“两岸人民关系条例”第 40 条第 1 款前段明文规定，输入或携带进入台湾地区的大陆的物品以进口论。因此，被告自大陆输入粉末一包，仍构成“药事法”所称的“输入”。[②] 1982 年台上字第 8219 号判例不再援用只是表明这一判例对于类似案件不再具有拘束力，在涉及相关案件时，台湾地区法官是否援用“宪法”第 4 条表明大陆属于“中华民国”固有疆域则享有自由裁量权。

其次，认定在大陆居住不属于“中华民国无居所”的情形而无须缴纳相关费用。这类案件共 4 件，案例之一为台湾地区高等法院 2008 年声字第 3 号民事裁定。该裁定认为，定居在大陆的台湾地区人民不予适用“民事诉讼法”第 96 条第 1 款的规定，[③] 因而不要求原告提供诉讼担保。裁定书指出，大陆属于“中华民国”领土，故台湾地区人民居住在大陆，不属于在“中华民国”无住所的情形，所以，该案原告不用提供诉讼担保。这一案件通过确定在大陆居住不属于“在中华民国无住所”的情形，从而间接认定大陆不属于国外。又如，台中地方法院 2009 年诉字第 2026 号民事裁定也基于同样的理由裁定，广东省系“中华民国”固有之疆域，当为公众周知的事实，依“两岸人民关系条例”第 2

① 参见屏东地方法院 2002 年易字第 683 号刑事判决。

② 参见桃园地方法院 2015 年诉字第 212 号刑事判决。

③ 参台湾“民事诉讼法”第 96 条第 1 款规定：“原告于‘中华民国’无住所、事务所及营业所者，法院应依被告声请，以裁定命原告供诉讼费用担保；诉讼中发生担保不足额或不确实之情事时，亦同。”

条第2款规定，应属“中华民国”领土；何况相对人于起诉之初，亦已缴纳裁判费，声请人声请命相对人提供诉讼费用的担保，与“民事诉讼法”第96条第1款前段规定的要件不符。[①]

再次，认定香港居民不属于外国人而不适用“驱逐出境”的规定。台湾地区高等法院2012年上诉字第1286号判决明确指出，香港居民不是外国人，因而不适用“驱逐出境”的规定。该判决书指出，被告为香港居民，而香港已于1997年7月1日回归中国，依“宪法”第4条领土条款、“宪法”增修条文第11条规定，及“香港澳门关系条例”第1条规定的立法意旨，被告并非外国人，自然不宜依据“刑法”第95条的规定，即不适用外国人受有期徒刑以上刑罚宣告，应该在刑罚执行完毕或赦免后驱逐出境的规定。[②] 值得特别说明的是，在2000年以来的741个案件中，有100多个判决明确认定大陆人民属于“中华民国”构成人员。这些判决均指出，虽然“国家统治权”在实际行使上发生部分的困难，司法权之运作也因此存在其事实上的窒碍，但大陆仍属“中华民国”固有的疆域，其上的人民仍属“国家”的构成人员，自然不能以其暂时的“沦陷”而变更其法律上的地位。[③] 这些判决严格依据规范的意涵，坚守了“宪法”第4条的立法宗旨。

最后，否定台湾地区人民建立“台独”团体的申请。1998年11月原告申请建立以“推进台湾独立建国”为宗旨的“台北市‘外省人’台湾独立促进会”，该申请被台湾行政部门核定不予批准，原告认为结社自由权属于宪法性权利，以分裂领土的理由作为审查人民结社的条件，实属限制人民自由权利表现，进而提起行政诉讼。2001年台湾地区“最高行政法院”2001年判字第349号判决认为，根据“宪法”第4条领土条款规定以及“人民团体法”第2条规定，人民团体的组织与活动，不得主张共产主义，或主张分裂国土。所以，人民不能以主张分裂领土为宗旨结社，[④] 并据此裁定，台湾地区行政部门“不予批准结社”的决定符合法律规定。通过这一判决的裁判可以看出，台湾地区法院严格依据规范否定台湾地区人民建立“台独”团体的申请，坚持了“宪法”第4条的基本精神。

---

① 参见台中地方法院2009年诉字第2026号民事裁定。

② 参见台湾地区“高等法院”2012年上诉字第1286号判决。

③ 参见台湾地区“最高法院”1982年台上字第8219号判决、“最高法院”1984年度台上字第4653号判决、“最高法院”1994年度台上字第5509号判决。

④ 参见台湾地区“最高行政法院”2001年判字第349号判决。

三、一个值得关注的流变："宪法"第4条援用的式微

虽然从总体上看，台湾"宪法"第4条视野下的司法判决核心部分始终坚守一个中国原则，但一个值得关注的现象是，近些年来台湾地区司法判决援用"宪法"第4条呈现式微趋势，这种趋势按照类型化的方法可以分为基于规范解释的变化、基于主权和治权的区别，以及基于"两国论"论调而弱化了援用三种类型。

（一）基于规范解释变化的式微

法律并非一成不变，法律既可以通过修改和废止发生变化，也可以通过法院不同的解释导致法功能的实际变化。纵观台湾相关司法判决，规范解释的变化是导致"宪法"第4条援用式微的主要因素之一。

台湾地区法院对大陆物品是否适用"输入罪"所作出的前后不同的认定乃典型例子。如前所述，台湾地区"最高法院"1982年台上字第8219号判决认定，从大陆运输物品来台不构成"输入罪"，之后这一判决成为判例。数十年来，以这一判例的法律理由进行判决的案例总量众多，2000年以后依然如此。但是，台湾地区"最高法院"2013年度第1次刑事庭会议决议不再援用该判例，理由是"两岸人民关系条例"第40条第1项另有明文规定，该判例"不合时宜"。此后，相关判决开始将自大陆货品输入台湾地区等同于自他国输入的情形处理。实际上，"两岸人民关系条例"第40条第1款有关"输入或携带进入台湾地区的大陆物品，以进口论；其检验、检疫、管理、关税等税捐的征收及处理等，依输入物品有关法令办理"的规定制定于1992年10月，[①] 迄今未曾被修订，为何经过21年后台湾地区"最高法院"才将这一判例废止？不难看出其中蕴含着对规范理解的变化。"最高法院"1982年台上字第8219号判例不仅承认了大陆属于"中华民国"的领土，而且确认了大陆人民属于"中国民国"法律上的人民。因而，这一判例的废止削弱了台湾地区"两岸一中"的司法拘束力。该判例被停止援用至今，"宪法"第4条援用的范围限缩在台湾人民在大陆犯罪或者犯罪结果地在大陆的刑事案件中属地管辖权的确认。涉及出入境的罪名界定时，虽然部分案例依然在表明大陆属于"中华民国"固有疆域后，才引用"两岸人民关系条例"第4条论以输入罪，如桃园地方法院2015年诉字第212号刑事判决等；然而，大部分案例不再援用"宪法"第4条明示大陆属于

① 与台湾地区"条项款"的顺序不同，大陆的习惯用法为"条款项"。本文除原文引用外，统一采用大陆用法。

“中华民国”固有疆域，直接以进出口论之，如台湾高等法院 2015 年上诉字第 3038 号刑事判决等。

2008 年 6 月“释字 644 号解释”是式微的另一表现。“大法官”在“释字 644 号解释”中提出，“人民团体法”第 2 条的规定与同法第 53 条前段规定，使得主管机关在许可设立人民团体以前，可以审查人民“主张共产主义，或主张分裂国土”的政治言论，并以此作为不予许可设立人民团体之理由，明显已经逾越必要的程度，与“宪法”保障人民结社自由与言论自由之意旨不符，在此范围内，应自此丧失效力，[①] 并宣布以违反“不得主张共产主义和分裂领土”为理由而不予批准设立社团无效。“大法官”在理由书中进一步阐述道，组织政党既无须事前许可，须等政党成立后发生其目的或行为危害“中华民国”的存在或自由民主的宪政秩序，经“宪法法庭”作成解散的判决后，始得禁止。[②] “大法官”的这一解释对“宪法”增修条文第 5 条第 5 款“政党的目的或其行为，危害‘中华民国’的存在或自由民主的宪政秩序是违宪”的规定进行了限缩解释，即“大法官”将组织政党的条件全部放开，而将审查政党放置到政党成立后。这一解释推翻了前述“最高行政法院”2001 年判字第 349 号判决关于行政部门不能根据“人民团体法”第 2 条以及同法第 53 条的规定审查社团成立的前例。“大法官”的解释使得规范的意涵发生变化，从而排除了“宪法”第 4 条的援用。

（二）基于主权与治权区分的式微

20 世纪 90 年代初，台湾当局提出了“一个中国”应指 1912 年成立迄今的“中华民国”，其“主权”及于整个中国，但目前的治权，则仅及于台澎金马的论调。马英九当选地区领导人后更多次提出，所谓“主权互不承认，治权互不否定”是两岸和平发展的基础。主权与治权的区分一定程度上也导致台湾地区司法判决中一个中国的式微。

基于主权与治权区分而式微的典型案件类型之一是赠予税类案件，台湾地区法院在这一类案件中根据主权与治权区分的理念排除了“宪法”第 4 条的援用，并将 2006 年判字第 569 号判决上升为判例。台北高等行政法院 2003 年简字第 590 号判决是 2000 年以来此类案件的第一例。该案件基本情况为，台湾地区的原告捐赠款项于大陆公立学校而被征税，原告主张，依据“遗产及赠与税

① 参见台湾地区“大法官释字 644 号解释”。

② 参见台湾地区“大法官释字 644 号解释”。

法”第 20 条第 1 款第 1 项的规定，捐赠各级政府及公立教育、文化、公益、慈善机关之财产的情形，不应计入赠与总额，因为根据“宪法”第 4 条的规定，大陆属于“中华民国”的领土，因此，台湾民众在大陆的金钱捐赠可以享受税收优惠政策。法院否定了此观点，其理由为：“遗产及赠与税法”第 20 条第 1 款所谓“各级政府或公立教育机关”指的是“中华民国”的政府及其所设立的公立学校，目前“政府”管辖权力只及于台、澎、金、马，并不包括大陆。原告所赠对象是大陆的公立学校，非属“中华民国政府”所管辖的“各级政府或公立教育机关”，而大陆的各级政府并非属于“中华民国的政府”，其设立的公立学校亦非“中华民国政府”所设立，故对各该学校捐赠的财产，非属“遗产及赠与税法”第 20 条第 1 款所规定不计入赠与总额的财产。[①] 这一判决并未否认大陆属于“中华民国”的固有疆域，但以主权与治权相互区分为由，认定大陆政府以及公立机关为非“中华民国”的公立机关。这一判决作出后，台湾地区“最高行政法院”接连作出了多件类似判决，排除“宪法”第 4 条的适用。2008 年 6 月，台湾地区“最高行政法院”2008 年 6 月份第 2 次庭长法官联席会议决议通过，将其中之一的 2006 年判字第 569 号判决上升为判例。该判例的要旨为，“遗产及赠与税法”第 20 条第 1 款对捐赠公立教育机关的财产为不计入赠与总额的租税优惠，是基于政府税收本来就应投入公立学校等公立教育机关的经费，而透过民间捐赠亦可达到相同施政目的的考量；故该款所称公立教育机关自是指“中华民国政府”依法令须投入经费的公立教育机关，而不及于大陆的公立教育机关。[②] 自此，这一判决具有了司法拘束力，今后此类判决只能根据这一判例进行审理，对相关案件产生了较大影响。

（三）基于“两国论”论调而导致的式微

20 世纪 90 年代以后，台湾当局“去中国化”步伐不断加快。李登辉、陈水扁先后抛出“两国论”“一边一国”的反动论调。这些论调不仅对两岸关系产生了重大冲击，也在一定程度上对台湾相关司法判决产生了影响。

这种影响从台湾地区法院对伪造文书类案处理方式的变化中可见一斑。在台湾地区“最高法院”2001 年台上字第 2282 号刑事判决中，甲、乙与大陆人民丙共同伪造文书并携带至台湾，后被台湾地区高等法院以“伪造文书罪”论处，被告人不服判决上诉至“最高法院”。“最高法院”判决指出，“宪法”第 4

① 参见台北高等行政法院 2003 年简字第 590 号判决。

② 参见台湾地区“最高法院”2006 年判字第 569 号判例。

条规定"中华民国"领土，依其固有的疆域，非经"国民大会"的决议，不得变更之。"国民大会"未曾为变更领土之决议。"中华民国宪法"增修条文第11条、"两岸人民关系条例"第2条第2款明确规定，大陆地区仍属"中华民国"的领土，结合该条例第75条规定，大陆现在虽因事实上的障碍为"我国主权"所不及，但在大陆犯罪，仍应受台湾地区规定的处罚。① 2007年对这类判决出现不同的声音。例如，针对大陆人甲在大陆地区伪造文书到达台湾地区后被抓获一案，金门地方法院2007年易字第21号刑事判决以大陆非属"中华民国"法领域为由，回避了"宪法"第4条的援用。该判决书竟称："固有疆域的内涵并非一成不变，如今固有疆域内涵已经限缩在台湾，大陆非属我国法领域，大陆人民在法律上之地位也非属本国人民。"②

四、"宪法"第4条的援用式微原因及其影响

"宪法"第4条援用的式微既是两岸关系不断发展的客观反映，又是台湾岛内政治发展的现实反映。在一些案件中，"宪法"第4条透援用的式微客观上顺应了两岸关系的发展，如管辖权的确定问题；在另一些案例中，"宪法"第4条援用的式微却消减了"宪法"第4条援用的规范功能，为两岸关系的顺利发展埋下了隐患。

（一）两岸关系发展的客观需求对司法判决的影响

基于特殊的历史因素，长期以来，台湾岛内关于"主权""法统""两岸定位"等问题一直存在着所谓"理想"与"现实"的冲撞，由此导致了两岸交流的法理结构有主观主义与客观主义之分。③ 所谓绝对主观主义即主张一个国家一个主权，并从根本上"否定"大陆的存在，在这一法理结构下，两岸间的交流居于"法律上的不可能"状态。这种大一统法制观显然无法适应20世纪80年代后两岸关系由"隔绝"走向"松动"与"开放"的需要。20世纪90年代初，台湾岛内政治生态发生了巨大变化。1990年李登辉正式就任台湾地区领导人后，开始"寻求一个崭新的大陆政策，这个政策的内涵定位便是替两岸找到适当定位的解释"。④ 1991年2月，台湾"国家统一委员会"第三次全体会议

① 参见台湾地区"最高法院"2001年台上字第2282号刑事判决。

② 参见福建金门地方法院2007年度易字第21号刑事判决。

③ 参见尹章华：《论两岸交流之法理结构》，《法令月刊》1994年第45卷第1期，第16页。

④ 参见陈安主编：《海峡两岸交往中的法律问题研究》，北京：北京大学出版社，1997年，第28页。

通过了被视为“大陆政策蓝本”的“国家统一纲领”，将一个中国表述为主权一中而治权相互区分的两个部分。1992 年 7 月的“两岸人民关系条例”则明确以“一国两区”的定位处理两岸交流交往中衍生的法律问题，台湾地区由此进入“相对客观主义”法理结构主导时期。“相对客观主义”虽然主张一个国家，但不判决否定大陆之客观存在。① 换言之，在两岸互动关系中，以一个中国为原则，以“一国两区”作为处理两岸互动的法理基础；② 在司法层面则表现为承认大陆客观“管辖权”的现实存在，这在一定程度上导致了“宪法”第 4 条援用的式微。

就这一面向而言，这种式微化解了既有“宪政体制”下两岸交流交往的法律困境，客观上为两岸交流提供了法制的空间。在国家统一前的特殊阶段，“一国两法域”下人民来往利益冲突的解决之道，既不能求助于“国际法”之法理，也不得将“国际私法”或“涉外民事适用法”直接适用，从而唯有在不违背一中框架的前提下认可台湾当局的部分“治权”。这是化解“一国两区”所形成的特殊法律现象——两岸既有法律规范对于“对岸人民”的“虚效”效应的有效方法之一，在一定程度上顺应了两岸关系发展的客观要求。

（二）法官政治意识形态对司法判决的影响

在两岸关系议题被高度政治化的台湾地区，司法判决中的两岸政治定位难以避免受到政治因素的影响，并主要表现为通过对法官意识形态的渗透进而影响法官司法判决中的论证逻辑选择。自国民党退踞台湾至 1987 年以前，台湾地区政治层面坚持以一个中国为原则的两岸政治定位，此时的台湾地区司法判决是通过实质推理的方法展现出以一个中国为原则的两岸政治定位，③ 即法官从法的价值、目的、作用、法的基本原理、“国家”和执政党的政策、社会公共道德准则等考虑出发，选择或创立一个恰当的规范填补法的空隙。④ 如上述台上字第 8219 号判例有关大陆被“‘共匪’所占据”的论述，清晰地展现了法官受到政治意识形态的影响。20 世纪 90 年代末以后，随着“特殊的国与国关系”“一边一国论”论调的发酵，台湾岛内政治层面的两岸政治定位呈现多元化的态势，

① 参见尹章华：《论两岸交流之法理结构》，《法令月刊》（台湾），1994 年第 45 卷第 1 期，第 16 页。

② 参见彭莉：《法理结构的改变和台湾当局的两岸经贸立法》，《厦门大学学报》（哲社版）2005 年第 3 期，第 98 页。

③ 参见余继田：《实质法律推理研究》，北京：中国政法大学出版社，2013 年，第 44 页。

④ 参见余继田：《实质法律推理研究》，北京：中国政法大学出版社，2013 年，第 44 页。

"宪法"的"一中性"逐渐成为持不同统"独"观点的人都可以获取政治资源的工具，这种态势不可避免对法官裁判观产生或多或少的影响。在部分案件司法判决中，政治人物作出的关于两岸政治定位的论述并未直接影响台湾地区司法判决中"事实与规范之间往返流转关系的确定"，另一部分判决则相反。前者如台湾高等法院台中分院2008年上诉字第2140号刑事判决。在该判决中，被告人因在大陆吸食毒品，被台湾地区检察官提起诉讼。被告主张，台湾地区领导人常常向"国内"同胞及国际媒体称"中华民国"与中国大陆属"一边一国"，在国际上分属"两个主权不同之国家"，故台湾地区人民在大陆犯三年以下刑罚的罪行，不应该被处罚。[①] 法院的判决直接否认了政治人物"两国论"主张对司法判决的拘束力，并依据"宪法"第4条固有疆域的规定、"宪法"增修条文第11条以及"两岸人民关系条例"第2条第2款的规定，明确认定大陆属于"中华民国"的领土，并确立了对该案的刑事管辖权。后者如前述金门地方法院2007年易字第21号刑事判决，该判决直接抛出了"固有疆域的内涵并非一成不变，如今固有疆域内涵已经限缩在台湾地区"，"大陆非属我国法领域，大陆人民在法律上之地位也非属本国人民"的论调，明显违背"宪法"第4条的原旨。

司法的合理基础在于其产生的裁判约束力的正当性，而非权力的事实性。[②] 基于政治因素而引发的"宪法"第4条进一步之式微直接导致了其规范效力的不断消减。在近代世界，法律成了社会控制的主要手段。[③] 法律控制社会的手段主要是通过法律的适用以实现。法律的内容取决于法官在个案中的裁判。[④] 宪法具有最高的法律效力，宪法通过法律具体化，通过司法判决的法律适用最终实现规范的实际效能，完全回避规范则等同于规范的废止。除了冲击"两岸一中"的规范基础之外，台湾地区"宪法"第4条规范功能的消减最重要的法律后果即是影响两岸民众权利的合理保护，不仅是大陆人民在台湾所受到的"歧视性待遇"通过政治手段处理后形塑成"规范的正当化"，而且导致在大陆地区有住所的台湾地区人民的权利得不到平等保护。例如台北高等行政法院2014年诉字第1941号判决通过"中华民国"的"统治力"不及大陆的理由，

---

① 参见台湾高等法院台中分院2008年上诉字第2140号刑事判决。

② 参见雷磊：《规范理论与法律论证》，北京：中国政法大学出版社，2012年，第158页。

③ 参见[美]罗斯科·庞德：《通过法律的社会控制》，沈宗灵译，北京：商务印书馆，2008年，第9页。

④ 参见[德]卡尔·拉伦茨：《法学方法论》，陈爱娥译，北京：商务印书馆，2015年，第3页。

将旅居大陆的老年农民排除出领取老农津贴的范围。

五、结 语

台湾地区司法判决中援用“宪法”第 4 条的判决是认识司法视野中两岸政治定位的关键，这部分案例的主流虽然迄今总体上依然坚守一个中国的两岸政治定位观，但近年来呈现逐渐式微的趋势。台湾地区司法判决中“宪法”第 4 条援用的式微是以一个中国为原则的两岸政治定位观弱化的表现，进一步的式微甚至可能会冲击“两岸一中”的规范基础。进而言之，若是将“宪法”第 4 条束之高阁，法官的价值判决取代了立法者的价值判决，最后的终点是“宪法”的变迁。司法判决是宪法规范的具体表达，我们不仅要关注“独派”启动“修宪”达到“法理台独”的目的，也应该警惕台湾当局在司法判决中否定一个中国两岸政治定位的可能。

本文原载于《台湾研究集刊》2016 年第 6 期

论国名与国号

陈　动

国名，是国家的名字；国号，是国家的称号。从字面意思看，两者似乎没有差别，都是对国家的称呼。在现实中，人们往往把这两个词汇混用，把国名说成是简称，把国号说成是全称。从历史和法理的角度看，这种用法存在着问题。本文认为，国名与国号还是有区别的。国名才是国家的名字，代表着国家；而国号只是政府为国家所起的官方称号，在特定时期内可以代表国家，但所代表的主要是政府。

由于现代国家主权理论和国际法，都是近代以来才逐渐形成的，所以本文将所考察的范围限定在现代国家，即以现代国家的国名、国号作为考察对象。

一、国名是国号的核心和基础部分

（一）国名是能够直接指认国家的单词

国名与国号，可能是汉语特有的词汇，[①] 英语中就没有对应的单词。在英语当中，一般是直呼其名，遇到列举时则用 Countries 和 States 等复数形式来表示。即使如此，世界各国仍然普遍存在着国名与国号的现象。

所谓国名，在英文当中，就是能够直接指认该国地理实体的单词，也就是说，它首先是一个地名，Singapore、Japan 等，即能够直接表示 Country 或 State 的单词。《外国地名词源词典》“前言”中指出：“地名是一种社会现象，是人类交往和生产斗争的产物，是人类社会出现以来，人们根据自己的观察、认识和需要，对具有特定方位、范围及形态特征的地理实体给以共同约定的语言文字

① 日本也有国名、国号的词汇，但是由于日本在文字上也使用汉字，所以仍然属于汉语现象。

的代号。”[①] 据考证，国名的由来，与历史人物、居民当中的主要民族（部落）及其特征、地理位置或地理环境、物产等众多因素有关。[②] 国名实际上就是人们对特定地理实体进行人文活动的产物。国名的基础是该地理实体，但最终还是人文活动起决定因素。不过，一经命名，所有地名都指认特定的地理实体，国名也不例外。语言学告诉我们，具有 land、-ia、-stan 的词尾或后缀的英文单词（译为“兰”“亚”和“斯坦”），本身就具有表示领土或国家的意思。在联合国 191 个会员国的英文国名当中，以“斯坦”结尾的有 7 个，以“亚”为后缀的有 40 个（利比亚、俄罗斯英文国名原形也是以 -ia 为后缀），以“兰”为结尾的有 9 个。也就是说，共有 56 个会员国的英文国名本身就含有国家和领土的意思。另外，Deutschland 以及 Byelorussia 也是属于此类。

在现代国家中，有少数国名并非采用原有的地名，如阿联酋以及以前的苏联和阿联。不过，这实际上就是现代人给特定地理实体所起的名字。

（二）国号以国名为基础

所谓国号，是政府（Government）[③] 为国家起的官方称号。在联合国会员国的英文名单中，只有 17 个国家未使用国号，仅占会员国总数的 8.9%。在这 17 个国家中，格鲁吉亚过去也使用过国号；日本的汉字国号为“日本国”。[④] 在各国国号中，最常见的就是明示国家结构形式和国家管理形式（政体）的词汇，如联邦（United）、王国（Kingdom）、民主（Democratic）、共和（Republic）等。有的国号还有诸如宗教（如 Islamic）、民族（如 Arab）、意识形态（如 Socialist）等词汇。国号最长的当属泰国。总之，国号基本上是由两部分组成：核心部分就是国名，是基础；另一部分就是修饰部分，即一些说明政府某些特征的词汇。没有了国名，国号中就只剩下一些政治词汇。当然，“联合王国”“合众国”和“阿联酋”这三个词组已经成为专有名词，可以分别指称对应的国家。这是极少数的特例，而其他的政治词汇并无法指认哪个国家。

---

① 《外国地名语源词典》，上海：上海辞书出版社，1983 年，前言。

② 详见《外国地名语源词典》，上海：上海辞书出版社，1983 年，各国名词条。

③ 广义的政府，指国家机关，或掌握统治权的机关。

④ 格鲁吉亚在 1991 年独立时叫“格鲁吉亚共和国”，1995 年新宪法定名为“格鲁吉亚”。日本在发动侵华战争时使用的是“大日本帝国”的国号，现行宪法名为《日本国宪法》。

二、国家要素在国名上得到反映，国名才是国家的名字

现代国际法理论和国家学说认为，要成为国家，必须同时具备若干要素，从而有“国家三要素说”和“国家四要素说”之分。前者认为，国家必须同时具备领土、人民和主权这三要素，后者则认为，还应当增加政府这一要素。《关于国家权利和义务的蒙得维的亚公约》则主张，国家资格是指人口、领土、政府以及“与其他国家发生关系的能力”。但是，比较普遍的看法是：主权是国家的根本属性，主权才是国家最重要的要素。

（一）国名具有宣示领土范围的意义

第一，国名必须是惟一的、排他的，具有独立性。国名具有宣示领土范围和限的意义，所以不得与他国国名混同。世界上绝大多数国家的国名都是惟一的，不会与其他国家混同。在英文国名上容易混同的，只有刚果共和国和刚果民主共和国、多米尼加和多米尼克[①]、朝鲜和韩国。人们为了加以区分，对两个刚果、朝鲜和韩国，会使用其国号；对先独立的多米尼加使用国号，对后独立的多米尼克则沿用习惯称呼（Dominica）。对两个刚果，汉语会在国名后加注其首都名。国名的这种惟一性、排他性，还体现在马其顿的国名问题上。在历史上马其顿是一个更大地区的名称。以希腊为首的国家担心马其顿有对外扩张的野心，所以坚决反对其以马其顿或者相关变体的名称作为国名，1993年马其顿是以“前南斯拉夫的马其顿共和国”的暂时名称加入联合国的。[②]

第二，国名大多会因为国家领土的变化而变化。（1）因领土拓展而更换国名。例如，英国的英文国名经历了英格兰——大不列颠——大不列颠及北爱尔兰这样一个过程。再如，马来亚在与新加坡、沙捞越、沙巴合并以后更名为马来西亚（新加坡后于1965年独立）。又如，坦噶尼喀与桑给巴尔合并后，更名为坦桑尼亚。[③]（2）由于国家的解体，从而迫使国名的变更。例如，捷克斯洛伐克1992年最终分解为捷克、斯洛伐克两个独立的国家。（3）因解体，原国名已不存在。如南斯拉夫和苏联。

在很多场合，国名的变化是对国际法上所说的“国家的分裂、分离、合并以及消灭”等现象的一种反映。

---

① 在20世纪80年代之前，均译为“多米尼加”，后修正为今译名以示区别。

② 参见联合国A/RES/47/225号决议。

③ 参见《外国地名语源词典》，上海：上海辞书出版社，1983年，第243页。

（二）国名还具有宣示民族独立的要素

第一，许多国名原本就有当地主要民族的宣示意义。有不少国名是以当地主要民族的名称命名的，如德国、罗马尼亚、希腊等。一些以斯坦作为结尾的国名，具有两层含义：其一，这是一个伊斯兰语族的国家；其二，这个国家的人民大多信奉伊斯兰教，如巴基斯坦、土库曼斯坦等。

第二，有一些国家对国名使用自己的叫法，以示民族独立之义。（1）坚持使用本国民族语言的叫法。例如，希腊自称时是使用源自希腊文的 Hellas，而不是使用源自意大利语的 Greece 作为英文国名；白俄罗斯在 1991 年独立后，将英文国名由原来的 Byelorussia 更改为 Belarus。（2）在民族独立之后，为自己国家起新的国名，以更换带有殖民、侵略含义的旧地名或旧国名，如贝宁、加纳等。

第三，国名已经成为本国人民和民族的名称。不管其由来如何，国名在今天已经成为本国各民族的统称，成为全体居民的统称。例如，美国创立国家前，并不存在所谓的美利坚民族，是一个典型的多民族移民社会。可是，在与宗主国英国的斗争过程当中，逐渐就形成了新的民族——美利坚民族。从此，不管原先是来自哪个国家、哪个民族，美利坚民族就成为美国所有民族的统称。

现代已经很少有单一民族的国家了。而生活在特定国度里的人民，虽然仍有民族之别，但是国名已经把他们同生活在其他国度的本民族人民区别开来了。国名已经成为他们的一个最重要的代号，成为他们独立于其他国家人民的标志。

（三）国名还具有宣示国家主权的要素

国际法认为，主权是国家的根本属性。没有主权，就不能称之为国家。国家具有独立性，是主权的重要特征。有的政治实体在称号上有表示国家的字眼，但没有独立的主权，所以不是真正意义上的国家。例如，联邦制国家中的成员国，以及附属国、被保护国、殖民地等，也使用国家的字眼，但都不是真正的国家。最典型的例子就是巴勒斯坦。巴勒斯坦虽然已经在 1988 年宣告成立为独立的国家（The State of Palestine），但是有两个原因导致它还没有得到普遍承认：一是它国名所宣示的领土范围不明确，大部分领土处于以色列占领之下；二是巴勒斯坦的政府尚未有效行使主权，受到以色列的严重限制，甚至连阿拉法特的人身自由都无法得到保证。国际社会为了促使它能够成为真正的国家而一直进行着艰苦的努力。

第一，主权的对外独立，在国名上能够反映出来。上文已经指出，国名具有惟一性和排他性，具有宣示领土范围和界限、民族独立的意义。这实际上就是国家主权对外独立在国名上的一些反映。主权的对外独立，在国名上得到反映的还有以下几种情形：一是新独立的国家，启用新国名，象征主权独立。亚非拉众多原先的殖民地和托管地，通过民族独立解放运动，成立了独立国家。它们无论是以旧地名还是新命名而启用国名，都具有主权独立的象征意义。还有一些从母国独立出来的新国家，也是此类情形。二是原国家解体，内部分别独立出若干个新国家，原国名不再，出现一些新国名。如苏联、南斯拉夫、捷克斯洛伐克等国家解体后出现的情形。三是若干个原本独立的国家，合并组建新国家，产生新国名，而原国名不再。如坦桑尼亚等。

第二，主权对内具有最高权威，这在国名上也能反映出来。在一国内部，只能有一个主权。主权是国家最高的权力，在国家内部同样也排斥其他任何权威。在国名上反映出来的事例，往往就是国内出现政治分离状态，存在着对立的政权。

先以塞浦路斯为例。在塞浦路斯境内就存在两个以“塞浦路斯”为国名的政权。尽管土族政权的名称还注明其实际控制区的地理位置，但是塞浦路斯的国名涵盖了全岛的领土和人民。在国际法上看来，一国内部存在着对立的政权，并不影响人们仍旧认同该国只有一个主权，只有一个政府能够在对内对外方面代表国家主权，换言之，人们会选择其中一个政府作为主权的代表。目前，只有土耳其承认“北塞浦路斯土耳其共和国”，而绝大多数国家承认由希族控制的塞浦路斯共和国。也就是说，国际社会仍然承认塞浦路斯只有一个主权。

再以德国为例。战后，依照雅尔塔会议以及英、美、法、苏之间的一系列协议，德国是在 1937 年 12 月 31 日的边界以内继续存在的一个国家，其主权是由英、美、法、苏 4 个占领国共同行使。[①] 后来，由于各占领国的意见冲突，导致出现两个德国政府的局面。从严格意义上说，这两个德国政府都不能代表德国。因为一直到德国统一时，交战国之间并没有签订和约，在法律上就意味着对德战争状态也一直没有结束；[②] 从法理上说，只要交战状态没有结束，德国

① 参见［英］詹宁斯，瓦茨修订：《奥本海国际法》（第 1 卷第 1 分册），王铁崖等译，北京：中国大百科全书出版社，1995 年，第 99 页。

② 1990 年 9 月 12 日，四个占领国才签订了关于德国的最终解决条约，该条约旨在终止四国对德国的权利和责任（主权方面），但是该条约还没有生效就被四国于 10 月 1 日联合声明暂停；与此同时，德国还不得不与四国签订一系列条约，以解决占领军、柏林地位等一系列法律问题。也就是说，到 10 月 3 日德国统一时，也没有任何生效的法律文件结束对德战争。

的主权仍旧属于4个占领国，德国就不是一个正常的国家。可是，在四大国乃至东、西方两大阵营的操弄之下，竟然赋予德国两个主权国家的地位，这就使得多数人无法正确识别其中的法律问题。在德国问题上的争论，最终是在1990年10月3日以民主德国加入联邦德国的形式而告结束。应当指出，从国名的角度看，战后的德国仍然是一个国家，但是由于其主权由占领国行使，所以不是一个正常国家；统一后才成为一个主权国家。两个德国的现象，并不是出现两个严格意义的国家，而是在外力作用下产生了两个德国政府。“在两个德国彼此交往中，包括协定的签订，民主德国认为它自己和联邦德国分别是国际法上的独立国家。联邦德国则并不这样看待民主德国，它毋宁把它自己和民主德国看作是仍然存在的‘德国’中的两个邦，是一个单一的德国的两个部分。”[①] 笔者认为，联邦德国的这种看法，才是从法理上对德国问题的正确解释。

一个国名就只能是一个国家，一个国家只能有一个主权，主权对内具有最高权力。不仅德国最终统一的实例证明了这一点，越南人民也用武力证明了这一点。尽管朝鲜半岛现在还没有统一，但是朝鲜和韩国也都提出国家统一的国家目标。

总之，国名才是国家的名字，它能够反映出国家的主要要素，能够代表国家。所以人们在指称某个国家时，首先使用的是其国名。笔者相信，绝大多数人记不住每个国家的国号，但是这并不影响人们使用国名指称众多国家。

三、国号主要代表政府

（一）国号在特定时期是国家的称号

第一，政府是国家的外在表现形式。国家问题之所以复杂，最主要的原因就是政府现象是伴随国家现象的出现而出现，人们认识国家现象首先是从政府现象开始的。而政府现象的多元化，就导致人们产生各种不同的见解。可以说，政府现象导致国家现象的复杂化。西方的国家学说往往把国家称为“社会共同体”或“政治共同体”。无论是何种共同体，其实首先就是“人”的共同体。既然是人的共同体，就不可避免地必须要有一个行使公共权力的机构，在对内对外两个方面代表这个共同体。所以，政府就成为国家的外在表现形式，成为人们接触、感知国家现象的媒介。对一个新出现的国家（新的国际人格者）来说，

---

① 参见[英]詹宁斯，瓦茨修订：《奥本海国际法》（第1卷第1分册），王铁崖等译，北京：中国大百科全书出版社，1995年，第206页。

政府的首要任务就是决定国家的管理形式和国家的结构形式、组织国家机构，通常还首先考虑起用国号的问题。通过非正常更替形式上台的政府，也要考虑上述事项。而这些事项，连同政府本身，都属于国家的外在表现形式。离开政府这个外在表现形式，国家就无法向人们展示自己。正是由于这个原因，“国家四要素说”强调政府是国家要素之一。

第二，政府作为国家的代表和主权行使者时，国号就成为国家的称号。政府是国家行为的实际实施者，在对内对外都代表着国家。政府掌握着国家的立法权，制定宪法和法律，以建立法律秩序。政府通过所掌握的国家的属地管辖权和属人管辖权，实行着统治。政府还掌握着国家暴力，以维护法律秩序。因此，政府所起用的国号，在它执政时期就成为国家的称号，可以代表国家。换言之，国家正是通过政府这样的外在表现形式，向人们展示自己，所以国家主权和国家行为实际上也是通过政府行为来实现的。由于这个缘故，政府往往也自称国家。正因为国家以政府形式表现自己，所以许多人误将政府与国家等同起来。人们对国名和国号的混同使用，也已足以说明这一点。

（二）国号主要代表政府，会随着政府的变化而变化

国号中的那些政治词汇，会随着政府的更替或者政府的政治主张改变而变化。政府的更替，有正常更替（遵循宪法或法律程序的）和非正常更替（政变和革命等）两种。在正常更替的情形下，宪法秩序得到延续，所以一般不会出现更改国号的现象。但是，一旦出现非正常更替的情形，新政府上台往往就会更改国号。

先以阿富汗为例。阿富汗自 1919 年独立以来，依序先后就出现阿富汗王国、阿富汗共和国、阿富汗民主共和国、阿富汗共和国、阿富汗伊斯兰国、阿富汗伊斯兰酋长国和阿富汗伊斯兰共和国等 7 个国号。这些国号，实际上是各个时期的政府为阿富汗所起用的称号，阿富汗才是国名。

又如法国。《奥本海国际法》上说道：“在过去几个世纪中，法国虽然取得、丧失和收复它的一部分领土，曾经改变它的朝代，曾经是一个王国、一个共和国、一个帝国，然后又是一个王国，又是一个共和国，又是一个帝国，而现在又是一个共和国，仍然保持了它的同一性，尽管有这些重要变动，法国作为国际人格者的一切国际权利和义务仍然继续不变。”

至于政府的政治主张产生变化而导致国号的变更，也有许多实例。例如，蒙古先后就有“蒙古人民共和国”“蒙古共和国”和“蒙古国”等国号。又如，

波兰原来国号为“波兰人民共和国”，现在国号为“波兰共和国”。

当然，也有政府变更之后，并未改变国号的例子，如英国。但是这与英国资产阶级采用君主立宪制有直接关系。不过，这已经可以证明：国号不能一直代表国家，它主要代表的是政府。

（三）国号的变更，并未影响国家的国际人格

在国际法上看来，政府的更替，无论是出之于何种情形，都是一国的内部事务，只要国家保持同一性，对外都丝毫不影响一个国家的国际人格，国家“作为国际人格者的一切国际权利和义务仍然继续不变”。也就是说，无论政府如何更替，国号如何变更，国际法上依旧看成是一个国家。总体上看，国家是相对稳定的，所以国名也是相对稳定的；而政府是相对多变的，所以国号就相对多变。

联合国在列举会员国名单时，一般是采用国名，而不是列出国号。在 191 个国家的英文名单当中，对 170 个国家使用国名，17 个列出国号，4 个在国名后加注国号。在这 21 个列出或加注国号的国家当中，有 5 个是由于国名容易与同名国家混淆而使用国号；[①] 剩下的 16 个国家当中，还有 7 个是因为国名与大的地区名或旧国名相同而使用或加注国号[②]；另外 9 个国家当中，8 个使用国号，另有委内瑞拉加注国号。[③] 笔者认为，除了阿联酋是特例，加上 5 个国名容易混同的国家必须使用国号以外，其余 15 个国家大多也可以使用国名。例如，America 作为国名是不容易与美洲混淆的。这个例子实际上告诉我们，像联合国这样的国际组织，也已注意到国家是相对稳定的而政府是相对不稳定的这样一个道理，所以尽可能地使用国名而不是使用国号来指称它的会员国。

四、中国的实例分析

（一）中国是我国的国名

第一，中国首先是一个地名，指认属于我国领土的特定地理实体。历史上，在中原一带的华夏族和汉族首先使用“中国”“中华”等词汇来称呼其在中原地

① 即前边说过的朝鲜和韩国、民主刚果和刚果共和国、多米尼加。

② 即中非共和国、伊朗、利比亚、密克罗西亚、摩尔多瓦、叙利亚和马其顿（The former Yugoslav Republic of Macedonia）。

③ 这 8 个国家是文莱、捷克、老挝、俄罗斯、阿联酋、英国、坦桑尼亚和美国；委内瑞拉加注原因不详。

区所建立的国家，但是现在已经演变为整个国度的名称。[①]

第二，中国早就成为我国国名。对于“中国”何时成为我国国名，尚未有权威解释。但是在1689年，清政府在对外签订中国历史上第一个国际条约———《尼布楚界约》时，就已经使用“中国”作为国名。该条约抬头就是“中国大皇帝钦差分界大臣领侍卫内大臣议大臣索额图……”，条款中也有“河以南诸地，尽属中国；河以北诸地，尽属俄国”等字眼。[②] 不管当时的统治者是否明白这在国际法上的意义，他们肯定是非常慎重地使用“中国”的。这表明，在此之前中国已经成为我国的国名了。外国人也很早就以China（中国）称呼我国。对于China这个单词何时开始出现，外国字典和百科全书有不同说法，时间跨度很大，有起自秦朝的，[③] 也有晚至16世纪和17世纪的。[④] 不过可以肯定地说，至迟在明朝时候外国人就有这样的称呼了，至今也有将近400年的历史了。

第三，中国与中华，一直是通用的国名。在1844年与美国签订的《五口贸易章程：海关税则》(《望厦条约》) 当中，清朝政府也曾经使用“中华”作为国名。[⑤] 因此，中国和中华，实际上是通用的，都是我国国名。在这样一个历史背景下，我国人民对外往往自称中国人；在使用简称时，“华”代表中国，“华人”代表中国人。新加坡就把中国移民及其后裔称为“华族”，英文名就叫Chinese。

第四，中华民族已经成为我国各民族的共同名字。中华民族的形成，经历了五千多年的漫长历程，所以国际社会才会把中国列为“四大文明古国”。

（二）中国历史上有过众多的国号，这不过是表明存在过众多的政府

在中国历史上，国号这个词出现的时间，可能比国名还要早。《史记·五帝本记》：“自黄帝至舜禹，皆同姓而异其国号，以章明德。”历代王朝，都有不同的国号，如汉、唐、宋、辽、元、明、清等。农民起义时也会使用国号，如“张楚”“大顺”等。到了现代，国号的使用仍然延续下来，先后有“中华民国”

① 《辞源》已经做过考证。

② 参见王铁崖编:《中外旧约章汇编》(第1册)，北京：三联书店，1957年，第1页。.

③ 参见 The World Book Encyclopedia，1991，http：//en.wikipedia.org/wiki/China.

④ 参见 The American Heritage Dictionary of the English Language，Fourth Edition，ROBERTK BARNHART Barnhart Concise Dictionary of Etymology，Harper Collins Publishers，New York，1995.

⑤ 条约抬头是“兹中华大清国、亚美理驾洲大合众国……”详见王铁崖编:《中外旧约章汇编》(第1册)，三联书店1957年版，第51页。

和“中华人民共和国”。

中国的国号现象归纳起来大致有这么几类现象:(1)在相对统一时期，中央政府的国号可以指称中国，而其他政权的“国号”只是地方性政府的代号;(2)在相对分裂时期(如“三国”)，没有中央政府，也就没有哪个国号能够代表中国;(3)在某个政权成为中央政府之前，其国号只是地方性政权的代号，如元末的“明”和1636年时的“大清”等。

我们需要明确指出，尽管中国历史上存在过各种政权，而且它们都使用“国家”的名义和“国号”，但是从国际法的角度上看，国号的变化即政府的更替，完全只是中国内部出现重大的政治事变，丝毫没有改变中国的同一性，完全不影响中国的国际人格。中国一直只有一个，中国的主权也只有一个。众多国号，只是说明存在过众多的政权或政府。中华民国和中华人民共和国这两个国号，在汉字上都是使用与“中国”通用的国名——“中华”。它们都使用“中华”而没有使用“中国”，最大的原因应当是“中国”的“国”字本身就有国家的意思，与后边的“民国”“人民共和国”的“国”字意思重叠，这在汉语语法上是不能允许的。在英文的国号上，国名和其他政治词汇的区别就一览无遗了，无论是“the Republic of”还是“the People’s Republic of”，都是用以修饰国名——China的。在两个国号中，都保持了中国国名(China)的同一性。

(三)台湾问题上的国名、国号分析

1. 台湾的割让和收复

当年清政府是以“中国”的名义将台湾、澎湖等中国领土割让给日本的。《马关新约》(即《马关条约》的主要文件)具体割让台湾、澎湖等地的规定(第二款)，是这样表述的:“中国将管理下开地方之权并将该地方所有堡垒、军器工厂及一切属公物件，永远让与日本:……”[①]抗日战争胜利后，当时的中国政府——中华民国政府代表中国收回了台湾。1945年10月25日，中国在台湾的受降主官陈仪于台北宣告:“自即日起，台湾及澎湖列岛已正式重入中国版图，所有一切土地、人民、政事皆已置于中华民国国民政府主权之下。”

台湾的割让和收复都说明一个道理，台湾过去是中国的领土，在1895年由当时的中国政府——清政府割让给日本，而后来的中国政府——中华民国政府又基于国际法的原则收回了台湾。在这个实例中，中国作为一个国家主体是一

① 参见王铁崖编:《中外旧约章汇编》(第1册)，北京:三联书店，1957年，第614—615页。

直存在的，而政府出现了变化，但是政府的变化丝毫不影响中国的国际人格及其权利。因此，“台湾及澎湖列岛已正式重入中国版图”这句话是符合法理的。也正是因为这个道理，中国政府才有资格在 1997 年和 1999 年分别收回香港和澳门。如果以为大清帝国、中华民国、中华人民共和国是不同的国家，那么就根本无法解释台湾、香港、澳门为什么能够重新回到祖国怀抱的事实了。

2.“中华民国”不是国名

从国内法的角度上说，在 1949 年之前，中华民国政府是中国的代表和主权行使者，所以中华民国是中国的国号，完全可以指称中国；但是在 1949 年之后，中华民国就不能指称中国了。在联合国大会通过第 2758 号决议之前，由于中国存在两个对立的政权，国际社会必须从中选择一个作为中国的代表，由于某些国家的刻意操弄，联合国以及多数国家选择中华民国政府作为中国的合法代表。尽管这是不公正的，但是又是符合国际法原则的。

联大通过第 2758 号决议，决定“恢复中华人民共和国的一切权利，承认她的政府的代表为中国在联合国组织的惟一的合法代表并立即把蒋介石的代表从它在联合国组织及其所属一切机构中所非法占据的席位上驱逐出去”。顺便指出，在联合国当中，一直只有中国（China）的席位。由此可见，国际社会从来就不认为中华民国是国名。即使现在与台湾当局有“外交关系”的少数国家，也只认为中华民国政府代表中国。在 2003 年陈水扁出访时，某个国家在事先准备的贵宾名牌上，全部使用中国（China）的国名，使得陈水扁一行大为恼火。陈水扁后来气急败坏地下令其“外交”部门与“建交国”打交道时要尽可能使用“台湾”（Taiwan），而不是使用“国号”。

其实，在“中华民国”是国号的问题上，台湾岛内是有共识的。但是存在着不同的理解，泛蓝阵营中有人认为它同时还是国名，绿营人士则认为它不是国名，所以主张要“正名”。而从台湾有关法律规定来看，“中华民国”也不是国名。第一，从“中华民国宪法”上所确认的“国土”范围来看，其国家实际上就是指中国；在其“增修条文”上也明示要“国家统一”，其“国家安全法”等法律也明确规定反对“分裂”行为。这说明，所谓“中华民国”所指认的国家实际上是中国。第二，台湾原来的“国籍法”，对固有“国籍”的认定标准是:“一、生时父为中国人者。二、生于父死后，其父死时为中国人者。三、父无可考或无国籍，其母为中国人者。四、生于中国地，父母均无可考或均无国籍者。”国籍的规定，是对中国才是国名的最基本的、最直接的说明。尽管

2000 年 2 月之后台湾当局修改了“国籍法”，以“中华民国国籍”取代“中国人”，但是这丝毫没有改变“中华民国国民”就是中国人的事实。综上所述，本文的最终观点就是：中国才是国名，而历史上的、现实中的国号仅仅是特定时期政府为中国所起用的称号；在政治、法律和国度意义上，中国只有一个。

本文原载于《厦门大学学报》（哲学社会科学版）2006 年第 3 期

论台湾地区立法机构审议两岸协议的泛政治化

季 烨

自20世纪九十年代两岸两会先后成立以来，两岸协议便成为两岸制度化协商的主要载体和动力，在2008年以来的八年间更是形塑了“协议拉动型”两岸关系的发展。但随着两岸关系步入“深水区”，两岸协议在台湾地区的审议程序之争日趋激烈，社会运动频发。对此，部分人士将其归咎于两岸协议监督“无法可依”，“太阳花学运”也将“两岸协议监督机制法制化”作为其核心诉求之一。但在笔者看来，两岸协议审议矛盾尖锐化的症结并非法律供给的不足。事实上，在台湾地区立法机构审议两岸协议的过程中，各政党和政治人物更加习惯以蓝绿斗争的政治需要为导向，以“民意”“国安”“卖台”等政治口号为关键词，将技术性问题投射并无限上纲到政治高度，以争取强势话语权，从而使两岸协议的审议这一原本正常的法律议程早已偏离法制轨道。本文旨在分析台湾地区立法机构审议两岸协议的泛政治化现象及其成因，从而揭示两岸协议审议乃至其两岸关系发展中的政治因素和政党责任。

一、台湾地区立法机构审议两岸协议泛政治化的缘起

20世纪80年代后期，国际政治经济形势的风云变幻和岛内政治格局的剧烈变动，不断冲击着台湾当局封闭保守的大陆政策。迫于大陆“和平统一、一国两制”的方针的压力，以及岛内各阶层强烈要求检讨“不接触，不谈判，不妥协”的呼声，台湾当局不得不开始考虑与大陆进行接触、交流和事务性谈判的可能性。1990年3月，李登辉当选台湾地区领导人，并着手推动与大陆的交流谈判。在当年6月的“国是会议”中，与会人士也主张与大陆“功能性交流从宽，政治谈判从严”，并同意以专责机关和经过授权的民间中介机构处理两岸

关系。[①]

上述共识随后被反映在台湾当局一系列涉及两岸关系的修法和立法活动中。1991年4月，台湾地区通过“宪法”增修条文，其中第10条规定：“自由地区与大陆地区间人民权利义务关系及其他事务之处理，得以法律为特别之规定。”以此为法源，1992年7月，台湾地区立法机构三读通过“台湾地区与大陆地区人民关系条例”（简称“两岸人民关系条例”），其第4条和第5条规定，台湾地区行政机构可委托民间团体，处理与两岸人民往来有关的事务，委托办理事务的办法由行政机构制定；受托团体与大陆相关团体订定的协议须经主管机关核准后方可生效。这一规定成为台湾方面推进两岸协商的基本法制框架。从中亦可窥见，台湾当局的初衷是将对两岸协议的监督权掌控在行政权的范畴内。

然而，成功闯入立法机构的民进党却为两岸协议的审议和监督增添了新变量。在1992年12月19日选举产生的161席民意代表中，民进党一举拿下51席并首次取得超过三成的席位，从而为其积极参与两岸协议的监督提供了条件。随着民进党党内政治生态的改变，“台独”成为党内主流政策。作为对国民党独家垄断两岸交流资源的反抗和区隔，民进党开始改变早期对两岸事务性谈判的开放态度，表现出为反对而反对的非理性倾向。[②] 1993年4月27日，民进党中常会作出结论，主张应和国民党共同参与两岸事务，向台湾地区行政机构要求参与陆委会和海基会的决策，并全力推动在立法机构内设置“中国事务委员会”，企图凭借其在立法机构的实力监督牵制国民党的大陆政策。[③] 自此，民进党对大陆政策的监督和制衡从“场外”进入“场内”，立法机构逐渐成为台湾地区围绕两岸协议进行交锋的主战场。

总之，以台湾地区“宪法”增修条文为法源，“两岸人民关系条例”既是台湾当局大陆政策迈向法制化的标志，也意味着两岸关系法制从诞生之日起便被纳入了与台湾当局涉外事务并行不悖的二元法制轨道。尽管该条例有意将两岸协议的审议和监督置于行政权的控制之下，但由于时值台湾民主化进程的发端，上述制度设计从一开始便遭遇到民进党的强烈抵抗。作为台湾地区立法机构新生的有效反对力量，将两岸协议的审议纳入立法权的范畴，成为民进党人

① 详见台湾“国是会议”实录编辑小组编：《国是会议实录》，“国是会议”秘书处，1990年，第1091—1103页。

② 参见黄嘉树、刘杰著：《两岸谈判研究》，北京：九州出版社，2003年，第32—35页。

③ 参见方鹏程著：《台湾海基会的故事》，北京：商务印书馆，2005年，第157页。

的不二选择。因此，台湾地区立法机构审议两岸协议的实践，除了蕴含着固有的行政与立法两权之间的紧张关系，还成为蓝绿在大陆政策方面相互角力的政治媒介。

二、台湾地区立法机构审议两岸协议泛政治化的表现

（一）协议定性的泛政治化

明确两岸协议的法律性质，是两岸协议接受必要而适当监督程序的逻辑前提。然而，由于台湾不同政党的政治理念和国家认同存在分歧，因此，两岸协议从诞生之日起便面临着定性冲突。

极端的“台独”观点认为，两岸属于两个国家，两岸之间签署的协议便属于两个国际法主体缔结并受国际法规范的国际协定。与这种“国际协定说”针锋相对，“公法契约说”认为，两岸同属一个国家，因此，两岸协议属于一国范围内两个当事人之间为设立、变更或废止公法权利义务而订立的契约。第三种观点认为，目前的两岸协议是以作为民间社团的私法人为签署主体，并不当然具有公法上的效果，而需经过内部公权力机关的转化和吸收程序才能发生内部法律效力，因此，两岸协议属于“私法契约”。最后，“准国际协定说”认为，两岸并非国际法上的两个主体，亦非一国之内同一体制下的两个行政主体，而是两个“分治的政治实体”。因此，两岸协议难以在传统的国际法或国内法体系中找到定位，而只能比照国际协定的地位，将两岸协议定位为“准国际协定”。①不言而喻，上述关于两岸协议法律属性的讨论，正是不同政治倾向的人士对两岸政治定位的自然投射。

但岛内部分政党人士并不满足于上述理论论述，而是“执着”地为实现两岸协议“国际协定说”的法律化争取一切可能的机会。1993年4月29日，两岸两会领导人在新加坡“汪辜会谈”期间签署四项协议之后，台湾内部随即爆发了关于这些协议是否应当送立法机构审议的争论。其中，赞成派认为，这四项协议虽不是国际关系中的条约，却是由两个“对等政治实体”所签订的“准条约”，具有相当程度的政治性，因此，理应送立法机关审议而非备查。反对派则认为，四项协议未涉及人民权利义务，依照“两岸人民关系条例”第五条的

① 参见刘汉廷:《台湾地区与大陆地区订立协议处理条例草案评估报告》，林锡山主编:《两岸关系与大陆事务研究》，“立法院”法制局，2003年，第143—145页。

规定，仅需经行政机构决议准予备查，并事后送立法机构“查照”。[①]

上述关于两岸协议法律性质的争论还进一步延伸至台湾地区大法官会议的“宪法”解释程序，从而成为“台独”势力试图通过“释宪”程序谋求政治目的的早期尝试。以“汪辜会谈”四项协议的审议方式之争为契机，台湾地区立法机构民意代表陈建平等人于1993年依据“大法官审理案件法”提出声请，请求大法官解释两岸协议是否属于“宪法”所称的“条约”，以及立法机构备查或审议的标准与认定主体。最终，“大法官释字第329号”理由书以两岸之间订定的协议并非该解释所称的“国际书面协议”为由，拒绝就两岸协议是否应送请立法机构审议作出解释。

在通过“大法官会议的释宪”程序为其法律“背书”的图谋遭遇挫败之后，岛内政治势力关于大陆政策的角力再次回到立法机构这一传统战场。尤其是2008年以来，民进党多次提出所谓“台湾与中国缔结协议处理条例”，并声称以“宪法”第141条关于“外交”权的规定为制定依据。从标题便可看出，民进党试图将两岸协议定位为“两国协议”，从而凸显其“一边一国”的“台独”本质。民进党的这种做法固然是“台独”信念使然，更大程度上只是一种政治姿态的象征性宣示和技术性的杯葛手段。党籍民意代表即坦言，民进党提出的条例草案有一部分是真正实质的内容，但也有一部分是“立场”。[②]

（二）监督规范的泛政治化

既然1993年“大法官释字第329号”已明确认定两岸协议并非“国际书面协议”，根据通常解释，两岸协议的审议程序理应与其他对外协议加以区隔。然而，在岛内政治势力的推动下，台湾地区立法机构对两岸协议的审议程序的密度和强度已经与其他对外协议大同小异，甚至有过之而无不及。

一方面，在理论层面，对于“大法官释字第329号”的理解，岛内学者并未遵循通常解释，而是异乎寻常地采取了“反面解释”，试图为对两岸协议严苛的监督程序寻求学理依据。有论者认为，“大法官释字第329号”所回答的问题与两岸关系没有关系，因此，并不代表此后的两岸协议都不需要经过立法机构

① 参见王建源:《两岸授权民间团体的协议行为研究》,《台湾研究集刊》2005年第2期，第44—45页。

② 参见刘冠廷:《马批绿营不想过监督条例　姚文智反击》，中评社台北2014年4月16日电。

的审议。[①] 在他们看来，虽然“大法官释字第329号”认定两岸协议并非“条约”，但并未言明对两岸协议是否应采取与其他对外协议相同的审议监督程序。

与上述理论相呼应，台湾地区法务主管部门大陆法规委员会于1993年7月决议：两岸所签订之协议，其法律地位应依其内容而定，协议内容如与人民权利义务有关，或依“宪法”第63条规定属“国家重要事项”，经立法机构审议通过者，相当于“准条约”；其与人民权利无关者，经主管机关许可，为相当于“准行政协定”。[②] 该决议不但实质地推翻了1992年“两岸人民关系条例”第5条的规定（两岸协议仅需主管机关核准），也为两岸协议的“条约化”打开方便之门。前述理论观点甚至影响了台湾当局领导人的决策思维。例如，关于两岸经济合作框架协议（ECFA）的审议，马英九曾于2010年7月在记者会上宣称：“根据大法官会议第329号解释，ECFA不是条约，但大法官的解释没有说不能比照条约处理，不必在名称上争论。”[③] 时任行政机构负责人的吴敦义也指出，ECFA依严谨定义不是条约，但性质、样貌、状况又“长得像条约”。[④]

另一方面，在制度层面，台湾地区立法机构从一开始便超越了“两岸人民关系条例”的规定，从而强化对两岸协议的审议。1992年“两岸人民关系条例”第5条第2款规定，两岸协议“非经主管机关核准，不生效力”，其意旨是将两岸协议的监督权控制在行政权的范畴内，无须取得立法机构的同意。但民进党籍民意代表陈水扁却主张对其进行狭义解释，认为此处“不生效力”系指“不发生行政内部效力”，而非“不生法律效力”，从而要求将协议一律送立法机构审议。[⑤] 鉴于立法机构内部关于“汪辜会谈”四项协议的监督方式之争，台湾行政当局不得不让步，并于1993年5月提出两岸协议处理原则的“法律说明”，其关键便在于引入立法机构的参与，即若协议内容涉及人民权利义务事项，可由行政机构移请立法机构批准。[⑥] 该说明于1994年1月被进一步纳入台湾行政机构发布的“受托大陆事务处理财团法人订立协议处理准则”（简称“处理

① 参见廖达琪主持：《两岸协议推动过程：行政与立法机关权限及角色之研究》，“行政院”研究发展考核委员会，2011年，第165页。

② 参见《海基与海协两会签署协议法律效力确定》，《中国时报》1993年7月10日。

③ 参见《自由时报》2010年7月2日。

④ 参见《吴敦义：ECFA长得像条约，不能逐条审查或修改》，台北：“中央”广播电台2010年7月1日。

⑤ 参见台湾《中时晚报》1993年4月30日第2版。

⑥ 参见《关于海基会与中共“海协会”签署协议之法律地位与效力》，台湾地区“行政院大陆委员会”新闻稿1993年5月1日。

准则”)。

笔者认为，即便1992年“两岸人民关系条例”关于两岸协议审议和监督的规定不尽合理，仍可经由法定程序予以修订完善。而上述“处理准则”却实质性地改写了“两岸人民关系条例”，径直以行政命令取而代之，这种下位法对上位法的僭越显然与法治原则不符，而沦为一种政治决定。而“处理准则”的发布也标志着，台湾地区朝野势力围绕两岸协议监督方式的攻防焦点发生实质性偏移，从立法权是否应当参与监督转换为立法权在何时可以参与监督。

（三）议题设置的泛政治化

在实践层面，尽管“两岸人民关系条例”第5条以及“处理准则”已对两岸协议的监督方式作出明确规定，但台湾地区立法机构仍通过对议事规则的操弄，主导议题设置，使得对两岸协议的监督更加严苛，具体表现为：

第一，对立法决定权的滥用。“两岸人民关系条例”对于两会协议审议的立场是明确的：与台湾现行法律相冲突或属于法律保留事项的，才需送立法机构审议；否则，只需备查。然而，何为“法律保留”？实践中备受争议，但恰恰在此问题上，立法机构拥有决定权。在实践中，虽然行政机构认定多数两岸协议与现行法律不存在冲突或不属于法律保留事项而予以“核定—备查”，台湾地区立法机构却仍几乎无一例外地将所有两岸协议由“备查”改为“审查”。虽根据“立法院职权行使法”第60条规定，如有15名以上民意代表联署或附议并经表决通过，应将“备查案”为“审查案”，故而上述做法难谓于法不容，但这种没有任何理由的惯性变更，粗暴否定行政机构的初步判断权，足见立法权行使的傲慢。更有甚者，在两岸服贸协议审议案中，早在行政机构于2013年6月27日将协议函送备查之前，台湾地区立法机构就于25日先声夺人地通过朝野协商结论，决定两岸服贸协议本文和承诺表在未经立法机构实质审查前，不得生效。立法机构在“无案可议”的情况下就妄自通过内部决议对行政权进行约束，这种做法与权力分立原则是否相容，值得商榷。

第二，对议事成例的突破。台湾地区立法机构始终将两岸协议视为“条约”或“准条约”，实践中对两岸协议的审议却更加严苛。依据台湾地区立法机构议事成例，院会审议“条约”案时，无须经过逐条讨论，而是广泛讨论后即就该案是否同意批准予以议决。[①] 以台湾当局与中南美洲五个所谓“邦交国”的四份

---

① 参见周万来著:《议案审议——“立法院”运作实况》，台北：五南图书出版股份有限公司，2009年版，第90—91页。

自由贸易协议（FTA）为例，除台湾—萨尔瓦多与洪都拉斯FTA以一般审议程序走完全程外，台湾—危地马拉FTA系先以密件、后以一般程序审议，台湾—尼加拉瓜FTA全程以密件程序完成审议，而台湾—巴拿马FTA则径付二读通过。反观两岸服贸协议，台湾行政部门赴立法机构汇报谈判进展，民进党却污称是“密室协商”，“黑箱作业”，要求“逐条审查、逐条修改”，反对径付二读，差别待遇可见一斑。

第三，对程序杯葛的依赖。脱胎于体制外的民进党具有强烈的草根性和抗争性，即便在台湾地区执政八年之后，这种草莽属性仍深深地烙刻在其政治文化中，突出地表现为其对议事规则的强势操弄。例如，自2013年6月两岸服务贸易协议签署以来，民进党持续展开杯葛行动，通过拉长公听会、发动肢体抗争等方式，拒绝对协议进行实质性审议和辩论。台立法机构曾于2013年8月5日决议，在围绕两岸服贸协议召开16场公听会后，方可进行实质审查。[①] 但民进党一直拖至次年3月新会期开始才召开完毕。又如，为结束“太阳花学运”，立法机构党团协商一致同意将两岸协议监督条例草案“立即交付”委员会审查。然而，民进党团当天中午便以委员会“无案可审”为由提出复议案。令人费解的是，民进党自身提出复议案，又竭力抗拒对复议案进行表决，甚至不惜三度祭出变更会议议程的战术，先后提出405项甚至700多项临时会议议程，要求逐项表决，以此阻挠对复议案的表决。民进党的上述举动，本质上是争夺两岸协议监督条例的审查主导权。根据台湾地区立法机构的运作规则和惯例，各委员会轮值的两名召集人在法案审查方面具有很大权力，既可以强力主导并推进法案的审议程序，也可以借故搁置乃至废弃待审法案。而民进党之所以出尔反尔，拒绝将两岸协议监督条例付委审查，主要是为了避免使两岸协议监督条例的排案权落入即将轮值的国民党籍召集人之手。然而，这些为了反对而反对的“焦土抗争”，加上过于“文明”却难免显得软弱的国民党，竟然屡屡奏效，并直接导致两岸协议监督条例延宕至今。

三、台湾地区立法机构审议两岸协议泛政治化的成因

（一）不确定法律概念的天然隐患

翁岳生教授曾精辟地指出：“立法者必须采用不确定法律概念来制定法规，

① 参见《“立法院”第8届第3会期第2次临时会第1次会议议事录》，《“立法院”公报》第102卷第48期，第467页。

是实证法主义国家永远无法避免之趋势，亦是实证法先天之不足。”[①] 与民法、刑法等领域所不同的是，行政法上的不确定法律概念所牵涉的问题，远非单纯法律概念的具体化和解释方法的运用，而是更大格局且富有动态的权力分立的宪法课题。[②] 正是相关法律文本充斥不确定法律概念，为蓝绿政党在台湾地区立法机构审议两岸协议的过程中进行泛政治化操作埋下了天然隐患。

如前所述，台湾地区“两岸人民关系条例”第 5 条规定，两岸协议与台湾现行法律相冲突或属于法律保留事项的，才需送立法机构审议；否则，只需备查即可。然而，无论是在理论还是实践中，“法律保留”的弹性较大，为蓝绿政党和机关各自解释提供了空间。例如，台湾地区“中央法规标准法”第 5 条规定，“宪法”或法律明文要求应以法律规定的事项、关于人民权利与义务的事项、关于各机关组织的事项以及“其他重要事项之应以法律定之者”，均应以法律规定。关于此处的兜底条款，大法官会议“释字第 329 号”理由书认为，还应包括内容直接涉及“国防”、“外交”、财政、经济等重要事项。而两岸服贸协议等是否属于上述“重要事项”，成了台湾行政与立法机构的争论焦点。[③] 以《两岸公证书使用查证协议》为例，有学者认为，公证书使用与人民权利义务密切相关，属于“法律保留”，因而协议应送立法机关审议。[④] 更有甚者认为，两岸协议究竟有无涉及人民权利义务，往往判断不易，要求一切两岸间签署的协议，无论形式、内容为何，一律送交立法机构审议，这才是“较为明智”的处理方式。[⑤] 这种对不确定法律概念的泛化解释，往往引发两岸协议审议的纷争。

同样，在审议 ECFA 的过程中，“台联党”曾主张将其交付“公投”，但两度遭到“行政院公民投票审议委员会”驳回，进而引发行政诉愿和诉讼程序，其中的争论焦点（也是先决问题）便是“公民投票法”中“公民投票适用事项”的解释和适用。换言之，ECFA 的签署是否属于“公民投票法”第 2 条第 2 款

---

① 参见翁岳生：《论“不确定法律概念”与行政裁量之关系》，翁岳生著：《行政法与现代法治国家》，台北：三民书局，2015 年，第 53 页。

② 参见李建良：《行政的自主余地与司法控制——翁岳生教授对“行政裁量及不确定法律概念”理论实践的影响》，载于叶俊荣主编：《法治的开拓与传承——翁岳生教授的公法世界》，台北：元照出版有限公司，2009 年，第 341—342 页。

③ 参见季烨：《台湾立法机构审议两岸服务贸易协议的实践评析》，《台湾研究集刊》2014 年第 2 期，第 58 页。

④ 参见台湾《中国时报》1993 年 5 月 18 日、台湾《中央日报》1993 年 5 月 6 日相关报道。

⑤ 参见许宗力：《两岸关系条例中的委任立法与“国会”监督》，《宪政时代》第 19 期第 2 卷，第 60 页。

第3项所谓的“重大政策”？尽管台湾“最高行政法院”最终已有司法定谳，但少数学者对此问题仍有异议。[①]

（二）对党团协商制度的无限滥用

备受诟病的党团协商制度是台湾地区立法机构审议两岸协议泛政治化的制度症结。自台湾地区于1999年通过“立法院职权行使法”并将党团协商法制化以来，该制度虽在一定程度上有助于实现促进立法机构议事和谐，提升议事效率，兼顾少数意见并尊重政党政治精神等初衷，[②]但为追求所谓“朝野和谐”而滥用党团协商者亦屡见不鲜。

党团协商程序充斥于议案分配、委员会审查以及三读审议等各个阶段，[③]在很大程度上已经替代多数决的表决机制成为台湾地区立法机构的议事“原则”，从而为少数反对者以时间换取空间、以拖待变的议事策略提供了操作空间。截至本文成稿时，两岸服贸协议仍未走出委员会实质审查程序，两岸协议监督条例尚未完成台湾地区立法机构的一读程序，皆是党团协商的成果。即便届时委员会审查完毕后决议不需交由党团协商，10人以上连署或附议仍可提出异议并交付协商。如交付协商一个月仍无法达成共识，方可交由立法机构会议定期处理。在此背景下，国民党在立法机构的席位优势并未真正转化为推动法案生效的积极力量，反而遭到党团协商制度的削弱和抵消。

（三）岛内政党斗争的自然投射

台湾地区立法机构审议两岸协议的泛政治化，根源于岛内政党斗争的需要，是其统“独”路线在大陆事务方面的自然投射。也正因为如此，同一政党在不同时期对于两岸协议往往采取截然不同的态度，从侧面凸显了台湾地区立法机构在两岸协议审议方面缺乏“法治”真义。

仍以处于“难产”状态的两岸协议监督条例为例，与其说它是“太阳花学运”的直接诉求，不如说是民进党长期以来与国民党争夺大陆政策主导权的恶果。如前所述，早在1993年“汪辜会谈”后，民进党就以“监督”为名，要求将所签署的四项协议视为“条约”进行审查，甚至诉诸“大法官会议”试图对

---

① 例见黄舒芃：《抗拒直接民主的公民投票法？从宪法及法学方法论观点检视公民投票审议委员会对台联ECFA公投提案之认定》，《政治与社会哲学评论》2011年总第37期，第75—126页。

② 参见王金平：《各党生态下的“立法院”——谈“立法院”党团运作》，《“立法院”院闻》2003年第31卷第2期，第12—14页。

③ 参见罗传贤著：《“国会”与立法技术》，台北：五南图书出版公司，2004年，第217—219页。

其“台独”主张进行“法理”确认。2008年以来，沦为在野党的民进党再次持续要求加强两岸协议监督。究其原因，是因为民进党始终无法与大陆进行正式沟通和对话，又不甘被排除在两岸事务决策体制之外，于是不得不充分利用其在立法机构的能量，以监督为幌子，争夺两岸政策话语权。

在“太阳花学运”中，民进党以“反黑箱”为名，标榜自身是公民运动的支持者。然而，“太阳花学运”的四大诉求之所以难以落实，最终阻力恰恰是民进党。虽然立法机构各党团一致同意“立即交付”委员会审查，但民进党团旋即又提出“复议”，并拒绝对复议案进行表决。这种“以拖待变”的策略，最终目的是为了阻挠两岸协议监督条例的立法和两岸服贸协议的生效，而直接目标则是在2014年底的“九合一”选举中给抗拒和恐惧两岸交流的“深绿”选民一个交代。在“九合一”选举后，此前持续阻挠两岸协议监督条例立法的民进党再次摇身一变，决定将两岸协议监督条例的复议案“解冻”，用以宣称“承担改革责任，坚定推动完成‘两岸协议监督条例’的立法”。

从“催生者”到“阻挠者”再到“放行者”，民进党在两岸协议监督条例方面的角色转变及其在审查程序上的妥协，并不意味着民进党在法案实质内容上的让步或其两岸政策转向理性，只不过是以退为进的策略，是为因应选举的权宜之计。这种“相时而动”的立场恰恰凸显了民进党在两岸关系方面的政治投机和非理性立场，这也是岛内立法机构审议两岸协议泛政治化的政治根源。[①]

四、结论

与政党政治的开启与民主化进程相耦合，台湾地区立法机构对两岸协议的审议，除了行政权和立法权的天然紧张关系之外，更是平添了台湾社会特有的蓝绿冲突。以不确定性法律概念的解释为契机，民进党充分利用党团协商的制度平台“以小博大”，使得两岸协议在审查密度逐渐强化的同时，也逐渐沦为一种泛政治化斗争的载体，从而在一定程度上凸显了台湾地区政党政治的失灵和民主“异化”。

在国家认同发生争议的政治环境下讨论两岸关系的法制问题，根本无法拘限在法学理论或安静地躲在法条之后。因为，任何研究方法与解析法条的选择，

① 参见纪焱：《两岸协议监督条例是民进党的“照妖镜”》，《两岸视点》2015年第5期，第32—37页。

都很容易渗入主观政治认知的判断。[①] 对于两岸协议的审议，即便是面对诸如ECFA和两岸服贸协议这样的非政治性、低敏感度的领域，也是充满复杂政治纠葛并耗费高度政治智慧的法律过程。因此，两岸事务中泛政治化的倾向，在短期内无法迅速消解，只能随着岛内统“独”斗争的趋缓与两岸政治互信的增强而逐步缓和。

本文原载于《台湾研究》2016年第6期

① 参见姚立明：《两岸关系法制的宪法界限》，《宪政时代》1992年第4期，第7页。

涉台民商事案件法律适用实证研究

薛永慧

一、前言

自 1949 年《共同纲领》宣布废除国民党政府的法律后，台湾地区法律不被大陆承认，自然不可能被大陆法院在裁判中适用。在最高人民法院发布的《关于审理涉台民商事案件法律适用问题的规定》(以下简称《涉台案件法律适用规定》) 于 2011 年 1 月 1 日施行之前，大陆法院以务实的态度设法解决涉台案件的法律适用问题，并一致以大陆的法律为准据法。[①]《涉台案件法律适用规定》首次明确了大陆法院应参照冲突法规范处理涉台民商事纠纷，并明确了大陆法院审理涉台民商事案件可以适用台湾地区民事法律，从而出现了台湾法的适用与查明问题。然而，"书本中的法律"(law in books) 未必等于"行动中的法律"(law in action)。伴随着对台湾法适用在立法 (司法解释) 层面的解冻，司法实践呈现何种面相？自《涉台案件法律适用规定》施行后，大陆法院在涉台民商事案件裁判中依据什么规则选择适用法律？涉台民商事审判中适用大陆法和台湾法的比例如何？大陆法院适用台湾法面临何种困难与顾虑？大陆法院如何查明以及如何理解台湾法？对这些问题的深入探究，不但可以总结归纳大陆法院涉台民商事审判法律适用和台湾法适用、查明方面的经验和智慧，更可以为我国域外法的适用与查明提供智识和启示。

本文选取截至 2017 年 1 月 19 日中国裁判文书网公布的、大陆涉台民商事案件最为集中的 5 个省 (直辖市) 法院 2011 年 1 月 1 日至 2016 年 12 月 31 日

① 参见于飞:《涉台民商事案件法律适用司法实践析评》,《台湾研究集刊》2016 年第 2 期，第 71—72 页。

做出的所有涉台民商事判决作为样本，对上述问题进行实证研究。关于研究样本的选取，说明如下：其一，本文的研究样本排除了涉台资企业的判决，因为台资企业在性质上是大陆企业，涉台资企业的案件并非严格意义上的涉台案件。其二，虽然最高人民法院对相关案件的裁判和观点具有最高权威性和指引性，但截至 2017 年 1 月 19 日，中国裁判文书网发布的最高人民法院的涉台民商事判决仅 2 例，其中 1 例是一审涉及法律适用、二审（最高人民法院）未涉及法律适用，另 1 例二审（最高人民法院）涉及法律适用问题，但仅是认可一审法院适用意见（根据当事人选择适用中国法律）。故最高法院涉台案件法律适用没有纳入本文研究范畴的价值。其三，地方法院中，本文选取福建、广东、江苏、上海和浙江 5 个省（直辖市）法院的涉台民商事判决作为样本。这 5 个省（直辖市）是大陆涉台民商事案件最集中、数量最多的地区，涉台民商事案件量约占全国案件总量的 70%。

二、涉台民商事案件法律适用总体情况

在中国裁判文书网上，笔者查找到大陆五省（直辖市）法院 2011 年 1 月 1 日—2016 年 12 月 31 日涉台民商事判决总共 2，337 例，其中福建省 1，007 例，广东省 700 例，江苏省 258 例，上海市 215 例，浙江省 157 例，总体情况见表 1。

表 1 五省（直辖市）法院 2011—2016 年涉台民商事案件法律适用总体情况

高级法院		福建省			广东省			江苏省			上海市			浙江省			合计
		中级法院	基层法院	高级法院	中级法院	基层法院	高级法院	中级法院	基层法院	高级法院	中级法院	基层法院	高级法院	中级法院	基层法院	高级法院	
未涉及法律适用		2	74	320	17	130	243	12	54	93	2	60	124	5	27	52	1，215
适用大陆法律	无理由适用	1	22	363	0	18	9	0	0	2	0	0	2	1	6	8	432
	当事人选择	6	12	17	6	35	58	0	17	18	1	8	8	1	18	5	210

续表

高级法院		福建省			广东省			江苏省			上海市			浙江省			合计
		中级法院	基层法院	高级法院	中级法院	基层法院	高级法院	中级法院	基层法院	高级法院	中级法院	基层法院	高级法院	中级法院	基层法院	高级法院	
适用大陆法律	最密切联系原则	1	39	121	1	46	118	0	8	48	0	3	5	1	19	7	417
	其他冲突规范	0	1	24	0	6	11	1	4	1	0	1	1	0	3	4	57
	域外法无法查明	0	0	0	0	0	1	0	0	0	0	0	0	0	0	0	1
适用台湾法律		0	0	2	0	0	0	0	0	0	0	0	0	0	0	0	2
适用香港法律		0	0	0	0	1	0	0	0	0	0	0	0	0	0	0	1
适用区际惯例		0	2	0	0	0	0	0	0	0	0	0	0	0	0	0	2
合计		10	150	847	24	236	440	13	83	162	3	72	140	8	73	76	2，337
总计		1，007			700			258			215			157			

注：中级法院包括海事法院、知识产权法院。

资料来源：笔者通过统计中国裁判文书网公布的案例制作。

大陆法院涉台案件法律适用具有如下特点：（1）通常只有涉台湾主体的案件才涉及法律适用。除广州海事法院一个主体非涉台但多式联运合同运输始发地为台湾从而涉及法律适用的判决［（2012）广海法初字第1049号］和一个主体非涉台但海上运输目的地在台湾而涉及法律适用的判决［（2016）粤72民初170号］、上海海事法院一个主体非涉台但因保险事故发生在台湾而涉及法律适用的判决［（2013）沪海法商初字第1739号］外，未发现有其他因素涉台（标的物和法律事实涉台）的案件法院在裁判中涉及法律选择和适用问题。（2）同一个或同一地区的法院，对于法律选择和适用问题的处理往往有着高度一致性。例如，在福建省福清市法院350例（全部为离婚判决）只说明应适用大陆法律而未阐明理由的判决中，对法律适用的表述基本均为："依照《最高人民法院关于审理涉台民商事案件法律适用问题的规定》第1条第1款的规定，本案适用大陆法律为准据法。"而福建省平潭县法院仅有的4例根据最密切联系原则适用大陆法律的判决，均未具体阐明法律适用理由。

（一）冲突规范强制适用还是任意适用

在五省（直辖市）法院上述2，337例涉台民商事判决中，对法律选择和适用做了说明的1，122例，未做说明的1，215例，后者约占总判决数的52%。未对法律选择和适用做出说明的判决中，一审判决877例，约占总判决数的37.5%；二审和再审判决338例，约占总判决数的14.5%。未对法律选择和适用做出说明的判决，无一例外都是直接适用大陆法律进行裁判。

如果说大陆法院二审或再审一般只对上诉状中载明的请求事项或裁判错误事项进行审查，从而如果当事人上诉或案件决定再审时未涉及法律适用问题，二审或再审裁判便不会涉及法律适用问题尚属正常现象的话，如此多的一审判决未对法律选择和适用做出说明而直接适用大陆法律，则说明了一个问题：在涉台民商事审判实践中，法官任意适用冲突规范是一个普遍现象。因为如果坚持冲突规范强制适用，法官均应根据冲突规范寻找适用的法律并对此做出说明。

冲突规范的任意适用，是指在涉外民商事案件的审理中，只有在一方当事人提出请求时，法院才会适用冲突规范及其指向的外国法。① 冲突规范的强制适用则是指在涉外民商事案件的审理中，法官有义务依职权主动适用冲突规范及其指向的外国法。各国（地区）立法对冲突规范适用的规定不一，但司法实践表明，冲突规范的任意适用是一个普遍现象。即便在学说和最高司法机关判例确立了冲突规范依职权主动适用原则的德国，冲突法也在相当程度上成了任意性法律。②

对于冲突规范的适用，大陆司法解释和司法性文件曾有所涉及。1988年1月26日最高人民法院《关于贯彻执行〈中华人民共和国民法通则〉若干问题的意见（试行）》第178条第2款规定："人民法院在审理涉外民事关系的案件时，应当按照《民法通则》第8章的规定确定应适用的实体法。"最高人民法院2000年《关于审理和执行涉外民商事案件应当注意的几个问题的通知》特别指

---

① 参见徐鹏：《冲突规范任意性适用研究》，厦门：厦门大学出版社，2010年，第2页。

② 参见徐鹏：《冲突规范任意性适用研究》，厦门：厦门大学出版社，2010年，第2—4页。

出：各级法院应该严格依照冲突规范适用处理案件的民商事法律，切实做到依法公开、公正、及时、平等地保护国内外当事人的合法权益；除《合同法》第126条第2款规定的三类合同必须适用中国法律外，均应依照有关规定或者当事人约定，准确选用准据法。最高人民法院的前述意见和通知表明，依职权适用冲突规范和准确选用准据法是大陆各级人民法院的义务。[①] 2011年4月1日生效的《中华人民共和国涉外民事关系法律适用法》(以下简称《法律适用法》)第2条第1款规定:“涉外民事关系适用的法律，依照本法确定。其他法律对涉外民事关系法律适用另有特别规定的，依照其规定。”该条在法律层面明确了冲突规范强制适用的要求。

司法实践中，目前为止，大陆法院对冲突规范的适用仍未形成统一意见和做法。据黄进教授等人的统计，2009—2013年抽样的大陆法院所作的涉外（包括港澳台）民商事判决中，法院未说明理由而直接适用中国法[②]的案件比率分别为9%、2%、2%、0和10%。[③] 数据说明，此期间的涉外（包括港澳台）民商事审判实践中，也有冲突规范任意适用的现象，但并不普遍。

在笔者的调研中，厦门海沧法院和厦门中院一些受访法官表达了冲突规范应强制适用的观念。即便如此，实践中，海沧法院2011—2016年做出的186例涉台民商事判决中，仍有20例未对法律选择和适用做出说明。而厦门中院这期间做出的53例涉台民商事判决中，则有50例未对法律选择和适用做出说明，其中一审判决11例，二审判决33例，再审判决6例。可见，在涉台民商事审判实践中，冲突规范任意适用的情况很普遍。

究其原因，主要是适用域外法（主要是台湾法）方面的困难和风险导致法官对冲突规范和域外法的适用采取规避态度。笔者认为，在涉台民商事审判中，为了如下政策考量，应引导法官尽量依冲突规范确定应适用的法律：其一，随着两岸交流交往的不断开展和深入，平等保护两岸当事人的权益是两岸关系发展的必然要求，而平等适用两岸法律是平等保护两岸当事人权益的路径；其二，若要谋求两岸的和平统一，两岸的法律必须得到彼此的承认与尊重，承认并平

① 参见秦瑞亭:《强制性冲突法和任意性冲突法理论初探》,《南开学报》(哲学社会科学版)2007年第4期，第88页。

② 这可能包括本文所说的“未对法律选择和适用做出说明”和“仅表明适用大陆法律但未阐明理由”两种情形。

③ 参见黄进等人所著2009—2013年“中国国际私法司法实践评述”系列文章，载《中国国际私法与比较法年刊》第13—17卷，北京：北京大学出版社，2010至2014年。

等适用两岸法律是一国多法域国家的现实需求。

（二）适用台湾地区法律还是大陆法律

在大陆五省（直辖市）法院 2011—2016 年对法律选择和适用做出说明的 1，122 例涉台民商事判决中，除厦门海事法院 2 例 [（2012）厦海法商初字第 519 号和（2012）厦海法商初字第 520 号] 适用两岸渔船船员劳务合作惯例作为裁判依据，以及广州中院 1 例 [（2014）穗中法民四终字第 40 号] 二审认可一审法律适用意见从而适用香港法律裁判的判决外，仅厦门市海沧区人民法院有 2 例判决 [（2012）海民初字第 2106 号和（2013）海民初字第 172 号] 涉及台湾地区民商事法律的适用，且都是部分争点适用台湾地区民商事法律认定、部分争点适用大陆法律认定，其余 1，117 例判决均适用大陆法律裁判。[①] 换言之，在所有涉及法律选择和适用的判决中，适用大陆法的判决约占 99.6%，适用台湾法的判决为零，同时适用大陆法和台湾法的判决约占 0.18%。

虽然倾向于适用本国（地区）法进行裁判是世界各国（地区）法院的普遍做法，但相对而言，大陆法院涉台民商事审判台湾法的适用率仍然偏低。例如，据黄进教授等人的统计，大陆法院所作的涉外（含港澳台）民商事判决中，适用域外法（含同时适用大陆法和域外法）的案件比率分别为 3%、6%、2%、8% 和 8%。[②] 这说明大陆法院涉台民商事判决台湾法适用率低于大陆法院涉外（含港澳台）民商事判决域外法适用率。再例如，据学者统计，2009 年至 2013 年 11 月 1 日，台湾法院共计 8，714 份涉及法律选择和适用的涉陆民商事裁判书中，适用了大陆法的有 195 件，占 2.24%；适用了台湾法的有 8，424 件，占 96.67%；同时适用了大陆法和台湾法的有 95 件，占 1.09%。[③] 台湾地区法院在上述近 5 年的时间里适用大陆法律（包括同时适用大陆法和台湾法）的涉陆民商事裁判占所有对法律选择和适用做出说明的涉陆民商事裁判的 3.33%，高于

① 其中有 1 个判决 [（2013）东中法民四终字第 68 号] 东莞市中级人民法院不认可一审法院（广东省东莞市第二人民法院）认为从合同（即保证合同）应适用大陆法律的意见，认为应适用台湾法，只是各方当事人二审期间均未对此提出上诉或异议，所以东莞市中级人民法院未予处理，也即二审维持了一审法律适用意见。还有 1 个判决 [（2011）厦民初字第 575 号] 既根据最密切联系原则适用大陆法律，同时又适用国际惯例。

② 参见黄进等人所著 2009—2013 年“中国国际私法司法实践评述”系列文章，载《中国国际私法与比较法年刊》第 13—17 卷，北京：北京大学出版社，2010 至 2014 年。

③ 参见曾丽凌：《台湾地区涉大陆案件法律适用实证研究》，载《2013 年海峡两岸国际私法学术研讨会》论文集，第 89 页。

大陆五省（直辖市）法院 2011—2016 年 6 年间涉台民商事案件 0.18% 的台湾法适用率。

涉台民商事判决之所以出现如此低的台湾法的适用率，原因大致如下：一方面，相对于台湾地区在 1992 年出台“两岸人民关系条例”（第三章“民事”部分，涉及两岸民事关系法律适用的规定有 22 条）已对涉陆案件法律适用有所规定，大陆直到 2010 年 12 月 27 日才出台了《涉台案件法律适用规定》，明确法院裁判涉台案件可以适用台湾地区民事法律。由于台湾地区规定的地位和效力的长期未定，加之涉台事务的高度敏感性和政治性，大陆法院势必对台湾法的适用抱持审慎态度。另一方面，大陆法院法官在查明和理解适用台湾法方面存在困难和障碍。台湾地区“司法院”在大陆法规的查明方面做了很多系统性的工作，[①] 而大陆法院系统在这方面则付诸阙如，通过司法互助和专家查明的方式查明台湾法仍在尝试和探索阶段。由于网络限制等原因，大陆法官可使用的台湾法查明途径非常有限。即便通过各种途径查明了台湾法的法条，在理解和准确适用台湾法方面，大陆法官同样存在困难。因此，大陆法官会规避台湾法的适用。目前为止，笔者没有发现有判决在法律适用部分以台湾法无法查明或无法准确理解和适用为由转而适用大陆法的表述，而据笔者的调研，法官普遍反映在查明和理解适用台湾法方面有困难从而无法适用。

（三）是否将《涉台案件法律适用规定》作为法律适用的依据

《涉台案件法律适用规定》应是涉台案件法律选择与适用首先被援引的法源，因为它是法院援引相关冲突法规范处理涉台案件的依据。那么，实际情况如何呢？

据笔者统计，在 1，122 例对法律选择和适用做出说明的判决中，共有 411 例判决引用《涉台案件法律适用规定》，引用率约为 36.6%。这 411 例判决具体分布为福建省 394 例，广东省 9 例，浙江省 6 例，江苏省 2 例。相对而言，福建省法院的引用率最高，在 611 件对法律选择和适用做出说明的判决中，有 394 例判决援引该司法解释，援引率约为 64.5%。但援引率高似乎也不意味着法院对该司法解释的理解和重视程度高。例如，福建省法院援引该司法解释的判决主要集中在福州市两级法院，福州市两级法院共有 362 例判决引用该司法解

① 参见伍伟华：《大陆法律之证明及适用》，《法学新论》2009 年第 12 期，第 99—100 页。

释，但福州市福清市法院近350例引用该司法解释的判决对法律适用的表述基本均为："依照《最高人民法院关于审理涉台民商事案件法律适用问题的规定》第1条第1款的规定，本案适用大陆法律为准据法。"这显示了裁判法官知晓《涉台案件法律适用规定》的发布施行并想要将其作为法律适用的依据，但对该规定条文的理解不到位：法官将《涉台案件法律适用规定》第1条第1款错误地理解为冲突规范，认为此条款概括规定涉台民商事案件的准据法为大陆法律和司法解释。

从援引《涉台案件法律适用规定》的情况看，大陆法院对该司法解释的重视程度、理解程度和适用程度都还有所欠缺，大陆法院需要继续加强对该司法解释的宣传、理解和适用。

三、涉台民商事案件大陆法律适用

在五省（直辖市）法院的涉台民商事判决中，没有发现适用大陆强制性法律规定、因域外法没有规定而适用大陆法律以及域外法的适用将损害大陆社会公共利益从而适用大陆法律的判决。在1117例适用大陆法律裁判的判决中，仅说明应适用大陆法律但没有阐明具体理由或理由不明确的有432例，当事人双方在案件审理前或审理中达成合意选择适用大陆法律的有210例，当事人未选择法律而由法院根据最密切联系原则确定适用大陆法律的417例，当事人未选择或不能选择而由法院根据其他法律适用原则（冲突规范）适用大陆法律的57例，因当事人约定适用的域外法（香港法）无法查明转而适用大陆法律的1例。可见，最密切联系原则是涉台民商事案件确定准据法的最常用的方法。

（一）未阐明法律适用理由或理由不明确

432例仅说明应适用大陆法律但没有阐明具体理由或理由不明确的判决，福建省占绝大多数（383例）。在432例判决中，有的仅说明适用大陆法律而无法律适用理由，例如，厦门市海沧区人民法院有9例判决只表明法律选择结果，即"本案应适用中华人民共和国法律"。有的是看似引用了法律依据或者对法律适用理由做了说明，但实际上却看不出真正的理由为何。例如，福建省福清市法院近350例引用《涉台案件法律适用规定》作为法律适用唯一理由的判决，实际上并未明确适用大陆法的真正理由。

涉外民商事裁判中法官阐明并证立其法律选择理由是现代社会赋予法官的

一项基本义务，也是我国司法改革的重要内容。在涉外民商事裁判中，法律选择证立的目的在于通过论证法律选择的合法性、合理性、客观性和融贯性来正当化其法律选择行为。[①] 法律适用的情形基本包括三种：适用内国强制性法律规定、根据当事人意思自治适用当事人选择的法律、根据冲突规范选择准据法。不论依据何规则确定涉外（或外法域）案件应适用的准据法，法院在裁判时均应对法律选择和适用理由做出说明，这是法院裁判涉外（或外法域）案件的一般原则。上述 432 例没有就法律适用理由做出阐述或理由不明确，显示了大陆法院在涉台案件中规范适用法律方面仍有所欠缺。

之所以有如此多的判决未阐述法律适用理由或理由不明确，原因主要包括：（1）法官对法律适用问题的态度不够积极严谨。例如，“谢某与罗某、谢某、中国平安财产保险股份有限公司佛山市顺德支公司机动车交通事故责任纠纷一审民事判决书”[（2013）佛顺法民一初字第 454 号] 对法律适用的表述为“适用中华人民共和国法律审理”。本案中，台籍被告在大陆酒驾致大陆原告受伤，按照《法律适用法》的规定，在双方未达成法律适用合意的情况下，应该适用当事人共同经常居住地法（判决未明确大陆原告与台籍被告是否有共同经常居住地，如果有，也是大陆）或侵权行为地法即大陆法律，故法院适用大陆法律裁判的法律选择结果并没有错，大陆法律对此也提供了明确依据，法官完全有条件阐明适用大陆法律的理由。之所以未予阐明，只能归因于法官不积极作为。（2）法官对法律的熟悉程度和理解的准确程度不够。例如，“原告黄某与被告刘某离婚纠纷一审民事判决书”[（2013）清新法民一初字第 186 号] 对法律适用的表述为：“由于被告刘某是台湾地区居民，《最高人民法院关于审理涉台民商事案件法律适用问题的规定》第 1 条第 1 款规定：‘人民法院审理涉台民商事案件，应当适用法律和司法解释的有关规定’，原告黄某和被告刘某在广东省清远市清新区民政局登记结婚，根据《中华人民共和国民法通则》第 8 条第 1 款：‘在中华人民共和国领域内的民事活动，适用中华人民共和国法律，法律另有规定的除外’，因此对原告、被告的婚姻关系的处理，应适用《中华人民共和国婚姻法》及相关司法解释。”而《民法通则》第 8 条是关于民事活动应适用的法律的一般规定，并非离婚纠纷的冲突规范，离婚纠纷另有冲突规范，故

① 参见翁杰：《论涉外民事裁判中法律选择的证立问题》，《法律科学》2015 年第 5 期，第 186—187 页。

法院引用法律错误，法律适用理由也就模糊不清了。(3) 法官意图规避台湾法的适用但又找不到合适的理由，故不对法律适用理由进行阐述或做模糊处理。例如，"简某与钟某民间借贷纠纷一审民事判决书" [(2015) 甬慈商外初字第 1 号] 对法律适用的阐述为："在法律适用上，原、被告未作约定，原告在庭审中选择适用中华人民共和国的法律，故适用中华人民共和国的法律作为本案裁判的法律依据。" 若为当事人选择法律，应为当事人双方达成明示或默示合意而非一方选择法律，以当事一方选择适用大陆法律为由适用大陆法律，显然太过牵强。这只能理解为裁判法官有明显的适用大陆法律的倾向并为此寻找了牵强的理由。

(二) 当事人合意选择适用大陆法律

1. 当事人合意选择大陆法律的案件类型

在 210 例当事人合意选择大陆法律的判决中，动产物权纠纷 3 个 (约占 1.4%)、合同纠纷 156 个 (74.3%)、追偿权纠纷 3 个 (1.4%)、不当得利纠纷 1 个 (0.5%)、海事海商纠纷 14 个 (6.7%，其中 13 个合同纠纷，1 个共同海损纠纷)、与公司有关的纠纷 31 个 (14.8%，其中 24 个股权转让纠纷应为合同纠纷)、案外人执行异议之诉纠纷共 2 个 (0.1%)。如果将海事海商纠纷和与公司有关的纠纷中的合同纠纷都归入合同纠纷，那么合同纠纷就有 193 个，占全部合意选择大陆法律的判决的 92%。

动产物权纠纷、合同纠纷和不当得利纠纷当事人选择应适用的法律目前均有法律依据。虽然我国法律对追偿权纠纷法律适用无明确规定，但当事人选择适用法律的 3 个追偿权纠纷要么是保证合同引起的，要么是隐名投资合同引起的，故法院根据当事人选择确定准据法有其合理性。《海商法》第 274 条规定 "共同海损理算，适用理算地法律"，故共同海损纠纷大陆法院根据当事人选择确定准据法的做法无法律依据。除去股权转让纠纷，剩余的 7 个与公司有关的纠纷包括 1 个公司设立纠纷、1 个股东资格确认纠纷、1 个股东知情权纠纷、3 个股东出资纠纷和 1 个公司解散纠纷。《法律适用法》第 14 条规定："法人及其分支机构的民事权利能力、民事行为能力、组织机构、股东权利义务等事项，适用登记地法律。" 可见，股东知情权纠纷应根据《法律适用法》第 14 条确定准据法。其他与公司有关的纠纷因对法律适用无明文规定，依据《法律适用法》第 2 条第 2 款，应根据最密切联系原则确定准据法。[①] 故这些案件大陆法院根据当事人选择确定准据法的做法于法无据。同理，大陆法律对案外人执行异议之诉纠纷的法律适用也无明文规定，也应根据最密切联系原则而非当事人选择确定准据法。

2. 当事人合意选择法律的方式

2012年最高人民法院《关于适用〈中华人民共和国涉外民事关系法律适用法〉若干问题的解释（一）》（以下简称《法律适用法解释（一）》）第8条第2款规定："各方当事人援引相同国家的法律且未提出法律适用异议的，人民法院可以认定当事人已经就涉外民事关系适用的法律做出了选择。"这表明我国也承认默示方式选择法律，但只能以"当事人援引相同国家的法律且未提出法律适用异议"的方式默示选择法律，而不能以其他形式。

就我国涉台审判司法实践而言，当事人选择法律多是以明示方式做出，但审判实践中也曾出现法官认可默示法律选择的做法。只是有些默示选择法律的方式不符合法律规定故不能产生当事人选择法律的效力。例如，"刘某与杨某民间借贷纠纷一审民事判决书"[（2016）浙0103民初00742号]关于法律适用的表述为："本院认为，被告杨某系台湾地区居民，本案为涉台民事纠纷。原告刘某在案件审理过程中选择适用大陆法律，被告杨某收到诉状及证据副本后，对此未有异议，故本案适用大陆法律作为准据法。"本案中，杨某实际上缺席法庭审理，故不可能援引大陆法律或对法律适用表达意见，因此，本案认定此种方式构成当事人默示选择法律是不合法的，也是无效的。

3. 当事人合意选择的法律的类别

在笔者搜集的2，337例判决中，除1个当事人选择适用香港法[（2011）东三法民四初字第97号）]的案件外，所有选择适用法律的案件当事人都是选择适用大陆法律。究其原因，大致包括以下方面：（1）主要法律事实（签约、履行等）发生在大陆。涉台民商事纠纷中绝大多数是主体涉台的纠纷，一般都是台湾居民（或企业）在大陆经商、生活、侵权等而产生纠纷。这类纠纷一般都具有主要事实发生在大陆的特点，故当事人在法律选择中也倾向于选择大陆法律。（2）大陆方当事人在合意达成中占据优势地位。例如，在银行借贷和信用卡纠纷中，通常都是位于大陆的银行与借款人、信用卡领用人或担保人发生

① 当然，大陆司法实践中存在着把《法律适用法》第14条扩大化，适用于股权转让、股权确认、解散、破产清算等事项的倾向。参见郭燕明：《我国涉外法人法律适用的司法分歧与解决思路》，《国际法研究》2017年第2期，第50页。

纠纷，而大陆的银行提供的格式合同中的法律选择条款通常会选择大陆法律。（3）法院倾向于引导当事人选择适用大陆法律。在诉讼阶段达成选择法律的合意的案件中，法院基于规避适用台湾法的不便与风险的目的，倾向于引导当事人选择大陆法律作为案件准据法。

（三）根据最密切联系原则适用大陆法律

1. 根据最密切联系原则适用大陆法律的案件类型

417 个适用最密切联系原则确定准据法的判决，绝大部分是合同纠纷判决，但也有一些非合同纠纷判决，这些判决包括 5 个追偿权纠纷判决[①]、1 个承包地征收补偿费用分配纠纷判决[②]、1 个案外人执行异议之诉判决[③]、1 个其他与公司有关的纠纷的判决[④]、1 个所有权确认（不动产所有权确认）纠纷判决[⑤]、1 个不当得利纠纷判决[⑥]、1 个与公司有关的争议（实为还款协议纠纷）的判决[⑦]、1 个公司解散纠纷判决[⑧]和 1 个被继承人债务清偿纠纷判决[⑨]。以上非合同纠纷中，有些纠纷法律对其法律适用没有规定故可根据《法律适用法》第 2 条第 2 款适用最密切联系原则确定准据法，但有些纠纷法律对其法律适用有明确规定故不应适用最密切联系原则确定准据法。例如，《民法通则》第 144 条对不动产所有权争议法律适用有明确规定，《法律适用法》第 47 条对不当得利纠纷法律适用也有明确规定，且均不适用最密切联系原则，故不动产所有权确认争议和不当得利纠纷不应适用最密切联系原则确定准据法。

2. 根据最密切联系原则适用大陆法律的冲突规范援引

在冲突规范援引上，大陆法院根据最密切联系原则确定准据法尚存在如下问题：（1）冲突规范援引不规范。417 例判决中尚有 150 例缺少冲突规范援引，比例为 36%。有的合同纠纷判决援引《法律适用法》第 2 条或单独援引《涉台案件法律适用规定》第 1 条作为最密切联系原则适用依据，都是错误做

① 分别为（2015）海民初字第 1636 号、（2016）粤 19 民终 751 号、（2014）中一法民三初字第 1 号、（2013）浦民二（商）初字第 3281 号和（2015）穗越法民四初字第 127 号。

② 参见（2012）海民初字第 514 号。

③ 参见（2013）沪一中民四（商）终字第 S2142 号。

④ 参见（2014）松民二（商）初字第 893 号。

⑤ 参见（2013）中一法沙民一初字第 555 号。

⑥ 参见（2012）海民初字第 1659 号。

⑦ 参见（2016）粤 0491 民初 189 号。

⑧ 参见（2014）宁商外初字第 41 号。

⑨ 参见（2014）虹民一（民）初字第 1284 号。

法。（2）引用陈旧冲突规范。以合同纠纷为例，《法律适用法》第41条对合同纠纷法律适用的最密切联系原则有明确规定，根据新法优于旧法、上位法优于下位法原则，自2011年4月1日起，大陆法院应以《法律适用法》第41条作为合同纠纷最密切联系原则的冲突规范，而非之前的《民法通则》《合同法》和相关司法解释。而实际上，2011—2016年间适用《法律适用法》第41条作为合同争议最密切联系原则依据的仅有172例，占全部适用最密切联系原则确定准据法的404例合同纠纷判决的约43%。可见，新的法律和司法解释的熟练掌握和运用还有一个过程，法院有必要继续加强对这些法律和司法解释的理解和运用。

3. 根据最密切联系原则适用大陆法律的法律选择证立

就根据最密切联系原则确定准据法而言，法官要对法律选择进行证立，至少要明确以下内容：案件定性、当事人有无选择法律的权利及是否做出了选择、冲突规范的确定及最密切联系地的认定等。而在417例根据最密切联系原则适用大陆法的判决中，5例仅说明根据最密切联系原则适用中国法律而无任何法律选择证立，113例仅说明当事人没有约定案件应适用的法律从而根据最密切联系原则适用大陆法律，23例仅表明根据某个冲突规范应根据最密切联系原则适用大陆法律，11例仅表明案件与大陆有某种牵连故根据最密切联系原则适用大陆法律，22例表明当事人没有选择案件应适用的法律故根据某个最密切联系原则冲突规范应适用大陆法律，21例表明当事人没有选择案件应适用的法律而案件与大陆有某种牵连故根据最密切联系原则适用大陆法律，64例仅表明案件与大陆有某种牵连故依据某个最密切联系原则冲突规范适用大陆法律，仅有158例说明当事人未选择法律且大陆与案件有某种牵连，所以依据某个最密切联系原则的冲突规范适用大陆法律。也就是说，只有158例判决对法律适用理由做了全面说明，其他259例判决要么对法律适用理由没有做说明，要么说明不全面。可见，大陆法院在法律选择的证立方面还有进一步提升的空间。

（四）根据其他冲突规范适用大陆法律

根据其他冲突规范适用大陆法律，是指根据除当事人合意和最密切联系原则之外的其他冲突规范选择法律的情形。相对于前面几种法律适用情形，根据其他冲突规范适用大陆法律判决数量较少，在1117例适用大陆法律裁判的涉台民商事判决中，根据其他冲突规范确定准据法的有57例，约占5%。与最密切联系原则涉及最密切联系地的认定不同，根据其他冲突规范确定应适用的法律在操作上相对简单，只需要对案件进行定性，然后寻找相关的冲突规范，再根据连接点所在地确定应适用的法律。

在57例根据其他冲突规范适用大陆法律的判决中，有些判决对法律选择的证立相对规范、有说服力，但也有相当部分的判决对法律选择的证立很不充分。例如，“漳州天福茶业有限公司、李某与刘某擅自使用他人企业名称、姓名纠纷一审民事判决书”[（2014）漳民初字第376号]对法律选择的表述仅仅是：“根据《中华人民共和国民法通则》第146条，本案适用中华人民共和国法律作为解决本案争议的准据法。”对于本案涉及的擅自使用他人企业名称、姓名纠纷，固然可根据侵权纠纷冲突规范确定应适用的法律，但至少应该明确本案争议的性质、援引的冲突规范、大陆与本案的牵连因素等才能证立法律选择，仅有冲突规范是远远不够的。而且，在《法律适用法》对侵权纠纷的法律适用已有新的规定的情况下，应适用新法而非旧法。

四、涉台民商事案件台湾地区法律适用

除了从中国裁判文书网查到的2例既适用大陆法又适用台湾法的判决外，笔者从其他来源还发现了2例既适用大陆法又适用台湾法的判决和1例适用“台湾法”的判决。这是目前为止笔者所知的大陆所有的适用台湾法的案例。5例判决的具体情况见表2。

表 2　大陆法院适用台湾法律裁判的案例

序号	案由	审理法院	当事人选择法律情况	适用法律	法律适用理由	台湾法查明责任主体	台湾法查明方法	台湾法查明情况	台湾法的审查认定与解释	台湾法的适用方式	是否援引《涉台案件法律适用规定》
	案号	裁判日期									
1	股权转让协议纠纷	武汉市中级人民法院	判决未说明	1. 特康公司股权转让协议效力问题适用大陆法律。 2. 宏智公司董事长丁某在涉案股权转让协议上签字行为的法律效力问题适用台湾地区法律。	1. 因转让的股份为特康公司股份，特康公司系注册于大陆的台商独资企业，参照《最高人民法院关于审理涉外民事或商事合同纠纷案件法律适用若干问题的规定》第8条第4项的规定，中外合资经营企业、中外合作经营企业、外商独资企业股份转让合同适用中华人民共和国法律，故涉及特康公司股权转让协议效力问题应适用大陆法律。 2. 因宏智公司系台湾地区注册的企业法人，参照《法律适用法》第14条第1款的规定，法人及其分支机构的民事权利能力、民事行为能力、组织机构、股东权利义务等事项，适用登记地法律，故宏智公司董事长丁某在涉案股权转让协议上签字行为的法律效力问题应适用“台湾地区法律”。	法院	委托专家查明	已查明，获得了法律适用意见书	判决未说明	在判决说理和判决依据部分引用	否
	（2011）武民商外初字第1号	2012年8月3日									

续表

序号	案由 / 案号	审理法院 / 裁判日期	当事人选择法律情况	适用法律	法律适用理由	台湾法查明责任主体	台湾法查明方法	台湾法查明情况	台湾法的审查认定与解释	台湾法的适用方式	是否援引《涉台案件法律适用规定》
2	信用卡纠纷	厦门市海沧区人民法院	未约定	1. 关于法定继承，三被告对被继承人的动产继承以及对被继承人在中国大陆的不动产继承适用大陆法律，而对被继承人在台湾地区的不动产继承适用台湾地区法律。2. 关于双方争议法律关系的性质问题，适用法院地法律即大陆法律。	1.《法律适用法》第31条规定："法定继承，适用被继承人死亡时经常居所地法律，但不动产法定继承，适用不动产所在地法律。"被继承人死亡时经常居住地为福建省厦门市，故对动产继承和在中国大陆的不动产继承应适用大陆法律，对台湾不动产的继承适用台湾法律。2.《法律适用法》第8条规定："关于涉外民事关系的定性，适用法院地法律的规定。"故双方争议法律关系的性质应适用大陆法律。	法院	通过司法互助途径查明	已查明，获得了法律条文	判决未说明	在判决说理部分引用	否
	（2012）海民初字第2305号	2013年3月12日									

续表

序号	案由 / 案号	审理法院 / 裁判日期	当事人选择法律情况	适用法律	法律适用理由	台湾法查明责任主体	台湾法查明方法	台湾法查明情况	台湾法的审查认定与解释	台湾法的适用方式	是否援引《涉台案件法律适用规定》
3	房屋买卖合同纠纷 （2013）海民初字第172号	厦门市海沧区人民法院 2013年10月15日	未约定	1. 讼争房产的夫妻财产关系，适用台湾地区法律。 2. 房屋买卖合同履行，适用大陆法律。 3. 法定继承适用大陆法律。	1.《法律适用法》第24条规定："夫妻财产关系，当事人可以协议选择适用一方当事人经常居所地法律、国籍国法律或者主要财产所在地法律。当事人没有选择的，适用共同经常居所地法律；没有共同经常居所地的，适用共同国籍国法律。"被继承人黄某和被告林某并未就法律适用达成协议，应适用台湾地区法律。 2.《法律适用法》第41条规定："当事人可以协议选择合同适用的法律。当事人没有选择的，适用履行义务最能体现该合同特征的一方当事人经常居所地法律或者其他与该合同有最密切联系的法律。"本案涉及的《房屋买卖合同》未就法律适用进行约定，故应适用大陆法律。 3.《法律适用法》第31条规定（如前引，此处略），本案涉及的是位于厦门市的房产的继承，故应适用大陆法律。	不清楚	不清楚	已查明，获得了法律条文	判决未说明	在判决说理部分引用	否

续表

<table>
<tr><th rowspan="2">序号</th><th>案由</th><th>审理法院</th><th rowspan="2">当事人选择法律情况</th><th rowspan="2">适用法律</th><th rowspan="2">法律适用理由</th><th rowspan="2">台湾法查明责任主体</th><th rowspan="2">台湾法查明方法</th><th rowspan="2">台湾法查明情况</th><th rowspan="2">台湾法的审查认定与解释</th><th rowspan="2">台湾法的适用方式</th><th rowspan="2">是否援引《涉台案件法律适用规定》</th></tr>
<tr><th>案号</th><th>裁判日期</th></tr>
<tr><td rowspan="2">4</td><td>继承纠纷</td><td>厦门市海沧区人民法院</td><td rowspan="2">未约定</td><td rowspan="2">1. 夫妻财产关系适用台湾法律。
2. 法定继承适用大陆法律。</td><td rowspan="2">1.《法律适用法》第24条规定（如前引，此处略），范某生前与被告未以契约订立夫妻财产制，范某来大陆后长期居住福建省厦门市，其与被告无共同经常居住地，故适用共同户籍地法即“台湾法”。
2.《法律适用法》第31条规定（如前引，此处略），本案被继承人死亡时经常居住地为福建省厦门市，本案争议的遗产均在中国大陆，故应适用被继承人死亡时经常居住地法律即大陆法律。</td><td rowspan="2">法院</td><td rowspan="2">通过司法互助途径查明</td><td rowspan="2">已查明，获得了法律条文</td><td rowspan="2">判决未说明</td><td rowspan="2">在判决说理部分引用</td><td rowspan="2">否</td></tr>
<tr><td>（2012）海民初字第2106号</td><td>2014年1月23日</td></tr>
<tr><td rowspan="2">5</td><td>民间借贷纠纷</td><td>厦门市海沧区人民法院</td><td rowspan="2">当事人约定适用台湾法律</td><td rowspan="2">全部争点均适用台湾法裁判。</td><td rowspan="2">不清楚</td><td rowspan="2">法院</td><td rowspan="2">委托专家查明</td><td rowspan="2">已查明，获得法律适用意见书</td><td rowspan="2">不清楚</td><td rowspan="2">在判决说理和依据部分引用</td><td rowspan="2">不清楚</td></tr>
<tr><td>（2016）闽0205民初字第250号</td><td>2016年11月</td></tr>
</table>

资料来源：笔者根据获取的适用台湾法的判决和相关资讯整理。

（一）涉台民商事案件台湾法适用总体情况

从上述案例可知，大陆法院涉台民商事案件台湾法适用总体情况如下：（1）台湾法的适用比例相对较低，目前为止仅发现5例，且4例是部分适用台湾法。（2）适用台湾法的类型目前有依据冲突规范适用台湾法和根据当事人约定适用台湾法两类。但根据当事人约定适用台湾法的第5例判决做出后当事人提出上诉，一审判决至本文截稿时尚未公布，无从探知法律适用的具体情况。（3）就台湾法适用的法律依据援引，除了案例 5 因为没有获得裁判文书情况尚不清楚外，案例 1—4 都未援引《涉台案件法律适用规定》，而是直接引用《法律适用法》作为适用台湾法的依据。（4）适用台湾法的争点和具体适用的台湾法，目前 5 个案例的具体情况如下：案例关于公司营业或财产转让程序和效力，适用台湾地区“公司法”；案例 2 关于不动产法定继承，适用台湾地区民法；案例 3 和 4 关于夫妻财产关系，适用台湾地区民法；案例 5 关于借贷关系所涉及的共同借款人还款责任类型、保证责任类型、债务转移效力、担保合同效力等问题，适用台湾地区民法。（5）法律适用理由证立方面，对于大陆法院和法官而言，适用台湾法裁判案件是相对严肃而敏感的事件，所以对台湾法适用理由的说明都很认真、规范。（6）就台湾法的适用方式而言，案例 1 和 5 采用了在判决说理部分（“本院认为”部分）引用台湾法对特定争点进行认定并引用台湾法作为裁判依据的做法，案例 2—4 采用了仅在判决说理部分（“本院认为”部分或专门就法律适用进行说明部分）引用台湾法对特定争点进行认定的方式。无论是在判决说理部分引用台湾法对特定争点进行认定，还是援引台湾法作为裁判依据，都是适用台湾法的方式，都能达到适用台湾法进行裁判的效果。

（二）涉台民商事案件台湾法查明

适用台湾法裁判，台湾法的查明是关键步骤。从表 2 可以看出，大陆法院涉台民商事案件台湾法的查明具有如下特点：（1）5 个案例中，除了第 3 号案例的查明责任主体不清楚外，其他案例的台湾法查明均以法院作为主体。可见，自《涉台案件法律适用规定》发布以来，大陆法院在台湾法查明方面发挥了积极性和主动性。在第 1、2 和 4 号案例中，因为是法官依职权选择适用台湾法，故由法院承担台湾法查明责任符合法律规定。案例 5 本是当事人选择适用台湾法，在这种情况下法院是否可以主动通过法律查明机构委托专家查明法律，是存在争议的。依据《法律适用法》第 10 条，这种情况应由当事人承担法律查明责任，那么由当事人负担法律查明责任时法院能否帮助当事人查明？最高人民法院 2005 年发布的《第二次全国涉外商事海事审判工作会议纪要》明确“当事人对提供外国法律确有困难的，可以申请人民法院依职权查明相关外国法律”，但 2010 年《法律适用法》及其司法解释对此并未涉及。（2）不同于一般涉外案件中国际司法协助途径很少被适用的情形，在台湾法查明中，两岸司法互助途径得到了很好的利用并发挥了积极的功效，案例 2 和 4 都是通过司法互助途径查明台湾法。（3）对于专家查明台湾法，法官有偏好且希望适用，但鉴于专家的挑选、合作模式、委托程序、费用负担等问题尚未得到解决，故在台湾法查明中，专家查明尚处于试验阶段。

五、结语

2011 年 1 月 1 日台湾法适用在立法（司法解释）层面解冻后，大陆一些法院开始在涉台民商事审判中适用台湾法裁判。适用台湾法裁判案件可以丰富我国域外法适用与查明的实践，能为我国一国多法域国家的建构提供积极探索，也对促进两岸民众权益的平等保护、提升两岸民众福祉、促进两岸和平统一具有重要意义。就大陆目前涉台民商事案件法律适用而言，在肯定大陆法院的积极努力的同时，应该看到司法实践尚存在诸多问题。大陆法院涉台民商事案件法律适用具有冲突规范任意适用现象普遍、台湾法适用比率低、重要法律依据缺失等特点。冲突规范援引欠规范、法律选择证立缺失或不充分等是涉台民商事案件大陆法律适用中存在的突出问题。相对于大陆法律的适用，涉台民商事案件台湾法适用的规范度更高。

台湾法查明和理解适用存在困难、适用台湾法具有较高的敏感性和风险以及缺少适用台湾法裁判的经验积累等，是涉台民商事案件台湾法适用比率太低的客观原因。大陆法院正就台湾法查明与理解适用进行积极探索和实践，相信随着台湾法查明与理解适用领域诸多问题的不断探索和解决，台湾法适用的障碍会逐步减少，大陆法院适用台湾法的意愿和比例会随之提升。

本文原载于《台湾研究集刊》2017 年第 6 期

论司法互助取得言词证据在台湾地区证据能力认定路径之变迁

刘文戈　滕若芊

2009年4月，海峡两岸关系协会和海峡交流基金会在南京签署《海峡两岸共同打击犯罪及司法互助协议》(以下简称“两岸司法互助协议”)，确立了两岸司法合作的基本制度框架，涵盖了送达文书、调查取证、罪赃移交、裁判认可、罪犯接返(移管)等司法互助具体领域。两岸司法互助协议实施十年以来，双方的主管部门和协议联络人在“两岸司法互助协议”各领域内推动了两岸司法具体合作，个案从无到有，数量不断增加。[①] 两岸司法互助协议受到台湾地区民众的高度支持，在两岸两会签署的各协议的满意度排名中位居前列。[②] 司法互助的数量是评价两岸司法互助协议执行成效的重要指标，司法互助的质量则是影响两岸司法互助协议实施的基础因素。司法互助的效率、司法互助请求的落实率、司法互助取得的资料在司法活动中的认可度等体现了司法互助的质量。跨境取证在对方审判活动中获得认可，是两岸通过司法互助打击犯罪的重要支撑。

众所周知，政治是影响两岸司法合作的基本因素，在具体操作层面上，制度扮演了重要角色。两岸司法互助协议本身仅提供了联络机制和共同政策，跨境取证的具体制度则被委托给两岸“己方规定”。实践中，通过司法互助从大陆取得的证言在台湾地区刑事审判活动中的证据能力认定，是制约两岸司法互助质量提升的难点。为解决该问题，有学者从制度设计等“软件”层面提出改

① 参见台湾地区法务主管部门:《“海峡两岸共同打击犯罪及司法互助协议”案件统计总表(累计)》(统计期间自2009年6月25日至2018年6月30日)，本文原载于《现代法治研究》2019年第1期，第44—53页。

② 参见韩胜宝、陈立宇:《台陆委会：历次民调显示民众高度肯定两岸协议》，2018年6月1日访问，http：//www.chinanews.com/tw/2011/10-24/3409706.shtml。

进设想，[①] 也有学者论证了推动建立远程视讯审判以从“硬件”层面解决质证难题。[②] 以上研究都从不同侧面提供了解决方案，其实现主要透过两岸共同完善相关制度，高度依赖两岸各司法决策主体的能动性。

本文认为，在实务上也可以尝试运用“制度互通”的思维，通过归纳对岸的积极经验，将对岸的制度及实践成果纳入开展司法互助的制度资源。基于此，本文拟简述台湾地区关于跨境取得言词证据的证据能力认定规则，爬梳近十年来台湾地区审判机关的个案裁判和通案规则，归纳“法官造法”和“统一法律见解”确立的两岸司法互助取得言词证据的证据能力认定路径。在此基础上，本文将结合理论与实务的新发展，指出两岸司法互助取得言词证据的证据能力认定在台湾地区面临的机遇和挑战。

一、台湾地区关于司法互助取得证言的证据能力认定制度

两岸司法互助协议签署后，台湾方面制定了“海峡两岸调查取证作业要点”以明确主管部门内部的行政流程。在审判中，对两岸司法互助取得言词证据的证据能力认定，以台湾地区“刑事诉讼法”2003年修正加入的第159条及第159–1条、第159–2条、第159–3条、第159–4条、第159–5条规定为依据。相关规定“原则上”否定被告以外之人于审判外的言词或书面陈述，但第159条第1项指出“法律有规定”条件下，这些言词或书面陈述可以作为证据。特殊程序、单行规定及“刑事诉讼法”条文中确立了若干例外，为两岸司法互助取得言词证据的证据能力认定提供了制度框架。

（一）特殊程序和单行规定的例外

台湾地区“刑事诉讼法”第159条第2项规定，在某些程序中允许被告以外之人于审判外之言词或书面陈述作为证据的情形，具体包括法院依照简易程序审理案件、法院对检察官起诉的审查以及法院对强制处分的审查。简易程序是对情节轻微、证据明确，已足认定其犯罪者，规定的迅速审判程序。台湾地区“刑事诉讼法”第161条第2项规定的起诉审查机制，是由法官依客观之经验法则与论理法则审查检察官起诉或移送并办意旨及全案卷证资料，从客观上

① 参见高通：《论海峡两岸刑事案件协助调查取证制度》，《台湾研究集刊》2016年第2期，第81—91页。

② 参见薛永慧：《海峡两岸远程审判合作刍议》，《台湾研究集刊》2014年第6期，第25—34页。

判断被告是否显无成立犯罪之可能，不适用言词审查程序。法院对羁押、搜索、鉴定留置、许可、证据保全等强制处分的审查具有急迫性，并非认定被告是否犯罪的实体审判程序。除对被告自白进行特别审查，法官在相关程序中只进行有限的调查，适用“自由证明程序”。

台湾地区一些单行规定上出于保护当事人、保护证人、有效打击犯罪等目的，规定了“传闻证据例外”。例如，台湾地区“组织犯罪防制条例”规定了保护被害人及证人的作证程序，① 台湾地区“性侵害犯罪防治法”规定了被害人因故无法在庭审中陈述情形下的传闻证据例外。② 除此之外，台湾地区与外国订立的所谓“司法互助协定（协议）”中，协议经台湾地区立法机构审议通过者，位阶视同“法律”。例如，台湾地区与美国订有“驻美国台北经济文化代表处与美国在台协会之刑事司法互助协议”，依照该“协议”取得的证言依据台湾地区“刑事诉讼法”第159条第1项具有证据能力。③ 尽管两岸同属一个中国，但两会签署的两岸司法互助协议未经过台湾地区立法机构审议，不具有“法律”位阶，也未规定司法互助取证的证据能力问题。因此，两岸司法互助取得的证言尚不能依据“刑事诉讼法”第159条第1项获得证据能力。

（二）“刑事诉讼法”第159-1条至第159-5条的例外

对一般程序和单行规定以外的情形下传闻证据的证据能力认可，台湾地区“刑事诉讼法”第159-1条至第159-5条规定了若干例外，可以分为向司法官陈述的例外、向侦查辅助机关陈述的例外、特信性文书例外以及当事人同意的例外等四个类型。

向司法官陈述的例外规定于“刑事诉讼法”第159-1条，主要包括被告以外之人向法官和向检察官所为陈述。其中，基于陈述的信用性所获得的确定保障，被告以外之人向法官所为之陈述的证据能力直接获得认可。而被告以外之

① 台湾地区“组织犯罪防制条例”第12条第1项规定：“……讯问证人之笔录，以在检察官或法官面前作成，并经践行刑事诉讼法所定讯问证人之程序者为限，始得采为证据。但有事实足认被害人或证人有受强暴、胁迫、恐吓或其他报复行为之虞者，法院、检察机关得依被害人或证人之声请或依职权拒绝被告与之对质、诘问或其选任辩护人检阅、抄录、摄影可供指出被害人或证人真实姓名、身份之文书及诘问。法官、检察官应将作为证据之笔录或文书向被告告以要旨，讯问其有无意见陈述。”本文所引用的台湾地区规定，经由台湾地区法源法律网数据库搜索整理。

② 台湾地区“性侵害犯罪防治法”第17条规定：“被害人于审判中有下列情形之一，其于检察事务官、司法警察官或司法警察调查中所为之陈述，经证明具有可信之特别情况，且为证明犯罪事实之存否所必要者，得为证据：一、因性侵害致身心创伤无法陈述。二、到庭后因身心压力于讯问或诘问时无法为完全之陈述或拒绝陈述。三、依第15条之一之受询问者。”

③ 参见台湾地区2003年8月“刑事诉讼法新制法律问题研讨会”提案第17号。

人于侦查中向检察官所为之陈述，法院排除“显有不可信之情况”后，可以认定其具有证据能力。

向侦查辅助机关陈述的例外规定于“刑事诉讼法”第 159–2 条和第 159–3 条，该例外的陈述对象包括检察事务官、司法警察官或司法警察。得以认可的条件为侦查辅助机关获得的陈述较为可信，且该陈述为证明犯罪存在所必要。得以认可的情形为被告以外之人在审判中的陈述与调查中陈述不符，或被告以外之人由于死亡、身心障碍丧失陈述能力、无法传唤或传唤不到以及到庭后无正当理由拒绝陈述。若存在上述情形且满足前述可信性及必要性条件时，检察事务官、司法警察官或司法警察在调查中获得的陈述则可被认定具有证据能力。

特信性文书例外规定于“刑事诉讼法”第 159–4 条，共包括三类文书：第一类是公务员依职权制作的文书，因其制作主体对真实性承担法律责任，且存在一定监督机制，可被认定具有证据能力；第二类是从事业务之人于业务上或通常业务过程所须制作的文书，因其通常不间断、有规律记载，且有专业人士校对，制作时无从预见未来可能作为证据，被伪造、篡改的可能性小，可被认定具有证据能力；第三类是除前两类之外的于可信情形下制作的文书，相关规定制定时的说明列举了官方公报、统计表、体育记录、学术论文、家谱等类型。

当事人同意的例外规定于“刑事诉讼法”第 159–5 条，包括同意和推定同意。在发现真实的理念主导下，当事人诘问权可以处分，法院保留少量的审查后，可认定相关陈述的证据能力。如果当事人及其代理人、辩护人明知相关陈述根据第 159 条第 1 项不能直接被认定证据能力，却未在案件审理终结前声明异议，即被推定“同意”。

第 159–1 条到第 159–4 条各具体情形中，台湾地区法院对传闻证据例外的审查强度呈现不同的特点，具体如下：

表 1　台湾地区法院对传闻证据例外的审查强度

条文	类型	要求	强度
第 159–3 条	于检察事务官、司法警察官、司法警察调查中所为陈述（无法出庭作证）	客观上无法作证的情形（第 1 至 4 款）； 经证明具有可信之特别情况； 为证明犯罪事实之存否所必要。	严格 ↓ 宽松
第 159–2 条	于检察事务官、司法警察官、司法警察调查中所为陈述（出庭作证）	与审判中不符； 先前之陈述具有较可信之特别情况； 为证明犯罪事实存否所必要。	
第 159–4 条第 3 款	其他可信文书	于可信之特别情况下制作。	
第 159–4 条第 1 款、第 2 款	公务员职务制作文书业务文件	例示的文书类型； 除显有不可信之情况。	
第 159–1 条第 2 项	侦查中向检察官陈述	除显有不可信之情况。	
第 159–1 条第 1 项	审判外向法官陈述	无	

数据来源：笔者搜索台湾地区“法源法律网”数据库整理。

台湾地区“刑事诉讼法”第 159–1 条至第 159–5 条规定了若干例外中，仅有第 159–5 条当事人同意的例外可以直接适用于两岸司法互助取得言词证据。其他例外中的司法官、司法警察、公务人员等均默认为台湾地区的司法官、司法警察、公务人员。实务上，第 159–1 条曾适用于台湾地区检察官赴澳门特别行政区取证的情形。[①] 作为两岸司法互助取得言词证据的常见途径，公安机关制作的询问笔录无法直接适用前述条文，其证据能力的认定存在困难。为解决审判中的难题，兼顾保障人权与打击犯罪的需要，台湾地区法院通过“法官造法”和“统一法律见解”对两岸司法互助取得言词证据的证据能力认定进行了探索。

二、通过“法官造法”认定证据能力的探索与路径选择

台湾地区“最高法院”是台湾地区审判体系中的“终审”法院和“法律审”

① 参见台湾地区“最高法院”2009 年台上字 1941 号刑事判决。本文引用之台湾地区裁判文书，经由台湾地区“司法院”法学资料检索系统搜索整理。

法院，其法律见解有代表性，对下级法院的法律适用有很强的影响力。因此，台湾地区“最高法院”裁判中的两岸司法互助取得言词证据的证据能力认定路径值得关注。在两岸司法互助实务中，台湾方面请求大陆方面获取言词证据一般由公安机关负责，台湾地区有关裁判文书中往往会出现“大陆”“公安机关”等关键词。台湾地区2003年刑事诉讼制度改革规定传闻证据法则，两岸2009年4月签署两岸司法互助协议，相关案件及争议集中于近十年。因此，笔者以“大陆”“公安机关”为关键词检索台湾地区“司法院”法学资料检索系统，收集了近十年台湾地区“最高法院”关于两岸司法互助取得言词证据的证据能力认定的裁判。

表2　台湾地区“最高法院”近十年关于两岸司法互助取得言词证据的证据能力认定的裁判

<table>
<tr><th>案件</th><th>案号</th><th>裁判日期</th><th>案由</th><th>法庭 / 法官</th><th>涉及条文</th></tr>
<tr><td rowspan="2">1</td><td>台湾地区“最高法院”2007年度台上字第5388号刑事判决</td><td>2007.10.11</td><td rowspan="2">杀人</td><td>刑事第六庭
吕潮泽 *
吴昆仁　孙增同
吴灿　李英勇</td><td>第159–2条
第159–3条
第159–4条
第159–5条</td></tr>
<tr><td>台湾地区“最高法院”2010年度台上字第5360号刑事判决</td><td>2010.8.26</td><td>刑事第八庭
洪文章 *
王居财　郭毓洲
黄梅月　邱同印</td><td>第159–3条</td></tr>
<tr><td rowspan="2">2</td><td>台湾地区“最高法院”2008年度台上字第1021号刑事判决</td><td>2008.3.13</td><td rowspan="2">强盗杀人</td><td>刑事第十庭
洪文章 *
王居财　郭毓洲
黄梅月　邱同印</td><td>第159–2条
第159–3条
第159–4条</td></tr>
<tr><td>台湾地区“最高法院”2012年度台上字第900号刑事判决</td><td>2012.3.7</td><td>刑事第四庭
洪文章 *
王居财　郭毓洲
韩金秀　沈扬仁</td><td>第159–2条
第159–3条
第159–4条
第159–5条</td></tr>
</table>

续表

案件	案号	裁判日期	案由	法庭 / 法官	涉及条文
3	台湾地区“最高法院”2011 年度台上字第 4813 号刑事判决	2011.8.31	常业诈欺	刑事第八庭 石木钦 * 洪佳滨 段景榕 周烟平 张祺祥	第 159–1 条 第 159–2 条 第 159–4 条
	台湾地区“最高法院”2013 年度台上字第 675 号刑事判决	2013.2.21		刑事第九庭 黄正兴 * 许锦印 陈春秋 周政达 陈世雄	第 159–2 条
4	台湾地区“最高法院”2016 年度台上字第 2134 号刑事判决	2016.8.18	妨害性自主	刑事第九庭 陈世雄 * 许锦印 王梅英 江振义 吴信铭	第 159–5 条

数据来源：台湾地区“司法院”法学资料检索系统，法官姓名后有 * 号者为审判长。

台湾地区“最高法院”论及两岸司法互助取得言词证据的证据能力认定的 7 个裁判，分属 4 个案件。其中 2 个案件发生在 2009 年 4 月之前，历审裁判经历了上诉、“更审”，持续数年时间，跨越了两岸司法互助协议的实施前后。台湾地区“最高法院”运用类推适用的方法，将两岸司法互助取得言词证据纳入了“刑事诉讼法”第 159–1 条至第 159–5 条的框架进行评价，形成了具体认定路径。

（一）关于“当事人同意的例外”的共识

案件 4 的裁判直接适用台湾地区“刑事诉讼法”第 159–5 条认定两岸司法互助取得言词证据具备证据能力。在台湾地区“最高法院”2016 年度台上字第 2134 号刑事判决的审理过程中，被告及其辩护人于第一审准备程序时口头及具状，对检察官提供的大陆方面公安机关所制作的被害人询问笔录、鉴定书的证据能力提出质疑。但在第一审庭审中，经审判长询问被告对相关证据的证据能力的意见时，被告委托辩护人发言，而辩护人“同意均有证据能力”。基于此，台湾地区“最高法院”依照“刑事诉讼法”第 159–5 条第 1 项，认定该案中当事人已同意两岸司法互助取得言词证据具有证据能力，并认为“此一同意之效力，既因当事人之积极行使处分权，并经法院认为适当且无许其撤回之情形，即告确定，其于再开辩论固毋庸论，即令上诉至第二审或判决经上级审法院撤销发回更审，仍不失其效力”。案件 2 中的台湾地区“最高法院”2012 年度台上字第 900 号刑事判决也基于第 159–5 条第 1 项认定跨境取得证据具有证据能力。

台湾地区“刑事诉讼法”第 159–5 条第 1 项和第 2 项分别规定了同意及推定同意两种例外，在实务上，法院认为这两种例外的适用存在差异。台湾地区“最高法院”2016 年度台上字第 2134 号刑事判决指出，在依照第 159–5 条第 2 项“推定当事人同意”的情形，如当事人在言词辩论终结前、第二审及更审程序中对其证据能力主张异议，则该证据的证据能力还需要受到重新评价。其受到诉讼程序安定性和确定性的保障程度，低于第 159–5 条第 1 项当事人同意的情形。

值得注意的是，台湾地区“刑事诉讼法”第 159–5 条允许当事人处分其诘问权，但保留了法院对证据适当性的审查。案件 1 中，台湾地区“最高法院”2007 年度台上字第 5388 号刑事判决认为，事实审的法院应审查“证据之取得是否适法”“陈述者之任意性有无欠缺”及“证据之证明力是否显然偏低”等，对“适当性”要件进行必要之调查及论述。就该案的情形而言，两岸司法互助协议实施之前，跨境取证需要透过海峡交流基金会验证，才符合适当性要件。两岸司法互助协议免除了跨境取证的证明，为司法合作提供了更多便利。[①]

（二）围绕“特信性文书例外”和“向侦查辅助机关陈述的例外”的分歧

案件 1、案件 2 和案件 3 的六个裁判采取类推适用台湾地区“刑事诉讼法”第 159–2 条、第 159–3 条“向侦查辅助机关陈述的例外”或第 159–4 条“特信性文书例外”的方式，认定两岸司法互助取得言词证据的证据能力，但不同裁判在具体认定路径上存在分歧。

1. 关于“特信性文书例外”的歧见

在三个案件中，不同裁判对大陆方面公安机关的文书是否适用“特信性文书例外”存在分歧，对大陆方面公安机关的文书为何以及如何适用“特信性文书例外”也有不同看法。

对大陆方面公安机关的文书适用“特信性文书例外”持“否定说”的裁判包括案例 1 的台湾地区“最高法院”2007 年度台上字第 5388 号刑事判决、案例 2 的台湾地区“最高法院”2008 年度台上字第 1021 号刑事判决，其具体论述如下：

---

① 《海峡两岸共同打击犯罪及司法互助协议》第 18 条规定：“双方同意依本协议请求及协助提供之证据资料、司法文书及其他资料，不要求任何形式之证明”。

表3 台湾地区“最高法院”对适用“特信性文书例外”持“否定说”的裁判见解

案号	理由
台湾地区“最高法院”2007年度台上字第5388号刑事判决	“……刑事诉讼法第159条之四规定之特信性文书，乃基于对公务机关高度客观性之信赖（第1款公文书），或系出于通常业务过程之继续性、机械性而为准确之记载（第2款业务文书），或在类型上与前述公文书及业务文书同具有高度之信用性及必要性（第3款其他可信文书），虽其本质上属传闻证据，亦例外赋予其证据能力，容许作为证据使用。被告以外之人于台湾地区司法警察、司法警察官调查时所为之陈述经载明于笔录，系司法调查机关针对具体个案之调查作为，不具例行性之要件，亦难期待有高度之信用性，应非属本条第一款规定之特信性文书。司法警察、司法警察官调查犯罪之被告以外人之警询笔录，其证据能力之有无，应适用同法第159条之二、第159之三所定传闻例外之要件为判断。被告以外之人于大陆公安机关（司法警察）调查时所为之陈述经载明于笔录或书面纪录，同属传闻证据，解释上亦应类推适用第159条之二、第159条之三等规定或依其立法精神，审认是否合乎各该例外容许之要件，据以决定得否承认其证据能力。”
台湾地区“最高法院”2008年度台上字第1021号刑事判决	（理由同上）

数据来源：台湾地区“司法院”法学资料检索系统。

持“否定说”的裁判作出时间均在“两岸司法互助协议”实施之前，其论述模式一致。两个裁判均从台湾地区“刑事诉讼法”第159–4条制定说明中的理由出发，从制度目的上排除了台湾地区司法警察的警询笔录适用“特信性文书例外”的可能性，使大陆方面公安机关文书的证据能力认定失去了“类推适用”第159–4条第1款的基础。但是，持“否定说”的裁判见解未完全排除跨境取证可以适用传闻证据例外情形的可能性，将法律适用指向了“刑事诉讼法”第159–2条和第159–3条“向侦查辅助机关陈述的例外”。

对大陆方面公安机关的文书适用“特信性文书例外”持“肯定说”的裁判包括案例2的台湾地区“最高法院”2012年度台上字第900号刑事判决、案例3的台湾地区“最高法院”2011年度台上字第4813号刑事判决，其具体论述如下：

表4　台湾地区“最高法院”对适用“特信性文书例外”持“肯定说”的裁判见解

案号	理由
台湾地区“最高法院”2011年度台上字第4813号刑事判决	“……公安机关所制作之证人笔录，为被告以外之人于审判外所为之书面陈述，属传闻证据，除非符合传闻法则之例外，不得作为证据，而该公安机关非属‘我国’侦查辅助机关，其所制作之证人笔录，不能直接适用刑事诉讼法第159条之二或同条之三之规定，而同法第159条之四第一款之公务员，仅限于‘本国’之公务员，且证人笔录系针对特定案件制作，亦非属同条第2款之业务文书，但如于可信之特别情况下所制作，自得径依本条第3款之规定，判断其证据能力之有无。至于该款所称之‘可信之特别情况下所制作’，自可综合考虑当地政经发展情况是否已上轨道、从事笔录制作时之过程及外部情况观察，是否显然具有足以相信其内容为真实之特殊情况等因素加以判断。”
台湾地区“最高法院”2012年度台上字第900号刑事判决	“……该等文书之取得程序，符合‘我国’刑事诉讼法所规定正当程序取得证据之要求（当时两岸尚未签订司法互助协议，无法透过正式司法互助程序取得大陆之证据资料）。而大陆公安机关法医师之地位相当于‘我国’检察署之法医师，同具公务员身份，其所制作之鉴定书，并无显不可信之情况。且鉴定证人即当时任职刑事警察局法医室主任于第一审亦证称：大陆公安机关之鉴定报告已达世界法医学界之标准等语，上述鉴定数据复经其复鉴认定无讹，因认大陆公安机关所制作之法医学鉴定书、物证检验报告书、痕迹鉴定书（同属传闻证据）……均无显不可信之情况，而应类推适用同法第159条之四第1款规定，认均具有证据能力。” “……上述大陆公安机关侦查员所制作之询问笔录，系在可信之特别情况下所制作；而上述公安机关侦查员又系大陆政府所依法任命具有侦查权限之公务人员，则其对付光选所制作之询问笔录（即文书），基于时代演进及事实需要，在解释上亦应可类推适用同法第159条之四第3款规定，而承认其证据能力。”

数据来源：台湾地区“司法院”法学资料检索系统。

持“肯定说”的裁判作出时间均在两岸司法互助协议实施之后，但涉及案件取证活动发生在两岸司法互助协议实施之前。相关裁判为证据的证据能力认定设定了“实质”而非“形式”的评价标准，适用“刑事诉讼法”第159–4条第3款认定大陆方面公安机关的笔录的证据能力。台湾地区“最高法院”2011年度台上字第4813号刑事判决的论证方式，首先否定了适用“刑事诉讼法”第159–2条、第159–3条、第159–4条第1款将大陆方面公安机关视为台湾地区侦查辅助机关的判断，在“时代演进”“事实需要”和学说发展的前提下，对第159–4条第3款“可信之特别情况下所制作”的标准进行阐释，设定了具体的评价标准。

对于同被认定为“传闻证据”的大陆方面公安机关法医学鉴定书、物证检验报告书、痕迹鉴定书，台湾地区“最高法院”2012年度“台上字第900号”刑事判决则适用第159–4条第1款的例外，赋予其证据能力。该裁判在回应上诉意见时，运用结果取向的解释方法，试图调和适用“刑事诉讼法”第159–2条、第159–3条和适用第159–4条之间的矛盾，指出在案件中使用两种路径中任一种均能得到同样结论。[①]

2.“向侦查辅助机关陈述的例外”的具体化

“向侦查辅助机关陈述的例外”包括被告以外之人出庭（第159–2条）、被告以外之人无法出庭（第159–3条）两种情形，而后者又分为被告以外之人死亡、无法记忆、传唤三种情况。

在类推适用的容许性方面，台湾地区“最高法院”2012年度台上字第900号刑事判决认为，台湾地区“刑事诉讼法”第159–2条和第159–3条中的司法警察可以包括大陆方面的公安机关，其理由是两岸已签署两岸司法互助协议，打击跨境犯罪、保护被害人权益需要两岸司法部门加强合作，从时代发展和打击犯罪的实际需要出发，指出类推适用具有正当性。

在证据合法性的评价方面，台湾地区“最高法院”在肯定两岸司法合作和大陆刑事诉讼法治发展的同时，依照《中华人民共和国刑事诉讼法》对取证程序的合法性进行了评价。台湾地区“最高法院”2013年度台上字第675号刑事判决中，法官肯定了下级法院针对上诉人提出的公安机关未全程同步录音录影、夜间讯问等质疑，参考《中华人民共和国刑事诉讼法》规定，认为相关笔录有当事人签名，符合取证地的证据合法性要件。

针对两岸跨境取证中证人出庭难问题，裁判对适用台湾地区“刑事诉讼法”第159–3条规定被告以外之人无法出庭的三种情形提出了具体标准。案件1的台湾地区“最高法院”2010年度台上字第5360号刑事判决指出，共同犯罪人在大陆被羁押后判处死刑的情形下，该名共犯作为“被告以外之人”在公安机

---

① 台湾地区“最高法院”2012年度台上字第900号刑事判决：“……依上述说明，不论依同法第159条之三第3款，或同条之四第3款规定，均可获致相同之结论，自难指摘原判决采证违法。”

关询问时所为之陈述，可以依照第159–3条第1、3款而获得证据能力。台湾地区"最高法院"2008年度台上字第1021号刑事判决强调了法官不能仅仅因为两岸间的现实困难，就放弃传讯证人出庭的努力，指出对证人基于客观原因无法出庭的情况要强化说理，以符合保障被告人诘问权的要求。

（三）小结

在台湾地区"刑事诉讼法"建立传闻证据规则，而两岸司法合作缺乏足够制度资源情况下，两岸司法合作面临困难。台湾地区"最高法院"通过"法官造法"，运用类推的方式，将两岸司法互助取证的证据能力认定纳入"刑事诉讼法"第159–1条至第159–5条的框架内。经检索台湾地区Lawsnote数据库，前述台湾地区"最高法院"裁判均获得了一定数量的引用。① 尽管台湾地区的司法部门并非奉行判例法传统，但对裁判的引用体现了法律见解的重要性及传播。有实证研究文献指出，下级法院在适用"特信性文书例外"和"向司法警察供述的例外"上存在较大分歧，下级法院适用"特信性文书例外"裁判数量约为适用"向司法警察供述的例外"裁判数量的三倍。② 裁判见解虽然具有创新性，对实务发展产生了一定影响，但也造成了实务上的分歧。

三、通过"统一法律见解"选择的证据能力认定路径

为化解不同法律意见带来的裁判分歧、实现"同案同判"，台湾地区"最高法院"往往通过遴选"最高法院判例"和通过"最高法院决议"来统一法律见解。③ 台湾地区"最高法院"2017年刑议字第6号提案提出了以下问题：除经台湾地区立法机构审议之司法互助协议（协议）另有规定者外，被告以外之人

① 按引用次数从高到低排序：台湾地区"最高法院"2011年度台上字第4813号刑事判决（203次）、2016年度台上字第2134号刑事判决（149次）、2008年度台上字第1021号刑事判决（50次）、2012年度台上字第900号刑事判决（21次）、2007年度台上字第5388号刑事判决（18次）、2010年度台上字第5360号刑事判决（13次）、2013年度台上字第675号刑事判决（13次）。需要说明的是，本文仅就裁判的被引用数量进行初步检索，未对其中涉及两岸司法互助取得言词证据的证据能力认定的见解及其他见解的引用情形进行区分。

② 参见蔡金林：《两岸司法互助与跨境证言的证据能力：以台湾法院判决为中心》，载福建省检察官协会、海峡两岸检察制度研究中心：《2016年海峡两岸检察制度研讨会论文集》，第13—38页。

③ 相关制度介绍参见唐丰鹤：《台湾判例制度三论》，《台湾研究》2014年第2期，第73—79页；蔡金林：《台湾地区法院"统一法律见解制度"改革研究》，2018年厦门大学台湾研究院法律研究所硕士学位论文，第8—16页；刘文戈：《论台湾地区判决先例的查明及适用》，《台湾研究集刊》2017第3期，第44—52页。

在非台湾地区警察机关警员询问时所为陈述，能否依台湾地区“刑事诉讼法”传闻例外相关规定判断证据能力？针对该问题，台湾地区“最高法院”于2018年1月作出“最高法院”2018年度第1次“刑事庭会议决议”（以下简称“2018年第1次刑庭决议”），确立了依照“刑事诉讼法”第159–2条、第159–3条“向侦查辅助机关陈述的例外”，判断司法互助取证的证据能力的法律见解。本部分拟对该决议的内容及论证路径简要介绍，并分析该次会议不同提案中的问题。

（一）“2018年第1次刑庭决议”的内容及论证路径

“2018年第1次刑庭决议”认为被告以外之人于台湾地区以外的警察调查笔录中的陈述，可以类推适用“刑事诉讼法”第159–2条、第159–3条“向侦查辅助机关陈述的例外”，被认定为具有证据能力。“2018年第1次刑庭决议”的论证主要包括以下几点：

第一，被告以外之人于台湾地区以外的警察调查笔录中的陈述，不能适用“刑事诉讼法”第159–4条。“特信性文书例外”要求文书具有“例行性”要件，不能是针对个案的调查作为，因此，台湾地区司法警察的警询笔录不能适用第159–4条，台湾地区以外司法警察的警询笔录也就没有类推适用的基础。这一论证逻辑与台湾地区“最高法院”2007年度台上字第5388号刑事判决、2008年度台上字第1021号刑事判决一致。

第二，司法互助取证可以基于法理上“同一规范、相同处理”的逻辑，类推适用“刑事诉讼法”第159–2条、第159–3条。在比较法的视野下，台湾地区“刑事诉讼法”的立法体例不存在对司法官以外主体进行扩大解释的空间。为适合“社会通念”，在保障被告诘问权基础上，法院可以类推适用第159–2条、第159–3条来判断司法互助取证的证据能力。针对类推适用的容许性，台湾地区“最高法院”以往的决议已经对证据法则进行过“类推适用”，[①] 相关先例可以提供正当性支撑。

第三，适用“刑事诉讼法”第159–2条、第159–3条应以保障诘问权为原则。从台湾地区“刑事诉讼法”的精神看，传闻证据例外的规则应兼顾保障被告人的诘问权。第159–2条确立了“相对可信”和“必要”要件，证据并非“一经诘问即有证据能力”。第159–3条确立了“绝对可信”和“必要”要件，这些要件的解释和适用应当以“非可归责于”公权力机关的事由为原则。

① 参见台湾地区“最高法院”2013年度“第13次刑事庭会议决议”。

（二）"否定说""折衷说"的不同见解

台湾地区"最高法院"2018年度第1次刑事庭会议上，有与会者提出了"否定说"和"折衷说"两个提案。尽管会议最终决议是采"肯定说"，但"否定说"和"折衷说"中的论述也代表了台湾地区理论和实务上的意见。

关于传闻证据例外的论述脉络，"否定说"和"折衷说"均从公法上诘问权的保障作为框架，突破了"肯定说"仅探讨"刑事诉讼法"上诘问权的论证模式。"否定说"援引了台湾地区宪制性制度中的"正当法律程序"规定、《公民权利与政治权利国际公约》关于诘问权保障的规范，其中后者经由"公民与政治权利国际公约及经济社会文化权利国际公约施行法"成为台湾地区的"法律渊源"。在这一论述脉络中，"否定说"以绝对法律保留原则来审视被告人权利的保障制度，排除了扩大"刑事诉讼法"第159–1条至第159–4条适用范围的可能性。

"折衷说"在公法上诘问权保障的脉络下，结合台湾地区"大法官解释"、[①]欧美的法学理论以及台湾地区的司法实践，从对诘问权限制的角度提出了允许跨境取证获得证据能力的方案，主要包括按照"义务法则""归责法则""防御法则"和"佐证法则"。"折衷说"尝试融合美国法上"传闻法则"和欧洲人权法院发展出"超国性'对质诘问例外法则'"，在承认和回应现状基础上，对台湾地区的刑事诉讼实务进行重构。

此外，"否定说"还对台湾地区"最高法院"2013年度第13次刑事庭会议决议进行分析，探讨类推适用问题，指出该先例的事实背景与跨境取证的情形不相同，刑事法上的类推适用应遵循"禁止不利于被告"原则。

（三）小结

2018年第1次刑庭决议为包括两岸司法互助在内的台湾地区跨境取证的证据明确了应适用"向侦查辅助机关陈述的例外"，有利于台湾地区审判体系统一适用"法律"。尽管2018年第1次刑庭决议出台时间只有1年，其已被下级法院引用10次。值得注意的是，"最高法院决议"作为台湾地区实务上广泛运用的统一法律见解形式，其正当性一直存疑。在罪刑法定的刑事法原则下，"最高法院决议"是否可以对证据规则进行扩张或者类推适用也存在争议。在台湾地区"大法官解释"制度下，"决议"和"判例"都是"合宪性审查"之标的。

① 台湾地区"司法院释字第582号解释"。

2018 年第 1 次刑庭决议的存续及实际效果还有待长期检验。

四、对台湾地区实务见解变迁的评析与展望（代结语）

综上所述，台湾地区“最高法院”通过“法官造法”填补了“刑事诉讼法”上跨境取证的证据能力规定的漏洞，为两岸司法互助的有效开展提供了可能。而台湾地区“最高法院”的 2018 年第 1 次刑庭决议则将认定两岸司法互助取证证据能力的路径确定为依照“刑事诉讼法”第 159–2 条、第 159–3 条。未来，两岸司法机关跨境取证实务中，需要遵循台湾地区“刑事诉讼法”第 159–2 条、第 159–3 条的见解，方能有效打击犯罪，提高两岸司法合作的质量。

除了政治因素，台湾地区学理和司法体制发展同样对两岸司法互助取证的良性发展产生影响。尽管有学说支持台湾地区“最高法院”提出有利于两岸司法合作的见解，[①] 台湾地区的教科书和学术研究对两岸司法互助取证的证据能力认定路径的看法以批判为主。以前文列举的台湾地区“最高法院”2012 年度台上字第 900 号刑事判决、2011 年度台上字第 4813 号刑事判决为例，两个裁判围绕两岸司法互助取证的见解招致了大量的批判，[②] 有些批判甚至来自较有影响力的教科书。[③] 当然，从审判独立的角度看，已经做成的裁判见解很难被推翻，而作为司法规则的 2018 年第 1 次刑庭决议则有可能面临公法上的质疑。有文献认为，证据能力受到“法律保留原则”的约束，证明力才是司法裁量的范围，对“刑事诉讼法”的文本扩大解释以纳入被排除的证据类型的做法，正当性存疑。[④] 学界一般主张从“刑事诉讼法”相关条文的制度目的出发，以诘问权保

① 例如，台湾地区“最高法院”2012 年度台上字第 900 号刑事判决曾援引支持适用“特信性文书例外”的见解，参见林永谋：《刑事诉讼法释论（改订版）》（中册），作者 2010 年 12 月自版，第 112 页。

② 据不完全统计，持否定说的文献包括李佳玟：《境外或跨境刑事案件中的境外证人供述证据："最高法院"近十年来相关判决之评释》，《台大法学论丛》43 卷 2 期（2014 年 6 月），第 489—548 页；萧百麟：《经由司法互助取得证据之证据能力》，《刑事法杂志》58 卷 5 期（2014 年 10 月），第 143—180 页；郑铭仁：《从杜明雄兄弟强盗杀人案件谈实行大陆证据之可行性——以供述证据为核心》，《刑事法杂志》58 卷 5 期（2014 年 10 月），第 39—55 页。

③ 参见林钰雄：《刑事诉讼法》（上册），台北：新学林出版股份有限公司，2017 年，第 489—491，518—544 页。

④ 参见林石猛：《被告以外之人未经具结之侦讯笔录有无证据能力？——“最高法院”2013 年度第 13 次刑事庭会议决议（一）“违宪”疑义之探讨》，《月旦裁判时报》第 73 期（2018 年 7 月），第 51—60 页。作者对台湾地区“最高法院”2013 年度“第 13 次刑事庭会议决议”进行批判，并质疑了“2018 年第 1 次刑庭决议”。

障作为证据能力的实质审查标准。未来，如有当事人声请“司法院大法官”审查2018年第1次刑庭决议，该决议如何通过法律保留、比例原则等公法原则的检验，尚待观察。

2016年以来，台湾地区开展新一轮“司法改革”，司法体制迎来重大变革。其中，“统一法律见解”制度已经被“法院组织法”草案所修正，“最高法院”将大幅缩减员额，过渡期内设立“大法庭”来统一见解。“大法庭”设立后，是否会延续2018年第1次刑庭决议形成的见解？需要跟踪观察。此外，台湾地区2018年通过的“宪法诉讼法”建立了“裁判宪法审查”制度，赋予“司法院大法官”直接审查“最高法院”裁判见解的权力。作为对“刑事诉讼法”的类推适用，台湾地区“最高法院”裁判中的见解将直接受到诘问权保障的审视。从公法上诘问权保障的角度，探讨两岸司法互助取证的证据能力认定，是一个长期的课题。

本文原载于《现代法治研究》2019年第1期

教育与社会篇

普及化趋势与中国大陆高等教育发展的战略选择

——兼论两岸高等教育交流与合作

别敦荣 易梦春

普及化是21世纪世界高等教育发展的主要趋势。世界主要发达国家的高等教育发展起步较早，高等教育毛入学率基本都在20世纪末突破了50%，进入到高等教育普及化阶段。中国大陆的高等教育发展起步相对较晚，在21世纪初才迈入大众化阶段，但随后发展速度很快，仅用了十年左右的时间，就进入到大众化阶段的中后期，目前正快速迈向普及化阶段。现代高等教育发展的主要动因源于经济社会发展需求的扩大，高等教育发展不仅表现为规模的增长，而且表现为质性的变化。规模增长是20世纪中后期以来世界高等教育发展的主要特征，规模增长到一定程度就带来了对既定高等教育系统的冲击，高等教育的受众、功能、组织形式等必定发生重大的改变。据预测，就大陆而言，未来3—6年高等教育毛入学率将超过50%。为了能够顺利过渡到普及化阶段，大陆已经开始着眼未来进行战略部署。

一、大陆高等教育普及化发展趋势

发展高等教育是人类社会文明与进步的重要途径，尽管规模增长会带来一些问题，但是，任何一个处于发展中的国家都不会有意中止其高等教育规模的扩张。大陆高等教育发展起步较晚，在一百多年的发展过程中经历了许多坎坷，但不管是过去还是将来，让更多的人接受高等教育始终是其发展宗旨。

（一）大陆高等教育发展历程

大陆高等教育的发展历程大致可以分为两个阶段：第一阶段为1949年以前的清朝末年和民国时期，现代高等教育产生并得到了初步发展；第二阶段为

1949年以来，新的高等教育体系建立起来，20世纪末发展速度逐步加快。19世纪后期，清政府开办的部分洋务学堂已具有高等教育的性质，1904年，清政府颁布了“癸卯学制”，第一次形成了从初等教育到高等教育完整的现代学校教育制度。20世纪20年代到30年代，随着现代科学在大陆逐步得到发展，通过借鉴西方的经验，结合中华文化和传统，现代高等教育制度逐步构建起来。在国外接受过良好科学教育的人才纷纷回国，并在高等教育的发展中发挥重要作用，一批知名大学发展起来，并形成了自身的办学理念和教育教学制度。1937年卢沟桥事变后，日本开始全面侵略我国，我国高等教育受到重创。但即使是在战火中，我国高等教育的发展依旧没有中断，大学纷纷内迁，在异常艰苦的环境下坚持办学，培养人才，开展学术研究，学生规模和教师规模都保持了一定的增长。总体看来，1949年以前中国大陆高等教育的发展是十分有限的，但在艰苦的探索过程中所积累的宝贵经验为两岸高等教育之后的发展奠定了基础。

1949—1956年，通过“院系调整”、改革学制、改革课程等方式，中国大陆建立起了新的高等教育体系，高等教育规模稳步增长，在校生规模由约11.7万人增长到约40.8万人。1957—1959年，受整个社会发展环境的影响，大陆高等教育在校生数在三年内翻了一番，显然，这种增长是不可持续的，很快便得到了调整，1961年开始，高等教育规模逐步回归理性的扩张。[①]但在随后的十年“文革”时期，高等教育陷入停涨期。这一时期高等教育规模非常小，按照马丁·特罗教授的划分标准，处于精英高等教育阶段，但与欧美国家不同的是，此时大陆高等教育的受众并非是那些出身好、天赋异禀的民众，而更多的是平民子弟，这一特殊现象在某种程度上使大陆高等教育具备了部分普及化高等教育理念。[②]改革开放以来，大陆高等教育开始进入到稳步发展时期，政策环境逐步开放，高等教育规模得到增长，教育理念不断更新，制度体系逐渐完善，高校办学条件和水平都有显著提升。经过30多年的稳步发展，尽管在办学模式、教学方式等方面都还保留部分以往的痕迹，但总体来看，大陆高等教育正在快速向普及化阶段迈进。

① 陈武元，洪真裁：《建国后17年中国高等教育发展评价与启示》，《东南学术》，2007年第3期，第114—115页。

② 别敦荣，王严淞：《普及化高等教育理念及其实践要求》，《中国高教研究》，2016年第4期，第1—8页。

（二）大陆高等教育规模增长趋势

改革开放初期，大陆高等教育迅速恢复了秩序，规模逐步扩张，1990年毛入学率达到3.4%。1999年实行高校扩招后，高等教育规模有了迅猛增长，到2002年，中国大陆高等教育总规模达到1463万人，毛入学率达到15%。[①]随后，大陆高等教育毛入学率以年均近2%的增长量不断攀升，到2015年，高等教育在学总规模达到3647万人，毛入学率达到40.0%，[②]步入高等教育大众化阶段的中后期[③]。总体来看，中国大陆高等教育规模发展的速度之快在世界范围内是很少见的。世界主要发达国家高等教育毛入学率从5%提升到大众化水平15%，美国用了30年，日本用了23年，英国用了16年，韩国用了14年，澳大利亚和德国均用了10年；根据对48个国家高等教育发展的统计，从大众化进入普及化所花的平均时间为20至25年。[④]作为一个人口大国，我国高等教育毛入学率从5%提高到15%，仅用了9年的时间，毛入学率从15%到40%，仅用了13年的时间。从区域发展来看，截止到2015年末，我国已有8个省或直辖市的高等教育毛入学率超过50%，其中，上海市、北京市、天津市的高等教育毛入学率分别在2002年、2003年、2005年就突破了50%。

从高等教育在学总规模的增长趋势看，在经历了1999—2005年大幅增长后，大陆高等教育规模增长已趋于平稳，近3年的年增长率都维持在2.4%—4.1%之间。若以近五年来最低的年增长率2%计算，到2020年中国大陆高等教育在学总规模将达到约4027万人，增幅为380万人。以高等教育毛入学率作为主要衡量指标，相关学者对大陆高等教育进入普及化阶段的时间进行了预测，主要有以下几种结果：2019年至2020年之间[⑤]、2018年至2022年之间[⑥]、2020

① 教育部：《各级教育毛入学率》[EB/OL]. 2016年9月1日，http：//www.moe.gov.cn/s78/A03/moe_560/jytjsj_2014/2014_qg/201509/t20150901_204903.html.

② 教育部：《2015年全国教育事业发展统计公报》[EB/OL]. 2016年7月6日，http：//www.moe.gov.cn/srcsite/A03/s180/moe_633/201607/t20160706_270976.html.

③ 别敦荣：《谋划世纪中叶发展愿景的战略举措——〈高教30条〉精神解读》，《湛江师范学院学报》，2012年第33卷第5期，第5—7页。

④ 高书国，杨晓明：《中国人口文化素质报告》，北京：社会科学文献出版社，2004年，第226页。

⑤ 别敦荣：《普及化高等教育的基本逻辑》，《中国高教研究》，2016年第3期，第31—42页。

⑥ 易梦春：《我国高等教育普及化进程及其影响因素——基于时间序列趋势外推模型的预测》，《中国高教研究》，2016年第3期，第47—55页。

年[①]和2022年[②]。2016年4月发布的《中国高等教育质量报告》称，预计到2019年，大陆高等教育毛入学率将达到50%以上[③]。综合以上预测可以看出，尽管大陆高等教育规模增长已趋于平缓，但在未来3—6年进入高等教育普及化阶段已毫无悬念。

（三）大陆高等教育普及化发展的推动力量

随着时间的推移，大陆高等教育普及化发展趋势越来越明朗。在过去30多年的发展中，多种力量推动了高等教育规模的扩张，包括政府政策的直接推动，社会经济发展的需要，民众自身发展的需求，等等。就实际情况来看，在未来很长一段时间里，这些推动力量还将继续发挥作用，其中，最主要的是来自民众自身发展的诉求、社会经济发展的需要以及国家竞争力提升的需要。

第一，民众自身发展的诉求。受限于经济社会发展水平等因素，在很长一段时间里，大陆只有非常少的民众有机会接受高等教育。随着社会不断发展和进步，人们的物质生活水平不断提高，对自身发展的向往和追求也不断增强，接受高等教育的诉求也越来越强烈。接受高等教育的需求主要来自两个群体：高等教育适龄人口和非适龄人口。从适龄人口的需求来看，大陆高中阶段的毛入学率自2010年起就突破了80%，2015年达到87.0%[④]，这说明绝大多数的适龄人口都已接受了高中教育。根据资料测算可知，高考报名人数占18岁人口的比例和高中升大学的升学率都在不断攀升。[⑤]随着人们对知识、对真理、对自身发展的不懈追求，高中教育已不能满足人们的教育需求。非适龄人口接受高等教育的需求主要分为两类：一类是接受本专科教育的需求，一类是接受研究生教育和继续教育的需求。攻读成人本专科是大陆高等教育非适龄人口首次接受高等教育的一大途径，成人本专科在学人数在过去的20年里不断攀升，从

① 高书国，杨晓明：《中国人口文化素质报告》，北京：社会科学文献出版社，2004年，第230页。

② 胡德鑫，王漫：《2016—2032年我国高等教育规模的趋势预测》，《教育学术月刊》，2016年第6期，第3—7页。

③ 教育部：《首份高等教育质量“国家报告”出炉》[EB/OL]. 2016年4月8日/2016年9月1日，http：//www.moe.edu.cn/jyb_xwfb/s5147/201604/t20160408_237162.html.

④ 教育部：《2015年全国教育事业发展统计公报》[EB/OL]. 2016年7月6日/2016年9月20日，http：//www.moe.gov.cn/srcsite/A03/s180/moe_633/201607/t20160706_270976.html.

⑤ 易梦春：《我国高等教育普及化进程及其影响因素——基于时间序列趋势外推模型的预测》，《中国高教研究》，2016年第3期，第47—55页。

1996 年的 265.57 万人增长到 2015 年的 635.94 万人[①]。在未来一段时期，这样的需求还会继续存在。随着时代的进步，社会条件的改善，越来越多的适龄人口接受了本专科教育，渴望接受研究生教育和继续教育的人也越来越多。1996 年，硕士研究生招生考试报考人数约 20 万，而到 2016 年，报考人数上升到 177 万[②]，增长了 785%。由此可见，不论是适龄人口还是非适龄人口，接受高等教育已经成为广大民众共同的诉求，而这也是推动高等教育向普及化阶段发展的重要力量。

第二，社会经济发展的需要。高等教育发展能够促进经济发展和社会进步已是普遍共识。大陆高等教育进入到大众化阶段以来，各行各业都从高等教育发展所带来的高水平人力资本中获益。[③]随着经济持续稳步增长，社会信息化程度和知识经济成分的提高，人们对高等教育通过知识创新和高科技孕育新经济生长点的期望值增大，经济社会发展对知识创新、技术创新、制度创新的依赖程度也越来越大，对高等教育的依赖性不断增强。[④]从目前我国经济发展情况来看，随着经济增长速度的减缓，提质增效、转型升级的要求更加紧迫。创新驱动发展是目前我国推动经济发展的首要战略，力图改变以传统劳动力和资源能力驱动的经济发展模式，通过科技创新来驱动经济发展，而这需要大量的接受过高等教育的高级专门人才。在过去很长一段时间内，劳动力总体素质不高、创新能力不足限制了我国经济发展的转型升级和现代化社会的建设。到 2014 年，中国大陆就业人员中接受过大学专科以上教育的比例也仅有 16.05%[⑤]。所以，将主要劳动年龄人口平均受教育年限从 2015 年的 10.5 年提高至 11.2 年，将新增劳动力平均受教育年限从 13.3 年提高至 13.5 年，成为我国未来五年教育发展的一大目标。[⑥]由此可见，经济转型升级、创新驱动发展战略的推进都将进一步推动中国大陆高等教育规模的发展。

---

① 教育部:《2015 年全国教育事业发展统计公报》[EB/OL]. 2016 年 7 月 6 日 /2016 年 9 月 20 日，http: //www.moe.gov.cn/srcsite/A03/s180/moe_633/201607/t20160706_270976.html.

② 中国教育在线:《2016 全国研招调查报告》[EB/OL]. 2016 年 8 月 30 日，http: //www.eol.cn/html/ky/report2016/index.shtml.

③ 别敦荣:《普及化高等教育的基本逻辑》,《中国高教研究》，2016 年第 3 期，第 31—42 页。

④ 杨亚军，李洪天:《高等教育对经济社会发展的作用机制述评》,《黑龙江高教研究》，2006 年第 6 期，第 17—19 页。

⑤ 国家统计局人口和就业统计司:《分地区全国就业人员受教育程度构成》[EB/OL]. 2015 年 3 月 14 日，http: //www.yearbo okchina.com/navipage-n2016-030140000040.html.

⑥ 教育部:《"十三五"规划的核心理念是促进人的全面发展》[EB/OL]. 2016 年 9 月 10 日，http: //www.moe.gov.cn/s78/A24/s7670/s7672/201603/t20160328_235577.html.

第三，国家竞争力提升的需要。在全球化时代，国际竞争越来越激烈，竞争不仅体现在经济发展，还体现在社会发展的方方面面。尽管我国已经成为仅次于美国的第二大经济体，但在综合竞争力方面还有很大的提升空间。在《2016—2017年全球竞争力报告》中，我国综合竞争力排名第28位。从这份报告可以看出，我国在“市场规模”方面已位于全球首位，“宏观经济环境”方面排在全球第8,但在除此之外的“制度建设”“基础设施”“卫生与初等教育”“创新水平”等十项指标中，我国均排在了30名之后，在“高等教育与培训”指标上排名第54位。[①]从高等教育的发展来看，世界主要发达国家绝大多数都在上世纪末就已进入到高等教育普及化阶段，例如，美国、英国、日本、韩国的高等教育毛入学率分别在1975年、1996年、1993年、1988年就突破了50%。发达国家高等教育平均毛入学率在1994年就达到51.61%[②]。高等教育不仅是评价国家竞争力的标准之一，同时也承担着为各行各业发展提供高水平人力资源的重任。在国际竞争的压力下，出于提升国家竞争力的需要，我国高等教育规模还将进一步增长。

二、我国高等教育发展的主要特点

在过去几十年的发展过程中，伴随着规模的扩张，中国大陆高等教育系统的各方面都发生了重要变化。通过分析其发展历程，可以发现大陆高等教育在教育理念、教育体系、发展方式等方面都具有鲜明的特点。

（一）平民教育理念贯彻始终

从大陆高等教育发展的历程中可以看出，不论是在精英化阶段，还是在大众化阶段，平民教育理念都得到了充分的体现。从接受高等教育的机会来看，大陆高等教育始终立足于平民阶层，向普通民众家庭子弟开放，同时还向经济困难的学生提供学费或助学金支持。1949年，大陆高等教育毛入学率仅有0.26%，就规模而言，处于高度精英化阶段，但当时实行发展大众的文化教育政策,“大学必须为广大工农青年和工农干部开门”[③]。1950年颁布的《高等学校暂

① World Economic Forum. “*Global Competitiveness Index*”, 2016年9月30日，http://reports.weforum.org/global-competitiveness-index/country-profiles/#economy=CHN.

② UNESCO. “*Gross enrolment ratio by level of education*”, 2016年9月10日，http://data.uis.unesco.org/index.aspx？ queryid=142&lang=en#.

③ 别敦荣，朱晓刚:《我国高等教育大众化道路上的公平问题研究》,《北京大学教育评论》,2003年第3期，第54—59页。

行规程》明确规定:"凡满十七岁、身体健康，在高级中学或同等学校毕业或有同等学力，经入学考试及格者，不分性别、民族、宗教信仰，均得入学"[①]。这表明，大陆高等教育的发展具有鲜明的平民教育特征。1977 年"文革"结束后高校招生考试恢复，面向"工人、农民、上山下乡和回乡知识青年、复员军人、干部和应届高中毕业生"招生，入学选拔标准严格实行"分数面前，人人平等"。1995 年颁布的《中华人民共和国教育法》规定：中华人民共和国公民不分民族、种族、性别、职业、财产状况、宗教信仰等，依法享有平等的受教育机会。1999 年，为了满足更多的普通民众接受高等教育的需求，中国大陆实行了高等教育大扩招，1998 年高等教育毛入学率仅有 6.8%，到 2002 年则增长到 15.3%，步入高等教育大众化阶段。由此可见，不论是小规模时期还是大规模时期，大陆高等教育都保持了面向平民阶层，保障普通民众接受高等教育的权利，通过不断扩大高等教育的容量，来满足广大民众接受高等教育的需求。从教育目的来看，大陆高等教育始终保持与普通民众的生活和社会生产紧密联系。1950 年《高等学校暂行规程》指出，要培养"具有高级文化水平，掌握现代科学和技术的成就,全心全意为人民服务的高级建设人才"[②]。当大陆高等教育进入大众化阶段，普通民众接受高等教育的机会显著增加，为了满足广大民众多样化的需求，大陆高校纷纷开办了各种层次和类别的课程与专业，大力推动应用型专业的发展，同时还开设了各种职业教育科目和培训项目。这种以满足平民需求为导向的高等教育理念和实践使大陆高等教育的发展拥有广泛的群众基础。随着高等教育大众化和普及化的不断推进，平民教育理念在大陆高等教育中也在不断地深化。

（二）高等教育系统庞大、年轻

经过近十多年的迅猛发展，大陆高等教育已经发展成为一个年轻而庞大的高等教育系统。从学生规模来看，大陆高等教育在学总规模位于世界首位。联合国教科文组织统计数据显示，2014 年，世界高等教育总在学规模约为 2.07 亿人[③]，我国高等教育规模所占比例达到 17.2%。我国和印度已超越美国成为世界高等教育规模最大的两个国家。从高等院校的规模来看，2014 年，我国的高

① 《高等学校暂行规程》,《人民教育》，1950 年第 5 期，第 68—69 页。

② 《高等学校暂行规程》,《人民教育》，1950 年第 5 期，第 68—69 页。

③ UNESCO，"*Education：enrolment by level of education*"，2016 年 9 月 10 日，http：//data.uis.unesco.org/index.aspx ？ queryid=130&lang=en.

等院校数仅次于美国，位居世界第二，约占世界高等学校总数的11%。[①] 截至2016年5月30日，我国高等学校共计2879所，其中，普通高等学校2595所（含独立学院266所），成人高等学校284所。[②] 在普通高等学校中，就办学类型来看，分为本科院校和高职（专科）院校；就主办单位来看，分为公办、民办、内地与港澳台合办、中外合办等四种类型，具体的院校数量和校均规模如表1。

从高等院校的校龄来看，可以发现，这个庞大的系统还非常年轻。1949年，中国大陆高等学校共有205所，经过大规模“院系调整”后，到1953年仅剩181所，62年过去了，普通高等学校总数在2015年达到2560所。若忽略在此期间的高校撤并情况，则可认为目前92.9%的高校都是在这62年中建设起来的，它们的校龄均小于62年。以此方法推算可知，大陆约30%的高校校龄小于10年，约59.30%的高校校龄小于15年，约73.60%的高校校龄小于35年，约84.90%的高校校龄小于40年，具体见表2。由于中国大陆在很长一段时间都是由政府主导办校，所以，目前民办院校、内地与港澳台合办院校、中外合作办学院校的办学历史很短，民办院校的平均校龄只有16.3年，内地与港澳台合办院校、中外合作办学院校的平均校龄分别只有7.5年和6.6年。[③] 总体来看，大陆大部分的高等院校办学历史还不长，超过一半的高校办学历史不到15年，拥有60年以上办学历史的高校是极少数，整个高等教育系统还非常年轻。

表1　中国大陆普通高等学校规模

	普通高等学校	本科院校	专科院校	公办院校	民办院校	内地与港澳台合办	中外合作办学
校数（所）	2595	1236	1359	1854	734	2	5
校均规模（人）	10197	14444	6336	–	–	–	–

数据来源：普通高等学校数来源于中华人民共和国教育部公布的《2016年全国高等学校名单》，校均规模来源于《2015年全国教育事业发展统计公报》。

① 教育部高等教育教学评估中心:《中国高等教育质量报告2014》，北京：教育科学出版社，2016年，第16页。

② 教育部:《2016年全国高等学校名单》[EB/OL]. 2016年6月3日/9月20日，http://www.moe.gov.cn/srcsite/A03/moe_634/201606/t20160603_248263.html.

③ 平均校龄根据相应高校在其网站主页公布的创办时间测算而得。

表 2　2015 年中国大陆普通高等学校校龄情况

校龄	〈 62 年	〈 60 年	〈 40 年	〈 35 年	〈 30 年	〈 15 年	〈 10 年
学校范围	92.90%	92.4%	84.90%	73.60%	60.30%	59.30%	30.00%

注：本表数据由 1953 年、1975 年、1980 年、1985 年、2000 年、2005 年、2015 年普通高等学校数推算而得；原始数据源于 1981—2015 年《中国统计年鉴》。

（三）规模、结构、质量协调发展

大陆高等教育在较短的时间内实现了快速发展，依靠的主要是外延式发展方式，包括实行高校“大扩招”，新建或升格高校、增加学科和专业等。但在规模扩张的同时，高等教育的整体办学条件也有了大幅提升，结构逐步优化，质量建设稳步推进。从生均公共财政预算支出经费来看，2015 年普通高校生均公共财政预算教育事业费支出达到 18143.57 元，公用经费支出达 8280.08 元；2005 年普通高校生均公共财政预算事业费支出为 5375.94 元，公用经费支出为 2237.57 元。[①]10 年间，大陆高校生均公共财政预算事业费支出增长了约 237.5%，公用经费支出增长了约 270.0%。从层次结构来看，大陆高等教育在大力发展本科教育规模的同时，也增加了高职（专科）和研究生教育的规模。从科类结构来看，大陆高等教育发展始终包括了对科类结构的调整。1978 年教育部发布了《关于做好高等学校专业设置和改造工作的意见》，提出了新时期高等学校专业设置与改造的原则；1984 年教育部组织对专业目录进行修订；20 世纪 90 年代，大陆高等教育大幅压缩学科专业数量，拓宽专业口径，重点发展急需学科专业和新兴学科专业。从组织类型结构来看，大陆高等教育包含了 7 种类型，包括普通高等教育、成人高等教育、网络高等教育、在职人员攻读研究生、研究生课程进修班、学历文凭考试和高等教育自学考试教育。随着高等教育总规模的扩张，各种教育类型也在不断地发展，其中，普通高等教育发展最为迅猛，网络高等教育也在近十年里得到发展，逐步发展成为与成人高等教育并驾齐驱的一种重要形式。尽管自学考试教育、在职研究生教育、研究生课程进修班等在整个高等教育体系中所占比例不大，但也可以满足部分民众的高等教育需求。

从空间布局来看，高等教育扩招以来，大陆更加注重缓和高等教育区域发

① 教育部:《全国教育经费执行情况统计公告》，2003、2004 年。

展的矛盾，新建本科院校向非省会城市倾斜，新增招生计划向西部倾斜，特别支持部分中西部地区的本科高校和高等职业学院提高办学水平，使高等教育空间布局更加均衡。2000年以来的新建本科院校分布于全国201个地级城市，覆盖率达60.36%；针对制约中西部高等教育发展的薄弱环节和突出问题，实施了“中西部高校基础能力建设工程”“中西部高校提升综合实力工程”“东部对中西部地区高校对口支持”等10项工程建设；中西部高校从2000年的544所增长到2014年的1363所，增加了约150.6%，中西部高校数量占全国的53.9%；东部与中西部地区高考录取率上的差距从2007年的17个百分点降低为6个百分点。①

在规模增长和结构调整的同时，大陆也不断加强高等教育质量建设。从上个世纪80年代开始，为了保证基本的办学质量，我国颁布并实施了一系列重要法规、条例。1985年，我国教育主管部门颁布了《关于开展高等工程教育评估研究和试点工作的通知》，开展高等工程教育评估研究和试点工作，建立起高校评估制度；1986年颁布《普通高等学校设置暂行条例》；1986—1989年期间，开展了以本科教育评估为主的学校整体办学水平试点评估、专业水平试点评估和课程教学质量试点评估；1990年颁布的《普通高等学校教育评估暂行规定》提出，建立、健全包括“合格评估”“办学水平评估”“选优评估”和“学校内部评估”在内的高等教育评估体系和评估制度；1999年，颁布《高等学校本科专业设置规定》，规定了高等学校专业设置的基本标准；2003年，将原有的三种类型的评估形式合并为一套整体的评估体系，建立起“五年一轮”的普通高等学校教学工作水平评估制度。2011年以来，中国大陆高等教育质量保障建设又有了新的发展，逐步建立起了分类指导、分工负责的高等教育质量监测评估制度，包括高等职业教育人才培养评估制度、“五位一体”本科教学评估制度和研究生教育学位及学科评估制度，分别实施了高职高专院校人才培养工作评估，本科院校分类评估，组织研究生学位授权点审核和合格评估，推行本科工程、医学专业认证，邀请国外评估机构开展国际评估，建立本科教学状态数据平台并发布质量报告，大力推动高校内部质量保障体系的构建。

① 教育部:《高等教育第三方评估报告（摘要）》[EB/OL]. 2015年12月4日，http：//www.moe.edu.cn/jyb_xwfb/xw_fbh/moe_2069/xwfbh_2015n/xwfb_151204/151204_sfcl/201512/t20151204_222891.html.

（四）以重点建设带动全面提升

从发展历史来看，中国大陆高等教育稳步发展的时间还不长，大多数高校所拥有的社会资源还极其有限，若想通过高校自身的能力在短期内全面提高办学条件和水平，进入世界一流大学的行列，着实不易。所以，在不断扩大高等教育规模满足广大民众的高等教育需求之外，我国始终将重点建设作为高等教育发展的主要战略。重点建设主要包括重点大学建设、重点学科专业建设。

在重点大学建设方面，在改革开放以前，大陆就开启了重点建设一批大学的计划。1954 年教育部发布《关于重点高等学校和专家工作范围的决议》，首次指定北京大学、清华大学、中国人民大学等 6 所高校为全国性重点大学，开启了重点大学的建设之路；1959—1960 年，又陆续确定 64 所高校为重点建设的学校；1978 年，最终确定了 88 所大学为重点建设大学。① 改革开放以后，大陆加大了重点大学建设的力度，在 20 世纪 90 年代，分别启动了重点建设 100 所左右的高等学校和一批重点学科的“211 工程”，以及为创建世界一流大学和高水平大学的“985 工程”。目前“211”工程大学共有 112 所，“985 工程”大学共有 39 所。2008 年以来，大陆对“211 工程”“985 工程”等重点建设项目共投入专项资金近 900 亿元（人民币）。② 2006 年，为了大力推动职业教育的发展，提升高等职业院校的办学水平，大陆实施了“国家示范性高等职业院校建设计划”，投入 20 亿元（人民币）重点支持 100 所高职院校的建设；2010 年又在原有基础上，新增 100 所左右国家骨干高职院校，继续推进高职院校的重点建设工作。在重点学科建设方面，1987 年中国大陆开展高等学校重点学科评估工作，由此拉开了国家重点学科建设的序幕。在进行国家重点学科建设的同时，中央各部委和地方教育主管部门也开始进行省、部级重点学科建设，逐渐形成了完整的重点学科建设体系。21 世纪初期，为了进一步推动学科发展，引入竞争机制，带动高校全面发展，大陆启动了“985 工程”优势学科创新平台和“特色重点学科项目”，对非“985 工程”、非“211 工程”高校中的特色学科和优势突出的学科给予支持。

通过这些项目的实施，大陆高等教育在人才培养、科学研究和社会服务方

① 别敦荣：《大学排名与中国的世界一流大学建设》，《教育科学文摘》，2015 年第 3 期，第 41—43 页。

② 教育部：《刘延东副总理在国务院学位委员会第三十二次会议上的讲话（2016 年 1 月 8 日）》[EB/OL]. 2016 年 3 月 8 日，http：//www.moe.gov.cn/jyb_xwfb/moe_176/201603/t20160308_232316.html.

面的整体实力有了显著的提高。随着高等教育进入到新的发展时期，新的重点建设项目陆续出台。2012 年，大陆启动了《高等学校创新能力提升计划》，也就是“2011 计划”，该计划力图通过任务牵引和中心建设推动高校创新、转变发展方式，促进高等教育质量的提高。①2015 年，大陆提出《统筹推进世界一流大学和一流学科建设总体方案》，对新时期高等教育重点建设做出了新的部署，将“985 工程”“211 工程”“优势学科创新平台”和“特色重点学科项目”等统一纳入“双一流”计划当中，创新重点建设机制，以学科建设为基础，推动高等教育内涵式发展。在高等教育规模不断扩张的过程中，重点建设始终是大陆高等教育发展的重要策略。通过重点建设，国家集中有限的财力，调动多方优质资源，办好一批高校、学科和专业，解决国家和地方经济、科技和社会发展的重大问题。同时，通过重点建设，推动高等教育体制的改革，提高教育质量、科研和管理水平。

（五）多样性发展格局基本形成

随着大众化的不断深入，中国大陆高等教育多样性发展的格局已基本形成。从教育类型来看，大陆高等教育主要分为普通高等教育体系和成人高等教育体系。2015 年，大陆有普通高校 2560 所，研究生培养科研机构 217 个，在校生达到 2816.44 万人；有成人高等学校 292 所，在校生有 635.94 万人。② 在普通高等教育体系中，已形成层次结构完整的本专科（高职）教育、硕士研究生教育和博士研究生教育；2015 年，本专科在校生达到 2625.30 万人，在学硕士生 158.47 万人，在学博士生 32.67 万人。普通高等教育的学校类型多样，有本科院校、高职（专科）院校和研究生培养机构，2015 年三种类型的学校数量比例约为 1.54：1.69：1；根据办学主体划分，高等学校的类型有公办院校、民办院校、内地与港澳台合办院校、中外合办院校等，2016 年以上院校分别达到 1854 所、734 所、2 所、5 所；公办院校还可以分为中央部属院校、部省共建院校、地方院校。从学位类型来看，分为专业学位和学术学位。专业学位以硕士层次为主，有 40 种，博士层次专业学位有教育博士、工程博士、临床医学博士等 6 种，学士层次专业学位有建筑学 1 种；2013 年，专业硕士和学术硕士在校生数的比例达到 1：1.77。从学生构成来看，普通教育体系中既有传统生源，也有非

---

① 教育部:《实施“2011 计划”提升高校创新能力》[EB/OL]. 2013 年 3 月 11 日，http：// www.moe.gov.cn/publicfiles/business/htmlfiles/moe/s7244/201303/148418.html.

② 教育部:《2015 年全国教育事业发展统计公报》，2016 年。

传统生源。从教育形式来看，主要是全日制教育，但随着学生结构和需求的多样化，在职教育也逐渐增多。成人高等教育体系的学校类型有远程教育学院、广播电视大学、职工大学、业余大学、职工医学院、管理干部学院等；教育形式分为脱产、业余、函授和远程网络教育等。总体来看，大陆高等教育的多样性特征已十分明显。

（六）与社会发展的融合度逐步扩大

改革开放以后，大陆高等教育体制改革逐步推进，高等学校的办学自主权逐步扩大，高等学校同生产、科研和社会其他各方面的联系不断加强，高等教育发展与社会发展逐步融合。主要表现在两个方面：一是社会力量参与办学逐渐增多；二是高等教育发展与社会发展需求结合地更紧密。

在计划经济时代，大陆高等教育是由政府投资包办的事业，办学经费均由政府下拨。改革开放之后，社会、经济发展迅速，有限的教育财政拨款已不能满足高等教育发展的需要，社会力量参与办学逐步得到发展。1997 年《社会力量办学条例》和 2003 年《民办教育促进法》的颁布，增强了社会力量参与办学的积极性。民办普通高校从 1999 年的 25 所增加到 2015 年的 459 所，由社会参与办学的独立学院发展到 275 所。① 社会力量参与办学的另一种形式是高校与社会企业、团体合作培养人才、开展研究。为建立高校与行业联合培养人才的新机制，2010 年起，大陆实施了系列“卓越计划”，推动高校与有关部门、行业企业共同制定培养目标、共同设计课程体系、共同开发优质教材、共同组织教学团队、共同建设实践平台，探索协同育人的新机制。

随着大众化的不断推进，大陆高等教育为社会各行各业输送的人才也越来越多，对社会发展所发挥的作用越来越大，高等教育发展与社会发展需求的结合日益紧密。为了满足社会经济发展对应用型和技术型人才的需求，大陆高等教育在人才培养类型上做出了调整，大力培养既具有理论基础又具有实践能力的人才。在过去的十几年里，大陆高等教育不断调整本专科学科结构，使其满足行业企业的需求。为适应社会经济形势对研究生教育需要的变化，从 2009 年起，大陆持续扩大专业学位研究生教育的规模，调整学术型和专业型研究生的比例。在科学研究方面，更加注重社会发展的实际需求，加强产学研合作，推动科研成果的转化。2009 年以来，中国大陆采取了构建产业技术创新战略联盟、

① 教育部：《2015 年全国教育事业发展统计公报》，2016 年。

共建行业特色高校、创新校地合作模式、建立研发和产业化基地、建设国家大学科技园等多项措施，推动高校深入开展产教融合、合作办学。2016 年，我国发布了《关于加强高等学校科技成果转移转化工作的若干意见》，要求各高校要引导科研工作和经济社会发展需求更加紧密结合，为支撑经济发展转型升级提供源源不断的有效成果。

（七）现代化教育体系建设逐步推进

现代信息技术正深刻地影响世界，改变着人们的生产方式、生活方式以及学习方式。全民教育、优质教育、个性化学习和终身学习已成为信息化时代教育发展的重要特征。中国大陆高等教育重视信息化建设，致力于建构现代高等教育体系。《教育信息化十年发展规划（2011—2020 年）》（以下简称《规划》）中指出，以教育信息化带动教育现代化，是教育事业发展的战略选择，要求进一步加强基础设施和信息资源建设，重点推进信息技术与高等教育的深度融合，促进教育内容、教学手段和方法的现代化，具体目标包括以下几项：第一，加强高校数字校园建设与应用，构建先进、高效、实用的高等教育信息基础设施，建立高等教育资源共建共享机制，提升高校教师教育技术应用能力；第二，加快对课程和专业的数字化改造，创新信息化教学与学习方式，提升个性化互动教学水平，创新人才培养模式；第三，构建数字化科研协作支撑平台，不断提高教师、科研人员利用信息技术开展科研的能力；第四，利用信息化手段，推进产学研用合作，加快科研成果转化，提高高校服务经济社会发展的能力，依托信息技术，面向社会公众开展学科教育、科普教育和人文教育等。以此为目标，《规划》还提出了优质数字教育资源建设与共享、学校信息化能力建设与提升等五项行动计划。① 从实际情况来看，大陆高等教育信息化建设的速度很快，数字校园或智能校园建设已经成为各高校发展的战略任务，基础设施信息化的建立和改造工作受到高度重视，高等教育资源共享平台、信息化教学资源开发以及信息化学习环境建设得到加强，远程教育、教育技术、大数据应用、MOOCs 等都在高校的办学中得到广泛应用。

（八）以改革促进高等教育发展

改革是大陆高等教育发展的主要动力源泉。通过持续不断的改革，中国大陆高等教育体制发生了很大的变化，民间资本开始进入高等教育领域，大大启

① 教育部：关于印发《教育信息化十年发展规划（2011—2020 年）》的通知 [EB/OL]. 2013 年 3 月 13 日，http：//www.moe.edu.cn/publicfiles/business/htmlfiles/moe/s3342/201203/xxgk_133322.html.

动了高等教育体系的活力，为高等教育规模增长奠定了基础。随后，大陆在高等教育的人才选拔、教育教学、管理体制等方面都进行了深刻的改革。在人才选拔方面，大陆不断深化招生考试制度改革，促进教育公平。2014 年出台的《关于深化考试招生制度改革的实施意见》要求，通过改革招生计划分配方式，改革考试形式和内容，改革招生录取机制，改革监督管理机制等方式，形成分类考试、综合评价、多元录取的考试招生模式，健全促进公平、科学选才、监督有力的体制机制。[①] 在教育教学方面，围绕提高人才培养质量，我国实施了"高等学校本科教学质量与教学改革工程""基础学科拔尖学生培养试验计划""卓越计划"和"科教结合协同育人计划"，等等，以此深化人才培养机制改革，探索多样化的人才培养模式。在管理体制方面，形成了中央和省两级管理，以省为主、统筹管理的新体制。[②] 近年来，大陆着力推进高等教育综合改革，以增强教育教学活力，突破人才培养体制机制障碍，全面提高高等教育质量。[③]

（九）高等教育国际化不断加强

高等教育国际化是我国改革开放事业的重要组成部分。最初我国主要以派遣学生出国留学、选派教师出国进修作为高等教育国际交流与合作的方式。[④] 20 世纪 90 年代以来，政府先后颁布了《中外合作办学暂行规定》《自费出国留学中介服务管理规定》《中华人民共和国中外合作办学条例》等行政法规，为高等教育国际化的深入发展提供了政策指导。从实际效果看，我国高等教育国际化的深度和广度不断得到拓展，在规模扩张和水平提高上都取得了显著进展。从出国留学人员来看，近五年来出国留学人数、公派出国人数、留学回国人数都大幅增加，出国留学人数和公派留学人数都翻了一番，留学回国人数增长了 203.4%。从外国来华留学生来看，不论是非学历学生还是学历学生都在不断增加，其中，学历学生增长幅度不断加大。作为高等教育国际化的重要形式，中外合作办学的规模也在稳步增长，本科及以上中外合作办学的规模在五年内增长了超过一倍。

---

① 中国教育在线：《考试招生制度改革方案发布》[EB/OL]. 2016 年 9 月 10 日，http：//www.eol.cn/html/ky/zsgg/.

② 纪宝成：《世纪之交中国高等教育管理体制改革的历史回顾》，《中国高教研究》，2013 年第 8 期，第 6—13 页。

③ 教育部：《坚定不移推动高等教育内涵式发展着力提升人才培养水平》[EB/OL]. 2012 年 12 月 18 日，http：//www.moe.edu.cn/s78/A08/A08_ztzl/s6799/s6800/201212/t20121206_145213.html.

④ 别敦荣，陈梦：《全球化时代我国大学的国际化战略》，《清华大学教育研究》，2013 年第 3 期，第 48—54 页。

（十）两岸高等教育交流合作不断加深

两岸高等教育交流合作曾经中断了很长时间，20世纪80年代以来，两岸合作交流发展很快。1985年批准北大、清华、厦大、中大等7所高校联合招收华侨、港、澳、台学生，开启了两岸高等教育交流合作的新篇章。随着两岸高校学历互认的实现，两岸高等教育的合作交流不断加深，招生规模不断扩大，大陆陆续向台湾高校开放了北京、上海、江苏等8个省市的招生。从台湾高校招收陆生规模来看，2011—2016年，面向大陆招收学士班学生的台湾高校数量从87所增加到142所，招收大陆学生进入硕士班的高校分别从39所增加到71所，博士班招生高校从12所增加到47所。学士班、硕博士班录取大陆学生人数从2011年的990名增长到2016年的2750名，增长了177.8%。大陆高校在招收台生方面，出台了很多优惠政策，吸引了更多的台生就读。2008年，在大陆高校及科研院所就读的台生为7031人，到2015年该数目上升至10870人，增长了54.6%。[①]从相关政策看，各高校还将加大招收台生的力度，继续推进免试招收台生的工作，进一步完善招生及培养管理制度，为台生在大陆就学创造更好的学习生活环境。[②]此外，两岸高校学生短期交流也不断升温。2013年大陆赴台短期研修生增加到2万多人，到大陆高校进行短期交流、交换的台生亦达1万多人。除了学生间的交流外，近年来，两岸高校合作模式取得了新突破，从一般的学术研讨、交流讲学拓展到合作办学、合作研究、共建基地等，开创了人才联合培养新模式。[③]

三、大陆高等教育发展的战略选择

大陆即将迎来高等教育普及化时代。就大陆高等教育自身的发展状况看，虽然从规模上达到普及化要求不是很困难的事情，但质性的挑战和问题还很多，例如，办学理念还比较陈旧，办学经费和资源还不足，办学效率、教育质量和水平还有待提高。面对高等教育发展新态势，我国已经并将继续采取一系列应对政策和战略，迎接普及化阶段的到来。

---

① 数据来源于《中国教育年鉴2009》和台湾“大学校院招收大陆地区学生联合招生委员会”。

② 人民网:《逾万台生在大陆就读》[EB/OL]. 2016年9月10日，http://tw.people.com.cn/n1/2016/0408/c14657-28259850.html.

③ 张宝蓉，韩晓燕:《2008年以来两岸高校青年学生交流的发展与前瞻——兼对厦门大学两岸青年学生交流的探讨》,《台湾研究集刊》，2015年第6期，第16—24页。

（一）“双一流”建设战略

多年来，通过实施重点建设战略，开展“211工程”“985工程”以及“优势学科创新平台”和“特色重点学科项目”建设等，不仅部分高校办学水平得到了提高，而且高等教育整体水平也有了显著的提升。但与此同时，重点建设也存在身份固化、竞争缺失、重复交叉等问题，需要加强资源整合，创新实施方式。[①]在高等教育大众化深化的攻坚阶段，如何解决质量问题，提升高等教育发展水平，实现从高等教育大国向高等教育强国的转变？2015年10月，我国发布了《统筹推进世界一流大学和一流学科建设总体方案》，确立了2020年、2030年、本世纪中叶的发展目标，通过建设一流师资队伍、完善内部治理结构、构建社会参与机制、着力推进成果转化和国际交流合作等措施，推动一批高水平大学和学科进入世界一流行列或前列，加快高等教育治理体系和治理能力现代化，提高高等学校人才培养、科学研究、社会服务和文化传承创新水平。[②]

（二）内涵式发展战略

自1999年“大扩招”以来，大陆高等教育主要采取的是外延式发展方式，通过增加高校的数量，扩大办学规模，新建学科专业，扩大校园面积，扩建基础设施，引进新的教职员工，带来了高等教育井喷式的快速扩张，满足了数以千万计的民众接受高等教育的需求。[③]当高等教育进入到平稳增长，即将迈进普及化的关键时期，必须实行以质量提升为核心的内涵式发展战略，构建面向全体国民的、更稳定、更具包容性和弹性的高等教育体系，以应对可能到来的一系列变化。内涵式发展的要求主要包括：第一，转变发展理念。转变外延式的发展理念，探索和遵循高等教育普及化阶段的发展规律和要求，更加注重规模、质量、结构、效益协调统一发展。第二，调整发展结构。继续向中西部地区和经济欠发达地区倾斜，增加这些地区适龄人口接受高等教育的机会，实现区域间高等教育均衡发展；明确和规范所有高校办学层次的定位，在本专科高等教育和研究生教育之间建立起有序的结构，使其保持合理的张力，以保证高等教育体系整体能够发挥应有的功能[④]。第三，构建和完善质量保障体系。通过深入

① 教育部:《推进世界一流大学和一流学科建设》[EB/OL]. 2016年9月10日，http：//www.moe.gov.cn/jyb_xwfb/xw_zt/moe_357/jyzt_2015nztzl/2015_zt15/.

② 教育部:《统筹推进世界一流大学和一流学科建设总体方案》[EB/OL]. 2015年10月24日/2016年9月20日，http：//www.moe.gov.cn/jyb_xxgk/moe_1777/moe_1778/201511/t20151105_217823.html.

③ 别敦荣:《论高校内涵发展》,《中国高教研究》，2016年第5期，第28—33页。

④ 别敦荣:《普及化高等教育的基本逻辑》,《中国高教研究》，2016年第3期，第31—42页。

推进管办评分离，构建高等教育质量保障公共治理新格局，强化高校办学主体意识，完善内部质量保障体系。

（三）多元化发展战略

在普及化阶段，大陆高等教育规模将进一步扩大，接受高等教育的学生类型会越来越多样化，非传统生源会逐渐成为主要的高等教育受众。不同年龄阶段、不同生活背景的学生在求学目标、学习能力、学习方式等方面都有很大的不同。采取多元化的发展战略，提高高等教育的包容性，构建起能够提供多样化、个性化教育的高等教育体系，是大陆高等教育发展的必然选择。多元化发展主要包括：第一，教育理念多元化。在普及化阶段，高等教育功能也将发生重大变化，它的主要目的是为大多数民众的生活做准备，提高人们对不断变化的社会的适应能力。由于高等教育受众求学目标的多样性，教育理念也应该更加丰富、包容和多元。第二，人才培养模式多元化。普及化高等教育是个性教育[①]，为了满足学生个性化、多样化的发展需要，为社会发展培养多种多样的高素质人才，要建立起与之相匹配的多元化的人才培养模式。第三，管理模式多元化。大陆高等教育组织系统非常庞大，要使庞大的系统具有生机活力，必须使各高校找准自己的方向，走特色化发展道路。这就需要建立高等学校分类体系，实行分类管理，同时发挥政策指导和资源分配的作用，引导高等学校合理定位，克服同质化倾向，形成各自的办学理念和风格，在不同层次、不同领域办出特色。第四，办学主体多元化。大陆高等教育发展的基本矛盾将长期维持“穷国办大教育”的形势，即高等教育大发展的强烈需求与公共财政资源不足之间的矛盾将长期存在。解决这一矛盾的根本出路在于办学主体多元化，即继续开展办学体制改革，充分发挥社会力量办学的积极性，发展各种形式的民办高等教育，积极开展公办、民办之间以及中外高校之间的合作办学。[②]

（四）开放发展战略

社会化是普及化高等教育的重要特征，高等教育的专业性决定了它从一开始就与社会有着不解之缘[③]。在国际化、全球化时代，普及化高等教育培养的人才将在社会人口中占据很大的比例，将直接参与社会各行各业的建设与发展，

① 别敦荣，王严淞：《普及化高等教育理念及其实践要求》，《中国高教研究》，2016 年第 4 期，第 1—8 页。

② 张兴，杨德广：《高等教育办学主体多元化研究》，上海：上海教育出版社，2003 年。

③ 别敦荣，王严淞：《普及化高等教育理念及其实践要求》，《中国高教研究》，2016 年第 4 期，第 1—8 页。

且将大规模地参与国际间的交流和全球事务的处理。为此，推进开放发展战略，增强高等教育的开放性，是保证普及化高等教育发展且有效发挥其功能的重要手段。开放发展包括对内开放和对外开放。对内开放主要是继续加强高等教育与社会的融合，加强产教研融合机制创新，参与国家创新体系建设，构建开放合作办学体系和开放式人才培养体系，完善社会参与治理体系，提高治理能力，建立全面开放的社会化高等教育办学和运行机制，增强高等教育发展的生机与活力。对外开放主要是进一步加强国际交流与合作，开放教育市场，适应国际交往与发展的需要，更稳健地推进“走出去”办学，主动融入“一带一路”进程，使高等教育具有更强的国际适应性和竞争力。

（五）创新发展战略

大陆高等教育发展所面临的形势是独特的，国际经验可资借鉴，但不能照搬。实现高等教育普及化，必须解放思想，创新发展理念，突破传统思维的桎梏，积极探索自主发展的新模式。创新发展主要包括：第一，人才培养创新。对于一些发达国家和地区而言，其高等教育在上世纪就进入普及化阶段，经过几十年的发展，已形成了稳定的人才培养体系。在全球化的趋势下，作为后发国家，必须适应自身经济社会发展的要求，构建有效的普及化高等教育人才培养体系，培养具有创新精神和实践能力的新型人才。创新性人才的培养要有新的思路，要改变惯用的“圈养”模式，根据普及化高等教育的特点，在人才培养过程和要素上下功夫，将创新元素融入其中。第二，科学研究创新。科学研究作为高等学校的主要职能，在普及化高等教育阶段能够发挥更积极的作用。科学研究的创新包括创新科学研究的组织和管理机制，激发师生的创新活力，打破院系藩篱、学科壁垒，加大高校与社会、高校与高校之间的合作，实现协同创新。第三，社会服务创新。进入普及化高等教育阶段，高校与社会的联系将更加紧密，社会服务的形式、内容将更加多样化，高校应当更加积极主动地开放办学，构建紧密的产学研融合体系，不断实现研究成果的应用转化；构建跨地区创新创业平台，在更大范围发挥服务社会的职能。

原文载于《清华大学教育研究》2017 年第 38 卷第 3 期

两岸高中历史教科书中的“美国”形象比较

——以“南一版”和“人教版”为例

张彩霞

一、前言

因应2002年开始实施的“九年一贯”课程，台湾教育主管部门成立了高中历史课程委员会，草拟《高中历史课程纲要草案》，在网站公布并经过公听会后，于2004年底定稿发布，据此纲要编纂的不同版本高中历史教科书，从2006年开始发售。由于《高中历史课程纲要草案》基本上以杜正胜的“同心圆理论”为框架，这样“台湾史”部分自然独立成册，从中国史中分离出来，而中国史中的明代中期以后、清史、民国史则被编入“世界史”，使台湾的高中历史教科书内容充斥着浓厚的“去中国化”和“盲目引介西方优势”[①]的意识形态。

历史教科书在历史教育中具有举足轻重的作用。其内容的差异阐释直接影响着青年学生对历史事件的差异认知，乃至决定其历史观与世界观的最终形成。自1949年分治以来，两岸就开始使用不同的历史教科书。受意识形态、政治立场、撰史者的史观等影响，两岸历史教科书的内容有很大的差异，引起两岸学

① 王仲孚:《台湾中学历史教育的大变动：历史教育论集二编（增订版）》，台北：海峡学术出版社，2005年，第16页。

者的关注和思考。[1] 如杨景尧的《两岸初中历史教科书比较研究》、陆安的《海峡两岸高中历史教科书之比较》、魏望的《我国大陆和台湾地区高中历史教科书比较研究》、佘怡颖的《海峡两岸高中历史教科书编写的比较研究——以“人民版”和“南一版”为例》、朱煜的《台湾高中新编历史教科书的基本特点与启示》、刘兴民的《战后台湾中小学历史教育与教科书的演变》等论文，着重于两岸历史教科书的内容、课程标准、教科书制度等方面的介绍和分析，这些研究对笔者把握两岸历史教科书的宏观脉络颇有启发。

本文在吸收已有研究成果的基础上，拟深入聚焦两岸高中历史教科书中关于美国形象的差异表述及其对青年学生所产生的影响。之所以将“美国”形象之差异阐释与影响研究单列出来做深入的挖掘和分析，是因为在两岸关系问题上，美国一直扮演着重要的角色，而两岸历史教科书在记载“美国”形象方面不尽相同，造成两岸青年学生对美国不同的认知。对执政者而言，则影响其对美国政策的制定，甚至两岸政策的制定也受其影响。本文以大陆“人教版”和台湾“南一版”高中历史教科书为载体，从美国的政治经济、美国在战争中的表现和中美关系等三个角度来比较分析美国的形象[2]，分析两者的不同之处，并试着说明造成阐释差异的原因以及这种差异造成的影响。

二、“现代国家政治体制的主流”还是“以偏概全”：美国的政经形象

（一）关于“美国建立”的差异阐述

1. 建立的过程

关于建立的过程，“人教版”教科书叙述比较简略，直接从1781年讲起，只用了一句话，“1776年，英属北美13个殖民地宣布独立，美国诞生。经过几年艰苦卓绝的战斗，1781年，美国终于打败了英国殖民军队。两年后，英国承

① 如杨景尧《两岸初中历史教科书比较研究》（《历史教学》2003年6期）、陆安《海峡两岸高中历史教科书之比较》（《中学历史教学参考》2005年6期）、魏望《我国大陆和台湾地区高中历史教科书比较研究》（四川师范大学硕士学位论文2012年）、佘怡颖《海峡两岸高中历史教科书编写的比较研究——以“人民版”和“南一版”为例》（华中师范大学硕士学位论文2008年）、朱煜《台湾高中新编历史教科书的基本特点与启示》（《教材研究》2002年11期）、刘兴民《战后台湾中小学历史教育与教科书的演变》（《历史教学》2005年6期）等论文。

② 中美关系本来也属美国对外关系的一部分，但本文研究的重点是“（中国）两岸”教科书中美国内容的不同，因此将中美关系单列出来，特此说明。

认美国独立”。[①]“南一版”教科书则记叙比较详细，从1607年的“五月花号”讲起，特别强调“他们是一群清教徒，为寻求信仰自由而离开故土，到北美洲去自建社会”[②]。然后，讲到殖民社会初期的发展，指出“移居北美的英国人主要是清教徒，他们因反对英国国教会的理念，在国内受到迫害，遂移民到‘新大陆’，试图建立一个信仰自由的新社会。殖民地没有国王、英国国教会与世袭贵族，社会上充满平等精神，个人只要有才能、肯努力，无论出身如何都有出头机会。”[③]在殖民地的政治生活方面，“南一版”教科书特别提到“殖民地因此逐渐发展出一种自治的政治型态。……议会的选举带来殖民地活跃的政治生活。”[④]论及与英国关系，台湾教科书站在殖民地人民的立场上去解读，“英国政府决定采强硬手段，遂通过多项高压的法律来惩罚殖民地人民。殖民地人民深感恐慌，要求与英政府妥协不成……大陆会议仍希望与英国保持和平关系，但是英国坚持以军事镇压殖民地。”[⑤]

由此可见，“人教版”只作简单的史实陈述，而“南一版”则于记叙美国建立过程中追求宗教自由、社会平等、反殖民统治等价值观方面多所着墨。一般而言，价值判断要比史实记忆对年轻读者的影响深远得多。

2.1787年宪法

关于“1787年宪法”制定的原因：两岸教科书均指出了13州各自为政的缺点。不同的是，“人教版”对这种弊端分析全面且深入，指出“各州之间互设关卡，造成商品流通不畅；各地经常发生骚乱，社会动荡加剧。而且，由于没有制定统一的关税，美国在与欧洲各国的贸易中也常常处于不利地位”[⑥]，并多次使用“统一”一词。而“南一版”的叙述则较为平淡，只是简单的一句“各州各自为政，中央政府势弱无力，无法承担建国重任。”[⑦]两者仅是详略之异，都在说明1787年宪法制定的原因主要是需要一个比较强而有力的中央政府，“南一版”一笔带过，不易给高中学生留下较为深刻的影响。

---

① 人民教育出版社课程教材研究所历史课程教材研究中心:《普通高中课程标准实验教科书·历史1·必修》，北京：人民教育出版社，2007年，第40页。以下简称“人教版”。

② 林能士主编:《普通高级中学历史·第四册》，台南：南一书局企业股份有限公司，2011年，第6页。以下简称“南一版”。

③ “南一版”《第四册》，第7页。

④ “南一版”《第四册》，第8页。

⑤ “南一版”《第四册》，第10页。

⑥ “人教版”《历史1》，第40页。

⑦ “南一版”《第四册》，第13页。

关于“1787年宪法”的内容:“人教版”更强调联邦政府的权力,“联邦权力高于各州权力。联邦政府拥有政治、经济、军事和外交大权,如征税、募兵、发行钱币、宣布对外和战以及使用武力恢复地方秩序等。各州可以在不违背宪法的前提下制定地方法律,有一定的自治权。”[①]“南一版”则相对比较简要,“联邦政府拥有征税、造币、州际与国际贸易、外交、军事等权,其他的权限则仍属各州。”[②]两者也只是详略之异,对高中学生不会产生不同的影响。

关于“1787年宪法”的评价:“南一版”认为“美国是世界史上第一个实施成功的大型‘民主共和’国。‘共和’制度因要求公民参政,一向被认为仅适于小型城邦,但美国以‘代表制’解决了‘公民参政’问题,使共和制度也能在大型国家中落实。美国革命后,共和制度逐渐被接受,终成为现代国家政治体制的主流。”[③]不仅过于美化当时尚未完备的美国民主体制,而且行文未尽信实,美国革命后就施行共和制度,所以没有逐渐被接受的问题,只是民主才是逐渐形成的,“人教版”在这方面作了很正确的补充:“1787年宪法有许多不足之处,如允许奴隶制度的存在,不承认妇女、黑人和印第安人具有和白人男子相等的权利。”[④]事实上,美国的《人权法案》直到1964年才完成。“南一版”的一偏之见,会给台湾的高中生留下一些不实的印象。美国“终成为现代国家政治体制的主流”,也言过其实,即使西方其他各国也未必认同。

此外,在1791年的宪法修正案上,台湾版的历史教科书将其放在正文部分,且比较详细地叙述这个修正案的内容,而大陆则放在“补充部分”,这显示出两岸对这一问题的重视程度是不一样的。

由此可见,关于“1787年宪法”,“人教版”强调中央集权,维护国家统一的重大意义,同时对“1787年宪法”较具批判的眼光,而“南一版”则对刚诞生的美国民主制度非常赞许,昧于民主制度发展的历史过程,多少反映当前两岸对美国的不同意识形态,自然会影响到两岸高中生对美国史的正确认识。

3.《1787年宪法》制定后的政经发展

关于“1787年宪法”制定后的美国政治经济发展,两岸的高中教科书出现决然不同的评价。“人教版”批评“两党制”:“共和党和民主党交替执政的

① “人教版”《历史1》,第41页。

② “南一版”《第四册》,第14页。

③ “南一版”《第四册》,第16页。

④ “人教版”《历史1》,第42页。

局面一直持续至今……它们不仅控制了国会，也左右着总统选举和地方选举。两党对垒，交替执政，成为美国共和政体的一大特色。虽然两党的历史传统和代表的利益集团不尽相同，执政期间的政策也有差异，但在本质上它们都是资产阶级政党。”① 虽然触及两党制的负面效果，却避开了可起监督作用的正面效果，而“南一版”教科书则一味赞许美国的“民主政治”：“北美社会即富于民主与平等精神。建国之初，美国选举制度虽设有财产限制，但各级议会代表中，出身小农和工匠的比例不少……杰克逊……完全是白手起家……他自许为平凡人，维持平民化的形象与作风，深受美国民众的欢迎。”② 所举例证有以偏概全之嫌，未能见到美国民主政治的全貌。两岸教科书对此两极的呈现，见微知著，正反映两岸两制的存在。邓小平提出“一国两制”，就是要解决此一现实问题。

（二）关于“1929—1933年经济危机”的差异阐述

关于造成1929—1933年经济危机的原因，“南一版”论述的比较肤浅，根本没有看到要害，认为经济危机的原始诱因并不全是美国造成的，还有其他国家的原因。“第一次世界大战后，美国成为欧洲重建的主要物资供应者，因此经济一度相当繁荣。后来欧洲经济复苏，美国面对竞争，遂提高关税以保障国内的工商业，各国也纷起效尤，造成国际市场的严重停滞。”③ 关税保护是经济危机之果，而非因，居然倒因为果，相当错误。“人教版”则分析得比较深入，且对此持批判的态度：“在这‘繁荣’的表象背后，实际上隐藏着严重的危机，资本主义制度的基本矛盾依然存在。资本家攫取了高额利润，广大劳动人民的生活却相对贫困；国民贫富差距扩大，财富集中在少数人手里，限制了社会实际消费能力的增长；毫无顾忌地分期付款和银行贷款，更烘托出市场的繁荣假象。资本家被眼前的利润所驱使，盲目扩大生产……人们怀着一夜暴富的梦想，醉心于股票等投机活动，造成股票上市量猛增……金融市场的稳定性受到严重冲击。”④ 虽然说得比较详细，也未完全击中要害，不仅是少数资本家，大批中产阶级，甚至小市民，在货币宽松政策下，大量借款买不断升值的股票，所谓“marginal buying”。结果股票市场于1929年10月一夕崩盘，不仅血本无归、倾

① “人教版”《历史1》，第42页。
② “南一版”《第四册》，第16页。
③ “南一版”《第四册》，第138页。
④ “人教版”《历史2》，第81页。

家荡产，而且信心尽失，造成空前的经济大恐慌。由此可见，涉及比较复杂的美国经济危机的原因诸问题，无论“人教版”或“南一版”的作者都对美国史的认知不够全面，无可避免会对青年学子正确理解重大历史事件，造成不良影响。

（三）关于“反战活动”的差异阐述

关于反战活动，“南一版”只针对越战这一个战争，将反越战运动与学生运动结合起来，认为反越战运动只是学生在反对，“透过‘反战运动’与‘自由言论运动’，学生运动遂全面激发开来”，“由学生组成的‘学生民主社会同盟’决定对政府的征兵进行抗争。学生运动开始蔓延，各校学生对校园的不满情绪达到高峰,其中以芝加哥大学的表现最为激烈。”① “南一版”对学生运动持否定态度，“1960 年代后期，随着越战战事的升高，学生运动提升至政治层面，开始出现革命运动的诉求。在一连串暴力与破坏的行动后，激进的学生运动逐渐与美国社会主流脱节，后来遭到尼克森总统的强力镇压。”② 将反战运动转为学生运动，这里面显然有偷换概念之嫌，混淆了民众对反战的认识，给学生以“反战似乎是错误的”印象。

“人教版”关于反战的论述内容中，不仅包括越战，还有其他战争，包括美国侵略柬埔寨等；是全民在反对战争，不仅仅只有学生，还包括政治家等，其对反战描述的程度比台湾深入，而且对美国人的反战持肯定的态度。“20 世纪 60—70 年代，美国爆发了巨大规模的反对越战的浪潮。大学生用拒绝服兵役、焚烧征兵卡或逃往国外表示对战争的不满。据估计，当时有三四万拒服兵役的美国青年逃往国外，这在美国历史上还是第一次。更多的青年把反战思想带入军队，他们认为这是民主赋予他们的责任。在美国国会中，对越南战争的正确性持怀疑观点的人越来越多，政论家李普曼认为，印度支那战争已经成为‘美国历史上最不得人心的一场战争’”。“1967 年 10 月，华盛顿 20 万人举行了向五角大楼的抗议进军，特别是对美莱村手无寸铁的越南平民的大屠杀真相被揭露后，许多美国人震惊了，开始对美国在越南进行战争的正义性持怀疑态度。1970 年美军进入柬埔寨，这一行动立即激起美国有史以来最广泛、最激烈的大学生抗议活动。在 1971 年的民意测验中，65% 的答复者认为，美国在越南作战

① “南一版”《第四册》，第 165—166 页。

② “南一版”《第四册》，第 166 页。

在道义上是错误的。”[①]

由此可见，对于美国的反战活动，“南一版”是站在美国政府的角度来对待反战活动，而“人教版”则站在美国人民的立场上，对美国民众的反战运动持肯定态度。

此外，还有一些分别是两种教科书独有的内容，如“南一版”中提到了“南北战争”“一战后美国的发展”“黑人民权运动”，“人教版”则无；“人教版”提到的“罗斯福新政”，“南一版”则无。所遗漏的都是美国史上的重要议题，产生两岸高中生无法全面了解美国史的不良影响。

总之，综合对美国政治经济形象的分析可以发现，“人教版”对“1787 年宪法”“反战活动”等评价较具批判性；而“南一版”则多持肯定的态度，对美国的民主制度非常赞许，反映该版本的撰史者普遍亲美的态度，此种态度也会通过教科书对年轻学生产生潜移默化的影响。邱毅曾经在演说中认为美国是“柔性政党”，是“比较好的政党政治的走向”，[②]他的言论亦可窥一斑。

三、“世界和平的缔造者”还是“破坏者”：美国在战争中的形象

（一）美国在对外战争中角色差异的阐述

1. 美国在一战中的角色

关于美国参加一战的原因，“南一版”教科书认为，“1917 年 3 月，三艘美国商船遭到德军采取的‘无限制潜艇’作战方式击沉，又获悉德国蓄意煽动墨西哥反美，于是在 4 月初通过对德宣战”[③]，认为美国是被迫参战的，而且有正义性。而“人教版”则认为“美国商船遭到重大损失，推动了美国采取反德的立场。为保证借给协约国的巨额贷款能够归还，美国希望协约国取得胜利。1917 年 4 月，美国加入协约国集团，对德国宣战。”[④]也就是说，美国参战的目的还在于维护自身的经济利益，相对而言，正义性则不足。两岸高中教科书有关美国对德宣战的说法，都很肤浅，完全没有注意到威尔逊总统的整个决策过程。

关于美国在一战中扮演的角色，“南一版”教科书是赞许的，认为美国参战

---

① “人教版”《历史 3》，第 149 页。

② 厦大讲座信息网，http：//lecture.xmu.edu.cn/post/3092/.

③ “南一版”《第四册》，第 108 页。

④ “人教版”《历史 3》，第 14 页。

是协约国能取得胜利最重要的因素，并将美国的强大归为南北战争以来的工业起飞与社会改革：“1917 年，俄国内部发生革命，逐步退出战局，同盟国无后顾之忧，全力猛攻西线，协约国岌岌可危。在此关键时刻，美国的参战化解了协约国的危机……次年，美国援军源源开到，协约国便在西线全力反攻，同盟国转居劣势。1918 年 11 月，历经四年的浩劫，大战终告结束，并证实了美国自南北战争以来工业化与政治、社会改革的成功。”[①] 而“人教版”教科书则比较平实，认为美国的参战加强了协约国的力量，从而加速了协约国的胜利。“美国的参战，大大增加了协约国一方的经济、军事实力。对德宣战以后，美国大规模地扩充军队，先后派遣了 200 万士兵开赴欧洲战场。美国海军协助英国海军对德奥集团国家进行海上封锁并开展反潜艇战。美国对协约国供应的军火和物资也迅速增加。战争局势朝着有利于协约国的方面发展。”[②]

2. 美国在二战中的角色

关于美国在二战欧洲战场上的角色，“南一版”教科书第四册写道：“此时，英、法等反法西斯国家阵营处境艰困，直到美国参战以后，才逐渐扭转情势。”认为二战中，美国在同盟国胜利方面扮演最重要的角色，相对照“人教版”则没有如此正面的评价。而美国在二战中亚洲战场上的角色，“南一版”教科书写道：“1945 年 8 月上旬，美国分别在广岛、长崎投下原子弹，8 月 15 日日本宣布无条件投降。”[③] 认为美国的两颗原子弹是造成日本投降的主要原因，而“人教版”则认为“在中国人民和世界反法西斯力量的沉重打击下，1945 年 8 月 15 日，日本帝国主义被迫宣布无条件投降”[④]，将日本的失败原因归为中国人民和世界反法西斯力量的沉重打击，并不凸显美国的作用。“人教版”完全不提两颗原子弹的威力是不切实际的，日本天皇就是在长崎受核弹攻击后，才决定出面宣布无条件投降的。

3. 美国在朝鲜战争中的角色

关于朝鲜战争，“南一版”教科书中写道：“1950 年 6 月，北韩越过北纬 38 度线攻打南韩，美国认为这是苏联所策划，杜鲁门总统乃下令美军参加朝鲜作战……10 月，中华人民共和国出兵帮助北韩，由于中国的参战，导致美

---

① “南一版”《第四册》，第 108 页。

② “人教版”《历史 3》，第 14 页。

③ “南一版”《第一册》，第 125 页。

④ “人教版”《历史 1》，第 76 页。

国重新评估东亚战局，唯恐战争进一步激化为世界大战，乃下令打一场有限的战争。1953 年 7 月，停战协定签订。”[①]分析这段话，有两个问题值得注意，一是认为朝鲜战争首先是朝鲜挑起的，并且苏联是其幕后主使；二是美国使朝鲜战争没有演变为世界大战，间接地塑造了美国“和平维护者”的形象。而“人教版”则写道：“1950 年 6 月 25 日，朝鲜内战爆发……韩国军队节节败退。这引起了美国的强烈反应”。美国“操纵安理会通过了指责朝鲜是‘侵略者’的决议，并宣布武装援助韩国……美军很快把战火烧到中朝边境的鸭绿江畔，并轰炸中国东北地区，严重威胁到中国的安全……美军在技术装备上拥有明显优势，掌握着制空权和制海权，地面部队的火力和机动能力很强。但美军士气低落，无力开展大规模反击战”。[②]这段话并没有指明朝鲜战争究竟是谁先挑起的，而是重点介绍了中国出兵朝鲜的原因，那就是由于美国对中国的侵犯，将美国塑造成“和平破坏者”的形象。需要补充的是，朝鲜半岛于二战后应该是一独立的国家，然而由于冷战的缘故，美苏将之划分为南北，朝鲜人并不愿意，因而发生内战。但是由于冷战，内战变成两大集团的意识形态之战。

此外还有一些战争的论述是“人教版”独有，而“南一版”没有的。关于美国在中东战争中扮演的角色，“人教版”写道：“美国和苏联分别支持中东地区的不同力量，以维护自己的全球政治、经济利益……美国大力扶植中东地区的战略伙伴以色列，向以色列输送了大批新式战斗机和坦克，派出千余名空军‘支援人员’。”[③]1999 年，美国轰炸南联盟，“人教版”写道：“1999 年，以美国为首的北约趁南联盟内部发生科索沃危机，打着‘人权高于主权’的旗号，向南联盟发动了长达 78 天的狂轰滥炸。”[④]海湾战争中，美国扮演的角色，“人教版”写道：“美国为了保证它在海湾的石油利益和战略地位……显示它在世界上的领导作用，立即对伊拉克的侵略行为作出反应”。[⑤]

由此可见，关于美国在战争中的角色，“南一版”教科书认为，美国参加战争，加速了战争的结束，美国对战争有正面、积极的作用；而“人教版”教科书则认为，美国是战争的制造者，参加战争多是从自身的利益来考虑，是“和

① “南一版”《第四册》，第 157 页。
② “人教版”《历史 3》，第 107 页。
③ “人教版”《历史 3》，第 120 页。
④ “人教版”《历史 1》，第 127 页。
⑤ “人教版”《历史 3》，第 136 页。

平的破坏者”。

（二）美国在国际会议及组织中的角色差异阐述

1. 巴黎和会

关于美国在巴黎和会中的角色，“南一版”写道“威尔逊是一位具有崇高理想的政治家，希望能公平合理解决战后问题，从而建立起世界的永久和平。他早于1918年初发表著名的‘十四点和平计划’，作为交战国间议和的基础。但在凡尔赛合约中，由于克里蒙梭为报复普法战争法国失败之夙仇，坚持痛惩德国；同时各国为维护本身利益，争执时起，导致会议的结果未能贯彻实践威尔逊的和平理想主张。”[①] 通过这段记叙，可以看出“南一版”教科书对美国的政治思想是非常认可、赞许的，并认为美国是世界和平的提倡者，一直在为世界和平而努力，由于其他国家对于自身利益的考虑，才使得美国的和平理想没有实现。威尔逊确有和平的理想，但太不现实，不仅被欧洲人笑，而且也不被美国人认同，结果和约与国联均被美国国会否决。而“人教版”教科书则写道“参加和会的各帝国主义国家都有自己的打算。美国想凭借自己的经济实力，扩大在世界上的影响力，进而称霸世界。”[②] 这段话说明，美国于其他国家没有任何区别，都是为了实现自己的利益最大化，美国并非要缔造所谓的“和平”，而是要称霸世界。但事实上，欧战后美国不仅不想称霸世界，而且长期维持孤立主义政策，直到罗斯福总统上台。

2. 美国在国联方面的角色

关于美国在国联方面的角色，“南一版”教科书写道“国联是依据美国总统威尔逊于一次大战时提出的十四点和平原则所建立的国际组织，以制裁侵略、仲裁纠纷、维系世界和平为主要目标……国联成立后，虽曾解决许多国际争端，但维持世界和平的目标却因种种因素而无法达成。主要因素之一为美国未能加入国联。美国虽为国联的倡导者，然战后美国人民深感参战之不智，期望回到孤立主义的外交政策，以致美国国会未能批准加入国家联盟，使得国联创立之初即失去声势，更使英、法等国家对国联丧失信心。”[③] 分析这段话可以知道，“南一版”教科书对国联是正面的评价，认为其是维护世界和平的重要组织。而之所以没有产生作用，主要是因为美国没有参加，也就间接地认为美国是维护

① “南一版”《第四册》，第109页。

② “人教版”《历史3》，第24页。

③ “南一版”《第四册》，第111页。

世界和平的重要力量。对美国未能加入国联的原因，“南一版”教科书也是站在美国人民的立场上去看待，报以理解与支持。而“人教版”教科书则写道：“美国总统威尔逊本是国联的发起人和积极的鼓吹者，但是美国国内存在着强大的孤立主义势力，他们反对美国卷入西半球以外的事务中去，由他们控制的参议院拒不批准《凡尔赛和约》。结果，美国没有加入国联，国联被英法所控制。”[①]从中可以看到，“人教版”教科书对美国既然发起国联而又不参与是持批判态度的。

（三）美国在冷战中的角色差异阐述

1. 冷战开始的原因

“南一版”教科书认为冷战由苏联挑起，美国被迫采取防御性措施，认为美国采取这些措施是合理的。“二次大战后期，苏联趁机扩张，除了直接吞并爱沙尼亚、拉脱维亚和立陶宛三国以外，更使波兰、捷克、匈牙利、罗马尼亚、南斯拉夫、保加利亚和阿尔巴尼亚等国，成为听命于她的共党附庸国家。不仅如此，苏联还鼓动西欧各国的共产党从事国内的颠覆活动。有鉴于苏联势力的迅速扩张和东欧国家的赤化，杜鲁门总统决定采取围堵政策，并协助欧洲经济复苏。”[②]而“人教版”教科书则认为冷战的爆发首先是美国要称霸世界，进而围堵苏联造成的。“战后，美国的经济和军事实力与其政治野心都急剧膨胀起来。在称霸世界的道路上，美国面临的最大威胁，就是国际地位和政治军事实力空前提高的苏联和坚决反对帝国主义的社会主义阵营。一些美国人把共产主义看成世界上‘一切邪恶的根源’。为了限制苏联的‘扩张’，美国制定了‘遏制策略’……美苏之间无法建立‘合作’关系；必须把苏联看成是政治上的敌手而不是伙伴。”[③]双方都忽略了意识形态与政治制度之争。

2. 美国在冷战中的“缓和”

“南一版”教科书对美国在冷战中的缓和持肯定的态度，“美国方面更开始思索多极世界，以及富有国家援助开发中国家的问题。”[④]而“人教版”则认为美国在冷战中的缓和，是迫不得已而为之的策略。“战后，美国长期推行全球扩张政策，特别是在20世纪60年代初开始进行的侵越战争，长达十几年，投入多

---

① “人教版”《历史3》，第33页。

② “南一版”《第四册》，第150页。

③ “人教版”《历史3》，第91—92页。

④ “南一版”《第四册》，第196页。

达三百亿美元，大大消耗了美国的国力……鉴于美国霸权地位的相对衰落，尼克松被迫改变对外政策。”[①]“南一版”所说根本不是冷战缓和的原因,“人教版”所说近实，尼克松声称美国不能再当世界警察，就因财力不济，但也应该指出，苏联因与美国军备竞赛，财力更不济，连民生都成问题；又因中苏交恶，美国和中抗苏，使苏更不济，以至于崩溃。

3. 冷战的结束

“南一版”教科书认为里根的政策使美国赢得了胜利，肯定美国的胜利，认可美国的外交理念，对里根本人也是很崇拜的。“1980 年，雷根当选美国总统，在他连续两任的主政下……美国经济开始复苏，民众的消费力增强，股市兴旺，并创造了无数的就业机会”。里根认为，“美国及其价值观至高无上，美国应该担负起它的世界使命……他对苏联采取了强硬的政策，最终让美国赢得了冷战的胜利”。“雷根的外交政策是用民主的价值和道德语言动员民众”。[②]而“人教版”教科书则认为美苏争霸双方都是非正义的，对里根领导下的美国持批判的态度。“里根执政之初，提出所谓新‘遏制’政策，鼓吹‘以抗击苏联扩张为中心’……同时，里根政府还开展了意识形态上的宣传大战，把苏联称为‘罪恶的帝国’，号召对苏联进行意识形态上的‘十字军讨伐’”[③]。

总之，关于美国在国际关系中的角色，“南一版”教科书认为，美国是世界和平的缔造者，是维护世界和平的最重要的力量，高度认可美国的外交理念；“人教版”的教科书则认为，美国是世界和平的破坏者，在国际范围内推行霸权主义和强权政治，妄图称霸世界。“南一版”好像是美国的辩护律师，而“人教版”则好像是控诉美国的检察官，双方相映成趣，都把问题看得太简单化了。

四、“中国近代化的帮手”还是“爱恨交融”：美国在“中美关系”中的形象

（一）近代史中美关系中美国的角色差异阐述

关于《望厦条约》的签订，“南一版”教科书写道“接着美、法等国也要求订约，与英国享有同等通商待遇”[④]，态度比较中立；而“人教版”教科书则写

① “人教版”《历史 3》，第 97 页。

② “南一版”《第四册》，第 198—199 页。

③ “人教版”《历史 3》，第 100 页。

④ “南一版”《第二册》，第 125 页。

道“美法两国趁火打劫，于 1844 年胁迫清政府分别签订《望厦条约》和《黄埔条约》，攫取了更多的侵略权益”[①]，对美国持批判的态度。

关于门户开放政策，“南一版”教科书写道：“美国原即不愿列强垄断中国市场，因此于光绪二十五年（1899）分别照会各国，建议各国在中国开放势力范围，维持各国在中国的经济利益均等。次年，美国再度照会各国，建议保持中国领土与行政权完整的原则。至此，所谓‘门户开放政策’正式形成，中国因此得免于瓜分之祸。”[②]分析这段话，可以看出，“南一版”教科书肯定美国的“门户开放”政策，将美国塑造成避免中国被瓜分的保护者。而“人教版”则没有这方面的内容。事实上，连美国学者都说，美国提出门户开放政策是因美国在华没有势力范围，所以主张开放，以便利益均沾，并非为了中国的利益。

此外，“南一版”教科书写道“同治七年（1868），卸任美国驻华公使蒲安臣以巡回外交特使身份，代表中国访问欧美各国，商讨修改商约。这些做法，自然有助于中国面对近代国际体系的运作。”[③]而大陆则没有这方面的内容。

由此可见，在近代中美关系史上，“南一版”教科书认为美国的角色是正面的，是保护中国的重点力量，也是促成中国近代化的帮手；但“人教版”教科书认为美国是侵略中国的西方列强之一，对其持批判的态度。

（二）现代史中美关系中美国的角色形象

关于中美关系的改善，“南一版”教科书写道，“中国和美国基于联合制苏的思维，双方开始以‘正常关系化’为目标，进行高层官员的接触，连带牵动了国际冷战局势的转变。”[④]“人教版”教科书写道“20 世纪 70 年代，由于世界局势发生重大变化，改善中美关系成为两国的共同要求，中美关系开始缓和。”两岸的教科书基本都认为改善双方的关系是基于双方共同的诉求，但“南一版”还特别强调改善关系的目的在于“联合制苏”，“人教版”教科书则没有强调这一目的。同时，“人教版”在叙述中美关系改善的方面比“南一版”详细，内容涉及有关台湾问题的《中美联合公报》，而“南一版”则没有。从中可以看出，

① “人教版”《历史 1》，第 52 页。
② “南一版”《第二册》，第 120 页。
③ “南一版”《第二册》，第 136 页。
④ “南一版”《第二册》，第 205 页。

在“南一版”独有的内容中[①]，不少是涉及台海方面的内容，所以“人教版”并没有将其列入。分析“南一版”独有的内容可以发现，美国在其中扮演的角色都是积极的、正面的。

总之，在中美关系方面，“南一版”对美国的评价是正面的，认为美国是维护中国安定的力量，是“中国近代化的帮手”；而“人教版”对美国的评价比较偏负面，“爱恨交融”中，认为美国是侵略中国的列强。

五、结语

就两岸高中历史教科书关于“美国”形象而言，“南一版”基本都是正面积极的评价，认可美国的政治思想，认为美国是世界和平的维护者；而“人教版”则对美国的政经发展持批判的态度，认为美国是世界和平的破坏者，是侵略中国的列强。两岸教科书对于“美国”形象的差异阐述，实质上反映出两岸对美国的认识和立场的不同[②]。不同的认识和立场多少反映两岸教科书执笔者所受历史教育的差异，以及有形或无形的政治干预。美国在两岸关系中始终没有缺席，

① 另外，现代史上的很多内容是台湾独有，而大陆没有的，整理如下：

（1）“美、英、苏签订雅尔达密约，将日本在满洲的权益让给苏俄，换取俄国对日作战。中国不得不接受此一强权的安排。”（“南一版”《第二册》，第185页。以下注释同版本。）

（2）“中共通令各地共军抢占各沦陷区，蒋中正无法坐视，除请求美国协助运输政府军到沦陷区外，并电令共军留驻现地。”（第186页）

（3）“美国也积极介入中国事务。1945年12月，马歇尔将军以美国总统特使身份，奉命来华调停国共冲突。在马歇尔奔走下，政治协商会议顺利召开；次年二月，国共整军方案成立，马歇尔满怀信心，乃于三月返美。”（第187页）

（4）“中国政府以美国为后盾，利用美国军舰运载军队到东北，俄国当局无法忍受，决定加速扶持东北共军。”（第187页）

（5）“同年6月，朝鲜战争爆发，美国杜鲁门总统为维持西太平洋地区的集体安全，除取得联合国授权，由美方领导联军反击外，并发表‘台湾海峡中立化’的声明，训令第七舰队游弋台湾海峡，风雨飘摇的台湾因而一时转趋安定。”（第220页）

（6）“朝鲜战争爆发后，美国国会通过共同安全法案，对台湾提供各项经济援助。从1951年开始，历时15年，总金额达15亿美元。在台湾经济重整的年代，美援适时填补了台湾的财政赤字，也使物价趋于平稳，基础建设也逐渐开展，对于台湾的经济发展具有举足轻重的影响。”（《第一册》第145页）

（7）“台美双方于1954年签订中美共同防御条约，台湾正式纳入冷战时期美国所领导的西太平洋防共安全体系。”（第220页）

（8）“1958年10月下旬，美国为解决台海危机，劝使中华民国政府宣称实现重返大陆的主要手段是实行三民主义，‘而非凭借武力’。其后，中共放弃封锁金门的企图，改采象征性的‘单打双不打’。”（第221页）

② 大陆的中学历史教科书在不同时期对美国历史有着不同的诠释。参见赵梅:《清末以来中国中学历史教科书中的美国形象》,《美国研究》2006年第4期。

一直与台湾有着非常密切的关系。据台湾学者颜庆祥的研究，他认为台湾地区初中历史教科书“对美的敌意不大”，主要以“俄、日”为主[①]，比如在台湾地区初中历史教科书历史人物统计中，威尔逊提到三次，主要叙述用词是“美国总统”和提出“十四点和平原则”。[②]

历史教科书是历史教学的重要材料，青少年学生的历史知识主要来自教科书，因此他们的历史记忆和社会记忆受教科书影响甚深且远。在政治环境的变动下，青少年的历史记忆也易随之改变，而高中学生比初中学生更容易接受其影响。[③]历史教育的课程设计，不仅会改变青少年的历史认同，并进而会影响到他们的“民族认同”和“国家认同”，[④]因此两岸的历史教科书如何避免意识形态的指导，求真求实地对美国历史进行阐释，应是两岸史学界学者共同关心和沟通交流的重要课题。

原文载于《台湾研究集刊》2014年第5期

① 颜庆祥:《教科书政治意识型态分析——两岸国（初）中历史教科书比较》，台北：五南图书出版有限公司，1997年，第145页

② 颜庆祥:《教科书政治意识型态分析——两岸国（初）中历史教科书比较》，台北：五南图书出版有限公司，第201页。

③ 王明珂:《台湾青少年的社会历史记忆》,《台湾师范大学历史学报》1997年第25期，第157—148页。

④ 王仲孚:《台湾中学历史教育的大变动：历史教育论集二编（增订版）》，第20—34页。

台湾社区首诊双向转诊制度的运作及借鉴

高和荣

“看病难、看病贵”是世界各国普遍遇到的难题，在当今中国表现得尤为明显，它并不因医疗保险制度的建立而得以解决。“二战”以后，英国等尝试推行“社区首诊与双向转诊”制度[①]，居民需要就诊时先到社区卫生服务机构接受全科医生的诊治，医生根据病情决定患者是否需要转到上级医院就诊。这种转诊方式促进了病患的分流，形成“小病在社区，大病到医院”合理格局[②]，为加拿大、澳大利亚、新西兰及我国台湾地区所仿效。本世纪初，中国政府发布了《关于发展城市社区卫生服务的指导意见》，试点社区首诊双向转诊制度，由社区医院承担大中型医院的一般门诊、康复和护理等服务。可是，这一制度在近十年的实践中产生了许多问题，集中表现为社区首诊双向转诊不能很好地实施，患者到社区医院就诊的愿意不强。由耶鲁大学、辅仁大学、厦门大学完成的联合调查表明，北京、上海、厦门 3 个城市的 5000 多个家庭、18889 个成员里，仅有 12.28% 的居民愿意首选社区医院就诊[③]。而属于同一文化圈的台湾地区整合私立医院及私人诊所，以“社区医疗群”为核心建立起“分级医疗制”模式，促进了社区首诊双向转诊制度较好地实施[④]。这就需要深入研究我国台湾地区这一制度的实践经验及运行规律，分析这一制度的适用范围，引导患者形成合理的就

① Forrest, Christopher B. Primary Care Gate-keeping and Referrals: Effective Filter or Failed Experiments? *British Medical Journal*, 2003, 326, pp.692–97.

② 马亚楠、何钦成：《社区全科医生首诊制是实现双向转诊制的有效途径》，《中国卫生经济》2007 年第 3 期。

③ 参见 http: //www.fjsen.com/d/2012-05/28/content_8478855.htm。

④ 社区医疗群是指每五到十位实际从事基层医疗的医师组成一个群组，与地区医院合作建立双向转诊制度，共同提供该社区整体性医疗服务及长期照护，为社区民众提供整合性医疗服务，提升基层医疗品质。

医习惯，切实解决“看病难、看病贵”问题。

一、台湾社区首诊双向转诊制度的发展

台湾称“社区首诊双向转诊制”为“分级医疗制”，该制度的产生得益于私立医院及私人诊所的普遍建立及其与公立医院的功能整合。早在日据时代，台湾的优质医疗资源主要服务于殖民者，普通民众患病后经常去私立医院和私人诊所就诊，这在一定程度上推动了这类医疗机构的缓慢发展。据记载，1898年台湾私立医院或诊所仅有16家，到日治后期的1942年达到了350家[①]。台湾光复后不久又迎来了大批国民党军政要员及其他赴台人士。为了满足这类人员的医疗需求，台湾当局按照战时管制办法将优质医疗资源集中到公立医院。同时鼓励民众开设私立医院及私人诊所，为民众提供免费或低收费的防疫保健措施，这在一定程度上促进了私立医院或私人诊所的扩张。有数据显示，1950年，台湾地区的私人医院及诊所已经增加到2980家，当然，它们的病床数只有350张病床，仅占全台湾的9.5%[②]，其余90.5%的病床均为公立医院所拥有。

由于医疗卫生资源的分布不均衡，散布城乡的私立医院及私人诊所的医生扮演着全科医生角色，超出他们业务能力的疑难病症就要转到大医院接受治疗。为了提高自身的医疗水平，这些医生还会陪同病人转诊治疗，这为首诊转诊制度的建立奠定了基础。1958年，台湾颁布了“劳工保险条例”“公务人员保险法”，规定被保险人可以自主选择医院就医并依法享有费用补偿等权利，从而扫除了参保者去非公医院就医不能获得费用补偿的制度障碍。1961年的“公务人员保险医疗办法”规定，被保险人或配偶在卫生院（所）助产士或其他合格助产士接生时，如发生难产或异常情形应送附近本保险医疗机构急诊，附近十公里内确实没有医保定点医院可送至非保险医疗机构急诊，由该医疗机构负责签发诊断证明书[③]。这一系列措施为社区首诊双向转诊制度的施行提供了保证。

20世纪70年代，外向型经济的发展、经济实力的强大、民营医院及私人诊所医疗服务水平的提升，为台湾卫生主管部门将私立医院或私人诊所纳入医

① 林洋港等:《重修台湾省通志》第七卷第一册，南投：台湾省文献委员会，1995年，第293—296页。

② 林洋港等:《重修台湾省通志》第七卷第一册，南投：台湾省文献委员会，1995年，第293—296，312页。

③ 台湾铨叙部门:“公务人员保险医疗办法”1961年5月25日，第12条，此条款于1995年5月1日修订废止。

疗卫生服务体系、建立首诊转诊制度提供了良好的经济与技术基础。1979 年，台湾卫生主管部门、劳动和社会保障部门制定了“劳工保险特约医疗院所特约及管理办法”，规定特约医学中心及区域医院除“急诊、癌症、尿毒症及限额家庭医学科门诊”，或其他经“中央主管机关”认定的特殊重大疾病外，应以“收治经转诊的被保险人为主”[①]，这个政策的实施限制了未经转诊的患者前来就医，为社区首诊打开了政策通道。1983 年 1 月，台湾首次提出要建立“分区分级医疗制度”，采取“大医院只接受小医院转诊病患，直接到大医院就医需要自付部分费用”等办法引导患者首先到社区医院接受治疗[②]。同年 2 月，劳动和社会保障部门正式实施了“大病看大医院，小病看小医院”的分级转诊制度，并于当年 5 月修正了“劳保条例”，适度“限制被保险人选择就诊医疗院所的权利”[③]。1984 年台湾在三军总医院、国泰综合医院、台湾疗养院、台北中山医院、中华医院、彰化基督医院等 6 家医院试办转诊制度，规定若要前往这六家特约转诊医院就诊，必须先经过基层医疗院所的诊疗，由基层医疗院所填写转诊单后方可前往，符合规定的急诊也可以到特约转诊医院治疗[④]。另外，为了应对劳工对这一制度的反弹，台湾创造性地提出了诱致性转诊模式：医学中心及区域医院如果自行收治非经转诊的被保险人，其诊疗报酬只能比照特约医院平均费用定额支付，差额由医院自行负担[⑤]。这一政策有力地促进了首诊转诊政策的实施，推动台湾分级医疗即首诊转诊制的建立。

20 世纪 90 年代中期，台湾颁布实施了影响深远的“全民健康保险法”，推动社区首诊转诊制的进一步完善。“全民健康保险法”规定，保险对象应自负门诊或急诊费用的 20% 以及居家照护医疗费用的 5%，如果不经转诊自行到地区医院、区域医院、医学中心门诊就医者，则需要分别自负 30%，40% 及 50%[⑥]，这是一种通过增加自付比例引导患者首选社区医院就诊的诱致性转诊模式，它有利于社区首诊制的落实，保证基层医疗卫生资源的有效利用。这一年，台湾还修订了“全民健康保险特约医院诊所办理转诊及转检作业须知”，详细规定

① 台湾卫生与劳保主管部门：“劳工保险特约医疗院所特约及管理办法” 1979 年 7 月 3 日，第 14 条。于 1998 年 9 月 30 日废止。

② 台湾“联合报”，1983 年 2 月 6 日。

③ 台湾“联合报”，1983 年 5 月 9 日。

④ 台湾行政主管部门劳工委员会劳工保险局：“劳工保险 60 年” 2010 年 7 月 31 日，第 88 页。

⑤ 台湾“联合报”，1989 年 4 月 15 日。

⑥ 台湾卫生福利部门：“全民健康保险法” 2011 年 6 月 29 日，第 43 条。

了特约医院与诊所之间双向转诊的原则、条件、程序以及治疗后回转等事项，对于不经转诊到上级医院就诊的患者其自付比例随着医院等级的提高而有所增加，但对“急诊”“经其他特约医院、诊所转诊或持有转诊单”“持有继续治疗单”“领有残障手册者”等7种情形的病患，未经转诊其自付比例依然按20%计算[①]。另外，为了保证双向转诊的顺利进行，2012年台湾修订了“全民健康保险转诊实施办法”，试图在大医院与社区医院之间建立起“转诊绿色通道”[②]，确认保险对象可以无须“逐级转诊”，经过诊治需要继续追踪治疗的应回“原诊治、前项接受转诊的医院、诊所或其他适当的特约医院”进行跟踪治疗[③]。至此，台湾建立起“小病在社区，大病在医院”的社区首诊双向转诊医疗服务模式，较好地解决了患者“看病难看病贵”问题。

二、台湾社区首诊双向转诊制度的特色

经过60多年的发展，台湾社区首诊双向转诊制度有效地解决了患者的看病难、看病贵问题，成为台湾医疗卫生领域的一大特色，他们的实践经验主要体现在四个方面。

第一，采取非强制性办法引导患者到基层医院就医。生病想去大医院、找名医、开好药是包括大陆在内的所有患者的共同心愿与就医习惯，这必将导致优质医疗资源的供不应求，人为地造成看病难与看病贵。如何有效地引导患者养成合理的就医行为模式就成了社区首诊双向转诊制度能否顺利实施的关键。在这方面，台湾在尊重患者自由择医权同时采取诱致性方式予以有效引导：一方面，台湾卫生主管部门对接受转诊的医疗机构如区域医院等采取非强制办法，允许它们可以接受不经过转诊而来的非急诊患者前来就医。但是，保险单位对这类患者的医疗费用比照社区医院给付，差额部分由区域医院独自承担，这实际上就是对接受转诊的医院的一种非强制性约束。也就是说，区域医院可以自行收治非转诊患者，可是必须承担不同等级的医疗机构所产生的差额部分，这就使得区域医院基本上不会随便接受不经转诊的病人，患者只能先到基层医院就诊。另一方面，如果患者不经转诊直接到区域医院就诊，自付比例就会相应

① 台湾卫生福利部门：“全面健康保险特约医院诊所办理转诊及转检作业须知”1995年3月10日，第3—5条。

② 廖宁：《台湾地区社区医疗服务管理模式的启示》，《中医药管理杂志》2010年第6期。

③ 台湾卫生福利部门，“全民健康保险转诊实施办法”2012年11月23日，第3条。

提高，而且到高层次医疗机构首诊，挂号费最高达450元台币，自付比例最高达到费用总额的50%。因此，基于医疗费用的考虑，患者会选择正常的就医程序。这种非强制性手段更容易得到广大患者的理解、支持与信任，他们也会更加自觉地遵守这种有益于己的转诊方式，首诊转诊制度得以顺利建立起来。

第二，依托社区医疗群提高全科医生水平，满足患者的医疗服务需求。由于历史原因，台湾的私立医院及私人诊所发展得较快。据统计，2012年，台湾私人医疗机构达到20908家，其中私人诊所多达20488家，占私人医疗机构总数的97.9%，私人诊所拥有的病床数量达到114788床，占私人医疗机构总病床数的71.34%[①]。实行社区首诊必须要整合这类医疗机构，切实提高这部分医师的业务能力和素质，增进民众对于社区医疗机构及其医师的信任。为此，台湾于2004年出台了“全民健康保险家庭医师整合性照顾制度试办计划”，一方面将这些数量众多的私立医院及私人诊所纳入整个医疗保障体系中，另一方面采取“社区医疗群”制度，要求每五到十位从事基层医疗的医师组成一个相互协作的群组，群内的医生相互交流与学习，共同承担本地区基层医疗服务责任，为社区民众提供“有效率的整合性医疗及长期照护服务”，并与区域医院建立起“良好的双向转诊关系”[②]。群内的医生逐渐培养为医疗水平较高的全科医生，这类医疗机构日益成了患者的首诊医院。

2005年，台湾实施“全人健康照护计划”，注重以患者为中心，整合家庭、社区等资源，为患者提供“生理、心理、社会乃至生命价值”的照顾体系[③]，强化基层医生的“医事人力”，实行“专科医师训练与公费医师培训制度”，推广全人照护的“一般医学训练制度”[④]。该计划的实施提升了社区医疗群内医生的业务素质与业务能力。同时，许多来自区域医院或退休医事人员利用空闲时间到基层医疗服务机构开展义诊，这在一定程度上推动了首诊转诊制的完善。另外，台湾还颁布实施了“中医药委员会组织条例”以及“中医师检核办法”，引导并鼓励中医师到社区医疗机构执业，并对他们的执业、奖惩以及临床进修等事宜

---

① 台湾卫生福利部门:《台湾统计年鉴2013》。

② 台湾健康保险部门:“全面健康保险家庭医师整合性照顾制度九十三年度试办计划”2004年3月11日。

③ 胡月娟等:《全人照顾理论与辅助疗法之应用》，台北：汇华出版社，2009年。

④ 参见台湾行政主管部门:《95年度院管制‘全人健康照护计划’查证报告》，2006年9月8日。

进行管理与监督[①]，增进民众对社区医疗群的信任，推动着社区首诊双向转诊制度的完善。

第三，全民健康保险法律的实施推动着社区首诊双向转诊制度的完善。“全民健康保险法”在台湾社会福利体系中处于核心地位，从医疗机构角度看，“全民健康保险法”不仅将区域医院纳入其中，而且把所有的基层医疗机构包括私人诊所都纳入进来，使之成为医疗保险体系的一部分，让各个层次的医疗机构都能成为医保定点机构，各级医疗机构的服务项目都必须接受有关部门的监管。为此，“全民健康保险法”要求基层医疗机构与区域医院挂钩，汲取区域医院资源，提高自身服务水平。同时，健保局等部门在评鉴区域医院时要考核该医院在指导基层医疗机构方面的绩效，这就保证了基层医疗机构的服务质量。从医疗服务项目上看，“全民健康保险法”涵盖的服务项目比较全面，涉及“预防”“医疗”“保健”“康复”“生命伦理”等各方面内容，满足了患者对基本医疗服务的需要，患者消费这样的项目所负担的医疗费用很低。

就转诊程序来说，“全民健康保险法”及其转诊实施办法对患者转诊所需要的转诊单、转诊服务项目甚至无须转诊等情形均做了详细规定，要求区域医院与私人诊所之间采取双向转诊模式，区域医院依据“医疗法”接受患者转诊，病情稳定或无须继续治疗的患者应转回原诊治医院或诊所接受治疗，这有利于医疗资源的充分利用。另外，根据2008年的“紧急伤病患转诊实施办法”，台湾“地方卫生主管机关”可以酌情指定一些医院为“后送医院”，专门接受转入特定紧急的伤病患者，这些“后送医院”不得拒收患者[②]，这就保证急病患者得到及时治疗，避免由于转诊程序耽误救治而造成的不必要伤亡。这种原则性和灵活性相结合的转诊制度便于医疗资源的合理利用，推动社区首诊双向转诊制度的完善。

第四，加强各级医疗卫生机构的监督，确保社区首诊双向转诊制度的顺利实现。遍布全台湾的私立医院及私人诊所等基层医疗机构是社区首诊制顺利实施的基础。为此，台湾以“全民健保制度”为载体对区域医院及基层医疗机构的监管，促进首诊转诊制度的实施。一方面，“全民健保制度”规定，区域医院要担负起提升基层医疗机构业务能力与业务水平的责任，考核区域医院时必须同步考核它在指导基层医疗机构方面的绩效。例如，“全民健康医事服务机

① 台湾卫生福利部门：“行政院卫生署中医药委员会组织条例”1999年7月15日，第4条。
② 台湾卫生福利部门：“紧急伤病患转诊实施办法”2008年7月17日，第2条、第4条。

构特约及管理办法”规定，区域医院要想成为“全民健保”的医事服务机构必须要具备一定的条件，其中一项就是它与基层医疗机构之间要形成首诊转诊关系，区域医院能够对基层医疗机构形成有效的监管。于是，区域医院非常注重社区医疗群以及基层医疗机构的指导与监管。另一方面，“全民健保制度”加强了对私人诊所等基层医疗机构的监管，引导他们成为社区首诊及双向转诊的主要承担者。台湾“医疗法”规定，各基层医疗机构要想成为“全民健保特约医院”就要依法提出报告，“接受主管机关对其人员配置、设备、医疗收费、医疗作业、卫生安全、诊疗纪录等的检查及资料搜集”[①]，台湾健保部门详细审核每一笔医保资金的使用，以此作为对其补贴的依据，如果发现违规违法行径，健保部门有权取消对该医疗机构的补贴与援助，直至取消特约资格。

通过这些措施，不仅将各个层次的医疗机构有效地整合起来，提升了基层医疗机构的业务水平，为患者首选基层医疗机构就医消除了心理疑虑，为引导患者前往社区医院就诊提供了技术保证，有力地促进双向转诊的顺利实施，较好地解决了民众看病难、看病贵这个世界性难题。它与“全民健保制度”一起构成了台湾医疗卫生体制的鲜明特色之处，广为世界其他国家和地区所称道。

三、台湾社区首诊双向转诊制度对大陆地区的借鉴

近年来，为了解决群众看病难、看病贵问题，国家大力发展社区卫生服务，建立分级医疗和双向转诊制度，探索开展社区首诊的试点[②]。2009年国务院颁布了《关于深化医药卫生体制改革的意见》，提出要“建立城市医院与社区卫生服务机构的分工协作机制”，引导一般诊疗下沉到基层，逐步实现“社区首诊、分级医疗和双向转诊”。十八届三中全会强调要深化基层医疗卫生机构综合改革，完善合理分级诊疗模式，建立社区医生和居民契约服务关系，“允许民办医疗机构纳入医保定点范围”。然而，全国各地在试点过程中都出现了社区首诊双向转诊“难以实施”问题，群众看病难看病贵问题并没有从根本上得到解决[③]。而我国台湾地区较早地实施社区首诊双向转诊制度，取得了丰富的经验，成为众多国家和地区的“典范”。这对于正在深化医疗卫生体制改革、试图解决看病难看

① 台湾卫生福利部门：“医疗法”2014年1月29日，第34条。

② 国务院办公厅：《国务院关于发展城市社区卫生服务的指导意见》，国发〔2006〕10号，2006年2月23日。

③ 高和荣：《社区首诊双向转诊制度在中国为何难以实施》，《国际社会科学杂志》2014年第1期。

病贵问题的大陆地区来说具有重要的借鉴价值。

一是深化医疗机构分配制度改革，从源头上解决看病贵问题。医疗卫生是专有性极强、信息不对称非常显著的行业，汲取台湾地区的做法，我们应该明确各类医疗机构的非营利性质，将包括公立医院、民营医院以及私人诊所在内的所有医疗机构统一定位为非营利性机构，通过行政监督、行政审计与委托监督乃至第三方监督相结合等措施严格限定各类医疗机构的利润率，规定三级医院的利润留成率不超过二级医院，二级医院的利润留成率不超过社区医疗卫生服务机构及私人诊所，利润率超过部分只能用于医疗设施的投入与更新以及医疗服务项目的完善，而不得用于发放工资、加班补贴以及奖金等福利。通过严格执行这些措施，切实减轻各级医疗机构的赢利冲动，减少医生开大处方的动力，为解决看病贵问题提供了制度保证。

二是将民营医院及私人诊所等各类医疗机构纳入医保定点机构。众多民营医院乃至私人诊所遍布城乡各地，他们同样承担着救死扶伤、治病救人等职能，将他们列为医保定点单位，可以分流大医院的患者，方便参保者就近就医，缓解群众看病难问题。反过来，如果阻止这类医疗机构成为医保定点单位，将导致医疗保障资源为公立医疗机构所垄断，不利于医疗保险市场去行政化改革，不利于形成更加公正合理的竞争关系，也不利于各类医疗机构医疗服务质量的提升。实际上，政府既然批准民营医院和私人诊所进入医疗领域，就应该相信它们有能力为民众提供基本的医疗服务，它们就应该成为医疗保险定点单位。借鉴台湾地区的建设经验，充分发挥医疗保险制度的作用，将私立医院及私人诊所等医疗机构纳入整个医疗服务体系中去，对这类医疗卫生机构进行定级，允许他们成为医疗保险定点医院，鼓励这类非公医疗机构之间以及非公医疗机构与各级公立医院之间开展业务协作与业务联合，形成类似于台湾的社区医疗群联合体，从而扩大社区医疗机构及社区医疗服务的普及性，提高其服务患者的能力和水平。

三是完善三级医院托管社区卫生服务中心制度，合理划分各类医疗机构的接诊范围，逐步取消三级医院的门诊设置。三级医院托管社区卫生服务中心是提升其业务能力、增进民众对社区卫生服务中心医疗水平认同的重要途径，也是社区首诊双向转诊制度得以实施的可行途径。通过三级医院托管社区卫生服务中心，可以妥善处理好大医院与社区医院之间的责任关系及业务界限，避免出现相互争抢病人或者相互推诿病人等情况。为此，一方面，要通过实施大幅度提高三级医院门诊自负比例等政策，引导三级医院逐步取消普通门诊，保留急诊及特色专科门诊，将他们的业务重心转移到住院治疗及医疗科研等方面来；另一方面，鼓励三级医院的医生到社区医院开设门诊，避免患者大规模地涌入三级医院，规定新进到三级医院工作的医护人员都要去它所托管的社区卫生服务中心工作一年以上，然后才能根据其工作绩效决定是否回到三级医院来，要求所有医生只有到社区卫生服务中心坐诊一年以上方可晋升高一级职称；同时，建立社区卫生服务中心不同科室之间、社区卫生服务中心与基层非公立医院之间的医师会诊制度，引导高水平医生到基层医疗卫生服务机构工作，缓解社区卫生服务中心医护人员数量不足、学历不高、医术不精等问题；另外，要完善三级医院托管社区医院办法，严格控制患者在三级医院的住院天数，从源头上落实双向转诊尤其是向下转诊制度，要求住院患者转诊到社区卫生服务中心接受康复治疗或护理服务，切实解决“大医院撑死、社区医院饿死”问题。

四是整合社区卫生服务中心等基层医疗机构的服务项目，使之成为预防、教育、医疗、康复、护理、理疗一体的综合性医疗服务机构。疾病治疗重在预防，解决民众看病难、看病贵问题必须要着眼于对民众开展广泛的健康教育，让他们养成健康的生活方式，减少他们的患病几率。这意味着社区卫生服务中心除了方便群众就医之外，更要拓展服务项目，延长服务链条，从单一的治疗向预防、治疗及康复等方面转变。因此，借鉴台湾地区的实践经验，政府要以购买服务的形式，让社区卫生服务中心、民营医院以及私人诊所等基层医疗机构在为居民提供预防、保健、康复护理、健康教育及计生指导中获得必要的经费补贴，增加这些基层医疗机构的收入，减少基层医疗机构对疾病治疗收入的过度依赖。这也意味着应该扩大医疗保险支付范围，将预防、保健、康复及健康教育等服务项目纳入其中，鼓励患者进行健康消费。

五是采取多主体联合监督，保证社区首诊双向转诊制度的实现。借鉴台湾地区基层医疗机构的监督经验，要想实施好社区首诊双向转诊制度，应当整合政府、医院、行业协会、普通民众等各个主体，建立起多元监督体系。一方面，卫生主管部门既要加强对社区卫生服务机构从业人员素质、服务项目、服务标准等加以监管，也要对三级医院的成本收益情况及其托管社区卫生服务中心制度的实施情况进行监督。另一方面，要发挥行业协会在监督三级医院托管社区卫生服务中心方面的作用，通过委托行业协会等机构对三级医院普通门诊取消制度、医护人员到社区卫生服务中心工作制度以及向下转诊制度等落实情况展开监督，以此来敦促三级医院全面履行托管社区卫生服务中心责任。同时，要吸纳民间监督力量，采取随机抽样方式抽取部分市民尤其是康复患者参加监督，将监督结果及时公布于众，促进社区首诊双向转诊制度的持续发展，为人类解决看病难、看病贵问题提供中国模式。

原文载于《厦门大学学报》2015年第5期

两岸同胞的社区融合

——以 X 社区两岸同胞融合为个案研究

肖日葵

一、问题的提出与文献综述

自 1987 年台湾当局解除“戒严”以来，两岸民间社会交流持续不断，两岸人员络绎不绝地流动于两岸之间，并随之带来制度、政策、组织、文化、生活方式、价值观等交流是两岸关系发展的重要特征。台胞群体是两岸人员交流的重要组成部分，从早期的探亲、民间信俗交流到台商投资，再到旅游、求学、就业、创业等，越来越多的台胞到大陆发展。根据国家统计局 2010 年第六次全国人口普查的统计结果，长期居住在大陆并接受普查登记的台湾居民有 17 万 283 人[①]。一般推估，在大陆的台湾人也有一两百万人。随着两岸关系研究对微观面向的逐步重视，作为跨界流动的移民群体，台胞与大陆人民之间的互动、融合情况日益为学者所关注。尤其是探究台胞与大陆人民的互动、融合情况，接触后的态度变化，以及同胞融合对两岸关系发展影响等。

台商、台干作为台胞群体中数量最多的人群，是两岸人员交往中最重要的群体。台商群体是两岸经济交流合作下的产物，从参与大陆改革开放之初算起，最早的台商群体穿梭两岸最长已经达 30 多年，台商群体的社会融入也为研究者所重视。目前台胞群体研究主要集中在以下四方面：一是，关注台商的社会经济和心理状况，如有研究指出不安全感、渐增的竞争压力，以及潜意识的优越

① 这些台湾居民是在大陆居住三个月以上或能够确定将居住三个月以上者，不包括出差、旅游等在大陆短期停留者。很多台商两岸来回穿梭，每次居住时间未必超过三个月，因此可能未纳入统计。

感是大陆台商群体中存在的普遍心态[①]。二是，研究台商的大陆社会适应与社会融入现状，如有研究指出，包括台商在内的两岸族在大陆的生活适应以及社会融入等还处于比较浅的阶段，是一种“融而未入”的状况[②]。还有学者指出台商和大陆员工存在一种社会性、文化性的陌生。这种陌生导致台商对大陆社会适应和融入的不易[③]。已有研究普遍认为台商作为一个经济资本雄厚的精英群体在大陆的社会适应和社会融入情况并不佳。有研究进一步分析了社会融入不佳的原因在于消费能力和生活方式等方面存在的阶层区隔，认为只有当大陆的经济发展和人民素质与台湾接近时，两岸同胞的接触才能带来正向的结果[④]。三是，跨境经历对台生国族认同影响。有学者研究指出不同类型的在陆台生，因其毕业后在是否留在大陆工作的动机差异，使得他们在融入大陆社会的策略和融入效果不同，对其国族认同也产生差异影响[⑤]。四是，探究台商群体在两岸关系中角色与功能，研究认为台商对两岸关系交流发展产生积极的作用。如有研究认为尽管主观上认知自身作为两岸沟通桥梁的功能的自觉意识尚处于发育当中，甚至有些意识还处于游移和碎片化的状态中，但这种沟通功能有助于两岸命运共同体的行程[⑥]。进一步说，台商是两岸经济、社会与文化交流扮演桥梁的连通作用，是两岸经济交流的主体，也是两岸社会、文化交流强有力的推动者，更是两岸政治交流的协调者[⑦]。整体上，已有研究认为台胞群体早期是排斥和拒绝融入的，后来的研究发现包括台商在内的台胞群体，随着登陆时间的延长，正积极主动融入大陆社会。因此，同胞融合是一个动态发展过程。同时，台胞群体内部具有多样性和内在异质性特征，因此除关注台商、台干等经济群体之外，还关注了台生。大部分研究肯定台胞群体对两岸关系的正向作用。

---

① 严志兰：《大陆台商社会适应的共性与差异性——基于福建的田野调查》，《福州大学学报（哲学社会科学版）》，2012年第3期。

② 王茹：《台湾“两岸族”的现状、心态与社会融入情况》，《台湾研究集刊》，2007年第3期。

③ 邓建邦：《接近的距离：中国大陆台资厂的核心大陆员工与台商》，《台湾社会学》，2003年第3期，第211—251页。

④ 林瑞华：《阶级不同不相为谋：大陆台湾人社会融入状况之研究》，《东吴政治学报》，2012年第2期，127—167页。

⑤ 蓝佩嘉、吴伊凡：《在“祖国”与“外国”之间：旅中台生的认同与画界》，《台湾社会学》，2011年第22期，第1—57页。

⑥ 王茹：《“两岸族”台胞的社会身份认同与两岸命运共同体——从社会认同理论的本土文化心理机制出发的阐释》，《台湾研究集刊》，2010年第1期。

⑦ 严志兰：《大陆台商对于两岸民间交流的联结与助推》，《福建行政学院学报》，2013年第3期。

已有研究对同胞融合研究具有重要的借鉴意义，但有以下几个方面值得进一步深化研究。一是，已有研究主要研究对象为台商群体和台生，关注的是经济领域和教育领域。但融合的场域不同，或者说不同维度或面向的融合将形塑不同的融合方式和机制路径，进而使得融合效果也可能呈现出不同的镜像。已有研究忽视了台胞群体在社会领域、社区场域中的社会融入。近年来，越来越多的台胞群体开始积极地介入在地社会生活，投入到当地的社会服务中去，参与地方社区治理，甚至是积极参政议政，这表明台胞群体表现出较高的社会融入意愿和融入能力。台胞群体似乎不再是“融而不入”，而是展示融合发展的积极面向，这使得关注社会面向的台胞融入，分析台胞社会融入的程度、过程、机制路径等成为十分重要的议题。二是，已有研究更多的是一种理论上的简要探讨，并且由于理论视角缺乏，对于台胞的融合过程，以及在此过程，台胞和大陆民众的融合发展是如何受到两岸政局、社会制度、政策等宏观层面影响，以及社区治理、台胞群体自身特质、资源等微观面向影响相结合的研究较少。三是，已有研究是站在移民群体的视角去分析台商、台生的社会融入，突出台胞作为外来群体如何去适应大陆。缺少了从作为移入地的大陆视角，研究如何创造条件，主动吸纳台胞群体融入的面向。为此必须探讨移民政治等较为宏、中观层面的议题，以期避免单纯理论探讨或者微观层面实证研究的不足。因此，有必要将这两种视角做进一步的结合。

综上，笔者认为社区领域的同胞融合，不同于经济领域和学校教育场域的融合，社区融合是最为基础性的。结合着移民政治和移民社会融合的最新理论，突出同胞的社区融合，从过程视角来展示同胞融合的动态过程中，大陆居民和台胞这两个行动者是如何共同促进、互为提升，不断累积共同经验和价值认同，在融合中促进发展，在发展中实现更深的融合。

二、移民融合的理论

移民理论大体可以分为三大面向：一是，解释移民现象为什么会发生；二是，移民与移入地互动情况，以及移民的社会融合维度和内容；三是移民在迁出地和移入地的链接关系，及其对迁出地或者移入地经济社会等影响。作为跨境流动的台胞群体广义上也可被视为一种移民。

（一）移民政治：移民的宏观社会制度背景与政策

对于移民现象产生的原因或者动力机制的讨论，早期关注个体经济利益的理性计算，晚近则关注移民家庭或家族等集体单位的理性计算。例如台商早期赴大陆投资就是看中大陆相对低廉的劳动力成本和广阔的市场商机。随后的研究则从社会资本角度去分析社会关系对移民融入的作用，以及分析连锁移民现象等。但无论是经济资本还是社会资本讨论移民问题都只是移民发生的必要条件[①]。能否实现移民的充分条件还在于移民的政治层面，即一个国家和地区对待特定移民群体的政策态度，如果这个国家或地区的移民政策是保守的或者排斥性较强，则移民较难，且融入门槛和条件较高。移民政治主要关注的是移民的政治维度，探讨移民产生的宏观社会结构要素，关注移民政策、政治环境对于移民融合的影响，以及经由移民所带动的政治效应。移民政治关注的另一个主要维度是分析移入地区自身水平的提高、移民群体自身属性和移民融入的不同阶段对移民融合的影响。

两岸同胞融合不可避免地会受到两岸宏观结构和政策影响，尤其是两岸关系和平发展的红利背景、大陆社会建设水平提高、基层社区治理建设的蓬勃发展，以及两岸社区交流合作热络等友善移民政治氛围。与此同时，大陆大力推行服务台胞、积极吸纳台胞参与的包容性同胞融合政策。移民政治将为同胞的社区融合提供良好理论视角。

（二）移民融合：由单向转向双向，实现融合发展

当移民群体进入移入地之后，移民群体的融入过程和融合的内容，就成为研究的焦点。例如戈登对美国移民的研究，提出融合过程的7个重要维度，即文化适应、结构性融合、婚姻融合、认同性融合、态度接受融合、行为接受融合和世俗生活融合[②]，每个面向的融合代表不同的融合程度。早期的移民融合研究认为融合过程是一种同化过程，也就是群体界限消解的过程。这种移民融合理论强调移民的单向性，特别是弱势群体融入优势群体。新近的移民理论除了在移民融合向度表述上有差异之外，例如有强调经济融合、社会融合、文化融合、政治融合。突出移民融合过程中求同与存异之间的平衡，指出融合既是过程也是结果，是工具也是目的，且真正的融合应具有双向性和互为主体性特征[③]。

---

① 卢倩仪：《政治学与移民》，《台湾政治学刊》，2006年第2期，第209—261页。

② Gordon，Milton，M，1964.Assimilation in American life：The Role of Race，Religion，and National Origins. *Oxford and New York, Oxford University Press.*

③ 肖日葵：《两岸社会整合的理论意涵与两岸桥接平台的架构——兼论“闽台社会共同体”建设之可能》，《台湾研究集刊》，2015年第6期。

两岸同胞的融合并不是彻底消灭了彼此差异，而是对彼此差异的重新建构和再认知。因此，同胞融合是一个同胞互动、认同互构的过程。同胞社区融合是指两岸人民走出各自的社会生活体系，通过接触、互动、沟通，彼此合作、相互接纳，最终实现生活方式的融合、文化的适应、社会的融入及身份认同等目标的社会过程和结果。整体上，同胞融合是一个双向互动的过程，在融合过程中互为主体性，最终实现融合发展。

三、个案研究：X社区两岸同胞融合过程及其分析

X社区成立于1998年，20世纪90年代初台商张先生在辖区开发大唐房地产，成为第一家进驻厦门开发房地产的台资企业。该楼盘吸引了大量台胞购买入住，同时也带动了大量台商办企业。X社区现有台商台胞521人，逐渐成为台胞居住、创业的聚集地，也是台胞居住集中区的典型代表。

（一）X社区推动同胞融合的起点：两岸社会发展的结构性差距

台胞“登陆”之初，也出现移民群体易发生的融入不佳状况。早期台胞基于经济理性来到大陆发展，看重的是大陆经济发展机遇。但整体上，不愿意过度卷入当地社会，归属感普遍不强。归属感是对所属社区和社会心理和情感上的认同感，直接影响台胞的日常生活与行为方式，以及对大陆社会的包容程度。

“早期台胞大部分抱着蜻蜓点水、过客心度来到大陆，没有归属感。”（zlh-sqgb-01）

“当时觉得厦门只是一个谋生的地方，来厦门只是一个阶段性的工具，大陆还比较落后，台湾很好，终究还是要回台湾的。”（zql-tb-01）

台胞的“融而不入”既与移民群体心理融入阶段性特征、封闭性社会关系网络等微观因素相关。还与特定的社会经济地位，两岸社会发展的不同阶段和差距，以及两岸生活方式差异等宏观环境相关。

首先，台胞社交圈相对较封闭，大多以台商、台属为主，日常互动以台胞之间的联谊为中心，具有很强的内聚性，并呈现一定程度的排外性。

“他们都有自己的小圈子，尤其是太太们经常聚在一起，但很少和居民互动。另外，台胞勤劳打拼，忙于工作，流动性大，基本上不在社区，较难参与社区活动，这也加剧了台胞的过客心态。”（cx-sqgb-02）

其次，由于两岸社会发展水平存在一定差距，台胞在地社会互动体验差。早期大多数台胞觉得大陆的交通、饮食和卫生习惯、人文环境、社会安全等方

面与台湾存在一定的差距，需要花费较长时间适应这种生活落差。

“小感冒都服用自己从台湾带过来的药品，看病也是尽可能去台湾人所开的医疗诊所就诊。”（ll-tb-02）

“过客”的心态，负面的认知和体验、使得台胞不会主动去关心大陆，制约了台胞融入 X 社区。

再次，20 世纪 90 年代两岸关系发展不稳定，长期接受“反共”教育的台胞对大陆普遍存在负面的刻板印象。他们对大陆居民缺乏信任感，不愿意主动与大陆居民接触、交流。邻里之间互动较少，台胞的大门很少主动向大陆居民敞开。

“我们以前上门拜访，他们会礼貌地开门。但只是开了门缝，从门缝里看我们，不愿让我们进去，对我们也是敷衍了事。”（zlh-sqgb-01）

“居委会只会干行政工作，且这些行政工作大多只是管理台胞，监测我们。居委会只有管理，没有服务。”（cx-tb-03）

最后，除了台胞认知偏差限制融入外，由于当时大陆社区建设还处于起步阶段，行政色彩较浓，沟通和服务居民的能力较弱，这也制约了台胞的社区融入。

“我们社区以前较缺联络台胞的有效平台，社区居民彼此之间并无密切的联系，邻里关系普遍弱化，互动交流少。”（zlh-sqgb-01）

“当时社区发展较慢，缺乏经费和政策支持，社区公共基础设施、社区文化建设、社区公益等建设不完备。生态、环保、慈善、公益、邻里守望互助等理念弱。”（cx-sqgb-02）

“大陆的垃圾分类、绿化、文明养狗、衣物回收等工作与台湾社区存在较大落差。”（pyy-tb-03）

整体上，移入时间较短、台胞自身的社会资本属性和特征，以及两岸长期对立扭曲了台胞对大陆人民的认知，大陆社区治理刚处于起步阶段等因素构成了台胞群体融入在地社区的主要障碍。

（二）X 社区推进两岸同胞融合过程

如何破解台胞的“过客”心态，消除同胞之间的心理隔阂，提升社区治理和社区服务水平成为 X 社区推进两岸同胞融合亟待解决的问题。为此，X 社区紧抓同胞融合主线，将关心台胞、服务台胞、凝聚台胞作为社区治理的重要内容，逐步实现了从服务台胞、凝聚台胞到台胞主动融入、参与社区治理、参加社区志愿服务的转变。

1. 以生活面向的融合为切入点

以世俗生活面向的融合为切入点，通过服务台胞，打破同胞之间的隔阂，促成行为接受融合。推进两岸同胞融合首要任务之一在于建设生活共同体。生活共同体的建立就是要消除影响两岸同胞生活在一起的各种制度、心理、生活方式等障碍。为此，X 社区加大服务台胞力度，从台胞生活便利化入手，打造和谐的邻里网络，让两岸同胞自由方便，快乐地生活在一起。

一是，组建涉台工作联络员队伍。深入台胞家庭，拜访并收集台胞学历、业余爱好、家庭状况等信息，建立档案，了解台胞实际需求，帮助台胞解决力所能及之事，形成良好的互动记忆，让台胞感受到社区对台胞的关爱和帮助。同时，主动、耐心邀约台胞参与社区各类活动，使台胞逐渐建立起对社区的信任感、认同感和亲切感。

“通过联络员的积极宣传和真诚沟通，改变台胞对大陆社区的刻板印象，使得台胞慢慢认识到大陆社区与台湾地区的“里”“邻”一样，同样也是服务居民，台胞心中隔阂感逐步消解，开始主动参与社区的管理、服务、志愿工作。（zlh-sqgb-01）

二是，为解决台胞不熟悉大陆社会制度、政策、法规等问题，方便台胞，提升社区公共服务水平，帮助台胞适应大陆生活，X 社区设立了专门的台胞服务窗口。为台胞开辟医保、办证、出行、子女就学、丧葬服务等绿色通道，并向台胞提供预约式服务。

“通过台胞服务窗口，台胞可以直接、高效地了解和享受到大陆相关优惠政策，感受大陆方面的热情，有助于改变其对大陆和社区居委会的刻板印象”。（zlh-sqgb-01）

三是，台胞初来大陆，对大陆规章制度和政策法规不熟悉，在投资和居住方面容易遇到一些问题和不适，甚至产生冲突。成立调解工作室，帮台胞排忧解难，成为 X 社区工作的重要内容。

“调解工作室初衷是为了帮助初来大陆的台胞适应大陆生活，帮助解决日常生活纠纷，让他们心安。”（zlh-sqgb-01）

“随着调节工作室工作的深入，发现台胞对大陆错误甚至负面的认知较多，是造成纠纷的重要原因之一。为此，调解工作室加强了宣传功能，帮助台胞改变观念，为避免不必要的矛盾与冲突奠定基础。”（cx-sqgb-02）

四是，舒心的生活环境是培育居民社区归属感的起点。X 社区从与台胞日常生活紧密相关的社区环境入手，通过美化社区环境，提升社区文化品味和文明素养，让台胞感受到大陆社区的发展与提升。

"我们社区大力倡导"垃圾不落地""文明养狗"，号召居民共同爱护社区家园。"（cx-sqgb-02）

"根据台胞建议，我们开展了守望巡逻活动，在各小区设立巡逻站点，进行分组巡逻；对小区的花草和卫生环境发动居民认捐认养……，通过营造一个充满爱心、美丽、和谐的生活氛围，让台胞感到 X 社区和台湾社区一样，甚至比台湾社区更好。"（lqs-sqgb-03）

五是，丰富社区活动，促进同胞交流。丰富多彩的文化生活是拉近两岸同胞心灵距离最好的办法。每逢中秋、重阳等传统节日，社区就搭建文化舞台，提供场所，供社区居民展现自我，互动交流。

"我们社区组建了由台胞、台属参加的合唱队、南音队等文体队伍，加强台胞与社区其他居民之间的互动交流，久而久之沉淀出共同的情感。"（cx-sqgb-02）

2. 同胞融合由单向向双向转变，促进融合发展

行为接受融合的表现之一就是台胞的积极参与。X 社区通过一系列服务台胞的举措，台胞逐渐实现由被动参与到主动参与，从单向互动到双向合作的转变。

"我为台胞，台胞为我。通过多次积极主动沟通联系台胞……，实现了从服务台胞、凝聚台胞到台胞主动融入、参与社区治理、参加社区志愿服务的转变。"（zlh-sqgb-01）

一是，聘请台胞担任社区主任助理，尊重与发挥台胞的主体性作用。台胞熊先生是首位社区主任助理，积极为和谐社区建设出谋划策，介绍台湾社区营造方面的经验带到 X 社区，并积极联络辖区台胞，举办联谊会，分享经验，推动两岸同胞之间的交流互动。

"台胞之间本来互动就比较多，找到台胞群体中的热心人、关键人，让台胞带动台胞参与社区是做同胞融合工作的捷径。当然这也要求我们平时要主动关心台胞，建立友情。"（wyj-sqgb-04）

"我和熊先生大家都是老朋友了，熊先生很热心，为社区发展和同胞融合提供了很多真知灼见。"（zlh-sqgb-01）

"最初对居委会不了解，认为居委会是找麻烦，参与社区活动都是以应付的

心态参与……居委会的尊重感动了我，他们的实干和爱岗敬业让我十分感佩，他们的关爱让我倍感温暖，当张主任邀我当主任助理时，我欣然接受。”（xl-tb-04）

二是，为了吸纳台胞的参与，调动台胞的积极性和资源，X社区搭建志愿者服务平台，积极发动台胞参与志愿服务，鼓励台胞将台湾地区优秀的志工经验和模式带入社区。目前X社区以台胞志愿者为主体的服务队越来越多，例如以台湾慈济志工为主题的“绿色环保”志愿服务小分队；以致力于建立两岸文化桥梁的“文化传播”志愿服务小分队等等。依托台胞的志愿活动，将台湾志愿服务精神、文明理念与社区精神的宣传教育相结合，共同带动了两岸同胞一起参与志愿服务，形成互助友爱的良好氛围。

“共同的志愿服务经验，两岸同胞感受到了“真”“善”“美”，形成了友谊，也沉淀出情感认同。”（wyj-sqgb-04）

“台胞参与社区志愿服务的过程中，回馈了社区，促成了志愿文化的落地生根，也提升其对X社区的文化、价值认同。”（zlh-sqgb-01）

3. 促进两岸社区交流合作，实现结构性融合

由于两岸社区建设模式、水平、阶段等结构性因素限制台胞的融入。近年来大陆社区建设迅猛发展，政府加大对基层社区各种政策和资金支持，去行政化成果显著，同时鼓励基层社区吸收和借鉴境内外先进社区的建设经验、模式，社区的软硬件水平都有了质的飞跃，这为缩短同胞融合的社会环境和社区建设体制结构性差距奠定基础。X社区通过大力借鉴台湾社区发展经验，促成同胞之间的结构性融合。

一是，X社区加强与台湾社区发展协会互动交流，系统借鉴台湾社区营造经验和模式。如X社区的吴女士和黄女士是厦门首批赴台驻点学习的社区工作者，她们在台北市文山区忠顺里社区发展协会和台中市中达社区发展协会驻点学习，并将学习所得实践于X社区。

“在台期间，通过互动学习，我们亲身领悟台湾社会工作者的工作内容，重点学习了社区营造、社会团体、志工服务、社会工作、社区养老以及慈善事业、环保观念，垃圾分类等内容，这对我们的业务开展具有启发作用。”（wyj-sqgb-04）

“让我很惊讶的是，原来大陆社区发展这么快，不仅硬体建设让人羡慕，软体建设也非常有特色，两岸的社区营造有很多是共同的。”（lyc-twzj-01）

二是，为了提升社区治理水平，X 社区学习和借鉴台湾社区管理模式，于 2014 年 10 月 31 日，率先在厦门成立了以非盈利为目的的社区发展理事会。通过社区发展理事会，汇聚辖区各种资源，也成为台胞服务社区，回馈社区的重要载体，通过协会，台胞的主体性作用得到了充分发挥。

“协会最大限度地吸纳了台胞参与，为台胞服务社区提供了广阔的平台。”（wyj-sqgb-04）

“社区理事会就是借鉴台湾的社区发展协会，实质就是整合企事业单位、社会团体及台胞、侨胞等资源，同时实现自主的管理运作。”（zlh-sqgb-01）

“协会成立得到了上级部门和台胞的大力支持……，目前 23 名常务理事以及 3 名监事中，台胞就占了 10 名。他们在协会下辖的爱心妈妈手工作坊、关爱互助队等发挥主导作用。”（cx-sqgb-02）

三是，X 社区与台中市同名社区签订了共建协议，共同确定了在社区营造和治理等方面的交流合作内容，并且合作朝机制化、常态化与社会化方向发展，两个社区合作的广度和深度得到进一步扩展，这为同胞结构性融合奠定坚实的基础。

“通过开展 X 一家人为主题的常态交流活动，我们探索双方互派人员挂职培训、交流学习的合作模式。”（cx-sqgb-02）

“每年的海峡论坛，我们都会见面交流。只要大环境不变，基本上每年都会人员和项目交流。”（zlj-sqgb-01）

4. 以文化融合深化认同融合

文化与认同融合是移民融合的较高阶段。社区本质是社区认同和归属感，文化是社区建设的关键要素。X 社区通过挖掘社区内外资源，开展丰富多彩的文化活动，大力推进社区文化建设，不仅满足了社区居民的基本文化需求，还促进两岸同胞的文化交流，以及认同融合。

一是，搭建“X 之家”作为两岸同胞交流和情感培养的重要平台。依托“X 之家”，定期举办两岸文化沙龙、爱心妈妈手工作坊、寻根茶话会等主题活动，加强两岸同胞的交流，增进同胞感情，凝聚了同胞认同，培育了共同的家园感。

“在上级部门支持下，我们改造了原来一楼的办公空间，建成 X 之家，很多台胞和大陆居民都参与到空间的布置和设计，它现在是我们共同的精神家园。”（zlh-sqgb-01）

“楼道两边，都挂上了以同胞融合为主题的图画，让台胞感受到家的感觉。”

（wyj-sqgb-04）

二是，闽台文化同根同源，文化认同是拉近两岸同胞心灵的最佳方式。为让台胞感受到文化的亲近感，X社区以“鹭台缘”和“两岸一家亲、同胞融合情”为主题，打造了一条具有闽台民俗特色的闽南文化长廊。该长廊为两岸文化搭建交流的舞台，维系着两岸同胞的血脉和亲情。

“文化长廊总共投入40多万元，从“地缘、血缘、商缘、法缘、书画缘”等五个方面，集中展示了两岸同胞一起工作、学习、生活的温馨画面。”（zlq-sqgb-05）

“文化长廊让我找到了根，每次来长廊，让我更深刻地感受到两岸本来就是一家。”（lky-tb-05）

三是，X社区以春节、端午节、中秋节等中华传统佳节为契机，开展内容丰富、形式多样的文化活动，组织台胞与居民积极参与具有闽南文化特色的活动，让台胞畅叙乡情、共庆佳节。通过传统文化建设，增进同胞情感交流。

“节庆是增加文化认同的重要时间点，我们经常以节庆时间来开展活动，效果都很不错。”（wyj-sqgb-04）

“目前我们文化活动主题很多，如迎中秋，思故乡、连接两岸情，共享新春意等，通过这些文化活动，组织台胞畅叙乡情，增强传统文化认同。”（zlq-sqgb-05）

综上，X社区从生活面向的融合入手，促成行为接受融合，调动了台胞的参与积极性。通过社区发展理事会、台胞主任助理等同胞融合平台和机制，充分发挥台胞主体性作用，借由两岸社区交流合作，实现结构性融合和融合发展，同时通过文化建设来实现认同融合。整体上，同胞融合工作取得了显著成效，同胞融合实现了从单向到双向，由局部到整体，由单一向多样的跃升。通过生活融合、行为接受融合、结构融合、文化融合等，促进同胞情感融洽与相互认同。

四、结论与政策建议

两岸社会融合的关键在于同胞的融合，社区融合是同胞融合的重要场域。促进两岸同胞的社区融合是贯彻习总书记“两岸一家亲，共圆中国梦”理念的实际行动，也是夯实两岸关系和平发展社会基础的核心要求。深化两岸社区交流合作，推进同胞融合，有利于化解社区层面差异、缩短差距，为两岸同胞了解对岸民众的社区生活现状，认同彼此之间的社区生活方式，打造属于两岸人民的共同体奠定基础。因此，将两岸同胞社区融合作为推进两岸关系和平发展的重要着力点，将其与产业融合、就业与创业融合、文化融合、人才交流融合等有机联系起来，使之成为完整的两岸同胞融合体系。

（一）移民政治视野下的同胞融合：友善的移民氛围和包容性融合政策

一般认为，宏观排斥性结构增强，必然带来微观排斥性的互动。反之，良好社会氛围和政策制度环境则会促进微观层面的互动和融合。两岸关系紧张、对立时期，台胞的负面认知影响其融入。但随着两岸人员交流不断扩大和深入，大陆经济社会发展水平的逐步提升，社区建设和治理能力的显著提高，大陆已经展现出相当的吸引力，台胞对大陆的认可在不断提高，这为同胞融合奠定了良好的结构性条件。

与此同时，作为移入地的大陆自上而下都在营造服务台胞的良好氛围，推行一系列包容性的社会融合政策，如《关于深化两岸社区交流合作，打造两岸同胞温馨家园的实施意见》等，出台了鼓励同胞融合的多项制度和举措，为同胞融合提供大量的制度、经费、组织等方面的支持。基层社区更将同胞融合作为社区工作的重要内容，积极服务台胞，吸纳台胞参与，激活台胞的主体性，发挥台胞在移出地和移入之间的联接作用，开展两岸社区交流合作，相互借鉴社区建设经验，为两岸同胞融合创造良好的政治条件，大大降低台胞在地融入的制度成本，增强台胞的在地认同。

（二）融合发展：台胞融合和社区治理创新相得益彰

同胞融合需要同胞间利益交融、心灵契合和价值认同。为此，同胞融合要以生活面向的融合为切入点，既要做好诸如教育、医疗、求学、政策落实等基础公共服务保障，也要做好生活方面的小服务。同时，要深化行为接受融合，推行参与式服务，要善于发掘和利用台胞人才和社区精英，从台胞需求出发，以社区组织建设为着力点，借鉴台湾社区营造元素，积极支持成立社区发展理事会，将吸纳台胞社区参与作为提升社区治理水平的契机。同时，平台是将台胞与社区事务紧密联系起来的纽带，要建立多样化的融合平台，通过平台和机制引导台胞服务社区，在参与和互为服务主体中实现融合。

两岸同胞融合离不开两岸社区建设经验的优势互补，交流合作才能实现结构性融合。台湾社区营造起步较早，在动员居民参与方面积累了丰富的经验，十分重视对“人”的营造，居民具有浓厚的社区公共精神。一方面，积极主动接触与热情服务台胞，争取台胞群体的认可，充分发挥好台胞智慧和资源，以及他们在两岸社区合作交流互动中的扭结作用。社区建设若获得台胞的积极响应，将为社区发展带来了新理念、新做法、新举措、新思维，这将为更好服务台胞和提升社区治理水平提供灵感；另一方面，必须大力推进两岸社区的交流互动，依托项目合作、驻点交流等形式，建立机制化的合作关系，为社区治理创新和同胞融合提供各种资源和智力支持，实现在融合中促进发展，在发展中促成更深融合的目标。

（三）推进两岸文化融合工程，促进同胞认同融合

两岸同胞融合不仅要建设两岸生活共同体，更要建设两岸人民精神共同体。两岸文化同根同源，中华优秀传统文化是两岸人民的精神纽带，也是两岸社会交流的最大公约数，这种正向文化资本是同胞融合的重要纽带和切入点。开展丰富多彩的文化活动，既满足了台胞和大陆居民的精神文化需求，又拉近了台胞与大陆居民之间的心灵距离，为两岸同胞融合奠定了文化与认同基础。

需要指出的是，同质移民、同文同种对于移民融合具有积极作用，但结构性的优势并不必然带来实际优势，需要发挥主观能动性，大力展示两岸同根同源历史文化。因此，必须深化两岸文化融合发展工程，促进文化交流，发挥文化在维系情感，以及再造两岸人民集体记忆方面的作用，尤其是文化交流和合作要以深化家园意识为重点，发挥台胞在共同精神家园建设中的主动性和创造，以达到认同大陆，实现认同融合的目标。

原文载于《台湾研究集刊》2017 年第 4 期

从大陆对台青年政策看两岸青年交流发展

——基于公共政策分析的视角

张宝蓉

构建包容性和普惠性的对台青年政策，持续深化大陆对台青年交流合作，是实现海峡两岸经济社会深度融合发展的重要手段，是做台湾青年工作的根本出发点。大陆对台青年政策是党和国家为增进两岸民众相互了解，推动两岸青年交流合作，切实保障台湾青年的根本利益和现实利益，针对台湾青年尤其是来大陆求学、就业、创业、旅游、投资、置业、生活乃至定居的台湾青年所制定的规范，它是一系列法规、政策、协议、主张、措施、办法等的总称。[①]1978年十一届三中全会确立改革开放基本国策之后，大陆就开始对台湾青年学生前往大陆高校就读提出明确的保障和优惠政策。随后三十年，大陆始终秉持主动积极的态度出台各类惠台青年政策，政策所涵涉的范围、内容、广度和深度不断放大，大大改变了台湾青年在大陆的生活方式，有效提升了台湾青年在大陆的社会适应性和整体满意度。针对大陆已经取得成效的对台青年政策展开研究并总结其特征和经验，对于进一步出台并完善大陆对台青年政策，推进两岸青年交流合作制度化具有重要的启发意义。

---

① 不同国家和地区对青年的年龄界定不同，据 2013 年联合国世界卫生组织定义，人的一生从 14 至 44 岁都是青年；西欧国家将青年界定在 12—22 岁；东欧国家将青年界定在 15—29 岁；东盟各国将青年界定在 13—29 岁；台湾“青年辅导发展法（草案）”将青年定义为满 18 岁至未满 45 岁的人；中国大陆出台的《中长期青年发展规划（2016—2025 年）》将青年界定在 14—35 岁。综合各种说法，本文将台湾青年界定为 14 至 40 岁之间的年轻世代。

一、大陆对台青年政策的理论架构

改革开放以来，随着两岸关系的跌宕起伏以及大陆对台工作重心的阶段性调整，大陆对台青年政策经历了一个不断发展和丰富的过程，带有明显的阶段性和延续性特征。具体可以划分为以下四个阶段：第一阶段为初始阶段（1978至1987年）。这时期，大陆秉持“一视同仁、适当照顾”的原则，欢迎台湾青年前往大陆高校接受正规的研究生和本科生等学历教育，或以进修、旁听等方式前来就读，对于台生的报名、考试、录取、就业等均出台相关优惠政策，以就学为主的大陆对台青年政策框架初步形成。第二阶段为多元带动阶段（1987至2005年）。大陆各级政府部门除了继续拓宽台生入学方式，设立台生奖学金，实行同等收费等进一步发展台生招生政策外，还紧抓1987年台湾民众赴大陆探亲的契机，积极出台台湾民众赴大陆探亲、投资、就业等方面惠台政策，以多元方式带动台湾青年前往大陆交流或发展。① 第三阶段为快速发展阶段（2005至2012年）。2005年，党中央、国务院全面贯彻实施“和平统一、一国两制”对台基本方针，积极开展两岸政党、社会团体交流，开创出两岸关系和平发展的新局面，② 两岸交流与交往取得历史性突破，大陆对台青年优惠措施随之前进了一大步，譬如向台湾青年逐批次开放专业技术人员资格考试、简化其出入境手续、实施更加多元的台生入学考试制度、允许台湾青年在大陆从事律师职业等等。③ 第四阶段为大陆对台青年政策群形成阶段（2012年以来）。中共十八大

---

① 这阶段大陆各级政府部门出台的相关政策有：国务院办公厅《关于台湾同胞来祖国大陆探亲旅游接待办法的通知》（1987年10月16日）、国务院《关于鼓励台湾同胞投资的规定》（1988年6月25日）、《关于印发中华人民共和国普通高等学校联合招收华侨、港澳、台湾省学生简章的通知》（1991年12月21日）、《台湾和香港、澳门居民在内地就业管理规定》（1994年2月21日）、《关于进一步做好招收台湾学生工作的通知》（1995年4月）、《关于为祖国大陆（内地）学习的台港澳学生提供方便条件等有关问题的通知》（1996年5月）、《关于台湾记者来祖国大陆采访的规定》（1996年12月1日）、《关于普通高等学校招收和培养香港特别行政区、澳门地区及台湾省学生的暂行规定》（1999年4月2日）、《福建省招收台生学生若干规定》（1999年6月1日）、《关于做好在祖国大陆高校学习的台湾学生教育和管理工作的通知》（2003年11月7日），以及珠海、无锡、陕西、福建、江西、安徽、山东、云南、河北、黑龙江、山西、吉林、贵阳、成都、北京、四川、南京、宁波、湖北、大连、厦门、浙江等省市出台的台湾同胞投资保障条例或规定等。

② 蔡天新：《建国以来大陆对台政策的历史演变与两岸关系发展》，《成都理工大学学报（社会科学版）》，2009年第3期，第6页。

③ 这阶段大陆各级政府部门出台的相关政策有：《中台办、国台办负责人宣布3项惠及台湾同胞的政策措施》（2005年5月3日于上海）、《中台办受权宣布15项惠及台湾同胞的政策措施》（2006年4月15日于北京）、《大陆有关部门宣布13项促进两岸交流交往与合作的政策措施》（2007年4月29日于北京）、《关于调整祖国大陆普通高校和科研院所招收台湾地区学生收费标准及有关政策问题的通知》（2005年8月23日）等。

以来，“三中一青”成为大陆对台工作的重点，大陆各级政府针对台湾青年制定更多专门的优惠政策和措施，其内容涉及台湾青年在大陆求学、就业、创业、旅游、投资、置业、生活、定居等方面，大陆对台青年政策群俨然形成，政策实施对象更加聚焦。①

大陆对台青年政策的本质是一种政府行为，是中国大陆整体对台政策的重要内容之一，也是大陆单向度地为台湾青年进行的政策设计与安排，属于公共政策的范畴。公共政策分析认为，政策是一个由政策制定、政策执行、政策评估、政策监控和政策终结等环节所组成的过程，这个过程形成一个完整政策周期。②受篇幅和能力所限，本文参考陈振明对公共政策相关理论问题的探讨，同时借鉴刘卫兵在其主编的《青年与青年政策研究》中所采取的政策分析方法，重点对已经公开发布的相关政策文件，做静态的政策方案的文本分析，③以求对大陆对台青年政策有更清晰地理解和把握。

（一）政策取向：政治性与公共性的有机统一

政治性是公共政策的重要价值取向之一，大陆对台青年政策始终围绕着实现祖国统一大业这一攸关国家核心利益和民族根本利益的历史任务而展开，具有鲜明的政治性。自1979年1月1日发表《告台湾同胞书》后，大陆针对台湾青年所出台的赴大陆就读、定居、投资等政策便成为对台政策的重要组成部分，肩负着增进两岸相互了解和共识，进而为实现祖国和平统一创造条件的政治使命。1981年9月30日，叶剑英委员长向新华社记者发表了《关于台湾回归祖国实现和平统一的方针政策》谈话，进一步吁求台湾各界人士回祖国大陆定居、投资，共同为完成祖国统一大业而努力。④20世纪80年代之后，加强两岸基层民众包括青年群体之间的交流成为“和平统一、一国两制”对台基本方针的具体实践。⑤2000年台湾政党轮替之后，“争取台湾民心”“团结两岸同胞”“消弭两岸隔阂”“促进两岸关系和平发展”成为推动大陆对台青年交流合作的重要取

① 这阶段大陆各级政府部门出台的相关政策措施及其主要内容详见本文第二大部分。

② 陈振明：《公共政策分析》，北京：中国人民大学出版社，2002年，第64页。

③ 刘卫兵：《青年与青年政策研究》，北京：人民东方出版传媒有限公司，2012年，第22页。

④ 刘传标：《叶剑英关于台湾回归祖国实现和平统一的方针政策的谈话》，《对台政策文献汇编》，福州：福建省海峡文化研究会，2006年，第13页。

⑤ 1982年1月10日，邓小平在接见来华访问的美国华人协会主席李耀基时说：“在实现国家统一的前提下，国家的主体性实行社会主义制度，台湾实行资本主义制度。”在这次谈话中，邓小平第一次正式提出了“一个国家，两种制度”的概念。1993年，中央政府以白皮书的形式将“和平统一、一国两制”确定为基本国策，作为解决台湾问题的基本方针。

向。2008年以来，尤其是2014年岛内爆发“太阳花学运”之后，加强大陆对台青年交流与合作更是成为“增进两岸同胞亲情与福祉”，实现两岸民众“心灵契合”“两岸一家亲”“共圆中国梦”，增强台湾青年“中华民族认同”以及“促进两岸经济社会融合发展”等理念的重要基础。

公共性是公共政策分析的逻辑起点，大陆对台青年政策时刻体现着以台湾青年的根本利益和现实利益为中心的基本思想，把维护和促进台湾青年的利益作为制定对台青年政策的出发点和归宿。从改革开放初期的“欢迎台湾工商界人士回祖国大陆投资，兴办各种经济事业，保证其合法权益和利润”，[①] 到20世纪90年代的“保护台、港、澳受雇者和用人单位的合法权益”[②]“依法保护台湾同胞投资者的投资、投资收益和其他合法权益”[③]“普通高等学校招收和培养港澳台学生应当坚持保证质量、一视同仁、适当照顾的原则”等条文，[④] 再到新世纪《台湾香港澳门居民在内地就业管理规定》《简化台胞往来大陆入出境和居留手续》《台湾学生奖学金管理暂行办法》等的出台，都彰显了大陆官方对台湾基层民众利益的高度重视，其中也惠及广大台湾青年。中共十八大之后，持续扩大台湾青年参与度和获益面的政策取向更加清晰。2015年10月29日中国共产党第十八届中央委员会第五次全体会议通过的《中共中央关于制定国民经济和社会发展第十三个五年规划的建议》明确指出：“深化大陆和台湾地区合作发展，扩大两岸人员往来……让更多台湾普通民众、青少年和中小企业受益。”[⑤] 党和国家领导人习近平在公开场合强调，“要继续扩大台湾基层民众受益面和获得感”。[⑥]2017年中央对台工作会议进一步提出促进两岸青年在两岸经济社会交流合作的参与程度。[⑦]

---

① 刘传标：《叶剑英关于台湾回归祖国实现和平统一的方针政策的谈话》，《对台政策文献汇编》，福州：福建省海峡文化研究会，2006年，第13页。

② 刘传标：《台湾和香港、澳门居民在内地就业管理规定》，《对台政策文献汇编》，福州：福建省海峡文化研究会，2006年，第86页。

③ 刘传标：《中华人民共和国台湾同胞投资保护法》，《对台政策文献汇编》，福州：福建省海峡文化研究会，2006年，第88页。

④ 刘传标：《关于普通高等学校招收和培养香港特别行政区、澳门地区及台湾省学生的暂行规定》，《对台政策文献汇编》，福州：福建省海峡文化研究会，2006年，第177页。

⑤ 新华网：《中共中央关于制定国民经济和社会发展第十三个五年规划的建议》，下载日期：2017年6月28日，http：//news.xinhuanet.com/fortune/2015-11/03/c_1117027676_6.htm。

⑥ 《习近平：扩大台湾民众获得感》，《北京晨报》2015年3月5日。

⑦ 新华社：《俞正声出席2017年对台工作会议并作重要讲话》，http：//cpc.people.com.cn/n1/2017/0120/c64094-29039316.html。

（二）政策目标：基于实现台湾青年个体发展为主的多级目标定位

大陆对台青年政策的多面性决定了其政策目标的多样性和多级性。以大陆高校招收台湾青年学生政策为例，1981年2月，教育部、国务院侨办就华侨青年回国和港、澳、台湾青年回内地报考高校发出通知，由此拉开大陆高校对台招生政策的序幕。此后三十多年，教育主管部门出台的台生政策已涉及对台招生方式、学历认可、奖助学金、台生就学成本、台生就业创业、高考成绩认定、台生健保等。通过对大陆高校招收台生政策及具体举措的分析，可将其政策目标概括为三个层级：（1）宏观目标，在于促进台湾青年对祖国大陆的了解，增强台生对祖国的认同，使之成为祖国和平统一的践行者；（2）中观目标，在于促进两岸教育交流，营造两岸教育共荣发展的全新生态环境，实现两岸经济社会文化深度融合发展；（3）微观目标，旨在提升台生能力，加强两岸青年专才的交流与合作，促进两岸青年利益与价值的共享，实现两岸青年亚文化的交流与碰撞。

近年来，协助台湾青年实现个体成长逐渐成为大陆对台青年政策的显性目标。2015年3月4日，习近平总书记在看望参加全国政协十二届三次会议的民革、台盟、台联委员时指出，“愿意让台湾同胞分享大陆发展机遇，为台湾青年提供施展才华、实现抱负的舞台，让两岸关系和平发展为他们的成长、成才、成功注入新动力、拓展新空间。”[①] 这次讲话是当前及今后一段时间大陆对台青年政策目标的高度概括，即强调遵循人才成长规律，以交流促成长，让台湾青年真正参与到祖国大陆的繁荣发展中来。其中，国务院办公厅颁发的《国务院关于大力推进大众创业万众创新若干政策措施的意见》（2015年6月），中共中央、国务院联合印发的《中长期青年发展规划（2016—2025年）》等关注当前青年自身发展的政策文件已经成为制定和完善大陆对台青年政策的重要参考依据。此外，大陆许多省、市、区和有关部门也都加大力度出台系列惠台青年政策，积极为台湾青年在大陆就学、就业、创业和生活等提供支持，协助台湾青年缩短在大陆的适应周期，促进其个体快速成长。

（三）政策执行：中央统一性与地方多样性的政策执行格局

政府任何一项公共政策从制定到执行，都要经历政策细化或再规划的过程，

① 《习近平：扩大台湾民众获得感》，《北京晨报》2015年3月5日。

从而形成中央统一性和地方多样性的政策执行格局，[①] 大陆对台青年政策也不例外。这里仅以台湾青年在大陆就业创业政策为例加以分析。在国家领导人、中央部委及对台工作部门层面，充分体现出“高位引领、部门联动”的政策执行特点。2005 年，中共中央总书记胡锦涛与中国国民党、亲民党以及新党领导人等会面时，就扩大交流、加强合作，解决台湾同胞关切问题等达成共识。其中，2005 年 5 月 12 日，胡锦涛在与宋楚瑜会谈时，特别提及“扩大两岸人才交流，大陆方面要逐步放宽政策，鼓励和促进台湾同胞在大陆就业。”[②] 为落实共识，5 月 13 日，时任中台办、国台办主任陈云林在北京宣布，“在大陆高校毕业的台湾学生，在依法办理工作证后，可以与大陆毕业生一样就业，进一步向台湾各类人才开放就业市场。”[③]2005 年 10 月 1 日，劳动和社会保障部正式公布实施《台湾香港澳门居民在内地就业管理规定》，对台胞在大陆就业的条件、手续、程序等进行了规范，成为台湾同胞在大陆就业首个可因循的法律依据。此后，在历届两岸经贸文化论坛和海峡论坛上，大陆针对台湾青年就业政策进一步细化，优惠空间持续加大。习近平总书记更是高度重视对台青年工作，鼓励两岸青年多交流、共创业。在高位推动下，当前中央相关部委从政策配套、资源整合各方面倾力推动，积极鼓励和吸引台湾青年到大陆就业和创业，逐渐形成大陆对台青年就业创业系列政策群。

相关省市区地方政府则根据地方需要和行为能力来确定更加明确的政策执行目标，呈现出“层层落实、灵活变通”的特点，在政策执行中起着关键性的作用。近年来，上海、天津、浙江、福建、广东、山东、湖北等都根据实际情况纷纷发布鼓励和支持台湾青年前来创业就业的实施指导意见，相关市、区也积极落实并出台相应的实施办法和优惠政策。2013 年 3 月，上海市人力资源和社会保障局等四家单位联合下发《关于做好台生和其他台湾居民在沪就业工作的通知》；同年 4 月，浙江省委组织部等 5 部门联合发布《关于做好台生和其他台湾居民来浙江就业创业工作的意见》；2015 年 8 月，福建省政府发布了《关于鼓励和支持台湾青年来闽创业就业的意见》；2016 年 3 月，山东省人力

① 贺东航、孔繁斌：《公共政策执行的中国经验》，《中国社会科学》2011 年第 5 期，第 61—64 页。

② 刘传标：《中国共产党总书记胡锦涛与亲民党主席宋楚瑜会谈公报》，《对台政策文献汇编》，福州：福建省海峡文化研究会，2006 年，第 218 页。

③ 《两岸关系杂志社》：《中台办、国台办负责人宣布 3 项惠及台湾同胞的政策措施》，《大陆惠台政策汇编 2005—2009》，北京：《两岸关系杂志社》，第 6 页。

资源社会保障厅等联合出台《关于鼓励和支持台湾青年来鲁创业就业的意见》；2016年7月，天津市出台《关于鼓励和支持台湾青年来津创业就业的实施意见》等等，这些政策所强调的侧重点、就业创业领域、就业创业模式或资助方式等都不尽相同。在地方政府层面，同样需要多个部门的共同参与，比如福建省所出台的《关于鼓励和支持台湾青年来闽创业就业的意见》具体责任单位包括各设区人民政府、平潭综合试验区管委会、省发改委、省台办、团省委、经信委、科技厅、农业厅、商务厅、文化厅、工商局、人社厅、财政厅等等。缺少任何一个相关部门的配合，该政策的执行成效都将受到影响。

二、当前大陆对台青年政策的主要内容

党和国家发布的公告及规定，中共中央台办、国务院台办、中央其他部委以及省市区各级政府出台的各项惠台青年政策措施所涵涉的内容非常宽泛，对来大陆的台湾青年各个方面都进行了具体规定。以下主要以2005年之后新出台的各类对台青年政策文本为分析对象，重点对台湾青年在大陆求学、就业、创业、生活、公共参与等方面的政策内容进行梳理。

（一）学习深造领域

近年来，大陆教育主管部门所出台的台生优惠政策涉及台生招生录取、学习过程和毕业“出口”全过程，台生在大陆已经提前享受到“居民待遇”。

其一，搭建招生信息平台。2006年，教育部推动构建了《内地（祖国大陆）普通高校面向港澳台招生信息网》，集中发布招收港澳台学生的相关信息，及时发布相关的政策法规，汇集各招生院校的信息，发布本科生、研究生的招生指南和招生简章，并增加了各报考点在线咨询的板块。该信息平台为台生及时准确地了解大陆高校招生政策提供了较为通畅的渠道。

其二，拓宽台生招生与入学渠道。2010年4月公布的《关于普通高等学校依据台湾地区大学入学考试学科能力测验成绩招收台湾高中毕业生的通知》，2014年5月发布的《关于继续做好依据台湾地区大学入学考试学科能力测验成绩招收台湾高中毕业生工作的通知》，2017年1月发布的《普通高等学校招收和培养香港特别行政区、澳门特别行政区及台湾地区学生的规定》以及其他相关政策明确规定，在港澳台联招、高校单独招生基础上，积极推动台生免试入学，以拓宽大陆高校招收台生的渠道，并允许台生通过申请预科班、插班、进

修、交换、旁听等方式进入大陆高校学习。[①]2017年，教育部考试中心公布新的港澳台侨学生联招考试大纲，使考试内容更加科学。[②]

其三，规范高校台生招生管理。2013年4月发布的《关于内地（大陆）高等学校招收港澳台学生备案工作相关事宜的通知》对高校招收台生的各项工作进行更加具体的规定，要求大陆高校及其他高等教育机构首次招收港澳台学生前，须于上一年度的9月1日前报教育部备案；同时，对拟招收港澳台学生的高校所应具备的条件进行规定，即要设立招收和管理港澳台学生的机构、配备专职工作人员，建立港澳台学生招收、培养、管理等方面的规章制度，并能够根据港澳台学生特点，提供有针对性的教育教学活动及良好的学习生活条件。[③]

其四，台生教育教学与奖学金政策。2017年1月颁布的《普通高等学校招收和培养香港特别行政区、澳门特别行政区及台湾地区学生的规定》中要求：高校应对港澳台学生开展入学教育，帮助其适应生活环境和学业要求；要为港澳台学生适应学业安排课业辅导。同时强调高校要进一步规范招收、培养、管理台生的规章制度，明确要求招收台生的高校应为台生注册学籍、建立档案，解决台生毕业后留在大陆工作时的档案管理和使用问题。[④]该条文凸显大陆越来越重视台生的入学教育、管理与学业辅导。据调查，上海部分高校专门安排了教师对学习有困难的台生进行辅导或协助其转系、转专业，有的还专门成立台生学习辅导中心，台生反响颇佳。[⑤]对于学习成绩优秀的台生，则出台各种奖学金政策，台生可视实际情形向中央政府、地方政府、企事业单位以及学校申请台生奖助学金。国台办于2017年6月14日举办的新闻发布会上宣布，从2017年秋季学期开始，财政部和教育部将为在大陆就读的台生增设具有较高荣

① 内地（祖国大陆）高校面向港澳台招生信息网:《教育部等六部门关于印发〈普通高等学校招收和培养香港特别行政区、澳门特别行政区及台湾地区学生的规定〉的通知》，下载日期：2017年3月10日，http：//www.gatzs.com.cn/gatzs/pz/zcfg/201701/20170109/1578637873.html。

② 李寒芳、刘欢齐:《国台办：新增6省区市事业单位开放台湾居民就业试点》，下载日期：2017年4月5日，http：//news.xinhuanet.com/2017-05/10/c_1120949762.htm。

③ 中华人民共和国教育部:《教育部办公厅关于内地（大陆）高等学校招收港澳台学生备案工作相关事宜的通知》，http：//old.moe.gov.cn/publicfiles/business/htmlfiles/moe/s6583/201304/150654.html，下载日期：2017年1月18日。

④ 内地（祖国大陆）高校面向港澳台招生信息网:《教育部等六部门关于印发〈普通高等学校招收和培养香港特别行政区、澳门特别行政区及台湾地区学生的规定〉的通知》，http：//www.gatzs.com.cn/gatzs/pz/zcfg/201701/20170109/1578637873.html，下载日期：2017年3月15日。

⑤ 曹长清:《大学生区域流动视野下的大陆台湾学生》，上海：华东师范大学硕士论文，2009年4月，第46页。

誉性质的奖学金项目。[①]

此外，为鼓励和支持台生在大陆就业创业，各级政府部门相继出台相关政策文件，赋予台生在就业许可、单位聘用、工资福利、社会保险、子女教育等方面均与大陆普通高校毕业生享有同等待遇（具体内容参见下文）。对于有意愿在大陆就业且符合条件的应届毕业台生，教育部正在研究相关政策，为他们发放《就业协议书》，签发《全国普通高等学校本专科毕业生就业报到证》或《全国毕业研究生就业报到证》，进一步为台生毕业就业提供政策上的便利。

（二）就业创业领域

中央相关部委、国台办以及部分省市及地方政府相继出台促进台湾青年就业创业的措施和意见，给予台湾青年一系列优惠政策。譬如，福建省及福州市、平潭综合试验区、厦门市等出台的政策强调从创业融资和资金扶持、经营场地和住房保障、中介引进奖励、就业创业辅导、创业项目扶持、子女就学与社保服务、实习补助等为台湾青年提供支持。[②]浙江省及杭州市、温州市等制定的政策文件重点从用工管理、工资福利、社会保险、就业咨询与辅导、子女教育和职业资格申请、税收减免、住房保障、贷款贴息、融资担保、公共服务、优秀人才奖励等提供支持。山东省则强调为台湾青年提供创业平台、创业融资、创业补贴、创业职业技能培训、创业就业服务等优惠措施。此外，还包括：

其一，提供住房公积金待遇，改进台胞小额信用卡服务。为解决台湾青年在大陆“住房难、买房更难”的问题，2015年8月福建省出台的《关于鼓励和支持台湾青年来闽创业就业的意见》规定：允许台湾青年在当地缴存住房公积金，并可申请住房公积金贷款。按照高层次人才政策引进的台湾青年专才在当地可申请购买限价商品房。[③]鉴于福建等地的经验做法，大陆将于近期出台全国范围适用政策，明确在大陆就业台湾同胞平等享有住房公积金待遇，提高台湾青年购房和租房能力。同时，为解决台胞申办信用卡门槛较高问题，在中国银监会指导下，部分银行已调整或拟调整台胞申办信用卡业务政策。[④]

---

① 刘洁研等：《在大陆就业台湾居民将享有住房公积金、社保等权利》，http：//news.youth.cn/gn/201706/t20170614_10067326.htm，下载日期：2017年6月30日。

② 福建省毕业生就业公共网：《福建省人民政府关于鼓励和支持台湾青年来闽创业就业的意见》，http：//www.fjbys.gov.cn/gsgg/tz/201509/t20150909_21350.htm，下载日期：2017年4月5日。

③ 福建省毕业生就业公共网：《福建省人民政府关于鼓励和支持台湾青年来闽创业就业的意见》，http：//www.fjbys.gov.cn/gsgg/tz/201509/t20150909_21350.htm，下载日期：2017年4月5日。

④ 刘洁研等：《在大陆就业台湾居民将享有住房公积金、社保等权利》，http：//news.youth.cn/gn/201706/t20170614_10067326.htm，下载日期：2017年6月30日。

其二，扶持创业基地建设。为形成集聚示范效应，国台办在大陆 12 个台湾同胞主要聚居的省和直辖市设立 12 个海峡两岸青年就业创业示范点和 41 个海峡两岸青年创业基地，为在大陆打拼的台湾青年提供就业实习机会、就业创业指导培训、创业场地、投资融资对接、创业咨询等孵化服务。据统计，截至 2016 年底，这 53 个海峡两岸青年就业创业基地和示范点共入驻或服务台资企业近 1200 家，吸引超过 6000 名台湾青年实习就业创业，17000 多名台湾青年参加基地或示范点组织的各类实习就业、创业创新交流活动。① 除以上示范点和创业基地外，部分省市还依托已有园区，设立各具特色的“就业创业辅导服务中心”“创业基地”“创客空间”“创业公社”等平台，协助台湾青年缩短在大陆就业创业的适应周期，促进其专业成长。

其三，事业单位试点聘用台胞。2009 年 5 月，福建省出台《关于做好取得内地（祖国大陆）全日制普通高校学历的台湾学生来闽就业有关工作的通知》，规定取得大陆高校硕士以上学位的台生，可应聘福建省内的事业单位。②2010 年 4 月出台的《关于做好引进台湾地区高层次人才有关工作的通知》规定，台湾地区具有博士学位或专业技术的人员，可到福建省内的高等院校、科研院所、国有企事业担任中高级管理职务。③ 这两个政策的出台打开了台湾青年在大陆高校、公共文化服务机构、医疗卫生机构等事业单位就业的大门。同年 6 月，时任福建省委书记孙春兰在第二届海峡论坛上宣布福建省将提供 15 个事业编制录用台湾人才。④2012 年 6 月，原国台办主任王毅和有关部门领导宣布在福建、江苏试点基础上，新增天津、上海、浙江、湖北 4 省市为试点地区。2017 年，人力资源和社会保障部决定新增北京、河北、山东、广东、广西、海南 6 省区市为开放台湾居民在大陆事业单位就业试点地区。⑤ 随着试点地区的扩大，越来越多拥有高学历的台湾青年专才到大陆“体制内”单位应聘，尤以各级各类

① 华夏经纬网:《台湾居民可在试点地区高校、公立医院等事业单位就业》，http：//www.huaxia.com/thpl/tbch/2017/05/5315065.html，下载日期：2017 年 6 月 10 日。

② 中国人力资源市场网:《福建省人事厅关于做好取得内地（祖国大陆）全日制普通高校学历的台湾学生来闽就业有关工作的通知》，http：//www.chrm.gov.cn/Content/922/2009/7/60775.html，下载日期：2016 年 11 月 21 日。

③ 李欣:《台湾人就业大陆事业单位两岸政策对接是难题》，http：//www.huaxia.com/tslj/lasq/2011/05/2396422.html，下载日期：2017 年 4 月 5 日。

④ 胡美东等:《福建省将安排 15 个事业单位职位聘用台湾专才》，http：//www.chinadaily.com.cn/dfpd/2010-06/20/content_9993656.htm，下载日期：2017 年 4 月 5 日。

⑤ 李欣:《台湾人就业大陆事业单位两岸政策对接是难题》，http：//www.huaxia.com/tslj/lasq/2011/05/2396422.html，下载日期：2017 年 4 月 5 日。

高校最受青睐。

其四，陆续开放各类专业技术人员资格考试。为吸引更多台湾青年精英到大陆就业创业，2005年以来，大陆相关政府部门多次发出通知，向台湾同胞开放各类专业技术人员资格考试。譬如，2007年7月，人事部和国台办联合发布《关于向台湾居民开放部分专业技术人员资格考试有关问题的通知》，在原有基础上，再向台湾居民开放15类（项）专业技术人员资格考试。① 2009年5月，人力资源和社会保障部、国台办决定再向台湾居民开放10类（11项）专业技术人员资格考试。②2013年6月继续向台湾居民开放10类（项）专业技术人员资格考试。截至2013年底，大陆方面已陆续向台湾居民开放经济师、会计师、律师、注册建筑师等共39类40项专业资格考试。

（三）生活保障领域

两岸社会体制、发展程度及生活方式差异导致的生活不适问题是在大陆生活、打拼的台湾青年面临的普遍性问题，为了给台湾青年创设和平稳定、生活便利、社会服务先进的生活环境，提升其社会生活融入水平，近年来大陆相关部门陆续推出各类生活保障措施。2017年5月10日及6月14日，国台办发言人安峰山、马晓光在发言中再次指出，大陆将在近期出台更多便利台湾同胞的生活保障措施，受到台湾青年的好评。

其一，将台生纳入城镇居民医疗保险。2013年10月，教育部、财政部、人力资源社会保障部、国务院港澳事务办公室、国务院台湾事务办公室联合发布的《关于将在内地（大陆）就读的港澳台大学生纳入城镇居民基本医疗保险范围的通知》，③ 自此台生在大陆就医得到了有效保障。当前政府相关部门正进一步完善在大陆居住、就业和就学的台湾居民参加社会保险的政策文件，在大陆居住但未就学、未就业台胞参加城镇居民基本医疗保险的有关政策也在积极研拟中。

其二，推出台胞出行、旅游及住宿便利措施。目前，北京、天津、上海、

---

① 《两岸关系杂志社》:《中台办、国台办负责人宣布3项惠及台湾同胞的政策措施》,《大陆惠台政策汇编2005—2009》，北京:《两岸关系杂志社》，第85页。

② 《两岸关系杂志社》:《中台办、国台办负责人宣布3项惠及台湾同胞的政策措施》,《大陆惠台政策汇编2005—2009》，北京:《两岸关系杂志社》，第206页。

③ 中华人民共和国财政部网站:《关于将在内地（大陆）就读的港澳台大学生纳入城镇居民基本医疗保险范围的通知》，http: //www.mof.gov.cn/zhengwuxinxi/zhengcefabu/201311/t20131101_1006335.htm，下载日期：2017年3月28日。

广东、湖南、福建等地火车站已推出台胞自助购、取票服务。中国民用航空局也表示，全国各大机场均有支持手工输入台胞证购票的自助购票设备。同时，国家旅游局要求旅游住宿企业严格遵守国家法律法规和相关政策规定，禁止以任何非正常理由对台湾同胞办理入住设置障碍，并严格规范服务标准、提高服务意识，为台胞提供更加优质便利的住宿服务。①

此外，2017 年 6 月 18 日，国台办张志军主任在出席第九届海峡论坛“台湾青年座谈会”时表示，当前大陆政府正在设法解决现有卡式台胞证的功能受限问题。该问题的解决或说台胞证的升级对于解决台湾青年在大陆的种种身份限制，化解台湾青年所形成的“我群”和“他群”的身份认同区隔具有重要作用。

（四）公共参与领域

所谓公共参与是指公民积极、主动地参与到公共事务过程中，以有效表达他们的利益、切实地影响公共决策。这个过程伴随着公民利益的表达、公民参与能力的提升以及国家与社会伙伴关系的建立。②受台湾社会变迁、公民教育等因素影响，重视通过公共参与为社会贡献，积累社会实践经验，使自己的生活更充实、更有意义成为当代台湾青年群体特征之一，因此，来大陆生活或打拼的台湾青年同样将公共参与视为发展的重要领域之一。

近年来，大陆部分沿海省市积极研拟政策，引导台湾青年参与当地社区治理或社会事务管理，为台湾青年发展营造更有利的社会公共环境。譬如，2011 年，福建省充分发挥对台先行先试的政策优势，率先实施吸引台湾青年专才参与社会管理的公共参与政策，推出 15 个岗位选聘台湾专才担任高校、科研院所和科技园区的管理职务，同时引进 7 名高层次人才到省属单位工作，积极探索聘用台湾地区居民参与行政和社会事务管理的途径和方法。2016 年 4 月，福建省人大通过的《平潭综合实验区条例》第十四、十五条规定：支持台湾地区行业协会、社会团体在实验区依法设立分支机构。台港澳居民可以在实验区依法参与各类社会组织活动；创新实验区内社区治理的模式，借鉴台湾地区的社区治理机制，鼓励社区内居住的台湾地区居民积极参与本社区事务。在实验区规

---

① 刘洁研等:《在大陆就业台湾居民将享有住房公积金、社保等权利》, http：//news.youth.cn/gn/201706/t20170614_10067326.htm，下载日期：2017 年 6 月 30 日。

② 黄冬娅:《以公共参与推动社会问责：发展中国家的实践经验》,《政治学研究》2012 年第 6 期，第 100 页。

划建设台湾地区居民小区，允许自主管理。[①]上海市人大于2015年11月颁布的《上海市台湾同胞投资权益保护规定》亦明确指出：支持在本市居住的台湾同胞投资者和合法就业的台湾同胞参与社区公益活动，保障其依法享有社区公共事务的知情权、建议权和参与权。[②]厦门市在构建多元主体共同参与的新型社区治理结构过程中，也尝试通过聘请台湾青年担任社区居委会主任助理；在台胞集中居住社区设立服务工作站；搭建网络和实体平台，实现台胞线上交流、线下互动等方式，广泛发动台胞自主自发参与社区治理，探寻基层各方利益的最大公约数。

近年来，大陆对台青年政策制定过程更加开放，在大陆的台湾青年群体可以通过多种渠道和途径直接向相关政府部门反映各种有价值的微观信息，以及表达他们对大陆相关政策措施的意见和建议，从而影响有关决策，这也是台湾青年公共参与的典型例证。

三、当前大陆对台青年政策的特征与影响

上文分析可见，做好台湾青年工作历来是大陆对台工作重要着力点之一。大陆对台青年政策历经数十年的发展和完善，其重心逐渐从早期以吸引和鼓励台湾青年来大陆为主调整为“愿意来”“留得住”“同发展”并重的政策模式，以台湾青年为主体的“政策输入——意义形成——行动选择——成效反馈”的政策运行机制逐渐得以建立。具体而言，呈现出如下特征：

（一）激励方面：物质激励比重加大

物质激励通常是指从满足人的物质需要出发，通过直接或间接的物质形式对物质利益关系进行调节，从而激发人们向上动机并控制其行为的趋向。[③]物质激励是世界上很多国家和地区吸引海外人才的重要手段之一。随着大陆经济实力的不断提升，以及引才观念、机制、措施、模式等方面的开拓创新，在对台青年政策中，物质激励的比重和规模不断加大，其实施过程更加公开、透明、有序。除了政府部门之外，各类企事业单位及中介机构等也逐渐参与到物质激

① 中国平潭网：《平潭综合实验区条例》，http：//www.pingtan.gov.cn/jhtml/ct/ct_2963_49494，下载日期：2017年5月20日。

② 上海市台胞服务中心网站：《上海市台湾同胞投资权益保护规定》，http：//www.tbfw.org/gb/taibao/n16/n17/u1ai61705.html，下载日期：2017年5月20日。

③ 崔伟：《各国吸引海外科技人才的物质激励政策研究》，《科技与法律》2012年第3期，第2页。

励的组织和实施中来。

以福建省所实施的各级对台青年政策为例，可约略将物质激励划分为如下几种类型：（1）奖学金。当前在福建省就读台生可申请的奖学金项目越来越多，资助力度越来越大。一者为财政部和教育部设立的“台湾学生奖学金”，每年生均奖励额度2000至8000元不等。二者为福建省设立的台湾学生专项奖学金，每人每学年分别按4000元、6000元、8000元、10000元标准进行奖励。三者为宝钢教育基金会在中国大陆12所高校设立“宝钢优秀学生奖学金（台湾地区、港澳地区）”，奖励金额为人均10000元。此外，部分高校如厦门大学也自主设立台生专项奖学金等。（2）生活补助。福建省出台的《关于鼓励和支持台湾青年来闽创业就业的意见》，以及福州市、平潭综合实验区及厦门市等出台的对台青年政策皆为前来就读、就业或创业的台湾青年提供各种伙食补助、住宿和购房补贴、社保和医疗补贴等。（3）中介引进奖励。《关于鼓励和支持台湾青年来闽创业就业的意见》规定，对于累计引进20家以上台湾青年创业企业、吸引台湾青年60人以上，且经营满1年以上的示范基地，省级财政给予不超过500万元的奖励；对于引进100家台湾青年创业企业、吸引台湾青年200人以上且经营满1年以上的示范基地，省级财政给予不超过1000万元的奖励。[①]（4）创业融资与项目扶持。对于创业资金不足的台湾青年，可申请小额担保贷款，对于创业项目可以给予创业启动资金扶持。（5）实习和培训补助。对于被认定为创业创新领军人才或创业创新团队核心人才的，但凡参加境内外培训，可得到最高不超过50000元/人的补贴。

（二）实施方面：区域差序格局形成

受各地社会经济发展水平、人力资源市场培育程度以及对台交流合作区位条件等因素的影响，与大陆其他对台交流合作领域一样，大陆对台青年政策及优惠力度存在较大差异，形成比较明显的区域差序格局。（1）创新环境与制度建构并重的政策实施模式，以北京、上海等一线城市为代表的。相关研究表明，越是高层次的创新人才，对就业创业的制度环境与创新氛围要求越高，对简单的资金资助则不太关注。[②] 当前北京并没有专门针对台湾青年出台相关的优惠

① 福建省毕业生就业公共网：《福建省人民政府关于鼓励和支持台湾青年来闽创业就业的意见》，http：//www.fjbys.gov.cn/gsgg/tz/201509/t20150909_21350.htm，下载日期：2017年4月5日。

② 瞿群臻、孙丽玲：《沪港现代服务业人才引进与培养的政策比较研究》，《江苏商论》2011年第7期，第83—84页。

政策，上海颁布的《上海市台湾同胞投资权益保护规定》也未在资金资助、住房补贴、薪酬个税等方面给予过多着墨。但是由于其具有比较规范的市场竞争环境、优越的国际开放度，以及良好的就业创业氛围，同时注重各方面配套措施与制度的建构，因此对台湾青年具有较强的吸引力。（2）注重创新模式以及场所、资金、住房等要素投入的政策实施模式。山东、江苏、浙江、福建和广东等部分东部沿海省市基于其自身对台先行先试的政策优势，不断创新台湾青年就业创业模式，加大资金和住房补贴等要素的投入。厦门市颁布的《鼓励和支持台湾青年来厦创业就业实施意见》明确规定，鼓励和支持台湾青年以独资、合资或合伙的形式创办企业，放宽创业项目的准入路径；在台湾青年创业场所、资金、住房和社会保障等方面予以有力支持。外加这些地方拥有得天独厚的对台区位优势，因此选择到这些省市打拼的台湾青年明显多于大陆其他地区。（3）对台青年政策辐射发展模式。随着两岸各领域交流的不断深化发展，天津、成都、重庆、安徽、广西等地也针对台湾青年工作制定专题性政策文本，或在综合性政策文本中纳入台湾青年等政策条文。

（三）成效方面：正面效应逐渐凸显

在大陆日渐开放、宽松、弹性和积极的对台青年政策吸引下，越来越多的台湾青年随着两岸关系发展的浪潮西进大陆，从最初的人员往来、读书求学为主，到后来的青年台商到大陆投资为主，再到当前的台湾青年赴大陆旅游、求学、就业、创业、生活乃至永久居住等，交流合作方式不断推陈出新，赴大陆青年人数与日俱增。仅以在大陆各级各类高校就读的学位生为例，据教育部不完全统计，截至 2012 年 11 月，大陆台生（全日制、兼读制）多达 8316 名（攻读学位），外加函授等累计近 3 万人。到 2015 年，在大陆高校及科研院所攻读学位的台生已达到 10870 人。[①] 当前，赴大陆就学的台生人数仍持续增加中。

笔者所开展的“台湾青年在大陆就业创业现状与满意度”深度访谈中，有位在北京创业的台湾青年表示：“我来大陆认识了很多很优秀的青年，也有各种创业平台，如创业公社、创业基地、创业工坊等，这些平台为台湾青年提供很多便利措施，包括传达政策、普及资讯、对接服务、提供场地和住宿、金融扶持、代办手续以及其它咨询服务等。台湾并没有，北京已经有很好的创业氛围，也会给我们提供很多创业政策信息，让我少走了很多弯路。”一位在厦门创业的

① 数据来源于台湾“大学校院招收大陆地区学生联合招生委员会”网站 https://infogr.am/rusen。

台湾青年亦反映:“对于创业者而言，创业起步阶段最重要的就是资源问题，厦门台商多，政策福利大，创业资源丰富，台湾创业青年可以在厦门获取更多创业资源。”显然，大陆对台青年就业创业政策成效已经日趋彰显，并成为推动台湾青年前来大陆打拼的重要原因之一。这些台湾青年，是两岸青年交流合作的直接参与者和体验者，他们通过各种方式，将在大陆求学、就业、创业或生活的经验分享给更多的岛内台湾青年，成为进一步推动两岸交流尤其青年交流的重要桥梁之一。

当然，大陆对台青年政策的制定和实施过程中，尚存在落实不到位、政策文件可读性低、政策内容变化频仍、政策信息不够通畅、申请手续繁琐等诸多不尽人意之处，切实提升大陆对台青年政策的执行质量和实施成效，逐步改善大陆重政策制订轻政策落实的制度缺失，是当前大陆开展对台青年工作的重点之一。对于政策内容而言，还要逐渐将台湾青年的转业帮扶、生涯规划、教育成长、回流培训、公共服务、身心健康等一并纳入对台青年政策范畴，通过提供更加个性化和人性化的服务协助及扶持性措施，解决台湾青年面临的各种实际困难，真正做到“想台湾青年之所想，急台湾青年之所急”。

概言之，青年是未来两岸关系走向的重要引领者或执行者，青年能够也终将在两岸关系和平发展进程中发挥中流砥柱的作用，并成为共担振兴中华历史重任的承载者。只有不断完善大陆对台青年政策，持续推动两岸青年交流合作，营造两岸民众和谐共处的全新社会生态，才能提升台湾青年赴大陆就业、创业、求学、旅游和生活的意愿，同时增强已经在大陆的台湾青年整体适应性和满意度，进而推动两岸经济社会的深度融合发展。

原文载于《台湾研究》2017 年第 6 期